W0041716

Wolfgang Froese

Wikinger · Germanen Nordische Königreiche

Die Geschichte der Ostseestaaten

Die Entstehung der Ostsee · Das Zeitalter
der Wikinger · Das dänische Ostseereich
Die Blütezeit der Hanse · Das Zeitalter der
Reformation im Ostseeraum · Schweden als
Großmacht · Der Aufstieg Russlands
Industrielle Revolution und Nationalismus
Die Ostsee im Zeitalter der Weltkriege
Kalter Krieg und Auflösung der Blöcke

NIKOL VERLAG

Wolfgang Froese
Originaltitel:
Geschichte der Ostsee

Genehmigte Lizenzausgabe für
Nikol Verlagsgesellschaft mbH & Co. KG
Hamburg, 2008

© 2002 Casimir Katz Verlag, Gernsbach

Alle Rechte, auch das der fotomechanischen Wiedergabe
(einschließlich Fotokopie) oder der Speicherung auf
elektronischen Systemen, vorbehalten.
All rights reserved.

Covergestaltung: Thomas Jarzina, Köln
Titelabbildung: akg-images, Berlin
Printed in Germany

ISBN 13: 978-3-937872-79-7
ISBN 10: 3-937872-79-5

www.nikol-verlag.de

Inhaltsverzeichnis

Vorwort

Mit einer Fläche von rund 420 000 Quadratkilometern zählt die Ostsee zu den kleineren Meeren der Welt. Ihr Gegenstück im Süden Europas, das Mittelmeer, ist dagegen mehr als siebenmal so groß. Etwa 45 Millionen Menschen leben überschlägig gerechnet heute im Ostseeraum, verteilt auf neun Völker. Das ist weit weniger, als die größeren europäischen Nationen jeweils allein vorweisen können. Die historische Bedeutung der Ostsee und der Völker und Staaten an ihrem Ufer lässt sich mit solchen Zahlen indessen nicht einmal annähernd erfassen. Tatsächlich ist das Gebiet rund um die Ostsee ein ungemein geschichtsträchtiges und geschichtsmächtiges Terrain. Viele Ereignisse und Entwicklungen von weltgeschichtlichem Rang haben im Ostseeraum stattgefunden oder sind von hier ausgegangen. Vom Baltischen Meer brachen die germanischen Völker auf, die das Römische Weltreich zum Einsturz brachten. Die Ostsee war seit den Wikingern die wichtigste Drehscheibe des Ost-West-Handels, und für die Hanse, die erfolgreichste Wirtschaftsvereinigung aller Zeiten, bildete sie fast ein halbes Jahrtausend lang das geographische Zentrum ihrer Aktivitäten. Auch der Aufstieg mehrerer Großmächte wie Schweden im 17. oder Preußen und Russland im 18. Jahrhundert, die das Schicksal Europas bestimmten, ist eng mit dieser Region verbunden.

Dennoch ist der Ostseeraum im europäischen Geschichtsbild nicht sehr präsent. Hier spielt das Mittelmeergebiet und in der Neuzeit auch der Bereich des Atlantiks eine viel prägendere Rolle. Wer den Geschichtsunterricht an einer deutschen Schule mit halbwegs wachem Interesse verfolgt hat, wird sich an die Hanse und den Deutschen Orden erinnern, aber wohl kaum an Königin Margarete, eine der bedeutendsten Persönlichkeiten des gesamten europäischen Mittelalters, der die Union der drei nordischen Königreiche gelang. Die vorliegende Darstellung möchte dazu beitragen, diese und andere Lücken schließen zu helfen. Die „Geschichte der Ostsee" wendet sich an eine breite geschichtsinteressierte Leserschaft. Sie ist gedacht für alle, die mehr erfahren möchten über ein im Wortsinne naheliegendes und doch weithin unbekanntes Thema.

Zur Geschichte der einzelnen Ostseeländer gibt es eine große Zahl an Monographien, hinzu kommt eine Fülle an lokal- und regionalgeschichtlichen Veröffentlichungen. Zusammenhängende Darstellungen des gesamten Raumes sind allerdings äußerst selten. Das ist umso erstaunlicher, als die Anrainer der Ostsee im Laufe ihrer Geschichte durch vielfältige wechselseitige Beziehungen miteinander verbunden waren und sind. „Wasser verbindet, Land trennt", heißt es zu Recht. An der Ostsee, diesem typischen Binnenmeer, wird diese Erkenntnis besonders augenfällig. Von der Bootaxtkultur der Jungsteinzeit, die sich vom Finnischen Meerbusen bis zum Kattegatt ausbreitete, bis hin zum Siegeszug der Reformation, die dem Norden Europas seine vorherrschend evangelisch-lutherische Prägung gegeben hat, weist der Ostseeraum immer wieder eine überraschende Einheitlichkeit seiner Entwicklung auf. Vor allem war es der Handel, der intensive wirtschaftliche Austausch quer durch alle Zeiten, der die Gemeinsamkeit entlang der Ostsee gefördert hat. Die Wirtschaftsgeschichte nimmt daher in diesem Band einen relativ breiten Raum ein, ohne die Darstellung der politischen Ereignisse zu verdrängen.

Es ist eine Binsenweisheit, dass es ohne Verleger keine Bücher gibt, in diesem Falle aber gilt dies in einem ganz besonderem Sinne. Dr. Casimir Katz, ein gebürtiger Lübecker, hat dieses Werk angeregt und seine Entstehung in überaus großzügiger Weise gefördert. Ohne sein stetes Interesse, seine große Geduld und sein beharrliches Drängen wäre dieses Buch nicht zustande gekommen. Ihm gilt mein tief empfundener Dank. Wenn die vorliegende Darstellung nun vielen Lesern Lust macht, sich mit der überaus spannenden und ereignisreichen Geschichte des Ostseeraums zu beschäftigen, hat sie ihr wichtigstes Ziel erreicht.

Köln, im September 2002
Wolfgang Froese

1.
Die Entstehung der Ostsee

Zeittafel

18 000 v. Chr.	Höchststand der Vereisung in der letzten Eiszeit
13 000 v. Chr.	Das Eis erreicht beim Rückzug die heutige südliche Küstenlinie der Ostsee
10 000 v. Chr.	Bildung des Baltischen Eistausees
8800 v. Chr.	letzter Kälteeinbruch, Eis verharrt an Widerstandslinien
8000 v. Chr.	Durchbruch des Eistausees zum Skagerrak, Yoldiameer
7250 v. Chr.	Ostsee wird wieder Binnengewässer, Ancylussee
6500 v. Chr.	Skandinavien bis auf das Hochgebirge eisfrei
5100 v. Chr.	Durchbruch durch Belte und Sund, Litorinameer
2500 v. Chr.	Schwellen zur Nordsee werden flacher, Limnaeameer
600 v. Chr.	Myameer, gegenwärtiges Stadium der Ostsee

Die Ostsee ist ein junges Meer. Unter Einschluss der frühesten Entwicklungsstadien reicht ihre Geschichte nicht viel länger als 12 000 Jahre zurück. Die Nordsee ist demgegenüber schon 300 Millionen Jahre alt! Ihre Entstehung verdankt die Ostsee der letzten Eiszeit, oder genauer: ihrem Ende. Auf dem Höchststand der Vereisung, vor rund 20 000 Jahren, erstreckte sich der teils kilometerdicke Eispanzer von der Nordspitze Skandinaviens aus weit über die heutige Ostsee hinaus nach Süden bis in die Nähe der heutigen Städte Berlin und Warschau. Im Osten reichte der Eisrand bis an die Oberläufe von Dnjepr und Wolga und weiter nach Norden bis zum Ausgang des Weißen Meeres, im Westen verlief die Grenze durch die Jütische Halbinsel hindurch, so dass die westliche Hälfte Südjütlands und die südliche Hälfte Nordjütlands eisfrei blieben.

Diese letzte nordeuropäische Eiszeit hat die Landschaftsformen und die Bodenverhältnisse des gesamten Ostseeraums nachhaltig bestimmt. Solange das Eis auf dem Vormarsch war, nahm es große Mengen an Gestein mit, das während des langen Transportes überwiegend zerrieben und als Lehm, Ton, Kies oder Sand abgelagert wurde. Als die Gletscher sich dann wieder langsam nach Norden zurückzuziehen begannen, hinterließen sie als quergestellte, teils mehrere hundert Meter hohe Aufschüttung den Baltischen Landrücken, eine abwechslungsreiche, tief gegliederte Hügellandschaft, die sich von Holstein bis Estland erstreckt und von zahlreichen Seen durchzogen wird.

Etwa um 13 000 v.Chr. war ganz Jütland wieder eisfrei, und nicht viel später erreichte die zurück weichende Eisgrenze ungefähr die heutige Küstenlinie der südlichen Ostsee zwischen Mecklenburg und Ostpreußen. Das Schmelzwasser, das häufig mit enormem Druck unter der Eisdecke lief und einen Weg nach außen suchte, schnitt tiefe Rinnen in den Untergrund. Als langgestreckte Rinnenseen oder als von Meerwasser bedeckte Förden prägen sie heute das Landschaftsbild. Nicht selten blieb beim Rückzug vom Hauptgletscher abgetrenntes «Toteis» zurück, das beim Schmelzen zu Senken führte, die sich dann in Seen und Moore verwandelten.

Nur zögernd und stoßweise gab das Eis das Land frei, denn auch das Klima erwärmte sich nicht gleichmäßig, sondern eher ruckartig, immer wieder von kürzeren oder längeren Kälteperioden unterbrochen.

Um 10 000 v. Chr. waren immerhin auch schon Teile Südschwedens, nämlich Schonen und Blekkinge, eisfrei. Die Grenze verlief etwa von Göteborg über Kalmar, Öland und das südliche Gotland hinüber zur baltischen Küste. Auch im Nordosten ging die Vergletscherung zurück, so dass der Eisrand jetzt in der Nähe des heutigen St. Petersburg lag. Das frei gewordene Becken zwischen Rügen, Öland und der baltischen Küste füllte sich mit Schmelzwasser. Das war die eigentliche Geburtsstunde der Ostsee.

Baltischer Eissee

Der Baltische Eissee, wie dieses erste Stadium der Ostsee genannt wird, war zu Beginn noch über die dänischen Sunde mit dem Kattegat und dem Weltmeer verbunden. Die entlastende Wirkung des abgetauten Eises führte jedoch schnell dazu, dass sich das südliche Dänemark hob und damit eine Festlandsverbindung zwischen Südschweden und Norddeutschland geschaffen wurde. Der Zugang vom Kattegat wurde abgesperrt und die Ostsee ein Süßwassersee. Man hat errechnet, dass Süddänemark damals wenigstens 74 Meter höher gelegen haben muss als heute. Zugleich stieg der Wasserspiegel im Baltischen Eissee mit dem weiteren Zustrom von Schmelzwasser immer weiter an und lag schließlich um 56 Meter über dem des Kattegat.

Zwischen 8 800 und 8 000 v. Chr., als es zu einem letzten Kälteeinbruch kam, verharrte die Eisgrenze nochmals jahrhundertelang an zwei bis drei Widerstandslinien. Bis heute ist die damalige Lage des Eises quer durch Mittelschweden und Südfinnland an dem breiten Gürtel von Endmoränen mit ihren vorgelagerten Kiesstreifen erkennbar. Diese Wälle verlaufen durch den südlichen Teil des Vänern und den mittleren und nördlichen Teil des Vättern und dann weiter durch Östergötland und Södermanland bis zur Ostsee. In Finnland werden sie nach dem Ort Salpausselkä benannt.

Yoldiameer

Bald nach 8 000 v. Chr. ereignete sich die größte Naturkatastrophe in der Geschichte des Ostseeraums. Beim Berg Billingen in Västergötland brach das aufgestaute Wasser des Baltischen Eissees durch zum Skagerrak. Dadurch sank der Wasserspiegel der Ostsee auf das Niveau des Weltmeeres. Der Abfluss war so gewaltig, dass wahrscheinlich Teile der südwestlichen Ostsee trocken fielen. Bis nach Bornholm reichte damals das europäische Festland,

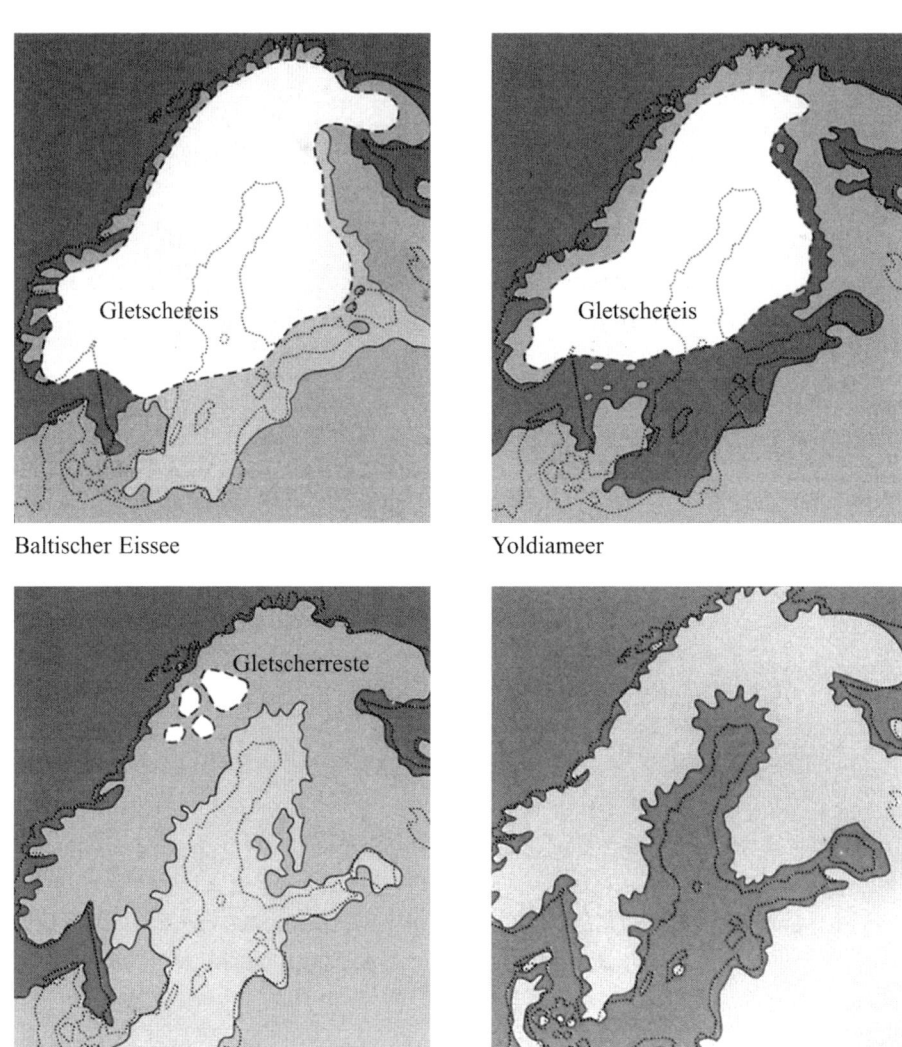

Baltischer Eissee

Yoldiameer

Anclyssee

Litorinameer

Die vier Hauptstadien der Entstehung der Ostsee

Steilküste bei Meschendorf an der Mecklenburger Bucht. Aus Skandinavien stammender Erdschutt und Gesteine wurden hier in der Eiszeit als Moränen abgelagert.

und auch die pommersche und südbaltische Küste war nach Norden verschoben.

Die Verbindung zur Nordsee wurde zunächst immer breiter. Um die Mitte des achten vorchristlichen Jahrtausends war die gesamte mittelschwedische Senke von Meerwasser bedeckt. Dieses Ostseestadium wird Yoldiameer genannt, nach einer Brackwassermuschel, der das kühle und leicht salzhaltige Wasser dieser Zeit behagte. Gleichzeitig ging die noch vorhandene Vereisung an Mächtigkeit und Umfang rasch zurück, zwischen 250 und 300 Meter jährlich wanderte der Eisrand nach Norden. Die vom ungeheuren Gewicht des Eises befreite Erdkruste hob sich dadurch um über zehn Meter im Jahrhundert. Die Landhebung führte dazu, dass das offene Meer zwischen dem heutigen Nord- und Südschweden schließlich immer mehr zusammengeschnürt wurde. Etwa seit 7250 v. Chr. bestand eine feste Landbrücke zwischen den beiden Teilen, und die Ostsee wurde erneut zu einem Binnengewässer.

Ancylussee

Diese Phase der Ostsee benennt die Wissenschaft nach einer Schnecke, der im Süßwasser lebende Ancylus fluviatilis. Der Ancylussee war an Umfang wesentlich größer als das heutige Meer. Um die Mitte des siebten vorchristlichen Jahrtausends war das Eis bis auf einige Gletscher im skandinavischen Gebirge zusammengeschmolzen, und der dadurch endgültig frei gewordene Bottnische Meerbusen war etwa doppelt so breit wie heute. Auch der Finnische Meerbusen war sehr viel breiter und besaß noch eine direkte Verbindung zum Ladogasee.

Wäre die Landhebung nun zum Abschluss gekommen, wäre die Ostsee ein Binnengewässer geblieben. Weil das Land im Norden aber immer noch kräftig stieg, fiel das Becken des Ancylussees immer stärker von Norden nach Süden ab. Während der Wasserspiegel dadurch im Norden sank, wurde er im Süden höher. Das Land versank dort allmählich im Wasser. Ertrunkene Kiefernwälder, deren Stubben noch heute in 22 bis 40 Metern Tiefe nördlich von Rügen, südlich von Schonen und südwestlich von Bornholm im Meeresboden wurzeln, sind die stummen Zeugen dieses Vorgangs. Noch etwa 6000 v.Chr. standen diese Wälder in Blüte.

Litorinameer

Nachdem das Wasser die Schwelle zwischen Schonen und Vorpommern überwunden hatte, suchte und fand es einen Abfluss durch die Belte und den Sund. Die heutige dänische Inselwelt entstand. Seit etwa 5100 v.Chr. hatte die Ostsee wieder Verbindung zur Nordsee, und aus dem Ancylussee wurde das Litorinameer, das seinen Namen einmal mehr nach einer Schnecke trägt.

Begünstigt wurde diese Entwicklung durch einen Anstieg des Meeresspiegels, der wiederum seine Ursache hatte im Abschmelzen des Eises auf der nördlichen Erdhalbkugel. Die höhere Oberfläche des Meeres führte dazu, dass damals auch Nordjütland in viele Inseln zerschnitten wurde. Und auch an der schwedischen West- und Südostküste gerieten die niedrig gelegenen Gebiete unter Wasser. Die Hebung des Meeresspiegels verlief nicht gleichmäßig, sondern in vier Stufen, wobei die jüngste und kräftigste erst in das dritte vorchristliche Jahrtausend fällt.

Weil Öresund und Belte damals viel tiefer waren als heute und damit mehr Nordseewasser in die Ostsee strömen konnte, lag auch der Salzgehalt der Ostsee zu dieser Zeit deutlich höher. Man schätzt ihn vor der östlichen

Die Ostseeküste bei Dierhagen in Mecklenburg-Vorpommern. Nur durch einen Dünenzug werden hier die Ostsee und der Saaler Bodden voneinander getrennt.

Küste Mittelschwedens auf 1,6% gegenüber nur 0,5% in der Gegenwart. Auch die Wetterverhältnisse wurden beeinflusst. Das Klima im Ostseeraum war im Vergleich zur Ancyluszeit deutlich maritimer, das heißt milder und feuchter.

Limnaeameer und Myameer

Alle diese Entwicklungstendenzen kehrten sich um, als bei allmählich abnehmendem Anstieg des Meeresspiegels die andauernde Landhebung wieder das Übergewicht erhielt. Damit wurden auch die Schwellen zwischen den dänischen Inseln seit dem ausgehenden dritten vorchristlichen Jahrtausend wieder flacher. Der Salzgehalt ging zurück, auf der Ostsee lag länger Eis und das Klima wurde wieder stärker kontinental geprägt. Diese Phase der Ostsee wird nach der Süßwasserschnecke Lymnaea, die auch in Brackwasser eindringt, als Limnaea- oder Lymnaeameer bezeichnet. Das letzte Stadium der Ostseeentwicklung, die bis in die Gegenwart anhält, ist das Myameer, benannt nach der Sandklaffmuschel Mya arenaria, die erst im Mittelalter aus Nordamerika eingeschleppt wurde.

18

*Ein flacher Sandstrand bei Kühlungsborn an der Mecklenburger Bucht. Im Hinter-
grund der Riedensee, der am Ende der letzten Eiszeit entstand.*

Die Landhebung hält übrigens im größten Teil des Ostseeraums bis heute
an. Quer durch Dänemark verläuft eine Nulllinie vom Nissumfjord bis Nord-
falster, südlich davon senkt sich das Land. In der Kieler Förde liegt die
Strandlinie in der Gegenwart neun Meter höher als noch zur Jungsteinzeit.
Dagegen hat sich das Meer an der Nordspitze Jütlands um 13 Höhenmeter
zurückgezogen. Noch viel stärker fallen die Unterschiede an der schwedischen und finnischen Küste aus. Hier ist das Land in den letzten 10 000 Jahren bis zu 300 Meter gestiegen. Viele Orte, die noch im späten Mittelalter
oder der Frühen Neuzeit Hafenstädte an der Küste des Bottnischen Meerbusens waren, liegen deshalb heute mehrere Kilometer im Landesinneren.
Auch wenn die Landhebung sich inzwischen immer mehr abschwächt, beträgt sie gegenwärtig im mittleren Norrland noch etwa 90 cm, in der Gegend
um Stockholm noch etwa 40 cm im Jahrhundert.

2.
Die frühgeschichtliche Zeit

Zeittafel

ca. 12 000 v. Chr.	Hamburger Kultur
ca. 9 000 v. Chr.	Bromme-Kultur
ca. 8 500 v. Chr.	Ahrensburger Kultur
ca. 8 000–3 000 v. Chr.	Mittlere Steinzeit
ca. 7 200 v. Chr.	hölzernes Paddel, Duvenseer Moor
ca. 7 000 v. Chr.	Maglemose-Kultur und Kunda-Kultur
ca. 4 000 v. Chr.	Ertebölle-Kultur
ca. 3 000–1 500 v. Chr.	Jungsteinzeit
ca. 3 000 v. Chr.	Trichterbecherkultur, Kamm- und Grübchenkeramische Kultur
ca. 2 400 v. Chr.	Streitaxtkultur
ca. 2 000 v. Chr.	Nordisches Spätneolithikum und Kiukainen-Kultur
ca. 1 500 v. Chr.	Nordische und Baltische Bronzezeit
ca. 500 v. Chr.	vorrömische Eisenzeit
ca. 300 v. Chr.	Boot von Alsen
113–101 v. Chr.	Zug der Kimbern und Teutonen
um Christi Geburt	römische Eisenzeit
98 n. Chr.	erste Erwähnung der Svear und Fenni bei Tacitus
ca. 200 n. Chr.	Abwanderung der Goten Richtung Schwarzes Meer
ca. 400 n. Chr.	germanische Eisenzeit, Nydam-Boot
ca. 450 n. Chr.	angelsächsische Eroberung Britanniens
ca. 500 n. Chr.	Dänen wandern in das heutige Dänemark ein
ca. 550 n. Chr.	slawische Westwanderung, Reich der Svear
ca. 737 n. Chr.	Beginn der Befestigungsbauten am Danewerk

Besiedlung in der Alt- und Mittelsteinzeit

Rentierjäger – erste Streifgänger im Norden

Als die mächtigen Gletscher der letzten Eiszeit sich allmählich nach Norden zurückzuziehen begannen, folgten ihnen die Rentiere auf der Suche nach geeigneten Weideflächen nach – und den Rentieren zogen ihre Jäger hinterher, kleine Gruppen von Menschen der ausklingenden Altsteinzeit. Ihre frühesten Spuren aus der Zeit vor etwa 12 000 bis 14 000 Jahren hat man bei Ahrensburg nördlich von Hamburg gefunden, weshalb diese Kulturgruppe auch als «Hamburger Kultur» bezeichnet wird. Es war noch sehr kalt in dieser Zeit, die damalige Vegetation ist mit der im heutigen Nordsibirien vergleichbar. Am Ufer des entstehenden Baltischen Eissees, der Urform der Ostsee, herrschten also Lebensbedingungen wie heute an der Eismeerküste.

Diese «Hamburger» Renjäger glichen ihren Lebensrhythmus ganz dem ihres wichtigsten Jagdwildes an, sie folgten dem Ren auf seinen großen Frühjahrs- und Herbstwanderungen. In der Tundra am Rande des Eises hielten sie sich nur während der drei Sommermonate auf. Als Unterkunft dienten ihnen wahrscheinlich zweieinhalb mal drei Meter große, mit aneinander genähten Renfellen bedeckte Zelte; von ihnen sind nur die zur Beschwerung der Zeltwände benutzten Steine erhalten geblieben. Hinterlassenschaften von Menschen derselben Hamburger Kulturstufe hat man für die Zeit um 10 000 v. Chr. auch in Dänemark, im südwestlichsten Zipfel Schwedens und im Baltikum gefunden. Aber es war nur eine verschwindend geringe Zahl von Menschen, sicher nur wenige Tausend, die damals in den Ostseeraum vorstießen, an den Rand der bewohnbaren Welt.

Als ab etwa 10 000 v. Chr. ein merklicher Temperaturanstieg einsetzte, wandelte sich mit dem Klima auch die Vegetation. Birken- und Kiefernwälder traten an die Stelle der Tundra. In dieser wärmeren Epoche, die man nach dem Ort ihres ersten geologischen Nachweises in einer Ziegeleigrube bei Allerød auf Seeland Allerödzeit nennt, gingen die Menschen entlang der Ostsee dazu über, sich für etwas längere Zeit an einer Stelle niederzulassen.

Bei der Grabung Stellmoor bei Ahrensburg stieß man auf eine große Menge an Rengeweihen, Hinterlassenschaften der spätaltsteinzeitlichen Rentierjäger.

Eine solche ganzjährig genutzte Wohnstätte auf einer Landzunge am Rande eines Sees hat man bei Bromme auf Seeland ausgegraben, sie wurde namengebend für die ganze Kulturgruppe. Auch der alte Siedlungsplatz bei Hamburg wurde nun dauerhaft bewohnt. Doch um 8800 v. Chr. meldete sich für rund 800 Jahre noch einmal die Eiszeit zurück. Ein Temperatursturz ließ den Hochwald wieder zugunsten einer tundrenähnlichen Landschaft verschwinden. Und aus den relativ sesshaften Menschen der Bromme-Kultur wurden erneut nomadisierende Renjäger.

Die Menschen der späten Eiszeit, die Ackerbau weder kannten noch ihn angesichts des kalten Klimas hätten betreiben können, ernährten sich hauptsächlich von Fleisch, das roh gegessen oder über der offenen Flamme geröstet wurde. Beeren, Knollen, in der Allerödzeit auch weitere Früchte und blattgrüne Vegetation, kamen hinzu. Man vermutet, dass – wie bis in die Gegenwart hinein bei den arktischen Völkern – auch der halbverdaute Inhalt des Renmagens einen wichtigen Beitrag zur Vitaminversorgung lieferte. Denn die Magensäure des Rens schließt die Gräser und Moose auf und macht sie damit auch für den Menschen zu einem hochwertigen Lebensmittel.

Zur Jagd besaßen die Menschen der jüngeren Altsteinzeit bereits hoch entwickelte, weit tragende Waffen, so vor allem Pfeil und Bogen. In der jüngsten Ahrensburger Fundschicht aus der Zeit um 8500 v. Chr., der eigentlichen «Ahrensburger Kultur», bargen die Forscher hunderte Pfeile und Reste von Bögen aus gespaltenem Kiefernholz. Diese Pfeile konnten nacheinander mehrere Knochen durchschlagen, wie Skelettuntersuchungen an aufgefundenen Opfertieren gezeigt haben. Auch Harpunen mit sich ablösender Spitze wurden zur Jagd auf Rentiere verwendet, ebenso Beile, die aus Rengeweih gefertigt wurden.

Über die Vorstellungen, die diese frühen Ostsee-Anrainer von sich und der Welt entwickelten, lassen sich nur Vermutungen anstellen. Wahrscheinlich glaubten sie an die Allbeseeltheit der Natur. Unheilbringende Mächte galt es abzuwehren, wohlwollende Mächte günstig zu stimmen. Über Fundstücke bezeugt ist die Existenz von Schamanen, Mittelsmännern zur Welt der Geister, deren Hilfe man brauchte zur Heilung von Krankheiten, zur Abwendung von Unglücksfällen oder zur Sicherung des Jagdglücks. In der «Ahrensburger» Kulturschicht fand man ein 13 cm langes, durchlochtes Schwirrgerät aus Renknochen. Vergleichbare Geräte, die an einer Schnur befestigt und um den Kopf geschwungen werden, sind bis in die Gegenwart bei Naturvölkern in Gebrauch. Mit dem Ahrensburger Schwirrknochen, der ein propellerartiges Brummen erzeugt, kann man «heute noch die Stimme eines paläolitischen Geistes heraufbeschwören (…); aber nur, wenn man es links herum schwingt, rechts herum bleibt es stumm.» (RUST, S. 214).

Jäger und Fischer siedeln sich an

Ungefähr zu der Zeit, als salzhaltiges Nordseewasser über die mittelschwedische Senke in die Ostsee eindrang und aus dem bisherigen Süßwassersee für rund 750 Jahre erstmals ein Meer wurde, um 8000 v. Chr., ging auch die Eiszeit endgültig zu Ende. Birke und Kiefer breiteten sich entlang des Yoldia-Meeres und später des Ancylussees aus. Mit der weiteren Erwärmung konnte seit etwa 6800 v. Chr. auch die Haselnuss bis in das Gebiet des heutigen Mittelschweden vorstoßen, und allmählich drängte ein Eichenmischwald mit Eiche, Ulme, Linde, Ahorn und Wildobst die Nadelgehölze und die Birke in die Berglagen und nach Norden ab. In den dichter werdenden Wäldern fanden Hirsch, Elch, Auerochs, Wildschwein, Bär und viele Kleinsäuger und Vogelarten einen günstigen Lebensraum. Das Land war außerordentlich seenreich, viel ausgeprägter noch als heute. Als die Eiseinschlüsse im Boden schmolzen, hinterließen sie zahllose größere und kleinere Senken, die sich mit Wasser und bald auch einer vielfältigen Tierwelt füllten.

Diese wald- und seenreichen Landschaften waren ideale Jagdgründe für die Menschen der Mittelsteinzeit, einer Epoche, die im Ostseeraum von etwa 8000 v.Chr. bis ins vierte vorchristliche Jahrtausend dauerte. Auch wenn die Besiedlung immer noch sehr dünn war, nimmt die Zahl der archäologischen Fundplätze im Vergleich zu den letzten Phasen der Altsteinzeit doch um den Faktor 20 zu. Tatsächlich gibt es konkrete Anhaltspunkte, dass die in kleinen Gruppen lebenden Menschen sich erstmals in die Quere kamen. Denn anders als noch zur Zeit der Ahrensburger Kultur lebten die Menschen nicht mehr an frei zugänglichen Orten, sondern oft hundert und mehr Meter vom nächsten Ufer entfernt in Moor- und Sumpfgelände. Das ungesunde Wohnen auf nassem Boden, der erst mühsam mit Sand und Baumrinde trocken gelegt werden musste, in dauernd feuchter Luft und inmitten von Mückenschwärmen, lässt sich am einleuchtendsten mit der Furcht vor Überfällen erklären.

Einer der bedeutendsten ausgegrabenen Wohnplätze ist Maglemose, das «große Moor», bei Mullerup auf Seeland, wo reiche Hinterlassenschaften aus dem siebten und sechsten vorchristlichen Jahrtausend freigelegt wurden. Hier entdeckte man Spuren von Hütten, die bereits sieben Meter lang und vier Meter breit waren und Seitenwände aus in den Boden gerammten Ästen besaßen, die mit Schilf und Rohr abgedichtet wurden. Die nach diesem Fundort benannte Maglemose-Kultur erstreckte sich unter vielfachen regionalen und zeitlichen Variationen über die gesamte westliche Ostseelandschaft. Parallel zu ihr entwickelte sich im Baltikum die auf gleicher Stufe stehende Kunda-Kultur, deren Bezeichnung auf die Ausgrabungen nahe der gleichnamigen nordestnischen Stadt zurückgehen.

Als frühestes Haustier lebte in diesen Siedlungen bereits der Hund. Skelettfunde bei Hohen Viecheln nahe Wismar aus der Zeit zwischen 6500 und 5500 v.Chr. lassen schon eine klare Unterscheidung zwischen Wolf und Haushund zu. Die Hunde wurden hauptsächlich zu Jagdzwecken gehalten, aber wohl auch, um die Sicherheit der Weiler zu erhöhen. Außerdem fand man in Skandinavien auch Schlittenkufen, die der Größe nach zu Hundeschlitten gehören könnten.

Neben der Jagd auf Hoch- und Niederwild gewann der Fischfang in der Mittelsteinzeit stark an Bedeutung. Er wurde mit Fischspeeren, Angelhaken, Reusen und Netzen betrieben. Reste solcher Gerätschaften hat man erstmals in Fundschichten des achten und siebten vorchristlichen Jahrtausends an vielen Stellen längs der Ostsee von Dänemark bis Südfinnland entdeckt. Die aus Röhrenknochen, insbesondere Hirschgeweihen, hergestellten Angelhaken waren mit 8 bis 15 cm so lang, dass sie sich nur für den Fang großer Fische wie Hechte oder Welse eigneten.

Vermutlich stand die Ausbeutung des Fischreichtums auch Pate beim Bau der ersten Boote. Der früheste Hinweis auf die Existenz von Wasserfahrzeugen ist ein hölzernes Paddel, das im Duvenseer Moor bei Ratzeburg gefunden wurde. Es wird auf 7 200 v. Chr. datiert und ist damit eines der weltweit ältesten Belege für die Anfänge der Schifffahrt. Ob das Paddel für einen Einbaum, ein Rinden- oder ein Fellboot gedacht war, lässt sich heute nicht mehr mit Bestimmtheit sagen.

Das notwendige Werkzeug zur Holzbearbeitung stand in jedem Falle bereits zur Verfügung. Neben den Mikrolithen, kleinen, sorgfältig bearbeiteten Feuersteinsplittern, die unter anderem bei Pfeilen und Harpunen Verwendung fanden, wurde das Steinbeil zum typischen Werkzeug des Mesolithikums. Es wurde bereits zu Beginn der Mittelsteinzeit als Spezialgerät zum Fällen von Bäumen und zur Holzbearbeitung entwickelt. Die Klinge aus Flint steckte in einem Schaft aus durchlochtem Hirschgeweih, später auch aus Holz. Für die Klingen, die in zwei stark voneinander abweichenden Grundformen hergestellt wurden, verwandte man das Kernstück des Feuer-

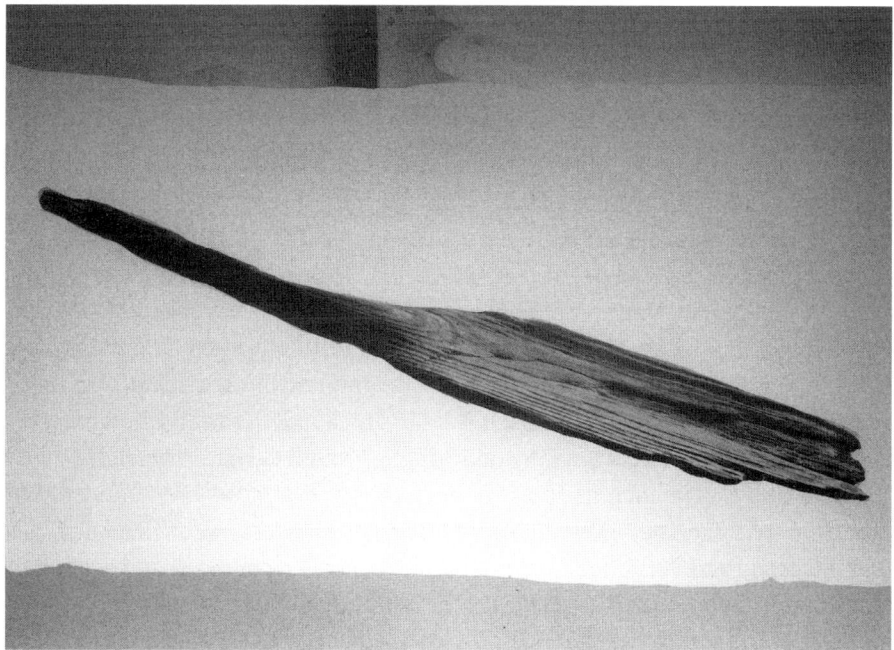

Das Holzpaddel aus dem Duvenseer Moor gilt als eines der frühesten Belege für den Gebrauch von Booten in der Geschichte der Menschheit.

steins, während die mit einem knöchernen Meißel abgespaltenen Klingen zu Messern, Schabern und dergleichen Dingen verarbeitet wurden.

Die geistigen Vorstellungen wurden weiter vom Glauben an Dämonen bestimmt. Bei Hohen Viecheln fand man die Tanzmaske eines Schamanen, die aus der Schädeldecke eines Hirsches samt seinem Geweih gefertigt worden war. Es ist ungewiss, ob Verstorbene damals bereits regelmäßig bestattet wurden. Vielleicht wurden sie auch einfach in die Wildnis hinausgelegt. Einzelne Gräber hat man jedoch entdeckt. Die Toten waren meist in sitzender oder hockender Stellung beigesetzt worden. Das Grab einer Frau im nordöstlichen Schonen enthielt als Beigabe einen flintbewehrten Speer und einen Knochenmeißel. Offenbar bestanden also bereits Vorstellungen von einem Leben nach dem Tode, in dem die Menschen Alltagsgeräte weiter gut gebrauchen konnten. In Mecklenburg stießen die Archäologen auf das Hockergrab eines gefesselten Menschen. Die Fesselung verweist möglicherweise «auf die Furcht der Lebenden vor den Geistern der Toten» (HAMANN, S. 17), die man daher vorsorglich band.

Die Menschen ziehen ans Meer

Etwa seit der Wende vom fünften zum vierten vorchristlichen Jahrtausend verlagerte sich der Siedlungsschwerpunkt im westlichen Ostseegebiet vom Binnenland an die Küste. Das Klima war warm und feucht in dieser Zeit mit Temperaturen, die zwei bis drei Grad höher lagen als heute. Der allgemeine Anstieg des Meeresspiegels hatte bereits ein Jahrtausend früher aus der einstigen Festlandsverbindung zwischen Jütland und Schonen die dänische Inselwelt geschaffen. Damit war zugleich die Ostsee wieder zum Meer geworden. Es spricht einiges dafür, dass die üppig wuchernde Vegetation Wild und Mensch aus dem dichten Unterholz an die Lichtungen in Küstennähe trieb. Wahrscheinlich ging aber auch der Bestand an Großwild aufgrund der intensiven Bejagung schon in einer Weise zurück, die die Menschen nach einer Erweiterung ihrer Ernährungsgrundlage Ausschau halten ließ.

Zum charakteristischen Kennzeichen dieser Zeit sind die sogenannten «Küchenabfallhaufen» geworden, meterdicke Ablagerungen hauptsächlich von Austern- und Muschelschalen, die aber auch Fischgräten und Knochen von Wasservögeln und Säugetieren wie Seehund, Hirsch, Reh und Auerochs enthalten. Der größte dieser Abfallhaufen, der bei Ertebølle am Limfjord entdeckt wurde, war ursprünglich 150 Meter lang und fast 30 Meter breit. Nach ihm wird die gesamte Periode als Ertebölle-Kultur bezeichnet.

Die Angehörigen dieser Kultur waren viel sesshafter als ihre Vorfahren, die ihre Wohnplätze oft nach wenigen Jahren wieder gewechselt hatten. Sie waren die ersten Menschen im Ostseeraum, die Keramiken herstellten, Viehzucht trieben und Pflanzen anbauten. Es sind dies die drei wichtigsten Merkmale der Jungsteinzeit, dem letzten Menschheitsabschnitt vor der Nutzung der Metalle. Die ersten schlichten Tongefäße fand man in jüngeren Siedlungsschichten, zeitlich am frühesten bei Ellerbek an der Kieler Förde. Die Keramikformen der Ertebölle-Kultur mit ihren charakteristischen, zipfelig ausgezogenen Böden zeigen eine auffällige Verwandtschaft mit Tonware aus Frankreich, Spanien und Nordafrika. Man glaubt deshalb, dass Anregungen aus dem Süden die Entstehung der Jungsteinzeit im Ostseeraum mit initiierten. Erst in den jüngsten Abschnitten gibt es deutliche Belege für die Haltung von Rind, Schwein und Schaf sowie den Anbau der ersten Getreidearten, nämlich von Emmer, Einkorn und Gerste.

Die Völker der Jungsteinzeit

Bau von Großsteingräbern

Noch vor dem Ende des vierten vorchristlichen Jahrtausends wurde die Ertebölle-Kultur von der Trichterbecherkultur abgelöst, der ersten vollneolithischen Kultur im Ostseeraum. Erstmals bildete der Ertrag der bäuerlichen Tätigkeit die Grundlage der Nahrungsversorgung. Die damit verbundenen Eingriffe des Menschen in die Umwelt gaben vielfach der Landschaft ein neues Gepräge. Auch im Abstand von 5 000 Jahren lässt sich dies noch durch die Untersuchung von Torfmoorprofilen erkennen. Sie zeigen im westlichen Ostseegebiet einen Rückgang des Eichenmischwaldes, der durch Feuer gerodet wurde, und einen starken Anstieg von Gräser- und Getreidepollen. Auch das typische Unkraut auf Weide- und Brachland, der Wegerich, tritt jetzt häufiger auf. Intensiviert wurde nicht nur der Anbau von Emmer, Einkorn, Gerste und Hirse, sondern auch die Viehzucht. Nach der Domestizierung der Ziege fehlten von den klassischen Haustieren nur noch das Pferd und die verschiedenen Geflügelarten.

Auch wenn diese Kulturgruppe von den Archäologen heute nach ihrer typischen Tonware bezeichnet wird, sind es doch die Großsteingräber, die am eindrucksvollsten von der Existenz der Trichterbecherleute Zeugnis ablegen. Mehrere Tausend Megalithbauten haben vor allem in Dänemark, aber auch in Südschweden und entlang der deutschen und polnischen Ostsee-

Der Dolmen aus Birkenmoor bei Schwedeneck in Schleswig-Holstein besteht aus mehreren aufgestellten Findlingen, die einen schweren Deckstein tragen.

küste die Zeiten überdauert und bestimmen teilweise bis heute das Landschaftsbild. Seit etwa 2700 v.Chr. entstanden zunächst Einzelgräber aus meterlangen, tonnenschweren Felsblöcken, die sogenannten Dolmen. Sie bestehen meist aus drei bis vier Findlingen, die einen gewaltigen Deckstein als Grabplatte tragen. An die Stelle der Dolmen traten später große Ganggräber, die meist mehrere Grabkammern umfassten und durch einen schmalen steinernen Zugang zu erreichen waren. Das Ganggrab wurde mit Erde bedeckt und die ganze Anlage mit Randsteinen umgeben, die einen «Friedenskreis» (STENBERGER, S. 61) markieren. Der größte dänische Bestattungsplatz dieser Art, Lindeskov auf Fünen, ist fast 170 Meter lang. Solche Ganggräber dienten als zentrale Begräbnisstätte für relativ kleine, etwa 20 bis 100 Erwachsene umfassende Gemeinschaften.

Es stellt sich die Frage, was diese kleinen Sippen- oder Dorfgemeinschaften veranlasste, solch mächtige Bauwerke zu schaffen, die ewig stehen sollten. Sie erforderten schließlich Zehntausende von Arbeitsstunden, die nicht mehr für die unmittelbare Existenzsicherung zur Verfügung standen. Gewiss zeugen die Bauten von einem starken religiösen Glauben, der auch die Vorstellung von einem Weiterleben nach dem Tod mit einschloss. Der im

Grabhaus beigesetzte Ahn blieb für die Nachlebenden auf eine sehr sichtbare Weise präsent. Die Errichtung eines solchen gewaltigen Monumentes hatte aber auch für die sich formierende Bauerngesellschaft eine wichtige Funktion. Der Bau war ein sichtbarer Ausdruck des gemeinsamen Strebens der Menschen, «ihren gewachsenen Zusammenhalt und somit ihr Überleben zu sichern» (RENFREW, S. 198). Wahrscheinlich waren die Anlagen nicht nur Gräber, sondern Mittelpunkte des öffentlichen Lebens, Versammlungsplätze für religiöse Rituale, die der Festigung des Gemeinschaftsbewusstseins dienten. Zugleich untermauerten diese frühen Bauerngemeinschaften mit der demonstrativen Pflege des Ahnengrabes ihren Anspruch auf das von ihnen genutzte Land gegenüber benachbarten Gruppen.

Nicht nur die Grabanlagen, sondern auch die Feuersteinprodukte künden von den bemerkenswerten technischen und arbeitsorganisatorischen Fähigkeiten der Trichterbecherleute. Seitdem die Steinmetze gelernt hatten, den Feuerstein mit Hilfe von Wasser und feinem Sand glatt und scharf zu schleifen, erreichten die großen Flintäxte eine Qualität, die sich beim Holzfällen mit der einer modernen Stahlaxt durchaus messen kann. Die Flintknollen wurden nicht mehr länger nur aufgelesen, sondern in regelrechten Bergwerken mit Schächten und Stollen abgebaut. In zugehörigen Werkstätten fand bereits eine Massenproduktion von Äxten, Sichelmessern und Dolchen statt, die weit über den lokalen Bedarf hinausging. Sowohl diese Werkzeuge als auch Halbfabrikate, roh zugehauene Klötze, wurden über See von Dänemark und Schonen nach Norwegen und Nordschweden ausgeführt.

Gehandelt wurde auch mit Bernstein, der zweiten begehrten Exportware des Ostseeraums, die schon in der älteren Trichterbecherzeit längs der Küsten organisiert gesammelt wurde. Wie weit die damaligen Handelsverbindungen reichten, zeigt ein Hortfund in Bygholm in Jütland. Er enthielt unter anderem acht Gegenstände aus Kupfer, einem Metall, dessen Gewinnung und Bearbeitung man im Ostseeraum noch nicht beherrschte. Vermutlich stammen die acht Teile, Schmuck und Werkzeuge, aus Südwesteuropa.

Kammkeramiker und Streitaxtleute

Zur gleichen Zeit, als die Trichterbecherleute die ersten Getreidearten kultivierten und Torfschweine und Rinder zur Weide trieben, lebten die Menschen im größten Teil des Ostseegebietes noch von Jagd und Fischfang. Nach ihrer typischen Tonware, die sie durch Eindruck von Knochenkämmen und Stäbchen verzierten, fasst man diese Stämme unter dem Namen der

Kamm- und Grübchenkeramischen Kultur zusammen. Die eigentlichen Kammkeramiker siedelten längs der gesamten östlichen Ostsee von der Weichsel über das Baltikum und Finnland bis nach Mittelschweden. Die Grübchenkeramiker lebten hauptsächlich in West- und Südschweden sowie im nördlichen und östlichen Dänemark und hatten hier enge Kontakte zur Trichterbecherkultur, ohne dass sie deren Lebensweise übernahmen. Einziges Haustier dieser Jägerkulturen war der Hund. Ihre Wohnplätze, die sie häufig wechselten, legten sie bevorzugt in der Nähe fischreicher Gewässer an. Auch diese Kulturen verfügten bereits über weitreichende Handelsbeziehungen. So hat man in finnischen Lagerplätzen dieser Zeit Feuerstein aus Russland und Bernstein aus Ostpreußen gefunden.

Auf den glatten Felswänden Nordskandinaviens und Kareliens haben diese einfachen Jäger und Fischer die ältesten Kunstwerke Nordeuropas hinterlassen. Als «wahre Meisterwerke der naturnahen Kunst» (PITTIONI, S. 250) hat man ihre Felsritzungen bezeichnet, bei denen sie ihre Jagdbeute mit wenigen, von genauer Beobachtungsgabe zeugenden Strichen festhielten. Die Tiere, vornehmlich Elche, sind häufig in Bewegung und in naturalistischer Form wiedergegeben, doch kommen auch schematisierte Ritzungen vor, die wie Symbole für bestimmte Tiere wirken. Auch Menschenfiguren, die axtähnliche Gegenstände halten, sind in den harten Untergrund eingeschlagen und dann mit gebranntem Eisenocker gefärbt worden. Ganz sicher hatten diese Felsmalereien eine magische Bedeutung. Die Zeichner suchten mit den Bildern Macht über die Wildtiere zu erlangen.

Die Kamm- und Grübchenkeramiker waren nicht die einzigen, deren Bekanntschaft die Trichterbecherleute machten oder machen mussten. Noch vor dem Ende des dritten vorchristlichen Jahrtausends erschien an der Ostee ein neuer Kulturkreis, dessen unterschiedliche regionale Ausprägungen mal nach der Bestattungsweise Einzelgrabkultur, mal nach der typischen Waffe Streitaxt- oder Bootaxtkultur genannt werden. Das Wissen über die Träger dieser Kulturform ist immer noch spärlich, doch wird vermutet, dass ihr Einbruch in die Ostseewelt sich ebenso rasch wie kriegerisch vollzog. Die Einzelgräber, in der sie ihre Toten unter Beigabe von bootförmigen Streitäxten bestatteten, hat man längs der gesamten Ostsee gefunden. Vom Baltikum gelangten die Streitaxtleute über Finnland nach Schweden und über Mecklenburg und Holstein nach Jütland und auf die dänischen Inseln. Ihre wichtigste und namengebende Waffe, die Streitaxt, die im seitlichen Profil häufig an ein Boot erinnert, war eine prachtvolle Steinarbeit und zugleich ein gefürchtetes Mordwerkzeug. Die schnelle Ausbreitung der Streitaxtleute hat zu der Vermutung geführt, dass sie das Pferd in das Ostseegebiet mitbrach-

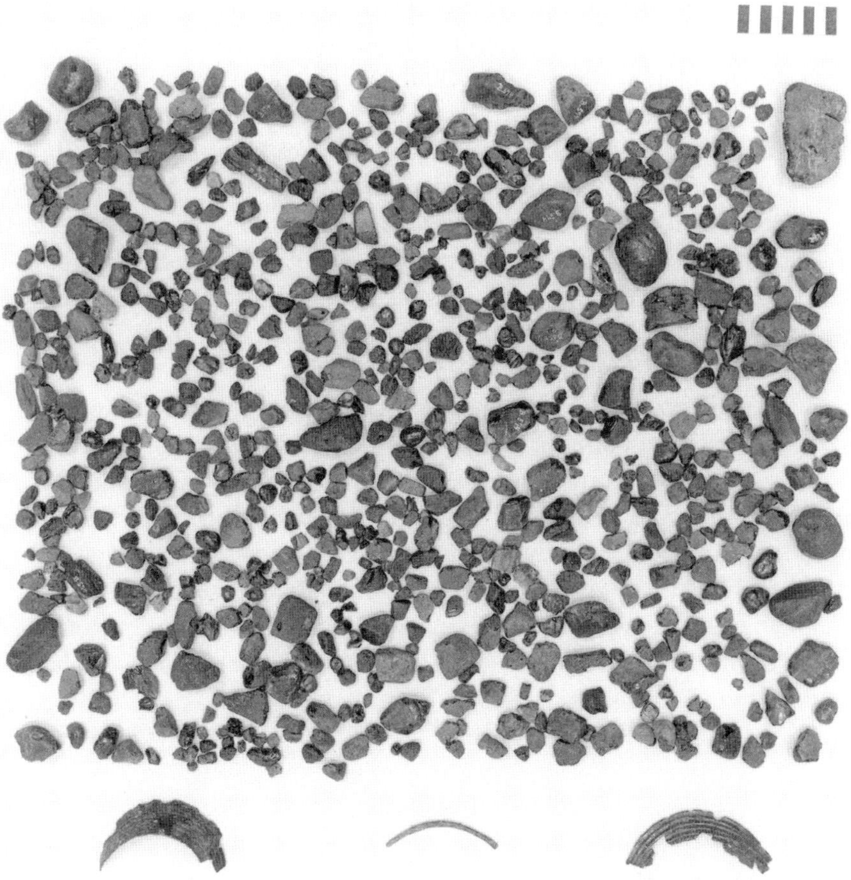

Bernstein war in der Bronzezeit besonders begehrt. Der Bernsteinfund von Under-
sted (Dänemark) stammt aus der älteren Bronzezeit und wiegt drei Kilogramm.

ten. Die engen Verbindungen zwischen der finnischen und der schwedischen
Bootaxtkultur zeigen aber auch, dass es sich um tüchtige Seeleute gehandelt
haben muss.

Die Streitaxtleute kannten den Ackerbau, aber weil sie bevorzugt auf sandigen Böden siedelten, glaubt man, dass die Viehzucht bei ihnen das Übergewicht besaß. Geschlossene Siedlungen hat man von ihnen nicht entdeckt,
nur einzelne isoliert gelegene kleine Rechteckhäuser. Die Angehörigen der
verschiedenen Kulturen, Trichterbecherleute und Kammkeramiker auf der
einen und Streitaxtleute auf der anderen Seite, lebten eine vergleichsweise
kurze Zeit parallel nebeneinander, dann verschmolzen sie seit dem frühen
zweiten vorchristlichen Jahrtausend zu einer gemeinsamen Kultur.

Für Finnland, wo sich Kammkeramiker und Bootaxtleute vermischten, spricht man nach dem namengebenden Fundort von der Kiukainen-Kultur, für Norddeutschland, Süd- und Mittelskandinavien, wo sich dieser Ausgleich hauptsächlich zwischen Trichterbecher- und Streitaxtleuten vollzog, hat sich der Begriff des Nordischen Spätneolithikums eingebürgert. Ihre Toten begruben die Spätneolithiker vorwiegend in einfachen Steinkisten, aber es fanden auch noch Nachbestattungen in den Megalithbauten statt. Charakteristisches Kennzeichen dieser Periode sind die prachtvollen Feuersteindolche, die die Äxte als Grabbeilagen ablösten. Sie sind so perfekt den schlanken und eleganten Bronzedolchen nachempfunden, die damals bereits in Mittel-, West- und Südeuropa hergestellt wurden, dass man auch von einer «steinernen Bronzezeit» spricht. Auch ausgezeichnete Flint-Kopien von Bronze-Schwertern hat man gefunden. Die geübten Steinhauer versuchten offenbar, durch eine fortgesetzte Verfeinerung ihrer Produkte dem Vordringen der Bronze Paroli zu bieten – und dies mit erstaunlichem Erfolg. Nur in geringem Umfang sickerte bronzene Importware aus Mitteleuropa und den britischen Inseln ein. Auch der einheimische Bronzeguss kam über einen vereinzelten lokalen Ansatz nicht hinaus. Während im übrigen Europa längst der neue Werkstoff herrschte, dauerte im Norden noch rund dreihundert Jahre lang die Steinzeit fort.

Kulturen der Bronzezeit

Die Metallzeit beginnt

In der Mitte des zweiten vorchristlichen Jahrtausends ließ sich der Siegeszug der Bronze allerdings auch im Ostseegebiet nicht länger aufhalten. Nach den typischen Stileigenheiten der Gerätschaften unterscheiden die Archäologen dabei mehrere großräumige Kulturkreise. Die genaue regionale Zuordnung ist zum Teil umstritten und wechselte auch mit der Zeit. Im südskandinavisch-norddeutschen Raum, der bereits in der Jungsteinzeit eine einheitliche Zone gebildet hatte, herrschte die Nordische Bronzezeit mit ihrem ganz eigenen Formwillen. Der Küstenstreifen zwischen Oder und Weichsel wird teils der mitteleuropäischen (Vor-)Lausitzer Kultur zugerechnet, teils zum Einflussbereich der Baltischen Bronzezeit gezählt, die sich im Nordosten bis zur Rigaer Bucht erstreckte. Beiderseits des Finnischen Meerbusens hat man dagegen nur sehr spärliche Bronzefunde gemacht, so in ganz Finnland nur etwas über hundert Stücke entdeckt. Es ist deshalb strittig, ob hier die einheimische Bevölkerung selbst zur Benutzung des neuen Werkstoffs übergegangen ist oder ob man eher von der Ansiedlung einer dünnen Oberschicht fremden, wohl skandinavischen Ursprungs auszugehen hat. Fest steht jedenfalls, dass im finnisch-karelischen Binnenland sowie in Nordschweden weiterhin Jäger- und Fischerstämme lebten, die noch Jahrhunderte lang in der Steinzeit verharrten.

Der Übergang zur Bronze beeinflusste das tägliche Leben zunächst nur wenig. Gegenstände aus dem neuen Metall, gleich ob Waffen, Werkzeuge oder Schmuck, waren eher Luxusgüter, neben denen die gewohnten Gerätschaften aus Stein, wie Beile, Sicheln oder Messer, noch lange verwendet wurden. Feststellen lässt sich allerdings die allmähliche Herausbildung einer begüterten Oberschicht, die ihren Reichtum unter anderem mit der Anhäufung von Gegenständen aus Bronze und Gold dokumentierte. Diese soziale Gruppe, die auch als Häuptlingsschicht angesprochen wird, war relativ groß; für das Gebiet des heutigen Dänemark geht man von etwa 10 000 Personen aus, was zugleich für recht kleinräumige Herrschaftsgebilde spricht.

Eine Steinsetzung in Schiffform bei Gannarve auf Gotland aus der jüngeren Bronzezeit (7./6. Jahrhundert v. Chr.). Diese Grabform ist in Gotland besonders häufig.

Wie es scheint, gewannen diese Häuptlinge ihre Macht und ihren Reichtum hauptsächlich durch den Fernhandel. Während man sich den wichtigsten Werkstoff der Steinzeit, den Flint, überall im Lande besorgen konnte, musste die Bronze aus Mittel-, Süd- und Westeuropa importiert werden. Die weit gespannten kommerziellen Verbindungen reichten von den britischen Inseln über das Rhonebecken, Italien und den Donauraum bis nach Griechenland mit seiner mykenischen Hochkultur. Von dort gelangten auch manche exotischen Gegenstände an die Ostsee. Bei Balkåkra in Schonen fand man zum Beispiel eine kreisrunde Bronzescheibe auf einem durchbrochenen Unterteil aus mehreren zusammengenieteten Bronzeblechen, die mit einem Kranz aus zehn radähnlichen Ornamenten verziert sind. Das seltsame Objekt wird als Sonnensymbol oder als Kulttrommel gedeutet und scheint ungarischer Herkunft zu sein. In der Nähe von Memel wurde sogar eine Statuette entdeckt, die wahrscheinlich eine hethitische Gottheit darstellt und vermutlich über das späthelladische Griechenland den Weg an die baltische Küste fand.

Im Austausch für die beträchtlichen Metallmengen, die in den Ostseeraum gelangten, wurde vor allem Bernstein exportiert. Das fossile Baumharz war sowohl in Mittel- als auch in Südeuropa sehr begehrt und wurde als so kostbar wie Gold angesehen. Mehrere Bernsteinstraßen führten von den Hauptfundorten, der Südostküste der Ostsee und der Südwestküste Jütlands, nach Süden. Dabei scheinen die Kaufleute des mitteleuropäischen Kulturkreises eine wichtige Mittlerfunktion eingenommen zu haben. In den von dem Mecklenburger Heinrich Schliemann ausgegrabenen Mykene fanden sich große Mengen an Bernsteinperlen, deren baltische Herkunft aufgrund ihres spezifischen Gehalts an Bernsteinsäure eindeutig nachgewiesen werden konnte. Daneben gehörten auch Pelzwerk und Salz zu den Produkten, mit denen die Ostseeanlieger Fernhandel trieben.

Als Transportmittel wurden im Landverkehr Wagen mit Speichen- oder Scheibenrädern eingesetzt. Einen großen Aufschwung erlebte aber vor allem die Schifffahrt, die auch klimatisch begünstigt wurde. Der dänische Altertumsforscher Peter Vilhelm Glob spricht von dem «Glück auf dem Meere, auf dem der ‹Weg zum Ruhm und zur Macht› des Bronzeitvolkes gründete» (GLOB, S. 137). Das Schiff verband die von Sunden und Belten, Meeren und Seen getrennten Handelsplätze und trug wesentlich zum einheitlichen Charakter des nordischen Kulturkreises während der Bronzezeit bei.

Auch die Landwirtschaft profitierte von den klimatischen Verhältnissen, die während des größten Teils der Bronzezeit herrschten. Es war weiterhin warm

Der Bronzefund aus Balkåkra in Schonen verdeutlicht die weitgespannten Handelsverbindungen in der nordischen Bronzezeit.

und vorwiegend trocken mit einer allmählichen Tendenz zu höheren Niederschlägen. Erst gegen Ende der Bronzezeit, in der ersten Hälfte des ersten vorchristlichen Jahrtausends, kam es zu einem durchgreifenden Klimawechsel. Nicht nur die Befunde von Mooruntersuchungen, sondern auch veränderte Trachten belegen, dass es damals merklich kühler und nasser wurde. Zu den wichtigsten bronzezeitlichen Neuerungen im Ackerbau zählt der Hakenpflug, der mit Ausnahme des nördlichsten Skandinavien im ganzen Ostseegebiet Verbreitung fand. Die primitiven Weizenarten Emmer und Einkorn wurden nun überall von der Gerste zurückgedrängt. Als neue Getreidesorten kamen Hafer und Hirse hinzu, letztere verschwand aufgrund der verschlechterten Wetterbedingungen jedoch bereits wieder am Ende der Bronzezeit.

Die Viehzucht nahm wohl allgemein an Bedeutung zu. Das Pferd gehörte jetzt zu den verbreiteten Haustieren. Es wurde nicht nur als Zugtier und zum Reiten gebraucht, sondern auch als Fleischlieferant gehalten und vielleicht

Die bronzezeitliche Männertracht wurde aus einem Grab bei Trindhoj geborgen. Zu sehen ist der bis zu den Achseln reichende Rock und der Überwurf, beides aus Wolle.

für kultische Zwecke genutzt. Für Dänemark und Schleswig-Holstein lässt sich eine Zurückdrängung des Waldes und eine Ausweitung der Heideflächen nachweisen. Zusammen mit den vereinzelt aufgefundenen Wollstoffen, die eine entwickelte Webtechnik verrraten, spricht dies für eine intensive Schafhaltung.

Die einzigartigen bronzezeitlichen Trachten wurden aus Eichensärgen geborgen, die in seltenen Glücksfällen erhalten geblieben sind, wenn die Bildung einer Eisenschicht über und unter dem Sarg für einen luftdichten Abschluss sorgte. Dank dieser Funde weiß man, dass die Männer Röcke trugen, die von den Achseln bis zu den Knien reichten. Ihre weiten wollenen Überwürfe wurden durch eine zweigliedrige Fibel zusammengehalten, die Urform der heutigen Sicherheitsnadel. Sie ist eine Erfindung der bronzezeitlichen Bewohner Südskandinaviens. Eine hohe Mütze und kreuzweise gebundene Ledersandalen rundeten die Herrenausstattung ab. Die Frauen waren mit Jacke oder Bluse und einem Rock bekleidet, der um die Hüfte geschlungen wurde. Da die Leichen durch die Gerbsäure des Eichenholzes konserviert wurden, kennt man sogar die Haartracht aus der Zeit vor mehr als 3 000 Jahren. Die Köpfe der Manner waren kurzgeschoren, während die Frauen eine Pagenfrisur trugen oder aber ihre Haare hoch steckten und mit einem Netz umschlossen.

Neue Begräbnissitten

Die Eichensärge fand man in den großen Hügelgräbern, die in vielen dänischen Regionen, so besonders im nordjütischen Thy, die Landschaft bis heute prägen. Die Grabmale, die immer an den höchsten Geländepunkten und bevorzugt in Küstennähe errichtet wurden, sind meist drei bis vier Meter hoch und 15 bis 25 Meter lang, weisen nicht selten aber auch die doppelte Größe auf. Sie waren nicht nur im gesamten Gebiet des Nordischen Kreises von Mittelschweden bis Mecklenburg verbreitet, Gräber des gleichen Typs wurden auch im Baltikum angelegt. Sie dienten durchweg als letzte Ruhestätte für die «Häuptlinge» und ihre Familienangehörigen. Der Materialverbrauch für dieses «Denkmal eines Lebens in Größe und Macht» (GLOB, S. 102) war enorm. Für ein einziges Hügelgrab, das hauptsächlich aus Soden aufgeschichtet wurde, benötigte man Gras- und Heidestücke von einem bis anderthalb Hektar Land, das dadurch auf längere Zeit für die landwirtschaftliche Nutzung ausfiel. Nur in Schweden wurden die Särge oft von Stein- statt von Erdhügeln bedeckt.

Etwa um die Wende vom zweiten zum ersten vorchristlichen Jahrtausend setzte sich von Süden her eine neue Begräbnisart durch, die Einäscherung. Der Wechsel von der Körperbestattung zur Leichenverbrennung vollzog sich relativ rasch sowohl im Bereich des Nordischen wie des Baltischen Kreises und markiert den Übergang von der Älteren zur Jüngeren Bronzezeit. Der Übergang zur Brandgrabsitte, deren geographischer Ursprung im heutigen Ungarn vermutet wird, war offensichtlich mit einem tief greifenden Wandel der religiösen Vorstellungen verbunden. Möglicherweise diente das Feuer dazu, die Seelen der Toten vom Körper zu lösen, so dass sie in ein Totenreich ziehen konnten. Das Grab war demnach nicht länger der dauernde Wohnsitz der Toten. Für eine solche Auffassung spricht nicht zuletzt ein Fund in einem

Die bronzezeitlichen Waffen und Gerätschaften wurden in Mecklenburg-Vorpommern aus Horten und Gräbern geborgen und werden auf 1300–750 v.Chr. datiert.

40

Der Sonnenwagen von Trundholm ist eines der schönsten Zeugnisse der nordischen Bronzezeit. Die Bronzescheibe ist einseitig mit verziertem Goldblech belegt.

dänischen Brandgrab. Dort wurden die verbrannten Knochen «abgeschnittener Schwingen von wenigstens sechs Dohlen und zwei Krähen oder Saatkrähen» entdeckt. «Was man damit bezweckte, (…) kann wohl keinem Zweifel unterliegen. Zwölf kleine und vier große Schwingen sollten die Seele sicher in das Land der Toten tragen» (GLOB, S. 122).

Es dauerte eine Weile, bis die neue Bestattungsart auch Änderungen bei der Grabanlage und den Beigaben nach sich zog. Anfangs wurde die Asche des verbrannten Leichnams einfach auf den Boden des Sarges oder der Steinkiste gestreut und sodann mit Kleidern, Waffen und Schmuck bedeckt. Erst allmählich wurden Sarg und Steinkiste kleiner und schließlich durch Urnen ersetzt, während die Beigaben spärlicher wurden und kleine Nachbildungen an die Stelle der prächtigen Bronzeschwerter traten. Die Urnen setzte man entweder in den alten großen Hügelgräbern bei oder legte neue, jetzt viel kleinere Grabhügel an.

Die Gräber sind nicht die einzigen Relikte aus der Bronzezeit, die uns Einblick in die geistige Welt der damals lebenden Menschen geben. Eine große Faszination geht bis heute von den südskandinavischen Felszeichnungen aus, die von geschickten Händen in glatte Steine und Felsen eingeritzt, eingeschliffen oder eingeklopft worden sind. Sie stammen wahrscheinlich aus der gesamten Bronzezeit, mit einem Schwerpunkt im jüngeren Teil, und sind besonders zahlreich in Südschweden. Allein in Bohuslän hat man eintausendeinhundert Ritzungsstellen mit einer Vielzahl an Figuren gezählt. Die Zeichnungen sind nicht Resultate eines gelegentlichen Einfalls oder künstlerischer Selbstzweck, sondern haben wie ihre nordskandinavisch-karelischen Gegenstücke magisch-kultischen Charakter.

Im Vergleich zu den Bildern der steinzeitlichen Jägervölker fällt aber der Wechsel der Motive auf. Während diese das Wild zu bannen suchten, spiegeln die Felszeichnungen der Bronzezeit «die Handelsgemeinschaft und ihre Grundlagen in Seefahrt, Ackerbau und Viehzucht wider» (GLOB, S. 137). Unter den symbolischen Darstellungen tritt am häufigsten die Schalengrube auf. Das Zeichen, vermutlich ein Fruchtbarkeitssymbol, kam wohl zum Beginn der Bronzezeit zusammen mit dem Metall in den Norden Europas. Es ist auch entlang der gesamten südlichen Nordsee und der europäischen Atlantikküste sowie im Mittelmeerraum und im Nahen Osten zu finden. Nach den Schalenzeichen folgt als zweithäufigstes Bild das Schiff. Diese Rangfolge ist einzigartig für Europa. Die Wasserfahrzeuge werden meist mit hochaufragenden Steven an Heck und Bug und einem Kielsporn gezeichnet. Ein besonders prächtiges Schiffsbild hat die Zeiten bei Torsbo in Bohuslän überdauert. Es ist 4,5 Meter lang und trägt eine Besatzung von 124 Mann. Weit verbreitet sind auch Raddarstellungen, teils mit, teils ohne Speichen, die sowohl den Wagen als auch die Sonne symbolisieren. Die Verehrung des Licht und Wärme spendenden Gestirns hat seinen bekanntesten Niederschlag im Sonnenwagen von Trundholm gefunden, «dem schönsten Kultdenkmal des Nordens» (PITTIONI, S. 267). Der 1902 entdeckte kleine Bronzegegenstand stammt aus der älteren Bronzezeit und ist vermutlich die Nachbildung eines Kultwagens. Es handelt sich um eine kreisrunde, einseitig mit Gold überzogene Scheibe, die von einem Pferd gezogen wird. Scheibe und Pferd sind auf einem sechsrädrigen Wagengestell montiert.

Wie es scheint, tritt später an die Stelle des von einem Tier bewegten Himmelskörpers die Vorstellung der auf einem Schiff fahrenden Sonne. Man findet dieses Bild des öfteren auf den Felszeichnungen, mit einem der Sonne vorgespannten Tier als Zwischenstufe. Diese auffallende Änderung verweist einmal mehr auf die zentrale Rolle, die die Schifffahrt damals im Leben und im Bewusstsein der Menschen spielte.

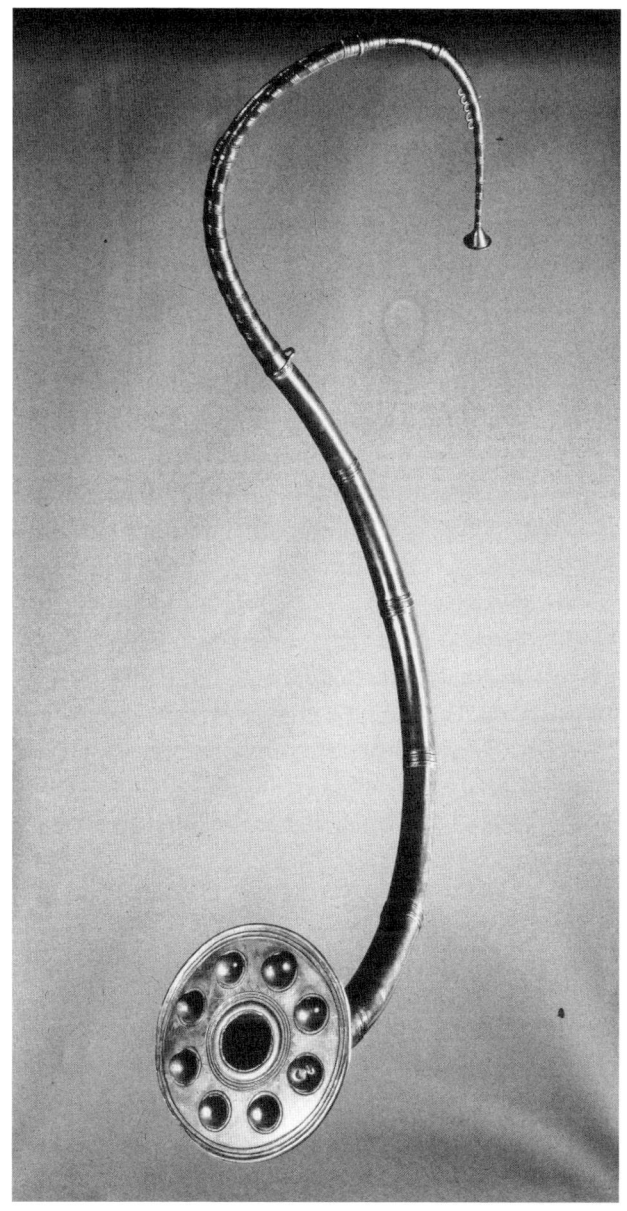

Eine der am besten erhaltenen Luren der Bronzezeit wurde bei Tellerup auf Fünen gefunden. Die Tonreihe des Instrumentes ist auf Naturtöne begrenzt.

Obwohl die Übernahme der Sitte der Leichenverbrennung zeigt, welche starke Einflüsse von außen auf die Nordische Bronzezeit einwirkten, behielt sie doch ihre ausgeprägte Eigenständigkeit. Dies wird nicht zuletzt in einer weiteren Spezialität des südlichen und westlichen Ostseeraums sichtbar, den Luren. Die bis zu 2,5 Meter langen, gebogenen Blasinstrumente zeugen von einer meisterhaften Beherrschung des Bronzegusses. Die stets paarweise gefundenen Luren dienten sicher kultischen Zwecken. Einige Exemplare sind so gut erhalten geblieben, dass sie noch heute spielbar sind. Daher weiß man, dass ihr Klang dem von Posaunen ähnelt.

Der Ausgang der Bronzezeit längs der Ostsee ist durch eine auffallende Fundarmut gekennzeichnet. Die einheimische Produktion sank quantitativ und qualitativ ab, auch Importe wurden seltener. In Finnland fielen die Menschen offenbar sogar in die Steinzeit zurück. Über die Gründe lässt sich leider nur spekulieren. Der bereits erwähnte Klimawandel ließ nicht nur den Ernteertrag sinken, sondern bereitete wahrscheinlich auch der Schifffahrt Probleme. Sicher dauerte es eine Weile, «bis sich Schiffbau und Navigationskunst den neuen Wetter- und Meeresverhältnissen angepaßt» hatten (BRANDT, S. 51). Auch politisch wurden die Zeiten unruhiger. Das Vordringen der kriegerischen Kelten und Skythen störte die bisherigen Handelsverbindungen entlang von Elbe, Oder, Weichsel und Donau. Seit dem sechsten vorchristlichen Jahrhundert lässt sich an der unteren Weichsel und in Masuren die Anlage von Wehrdörfern nachweisen, mit denen sich die dort lebenden Menschen gegen die Beutezüge der vom Schwarzen Meer vorstoßenden Skythen zu schützen suchten. Von den frühen Kelten, die sich archäologisch mit der Hallstatt-Kultur gleichsetzen lassen, lernten die Bewohner entlang der südlichen und westlichen Ostsee bald aber auch etwas ganz Neues: den Gebrauch des Eisens.

Die Welt der Germanen und ihrer Nachbarvölker

Ein neuer Werkstoff: das Eisen

Wie die ausgehende Bronzezeit, so war auch die beginnende Eisenzeit für die Menschen an der Ostsee geprägt durch widrige Verhältnisse, Knappheit und Spärlichkeit. Kälte und Nässe mit Temperaturen, die unter den heutigen lagen, machten den Bauern das Leben schwer. Mancherorts, so im norrländischen Küstengebiet, wurden die Siedlungen ganz aufgegeben, weil es nicht mehr gelang, in den nasskalten Sommern genügend Winterfutter für das Vieh einzubringen. In anderen Gebieten, so in Mecklenburg, lässt sich eine Verlagerung des Siedlungsschwerpunktes von den schweren, tiefer liegenden Böden auf die leichteren sandigen, aber weniger fruchtbaren Höhen nachweisen.

Auch in der allgemeinen Fundarmut schließt sich die frühe Eisenzeit, die im Ostseeraum regional unterschiedlich etwa in der Mitte des ersten vorchristlichen Jahrtausends einsetzte, nahtlos an die späte Bronzezeit an. Die Kelten als «feindliche Großmacht … störten und unterbanden die jahrhundertealten Verbindungen des nordischen Handels mit dem südlichen Mitteleuropa» (BRØNDSTED, 3, S. 28). Dadurch herrschte ein fühlbarer Mangel an Metall, denn die einheimische Produktion reichte zunächst nicht aus, um den Bedarf zu decken.

Erst allmählich lernten die Menschen, sich den geänderten Verhältnissen anzupassen. Das begann bei der Kleidung. Gürtelverschlüsse, die in jütischen Brandgräbern gefunden wurden, sind die ersten Belege für das Tragen von wärmenden Hosen. Zum Schutz des Viehs wurden jetzt verbreitet Ställe gebaut. Typisch für die westliche Ostseehälfte war dabei die Verbindung von Wohn- und Wirtschaftsteil unter einem Dach. Dieses wurde von zwei Pfostenreihen getragen, so dass ein dreischiffiges, langgestrecktes Hallenhaus entstand. Die Stallhaltung hatte auch den Vorteil, dass nun der Dung gesammelt und gezielt auf die Äcker aufgebracht werden konnte. Wichtigste Getreidearten waren die Gerste und nun erstmals auch der Roggen, der den Weizen weiter zurückdrängte. Als neue Geräte wurden das Laubmesser und die Sense für die Heuernte entwickelt.

Zur Gewinnung des Eisens konnte auf Sumpf- oder Raseneisenerz zurückgegriffen werden, das sich an vielen Stellen in Sümpfen und Wiesen bildete, wenn eisenhaltiges Wasser mit Luftsauerstoff in Berührung kam. In primitiven, aber funktionstüchtigen Schmelzöfen, die häufig aus Lehm gebaut wurden, brachte man das Erz bei über 1000 Grad zum Schmelzen. Durch nochmaliges Erhitzen und Aushämmern wurde der dabei gewonnene Eisenklumpen von den Schlackestoffen gereinigt und zu Barren weiterverarbeitet. Zum Hämmern setzte man einfach Feldsteine ein, die gut in der Hand lagen. «Was die Kenntnis der Eisengewinnung für die damaligen Bauern bedeutete, als die Bronze knapp und nur für die Reichen zu erlangen war, lässt sich kaum ermessen. Hier tauchte die Möglichkeit auf, sich durch eigenen Fleiß schneidendes Werkzeug zu schaffen, das stärker und haltbarer war als jegliches Gerät vorher» (BRØNDSTED, 3, S. 112f.).

So waren mit dem Übergang von der Bronze- zur Eisenzeit auch einschneidende Veränderungen der Sozialstruktur verbunden. Im Gegensatz zur «Oberklassenkultur» der Bronzezeit ist für die frühe Eisenzeit eine «gewisse demokratische Gleichheit» charakteristisch (BRØNDSTED, 3, S. 116). Sie lässt sich insbesondere an den aufgefundenen eisenzeitlichen Äckern ablesen. Wo die Felder später von Wald oder Heide bedeckt wurden, sind die

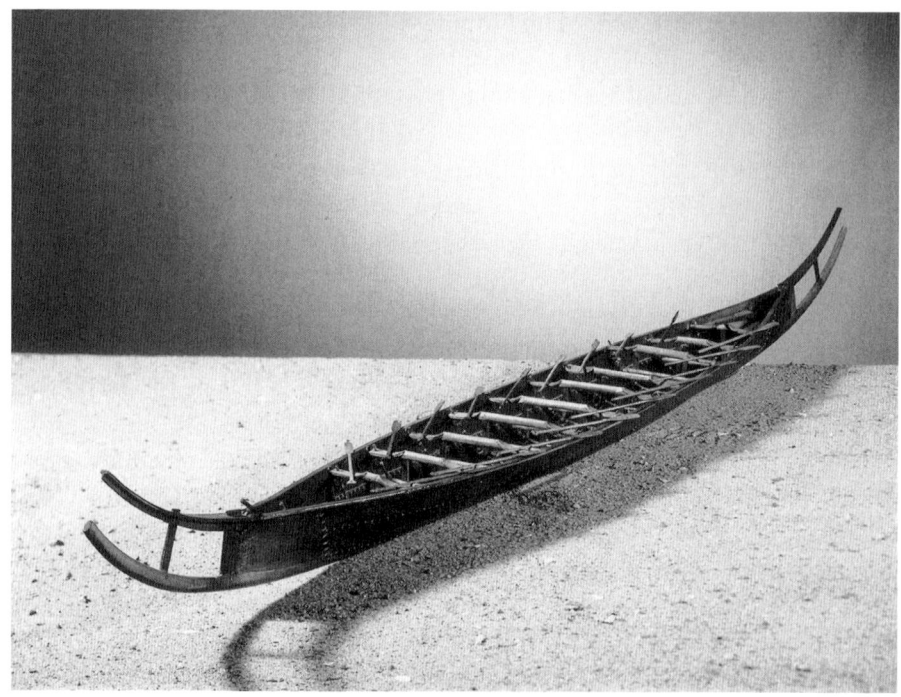

Rekonstruiertes Modell des Bootes von Hjortspring. Die Planken des Bootes sind wie im Original zusammengenäht.

durch kleine Steinwälle markierten Ackergrenzen über 2500 Jahre hinweg erhalten geblieben. Auch wenn die Parzellen in der Größe erheblich variieren, scheint es keinen ausgeprägten Großbesitz gegeben zu haben. Erst gegen Ende der vorrömischen Eisenzeit, im ersten vorchristlichen Jahrhundert, deuten prächtig ausgestattete Gräber wieder auf eine stärkere soziale Gliederung hin.

Die langsame Verbesserung der Lebensumstände, die sich seit dem dritten vorchristlichen Jahrhundert längs der Ostsee abzeichnete, war nicht nur das Resultat einer erfolgreichen Anpassung an die geänderten Verhältnisse, sondern auch wieder lebhafterer Beziehungen zur Außenwelt. In vielen Lebensbereichen lässt sich keltischer Einfluss feststellen. Dieser erstreckt sich über Schmuck und Waffen bis hin zur Pflasterung von Straßen. Auch auf religiösem Gebiet wurden keltische Vorstellungen aufgegriffen, so die Praxis, nach gewonnener Schlacht einen Teil der Beute dem Kriegsgott zu opfern.

Dieser Sitte verdanken wir auch das älteste erhaltene nordische Schiff, das 1921/22 im Moor von Hjortspring im nördlichen Alsen ausgegraben wurde. Es stammt vermutlich aus dem frühen dritten vorchristlichen Jahr-

Das Boot von Hjortspring ist ungefähr 2300 Jahre alt. Es ist jetzt im dänischen Nationalmuseum in Kopenhagen ausgestellt.

hundert. Das Boot, das 22 bis 24 Kriegern Platz bot, ist einschließlich der Stevenverlängerung 19 Meter lang, in der Mitte knapp zwei Meter breit und hauptsächlich aus Lindenholz gefertigt. Das lange und schmale Fahrzeug, das flach im Wasser lag und mit Paddeln angetrieben wurde, stimmt mit dem

47

aus den bronzezeitlichen Steinzeichnungen bekannten Schiffstyp erstaunlich überein. Die Planken des Bootes waren nicht geklinkert, sondern zusammengenäht, ein Überbleibsel aus der Technik des Fellbootbaus.

Entstehung und Ausbreitung der Germanen

Die Völkerschaften, die am Ende des ersten vorchristlichen Jahrtausends rund um die westliche und mittlere Ostsee siedelten, mit der Weichsel als ungefährer östlicher Grenze, waren Germanen. Sie traten in den ersten Jahrhunderten vor Christi ins Licht der Geschichte. Die Entstehung dieser Völkerfamilie stellt man sich heute als vielschichtigen Angleichungsprozess zahlreicher benachbarter und meist ethnisch verwandter eisenzeitlicher Bevölkerungsgruppen vor. Eine wichtige Rolle scheint dabei der Kontakt mit den zivilisatorisch überlegenen Kelten gespielt zu haben, denn die Ethnogenese der Germanen war wohl vor allem auch ein Prozess der Auseinandersetzung und der Abgrenzung gegenüber den mächtigen Nachbarn im Süden. Während man von der Technik bis zur Götterwelt vielfältige keltische Einflüsse aufnahm, entwickelte sich gleichzeitig eine sich vom Keltischen immer mehr unterscheidende Sprachgruppe, das Germanische. Das Wort «Germanen» scheint übrigens auch aus dem Keltischen zu stammen und bezeichnete dort ursprünglich alle nichtkeltischen Nachbarn. Die Übertragung des Begriffs auf die germanischen Völker geht auf den antiken Schriftsteller Poseidonios zurück, der um 80 v. Chr. eine Gruppe kleinerer Stämme im heutigen Belgien, die von Osten über den Rhein gekommen waren, «Germani Cisrhenani» nannte. Über eine eigene Selbstbezeichnung verfügten die Germanen nicht.

Ethnisch gesehen reicht die Bevölkerungskontinuität der dann germanisch besiedelten Räume vielfach bis in die Bronzezeit zurück. Dies gilt vor allem auch für die Träger der Kultur der Jastorfgruppe, die ihren Namen nach einem ergiebigen Fundort in der Nähe von Celle erhalten hat. Die Jastorf-Kultur, die sich seit dem sechsten vorchristlichen Jahrhundert entwickelte, erstreckte sich von der jütischen Halbinsel und Fünen über das nördliche Niedersachsen und Mecklenburg bis nach Pommern sowie noch weiter nach Süden. Sie hatte wohl einen wesentlichen Anteil an der Entstehung des gesamten Germanentums.

Bis heute bereitet es Probleme, die von Tacitus, Ptolemäus und anderen antiken Schriftstellern genannten germanischen Stämme den von der Archäologie ermittelten Fundgruppen eindeutig zuzuordnen und damit zu lokalisieren. Dies liegt nicht zuletzt auch an der großen Mobilität der Stämme, die häufig mit volklichen Umbildungen und Neuformierungen verbunden war. Als brauchbares Hilfsmittel hat sich aber die Einteilung der Germanen in sechs regionale Gruppen erwiesen, von denen vier zumindest teilweise in den Einzugsbereich der Ostsee fallen: die Ostseegermanen, worunter eine Vielzahl kleinerer südskandinavischer Stämme zusammengefasst werden, die Oder-Weichsel-Germanen, die Elbgermanen und die Nordseegermanen. Zu letzteren zählen in den ersten Jahrhunderten nach Christi die Sachsen, die ihre Wohnsitze in Holstein und dem Nordwesten von Mecklenburg hatten. Zu den Elbgermanen, die mit dem Stammesverband der Sueben gleichgesetzt werden können, gehören zur gleichen Zeit mit den Langobarden, Semnonen und Warnen drei Stämme, die an der Unterelbe sowie in Mecklenburg siedelten. Die Ostseeküste zwischen den Unterläufen von Oder und Weichsel schließlich war in diesem Zeitraum die Heimat der Rugier, Burgunder und Goten.

Die große Völkerwanderung

Die ersten Berichte, wonach größere germanische Gruppen ihre angestammten Wohnsitze in Skandinavien und Norddeutschland verließen und auf der Suche nach neuem Siedelland in weit entfernte Gegenden zogen, reichen bis in das dritte vorchristliche Jahrhundert zurück. Bereits um 230 v. Chr. erschienen die Bastarnen und Skiren an der Schwarzmeerküste. Archäologische Funde weisen die Bastarnen als Angehörige der Jastorf-Kultur aus; vermutet wird, dass sie ursprünglich aus dem Elbe-Havel-Gebiet stammten. Die Skiren könnten – einem vagen Hinweis bei Ptolemäus zufolge – vor ihrer Abwanderung links der unteren Oder beheimatet gewesen sein.

Etwa ein Jahrhundert später machten sich in Jütland und Südnorwegen ansässige Stämme – oder genauer: größere Teile von ihnen – auf den Weg nach Süden. Die Wandalen zogen von Nordjütland, wo noch heute der Name Vendsyssel an sie erinnert, mit dem Hauptteil des Stammes nach Schlesien, eine zweite, weniger starke Gruppe, benannt nach dem Teilstamm der Hasdingen, setzte sich an der Weichselmündung und in Masuren fest. Gut unterrichtet sind wir aber vor allem über den Zug der jütländischen Kimbern und Teutonen, die das Römische Reich in zeitweise ernste Gefahr brachten.

Auf ihrer jahrzehntelangen Wanderung durchquerten die beiden Stämme sowie ihnen angeschlossene Völkerscharen weite Teile Mittel- und Westeuropas vom Donaugebiet bis nach Spanien. Mehrere römische Heere, die sich ihnen zwischen 113 und 105 v. Chr. in den Weg stellten, wurden von ihnen aufgerieben. Erst als sich die Kimbern und Teutonen auf ihrem Marsch nach Italien voneinander trennten, verließ sie das Kriegsglück. Der römische Konsul Marius konnte die isoliert voneinander operierenden Heerhaufen 102/101 vernichtend schlagen.

Die antiken Schriftsteller geben als Motive für den Zug der Kimbern und Teutonen die Bedrohung ihrer seenahen Wohnplätze durch verheerende Sturmfluten sowie Raub- und Wanderlust an. Eine Erhöhung des Meeresspiegels der Nordsee lässt sich allerdings erst für das erste nachristliche Jahrhundert nachweisen. Stattdessen spricht viel dafür, eine nachhaltige Verarmung der bislang genutzten Böden als Grund für den Wegzug großer Bevölkerungsteile anzunehmen. In Jütland lässt sich für eben diese Zeit ein Wechsel der Anbauflächen von den sandigen Böden im Inneren der Halbinsel zu den lehmigen Böden im Norden und Osten nachweisen.

Bei diesen Wanderungen zog, wie man von den Kimbern und Teutonen weiß, nicht der gesamte Stamm, sondern nur ein Teil fort. Da sich diesen Zügen während der jahrelangen Märsche aber auch Gruppen aus anderen Stämmen anschlossen, erreichten diese mobilen Völkerschaften doch ganz beträchtliche Größenordnungen. Für die Kimbern und Teutonen hat man mit Blick auf die gegen sie aufgebotenen römischen Heere eine Gesamtstärke von jeweils 100 000–150 000 Personen errechnet.

Vor 70 v. Chr. verließen auch vorwiegend swebische Stämme aus dem Elbegebiet, denen sich die vermutlich jütländischen Eudosen und Haruden anschlossen, ihre bisherige Heimat und drangen unter Führung ihres Fürsten Ariovist zunächst zum Oberrhein und dann auf gallisches Gebiet vor, wo sie von Caesar im Jahr 58 zurückgeschlagen wurden. Es scheint, dass in diesen Jahrzehnten große Teile Germaniens in Unruhe gerieten. Denn nun setzten mehrere bislang südskandinavische Stämme, darunter die Langobarden, die Burgunder und die Goten, sich am südlichen Saum der Ostsee fest.

Die Langobarden sind etwa seit der Zeitenwende an der Unterelbe und in Mecklenburg nachweisbar; Bardowick und der Bardengau sind Namenszeugnisse dieser etwa vier Jahrhunderte dauernden Siedlungsperiode. Die Burgunder zogen bereits etwas früher wohl von Südnorwegen und vielleicht über Bornholm, das in mittelalterlichen Quellen als «Burgundarholm» bezeichnet wird, in das Weichselgebiet, wo sie die nächsten zwei Jahrhunderte blieben.

Über die Wanderung der Goten berichtet – allerdings erst um 550 n. Chr. – unter Berufung auf uralte Volkslieder deren Chronist Jordanes: «Nach alten Berichten sind von dieser Insel Skandinavien wie aus einer Werkstatt oder noch besser wie aus einem Mutterschoße der Völker einst die Goten unter ihrem König Berig ausgewandert. Sie gaben dem Land, das sie nach Verlassen ihrer Schiffe betreten hatten, den Namen; denn es wird heute noch Gotiskandza genannt (d.i. das Gebiet zwischen Oder- und Weichselmündung)» (zit. nach DIESNER, S. 92).

Etwa seit der zweiten Hälfte des zweiten Jahrhunderts gerieten die germanischen Völker erneut in Bewegung. Man glaubt, dass die Angriffe auf römisches Gebiet, die sich ab 162 zunächst gegen den Limes in Württemberg richteten und sich dann an die mittlere und untere Donau verlagerten, Ausdruck von Stammesverschiebungen waren, die sich wesentlich weiter nördlich ereigneten. So scheinen die Hasdingen, die 171 in Dakien einfielen, durch die Goten und andere Stämme bedrängt worden zu sein.

In Pommern und Pommerellen lässt sich für das erste und zweite nachchristliche Jahrhundert eine Ausweitung des Siedlungsraumes nachweisen. Lagen die Siedlungen zunächst nur an der Küste sowie entlang der großen Flüsse, so wurde nun zusätzlich auch das Binnenland kultiviert. Offenbar nahmen die hier lebenden germanischen Stämme, wie die Rugier, Goten, Gepiden und Burgunder, an Bevölkerungszahl zu. Eine ähnliche Entwicklung vollzog sich in Skandinavien, auch hier kam es zu einer Binnenkolonisation und einem Ausgreifen der besiedelten Gebiete in Richtung Norden. Dennoch scheint die Fläche für die wachsende Bevölkerung allmählich zu klein geworden zu sein, und verschärfte Auseinandersetzungen zwischen den Stämmen waren die Folge. So wurden die Burgunder um 200 n.Chr. durch die Gepiden von ihren bisherigen Wohnsitzen verdrängt und fanden zunächst in der Lausitz ein neues Siedlungsgebiet.

Auch die Abwanderung der Goten in Richtung Schwarzes Meer, die im späten zweiten und der ersten Hälfte des dritten Jahrhunderts in mehreren Schüben erfolgte, scheint auf den wachsenden Bevölkerungsdruck zurückzuführen zu sein. Bei Jordanes heißt es: «Als ihre Volkszahl immer mehr wuchs und ungefähr der fünfte König nach Berig, Filimer, Sohn des Cadarig, herrschte, beschlossen die Goten, mit allen Kriegern und den gesamten Familien auszuwandern. Auf der Suche nach geeigneten Wohnsitzen kamen sie in das Land der Skythen, das sie Oium nannten. Der Teil der Goten, der mit Filimer über den Strom kam und nach Oium gelangte, konnte sich des ersehnten Landes bemächtigen. Bald stießen sie auf das Volk der Spaler, kämpften mit ihm, besiegten es und konnten nun als Sieger bis an die äußersten Grenzen von Skythien, die an das Schwarze Meer angrenzen, vordringen» (zit. nach DIESNER, S. 92).

Etwa zeitgleich mit den Goten zogen auch die Rugier von der südlichen Ostseeküste und die Heruler von der gegenüberliegenden Landseite aus nach

Südrussland. Von den letzteren berichtet Jordanes, dass sie von den damals noch in Südschweden lebenden Dänen vertrieben worden seien.

Die angelsächsische Eroberung Britanniens

Seit der Mitte des fünften Jahrhunderts begann die gewaltsame Landnahme von Jüten, Angeln und Sachsen auf der britischen Insel. Britannien war zu dieser Zeit in eine Vielzahl kleinräumiger Herrschaftsgebiete zerfallen, nachdem das geschwächte römische Reich im Jahr 407 alle seine Truppen aus dieser Provinz abgezogen hatte. Die ersten germanischen Einwanderer waren als Hilfstruppen von lokalen Fürsten gerufen worden, doch setzten sie sich – ausgehend von Kent – rasch in den Besitz größerer Landstriche. Schubweise kamen neue bevölkerungsstarke Gruppen über See, die bis zur Jahrhundertwende den gesamten Osten und Süden der Insel unter ihre Kontrolle brachten. Dabei gelang den bis dahin im südlichen Schleswig ansässigen Angeln die Einnahme von ganz Mittel- und großen Teilen Nordenglands. Die vorwiegend von der Unterelbe kommenden Sachsen gründeten die Reiche von Wessex, Essex und Sussex, während die Jüten Kent und die Isle of Wight unter ihre Herrschaft brachten. Letztere kamen vermutlich nicht direkt aus Jütland, sondern scheinen bereits zuvor in das Gebiet der Rheinmündung gezogen zu sein. Neben der Aussicht auf Land und Reichtum und der die gesamte germanische Geschichte durchziehenden Abenteuerlust dürfte auch die Expansion der Dänen von den dänischen Inseln auf die jütische Halbinsel die Auswanderung mitbewirkt haben.

Die Ankunft der Ostseefinnen

Liegen schon die frühen Wanderungen der Germanen vielfach im Dunkel der Geschichte, so gilt dies noch mehr für den Zug finno-ugrischer Stämme an den Saum der Ostsee. Die Urheimat der Finno-Ugrier wird am Oberlauf der Wolga vermutet. Ihr Idiom unterscheidet sie scharf von den Völkern mit indoeuropäischer Sprache wie den Germanen, Balten oder Slawen. Heute verwenden nur etwas über 20 Millionen Menschen eine finno-ugrische Sprache, darunter die Finnen, Esten und Lappen (Samen) entlang der Ostsee sowie die Ungarn im Donauraum.

Möglicherweise sprachen schon die Bewohner Finnlands zur Zeit der jungsteinzeitlichen Kammkeramik eine finno-ugrische Sprache. Die soge-

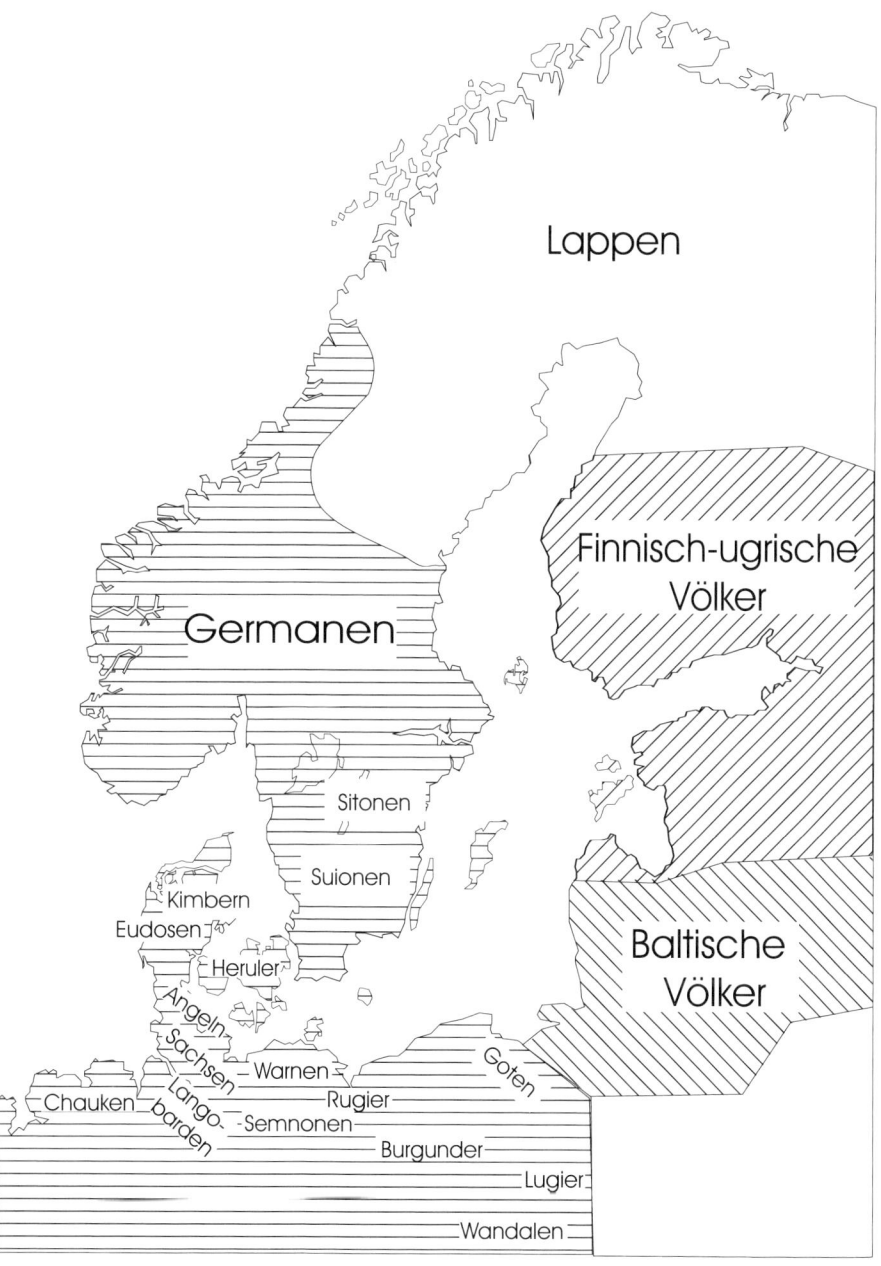

Völker an der Ostsee in römischer Zeit (ca. 100 n. Chr.)

nannten ostseefinnischen Stämme, zu denen neben den eigentlichen Finnen auch die Esten und Liven zählen, scheinen aber erst im dritten vorchristlichen Jahrhundert die Ostseeküste im Bereich des nördlichen Baltikums erreicht zu haben. Zu dieser Zeit kannten sie zwar bereits den Ackerbau, ernährten sich aber hauptsächlich noch von Jagd und Fischfang. Der Fang von Pelztieren scheint auch ein wesentliches Motiv für die erstmalige Überquerung des Finnischen Meerbusens gewesen zu sein, die zunächst sporadisch erfolgte. Seit etwa Christi Geburt setzten sich ostseefinnische Zuwanderer dann jedoch dauerhaft in Finnland fest, und zwar zunächst an der Südwest- und Westküste.

Die erste schriftliche Erwähnung der Bewohner Finnlands stammt von Tacitus, der in seiner 98 n.Chr. verfassten Germania in drei kurzen Absätzen auf die «Fenni» eingeht. Er schildert sie als primitive Menschen, die in äußerst dürftigen Verhältnissen lebten. Sie hätten «keine Waffen, keine Pferde, kein Zuhause; als Nahrung Kräuter, als Kleidung Felle, als Lager den Erdboden; ihre einzige Hoffnung sind ihre Pfeile, die sie mangels Eisen mit Knochenspitzen versehen (…)» (TACITUS, Germania). Ob mit dieser Beschreibung allerdings wirklich die frühen Finnen gemeint sind, ist umstritten. Möglicherweise gab Tacitus hier Informationen weiter, die er über die Lappen erhalten hatte, die schon vor der Ankunft der Finnen in Finnland als Nomaden gelebt hatten. Sie werden noch heute von den Norwegern als «Finner» bezeichnet.

Deren Ankunft in Nordskandinavien geht ausweislich der archäologischen Funde wenigstens bis auf den Ausgang der Bronzezeit zurück. Ursprünglich von nordasiatischer Herkunft, nahmen sie nach jahrhundertelangem Kontakt mit finnischen Stämmen schließlich ebenfalls eine finnougrische Sprache, das Lappische, an. Diese Aneignung war wohl spätestens um 600 n.Chr. abgeschlossen.

Auch die Kultur der Ostseefinnen, sowohl diesseits wie jenseits des Finnischen Meerbusens, wurde zunächst stark von benachbarten Völkern geprägt. Noch bis zum Ausgang der römischen Eisenzeit besaß sie einen überwiegend baltischen Charakter. Wie es scheint, lernten Esten und Liven von den Balten auch die Eisenherstellung. Die eigentlichen Finnen gingen allerdings erst um 400 n.Chr. dazu über, das im Lande vorgefundene Sumpferz selber zu verhütten. Großen Einfluss übten in den ersten Jahrhunderten nach Christus auch germanische Stämme und hier wohl insbesondere die Goten auf die Ostseefinnen aus. Durch Vermittlung der Goten gelangten nicht nur römische Importartikel wie Schwerter und Weinschalen ins Land, durch den Kontakt mit den Germanen scheint auch

Das Flechtwandhaus im Archäologischen Freilichtmuseum Groß Raden vermittelt einen Eindruck vom Leben der Ostseeslawen im frühen Mittelalter.

die Entwicklung zu einem fester gefügten Gemeinwesen vorangetrieben worden zu sein. Der finnische Vorgeschichtsforscher Kauko Pirinen schreibt: «Von dieser Phase der Entwicklung, in der die Finnen zu einem westlichen, dem Meer zugewandten Kulturvolk wurden, legen viele alte Lehnwörter Zeugnis ab, welche die konservative finnische Sprache fast in ihrer Urform bewahrt hat (u. a. finnisch kuningas, got. kuningaz, König)» (Jutikkala, S. 15).

Die slawische Westwanderung

Die Wanderung der Slawen aus ihrer Ursprungsheimat nördlich der Karpaten zwischen oberer Weichsel und mittlerem Dnjepr hat als «letzter Akt der großen Völkerwanderung» (HEG, Bd. 1, S. 363) die ethnischen Verhältnisse im Ostseeraum nochmals entscheidend verändert. Nachdem die germanischen Stämme das Gebiet zwischen Elbe und Weichsel im fünften und sechsten Jahrhundert zum größten Teil verlassen hatten, rückten bereits seit dem sechsten Jahrhundert slawische Stämme wahrscheinlich kampflos in die weitgehend entvölkerten Gebiete nach. Die noch verbliebene germanische Restbevölkerung ging in den Slawen auf.

55

Der Bevölkerungsaustausch entlang der südlichen Ostseeküste lässt sich hauptsächlich archäologisch, aber auch anhand vereinzelter schriftlicher Quellen verfolgen. Bei ihrer Rückwanderung nach Skandinavien fanden die Heruler am Anfang des sechsten Jahrhunderts nach dem Bericht Prokops bereits ein weitgehend entvölkertes Land vor, doch trafen sie noch die Warnen an. Am Ende des Jahrhunderts, um 594, wurden dem byzantinischen Kaiser Maurikios slawische Gefangene vorgeführt, deren Wohnsitze «am äußersten Ende des westlichen Ozeans», das heißt an der südwestlichen Ostseeküste lagen (zit. nach WELT DER SLAWEN, S. 39 f.).

Wie die Germanen und Balten zählen auch die Slawen zu den indoeuropäischen Völkern. Eine enge sprachliche Verwandtschaft besteht vor allem zu den Balten, so dass sogar eine gemeinsame Sprachperiode vermutet wird. Die ethnische Herausbildung der Slawen, wie sie dann in historischer Zeit, in den ersten Jahrhunderten nach Christi Geburt, als Völkergruppe fassbar werden, vollzog sich in Gestalt mehrfacher Verschmelzungs- und Assimilierungsprozesse. Nur so ist auch erklärlich, dass die Slawen bei den Germanen durchgängig als «Wenden» bezeichnet werden, einem Namen, der auf die nichtslawischen Veneter verweist, die ursprünglich zwischen Slawen und Germanen ansässig waren: «Mit der Assimilation von nördlichen Venetern durch Slawen ging deren Name im Verständnis der germanischen Nachbarschaft auf die Slawen über» (WELT DER SLAWEN, S. 22). Die Selbstbezeichnung «Slawen» taucht in schriftlichen Quellen erstmals im frühen sechsten Jahrhundert auf. Er bedeutet vermutlich so viel wie «die, die sich untereinander verständigen»; als Bezeichnung der germanischen Nachbarvölker diente analog der Begriff «Nemzy», übersetzt «die Stummen».

Die eingewanderten Slawen waren hauptsächlich Ackerbauern; Viehzucht, Jagd, Imkerei und an der Küste nicht zuletzt auch die Fischerei trugen zusätzlich zur Nahrungsversorgung bei. Auf die Slawen geht die Einführung des Roggens als Hauptgetreideart zurück, der für die klimatischen Verhältnisse des Ostseeraumes besonders geeignet ist. Der Roggenanbau ermöglichte den Übergang zur Fruchtwechselwirtschaft im Verbund mit Gerste und Weizen und sicherte vor allem eine höhere Ertragsstabilität. Handwerk und Gewerbe waren demgegenüber noch kaum entwickelt. Was an Gerätschaften benötigt wurde, wurde zumeist im eigenen Haushalt hergestellt. Auch der Handel spielte bei den Ostseeslawen zunächst keine große Rolle. Durch den Übergang von der germanischen zur slawischen Besiedlung wurden seit der Mitte des sechsten Jahrhunderts auch die traditionellen Handelsverbindungen von Skandinavien nach Süden zu Donau und Balkan abgeschnitten oder zumindest erheblich beeinträchtigt.

In Timboholm (Västergötland) wurde 1904 ein sieben Kilo schwerer Goldschatz aus der Zeit der Völkerwanderung gefunden. Er besteht aus zwei Barren und 26 Armreifen.

Ein «goldenes Zeitalter»

Das frühe Mittelalter, die Zeit zwischen dem fünften und dem achten Jahrhundert, gilt auch als das «goldene Zeitalter» Nordeuropas. «Keine andere Periode des Nordens kann sich nach Reichtum und Glanz der Funde mit der des frühen Mittelalters (...) wirklich messen», urteilt die dänische Archäologin Else Roesdahl (ROESDAHL, S. 145). Golden waren diese Zeiten allerdings nur in einem sehr buchstäblichen Sinne. Ungeheure Mengen des Edelmetalls in Form von Münzen, Barren und Schmuck gelangten damals über die Nord- und die Ostsee nach Skandinavien. Die Besitzer aber sahen sich häufig gezwungen, ihre Schätze zu vergraben, und viele hatten nie mehr Gelegenheit, sie wieder zu heben, denn die Zeiten waren äußerst unruhig und von Krieg, Fehde, Plünderungen und Raubzügen erfüllt.

Neben den großen Goldhorten wie jenem bei Tureholm in Södermanland, der allein zwölf Kilogramm wog, haben die Altertumsforscher deshalb auch eine Vielzahl von Fluchtburgen entdeckt, in Schweden über 500. Die mit Mauern und Erdwällen versehenen primitiven Befestigungen dienten Mensch und Vieh der Umgebung als Zufluchtsort bei akuter Gefahr.

Die Masse des Goldes scheint bereits im fünften und sechsten Jahrhundert nach Skandinavien geflossen zu sein. Es stammte zumeist aus dem spätrömischen Reich, sowohl der westlichen wie der östlichen Hälfte, und war zu einem großen Teil von Angehörigen der germanischen Stämme bei ihren Wanderungen und Plünderungen erbeutet worden. Für das frühe fünfte Jahrhundert sind enge Verbindungen zwischen skandinavischen Stämmen und Germanenreichen im Süden Europas belegt. Auch Piraterie und Raubzüge über See trugen zum Reichtum des Nordens bei. Bei einem dieser Überfälle wurde im Jahr 515 der dänische König Hugleik in Friesland erschlagen.

Aber es wurde nicht nur gestohlen und geraubt, sondern auch eifrig gehandelt. Zu einem Hauptzentrum des Warenaustausches entwickelte sich dabei Helgö im Mälarsee, eine heute Ekerö genannte kleine Insel westlich von Stockholm. Zur Zeit ihrer größten Blüte zwischen 400 und 700 n. Chr. beherrschte Helgö nicht nur den lokalen Handel Mittelschwedens, sondern auch den Fernhandel über die Ostsee. Die kommerziellen Kontakte reichten von den britischen Inseln bis tief ins heutige Russland hinein. Die besondere Bedeutung Helgös ergab sich daraus, dass hier nicht nur gehandelt, sondern auch produziert wurde. Spezialisierte Handwerksbetriebe stellten Eisen-, Bronze- und Goldarbeiten her, die hauptsächlich für den Export bestimmt waren. So hat man Metallgegenstände, die aus in Helgö verwandten Gussformen stammen, unter anderem in Nordschweden, auf Gotland und in Finnland gefunden. Daneben diente Helgö auch als Umschlagplatz für agrarische Güter wie Häute und Pelze.

Über den fortgeschrittenen Stand der damaligen Schiffbaukunst unterrichten die Überreste mehrerer großer hochseetüchtiger Boote, die 1863 bei Nydam in Nordschleswig gefunden wurden. Das am besten erhaltene von ihnen ist heute im Schloss Gottorp ausgestellt. Es ist 23 Meter lang, bis zu 3,25 Meter breit und bietet Platz für 36 Mann Besatzung. Die maximale Zuladung beträgt 4000 Kilogramm. Das in Klinkertechnik aus Eichenholz gefertigte Boot wurde gerudert und konnte vielleicht auch gesegelt werden, war mit seinem flachen Kiel aber stark kentergefährdet. «Es ist in der Tat ein Beweis für hochentwickelte Handelstechniken und ein wichtiges Bindeglied auf dem Wege vom vorzeitlichen Kanu zum Wikingerschiff» (FINDEISEN, Dänemark, S. 32).

Zu vergleichbaren Staatsbildungen, wie sie den christlich gewordenen Wandalen, Goten oder Burgundern während der Völkerwanderungszeit auf dem Boden des römischen Reiches gelangen, kam es damals im Ostseeraum

Das 23 Meter lange Nydamboot belegt die entwickelte Schiffbautechnik der Germanen. Das hochseetüchtige Fahrzeug ist zur Zeit der Völkerwanderung als Opfer niedergelegt worden.

nicht. Das germanische Nordeuropa war zu dieser Zeit in zahlreiche König-reiche und Häuptlingsbezirke unterschiedlicher Größe aufgeteilt. «Die Herr-scher wurden aus einigen hervorragenden Familien gewählt, die militärische und wahrscheinlich auch religiöse Macht besaßen» (ROESDAHL, S. 128). Von solch einem bedeutenden Herrschergeschlecht zeugen die drei mächti-gen Grabhügel von Alt-Uppsala, die aus dem sechsten Jahrhundert stam-men. Den hier Bestatteten, vermutlich Könige der Svear, waren ungewöhn-lich reiche Beigaben mit auf den Scheiterhaufen gelegt worden.

In dieser Zeit gelang es den uppländischen Svear wohl, die südlich des Mälarsees lebenden Göten zu unterwerfen oder doch zumindest ihre Macht längs der Ostküste nach Süden auszudehnen. Die Göten verfügten bis dahin – vielleicht aus alten verwandtschaftlichen Beziehungen heraus – noch über Kontakte zu den Germanenreichen des Kontinents, was sich nicht zuletzt in einem starken Zufluss von Gold niederschlug. Allerdings war ihr Land im Gegensatz zu den nördlich angrenzenden Gebieten der Svear nur dünn be-siedelt. Wie die archäologischen Funde ergeben, änderten sich die Verhält-nisse seit der Mitte des sechsten Jahrhunderts grundlegend: «Nun dominieren Charakteristika der nördlichen uppländischen Bevölkerung in den Funden auch des Südens, beweisen die Grabbeilagen im Norden plötzlichen Goldreichtum» (FINDEISEN, Schweden, S. 30).

Die jetzt prunkvoll ausgestatteten uppländischen Häuptlingsgräber haben einer ganzen Epoche ihren Namen gegeben. Denn die schwedische Vorgeschichtsforschung bezeichnet die Zeitspanne zwischen 550 und 800 nach dem Ort des reichsten Fundes als Vendelzeit. Die in Vendel und anderen Orten wie Valsgärde entdeckten Gräber zeichnen sich auch dadurch aus, dass die Bestattungen vornehmlich in Booten erfolgten. Die Schiffe, von denen sich meist nur Abdrücke und Nieten erhalten haben, dienten wohl der Überfahrt des Toten in seine künftige Heimstatt, sie spiegeln aber auch die große Bedeutung der Seefahrt für die Svear wider. Die mitgegebenen Dinge, Waffen, Kochgeschirr, Trinkbecher und Spielzeug, zeigen im Übrigen, dass man sich das Leben nach dem Tod recht irdisch vorstellte.

Für die Zeit um die Mitte des ersten Jahrtausends lässt sich auch im heutigen Dänemark eine stärkere Machtbildung erkennen. Der bis dahin in Schonen ansässige Stamm der Dänen breitete seinen Einflussbereich auf die Inseln und Jütland aus. Dabei wurden bislang unabhängige Kleinstämme, «aber wohl auch kurzfristige lokale Bildungen größerer Stämme (wie etwa die Jüten) in den immer stärker heranwachsenden Stammesverband der Dänen hineingezogen» (HOFFMANN, S. 148).

Im angelsächsischen Beowulf-Lied und der Ynglingatal des Norwegers Thiodolf, beide aus dem neunten Jahrhundert stammend, und einigen im hohen Mittelalter entstandenen dänischen Chroniken, die auf älteren Vorlagen fußen, sind viele Namen und Geschehnisse aus der dänischen und schwedischen Geschichte des sechsten bis achten Jahrhunderts überliefert. Berichtet wird von den Svear-Königen aus dem Geschlecht der Ynglinge, die ihre Abstammung bis auf den Gott Freyr zurückverfolgten, und dem Reich der Skjoldunger, die von ihrer Burg bei Lejre auf Seeland aus Dänemark zum ersten Mal einten. Leider lässt sich heute kaum mehr erkennen, was nur Mythos und Sage ist und wo sich unter all der Dichtung ein historischer Kern verbirgt. Die moderne Wissenschaft lässt daher kaum mehr etwas gelten und zeigt lieber die Lücken auf, als sie mit Spekulationen zu füllen.

Dass in der ersten Hälfte des achten Jahrhunderts allerdings bereits eine starke Zentralgewalt zumindest größere Teile von Dänemark politisch organisierte, lässt sich mit naturwissenschaftlichen Mitteln belegen. Ausweislich dendrochonologischer Untersuchungen wurde das Holz für die ältesten Teile des Danewerks, der berühmten dänischen Befestigung zwischen Schlei und Treene, im Jahr 737 geschlagen. Der Erbauer einer «so eindrucksvollen

Wehranlage» (HOFFMANN, S. 148) verfügte zweifelsfrei über eine beträchliche Macht. Vielleicht handelte es sich bei ihm um den Dänenkönig Ongendus oder Angantyr, der um 720 von Willibrord, dem Apostel der Friesen, aufgesucht worden war. Wilibrords Biograph Alkuin beschreibt Ongendus als einen Mann, der «grausamer als ein wildes Tier und härter als Stein» gewesen sei. Wenn er den Missionar nach der gleichen Quelle auch «ehrenhaft» behandelte, war an eine Christianisierung der germanischen Völker längs der Ostsee doch noch lange nicht zu denken.

3.
Das Zeitalter der Wikinger

Zeittafel

793	Wikingerüberfall auf Kloster Lindisfarne
ca. 800	Gründung Birkas
808	Zerstörung Rerics durch Dänenkönig Godfred, Aufschwung Haithabus
829	erste Missionsreise von Ansgar nach Birka
831	Gründung des Bistums Hamburg
834–836	Wikinger-Angriffe auf Dorestad
841	Gründung Dublins durch Wikinger
845	erste Danegeld-Zahlung durch den fränkischen König Karl den Kahlen, Zerstörung Hamburgs
ca. 850	Schlacht bei Apulia zwischen Schweden und Kuren
862	legendäre Gründung des Fürstentums Nowgorod durch Rurik
864	Gründung des Erzbistums Hamburg-Bremen
867	Eroberung Yorks durch dänische Wikinger
911	Belehnung des Wikingerführers Rollo mit dem Herzogtum Normandie
948	Gründung der ersten Bistümer für Dänemark
954	Rückeroberung Yorks durch die Angelsachsen
ca. 960	Taufe des Dänenkönigs Harald Blauzahn
980	Schlacht von Tara
ca. 987	Sturz Harald Blauzahns durch seinen Sohn Sven Gabelbart
ca. 1000	legendäre Seeschlacht bei Svolder
1008	Taufe des Schwedenkönigs Olaf Skötkonung
1013	Gründung des Bistums Skara
1016	Knut der Große wird König von Dänemark und England
1050	Plünderung Haithabus durch König Harald den Harten von Norwegen

In der Nähe von Schloss Gripsholm im Mälarsee, das deutschen Lesern vor allem durch Kurt Tucholskys gleichnamige Sommergeschichte bekannt ist, hat sich ein beeindruckender Runenstein aus der ersten Hälfte des elften Jahrhunderts erhalten. Er kündet nicht von den heiteren Abenteuern eines Urlaubs, sondern von Beute, Kampf und Tod. Mit dem Stein gedachte die sicher aus vornehmer Familie stammende Tola ihres Sohnes Harald, der auf einem von seinem Bruder Ingvar geleiteten Kriegszug ums Leben gekommen war. Die Inschrift schließt mit den Versen (GRAHAM-CAMPBELL, 165):

> Sie fuhren mannhaft nach Gold,
> gaben im Osten dem Adler Speise;
> sie starben im Süden, in Serkland.

Getrieben von der Suche nach Reichtum, gaben sie dem Adler mit den Leichen der getöteten Feinde reichlich zu fressen, ehe sie selbst in «Serkland», dem Land der Sarazenen, ein frühes Ende fern ihrer Heimat fanden. In diesem Dreizeiler ist nicht nur in äußerster Verdichtung ein individuelles Schicksal beschrieben, hier werden wesentliche Merkmale einer ganzen Epoche sichtbar. Rund 250 Jahre lang, vom ausgehenden achten bis in die Mitte des elften Jahrhunderts, drückten skandinavische Krieger und Händler, Piraten und Kolonisatoren der Geschichte Europas ihren Stempel auf.

Es war das Zeitalter der Wikinger. So geläufig uns heute dieser Begriff ist, so wenig ist sich die historische Forschung bislang über die Herkunft und die genaue Bedeutung dieses Namens einig geworden. Die wichtigsten, miteinander konkurrierenden Lesarten führen das Wort «Wikinger» entweder auf das Nomen «vik» gleich «Bucht» oder, davon unterschieden, «Handelsplatz» zurück, oder aber auf das Verb «avviker», «von zu Hause weggehen».

In den mittelalterlichen Quellen selbst wird das Wort häufig im Sinne von «Pirat» gebraucht. So schreibt der Scholaster Adam von Bremen, dem wir eine der wichtigsten Darstellungen der nordischen Geschichte des elften Jahrhunderts verdanken, in seinem Bericht über die Verhältnisse in Südschweden (ADAM VON BREMEN, 440): «Hier gibt es viel Gold, das auf Raubfahrten zur See zusammengebracht worden ist. Diese Piraten, die bei ihnen Wikinger, bei uns aber Askomannen heißen, leisten aber dem Dänenkönig Tribut, damit sie

Beutezüge gegen die Barbaren unternehmen dürfen; sie leben zahlreich an den Küsten dieses Meeres.» Und der Isländer Snorri Sturluson, der berühmte Autor der jüngeren Edda, erwähnt in seiner «Olafs saga» für das Ende des zehnten Jahrhunderts einen gewissen Þórir klakka, «der lange Wikinger gewesen [war], aber auch als Handelsmann fuhr, [und] eine große Länderkunde hatte» (Boyer, 124). Auch in den zeitgenössischen angelsächsischen Quellen wird der Begriff «Wikinger» im Kontext von Schiff, Angriff und Plünderung verwendet, und vieles spricht dafür, die «piratae» in den fränkischen Quellen des zehnten Jahrhunderts einfach als Synonym für Wikinger zu begreifen. Das Wort selbst war den fränkischen Annalisten noch fremd.

Dennoch wäre es falsch, die Wikinger nur als (See-)Räuber, Plünderer und Mordbrenner anzusehen. Sie waren daneben und häufig zur gleichen Zeit und in gleicher Person auch Händler und Kaufleute. Die Grenzen waren überall fließend. Eines der wichtigsten «Waren» jener Zeit waren Sklaven, die auf Kriegszügen, durch Überfälle oder regelrechte Jagden «erbeutet» wurden. Selbst Kaufleute wurden geraubt, wie das berühmte Beispiel Reric zeigt. Der bis heute nicht genau lokalisierte, aber vermutlich an der Wismarer Bucht gelegene Handelsort wurde im Jahre 808 vom Dänenkönig Godfred verheert. Die ansässige Kaufmannschaft wurde entführt und im neugegründeten Haithabu angesiedelt, das sich daraufhin zu einem der wichtigsten Umschlagszentren des Ostseehandels entwickelte. Im Vordergrund – so ist zu vermuten – stand für die Wikinger einfach das Ziel, Reichtümer anzusammeln. Die Mittel, die dazu angewandt wurden, ergaben sich aus der jeweiligen Situation. Ein irgend ausgeprägtes Unrechtsbewusstsein besaßen die Wikinger bei ihren Taten offenbar nicht.

Wikingerzüge nach West- und Osteuropa

Überfälle im Baltikum

Die ersten, die das aggressive Verhalten der Nordmänner leidvoll zu spüren bekamen, waren die Balten am gegenüberliegenden Ufer der Ostsee. Wohl schon seit dem ausgehenden siebten Jahrhundert suchten skandinavische Völker sich an der baltischen Küste festzusetzen. Sie errichteten feste Niederlassungen und konnten einige baltische Stämme, insbesondere die Kuren im Bereich des heutigen Lettland, zeitweise zur Anerkennung ihrer Oberhoheit zwingen. Im Verhältnis zu den Balten wird das ganze Repertoire an Beziehungen sichtbar, das auch sonst den Umgang zwischen den Wikin-

Noch heute lässt sich im Landschaftsbild der einstige Umriss der Stadt Haithabu erkennen. Der Halbkreiswall wurde erst im 10. Jahrhundert angelegt.

gern und den Völkern im Umkreis der Ostsee prägte: regelrechte Kriegszüge, Plünderungsfahrten kleiner Gruppen, Eintreibung von Tributen, aber auch friedlicher Handel.

Über eine besonders erbittert geführte Schlacht berichtet der Bremer Erzbischof Rimbert in seiner Lebensbeschreibung seines Vorgängers, des Heiligen Ansgar. Sie muss sich bald nach 850 ereignet haben. Rimbert zufolge hatten zunächst die Dänen einen Überraschungsangriff gegen die Kuren unternommen und dabei eine vernichtende Niederlage erlitten. Als der schwedische König Olaf hörte, dass den Kuren dabei eine Unmenge an Gold, Silber und Waffen in die Hände gefallen sei, setzte er im Jahr darauf selbst mit einem Heer nach Kurland über. Die Schweden überrannten die

Stadt «Seaborg» und rückten dann gegen «Apulia», das heutige Apuole im nordwestlichen Litauen, vor. Dort stießen sie jedoch auf hartnäckigen Widerstand. Acht Tage wogte der Kampf hin und her, ohne dass eine Seite den Sieg errang. Die Schweden hätten, so erzählt Rimbert, in ihrer Not sogar den Christengott um Beistand gebeten, doch bevor die Schlacht am neunten Tag fortgesetzt werden konnte, boten die erschöpften Kuren ihre Unterwerfung an. Sie lieferten die von den Dänen erbeuteten Schätze aus und verpflichteten sich, künftig dem schwedischen König als Oberherrn Tribut zu zahlen. Tatsächlich hat man bei Ausgrabungen vor Apuole verstreut 150 eiserne Pfeilspitzen aus jener Zeit gefunden, viele von ihnen verbogen oder abgebrochen – stumme Zeugen eines blutigen Streits.

An der Wende vom neunten zum zehnten Jahrhundert waren es dann wieder dänische Wikinger, die die baltische Küste unter ihre Kontrolle zu bringen versuchten. Auf Dauer gelang es damals jedoch weder den Dänen noch den Schweden, eine stabile Herrschaft über die Völker des Baltikums zu errichten.

Die beiden wichtigsten Güter, die die Wikinger auf dem Handelsweg von den Balten erwarben, waren Bernstein und Pelze. Adam von Bremen berichtet in seiner Chronik aus dem elften Jahrhundert, wie begehrt insbesondere die Marderpelze aus dem Samland waren (ADAM VON BREMEN, S. 457): «Auch besitzen sie massenhaft fremdartige Pelze, deren Duft das todbringende Gift der Prunksucht in unsere Welt gebracht hat … denn wir gieren um jeden Preis nach einem Marderpelz wie nach der eigenen Seligkeit.» Im Gegenzug erwarben die baltischen Stämme vornehmlich Tuche aus Friesland, ein Warenaustausch, der hauptsächlich über das dänische Handelszentrum Haithabu vermittelt wurde. Schließlich bildeten auch baltische Sklaven für die Wikinger eine geschätzte «Ware». Rimbert gibt dazu in seinem Bericht über die Schlacht bei Apulia eine bezeichnende Einzelheit wieder. Als nämlich die Kuren um Waffenstillstand ersuchten, gab es im schwedischen Lager über die Annahme des Angebotes heftigen Streit. Ein Teil der Krieger wollte lieber bis zur Eroberung der Stadt weiterkämpfen, um die Bevölkerung in die Sklaverei führen zu können.

Kriegs- und Beutezüge in den Westen Europas

Ungleich besser als über die Geschehnisse am östlichen Rand der Ostsee sind wir über das Vordringen der Wikinger nach Westeuropa informiert. Denn während die baltischen Völker noch Analphabeten waren, wurde insbesondere in den Klöstern und an den Bischofssitzen des fränkischen Reiches und der britischen Inseln die Schriftkultur gepflegt. Die gelehrten Kleriker hatten ein besonderes und unmittelbares Interesse, über die Wikinger zu schreiben. Abteien und Stiftskirchen zählten nämlich zu den bevorzugten Angriffszielen der Nordmänner, weil sie unzureichend befestigt waren und hier die größten Reichtümer lockten.

Wann genau die Übergriffe im Westen Europas einsetzten, lässt sich nicht mehr bestimmen. Geschichte aber hat der 8. Juni 793 gemacht, der Tag, an dem das nordenglische Kloster Lindisfarne Opfer eines überraschenden Angriffes wurde. Es ist der erste Überfall, von dem wir gesicherte Kenntnis besitzen. Der flache Strand vor dem Kloster war wie geschaffen für ein Landungsunternehmen. Der Ort wurde geplündert, viele seiner Bewohner ermordet oder verschleppt. Das Entsetzen über die Bluttat wurde noch dadurch gesteigert, dass Lindisfarne eines der angesehensten englischen Klöster war, das die Gebeine des Heiligen Cuthbert verwahrte. Alkuin, der Berater Karls des Großen, schrieb damals an den König von Northumbrien, zu dessen Reich Lindisfarne gehörte: «Nie zuvor ist solcher Schrecken über Britannien hereingebrochen, wie wir ihn nun von den Heiden erdulden mussten, und nie zuvor hat man gedacht, dass ein solcher Überfall von See her geschehen könnte. (…) Der ehrwürdigste Ort Britanniens ist den Heiden als Beute anheimgefallen» (GRAHAM-CAMPBELL, S. 26).

Die Wikinger, die Lindisfarne verheerten, kamen vermutlich aus Norwegen. Aber so wenig die zeitgenössischen Chronisten in den überfallenen Ländern es in der Regel vermochten, die Wikinger nach ihrer genauen Herkunft zu unterscheiden, so wenig einheitlich setzten sich die Teilnehmer der Kriegs- und Beutezüge zusammen. Es gab vielfältige Kontakte über das Skagerrak hinweg zwischen Norwegern und Dänen, und Ähnliches gilt auch für die Beziehungen mit Schweden. Oft operierten auch kleinere Gruppen unabhängig voneinander in einem bestimmten Gebiet, die sich dann für eine größere Unternehmung wie die Plünderung einer Stadt fallweise zusammenschlossen. Trotzdem lassen sich verschiedene Regionen in Westeuropa unterscheiden, die schwerpunktmäßig entweder von Dänen oder Norwegern als Operationsgebiete ausgewählt wurden. Während dänische Wikinger hauptsächlich die südliche Nordseeküste und beide Seiten des Ärmelkanals heimsuchten, breiteten sich die Angriffe der Norweger innerhalb weniger Jahre von Nordengland über Schottland und die Hebriden nach Irland aus.

Den Überfällen entlang der nördlichen Küsten der britischen Inseln fiel nur zwei Jahre nach Lindisfarne das berühmte Kloster auf der Hebriden-Insel Iona zum Opfer. Es war 563 vom Heiligen Columban gegründet worden und eines der wichtigsten Zentren der Christenheit in Westeuropa. Zu Beginn des neunten Jahrhunderts häufen sich die Berichte über Landungsunternehmen in Irland. Doch hier war die Beute nicht so leicht zu erringen wie bei den ersten Klosterüberfällen. Die Iren wussten sich zu wehren, mit Waffengewalt, aber auch durch den Bau von hohen konischen Türmen neben den Kirchen, die mit ihren hoch gelegenen Eingängen Schutz für Menschen und Güter boten.

Die Züge der Wikinger waren zunächst Saisonunternehmen, die im Frühjahr begannen. Noch vor dem Einsetzen der schweren Herbststürme kehrten die Nordleute zurück in ihre Heimat. Mit dieser Praxis ließ sich wohl plündern, aber keine Herrschaft aufbauen. Das änderte sich, als die Wikinger seit 841 dazu übergingen, befestigte Seelager zum Überwintern einzurichten. Aus dem ersten dieser «Longphorts» ging Dublin hervor, das schnell zur Hauptstadt eines norwegischen Königreiches in Irland wurde und zugleich zu einem der wichtigsten Handelszentren Westeuropas. Im zehnten Jahrhundert beherrschten die Wikinger nicht nur Dublin und sein Umland, sondern auch weitere bedeutende Hafenstädte wie Waterford, Cork und Limerick sowie Larne im Norden. Jetzt war es der Handel, mit dem die Wikinger in Irland ihren Wohlstand erzielten. Die große Bedeutung der Nordleute für die Entwicklung der irischen Wirtschaft wird nicht zuletzt daran ersichtlich, dass viele irische Worte aus dem Bereich des Handels und der Schifffahrt aus dem Norwegischen entlehnt sind wie etwa das Wort «margadh» für Markt.

Seit der Niederlage in der Schlacht von Tara 980 waren die norwegischen Gebiete in Irland den irischen Königen tributpflichtig, und als im Jahre 1014 der irische Hochkönig Brian Boru König Sigtrygg Seidenbart von Dublin in der Schlacht von Clontarf schlug, war es mit der Eigenständigkeit der norwegischen Siedlungen ganz vorbei. Das Ende der Wikinger in Irland bedeutete dies aber nicht. Als die Anglo-Normannen 1170 Dublin eroberten, sprach man hier immer noch Norwegisch.

Das Beispiel der Wikinger in Irland zeigt, wie nahtlos Plünderung, Handel und Kolonisation ineinander übergehen konnten. In der jüngeren Forschung wird sogar zunehmend die These vertreten, dass der Handel und nicht der Raub das Hauptziel der Wikingerunternehmen war. Unbestreitbar ist jedenfalls, dass die Wikinger große Energie darauf verwandten, die wichtigsten Handelsströme der ihnen damals bekannten Welt unter ihre Kontrolle zu bekommen. Ihre ärgsten Konkurrenten stellten dabei zunächst die Friesen dar, die noch im achten Jahrhundert das führende Handelsvolk in Nord- und Westeuropa waren. Im Kampf gegen die friesische Vorherrschaft setzten die Wikinger skrupellos jedes Mittel ein, das Erfolg versprach. Die bereits erwähnte Gründung von Haithabu 808 durch den Dänenkönig Godfred war ein solches Mittel, aber ebenso der große Flottenüberfall auf die friesische Küste, den Godfred nur zwei Jahre später mit angeblich 200 Schiffen unternahm. 834 wurde erstmals Dorestad angegriffen, der mit Abstand wichtigste friesische Handelsplatz, von dem der fränkisch-friesische Verkehr nach England und Nordeuropa seinen Ausgang nahm. Es spricht für die dänische Entschlossenheit, den Nerv des friesischen Handels zu treffen, dass Dorestad auch in den beiden folgenden Jahren Ziel eines Wikingerzuges war. Ein Teil der Einwohner wurde getötet oder verschleppt, der Ort selbst stark zerstört. Von diesen Schlägen erholte sich Dorestad nie mehr und verlor um die Jahrhundertmitte seine Bedeutung.

Die Angriffe jener Jahre auf Dorestad und andere küstennahe Städte wurden durch die innere Schwäche des Fränkischen Reiches begünstigt. Die zeitweise Absetzung Ludwigs des Frommen durch seine Söhne und der Bürgerkrieg, den sie nach seinem Tod 840 um sein Erbe ausfochten, wirkte sich lähmend auf die Verteidigungsbereitschaft des ganzen Landes aus. In dieser Situation zahlten die angegriffenen Städte lieber Lösegelder, als sich auf einen Kampf mit ungewissem Ausgang einzulassen. 845 erkaufte auch erstmals der westfränkische König selbst das Wohlverhalten der Wikinger. Gegen 7 000 Pfund Silber zogen sie sich von Paris zurück. Diesem ersten königlichen «Danegeld» im Westfrankenreich sollten bis 926 noch zwölf weitere folgen. Man hat errechnet, dass der Gesamtbetrag an Beute und Lösegeldern im Fränkischen Reich sich auf insgesamt 310 Kilogramm Gold und 19 500 Kilogramm Silber belief.

Besonders die Jahre zwischen 845 und 865 waren «goldene Zeiten» für die Wikinger, die jetzt – ähnlich wie in Irland – im Lande überwinterten und auf den Flüssen bis tief in das Innere Frankreichs vordrangen. Um wenigstens das westfränkische Herzland zu schützen, ließ Karl der Kahle in den 860er Jahren Brücken über Marne, Seine und Loire bauen, um die Flüsse gegen die Wikingerboote sperren zu können. Das verschaffte den Bürgern von Städten wie Le Mans, Orleans und Tours etwas Luft, hieß aber im Umkehrschluss, dass die Gebiete am Unterlauf von Seine und Loire den Nordmännern faktisch überlassen wurden.

Einen anderen Weg, der Bedrohung durch die Wikinger Herr zu werden, beschritt erstmals Kaiser Ludwig der Fromme im Jahr 825. Er gab Harald Klakk Haraldsson, einem aus Dänemark vertriebenen Thronprätendenten, das Gebiet von Rüstringen an der Unterweser zu Lehen. Es war der Versuch, einen Wikingerführer durch die Vergabe von Land als Vasallen zu gewinnen und damit ein doppeltes Ziel zu erreichen: den Lehnsmann von weiteren

Überfällen abzuhalten und ihn gleichzeitig für den Schutz vor anderen Wikingern sorgen zu lassen. Um 840 erhielt derselbe Harald von Kaiser Lothar auch die Insel Walcheren in der Scheldemündung, und nochmals zwölf Jahre später wurde seinem Neffen (oder Bruder) Rorik Dorestad und Umgebung überlassen. Rorik sorgte hier wohl für eine gewisse Sicherheit, doch verfolgte er auch seine eigenen Ziele. Die Rheinfahrt 862/63, als eine Wikingerflotte bis nach Xanten und Neuss vorstieß, geschah wenigstens mit seiner Billigung, wenn sie nicht gar von ihm veranlasst wurde.

Auch sonst hatten Städte und Handelsplätze im ostfränkischen und dem lotharingischen Mittelreich immer wieder unter den Überfällen der Wikinger zu leiden. 845 wurde Hamburg durch eine Flotte des dänischen Königs Horik zerstört, 858 traf es Bremen und 882 sogar das weit im Binnenland gelegene Trier. Im Gegenzug gelang es dem ostfränkischen König und nachmaligen Kaiser Arnulf von Kärnten 891, einem Wikingerheer auf der Insel Walcheren eine schwere Niederlage zu bereiten.

Während die im neunten Jahrhundert an Wikingerführer vergebene Lehen geschichtliche Episoden blieben, hatte der Vertrag, den der westfränkische König Karl der Einfältige mit dem Wikinger Rollo schloss, weitreichende Auswirkungen. Rollo und seinem Heerhaufen wurde 911 ein Gebiet an der unteren Seine überlassen, das, um 930 nochmals stark nach Westen erweitert, seitdem als Normandie bekannt ist. Rollo ließ sich 912 taufen und huldigte Karl als Herzog, behielt aber eine weitgehend unabhängige Stellung.

Wikingerstaaten mit Aussicht auf Dauerhaftigkeit schienen auch die Königreiche werden zu können, die sich nach der Ankunft des dänischen «Großen Heeres» 865 auf englischem Boden gebildet hatten. Um 870 beherrschten die Dänen bereits den überwiegenden Teil Englands nördlich einer Linie von der Themse-Mündung nach Chester. Im Unterschied zu früheren Unternehmungen ließen sich die Mitglieder des Heeres im Lande nieder und begannen Ackerbau zu treiben. Zugleich setzte ein reger wirtschaftlicher Austausch zwischen dem Mutterland und dem dänischen Gebiet in England ein, der auch die Städte aufblühen ließ. Der englische König Alfred der Große, der 871 an die Regierung kam, konnte es sich schon als Erfolg anrechnen, wenigstens die weitere Expansion der Wikinger nach Süden gestoppt zu haben. 886 wurde das Gebiet dänischen Rechts, das Danelag, vertraglich fixiert. Es umschloss die Königreiche York und East Anglia sowie das Fünfburgenland um die befestigten Städte Derby, Leicester, Lincoln, Nottingham und Stamford.

Doch erwies sich, den irischen Verhältnissen nicht unähnlich, die Machtbasis der Wikinger in England letztlich als zu schmal, um ihre Reiche gegen

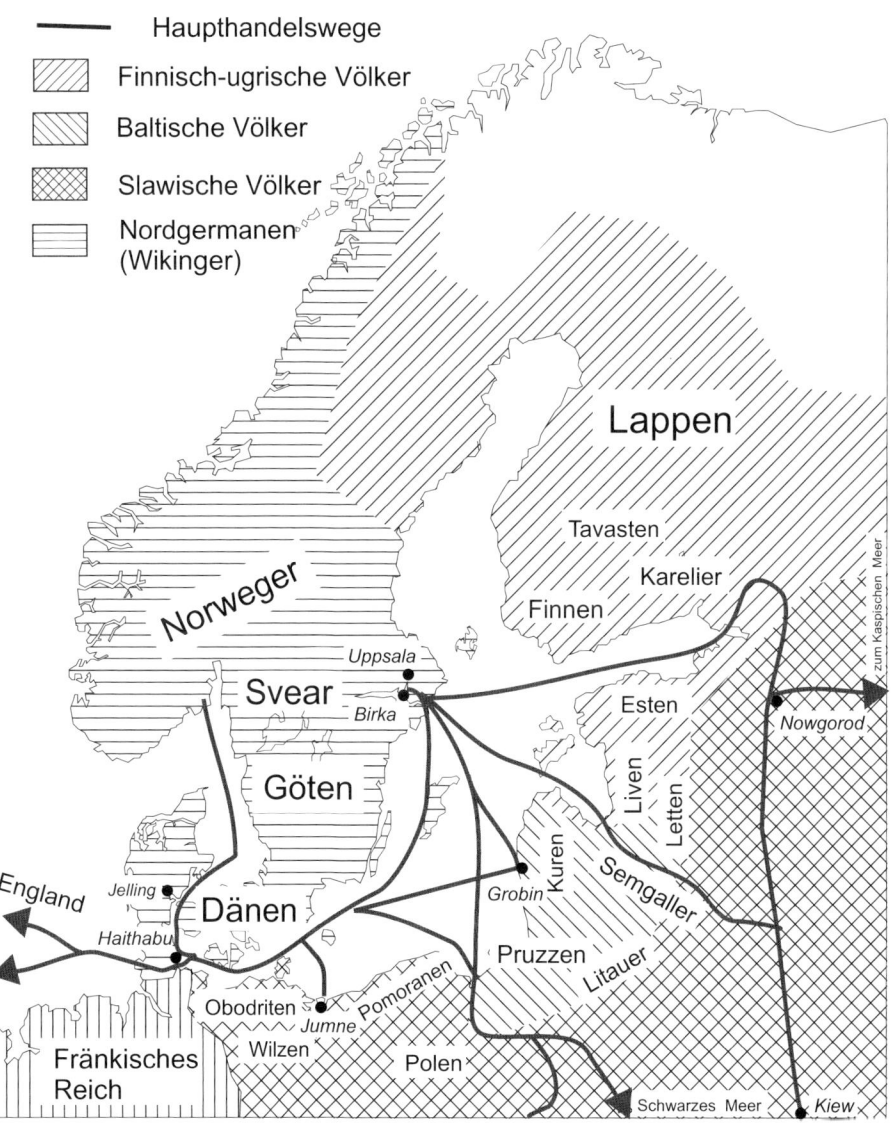

Völker und Handelswege zur Wikingerzeit (9./10. Jahrhundert)

Die beiden Bildsteine aus der Zeit um 700 n. Chr. befinden sich bei Bunge auf Gotland. Die Bilder berichten möglicherweise von einer isländischen Sage.

die Angriffe eines wiedererstarkten einheimischen Königtums behaupten zu können. Zwischen 917 und 954 fiel das dänische Gebiet an die englische Krone zurück, allerdings behielten die dänischen Siedler ihr besonderes Recht.

Gegen Ende des zehnten Jahrhunderts häuften sich noch einmal die Überfälle der Wikinger auf südenglische Städte, und wie zuvor im Westfrankenreich bezahlten jetzt die Engländer hohe Summen, um die Wikinger zu einem Waffenstillstand zu bewegen. So ließ sich der spätere norwegische König Olaf Tryggvason 991 sein Friedensversprechen mit 10000 Pfund bezahlen, und der dänische König Sven Gabelbart erpresste bei drei Gelegenheiten zwischen 1002 und 1012 den riesigen Betrag von insgesamt 108000 Pfund. 1013 ließ er sich zum König im Danelag ausrufen, und nach seinem frühen Tod im folgenden Jahr war es dann sein Sohn Knut, der 1016 auch von den angelsächsischen Großen zum König von ganz England gewählt wurde. Das dänische Nordseereich blieb indessen ein Intermezzo, das nach dem Tod Knuts 1035 nur noch sieben Jahre Bestand hatte. Mit der Invasion Englands durch die (französischen) Normannen 1066 beginnt dann ein ganz neuer Abschnitt der englischen Geschichte, der zugleich das Ende der Wikingerzeit bedeutet.

Krieg und Handel mit Osteuropa

Der Blick der schwedischen Wikinger war hauptsächlich nach Osten gerichtet. Seit etwa 800 schufen sie über das russische Flusssystem, insbesondere Wolga und Dnjepr, und weiter über das Kaspische und das Schwarze Meer Handelswege in das östliche Kalifat und nach Byzanz. Auf den kurzen Landstrecken zwischen den schiffbaren Gewässern wurden die Boote geschleppt oder auf Rollen bewegt. Die Schiffe waren deshalb kleiner als für die Fahrten Richtung Westeuropa. Auch bei diesen Aktivitäten gingen Handel, Raub und Herrschaftsbildung Hand in Hand. Entlang der Hauptrouten setzten sich die Wikinger als kriegerische Kaufleute entweder in bereits bestehenden Handelsorten fest oder legten eigene Stützpunkte mit Burgen an. Die slawischen, baltischen oder finnischen Stämme der Umgebung wurden wohl jedenfalls zum Teil tributpflichtig gemacht. Von diesen erhielten die Wikinger die Hauptprodukte für den Handel mit der arabischen und byzantinischen Welt: Pelze und Sklaven sowie Honig und Wachs.

Um das Jahr 1100 zeichnete ein Mönch des Kiewer Höhlenklosters die sagenhaften Anfänge des russischen Reiches im neunten Jahrhundert auf. In dieser Nestor-Chronik wird die Reichsgründung den Wikingern oder Warägern, wie die Chronik sie nennt, zugeschrieben. Der Chronik zufolge hat der Waräger Rurik 862 das Fürstentum Nowgorod gegründet. Sein Nachfolger Oleg, der 879 die Herrschaft erlangte, verlegte den Sitz des Fürstentums nach Kiew und wurde damit zum Gründer der Kiewer Rus, der Keimzelle des späteren Russischen Reiches. Die Verlässlichkeit dieser Chronik wird heute stark in Zweifel gezogen, doch belegen Quellen aus dem Byzantinischen Reich, dass Kiew im zehnten Jahrhundert unter warägischem Einfluss stand.

Für die Produkte des Nordens handelten die Wikinger Luxusgüter wie Seide und Gewürze und vor allem Edelmetalle in Form von Münzen und Schmuck ein. In Skandinavien, vor allem auf der Insel Gotland, hat man inzwischen über 80 000 arabische Münzen gefunden, aber mit Sicherheit ist noch weit mehr Edelmetall aus dem Orient nach Norden gelangt. Der von den Wikingern vermittelte Warenaustausch zwischen Kleinasien und Europa ist eine ihrer großartigsten Leistungen. Der Weg über die russischen Flüsse und die Ostsee war eine leistungsfähige Alternative zum traditionellen Mittelmeerhandel, der nach der Eroberung Nordafrikas und Spaniens durch die Araber im siebten und achten Jahrhundert mit erheblichen Störungen zu kämpfen hatte. Anstelle des Mittelmeeres lag nun die Ostsee im Zentrum des Welthandels.

Handel und Schifffahrt

Haithabu, Drehscheibe des Ost-West-Handels

Ein mächtiger, noch bis zu neun Meter hoher und anderthalb Kilometer langer halbkreisförmiger Wall zeugt bis heute von der Stelle, an der einst der bedeutendste Handelsort der Wikinger lag. Haithabu, «eine sehr große Stadt am äußersten Ende des Weltmeeres», wie der arabische Händler Al-Tartushi um 950 schrieb (zit. nach CAPELLE, S. 25), war rund 250 Jahre lang, vom beginnenden neunten bis zur Mitte des elften Jahrhunderts, die große Drehscheibe für den europäischen Ost-West-Handel.

Haithabu verdankt seinen wirtschaftlichen Erfolg besonders seiner günstigen Lage an der schmalsten Stelle Südjütlands. Die Schlei, die längste Förde Schleswig-Holsteins, schneidet hier tief ins Land hinein. Anstatt den langen und gefährlichen Weg durch das Skagerrak zu nehmen, transportierten die Kaufleute ihre Waren auf der Schlei bis Haithabu. Von dort ging es eine kurze Strecke, sie misst nur etwa 16 Kilometer, im Schutz des Danewerks über Land nach Hollingstedt. Hier gewann man über die schiffbare Treene wieder Anschluss an das Meer und gelangte über die Nordsee nach Westeuropa.

Mitentscheidend für den Aufstieg Haithabus wurde aber auch die zielstrebige Förderung des Hafens durch den dänischen König Godfred, der die bis dahin sächsische Siedlung Sliesthorp 804 erobert hatte. Vier Jahre später zerstörte er den slawischen Konkurrenzort Reric und ließ die Kaufleute nach dem jetzt Haithabu genannten Sliesthorp umsiedeln. Auch die rechtwinklige Anlage der Straßen und die offenbar vorgeschriebene Gebäudegröße zeigen, dass in Haithabu die Hand eines Herrschers ordnend und lenkend eingriff. Bei der Eroberung des Platzes hatte Godfred drei kleine Siedlungsgruppen vorgefunden. Die nördliche und südliche wurden aufgegeben, die mittlere als Zentralort entwickelt. Aus dendrochonologischen Untersuchungen weiß man, dass das Holz der ältesten aufgefundenen Bauteile im Jahr 783 geschlagen wurde, eine besonders intensive Bautätigkeit aber etwa ab 810 einsetzte, also nach der gewaltsamen Ansiedlung der Kaufleute.

Aus Westeuropa gelangten unter anderem Tuche und Keramik aus Friesland sowie Basalt, Wein, Glas und Waffen aus dem Rheinland nach Haithabu. Aus dem Osten stammten Luxusgüter wie Seide, Perlen und Gewürze. Am bedeutendsten aber war der Tausch von Silber aus dem Orient gegen Pelze, Agrarprodukte, Bernstein, Waffen und nicht zuletzt Sklaven.

Nicht nur als Stapelplatz, sondern auch als Gewerbestandort gewann Haithabu bald überregionale Bedeutung. Die Rohstoffe, die hier gehandelt wurden, wurden an Ort und Stelle weiterverarbeitet. So entstand ein blühendes eisenverarbeitendes Gewerbe auf der Grundlage von schwedischem Erz und eine Industrie der Steine und Erden, deren Rohstoffe aus dem Rheinland herbeigeschafft wurden.

Eine statistische Auswertung des Skelettmaterials ergab übrigens den überraschenden Befund, dass in Haithabu wesentlich mehr Männer als Frauen lebten. Das Verhältnis betrug etwa sechs zu vier. Dies spricht dafür, dass ein Teil der Händler, Seeleute und Handwerker nicht ständig und damit mit ihren Familien in Haithabu lebte, sondern den Ort nur begrenzte Zeit, vornehmlich wohl in den verkehrsreichen Sommermonaten, aufsuchte.

Die zentrale Bedeutung Haithabus für den Transithandel zwischen dem Norden (und Osten) und Westeuropa ließ den Ort zu einem begehrten Beuteobjekt werden. So nutzte der schwedische König Olaf eine dänische Schwächeperiode, um die Stadt gegen Ende des neunten Jahrhunderts zu erobern. Zusammen mit ihren Stützpunkten in Russland hatten die Schweden damit alle Schlüsselpositionen des Orienthandels in ihren Händen. Doch schon 934 konnte sich der deutsche König Heinrich I. in den Besitz Haithabus setzen, und nochmals 50 Jahre später gelang dem dänischen König Harald Blauzahn die Wiedergewinnung der Handelsmetropole. Harald und sein Sohn und Nachfolger Sven Gabelbart ließen den großen Halbkreiswall anlegen, der Haithabu vor weiteren Eroberungen schützen sollte.

Als der arabische Silberstrom im elften Jahrhundert versiegte, verlor auch Haithabu viel von seiner Bedeutung. Von zwei schweren Plünderungen, 1050 durch den norwegischen König Harald dem Harten, 1066 durch die Wenden aus Holstein und Mecklenburg, erholte es sich nicht mehr. Die Nachfolge trat zunächst Schleswig am gegenüberliegenden Ufer der Schlei und nach der Mitte des zwölften Jahrhunderts sodann Lübeck an.

Birka im Mälarsee

Das schwedische Pendant zum dänischen Haithabu war das um die gleiche Zeit, etwa um 800, gegründete Birka. Aus Angst vor überraschenden Piratenüberfällen lag der wichtigste schwedische Hafen nicht direkt an der Ostseeküste, sondern im Schutz der Schären auf der Insel Björko im Mälarsee, rund 40 Kilometer vom offenen Meer entfernt. Birka war wohl ebenfalls eine königliche Gründung, und es wurde von einem königlichen Beamten regiert. In der Nähe lag der Königshof auf Adelsö, der sicher auch ein wichtiger Abnehmer der in Birka angelandeten Produkte war.

Das durch einen Wall umgrenzte Siedlungsareal umfasste eine Fläche von 12,5 Hektar und war danach etwa halb so groß wie in Haithabu. Birka verfügte über ein breitgefächertes Gewerbe, das weit über den lokalen Bedarf hinaus arbeitete. Nachgewiesen sind unter anderem Eisenverarbeitung, Bronzegießerei und Lederhandwerk. Auch für den regionalen Handel hatte der Ort eine wichtige Vermittlungsfunktion. Entscheidend für seine historische Bedeutung in der Wikingerzeit war indessen der Fernhandel.

Die reichen Grabungsfunde umfassen rheinische Keramik (auch als Behälter für Wein und andere Waren), fränkische Gläser, friesische Tuche, arabische Münzen und orientalische Kultgeräte. Sie belegen, dass die Einwohner von Birka über dauerhafte Fernverbindungen nach West- und Osteuropa sowie in den Orient verfügten. Das wichtigste Handelsprodukt und Hauptquelle des Wohlstandes waren aber die Pelze. Sie gingen zum einen von Birka über Haithabu nach Westeuropa; vor allem aber wurden sie über die Ostsee und die russischen Ströme in das Kalifat von Bagdad transportiert, wo sie gegen Silber getauscht wurden.

Der Anteil der Kaufmannschaft an der Bevölkerung lässt sich grob an der Menge der Grabbeigaben ablesen, die wie Waagen oder Münzen auf Handelstätigkeit hindeuten. Danach waren etwa zehn Prozent der Einwohner Birkas mit dem Handel befasst. Neben den einheimischen Nordleuten zählten dazu Kaufleute aus dem westlichen Europa, aus dem Frankenreich und von den britischen Inseln. Für die friesischen Händler bestand in der Nähe von Birka ein eigener Hafen in der Bucht von Kugghamm. Der Ortsname geht zurück auf das typische friesische Schiff jener Zeit, die Kogge, die damals jedoch noch nicht die Größe und Leistungsfähigkeit wie später in der Hansezeit hatte. Anders als die Kielboote der Wikinger benötigte die Kogge wegen ihres ebenen Rumpfes einen Kai zum Anlanden, weshalb die Friesen bei Birka ihren eigenen Hafen hatten.

Der Abstieg Birkas im elften Jahrhundert fällt zusammen mit dem Niedergang des Fernhandels in die arabische Welt. Den entscheidenden Stoß aber versetzte dem Ort das Sinken des Wasserspiegels im Mälarsee. Die Schiffe mussten nun einen Kilometer über Land geschleppt werden, um die Ostsee zu erreichen. Als Adam von Bremen um 1070 über Birka schrieb, war der Ort bereits vollständig aufgegeben worden. Der Ostseehandel gewann zunächst in Sigtuna, dann auf Gotland neue Stützpunkte.

Die Wikinger bauten 300 Jahre lang die besten Schiffe ihrer Zeit. Diesen Schiffen verdankten sie ganz wesentlich ihren Erfolg als Händler und Krieger. Die Boote waren die Grundlage für ihre weitausgreifenden Handelsunternehmungen, und sie trugen entscheidend zur militärischen Überlegenheit der Nordleute bei. Die Schiffe der Wikinger sind deshalb auch als «absolute Waffe» bezeichnet worden (BOYER, S. 75). Ihre Leistungsfähigkeit und Hochseetüchtigkeit lässt sich nicht zuletzt daran ermessen, dass mit diesen Schiffen eine regelmäßige Verbindung von Skandinavien über den Nordatlantik nach Island und Grönland aufrechterhalten werden konnte.

Denkt man heute an die Boote der Wikinger, so hat man meist das lange und schmale «Langskip» vor Augen, das vor allem als Kriegs- und Mannschaftsschiff diente. Das 28 Meter lange, aber nur 4,5 Meter breite «Skuldelev 2»-Schiff, das man auf dem Grund des Roskilde Fjords fand, bot bis zu 60 Leuten Platz. Es war nach Bauform und Ausrüstung auf Schnelligkeit und Manövrierfähigkeit hin optimiert. Es hatte wie alle Langskips ein durchgehendes Deck, um eine hohe Zahl an Ruderbänken aufnehmen zu können. Der legendäre «Langwurm» König Olaf Tryggvasons soll sogar 34 Ruderpaare besessen haben. Denn obwohl das Langskip über ein großes Rahsegel verfügte, war die Muskelkraft der Besatzungsmitglieder die Hauptantriebsquelle. Dank der vielen Ruderpaare und ihrer günstigen Anordnung dicht über der Wasseroberfläche waren beachtliche Geschwindigkeiten möglich: Man glaubt, dass die Höchstgeschwindigkeit bis zu zehn Knoten oder umgerechnet annähernd 20 Stundenkilometer betrug. Für die 550 Seemeilen lange Strecke von Birka nach Nowgorod ist eine Reisedauer bei ununterbrochener Fahrt von nur fünf Tagen belegt.

Der zweite Hauptschiffstyp der Wikinger war die «Knörr», die als Handelsschiff Verwendung fand. Sie war im Vergleich zum «Langskip» breitbauchiger, denn hier galt das Hauptaugenmerk der Ladekapazität und der Seetüchtigkeit. Das hochseegängige «Skuldelev 1»-Schiff, ein Boot dieses Typs, war 16,3 Meter lang und 4,3 Meter breit. Seine Tragfähigkeit betrug etwa 40 Tonnen. Mittschiffs besaß es einen offenen Laderaum mit einen Fassungsvermögen von ca. 30 bis 35 Kubikmetern. Weitere Lademöglichkeiten bestanden unter den beiden Halbdecks an Bug und Heck, auf denen die wenigen Ruderbänke standen. Die Knörr wurde nämlich vorwiegend gesegelt, weshalb man auch mit einer wesentlich kleineren Mannschaft auskam. Die «Skuldelev 1» hatte vermutlich zwölf Mann Besatzung, bei einem Küstensegler wie der 13,5 Meter langen «Skuldelev 3» reichten wohl fünf oder sechs

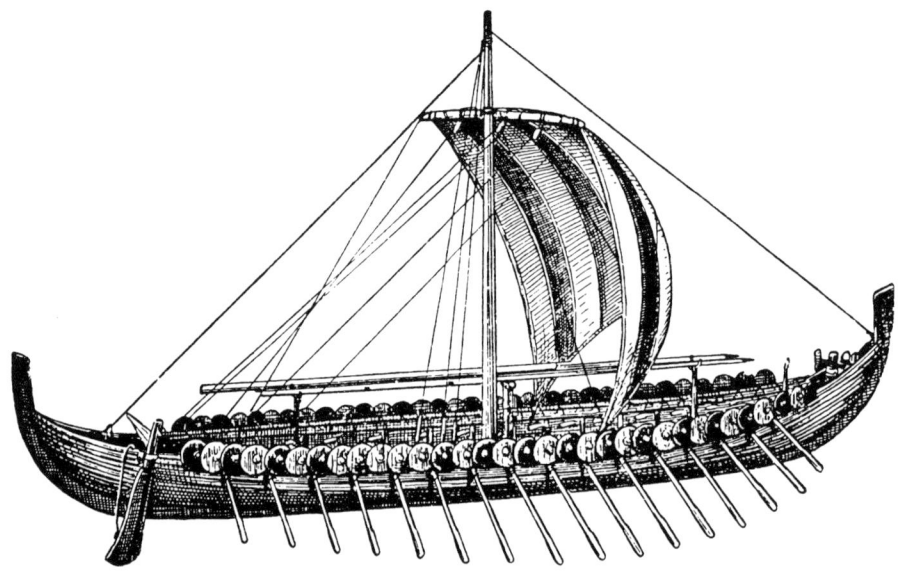

*Das Langskip der Wikinger besaß zwar ein Segel, wurde aber hauptsächlich
gerudert. Das Boot war sehr schnell und ließ sich gut manövrieren.*

Mann zum Betrieb. Ein solches Lastschiff benötigte für die Reise von Birka
nach Nowgorod mit neun Tagen annähernd die doppelte Zeit wie ein Langskip, bei nächtlicher Fahrtunterbrechung waren es sogar ungefähr 19 Tage.

Ungeachtet des unterschiedlichen Längen-Breiten-Verhältnisses waren
die Wikingerschiffe nach einem einheitlichen Grundschema gebaut. Die
charakteristische Form ergab sich durch die beiden gebogenen Vorder- und
Achtersteven, wodurch das Schiff an Bug und Heck das gleiche Aussehen
hatte, sowie den leicht gebogenen Kiel. Die seitlichen, dünnwandigen Planken überlappten einander und waren leicht gekrümmt, so dass die oberste
Plankenreihe an den Enden höher war als in der Mitte. Zur Befestigung wurden im Bereich der westlichen Ostsee Eisennägel verwendet und die
Zwischenräume mit pechgetränkten Tierhaaren abgedichtet. In der östlichen
Ostsee nahm man Holznägel und Moos. Das Boot selbst bestand meist aus
Eiche, für den Mast und das Ruder wählte man bevorzugt Tannenholz. Am
relativ kurzen Mast, der bei Bedarf umgelegt werden konnte, befand sich ein
großes rechteckiges Rahsegel aus grobem Wollstoff.

Das ganze Schiff wies, wie man heute auch aus Nachbauten weiß, eine
große Geschmeidigkeit, Leichtigkeit und Elastizität auf. Es war so entwor-
fen, dass es sich dem Meer «anschmiegte», anstatt die Wellen direkt zu

durchschneiden. Das Schiff war sehr wendig, auch dank eines besonders konstruierten Steuerruders, das sich mit einer Hand bedienen ließ. Es besaß vermutlich auch gute Segeleigenschaften. Jedenfalls zeigt die Verwendung des Baums, dass die Wikinger hart am Wind zu segeln suchten. Die flachen Kielboote der Nordleute benötigten keinen Kai, sondern wurden zum Be- und Entladen an den Strand gezogen. Aufgrund des geringen Tiefgangs, der selten mehr als einen Meter betrug, konnte das Wikingerschiff auch landeinwärts noch gut auf flachen Flüssen fahren und über kürzere Landstrecken von einem Wasserlauf zum nächsten geschleppt werden.

Auch die Slawen, die zur Zeit der Wikinger die Ostsee befuhren, kannten spezielle Kriegs- und Handelsschiffe, die sich allerdings in ihren Proportionen weniger stark voneinander unterschieden. Entsprechende Schiffsfunde bei Ralswiek auf Rügen ergaben ein Längen-Breiten-Verhältnis von jeweils etwa vier zu eins, das auch für die Knörr der Wikinger charakteristisch war. Das größte bislang gefundene slawische Lastschiff war 14 Meter lang und 3,4 Meter breit. Es konnte ca. neun Tonnen Ladung aufnehmen und war wahrscheinlich mit einem Segel ausgestattet. Auch diese slawischen Schiffe waren in Klinkerbautechnik mit überlappenden Planken gefertigt.

Die Christianisierung der Wikinger

War das Mittelmeer die Wiege des Christentums, so war die Ostsee noch bis weit ins zehnte Jahrhundert hinein ein Meer der Heiden. Vereinzelte Reisen von angelsächsischen Missionaren im achten Jahrhundert hatten nichts daran geändert, dass im südlichen Skandinavien die germanischen und von Ostholstein bis zur Weichsel die slawischen Gottheiten verehrt wurden, während im Osten und Norden die verschiedenen, gleichfalls heidnischen baltischen und finnisch-ugrischen Stämme lebten.

Die ersten systematischen Anstrengungen, den christlichen Glauben im Norden zu verbreiten, setzten im frühen neunten Jahrhundert mit der Berufung des Reimser Erzbischofs Ebo zum «Legaten für den Norden» ein. Zuvor war mit der gewaltsamen Missionierung der Sachsen der christliche Herrschaftsbereich über die Elbe bis zur Grenze nach Dänemark erweitert worden. Als die wichtigsten Einlasstore für das Christentum erwiesen sich die Handelszentren Birka und Haithabu. Hier hielten sich christliche Kaufleute aus Westeuropa auf, und hier lebte auch eine gewisse Zahl von Einheimischen, die auf ihren Handelsreisen in engere Berührung mit dem Christentum gekommen oder sogar übergetreten war. So ist bekannt, dass sich

Die Gussformen aus Speckstein für Thorhammer und Kreuz wurden in Haithabu gefunden. Sie belegen die zeitweilige Koexistenz von germanischem und christlichem Glauben.

viele Wikinger-Kaufleute zur «Primsignie» bereit fanden, weil sie den Handel mit Christen erleichterte. «Dabei ließ man sich mit dem Kreuz bezeichnnen, jedoch nicht taufen und war somit potentieller Christ mit heidnischer Rückversicherung» (CAPELLE, S. 62).

826 überbrachte eine schwedische Gesandtschaft dem fränkischen Kaiser Ludwig dem Frommen die Nachricht, «viele ihres Volkes wünschten den Christenglauben anzunehmen; auch ihr König (Björn, König der Svear, d.V.) sei nicht abgeneigt, dort Gottes Priester zuzulassen» (RIMBERT, S. 39). Daraufhin entsandte Ebo den Missionar Ansgar 829 nach Skandinavien. Während seines anderthalbjährigen Aufenthaltes in Birka glückte ihm als wichtigster Erfolg die Bekehrung Herigars, des städtischen Gouverneurs, der sogar eine Kirche auf seinem Grundstück errichten ließ. Auch in Haithabu gab es zur Zeit Ansgars (801–865), des «Apostels des Nordens», «schon zahlreiche Christen, die in Dorestad oder Hamburg getauft waren, unter ihnen die angesehensten Männer des Wik» (RIMBERT, S. 81).

Nach seiner Rückkehr wurde Ansgar zum ersten Bischof des 831 eigens für die Nordische Mission gegründeten Bistums Hamburg bestellt. Als dänische Wikinger 845 Hamburg zerstörten, ging auch der Bischofssitz unter. Daraufhin wurden die Diözesen von Hamburg und Bremen vereinigt und

864, noch zu Lebzeiten Ansgars, zum Erzbistum erhoben. Außer in Birka entstanden um die Mitte des neunten Jahrhundert zwei weitere Kirchen in Haithabu und Ripen, dem dänischen Haupthafen für den Verkehr nach England. Ein durchgreifender Erfolg blieb den Missionsbemühungen allerdings versagt. Die schwedischen und dänischen Herrscher waren zwar bereit, das Christentum in den wichtigsten Handelsorten zu dulden, nicht zuletzt, um ausländische Kaufleute zur Niederlassung zu bewegen. Grundsätzlich hielten sie jedoch am alten Glauben fest und ließen deshalb wohl auch keine Missionierung im Landesinneren zu.

Sehr viel rascher als im Mutterland schritt die Christianisierung in den Wikingersiedlungen auf den britischen Inseln und im Fränkischen Reich voran. Die Anführer der Nordleute, die mit christlichen Herrschern Friedensverträge schlossen, waren meist auch bereit, sich bei dieser Gelegenheit taufen zu lassen, und mit ihnen traten die Gefolgsleute zum Christentum über. In Irland werden die Wikinger in den zeitgenössischen Quellen aus der ersten Hälfte des neunten Jahrhunderts meist als Heiden bezeichnet, in der zweiten Jahrhunderthälfte dagegen kaum noch. Im Übergang vom Heiden- zum Christentum wurden manchmal Anleihen auf beiden Seiten gemacht. Dies bezeugen zum Beispiel einige erhaltene Steinkreuze in England mit typischen Wikingermustern und Motiven aus heidnischen Mythen.

Das skandinavische Land, das am frühesten christlich wurde, war Dänemark. Die Initiative dazu ging um 960 von König Harald Blauzahn aus, der als erster König seit Godfred wieder über ganz Dänemark herrschte. Er rühmte sich der Christianisierung seines Reiches auf einem großen, dreiseitigen Runenstein im jütländischen Jelling: «König Haraldr hat dieses Denkmal zur Erinnerung an Gormr, seinen Vater und þyri, seine Mutter errichten lassen, jener Haraldr, der ganz Dänemark und Norwegen gewann und der die Dänen zu Christen machte» (zit. nach Boyer, S. 187).

Haralds Motive für den Wechsel zum Christentum waren vermutlich politischer Natur. Er stand zum einen unter dem Druck Kaiser Ottos I. Dieser hatte bereits 948 die Gründung von drei dänischen Bistümern in Ripen, Schleswig und Arhus veranlasst, deren Bischöfe allerdings noch nicht im Lande residierten. Um 960 schickte Otto den späteren Bischof Poppo zu Harald, um ihn zur Taufe zu bewegen. Nach der beim Chronisten Widukind von Corvey überlieferten Legende demonstrierte Poppo damals die Macht Christi, indem er ein rotglühendes Eisen in seiner Hand hielt, ohne sich zu verbrennen. Für den römisch-deutschen Kaiser bedeutete die Einbeziehung Dänemarks in die christliche Welt auch eine Vergrößerung seines politischen Einflussbereiches. Umgekehrt scheint Harald auch deshalb den neuen Glauben angenommen zu haben, um einen Vorwand für einen möglichen Einfall Ottos nach Dänemark zu beseitigen. Der Übertritt diente allerdings nicht nur der Selbstbehauptung der Königsgewalt nach außen, sondern auch nach innen. Denn das Christentum bot mit seiner Lehre vom Gottesgnadentum die Grundlage für eine starke Königsgewalt. Nach dem Sturz Harald Blauzahns durch seinen Sohn Sven Gabelbart um 985 gab es nochmals einen heidnischen Rückschlag, doch war dieser nur kurz. Noch Sven selbst leitete die planmäßige Christianisierung Dänemarks ein, die dann von seinem Sohn und Nachfolger Knut dem Großen fortgesetzt wurde.

In Schweden und Norwegen erfolgte der Übergang zum Christentum etwa eine Generation später als in Dänemark an der Wende vom zehnten zum elften Jahrhundert. Wie im dänischen Fall ging der Glaubenswechsel von den Herrschern aus. Anzeichen für eine «Christianisierung von unten», eine spontane Verbreitung des Christentums im Volk, gibt es nicht. In Norwegen setzte Olaf Tryggvason die neue Lehre teilweise gewaltsam durch, nachdem er 995 König geworden war. Olaf und sein Nachfolger Olaf Haraldson, der spätere «Olaf der Heilige», hatten auf ihren Wikingerzügen in Westeuropa die Vorzüge kennengelernt, die das Christentum königlichen Herrschern bot. Die Härte, mit der sie die Christianisierung des Landes gegen regionale Widerstände durchsetzten, lässt sich am besten dadurch erklären, dass hier ein Kampf um die Macht im Staat geführt wurde. In Schweden war es König Olaf Skötkonung, der die Christianisierung von oben her in Angriff nahm. 1008 ließ er sich taufen, und etwa fünf Jahre später wurde in Skara am Vänersee der erste schwedische Bischofssitz eingerichtet.

Die neuen Bistümer in Skandinavien gehörten kirchenrechtlich zur Provinz der Erzbischöfe von Hamburg-Bremen. Doch hatten diese von Anfang an Probleme, ihre Autorität im Norden geltend zu machen. So geschah die tatsächliche Christianisierung der Bevölkerung durch den Bau von Kirchen und die Sicherstellung der Seelsorge im Westen Skandinaviens zu einem guten Teil durch englische bzw. anglo-dänische Missionare. In Schweden hingegen wirkten Einflüsse aus Byzanz. Sie wurden teils vermittelt über Angehörige der kaiserlichen Leibwache, der Waräger-Garde, teils sind sie auf dynastische Verbindungen zwischen den schwedischen Königen und den Fürsten von Kiew zurückzuführen.

Im östlichen Norwegen und in Teilen Schwedens, inbesondere im Gebiet der Svear um Uppsala, überlebte die heidnische Religion bis ins späte elfte, möglicherweise sogar bis ins zwölfte Jahrhundert hinein. Aber auch in den christianisierten Gebieten dauerte es Jahrhunderte, bis der christliche Glaube und christliche Werte tief im Bewusstsein der Menschen verankert waren. Begriffe wie Sünde und Gnade waren der Denkweise der Wikinger fremd, und auch mit Tugenden wie Demut, Barmherzigkeit und Nächstenliebe konnten sie zunächst wenig anfangen. Auch Blutrache und Zauberei lebten fort. Heidnische Mythen und Legenden wurden weiter erzählt, wenn auch christlich umgeformt. So wurde fast alles, was wir heute an nordischen Sagen kennen, erst in christlicher Zeit aufgezeichnet.

Die ersten Kirchen wurden aus Holz errichtet. Die charakteristische Bauform waren die Stabkirchen, wie sie noch heute vereinzelt in Norwegen anzutreffen sind. Im jütländischen Hørning blieb von der ehemaligen Stabkirche eine geschnitzte und bemalte Bohle erhalten, die eine Schlange zeigt. Auch sonst wurde zur bildlichen Ausschmückung von Kirchen noch häufig auf heidnische Motive zurückgegriffen, wie etwa auf die Tötung des Drachen Fafnir aus der Sigurd-Sage. Die Menschen brauchten viel Zeit, um im Christentum anzukommen.

Politische Ordnung und Reichsbildung in Dänemark und Schweden

Sippe, Thing und König

Während der gesamten Wikingerzeit bildete die Sippe das Fundament der Gesellschaft. Solange übergeordnete staatliche Strukturen nur in beschränktem Umfang existierten, gewährten die Geschlechterverbände ihren Mitgliedern den notwendigen materiellen und physischen Schutz. Deshalb war auch die Blutrache für Mord oder Totschlag vollkommen legal, sofern nicht die Familie des Täters sich bereit fand, die Familie des Opfers mit Geld, dem sogenannten «mansbot», zu entschädigen. Die politischen Grundeinheiten des Landes waren von altersher die von Häuptlingen geführten Kleinlandschaften, die «bygder» (Einzahl «bygd»), die als Rechts-, Kult- und Siedlungsgemeinschaften dienten. Mit dem fortschreitenden Zusammenschluss der Landschaften zu größeren Gebieten einheitlichen Rechtes, den «lagsagor» (Einzahl «lagsaga»), gingen die alten «bygder» teils in neuen Verbänden auf, teils bestanden sie unter anderem Namen fort.

Hauptorgan der «lagsagor» waren die großen Landesthinge, zu deren Aufgaben neben der Gesetzgebung und bestimmten Bereichen der Rechtsprechung die Königswahl gehörte. In Dänemark gab es drei dieser Thinge für Jütland, Seeland und Schonen, in Schweden waren es deren zehn (Uppland, Södermanland, Närke, Östergötland, Öland, Tiohärad, Västergötland, Värmland, Västermanland und Darlarna).

Auch nach erfolgter Reichseinigung blieben diese Großlandschaften politisch und rechtlich weitgehend eigenständig. Im Grunde waren der dänische und der schwedische «Staat» damals nicht mehr als ein loser Verband selbstständiger Landesteile, dessen Einheit sich hauptsächlich nur in der Person des Königs zeigte. Dies kam bereits darin zum Ausdruck, dass die Könige getrennt gewählt bzw. bestätigt wurden. In Schweden wurde der neue König nach Beratung auf dem Thing aller Svear auf der Mora-Wiese in Uppsala in feierlicher Weise zu seinem Amt erhoben. Danach nahm der Gewählte während einer Umfahrt, der «eriksgata», die Huldigung der übrigen Landschaften entgegen. In Dänemark fand die Erstwahl auf dem jütländischen Thing in Viborg statt, worauf dann die Landesthinge von Seeland in Ringsted und Schonen in Lund die Wahl wiederholten.

Der König wurde zwar gewählt, doch galt die Bestimmung, dass das Thronrecht erblich war in der vornehmsten Sippe des Reiches, der man göttlichen Ursprung zuschrieb. Eine zentrale Rolle spielte über ein halbes Jahrtausend hinweg insbesondere das Geschlecht der Ynglinge, das nicht nur in ihrer schwedischen Heimat, sondern längere Zeit auch in Norwegen und Dänemark die Königswürde erringen konnte. Da die Thronfolge andererseits nicht genau festgelegt war, sondern frei innerhalb der Sippe vergeben werden konnte, gab es in allen drei nordischen Ländern schier endlose dynastische Streitigkeiten und Thronfolgekämpfe.

Die Macht, die ein König besaß, hing sehr stark von seiner Persönlichkeit ab, denn die unmittelbar aus seiner Stellung herrührenden Befugnisse waren eher gering. Als sakrales Oberhaupt führte er in heidnischer Zeit die zentralen Kulthandlungen durch, zu denen nach der Schilderung Adams von Bremen auch Menschenopfer zählten. Im Krieg besaß er den militärischen Oberbefehl. Der König war andererseits an die Beschlüsse der von den Häuptlingen beherrschten Thingversammlungen gebunden und hatte kaum eigene Organe, mit denen er seinen Willen durchsetzen konnte. Unter diesen Umständen gewannen die Männer aus der Gefolgschaft des Königs, die ihm durch besondere Treue verbunden waren, große Bedeutung für sein Handeln.

Die dänische Reichsbildung

Wann genau die dänische Reichsbildung erfolgte, lässt sich nicht mehr feststellen. Um 800 jedenfalls bestand ein vereinigtes Dänenreich unter König Godfred, das außer Jütland auch die übrigen historischen dänischen Landschaften umfasste, also die Inseln und die heute südschwedischen Gebiete

Schonen, Halland und Blekkinge. Zum Schutz gegen die Expansionsbestrebungen des Fränkischen Reiches unter Karl dem Großen ließ Godfred das Danewerk in großem Stil erweitern. Nach seiner Ermordung im Jahr 810 kam es zu Friedensschlüssen seiner Nachfolger mit Karl dem Großen, die den Grenzverlauf an der Eider bestätigten. Thronfolgekämpfe unter den Nachfahren Godfreds führten im neunten Jahrhundert wieder zu einem Zerfall Dänemarks in mehrere Teilreiche.

Erst der jütische König Gorm leitete mit der Einigung ganz Jütlands die abermalige dänische Reichssammlung ein. Der nach 935 gestorbene Gorm und seine Frau Thyra sind die ersten historisch fassbaren Persönlichkeiten der ursprünglich wohl norwegischen Jelling-Dynastie, die bis zum Ausgang der Wikingerzeit ganz Dänemark beherrschte. Der Name der Herrschergeschlechtes bezieht sich auf die Königsnekropole Jelling bei Vejle in Ostjütland, einem der beeindruckendsten Denkmäler der Wikingerzeit.

Die mächtige Anlage, die das Selbstbewußtsein und die Macht der Dynastie spiegelt, besteht aus zwei künstlich aufgeschütteten, heute noch bis zu elf Meter hohen und 70 Meter breiten Hügeln. Dazwischen befindet sich eine romanische Steinkirche, die drei hölzerne Vorgängerbauten hatte. Neben der Kirche stehen zwei Runensteine: Der kleinere wurde von König Gorm zum Gedächtnis seiner Frau Thyra gestiftet, der größere von ihrem gemeinsamen Sohn Harald Blauzahn zu Ehren der Eltern errichtet. Inzwischen weiß man aus Grabungen, dass Gorm ursprünglich im Nordhügel bestattet worden war, Harald aber nach seinem um 960 erfolgten Übertritt zum Christentum die Gebeine in die neuerbaute Kirche überführen ließ. Von Harald stammt vermutlich auch die Aufschüttung des Südhügels, der nie als Grabmal diente und mit dem das ursprünglich heidnische Monument zusammen mit dem Kirchenbau auch inhaltlich verändert wurde.

Harald Blauzahn gewann zum jütländischen Erbe des Vaters die dänischen Inseln und Südschweden hinzu, so dass das dänische Königreich wieder in den Grenzen von 800 bestand. Zudem gelang es ihm, die Oberhoheit über Norwegen zu erringen. Die lose Abhängigkeit vom römisch-deutschen Reich, die sich in der Zahlung eines Zinses niederschlug, vermochte Harald im Jahr 983 abzuschütteln, als der große Slawenaufstand den ganzen Nordosten des Reiches erschütterte. Wie Gorm regierte auch Harald zunächst von Jelling aus. Nach dem Gewinn der Inseln und Schonens machte er dann jedoch Roskilde auf Seeland zu seiner neuen Residenz. Dort ist er auch begraben worden, und bis auf den heutigen Tag ist der Dom der Hafenstadt Grablege der dänischen Könige geblieben.

Die beiden Runensteine in Jelling stammen von König Gorm und seinem Sohn Harald Blauzahn. Auf dem größeren rühmt sich Harald der Christianisierung Dänemarks.

Harald Blauzahn wurde um 986/87 durch einen Aufstand seines eigenen Sohnes Sven Gabelbart gestürzt. Harald floh, verfolgt von Sven, zur Wikingersiedlung Jomsburg auf die Ostseeinsel Wollin, wo es zum Kampf kam und er sein Leben verlor. Politisch blieb Sven den Zielen seines Vaters verpflichtet. Auf seinem Programm standen eine Stärkung der Königsgewalt nach innen und eine Ausweitung des dänischen Machtbereichs nach außen. Dazu dienten die großen befestigten Lager, von denen die Archäologen bisher vier in der Nähe von Trelleborg (Seeland), Aggersborg und Frykat (Nordjütland) sowie Odense (Fünen) aufspüren konnten. Die von kreisrunden Wällen umschlossenen Burganlagen besaßen einen Innenraum zwischen 120 und 240 Metern Durchmesser und boten Platz für bis zu 48, fast 30 Meter lange Häuser. Die nur kurze Zeit bewohnten Lager wurden während der Regierungszeit von Harald Blauzahn und Sven Gabelbart angelegt und bildeten vielleicht eine Art Schutzgürtel gegen befürchtete Angriffe von außen. Möglicherweise waren sie aber auch «Einschiffungslager für die großen Flotten der Englandzüge» (CAPELLE, S. 31), da sie an damals noch schiffbaren Gewässern lagen.

Nach der legendären Seeschlacht von Svolder im Jahr 1000, bei der Sven mit dem verbündeten schwedischen König Olaf Skötkonung den Norweger Olaf Tryggvason vernichtend schlagen konnte, gelangte auch das zeitweilig wieder selbstständig gewordene Norwegen erneut unter dänische Oberhoheit. Die wiederholten Feldzüge nach England gipfelten schließlich Ende 1013 im Erwerb der englischen Königskrone. Zwar starb Sven schon kurz darauf im Februar 1014, doch konnte auch sein Sohn Knut der Große nach anfänglichen Schwierigkeiten die englische, norwegische und dänische Krone für seine Person behaupten. Dieses Nordsee-Großreich hatte allerdings keinen längeren Bestand. Nach dem Tode Knuts 1035 konnte zwar nochmals sein Sohn Hardeknut den dänischen und den englischen Thron besteigen, doch wählten nach dessen frühen Ableben 1042 die englischen Adligen einen Fürsten aus einheimischem Geschlecht zu ihrem Oberhaupt. Das englisch-dänische Gemeinschaftsbewußtsein war zu gering und das dänische Machtpotential allein zu schwach, um die britische Insel auf Dauer an Dänemark binden zu können. Auch Norwegen ging gegen Ende der Wikingerzeit wieder getrennte Wege.

Die Reichsbildung in Schweden

In Schweden ging die Reichsbildung von der mittelschwedischen Landschaft rund um den Mälarsee aus, dem Kerngebiet der Svear. Diesem volksstarken Stamm gelang – wie oben berichtet – wohl schon Ende des sechsten, vielleicht aber auch erst Ende des achten Jahrhunderts, die Unterwerfung der von den Göten besiedelten Landschaften Östergötland und Småland. Den Anschluss Västergötlands datiert die Forschung auf die Jahrzehnte um 800 oder erst ins späte zehnte Jahrhundert. Nach dem Reisebericht des Angelsachsen Wulfstan umfasste das schwedische Reich im späten neunten Jahrhundert auch bereits die Inseln Gotland und Öland sowie das später dänisch beherrschte Blekinge ganz im Süden der schwedischen Halbinsel. Die nördlichen Landschaften Jämtland und Härjedalen scheinen zur Zeit der Wikinger selbstständige Bauernrepubliken gewesen zu sein, während die am weitesten westlich gelegenen Landschaften Värmland, Dalsland und Bohuslän unter norwegischem Einfluss standen.

Auch wenn sich die schwedischen Grenzen während der Wikingerzeit nicht genau bestimmen lassen, steht doch außer Frage, dass sich damals ein eigenständiges schwedisches Staatswesen konsolidierte, dessen Blick vor allem nach Osten gerichtet war, über die Ostsee hinweg an die finnische und

Die slawische Götterstatue mit zwei Köpfen wurde auf der Fischerinsel im Tollensesee bei Neubrandenburg gefunden.

baltische Küste, nach Russland und weiter bis nach Byzanz und das Kalifat von Bagdad. Ausdruck sowohl dieser maritimen Ausrichtung als auch der erreichten staatlichen Machtkonzentration war die «Ledung», die Organisation der Kriegsflotte unter königlichem Befehl mit detailliert geregelten Leistungspflichten der einzelnen Regionen. Sie bestand in ähnlicher Form auch in Dänemark und Norwegen, doch war sie nirgend so stark aus- und durchgebildet wie in Schweden.

Die schwedische Ereignisgeschichte dieser Jahrhunderte bleibt mangels erzählender Quellen weitgehend im Dunkeln. Nur Sagen und Dichtungen berichten von wechselvollen Kämpfen und Bündnissen mit den Nachbarländern Dänemark und Schweden. Am Ende des zehnten Jahrhunderts begegnet Erich der Siegreiche, der in der noch halb legendären, aber auf schonischen Runensteinen festgehaltenen Schlacht bei Fyrisvallarna über einen Thronbewerber aus gleichem Geschlecht siegte, dem von dänischen Truppen unterstützten Styrbjörn den Starken. Nach Erichs Tod um 994/95 kam sein Sohn Olaf Skötkonung («Schoßkönig») zur Macht, der erste aus der Geschichtsschreibung näher bekannte schwedische König. Sein seltsamer Beiname bedeutet vermutlich «der besteuernde König».

Seine Tochter Ingegärd war mit dem warägischen Großfürsten Jaroslaw von Kiew verheiratet, doch war Olafs Politik eher nach Westen orientiert. Als Verbündeter von Sven Gabelbart trug er wie erwähnt zum Untergang Olaf Tryggvasons in der Seeschlacht von Svolder bei. Als Dänemark unter Knut dem Großen übermächtig wurde, verbündete sich Olaf und nach seinem Tod 1021/22 sein Sohn Anund Jakob mit dem norwegischen Thronanwärter Olaf dem Heiligen. Ein Ehebündnis – der norwegische Olaf erhielt eine außereheliche Tochter des schwedischen Olaf zur Frau – besiegelte den Pakt, der indessen militärisch wenig erfolgreich war und zum Verlust südschwedischer Gebiete an die Dänen führte. Letzter schwedischer König aus dieser Dynastie war Anund Jakobs Halbbruder Emund, der zwischen 1050 und 1060 regierte. Mit ihm ging das jahrundertealte Königsgeschlecht der Ynglinge und zugleich die schwedische Wikingerzeit zu Ende.

4.
Das dänische Ostseereich

Zeittafel

ca. 1060	Gründung der Bistümer Mecklenburg und Ratzeburg
1066	heidnische Erhebung der Wenden
1086	Ermordung Knuts II. von Dänemark
ca. 1090	heidnischer Tempel in Uppsala durch Kirchenbau ersetzt
1101	Heiligsprechung Knuts II.
1104	Gründung des Erzbistums Lund
1111	Errichtung der Grafschaft Holstein
1124/28	Missionierung Pommerns durch Otto von Bamberg
1131–1157	Thronwirren in Dänemark
ca. 1140	Beginn der deutschen Ostsiedlung
1140	Gründung des Bistums Wollin
1142	Heinrich der Löwe wird Herzog von Sachsen und Bayern
1143/59	Gründung Lübecks
1147	Wendenkreuzzug
1149/54	Neugründung der Wendenbistümer Oldenburg, Mecklenburg und Ratzeburg
ca. 1156–1249	schwedischer Thronstreit zwischen den Geschlechtern Sverker und Erik
ca. 1160	Gründung der Genossenschaft der Gotlandfahrer
1164	Gründung des Erzbistums Uppsala
1166	Mecklenburg wird sächsisches Lehen
1168	Eroberung Rügens durch Dänemark
1180	Sturz Heinrich des Löwen
1184/85	Pommern und Mecklenburg geraten unter dänische Oberhoheit
1201	Gründung von Riga
1202	Holstein (mit Lübeck und Hamburg) wird dänisches Kronlehen
1214	Privileg von Metz
1219	Gründung Revals, nördliches Estland wird dänisch

Die Wikingerzeit war vorbei, der dänische Traum von einem Großreich aber noch lange nicht. König Knut II., der 1080 den Thron bestiegen hatte, warf wie seine Vorgänger einen begehrlichen Blick auf England, das jetzt von den französisch gewordenen Normannen unter Wilhelm dem Eroberer beherrscht wurde. Um der geplanten Invasion zum Erfolg zu verhelfen, ließ Knut eigens Reliquien des Heiligen Alban von der britischen Insel nach Dänemark holen. Der erste Märtyrer Englands sollte dem Landeunternehmen den nötigen göttlichen Beistand sichern. Doch als Knut 1085 die dänische Flotte am Limfjord zusammenrief, versagten ihm die Großen des Landes die Gefolgschaft. Hohe Bestechungsgelder von Seiten des vorgewarnten Wilhelm hatten ihre Wirkung gezeigt. Mehr noch aber war es die Opposition der großbäuerlichen Oberschicht gegen den gesteigerten Machtanspruch des Königs, die im Bruch des Aufgebots ihren Ausdruck fand. Eine Steuerreform und die unnachsichtige Eintreibung des kirchlichen Zehnten hatten zuvor den Unmut der Großbauern geweckt. Als Knut im folgenden Jahr die Verletzung der Heerespflicht mit schweren Bußgeldern zu ahnden versuchte, kam es in Jütland zum offenen Aufruhr. Der König floh nach Odense auf Fünen. Hier hatte Knut die Reliquien des Heiligen Alban in einem Schrein beisetzen lassen. Der Heilige sollte ihm in seiner Not beistehen, doch einige Aufständische drangen in die Kirche ein und erschlugen den König.

Die Geschichte des glücklosen Monarchen zeugt nicht nur von den harten Auseinandersetzungen zwischen Königtum und Großen um die Macht im Staate, sie hat auch eine für den weiteren Verlauf dieses Streits wichtige Fortsetzung. Schon bald nach dem gewaltsamen Tod des Königs tauchten erste Berichte über Wunder auf, die sich am Grabe Knuts ereignet hätten. Blinde wurden sehend, Lahme gehend, und auch das Ende einer Folge von Missernten konnte bereits der Fürsprache des Königsheiligen zugeschrieben werden. Sein jüngerer Bruder Erik Ejegod, der nach dem Tod des zwischenzeitlich regierenden Olaf Hunger den Thron bestiegen hatte, machte sich die von der Klosterchronistik genährte Heiligenlegende erfolgreich zunutze. Die bereits 1101 auf sein Betreiben erfolgte Heiligsprechung Knuts diente der Legitimation des Herrscherhauses und der wechselseitigen Stärkung von Königtum und Kirche. Dieses enge Bündnis von Krone und Altar, von geist-

Die spätere dänische Hauptstadt Kopenhagen entwickelte sich erst im 15. Jahrhundert zum Zentrum des Reiches. Waldemar der Große hatte den Ort einst Bischof Absalon geschenkt.

licher und weltlicher Herrschaft, war nicht nur während Eriks Regierungszeit, sondern im gesamten hohen Mittelalter von tragender Bedeutung für die Geschichte des Ostseeraums.

Kirchliche Organisation und staatliche Herrschaftskonsolidierung in Dänemark und Schweden

Aufbau einer kirchlichen Struktur

Es war ein schöner Erfolg für die junge dänische Kirche, dass das Ende einer Zeit von Misswuchs und Unwettern während der Regierung von Olaf Hunger allgemein auf das Wirken des Heiligen Knut zurückgeführt wurde. Denn wenn auch bereits Harald Blauzahn ein Jahrhundert zuvor für sich in

Anspruch genommen hatte, «die Dänen zu Christen gemacht» zu haben, so war doch viel heidnisches Gedankengut lebendig geblieben. Heilige Quellen, Haine und Steine stellten viel besuchte Orte dar, an denen die Bauern für die Fruchtbarkeit der Äcker und das Gedeihen des Viehs ihre Opfergaben niederlegten. In Schweden, damals in jeder Hinsicht das altertümlichste der drei nordischen Reiche, war es sogar erst um 1090 gelungen, den germanischen Kulttempel in Alt-Uppsala zu schließen und an seiner Stelle einen Kirchenbau zu errichten.

Immerhin wurde seit der Mitte des elften Jahrhunderts in Dänemark und rund 80 Jahre später auch in Schweden damit begonnen, die «bis dahin … bloß missionierende Institution» Kirche (IMHOF, S. 39) mit einer festen Organisation, einer gesicherten Rechtsstellung und einer soliden Finanzausstattung zu versehen. In enger Zusammenarbeit mit dem zuständigen Bremer Erzbischof Adalbert teilte der dänische König Sven Estridson um 1060 das ganze Land in Bistumssprengel ein. Für Schonen und Bornholm wurde ein Bischofsitz in Lund eingerichtet, für Seeland in Roskilde, für Fünen in Odense. Jütland wurde kirchlich in die Bistümer Schleswig, Ribe, Århus, Viborg und Vestervig gegliedert. Wichtiger noch für die tatsächliche Erfassung der Bevölkerung war die gleichzeitige flächendeckende Einteilung Dänemarks in Kirchspiele, eine Einteilung übrigens, die im Großen und Ganzen bis in die Gegenwart unverändert erhalten geblieben ist.

In Schweden war die Missionstätigkeit um 1120 wohl gerade erst in ihre Schlussphase eingetreten, wie ein Verzeichnis der damaligen sechs Bischofsitze vermuten lässt. Sie waren stark auf Svealand konzentriert, wo der germanische Götterglaube besonders zähe Verteidiger fand. Erst um 1170 hatte die kirchliche Einteilung des Landes feste Gestalt angenommen. Bistümer bestanden jetzt in Växjö, Skara, Linköping, Strängnäs, Västerås und Uppsala, wohin der Bischof von Sigtuna übergesiedelt war. In Åbo an der finnischen Westküste war ein schwedischer Missionsbischof tätig.

Die allgemeine Einführung des Zehnten seit der zweiten Hälfte des elften Jahrhunderts verschaffte dem Klerus feste Einkünfte. Wie die Empörung gegen Knut den Heiligen zeigt, war die Kirchensteuer allerdings zunächst keineswegs unumstritten. Weitere und im Lauf der Zeit sich stark vergrößernde Einnahmen erwuchsen der Geistlichkeit durch Landschenkungen der großen Geschlechter, wodurch das Kirchengut rasch zunahm. Wichtig für die sich ausbildende Unabhängigkeit und Machtstellung der Kirche wurden daneben die eigene Gerichtsbarkeit und die freie Bischofswahl durch die Domkapitel. In Dänemark wurde beides bereits im zwölften Jahrhundert erreicht, Schweden folgte bis 1248.

Die mittelalterliche Kirche in Lärbro ist eine der größten in Gotland. Neben dem Gotteshaus steht ein Wehrturm aus dem 11. Jahrhundert.

Kirchenrechtlich gehörte der gesamte Norden zunächst weiter zur Provinz des Erzbischofs von Hamburg-Bremen. Das war ein auf die Dauer unhaltbarer Zustand, denn mit der Schaffung einer festen kirchlichen Organisation wuchs auch das Bestreben nach einer selbstständigen Stellung innerhalb der Römischen Kirche. Vor allem aber drängte die Königsgewalt angesichts der engen Verflechtung von geistlicher und weltlicher Herrschaft auf eine Lösung der Bindungen zu einem auswärtigen Metropoliten, der selbst wiederum als Reichsfürst dem römisch-deutschen Kaiser Gehorsam schuldete.

Die herausragende Persönlichkeit der Bremischen Kirche jener Zeit war Erzbischof Adalbert, der die Erzdiözese von 1043 bis 1072 regierte. Die Geschichtsschreibung bescheinigt ihm «großartiges Auftreten und maßlosen Ehrgeiz» (HUBATSCH, S. 26). Als Adalbert erkannte, dass er den Ansprüchen auf Eigenständigkeit nicht länger nur mit einer bloßen Verweigerungshaltung begegnen konnte, beantragte er beim Papst die Errichtung eines Patriarchats für den Norden. Diese Konstruktion hätte Platz für eigene Erzbistümer in den skandinavischen Ländern geboten – und Adalbert als Oberbischof für die nordischen Kirchenprovinzen einen weiteren Geltungszuwachs beschert. Der Sturz Adalberts im Jahre 1066 bereitete dem Plan eines deutsch-nordischen Patriarchats ein jähes Ende. Aber auch die Bemühungen Sven Estridsons um eine Ausgliederung Dänemarks aus dem bremischen Kirchenverband verliefen vorerst im Sande.

Erst Erik Ejegod brachte die Angelegenheit zu einem für Dänemark günstigen Abschluss. Bei einer Pilgerreise nach Rom erreichte er von Papst Paschalis II. nicht nur die Kanonisierung seines Bruders Knut, sondern auch die grundsätzliche Zustimmung, die Kirche in Lund zum Erzbistum zu erheben. Letzteres geschah wohl im Frühjahr 1104 und bedeutete für Dänemark einen erheblichen Machtzuwachs, war doch der neue Metropolit für ganz Skandinavien zuständig.

Dabei sollte es indes nur begrenzte Zeit bleiben. Wie Erik den Investiturstreit zwischen Kaiser und Kurie für seine Ziele genutzt hatte, so profitierte der schwedische König Karl Sverkersson 60 Jahre später von der zeitweiligen Schwäche des Papsttums und Dänemarks. Ein von ihm erbetenes Dekret Papst Alexanders III. erhob 1164 Uppsala zum Erzbistum für das Reich der Schweden. Bereits zwölf Jahre früher war für Norwegen mit Sitz in Trondheim eine eigene Kirchenprovinz errichtet worden. Damit waren für ganz Skandinavien Nationalkirchen geschaffen, die mit ihrer vergleichsweise gefestigten und tief gegliederten Struktur noch auf lange Zeit einen organisatorischen Vorsprung gegenüber den weltlichen Gewalten besaßen.

Landschaftliche Gegensätze und Thronwirren

Es nimmt also nicht wunder, dass die Krone sich beim Ausbau ihrer Herrschaft auf das überlegene administrative und geistige Potential der Kirche zu stützen suchte. Als nationale Institutionen waren sie natürliche Bündnispartner gegen die auf lokale Eigenständigkeit drängenden Kräfte. Bereits die neue Diözesaneinteilung Dänemarks um 1060 diente neben dem kirchlichen Zweck «der Überwindung regionaler und ständischer Gegensätze» (BRANDT/HOFFMANN, in: HEG, Bd. 2, S. 887), und dasselbe gilt für die Reorganisation der schwedischen Kirche nach der Mitte des zwölften Jahrhunderts. Mit dem heiligen Knut gewann Dänemark wie erwähnt einen Schutzpatron, die Kirche an Einfluss und die Krone an Prestige. Die Kanonisierung erwies sich als so erfolgreich für alle Beteiligten, dass 1169 König Waldemar der Große seinen Vater Knut Laward ebenfalls in den Stand der Heiligen erheben ließ. Auch Schweden erhielt um diese Zeit mit Sankt Erik einen kürzlich verstorbenen König als Nationalheiligen.

Der Weg zu einer starken Königsmacht war indessen lang und die Entwicklung dorthin nicht frei von Rückschlägen. Außer in Kriegszeiten, in denen er als Heerführer die oberste Gewalt besaß, war der tatsächliche Einfluss des Monarchen auf das politische Geschehen in seinem Reich zunächst oft gering. In Dänemark wie in Schweden führten die einzelnen Landschaften bis ins 13. Jahrhundert hinein ein weitgehendes Eigenleben, und hier waren es die großbäuerlichen Geschlechter, die auf den regionalen Thingen den Ton angaben. Ihnen oblag die Rechtsprechung, die Gesetzgebung und die Königswahl. Man hat deshalb in der historischen Forschung auch von einem «Föderativstaat» gesprochen mit dem gemeinsamen König als «einzig sichtbare(m) Verbindungsglied» (IMHOF, S. 61). Jedes Thing wählte den König getrennt. In Schweden gab es daher die Einrichtung der Eriksgata, bei der der neue König nach der Erstwahl durch das Thing aller Svear in Mora bei Uppsala von Thing zu Thing reiste, den Königseid ablegte und die Huldigung empfing.

Nach einigen Jahrzehnten ruhiger innerer Entwicklung drängten die anhaltenden Landschafts- und Sippengegensätze um 1130 zur Explosion. Zwischen 1131 und 1167, also im Laufe nur eines Menschenalters, erlitten nicht weniger als sechs dänische und drei schwedische Herrscher einen gewaltsamen Tod; acht von ihnen wurden Opfer eines Mordanschlages, der neunte starb während eines Bürgerkrieges auf dem Schlachtfeld. War der Königsmord an Knut dem Heiligen noch der landschaftlichen Opposition gegen den Machtanspruch der Zentralgewalt zuzuschreiben, so waren die streitenden Thronanwärter jetzt ihrerseits Exponenten rivalisierender Magnatengruppen um die Vorherrschaft im Land. Sowohl in Schweden als auch in Dänemark ging die Reichseinheit in diesen Jahren zeitweise verloren.

Eröffnet wurde die Reihe der politisch motivierten Attentate mit dem Mord an Knut Laward. Der Sohn von Erik Ejegod war bei der Thronfolge zugunsten seines Onkels Niels übergangen und dafür später mit dem Amt eines Grenzbefehlshabers in Schleswig entschädigt worden. Knut, um den sich eine Partei sammelte, trieb selbstständig Politik, verbündete sich mit Kaiser Lothar und wurde von diesem 1129 mit der Oberherrschaft über den slawischen Stammesverband der Obodriten belehnt. Damit hatte er eine Machtstellung gewonnen, die dem dänischen König und seinem Sohn und Mitregenten Magnus gefährlich erschien. An Weihnachten 1131 lockte Magnus Knut in einen Hinterhalt und brachte ihn um.

Es ist müßig, die blutige Abfolge von Mord und Streit und Bürgerkrieg, die Dänemark in den folgenden 25 Jahren nicht zur Ruhe kommen ließ, im einzelnen nachzuzeichnen. 1157 jedenfalls teilten drei Könige nach jahrelangem Kampf das Reich unter sich auf. Sie waren alle Kinder zuvor gewaltsam ums Leben gekommener Herrscher: Knut, Sohn des Magnus, Sven, Sohn von Erik Emune, der nach Niels Ermordung 1134 auf den Thron gelangt war, und schließlich Waldemar, Sohn des Knut Laward. Wenige Tage nach der Reichsteilung kamen die drei Könige zu einem Fest im Roskilder Königshof zusammen. Abends überfielen Bewaffnete die Feier und löschten das Licht. Als die Szene wieder beleuchtet wurde, lag Knut ermordet da und war Waldemar verwundet. Waldemar floh nach Jütland, Sven setzte ihm nach, und am 23. Oktober 1157 prallten die Heere der beiden auf der Gratheheide bei Viborg aufeinander. Sven verlor die Schlacht und wurde auf der Flucht von einem Bauern mit der Axt erschlagen. So traurig die Ära der drei Könige für zwei von ihnen endete, so glücklich konnten sich die Dänen schätzen, dass es vorerst keine überzähligen Thronbewerber mehr gab. Denn mit Waldemar als Alleinherrscher sollte für Dänemark eine Zeit der Blüte beginnen.

In Schweden war 1125 die alte westgötische Königssippe der Stenkil im Mannesstamm erloschen. Der neue, aus Östgöta stammende König Sverker der Ältere, der um 1130 gewählt wurde, konnte nicht mehr alle Landschaften unter sich vereinigen; die Westgöten entschieden sich für den dänischen Magnus, Sohn des Niels. Sverker wurde um 1156 umgebracht; er könnte ein Opfer der anhaltenden Versuche dänischer Großer geworden sein, den schwedischen Thron zu gewinnen – die spärlichen Nachrichten jener Jahre lassen die Ereignisse nur unscharf erkennen. Sverkers Nachfolger jedenfalls war der später heiliggesprochene Erik IX., der wieder über ganz Schweden geboten zu haben scheint. Auch er starb – wohl 1160 – eines unnatürlichen Todes, der Legende nach wurde er während einer Messe im Dom von Uppsala ermordet. Nun gelangte der Thron wieder an das Geschlecht der Sverker, doch auch Karl Sverkersson starb 1167 von fremder Hand. Sein Mörder war Knut Eriksson, in dessen langer Regierungszeit die Heiligenlegende seines Vaters Gestalt annahm. Zwar herrschte Knut Eriksson annähernd dreißig Jahre lang unangefochten, doch blieb anders als in Dänemark die Entwick-

Mit der Eroberung Arkonas durch Waldemar und Absalon verlor der slawische Götterglaube im westlichen Ostseeraum seine letzte Bastion (Gemälde von Laurits Tuxen, 1894).

lung in Schweden noch bis zur Mitte des 13. Jahrhunderts vom Streit der konkurrierenden Königsgeschlechter der Erik und Sverker bestimmt.

Waldemar der Große

Waldemar von Dänemark, dem später das Beiwort der Große zuerkannt wurde, bemühte sich erfolgreich darum, die Königsherrschaft nach dem jahrzehntelangen Bürgerkrieg wieder auf eine stabile Grundlage zu stellen. Es war ein Glücksfall für ihn und das Land, dass ihm dabei eine herausragende Persönlichkeit zur Seite stand, die viele Historiker auch als den «eigentlichen Kopf der dänischen Führung» jener Zeit ansehen (FINDEISEN, Dänemark, S. 57): Absalon, seit 1158 Bischof von Roskilde. Aus dem seeländischen Hochadelsgeschlecht der Hvide stammend, gehört er als Kirchenleiter, Heerführer und Politiker zu den markantesten Gestalten des dänischen Mittelalters. Die fortwährend enge Beziehung zwischen Waldemar und Absalon reicht bis in die Kindertage zurück, denn der Halbwaise Waldemar wuchs in der Familie Absalons auf.

Waldemars erstes Ziel war die Sicherung der Thronfolge für seine Nachkommen, also die Begründung einer Dynastie. Seinen Sohn Knut ließ er noch in dessen Geburtsjahr 1162 von einer Versammlung der Großen zum Nachfolger designieren; im Alter von acht Jahren wurde er zum Mitkönig erhoben und vom Erzbischof von Lund gekrönt. 1169 erreichte Waldemar auch die Heiligsprechung seines Vaters Knut Laward. Die Kanonisierung bedeutete nicht nur einen enormen Prestigegewinn für die Königsfamilie, künftig sollte auch nur noch König werden können, wer ein Nachfahre des Heiligen war. Dem Adel versüßte Waldemar die Einschränkung seines bisherigen Königwahlrechts mit der Einräumung weit reichender Steuerprivilegien. Auch Kirchen und Klöster erhielten umfangreiche Schenkungen aus bislang königlichem Besitz. Das Bündnis zwischen König, Adel und Kirche erfolgte auf Kosten der freien Bauern, die der Krone durch eine Reform der Militärverfassung steuerpflichtig wurden.

Die innere Schwäche Dänemarks in der Zeit der Thronkämpfe hatten die slawischen Ranen und Obodriten, die an der heutigen deutschen Ostseeküste lebten, zu verstärkten Überfällen genutzt. Sowohl die dänische Handelsschifffahrt als auch die küstennahen Siedlungen auf den dänischen Inseln hatten schwer unter den Angriffen dieser «wendischen Wikinger» zu leiden. Vor allem angetrieben durch Bischof Absalon, der sich häufig persönlich an die Spitze des Heeres setzte, ergriffen die Dänen nun seit den 1160er Jahren energische Gegenmaßnahmen. Die Reorganisation des Seekriegsaufgebots und der Bau von Burgen an den besonders gefährdeten Küstenabschnitten brachten erste Erfolge. Doch Waldemar und Absalon begnügten sich nicht mit einer bloßen Abwehr der Angriffe. Ihr Ziel war die Eroberung der gegenüber liegenden Küstenländer und deren Eingliederung in den dänischen Machtbereich. Dabei kam ihnen zustatten, dass die Ostseeslawen immer noch Heiden waren und daher der Kampf gegen sie als Kreuzzug geführt werden konnte.

Die seit dem Ausgang der Antike am südlichen Rand der Ostsee siedelnden slawischen Stämme waren zur Zeit des dänischen Ausgreifens auf ihre Küsten längst in eine verzweifelte Situation geraten. Eingekeilt zwischen Deutschen, Polen und Dänen hatten sie keine Perspektiven mehr für eine eigenständige kulturelle und staatliche Entwicklung. Aus heutiger Sicht hatten sie es versäumt, sich rechtzeitig dem Christentum zu öffnen, wie es ihre Nachbarn, die Polen, seit 966 getan hatten. So gingen Bekehrung und Unterwerfung Hand in Hand und folgte der Beherrschung die Assimilierung.

Die Christianisierung der slawischen Küstenvölker

Gescheiterte Markenpolitik der Ottonen

Die erste engere Berührung mit der christlichen Welt erfolgte an der Wende zum neunten Jahrhundert durch die Expansion des Frankenreiches. Karl der Große und seine Nachfolger waren allerdings weder gewillt noch überhaupt in der Lage, mehr als eine lockere Oberherrschaft über die slawischen Stämme rechts von Elbe und Saale zu erreichen. Auch der erste König aus sächsischem Geschlecht, Heinrich I., begnügte sich um 930 noch mit der Sicherung der deutschen Oberhoheit. An Kolonisierung oder Missionierung war noch nicht gedacht, so hart und grausam der Kampf von beiden Seiten zuweilen auch geführt wurde.

Erst Heinrichs Sohn und Nachfolger, Otto I., leitete eine Politik ein, die auf eine effektive Eingliederung des Elbe-Oder-Raumes in den deutschen Machtbereich abzielte. Das Gebiet zwischen mittlerer Havel und Ostsee wurde 937 in zwei Marken aufgeteilt und die Grafen Gero und Hermann Billung mit dem militärischen Schutz der neuen Landesteile beauftragt. Sie schlugen in den folgenden drei Jahrzehnten mehrfach Aufstände der slawischen Bevölkerung gegen die deutsche Herrschaft nieder. Der militärischen Eroberung folgte die kirchliche Durchdringung des Slawenlandes. 948 wurden für die Mark Geros, die im Norden bis zur Elde und zur Peene reichte, die Bistümer Brandenburg und Havelberg gegründet. Als 968 das Erzbistum Magdeburg mit dem erklärten Ziel der Slawenmission gestiftet wurde, kamen die beiden Diözesen unter seine Oberhoheit. Das Erzstift Bremen erhielt auf Drängen seines Hirten Adaldag um die gleiche Zeit ein eigenes Missionsbistum für die Ostseeslawen. Es umfasste dem Anspruch nach die Mark Hermann Billungs von Ostholstein bis nach Usedom, doch hatte der im wagrischen Oldenburg residierende Bischof vorerst genug damit zu tun, auch nur die nächstliegenden Gebiete kirchlich zu organisieren. Seine Bischofskirche erhob sich an der Stelle eines ehemaligen Tempels für die slawische Gottheit Sitiwrat, nachdem Hermann Billung um 967 einen Aufstand des Wagrierfürsten Selibur zur Eroberung von dessen Herrschaftsmittelpunkt genutzt hatte.

Dieser erste großangelegte Versuch, die Elbslawen in das politische und religiöse System des deutschen Reiches zu zwingen, endete 983 in einem alle Stämme und Gebiete erfassenden Aufstand. Mit ihm brach die Markenpolitik zusammen, die deutschen Könige und sächsischen Herzöge begnügten sich vorerst wieder mit der Aufrechterhaltung einer durch regelmäßige Tributzahlungen gekennzeichneten Oberhoheit. Treibende Kraft der heidnisch-nationalen Erhebung war die Priesterschaft der slawischen Tempelburg Rethra. Die Kultstätte, vermutlich unweit des Tollensesees im heutigen Mecklenburg gelegen, bildete das religiöse und politische Zentrum des Lutizen-Bundes, in welchem sich der Großstamm der Wilzen neu organisiert hatte, um dem deutschen und bald auch polnischen Hegemonialstreben besser widerstehen zu können. Aber auch die nördlich und westlich der Lutizen beheimateten Obodriten schlossen sich dem Aufstand an, obwohl ihr Stammesfürst Mstivoj bereits den christlichen Glauben angenommen hatte.

Unterschiedliche Herrschaftsstruktur bei Obodriten und Wilzen

Auch wenn Obodriten und Wilzen bzw. Lutizen in diesem Fall gemeinsame Sache machten, unterschied sich ihr Verhalten gegenüber dem Reich bzw. den deutschen Fürsten doch in charakteristischer Weise. Als «Auflehnung der Lutizen» und «Anlehnung der Obodriten» sind diese gegensätzlichen Grundmuster auf einen knappen Nenner gebracht worden (HAMANN, S. 50). Sie haben ihre Ursache nicht zuletzt in der stark voneinander abweichenden politischen Verfasstheit der beiden Völker. Während die kleinräumig organisierten Wilzen keine übergeordnete monarchische Gewalt kannten, sondern nur über die gemeinsame Kultstätte Rethra zu einem Bund zusammengeschlossen waren, bestand bei den Obodriten die Institution eines Samtherrschers. Damit ruhte bei den Lutizen die eigentliche Macht in den Händen der heidnischen Priesterschaft, die schon um ihrer Selbsterhaltung willen auf eine größtmögliche Unabhängigkeit von den umgebenden christlichen Reichen bedacht war. Die obodritischen Fürsten neigten demgegenüber viel eher dazu, Rückhalt bei mächtigen auswärtigen Herrschern zu suchen, um damit ihre eigene Stellung im Lande zu sichern und auszubauen.

Neben den sächsischen bzw. deutschen Fürsten waren es vor allem die dänischen Könige, die als Bündnispartner gefragt waren. Sie boten ein Gegengewicht zur deutschen Vormacht, und so ist auch die Beteiligung Mstivojs am Aufstand von 983 in Zusammenhang mit der gleichzeitigen Rückeroberung Haithabus durch Harald Blauzahn zu sehen. Wiederholt besiegelten Ehen die Koalition zwischen Dänen und Obodriten. So heiratete Harald Blauzahn eine Tochter Mstivojs, und zwei Generationen später vermählte sich der Obodritenfürst Gottschalk mit einer Tochter Sven Estridsons.

Seit dem elften Jahrhundert gelang dem obodritischen Fürstenhaus der Nakoniden, benannt nach dem erstmals 965 bezeugten Nakon, sogar der Aufbau einer frühen Form der Landesherrschaft, womit sie Anschluss an die mitteleuropäische Verfassungsentwicklung gewannen. Das solcherart unmittelbar beherrschte Gebiet beschränkte sich allerdings auf Wagrien und Polabien; der namengebende Kernstamm des Volkes der Obodriten stand unter einer eigenen, ähnlich einheitlich organisierten Herrschaft. Hier hatte sich das Geschlecht der Niklotiden aus dem alten Stammesadel hervorheben können, doch mussten auch sie die Autorität des jeweiligen Samtherrschers als Oberherren anerkennen.

Obodritenfürst Gottschalk

So machtvoll die Herrschaft einzelner Nakoniden auch war, so blieb sie doch immer ungefestigt und vom persönlichen Geschick – und Schicksal – des jeweiligen Regenten abhängig. Der Nakonide Gottschalk, der das Obodritenreich zu einer ersten Blüte führte, konnte erst um 1044 nach fünfzehnjährigem Exil mit dänischer und sächsischer Unterstützung die Herrschaft gewinnen. 1028 hatte er das Land verlassen müssen, nachdem sein Vater Uto ermordet worden war. In den dazwischenliegenden Jahren focht er in der Gefolgschaft Knuts des Großen und Sven Estridsons erfolgreich in Norwegen und England.

Gottschalk verstand es, mit Sachsen und Dänen gleichermaßen auf gutem Fuß zu stehen. Nicht zuletzt ihrer gemeinsamen Waffenhilfe war es zu verdanken, dass er 1058 die lutizischen Stämme der Kessiner und Zirzipaner unterwerfen und damit das Obodritenreich bis zur Peene ausdehnen konnte. Auch zum Bremer Erzbischof Adalbert bestanden gute Beziehungen – Gottschalk hatte in seiner Jugend in einem sächsischen Kloster eine christliche Erziehung erhalten. Um 1060 wurde das Bistum Oldenburg wiedererrichtet und an den Hauptburgen Ratzeburg und Mecklenburg zwei neue Diözesen gestiftet. Wie sein Schwiegervater Sven Estridson suchte Gottschalk die Zusammenarbeit mit der Kirche, um die eigene Herrschaft zu festigen, und hinzu kam wohl die Absicht, auch gegenüber den Sachsenherzögen eine unabhängigere Stellung zu gewinnen.

Was immer die genauen Ziele gewesen sein mögen, die forcierte Mission kostete Gottschalk den Kopf. Für die slawische Bevölkerung war der Christengott der Gott der Sachsen und die Christianisierung gleichbedeutend mit neuen Abgaben an die sächsischen Herren. Im Juni 1066 brach ein von der Rethraer Priesterschaft mitorganisierter Aufstand aus, an dessen Spitze sich ein Schwager Gottschalks stellte. Gottschalk selbst wurde erschlagen und mit ihm die Geistlichkeit, soweit man ihrer habhaft wurde. Noch im gleichen Jahr ging Hamburg in Flammen auf und wurde das dänische Schleswig gebrandschatzt. Nach einer Zeit der Unsicherheit setzte sich nach 1072 der heidnische Wagrierfürst Kruto als neuer Herrscher des Obodritenreiches durch.

Die Christianisierung der Pomoranen

Das zwischen Oder, Netze und Weichsel siedelnde Volk der Pomoranen geriet am Ende des zehnten Jahrhunderts in den Einflussbereich des entstehenden polnischen Staates. Bei der Gründung einer eigenen polnischen Kirchenprovinz im Jahre 1000 wurde dem neuen Erzbistum Gnesen daher auch eine Diözese für das noch gänzlich heidnische Pommern mit Sitz in Kolberg zugeordnet. Doch noch ehe das Bistum irgend eine Wirksamkeit entfalten konnte, ging es nach wenigen Jahren unter. Die Pomoranen hatten sich nämlich der polnischen Oberherrschaft entledigen können, und damit war auch der Kolberger Kirche die Existenzgrundlage entzogen worden.

Erst ein Jahrhundert später nahm der polnische Herzog Boleslaw III. Schiefmund die Expansionspolitik seiner Vorfahren wieder auf. 19 Jahre nach seinem ersten Einfall in das Land der Pomoranen konnte er 1121 deren Herzog Wartislaw I. zur Anerkennung der polnischen Oberhoheit zwingen. Teil der Friedensbedingungen war die Verpflichtung, das Land dem Christentum zu öffnen.

Da Glaube und Kult eine gemeinschaftsstiftende Funktion besaßen, war auch ihr Wechsel keine private, sondern eine öffentliche Angelegenheit. Er wurde in den einzelnen Orten und Landesteilen durch einen Beschluss der jeweils zuständigen Organe kollektiv vollzogen. An den beiden wichtigsten Handelsplätzen, Stettin und Wollin, stimmten Volksversammlungen über die Einführung des Christentums ab, in Stettin wurde die Annahme des neuen Glaubens erst gebilligt, nachdem eine Herabsetzung der polnischen Tributforderungen zugestanden worden war. Mit der Durchführung der Mission hatte Boleslaw nach ersten vergeblichen Bemühungen eines spanischen Eremiten den Bischof Otto von Bamberg betraut. Er legte bei zwei längeren Aufenthalten 1124/25 und 1128 die Grundlagen für den Aufbau der pommerschen Kirche. Die Gründung eines Bistums verzögerte sich indessen noch bis ins Jahr 1140, denn inzwischen überschnitten sich in Pommern deutsche und polnische Ansprüche auf die Vorherrschaft im Land. Damit war auch strittig, ob die neue Diözese dem Erzstift in Gnesen oder Magdeburg zugeordnet werden sollte. Eine endgültige Lösung kam erst 1188 zustande, indem das zwischenzeitlich von Wollin nach Cammin verlegte Bistum unmittelbar dem Papst unterstellt wurde.

Das Ende des Lutizenbundes und der slawischen Eigenständigkeit in Holstein

Voraussetzung für die Ausdehnung des deutschen Einflussbereiches nach Osten war die Vernichtung des Lutizenbundes gewesen. Man hat die Erhebung von 1066 als «letztes Aufbäumen des alten Freiheitsdranges» bezeichnet, «geboren aus dem Gefühl einer stets bedrohten Unabhängigkeit, deren Stunde bereits abgelaufen war» (HAMANN, S. 63). Der dauernde Wechsel von Aufständen und Rachefeldzügen der Lutizen mit Strafexpeditionen der Deutschen und Einfällen der Polen überforderte schließlich die Lebenskraft der Stämme, auch in biologischer Hinsicht. Um 1120 brach der Bund unter den Schlägen der sächsischen und polnischen Herzöge endgültig zusammen. Ein Kriegszug Boleslaws III. verwüstete 1121 das Lutizenland zwischen Oder und Peene so sehr, dass es noch sieben Jahre später bei der Durchreise Ottos von Bamberg auf seinem Weg nach dem pommerschen Demmin praktisch menschenleer war.

Auch in Holstein ging die Zeit eigenständigen slawischen Lebens ihrem Ende entgegen. Der sächsische Herzog und spätere deutsche König und römische Kaiser Lothar von Supplinburg begann 1111 mit der Berufung des landfremden Schauenburgers Adolf I. zum Grafen von Holstein mit der planmäßigen Eingliederung Nordelbiens in den sächsischen Machtbereich. Zunächst allerdings gelang es Heinrich, einem jüngeren Sohn Gottschalks, die Herrschaft des Nakonidenhauses über das Obodritenreich nochmals zu erneuern. Nachdem er durch die Ermordung Krutos die Macht in Wagrien errungen hatte, sicherte ihm 1093 ein Sieg des sächsischen Aufgebotes über ein Heer der Polaben und Obodriten auch die Oberhoheit über die übrigen Teilstämme. Weit mehr als sein Vater war er ein Herrscher von sächsischen Gnaden. Auch die spätere Ausweitung des von ihm kontrollierten Territoriums um die Siedlungsgebiete der Zirzipaner und Kessiner verdankte er sächsisch geführten Kriegszügen.

Dennoch gewann der in Alt-Lübeck residierende Heinrich ein hohes Ansehen und galt schließlich – nach dem Zeugnis des zeitnahen Chronisten Helmold von Bosau – «als König im ganzen Gebiet der nordelbischen Slawen» (HELMOLD, S. 72). Eine solche Stellung scheint ihm auch Lothar zugedacht zu haben, nachdem dieser selbst 1125 zum deutschen König gewählt worden war. Doch ist ein solches lehnsabhängiges Königreich der Ostseeslawen wenigstens formell nicht mehr geschaffen worden. 1127 starb Heinrich wohl durch Mord, und in den Thronkämpfen der Folgejahre ging sein Geschlecht endgültig unter.

Die Würde eines «Königs der Obodriten» vergab Lothar danach an Knut Laward, und es war nicht zuletzt dieser – von Knut gegenüber König Niels übrigens dann abgeleugnete – Titel, der zum Bruch zwischen den beiden und schließlich zu Knuts Ermordung führte. So blieb auch dieser erste Versuch einer dänischen Oberhoheit über die holsteinisch-mecklenburgische Küste eine kurze Episode.

Zu einer Erneuerung der Samtherrschaft unter sächsischer Regie ist es nicht mehr gekommen. Ein letzter Aufstand der Wagrier nach dem Tod Lothars 1137 endete nach einem zweijährigen Grenzkrieg und schweren Verwüstungen deutscher wie slawischer Siedlungen mit der völligen Unterwerfung aller Slawen links der Trave. 1142 wurde Graf Adolf II. von Holstein mit dem Gebiet der Wagrier belehnt, während aus dem größten Teil Polabiens die Grafschaft Ratzeburg gebildet wurde, die Adolfs zeitweiliger Rivale um die Herrschaft in Holstein, Heinrich von Badwide, zugesprochen erhielt. Wenn sich auch die Wagrier in ihren Dörfern an der Küste und im Nordosten der wagrischen Halbinsel noch eine gewisse Sonderstellung bewahrten, stellten sie künftig keinen politischen Faktor mehr dar. Die Reste des Obodritenreiches östlich der Travemündung vereinigte der einheimische Fürst Niklot unter seiner Herrschaft.

Diese Neuordnung der Verhältnisse in Nordelbien war die erste Regierungshandlung Heinrichs des Löwen, des im gleichen Jahr 1142 inthronisierten neuen sächsischen Herzogs aus dem Geschlecht der Welfen. Dank seiner kraftvollen Persönlichkeit und seines königgleichen Herrschaftsanspruches, der ihm schließlich aber auch zu seinem Verhängnis wurde, ist er eine der herausragenden Gestalten des deuschen Mittelalters. Heinrich war bestrebt, seine Herrschaft auf den ganzen slawisch besiedelten Raum zwischen Unterelbe und Ostsee auszuweiten. Mit dem weitgehenden Erfolg dieser Politik, mit der in die Fußstapfen seines Großvaters Lothar III. trat, trug er bis zu seinem Sturz 1180 entscheidend zur Umgestaltung der Verhältnisse an der südlichen Ostseeküste bei.

Der Wendenkreuzzug von 1147 und die Anfänge Lübecks

Es gibt wenige Unternehmungen der mittelalterlichen Geschichte, die sowohl von den Zeitgenossen als auch von der Nachwelt eine derart schlechte Kritik erhalten haben wie der sogenannte Wendenkreuzzug von 1147. Töricht, unselig und heuchlerisch sind einige der Prädikate, die ihm zuerkannt wurden. Die Idee zu einem religiös motivierten Kriegszug gegen die Ostseeslawen entstand im März 1147 während eines Reichstages in Frankfurt, auf dem über die deutsche Beteiligung am Zweiten Kreuzzug entschieden werden sollte. Einige sächsische Fürsten erklärten, dass sie lieber gegen die benachbarten heidnischen Slawen ins Feld ziehen würden, als sich auf die Reise ins Morgenland zu begeben. Auch in Dänemark fand dieser kirchlich rasch gebilligte Kreuzzugsplan große Zustimmung. Die Thronprätendenten Knut und Sven begruben einstweilen ihren Streit, um sich mit einer gemeinsamen Flotte dem Unternehmen anzuschließen.

Greifbare Resultate im Sinne der martialischen Aufforderung des Abtes Bernhard von Clairvaux, «die Heidenvölker zu vernichten oder zu bekehren» (HAMANN, S. 73), hatte der Kreuzzug allerdings nicht. Die ersten Opfer des Krieges wurden die neugegründeten deutschen Siedlungen am Unterlauf der Trave. Sie wurden von Niklot in einem Präventivschlag zerstört, ehe er sich vor den anrückenden Kreuzfahrern unter Heinrich dem Löwen auf die Burg Dobin nahe des Schweriner Sees zurückzog. Die hinzustoßenden Dänen erlitten bei einem Ausfall der Belagerten schwere Verluste und büßten überdies durch einen Überraschungsangriff der Rügenslawen einen Teil ihrer in der Wismarer Bucht zurückgelassenen Flotte ein. Bald kamen auch den sächsischen Großen Bedenken über den Sinn des Kreuzzuges. «Ist es nicht unser Land, das wir verheeren, und unser Volk, das wir bekämpfen?», lässt Helmold von Bosau sie mit Blick auf die gewohnten slawischen Tribute fragen (zit. nach JORDAN, S. 38). So brach man die Belagerung ab, nachdem sich die Slawen zu einer summarischen Massentaufe bereitfanden, über deren Wert sich niemand Illusionen machte.

Die andere der beiden Heeressäulen unter dem Markgrafen Albrecht dem Bären und dem Bischof Anselm von Havelberg wandte sich gegen Pommern, in dem das Christentum bereits vor einem Vierteljahrhundert Einzug gehalten hatte. Beide hofften, damit ihre politischen bzw. kirchlichen Ansprüche auf Teile von Vorpommern durchsetzen zu können. Der pommersche Bischof Adalbert hielt die Kreuzfahrer von einem Angriff auf Stettin ab. Um das Gesicht zu wahren, begann man Verhandlungen mit dem pommerschen Fürsten Ratibor über die weitere Christianisierung des Landes, dann löste sich auch hier das Heer auf.

Trotz der bitteren Verluste an Gut und Leben, die der Wendenkreuzzug den neuen Siedlungen im östlichen Holstein beschert hatte, blieb das von Adolf von Holstein zielstrebig verfolgte Kolonisationswerk ein erfolgreiches Unterfangen. Besonders eine Siedlung blühte rasch auf, das 1144 gegründete Lübeck. Der auf einer Halbinsel am Zusammenfluss von Wakenitz und Trave gelegene Handelsplatz wurde schnell zu einer ernsthaften Konkurrenz für die älteren Marktorte im nordöstlichen Sachsen. Damit aber geriet die Siedlung ins Visier Heinrichs des Löwen. Er forderte Anfang der 1150er Jahre vom Grafen Adolf die Hälfte seiner Einnahmen aus dem Lübecker Marktverkehr, um damit den Rückgang der Marktabgaben in den herzoglichen Städten auszugleichen. Als Adolf ablehnte, schränkte Heinrich den Markt in Lübeck drastisch ein und verlangte, vorerst vergeblich, die Abtretung des Ortes. Die Kaufleute harrten zunächst in Lübeck aus, doch nach einem Stadtbrand im Jahr 1157 war ihre Leidensfähigkeit erschöpft. Auch ihre Übersiedlung in eine Neugründung Heinrich des Löwen, Löwenstadt genannt, erwies sich als Fehlschlag, denn der Platz erwies sich für den Handelsverkehr als ungeeignet. Schließlich gab Adolf nach und trat das Gebiet von Lübeck 1159 an den Herzog ab. Von Heinrich großzügig gefördert, wurde die Stadt binnen weniger Jahrzehnte zum Ausgangs- und Mittelpunkt der deutschen Ostseeschiffahrt.

Endgültige Unterwerfung der slawischen Völker

Unterdessen führte die gemeinsame Gegnerschaft gegen die Ostseeslawen Herzog Heinrich von Sachsen und König Waldemar von Dänemark zusammen. Dieses Bündnis blieb trotz zeitweiliger Spannungen und Rivalitäten um die Vorherrschaft an der südlichen Ostseeküste über zwei Jahrzehnte hinweg im Kern unerschüttert und bestimmte hinfort den Gang des Geschehens. Denn der vereinten Kraft der beiden mächtigsten Fürsten im westlichen Ostseeraum waren die letzten noch verbliebenen heidnischen Slawenstämme, die Obodriten in Mecklenburg und die Ranen auf Rügen und an der gegenüberliegenden vorpommerschen Küste, nicht mehr gewachsen. Bereits die erste größere sächsisch-dänische Unternehmung im Jahr 1160 endete mit der weitgehenden Vernichtung des Obodritenreiches. Niklot, sein letzter bedeutender Herrscher, fiel im Kampf gegen sächsische Ritter, die seinen abgeschlagenen Kopf als Beute mit sich führten. Seine Söhne Pribislaw und Wartislaw mussten noch im selben Jahr den größeren Teil des Obodritenlandes an Heinrich abtreten; nur die östlichen Gebiete von Kessin und Zirzipanien konnten sie als sächsisches Lehen behalten. Gleichzeitig mussten die Rügener durch Stellung von Geiseln die dänische Oberhoheit anerkennen, nachdem die dänische Flotte vor der vorpommersch-rügischen Küste ihre Macht demonstriert hatte.

Bei der politischen und kirchlichen Neuordnung des eroberten Gebietes bestimmte Heinrich das verkehrsgünstig gelegene und zugleich leicht zu verteidigende Schwerin zum künftigen Mittelpunkt des Landes. Der Ort erhielt als erste Siedlung in Mecklenburg deutsches Stadtrecht, das von Lübeck entlehnt wurde. Auch der bisherige Bischof von Mecklenburg zog nach Schwerin um. Eine entsprechende Verlegung erfolgte zur gleichen Zeit auch für das wagrische Bistum Oldenburg. Der starke Aufschwung, den Lübeck nahm, ließ es sinnvoll scheinen, dass der Bischof jetzt in der aufstrebenden Travestadt seinen Sitz nahm.

Schwerin, Lübeck und das für Polabien zuständige Ratzeburg waren die ersten deutschen Bistümer, die nicht wie sonst üblich reichsunmittelbar waren. Dank eines Privilegs Kaiser Friedrich Barbarossas stand das Investiturrecht Heinrich dem Löwen zu. Auch bei der Verlegung der Bischofssitze, der Festlegung der Diözesangrenzen, der Wahl der Bischöfe und der Regelung der Rechtsverhältnisse in den Bistümern hatte der Sachsenherzog weitgehend das Sagen. Der zuständige Erzbischof von Hamburg-Bremen musste sich im Wesentlichen damit begnügen, die vom Herzog geschaffenen Verhältnisse anzuerkennen.

Zwei letzte große Aufstände der Niklot-Söhne Pribislaw und Wartislaw schlug Heinrich im Bündnis mit Waldemar von Dänemark nieder. Der gefangen genommene Wartislaw bezahlte die Erhebung mit seinem Leben. Er wurde zur Abschreckung 1164 öffentlich gehängt, während Pribislaw sich als landloser Flüchtling nach Pommern rettete. Waldemar nutzte die Kriegszüge, um die dänische Position in Rügen und dem Gebiet von Wolgast zu festigen, ohne bereits die völlige Unterwerfung der Ranen zu erreichen.

Die Rolle des Pribislaw, der noch einmal einen verlustreichen Kleinkrieg organisierte, schien bereits endgültig ausgespielt, als ein Ereignis im Inneren Deutschlands dem Gang der Ereignisse eine entscheidende Wendung gab. Die sächsischen Fürsten, mit Markgraf Albrecht dem Bären und dem Magdeburger Erzbischof Wichmann an der Spitze, verbündeten sich gegen Heinrich den Löwen, weil sie die fortgesetzte Expansionspolitik des Herzogs nicht länger hinnehmen wollten. Um den Rücken frei zu haben, söhnte sich Heinrich mit Pribislaw aus und gab ihm Anfang 1167 den größten Teil des Obodritenlandes mit Ausnahme des Gebietes um Schwerin als erbliches Lehen zurück. Dieser Ausgleich gelang. Pribislaw, der damals zum Christentum übertrat, bewährte sich künftig als treuer Vasall Heinrichs. Er wurde der Ahnherr der Dynastie, die rund 750 Jahre lang bis zum Ende des Ersten Weltkriegs in Mecklenburg herrschte. Eine Ehe zwischen Heinrichs unehelicher Tochter Mathilde und dem ältesten Sohn Pribislaws, Heinrich Borwin, stärkte später noch die Bindung an das Welfenhaus. Der Schweriner Burgbezirk wurde gleichzeitig zur Grafschaft erhoben und dem bisherigen Burgherrn Gunzelin übertragen.

Damit blieben nur noch die Slawen auf Rügen als Verteidiger des alten Glaubens übrig. Doch auch hier war die letzte Stunde für die slawischen Gottheiten angebrochen. 1168 holten Waldemar und Absalon zu einem vernichtenden Schlag aus. Ein dänisches Heer eroberte die Tempelburg Arkona, die letzte heidnische Kultstätte von überregionaler Bedeutung an der westlichen Ostsee. Das mehrere Meter hohe Standbild des Gottes Swantewit fiel unter den Axthieben der dänischen Krieger. Mit dem Fall der Tempelburg brach der Widerstand auch im Rest Rügens rasch zusammen.

Heinrich der Löwe, der immer noch mit dem sächsischen Fürstenaufstand beschäftigt war, hatte an der Eroberung Rügens nicht selbst teilnehmen können und sich auf die Gestellung von Hilfstruppen beschränkt. Die Dänen nutzten die zeitweilige Schwäche Heinrichs, um die Gewichte im Ostseeraum deutlich zu ihren Gunsten zu verschieben. Rügen unterstand jetzt nicht nur der politischen Oberherrschaft des Dänenkönigs, sondern gehörte auch kirchlich zum Bistum Roskilde, der Diözese Absalons. Weil Waldemar sich zudem weigerte, die frühere Vereinbarung zu erfüllen und die Hälfte der Beute aus Rügen abzuführen, eskalierte der Konflikt. Erst nach zweijährigen gegenseitigen Überfällen und Plünderungszügen lenkte Waldemar 1171 ein und teilte den Kriegsgewinn. Das erneuerte Bündnis wurde mit einem Eheversprechen zwischen Waldemars erst achtjährigem Sohn Knut und Heinrichs Tochter Gertrud besiegelt.

Der Sturz Heinrichs des Löwen

Als 1173 dank einer großzügigen Spende Heinrichs des Löwen die Grundsteine zum Lübecker und zum Ratzeburger Dom gelegt werden konnten, waren diese beiden mächtigen Backsteinbauten nicht zuletzt als «Denkmal der herzoglichen Macht in diesen Gebieten» gedacht (JORDAN, S. 101). Die fast königgleiche Stellung, über die er in Nordelbingen und im Gebiet der westlichen Ostsee verfügte, steigerten sein Selbstbewusstsein bis zur Selbstüberschätzung. Das sollte ihm zum Verhängnis werden. Als Heinrich sich 1176 weigerte, Kaiser Friedrich Barbarossa bei einem Italienzug Hilfe zu leisten, kam es zum Bruch zwischen den beiden. Nun hatte Heinrich nicht nur die wichtigsten sächsischen Fürsten, sondern auch die oberste Reichsgewalt gegen sich. Nach einem Prozess, dessen Ausgangspunkt die Klage sächsischer Großer wegen Verletzung des Landfriedens war, wurden Heinrich 1180 seine beiden Herzogtümer Sachsen und Bayern entzogen und er selbst mit der Oberacht belegt. Der militärischen Übermacht seiner versammelten

Gegner war Heinrich nicht gewachsen. Viele seiner bisherigen Vasallen, darunter die Grafen von Holstein und Ratzeburg sowie der Obodritenfürst Niklot und Herzog Bogislaw von Pommern, gingen nach und nach in das kaiserliche Lager über.

Im August 1181 ergab sich auch die Stadt Lübeck dem Kaiser, der mit einem starken Heer über die Elbe nach Norden vorgestoßen war. Zuvor hatte Friedrich Barbarossa der Stadt alle ihre Privilegien bestätigt. «Aus der herzoglichen Stadt wurde eine königliche, die fortan unter dem Schutz des Reiches stand» (JORDAN, S. 208). Im Feldlager vor Lübeck fiel noch eine weitere wichtige Entscheidung für die Geschichte des Ostseeraums. Herzog Bogislaw von Pommern wurde von Friedrich Barbarossa förmlich mit seinem Herzogtum belehnt und damit zum Reichsfürsten gemacht. Auch Fürst Niklot hat damals vermutlich dem Kaiser als seinem Lehnsherrn gehuldigt.

Nach dem Fall Lübecks gab Heinrich den aussichtslos gewordenen Widerstand aus. Er unterwarf sich der Gnade des Kaisers. Nach der Aufhebung der Acht erhielt er seine Eigengüter zurück, nicht aber die Herzogtümer. Auch musste er sich verpflichten, für drei Jahre ins Exil nach England zu seinem Schwiegervater Heinrich II. zu gehen. Sachsen war schon zuvor geteilt worden, die östliche Hälfte erhielt dabei Bernhard von Anhalt, der Sohn Albrechts des Bären. Herzog Bernhard fehlten aber die Machtgrundlagen, um tatsächlich in die Fußstapfen Heinrichs des Löwen treten zu können. Wie zuvor die Stadt Lübeck, so vermochten sich auch die drei nordelbischen Bischöfe schon bald aus der Abhängigkeit des sächsischen Herzogs zu befreien und die Reichsunmittelbarkeit zu erlangen. Allerdings blieben die von ihnen als weltliche Fürsten beherrschten Territorien stets klein, mit den machtvollen Bischöfen im Westen und Süden des Reiches konnten sie sich auch später nie messen.

Die dänische Ostseeherrschaft unter Knut VI. und Waldemar II.

Auch die Grafen von Holstein, Ratzeburg und Schwerin machten sich nun daran, in ihren Territorien eine eigene Landesherrschaft auszubilden. Den größten Gewinn aus dem Zerfall der bisherigen herzoglichen Machtstellung zog aber der König von Dänemark. Waldemar war bei der Belagerung Lübecks dem Kaiser zu Hilfe gekommen, indem er mit seiner Flotte die Stadt von der Seeseite her blockiert hatte. Er hatte dies noch in Erfüllung seiner Lehnspflichten getan, die er einst in der Zeit der dänischen Thronkämpfe gegenüber dem Kaiser eingegangen war. Doch bereits Waldemars Nachfolger sagte sich von dieser Verpflichtung wieder los. Als Waldemar 1182 starb und sein Sohn Knut auf den Thron gelangte, bot Absalon, der die Regierung für den neuen König führte, die Ablegung des verlangten Lehnseides nur für den Fall an, dass der Kaiser dem König Reichsgebiet zu Lehen gebe.

Friedrich Barbarossa, dessen Hauptkräfte in Italien gebunden waren, veranlasste daraufhin seinen neuen Vasallen Bogislaw von Pommern, Dänemark anzugreifen. Doch es kam ganz anders als geplant. Die von Absalon befehligte dänische Flotte besiegte 1184 den pommerschen Schiffsverband im Strelasund vor der Küste Rügens. Nach diesem Seesieg, dem weitere dänische Kriegszüge folgten, musste sich Bogislaw der stärksten Macht in der westlichen Ostsee beugen. Teil der 1185 vereinbarten Friedensbedingungen war die Anerkennung Knuts als neuem Lehnsherrn. Auch die mecklenburgischen Fürsten Nikolaus und Heinrich Borwin gerieten in dänische Gefangenschaft und mussten dem Dänenkönig huldigen, der sich nun «König der Dänen und Wenden» nannte. An Ostern 1186 trug Bogislaw seinem neuen Lehnsherrn in Roskilde das Schwert bei einem feierlichen Aufzug voran.

Das Ende der dänischen Expansion war damit aber noch lange nicht erreicht. Im Bündnis mit Heinrich dem Löwen, der sein sächsisches Herzogtum zurückgewinnen wollte, fiel Knuts jüngerer Bruder Waldemar, damals Herzog von Schleswig, 1189 in Holstein ein. Auch in den folgenden Jahren bildete der staufisch-welfische Gegensatz den Hintergrund für immer wieder aufflackernde Kämpfe in Nordelbingen, wobei die Dänen als Parteigänger der Welfen auftraten. Der Tod Heinrichs des Löwen 1195 sorgte für keine Beruhigung. Im Gegenteil: Die Doppelwahl des Jahres 1198, bei der die welfische Partei Heinrichs Sohn Otto, die staufische Partei Philipp von Schwaben zum deutschen König wählte, vertiefte noch die Lagerbildung und erleichterte den Dänen das Vordringen nach Süden. 1201 eroberte Waldemar die Grafschaft Holstein. Im folgenden Jahr musste Graf Adolf III. seiner Herrschaftsrechte auch förmlich entsagen, nachdem er von den Dänen gefangen genommen worden war.

Mit dem Erwerb Holsteins erhielt Waldemar, der 1202 seinen Bruder Knut als König beerbte, eine direkte Landverbindung zwischen dem dänischen Königreich und den mecklenburgisch-pommerschen Lehnsfürstentümern. Außer diesem strategischem Ziel ging es Waldemar aber nicht zuletzt darum, sich in den Besitz der Fernhandelsstädte Hamburg und vor allem Lübeck zu setzen. Die Lübecker Kaufleute sahen den Wechsel der Verhältnisse dabei nicht ungern. Seit 1192 hatte die Stadt, obwohl nominell unter kaiserlicher Hoheit, faktisch unter der Gewalt des Grafen Adolf III. von Holstein gestanden. Seiner drückenden Herrschaft war man nun ledig, und zugleich eröffnete die Zugehörigkeit zum stärksten Ostseereich günstige Perspektiven für die Entwicklung des eigenen Handels. Tatsächlich konnten die Lübecker unter dem machtvollen Schutz ihres neuen Stadtherrn, Waldemar II., ihre Stellung im Fernhandel entscheidend ausbauen. Der Hanse-Historiker Erich Hoffmann stellt fest, dass paradoxerweise gerade die 20-jährige Vormachtzeit des dänischen Reiches im Ostseeraums dazu führte, «dass die deutschen Kaufleute für die nächsten drei Jahrhunderte einen Vorsprung vor den Skandinaviern gewannen» (LÜBECKISCHE GESCHICHTE, S. 111).

Die Anfänge der Hanse

Gotland als Zentrum des Ostseehandels

Nach dem Ende der Wikingerzeit hatte sich die Insel Gotland zum bedeutendsten Umschlagplatz des Ostseehandels entwickelt. Insbesondere die günstige Lage genau in der Mitte der Ostsee ließ die Insel in einer Zeit, in der die Schifffahrt immer noch vornehmlich küstengebunden war, zum wichtigsten Verkehrskreuz des Nordens werden. Die Gotländer, die im zwölften Jahrhundert den Handel in der Ostsee vorwiegend in Händen hielten, waren seefahrende Bauern oder bäuerliche Seefahrer. In dieser Hinsicht standen sie in der Tradition der Wikinger. Statt städtischer Zentren gab es auf Gotland zunächst lediglich befestigte Plätze, die nur zeitweise zum Handel genutzt wurden und jeweils mehreren Dörfern gemeinsam gehörten.

Die Gotländer unterhielten enge wirtschaftliche Kontakte nach Sigtuna am Mälarsee, das die Nachfolge von Birka angetreten hatte. Von dort importierten sie unter anderem Eisenerz, das auf Gotland in großem Umfang weiterverarbeitet und als Halbzeug oder als Fertigware insbesondere ins Baltikum und nach Finnland exportiert wurde. Die größte Bedeutung aber besaß der Handel der Gotländer mit Russland, der an die traditionellen Reisewege der Waräger anknüpfte. Seit dem elften Jahrhundert bestand eine feste Handelsniederlassung der Gotländer in Nowgorod, der sogenannte «Gotenhof». Hier handelte man westliche Waren, so unter anderem flämische Tuche, gegen Pelze, Wachs und Luxusgüter aus dem Orient ein.

Auch die südliche Ostseeküste zählte zum Aktionsraum der Gotländer. Sie waren nicht nur in den wichtigsten slawischen und pruzzischen Häfen anzutreffen, in Stettin, Jumne und Truso, sondern auch in Sachsen. Hier hatte ihnen Kaiser Lothar 1134 das Privileg der Abgabenfreiheit gewährt. Die Stellung als Transithafen für den Nordseehandel hatte nach der Zerstörung Haithabus um die Mitte des elften Jahrhunderts das am gegenüberliegenden Ufer der Schlei liegende Schleswig übernommen. Hier trafen die Gotländer, aber auch andere schwedische, dänische und russische Kaufleute die friesischen, sächsischen und flämischen Händler.

Gründung der Gotländischen Genossenschaft

Trotz der Anwesenheit sächsischer Kaufleute in Schleswig, Stettin und Gotland war der Anteil der Deutschen am Ostseehandel bis in die Mitte des zwölften Jahrhunderts verschwindend gering. Dies änderte sich erst mit der Neugründung Lübecks 1159 durch Heinrich den Löwen. Der Sachsenherzog stattete die Stadt von Beginn an mit wichtigen Privilegien aus, um ihren Aufschwung als Handelsstadt zu sichern. So genossen die Lübecker Kaufleute mit Ausnahme einer einzigen Zollstätte, der Ertheneburg, Zollfreiheit im ganzen Herzogtum Sachsen. Mit dem schwedischen Herrscher Knut Eriksson sowie dem Fürsten von Nowgorod schloss Heinrich Handelsverträge ab, die den Kaufleuten im jeweils anderen Land den Schutz der Obrigkeit sicherten.

Von besonders weittragender Bedeutung aber wurde die Einigung, die Heinrich der Löwe 1161 zwischen den streitenden schwedischen und deutschen Kaufleuten auf Gotland vermittelte. Er bestätigte den Gotländern die durch Kaiser Lothar für Sachsen gegebenen Privilegien und forderte sie zum häufigen Besuch Lübecks auf. Umgekehrt wurde diese Vereinbarung zur Grundlage für den raschen Aufschwung, den der deutsche und insbesondere der lübische Handel von dieser Zeit an auf Gotland erlebte.

Die deutschen Kaufleute, die sich nun verstärkt auf der Insel einfanden, um dort Handel zu treiben, schlossen sich schon bald zu einer Schwurgemeinschaft zusammen. Diese Gotländische Genossenschaft, die anfänglich unter dem Schutz Heinrichs des Löwen stand und vielleicht auch auf seine Veranlassung entstand, war die Keimzelle der späteren Hanse. Geleitet wurde die Genossenschaft von den jährlich neu gewählten Ältesten oder Oldermännern, die die interne Gerichtsbarkeit ausübten und die Gemeinschaft nach außen vertraten. Anfänglich stand der Handel auf Gotland selbst im Zentrum der Genossenschaftsaktivitäten. Schon bald übernahm die Genos-

Visby auf Gotland entwickelte sich seit dem 12. Jahrhundert zu einem der wichtigsten Handelszentren der Ostsee. Die Stadtmauer ist fast vollständig erhalten geblieben.

senschaft aber auch die Leitung und den Schutz des Handels ihrer Mitglieder in anderen Regionen, insbesondere in Russland.

Nicht nur die deutschen, auch die dänischen Fernkaufleute auf Gotland vereinigten sich in einer gemeinsamen Organisation. Ihre Gemeinschaft zählte zum Geflecht der Knutsgilden, die es in vielen dänischen Städten gab und deren Mitglieder den Stammvater des waldemarischen Königssohnes, Knut Laward, als ihren Gildeheiligen verehrten. Die Knutsbrüder standen unter dem Schutz, aber auch in der Abhängigkeit der dänischen Könige der Waldemarszeit.

Deutsche Kaufleute, die sich dauerhaft in Visby niederließen, gründeten zu einem unbekannten Zeitpunkt, aber wohl noch im zwölften Jahrhundert, neben der bestehenden skandinavischen Siedlung eine eigene Stadt. Deren Selbstständigkeit war jedoch nicht von langer Dauer. Schon bald vereinigten sich die Räte der beiden Stadthälften. Dabei wurde vereinbart, dass künftig die Ratsherren aus beiden «Nationen», der deutschen und der skandinavischen, gewählt werden sollten. Diese Regelung wurde später zum Vorbild für weitere schwedische Städte, an ihrer Spitze Stockholm, in denen ebenfalls blühende deutsche Gemeinden entstanden. Geistiger und gesellschaftlicher Mittelpunkt der Deutschen in Visby war die Marienkirche, die zwischen 1190 und 1225 erbaut wurde. Sie war die größte der 18 mittelalterlichen Kirchen Visbys und diente nicht nur zur Abhaltung von Gottesdiensten, sondern auch als Versammlungsstätte der Kaufleute und als Warenstapelplatz.

Handel mit Nowgorod

Etwa zur gleichen Zeit wie auf Gotland erschienen die ersten deutschen Kaufleute auch in Nowgorod. Die Stadt am Wolchow, knapp unterhalb seines Austritts aus dem Ilmensee gelegen, gewann im zwölften Jahrhundert eine immer größere Bedeutung als wichtigster Handelsort für Ostwaren, vor allem für Pelze und Wachs. Die Deutschen folgten bei ihrem Zug nach Osten den alten Handelswegen der Skandinavier, und in Nowgorod fanden sie zunächst auch gastliche Aufnahme im St. Olavshof, der Niederlassung der Gotländer. Noch vor dem Ende des zwölften Jahrhunderts zogen die Deutschen aber in ein eigenes Gebäude um, den St. Peterhof.

Die Kaufleute, die Nowgorod aufsuchten, teilten sich in die Sommer- und die Winterfahrer. Letztere kamen im Herbst und blieben den ganzen Winter über in Nowgorod, um die besonders dichten Winterpelze einzuhandeln. Beim ersten Tauwetter machten sie sich auf die Heimreise. Dagegen reisten die Sommerfahrer erst im Frühjahr an und verließen Nowgorod schon zu Beginn des Herbstes wieder. Die traditionelle Reiseroute führte von der Mündung der Newa zu Schiff in den Ladogasee und von dort weiter auf dem Wolchow nach Nowgorod. 1201 gelang es erstmals einer Gruppe deutscher

Die geschnitzten Figuren des Kirchenstuhls der Nowgorodfahrer in der Nikolaikirche von Stralsund sind mit Pelztierjagd und Wachssammeln beschäftigt.

Kaufleute, einen zusätzlichen Fahrtweg nach Nowgorod zu erschließen. Sie kamen über Land von der Düna her über Pleskau. Fuhr man die Düna abwärts, gelangte man zudem auch zu weiteren wichtigen russischen Marktorten, so nach Polozk, Witebsk und vor allem nach Smolensk.

Eroberung des Baltikums durch Deutsche und Dänen

Begründung der deutschen Landesherrschaft in Livland

Das Land an der unteren Düna gehörte zum Stammesgebiet der Liven. Sie und die weiteren baltischen Stämme waren einerseits begehrte Handelspartner, zugleich aber auch gefürchtete Seeräuber. Weil sie zudem Heiden waren, berührte sich das Interesse der Kaufleute an sicheren Handelsstützpunkten mit dem Missionsziel der Kirche. Der erste Livenmissionar war der Augustinerchorherr Meinhard aus dem holsteinischen Kloster Segeberg, das einst 1134 zur Bekehrung der Wagrier gegründet worden war. Meinhard schloss sich um 1180 einer Gruppe von Gotlandfahrern an, die regelmäßig auch Livland aufsuchten. 1186 wurde Meinhard vom Bremer Erzbischof Hartwig II. zum Bischof von Livland geweiht, doch konnte er mit seinen friedlichen Missionsmethoden keine durchgreifenden Erfolge erringen. Nach Meinhards Tod 1196 führte sein Nachfolger Bertold erstmals ein Kreuzfahrerheer nach Livland. Er starb 1198 auf dem Schlachtfeld.

Erst dem dritten Bischof, dem 1199 geweihten Albert, gelang die Christianisierung des Landes. Albert, ein Verwandter des Bremer Erzbischofs Hartwig, war aus anderem Holz als seine Vorgänger geschnitzt. Es handelte sich bei ihm um «einen weitblickenden, mit allen Machtfaktoren rechnenden, auf die Würde seines politischen Amtes bedachten Politikers» (VON ZUR MÜHLEN, in: Baltische Länder, S. 38). Als er im Jahr 1200 mit 23 Schiffen zu seiner ersten Livlandreise in See stach, hatte er sein Unternehmen durch vorherige Absprachen mit dem dänischen und dem deutschen König, dem Papst sowie den Kaufleuten auf Gotland politisch, militärisch und finanziell bestens vorbereitet. An der Dünamündung ließ er sich von den Liven einen Platz abtreten, der für den Fernhandel bestens geeignet und zugleich leicht zu verteidigen war. Dort gründete er 1201 mit der Hilfe von Kaufleuten die Stadt Riga, die das Visbyer Recht erhielt. Im gleichen Jahr begann der Bau des ersten Rigaer Domes, denn die neue Stadt wurde auch zum Sitz des livländischen Bistums bestimmt.

Mit Albert begann die deutsche Landesherrschaft in Livland. Mission und Eroberung gingen Hand in Hand. Mit dem 1202 gegründeten Schwertbrü-

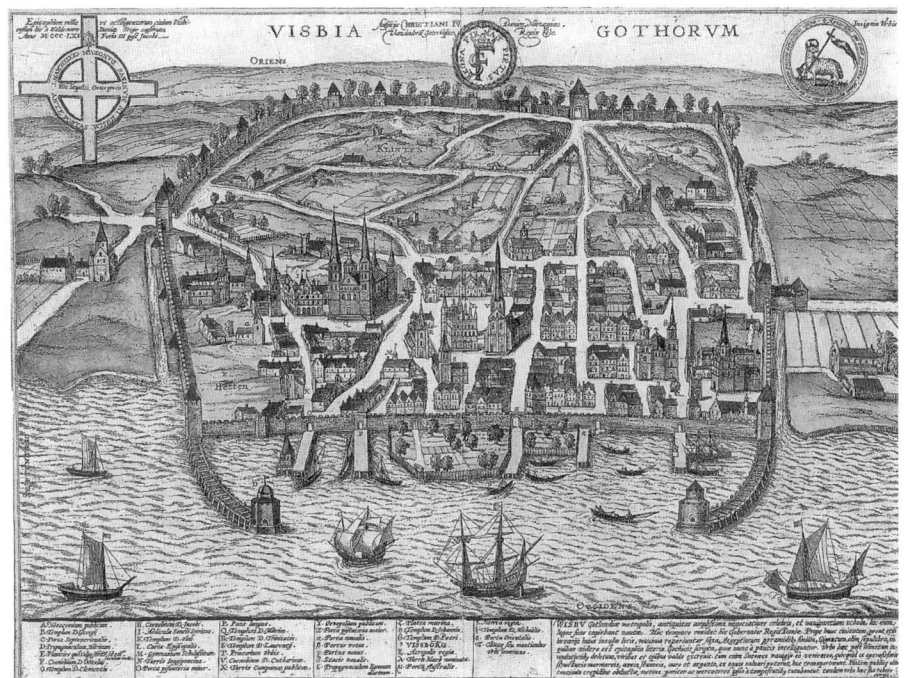

Die Kaufleute der Stadt Visby (Bild) gehörten zu den treibenden Kräften bei der Eroberung Livlands. Die 1201 gegründete Stadt Riga erhielt daher das Visbyer Recht.

derorden, den fratres milicie Christi de Livonia, wurde eine stehende Truppe geschaffen, die sich für den militärischen Schutz der neuen Herrschaft bald als unentbehrlich erwies. Denn wenn es auch eine ganze Anzahl Liven gab, die freiwillig zum christlichen Glauben übertraten, so erlebten die meisten Landesbewohner die Christianisierung doch als Beginn einer drückenden Fremdherrschaft. Die Verpflichtung zur Zehntzahlung und zu Arbeitsdiensten beim Kirchen- und Burgenbau sowie das christlich motivierte Verbot bestimmter livischer Gebräuche wie der Polygamie führten immer wieder zu Aufständen. Unterstützung fanden die Liven dabei beim benachbarten russischen Fürsten von Polozk, der um Tribute und Einfluss fürchtete.

Bald zeigte es sich, dass Alberts finanzielle und militärische Mittel nicht ausreichten, um Livland auf Dauer aus eigener Kraft halten zu können. 1207 trug er deshalb das Land dem deutschen König Philipp als Lehen an. Dem Bischof wurde dafür eine jährliche Zahlung von 100 Mark in Aussicht gestellt. Im gleichen Jahr forderten die Ritter des Schwertbrüderordens von Albert als Preis für ihr militärisches Engagement die Überlassung des dritten Teils von Livland und der noch zu erobernden Gebiete. Auch wenn Albert sich nur zu einer Teilung des gegenwärtigen Territoriums bereit fand, waren damit die Weichen für eine eigene Landesherrschaft des Ordens gestellt.

Bereits im folgenden Jahr griff der Orden nach Norden aus. Im Bündnis mit den Letten und gestützt auf die finanzielle Hilfe von Rigaer Kaufleuten bekriegten die Schwertbrüder die mit den Letten verfeindeten Esten. Als 1212 die allgemeine Erschöpfung zu einem dreijährigen Waffenstillstand führte, kontrollierte der Orden einige südestnische Landschaften. Für sie galt ein Privileg von Papst Innozenz III. aus dem Jahr 1210, wonach der Orden in allen durch Eroberung gewonnen Gebieten vom livländischen Bischof unabhängig sein solle.

Die Dänen erobern Estland

Als die Kämpfe 1215 mit verstärkter Heftigkeit wieder ausbrachen, hatten die Esten die russischen Fürstentümer Nowgorod und Pleskau auf ihrer Seite, die durch das Vordringen der Deutschen ihre eigene Stellung im Nordbaltikum bedroht sahen. Durch das vereinte Vorgehen der Verbündeten gerieten der Orden und auch Bischof Albert in eine schwierige Lage. Erst eine offene Feldschlacht im Jahr 1217 wendete das Blatt. Unter der Führung des Grafen von Orlamünde, eines Vasallen des dänischen Königs, wurden die anstürmenden Esten geschlagen. Die siegreiche Schlacht kündigte das Erscheinen einer neuen Macht im Baltikum an: der Dänen unter ihrem König Waldemar II.

Bereits im letzten Drittel des zwölften Jahrhunderts hatte Erzbischof Absalon Estland als Missionsfeld für das dänische Erzbistum Lund beansprucht. Die Entsendung eines Missionsbischofs in den 1170er Jahren blieb jedoch ohne greifbare Resultate. Auch ein dänischer Kriegszug im Jahr 1206 als Antwort auf estnische Überfälle blieb noch Episode. Doch spätestens 1218 war Waldemar entschlossen, Estland dem dänischen Reich einzuverleiben, um damit nicht zuletzt die Position Dänemarks im Gewinn bringenden Osthandel weiter zu stärken. Auf einem Reichstag in Schleswig verlangte und erhielt Waldemar von Bischof Albert die Zusage, Estland als dänisches Einflussgebiet zu respektieren. Im folgenden Jahr fuhr die gesamte dänische Flotte, unterstützt von einem Aufgebot der wendischen Fürsten, nach Estland. Der Papst hatte den Kriegszug als Kreuzfahrt anerkannt und Waldemar im Voraus den Besitz aller Länder zuerkannt, die er von den Heiden erobern würde. In der Schlacht bei Lyndanisse, die die Esten mit einem Überraschungsangriff eröffnet hatten, blieben die Dänen Sieger. Der Sage nach soll bei dieser Schlacht das dänische Reichsbanner, der Dane-

Die dänische Nationalflagge, der Danebrog, fiel der Sage nach 1219 während der Schlacht von Lyandanisse vom Himmel. (Gemälde von C. A. Lorentzen).

brog, als Zeichen Gottes vom Himmel gefallen sein. Tatsächlich aber waren es die slawischen Krieger unter dem Fürsten Witzlaw von Rügen, die den schwer bedrängten Dänen den Sieg sicherten.

Estland wurde dänisch. Am Ort einer älteren Hafensiedlung gründete Waldemar Burg und Stadt Reval. Von hier aus ließ sich der Schifffahrtsweg nach Nowgorod kontrollieren. Die estnische Hauptstadt, die von den Einheimischen Tallinn, das heißt Dänenburg, genannt wurde, führt noch heute die drei dänischen Löwen in ihrem Wappen.

Zusammenbruch der dänischen Ostseeherrschaft

Mit der Eroberung von Estland erreichte das dänische Ostseeimperium seine größte Ausdehnung. König Waldemar II., der von den Zeitgenossen den Beinamen der Sieger erhielt, herrschte außer über die dänischen Stammlande einschließlich des heutigen Südschwedens auch über Holstein mit Hamburg und Lübeck sowie über Mecklenburg und Pommern. Um seine Position in Norddeutschland zu sichern, wechselte Waldemar im Thronstreit zwischen Staufern und Welfen die Seiten. Nach der Ermordung Philipps 1208 schien der zeitweilige Alleinherrscher Otto an eine Rückforderung der nordelbischen Gebiete zu denken, die einst zum sächsischen Herzogtum seines Vaters Heinrich dem Löwen gehört hatten. Der Blick seines Thronrivalen, des jungen Staufers Friedrich II., war dagegen hauptsächlich nach Italien gerichtet. Er trat 1214 im Privileg von Metz das Reichsgebiet nördlich von Elbe und Elde samt der wendischen Fürstentümer förmlich an Waldemar ab.

Der dänische König stand im Zenit seiner Macht. Doch ein verwegener Handstreich eines kleinen deutschen Vasallen, des Grafen Heinrich von Schwerin, zeigte, auf welch brüchiger Grundlage das dänische Großreich stand. Der Schwarze Heinrich, der sich von Waldemar hintergangen fühlte, nahm den König samt seinem Sohn und Mitregenten Waldemar III. im Mai 1223 auf der Insel Lyö im Kleinen Belt gefangen und entführte beide in eine außerhalb des dänischen Machtbereichs gelegene Burg. Hinter dem Schweriner Grafen standen weitere norddeutsche Fürsten, an ihrer Spitze der Erzbischof von Bremen sowie Adolf IV., der Sohn des einst von Waldemar vertriebenen Grafen von Holstein. Erst Ende 1225 kam Waldemar nach langwierigen Verhandlungen und zwischenzeitlichen Kämpfen wieder frei. Er musste sich vertraglich zur Zahlung eines riesigen Lösegeldes und zum Verzicht auf alle nordelbischen und wendischen Lehnsgebiete mit Ausnahme Rügens bereit finden. Noch vor dem Abschluss des Freilassungsvertrages hatte sich auch die Stadt Lübeck von ihrem bisherigen Oberherrn losgesagt und die dänische Burgmannschaft vertrieben.

Lübeck war zu dieser Zeit bereits die größte und aktivste Stadt Nordeuropas. Ihre Kaufleute trieben in Skandinavien, in Russland und in England Handel. Auch die Rolle als wichtigster Einschiffungshafen für Ritter, Siedler und Kaufleute, die nach Livland fuhren, trug wesentlich zum Reichtum und der darauf begründeten Macht Lübecks bei. Die Stadt fühlte sich stark genug, ihr Schicksal in die eigenen Hände zu nehmen. Der Rat ließ deshalb eine verfälschte Kopie des Privilegs anfertigen, die die Stadt 1188 von Friedrich Barbarossa erhalten hatte. In die Fälschung nahm man die seit 1188 erworbenen und die für die künftige Selbstbehauptung als nötig erachteten Rechte auf, vernichtete das Original und legte die Fälschung Kaiser Friedrich II. im Frühjahr 1226 zur Bestätigung vor. Der Coup gelang, und kurz darauf stellte Friedrich II. der Stadt eine weitere Urkunde von zentraler Bedeutung aus, den sogenannten Reichsfreiheitsbrief. In ihr wurde Lübeck als freie Reichsstadt anerkannt, die unter dem unmittelbaren Schutz des Königs stand und künftig von Reichs wegen weder verlehnt noch verkauft oder verpfändet werden durfte. Die Würde einer freien Reichsstadt, die Lübeck nur rund 80 Jahre nach seiner Gründung erhielt, wurde keiner anderen Stadt östlich der Elbe mehr zuteil. Die besondere Rechtsstellung und seine überlegene Handelsmacht sicherten Lübeck auf lange Zeit die führende Rolle an der südlichen Ostseeküste.

Waldemar II. war unterdessen nicht gewillt, sich so einfach mit dem Verlust seiner bisherigen Machtstellung abzufinden. Vom Papst ließ er sich von seinem eidlichen Versprechen entbinden, den geschlossenen Freilassungsvertrag zu halten, und rüstete zum Krieg. Ihm zur Seite stand nun wieder ein Welfe, sein Neffe Otto von Lüneburg. Doch nach einigen Anfangserfolgen wurde das dänisch-welfische Heer im Juli 1227 beim holsteinischen Bornhöved entscheidend geschlagen. Neben den Truppen der norddeutschen Fürsten hatten auch die Bürger Lübecks und die freien Bauern von Dithmarschen entscheidenden Anteil am Sieg der antidänischen Koalition. Diesmal erkannte Waldemar seine Niederlage an. Zwar unternahm er sechs Jahre später im Bund mit dem Grafen Adolf von Holstein noch einmal einen Versuch, mit einer Sperrung der Trave wieder Einfluss auf Lübeck zu gewinnen. Doch diesmal hatte Lübeck Papst Gregor IX. auf seiner Seite, der den Nachschubweg nach Livland gefährdet sah. Waldemar lenkte ein und begnügte sich künftig mit der Wahrung des Status quo. Die südliche Ostseeküste war fortan allein in deutscher Hand.

5.
Die Blütezeit der Hanse

Zeittafel

um 1230	erster Vertrag zwischen Lübeck und Hamburg
1230–1283	der Deutsche Orden erobert Preußen
1237	Vereinigung des livländischen Schwertbrüderordens mit dem Deutschen Orden
um 1250	Gründung Stockholms
1253	Gründung des Erzbistums Riga
1256–1264	Entstehung des Verbandes der wendischen Städte
1284–1285	hansische Blockade Norwegens
1293	Lübeck anstelle von Visby, Oberhof für Nowgorod
1307–1319	dänische Schutzherrschaft über Lübeck
1309	Marienburg wird Hauptsitz des Deutschen Ordens
1340–1375	König Waldemar IV. Atterdag von Dänemark
1348–1350	Pestepidemie
1356	erster allgemeiner Hansetag
1361	Eroberung Gotlands durch Waldemar Atterdag
1367	Kölner Konföderation gegen Dänemark
1370	Frieden von Stralsund
1375–1412	Königin Margarete von Dänemark, Regentin in Norwegen (1380) und Schweden (1389)
1386–1434	Wladislaw II. Jagiello, König von Polen und Großfürst von Litauen
1390–1401	Vitalienbrüder
1397	Kalmarer Union
1410	Schlacht bei Tannenberg
1412–1439	Erik von Pommern, nordischer Unionskönig
1435	Engelbrekt Engelbrektsson wird schwedischer Reichsverweser
1454–1466	polnisch-preußischer Krieg, zweiter Thorner Friede
1470–1503	Regentschaft Sten Stures in Schweden
1494	Schließung des Nowgoroder Kontors durch Iwan III.

Landesausbau und Bevölkerungswachstum

Die deutsche Ostsiedlung

Was in Ostholstein im zweiten Drittel des zwölften Jahrhunderts in einem begrenzten Raum begonnen hatte, der planmäßige Landesausbau mithilfe deutscher Siedler, das veränderte bald das Gesicht und den Charakter eines viel größeren Gebietes an der südlichen Ostseeküste. Zwischen dem ausgehenden zwölften und dem beginnenden 14. Jahrhundert kam es zur weitgehenden Eindeutschung von ganz Mecklenburg und Pommern. Nur hauptsächlich auf den vorgelagerten Inseln, von Fehmarn über Rügen bis nach Usedom und Wollin, und hier insbesondere in den Fischerdörfern, konnte sich slawische Eigenart noch in begrenztem Umfang halten. Doch bereits 1401 starb auch auf Rügen die letzte slawisch sprechende Frau.

Träger des Landesausbaus waren die weltlichen und geistlichen Grundherren, das heißt die Fürsten und ihr lehnsabhängiger Adel sowie die Stifte. Dabei machte es keinen Unterschied, ob die Grundherren slawischer oder deutscher Herkunft waren. Im Vordergrund stand immer das Motiv, durch die Kultivierung neuer und die intensivere Bewirtschaftung der vorhandenen Nutzflächen die eigenen Einkünfte erheblich vermehren zu können. Die tatsächliche Durchführung des Landesausbaus lag vorwiegend in den Händen von Siedlungsunternehmern, sogenannten Lokatoren. Sie sorgten für die Vermessung und Aufteilung des Bodens und auch für die Anwerbung der Siedler.

Diese stammten zumeist aus dem niedersächsisch-westfälischen Raum. Sie nahmen die Mühen eines Neuanfangs in der Fremde auf sich, weil sie hier gegenüber der Situation im Altsiedelland auf eine rechtliche und wirtschaftliche Besserstellung hoffen konnten. Außerdem förderte der anhaltende Geburtenüberschuss die Abwanderungsbereitschaft, nahm er doch nachgeborenen Söhnen zunehmend die Chance auf einen eigenen Hof. Die Neuankömmlinge wurden zum einen auf Rodungsland angesiedelt, wo sie Dörfer nach deutschem Recht gründeten. Daneben kam es auch häufig vor, dass bestehende slawische Dörfer «umgesetzt», das heißt nach deutschem

Recht und deutscher Bewirtschaftungsweise umgestaltet wurden. Die slawischen Bewohner wurden dabei in manchen Fällen in die Neuverteilung des Bodens miteinbezogen, in anderen Fällen verloren sie aber auch ihren bisherigen Besitz und mussten das Dorf verlassen, um meist in der Nähe eine neue Siedlung zu gründen. Zu groß angelegten Vertreibungen oder gar einem Genozid kam es jedoch nicht.

Die deutsche Siedlungtätigkeit schritt im allgemeinen von West nach Ost und von der Küste ins Binnenland voran. In den Grafschaften Ratzeburg und Schwerin war die Siedlungsbewegung bereits in der zweiten Hälfte des zwölften Jahrhunderts im vollen Gange. Bald nach 1200 begann auch der Wendenfürst Heinrich Borwin deutsche Bauern ins Land zu rufen. Sie ließen sich zunächst im Nordwesten Mecklenburgs nieder, wo die schweren, meist noch bewaldeten Böden der Küstenzone bei entsprechend intensiver Bewirtschaftung einen besonders hohen Ertrag versprachen. In den südlichen, sandigeren Landesteilen setzten die Lokatoren dagegen vermutlich mehr wendische als deutsche Bauern an. In Vorpommern war es der rügische Fürst Witzlaw I., der bald nach 1220 den festländischen Teil seines Herrschaftsgebietes für deutsche Siedler öffnete. Seinem Beispiel folgten etwa ein Jahrzehnt später die Pommernherzöge, beginnend mit dem Gebiet links der Oder. Seit der zweiten Jahrhunderthälfte setzte auch die Erschließung Hinterpommerns ein, die sich im menschenarmen Osten noch bis ins 14. Jahrhundert hinzog.

Die schnelle Eindeutschung der vom Landesausbau erfassten Gebiete, die binnen weniger Generationen vonstatten ging, lag zum einen an der zahlenmäßigen Überlegenheit der Zuwanderer. Nicht minder wirkte sich aber auch deren überlegene Wirtschaftsweise und ihre Bevorzugung durch die politischen Herrschaftsträger aus. Schließlich ist aber auch die Bereitschaft der Slawen zu nennen, sich der deutschen Kultur anzugleichen. Letzteres gilt nicht nur für die Bauern, sondern insbesondere auch für den wendischen Adel, der in den slawischen Fürstentümern rasch mit der eingewanderten deutschen Ritterschaft verschmolz.

Städtegründungen

Gleichzeitig mit der Besiedlung des flachen Landes kam es zur Gründung zahlreicher Städte. Außer als Verkehrs-, Handels- und Versorgungszentren dienten sie auch der Verteidigung des Landes. Vergleichbare Aufgaben hatten in slawischer Zeit bereits Großsiedlungen wie Rostock, Wolgast, Stettin oder Kolberg übernommen. Sie waren rechtlich aber nicht vom Land ge-

130

Der Alte Markt von Stralsund mit Rathaus und Nikolaikirche. Die Stadt erhielt 1234 von Fürst Witzlaw I. lübisches Recht und entwickelte sich rasch zu einem Handelszentrum.

trennt gewesen, weil die Slawen ein besonderes Stadtrecht nicht kannten. Die neu gegründeten deutschen Städte erhielten im Regelfall an der Küste das lübische und im Binnenland das Magdeburger Recht. Sie wurden meist in der Nähe einer bestehenden slawischen Siedlung oder Burg angelegt und bekamen dann oft deren Namen, doch wurde immer ein gewisser räumlicher Abstand gewahrt.

Die Initiative für die Gründung einer Stadt ging im Allgemeinen vom Landesherrn aus, der für die technische Durchführung dann häufig einen Lokator berief. An der Gründung der Küstenstädte längs der Ostsee hatte auch die Stadt Lübeck wesentlichen Anteil. Sie bereitete die Niederlassung vor und entsandte die Gründungskaufleute. Das war insbesondere auch bei Rostock, der ersten der neu entstehenden Hafenstädte, der Fall. Die dort seit der Jahrhundertwende bestehende deutsche Kaufmannskolonie erhielt 1218 vom mecklenburgischen Fürsten Heinrich Borwin die Stadtrechte verliehen. 1228 folgte Wismar und 1234 Stralsund als erste Stadt im Machtbereich des Fürsten von Rügen. Im letzteren Fall spielten bereits Bürger der Stadt Ros-

Lübeck war nicht nur der wichtigste Knotenpunkt für den Ost-West-Handel, zahlreiche neu entstandene Städte entlang der Ostsee übernahmen auch das lübische Recht.

tock bei der Gründung eine wichtige Rolle. Im gleichen Jahr wie Stralsund wurde auch Prenzlau als erster Ort im damaligen Herzogtum Pommern zur Stadt erhoben. 1241 entstand Greifswald, um 1250 Anklam, 1255 schließlich Kolberg als deutschrechtliche Stadt.

Das Bürgerrecht blieb im Regelfall allein den Deutschen vorbehalten. In den meisten Städten lassen sich aber auch Slawen als Einwohner nachweisen. In Rostock machten sie um 1300 etwa 15 % der Einwohnerschaft aus, was bereits als sehr hoher Wert gilt. Einen Sonderfall stellt Stettin dar, denn hier verlieh Barnim I. 1237 nicht den dort gelegenen beiden deutschen Kaufmannskolonien, sondern der slawischen Siedlung das Magdeburger Stadtrecht. Aber auch hier mussten vermutlich die meisten slawischen Einwohner bald darauf das ummauerte Stadtgebiet verlassen und in die vor den Toren gelegenen Wieken umsiedeln, wo sie als Fischer, Ackerbürger und Handwerker lebten.

Zu den schon länger existierenden slawischen Handelsorten zählte auch Danzig, das zum pomerellischen Herzogtum gehörte. Hier erhob Herzog Svantopolk eine Ende des zwölften Jahrhunderts entstandene deutsche Kaufmannssiedlung 1238 zur Stadt. Insgesamt setzte sich Danzig aus fünf Siedlungskernen zusammen, von denen sich schließlich die Rechtstadt im 14. Jahrhundert zum eigentlichen Zentrum entwickelte.

Dass die deutsche Ostsiedlung nach 1230 auch östlich der Weichsel, im Gebiet der baltischen Pruzzen, Fuß fassen konnte, liegt am Eingreifen des Deutschen Ordens. Von ihren eigenen Triebkräften her gesehen, hätte die Kolonisationsbewegung sonst sicher bereits in Pommern ihre Grenze gefunden. Über die gewaltsame Eroberung des Pruzzenlandes, des späteren Preußens, und die Bedeutung des Ritterordens für die Geschichte der Ostsee wird weiter unten in einem eigenen Abschnitt berichtet.

Der wirtschaftliche Aufschwung, der mit der Intensivierung der Landwirtschaft und der Anlage von Städten im Rahmen der deutschen Ostsiedlung verbunden war, kam nicht nur den vom Landausbau unmittelbar erfassten Gebieten zugute. Auch am gegenüberliegenden Ufer der Ostsee, in Skandinavien, waren die positiven Auswirkungen spürbar. Die Belebung des Handels förderte die Gründung und die Entwicklung zahlreicher Städte in Schweden und Dänemark. Und auch bei diesem Vorgang spielten deutsche Einwanderer eine wichtige Rolle.

Bereits seit dem späten zwölften Jahrhundert ließen sich Deutsche in wachsender Zahl in vielen skandinavischen Städten nieder. Mit ihren überlegenen Geschäftsmethoden, ihren Fertigkeiten und ihrer Kapitalstärke brachten sie es hier schnell zu Einfluss und Wohlstand. Das bereits genannte Visby ist hierfür nur ein, wenn auch besonders prägnantes Beispiel. Die Bevölkerung von Åbo, der größten Stadt Finnlands, setzte sich im 14. Jahrhundert aus 42 % Deutschen, 39 % Schweden und 13 % Finnen zusammen, wobei die Oberschicht fast rein deutscher Herkunft war. Auch in Dänemark gab es im 13. und 14. Jahrhundert vielerorts Städte mit dänisch-deutscher Mischbevölkerung, so etwa Schleswig, Kopenhagen, Malmö und Ystad. Besonders stark vertreten waren deutsche Handwerker und Kaufleute außer in Südjütland, das zunehmend deutsch geprägt war, in Schonen, wo der einträgliche Heringshandel und die damit verbundenen schonischen Messen in den Händen der deutschen, vor allem der lübeckischen Kaufleute lagen.

Von den ungefähr 25 Städten, die um 1350 in Schweden existierten, waren 15 erst seit 1250 angelegt worden, und zwar in der Regel unter starker Beteiligung von Deutschen. Die Gründung Stockholms, das 1252 erstmals erwähnt wird, ist hierfür ein Paradebeispiel. Der schwedische Reichsregent Birger Jarl wollte mit der neuen Siedlung den darniederliegenden Handel im Mälargebiet wieder beleben. Schon die Anlage des Stockholmer Marktes nach dem Vorbild des kurz zuvor gegründeten Stralsund verrät den starken deutschen Einfluss. 1297, als Stockholm ein am lübischen Vorbild orientiertes Stadtrecht erhielt, hatte die Stadt als Knotenpunkt für den ost-westlichen Binnenhandel zwischen Schweden und Finnland, vor allem aber als wichtigster Ausfuhrhafen für Stabeisen überregionale Bedeutung erlangt. Wirtschaftlich und politisch hatten weitgehend die aus Norddeutschland, hauptsächlich aus Lübeck eingewanderten Bürger das Sagen. Zum Schutz der schwedischen Bürger bestimmte 1345 ein königlicher Erlass, dass nicht mehr als die Hälfte der Ratssitze von Deutschen eingenommen werden durften. Die Praxis war jedoch gegenteilig. In den ersten zwei Jahrzehnten des 15. Jahrhunderts waren wenigstens 48 von 68 Ratsherren Deutsche. Noch 1460 waren ca. 35 % der Steuerpflichtigen in Stockholm Deutsche, darunter die meisten der ratsfähigen Kaufleute. Erst 1471 verloren sie ihren politischen Einfluss, als bestimmt wurde, dass der Rat sich künftig allein aus Schweden zusammensetzen solle.

Nicht nur als Kaufleute, sondern auch als Handwerker und im Bergbau spielten Deutsche in Skandinavien eine wichtige Rolle. Insbesondere das Schneider- und das Goldschmiedehandwerk waren vielerorts in deutschen Händen. Darüberhinaus geht die Organisation des gesamten städtischen Handwerks in Zünfte auf das deutsche Vorbild zurück. Auch die Erschließung der schwedischen Eisen- und Kupfererzlagerstätten und die Erzaufbereitung ist im 13. und 14. Jahrhundert unter wesentlichem Anteil von deutschen Spezialisten und Kapitalgebern erfolgt. Das schwedische Bergrecht und die Stadtverfassungen in Dänemark und Schweden wurden nach deutschem Vorbild ausgestaltet.

Nicht zuletzt hat der zeitweise dominante deutsche Einfluss in allen skandinavischen Sprachen bis heute seine Spuren hinterlassen. Vor allem das Schwedische wurde von der niederdeutschen Sprache stark beeinflusst. In den Bereichen des Bergbaus, der städischen Verwaltung, des Handwerks und des Hausrats sind viele Wörter aus dem Deutschen entlehnt worden.

Obwohl es in Stockholm und vielen anderen skandinavischen Städten «deutsche» Viertel als bevorzugte Wohnorte gab, bildeten die Deutschen auf Dauer keine abgesonderten Gemeinschaften. Einheiraten und Angleichung führten dazu, dass die Einwanderer bzw. deren Nachkommen schließlich als Dänen oder Schweden betrachtet wurden und sich auch als solche fühlten. Dieser Verschmelzungsprozess vollzog sich in den kleineren Städten häufig schon im 14. Jahrhundert, in den größeren nahm er noch das ganze 15. Jahrhundert in Anspruch.

Bevölkerungswachstum im hohen Mittelalter

Das elfte, das zwölfte und dann vor allem das 13. Jahrhundert waren im Ostseeraum durch einen starken Bevölkerungsanstieg gekennzeichnet. Man schätzt, dass sich die Einwohnerzahlen in diesem Zeitraum verdoppelt oder sogar verdreifacht haben. Nach unseren heutigen Maßstäben war das Land aber immer noch sehr dünn besiedelt. In Schweden lebten zu Beginn des 14. Jahrhunderts ca. eine halbe Million Menschen, im zugehörigen Finnland etwa weitere 150 000, im dichter bevölkerten Dänemark waren es ungefähr eine Million. Für Holstein rechnet man mit rund 200 000 Einwohnern, für Mecklenburg lediglich mit gut der Hälfte. Der starke Geburtenüberschuss führte in den skandinavischen Ländern zu einem intensiven Landesausbau, eine Parallele zur deutschen Ostsiedlung. Tausende von Dörfern wurden auf Rodungsland neu angelegt, und vor allem in Schweden brachte auch die andauernde Hebung des Landes einen beträchtlichen Gewinn an landwirtschaftlich nutzbarer Fläche mit sich.

Die Dörfer waren durchweg klein, sie zählten meist weniger als hundert Einwohner. Auch die Städte bargen häufig noch keine tausend Menschen hinter ihren Mauern. Die Untergrenze für eine Mittelstadt lag im späten Mittelalter bei 2 000, für eine Großstadt bei 10 000 Einwohnern. Diese Zahl erreichten im 14. Jahrhundert entlang der Ostsee nur einige wenige Hansestädte, an ihrer Spitze Lübeck mit etwa 18 000 Einwohnern. In Rostock lebten zur gleichen Zeit zwischen 11 000 und 14 000 Menschen, in Stralsund um die 10 000. Zu den bedeutenderen Mittelstädten zählten Wismar, Riga und Visby mit etwa 8 000 bis 9 000 Seelen. Kopenhagen und Åbo als die beiden größten Städte in Dänemark und Finnland kamen nur auf etwa 3 000 bis 4 000 Einwohner, etwa 1 000 bis 2 000 Menschen mehr zählten Stockholm, Reval und Dorpat. In Dänemark gab es zwar sehr viele Städte, im 13. Jahrhundert um die 60, doch war keine wirklich bedeutend. Die Vielzahl natürlicher Häfen verhinderte hier, dass sich der Handel auf wenige Punkte konzentrierte, weshalb die Städte alle nur ein kleines Hinterland hatten.

In der ersten Hälfte des 14. Jahrhunderts kam der Anstieg der Bevölkerung zum Stillstand, vielleicht war die Entwicklung sogar rückläufig. Die damaligen Grenzen des Nahrungsspielraums scheinen erreicht worden zu sein, es häuften sich Missernten und Hungersnöte. Dabei spielte wohl auch die Verschlechterung des Klimas, der Beginn einer «kleinen Eiszeit», eine Rolle. 1303 und 1306/07 fror die Ostsee selbst in ihren südlichen Teilen zu. Die niedrigeren Temperaturen führten zu einer Verkürzung der Vegetationsperiode, was zum Beispiel in Dänemark den Weizenanbau beeinträchtigte.

Das Auftreten der Pest und ihre Folgen

Die eigentliche Katastrophe aber ereignete sich seit dem Herbst 1349 mit dem Auftreten der Pest. Vermutlich von Schiffen eingeschleppt, die aus englischen Häfen kamen, erschien die Seuche zunächst in Preußen und Schweden. Im darauf folgenden Sommer erreichte die Epidemie entlang der Ostsee ihren Höhepunkt. In Wismar starben damals binnen eines Monats 2000 Menschen, darunter 42 % der Ratsmitglieder. In Lübeck fielen elf von 30 Ratsherren dem Schwarzen Tod zum Opfer, in Reval waren es 27 %. Generell scheinen Norddeutschland und Skandinavien mit ihren durchweg küstennahen Siedlungsgebieten besonders hart getroffen worden zu sein. Zwischen einem Viertel und einem Drittel der Bevölkerung kam ums Leben. Zu allem Unglück blieb es nicht bei einem einmaligen Auftreten der Seuche, sie kehrte vielmehr in zehn- bis fünfzehnjährigen Abständen wieder. So starben 1367 in Lübeck nochmals 15 % der Einwohner nach 25 % im Jahr 1350.

Der Schwarze Tod erschütterte die Menschen bis ins Innerste. Nichts schien mehr gewiss. Es gab Phänomene übersteigerter Religiosität wie die Geißelbrüder, die sich selbst peitschten, aber auch hemmungslose weltliche Ausschweifung. Zugleich setzte die Suche nach Sündenböcken ein. Weil man den tatsächlichen Übertragungsweg über Pestfloh und Hausratte nicht kannte, kam der Vorwurf der Brunnenvergiftung auf und wurden mancherorts Juden als vermeintliche Übeltäter verbrannt.

Es dauerte mehr als 150 Jahre, bis die Bevölkerungsverluste ausgeglichen und der Stand von vor 1350 wieder erreicht wurde. Allerdings fielen die mittel- und langfristigen Folgen der Seuche für Stadt und Land sehr unterschiedlich aus. In den Dörfern war die Todesrate durch die Epidemie zwar geringer, doch es waren die Städte, die sich viel rascher erholten. Denn hier ergänzte sich die Bevölkerung in relativ kurzer Zeit durch Zuzug von außen. Die Menschen verließen das Land, weil sie sich in den Städten bessere Lebensbedingungen erhofften und vielfach auch vorfanden. Erst diese Abwanderung verursachte das ganze Ausmaß der spätmittelalterlichen Wüstungen. Zahllose Dörfer wurden längs der Ostsee aufgegeben, auf den ehemaligen Feldern wuchs wieder Wald. Damit kam zugleich die deutsche Ostsiedlung zum Stillstand, denn der bäuerliche Zuzug aus dem Westen des Reiches hörte nun vollständig auf.

Nicht minder einschneidend waren die langfristigen Auswirkungen der Seuche auf das Lohn- und Preisgefüge. Als Folge des starken Bevölkerungsrückgangs sanken die Preise für Agrarprodukte, während in den Städten Löhne und Warenpreise stiegen. Unter dieser Scherenentwicklung litten nicht zuletzt die Grundherren, deren ökonomische Position sich über mehrere Jahrzehnte hinweg deutlich verschlechterte. Andererseits führte der Verfall der Getreidepreise auch zu Änderungen bei der Agrarproduktion. Vor allem in Dänemark, Schleswig und Holstein gewann die Ochsenmast stark an Bedeutung. Jedes Jahr wurden nun zehntausende Tiere nach Süden getrieben, wo sie in den großen deutschen Städten geschlachtet wurden. Die Menschen aßen im späten Mittelalter so viel Fleisch wie nie zuvor oder danach.

Die Hanse

Aus den bescheidenen Anfängen der Gotländischen Genossenschaft entfaltete sich die Hanse im 13. und 14. Jahrhundert zur stärksten Macht im Ostseeraum. Sie bestimmte nicht nur das wirtschaftliche Geschehen, sondern übte auch großen Einfluss auf die politische und selbst auf die kulturelle Entwicklung in den Ostseeländern aus. Die Hanse, diese «in der mittelalterlichen Geschichte ganz einzigartige Schöpfung» (DOLLINGER, S. 9), hat wegen ihrer überragenden Bedeutung für die Organisation des europäischen Ost-West-Handels, aber auch wegen ihrer langen Existenz von bald 500 Jahren und ihrer räumlichen Ausdehnung von der Zuidersee bis zum Finnischen Meerbusen bis heute nichts von ihrer Faszination verloren. Der ursprüngliche Zusammenschluss vornehmlich norddeutscher Kaufleute wandelte sich im 13. und 14. Jahrhundert zu einer übernationalen Städtegemeinschaft, der in der Zeit ihrer größten Blüte an die 200 Kommunen angehörten. Trotz oder vielleicht auch wegen ihrer losen Organisationsstruktur konnte sie ihre Hauptaufgabe, die Interessen der ihr angehörenden Kaufleute im Ausland zu schützen, über Jahrhunderte hinweg erfüllen.

Der Begriff Hanse

Das Wort «Hanse» oder «Hansa» kommt aus dem Althochdeutschen und bedeutete ursprünglich so viel wie bewaffnete Schar. Seit dem zwölften Jahrhundert war der Begriff hauptsächlich in der Region zwischen Süddeutschland, Seine und Elbe verbreitet und wurde in verschiedenen, mit dem Handel in Zusammenhang stehenden Bedeutungen gebraucht. «Hanse» konnte sowohl eine Kaufleutegruppe im Ausland als auch eine von Kaufleuten entrichtete Abgabe oder auch das Recht der gemeinsam ausgeführten Handelstätigkeit meinen. Das Wort «hansen» wurde zudem in Köln und anderswo für die Aufnahme neuer Mitglieder in eine Gilde benutzt, wobei es zum Teil recht grob und lautstark zuging. Dieses spaßhafte Verulken der neuen Mitglieder hieß auch «hänseln», das sich bis in die heutigen Tage im Sprachgebrauch erhalten hat. Erst ziemlich spät, nämlich seit dem ausgehenden 13. Jahrhundert, wurden schließlich auch Zusammenschlüsse norddeutscher Kaufleute als Hansen bezeichnet, am frühesten in einer englischen Königsurkunde aus dem Jahr 1267. Von hier, von England aus, gelangte das Wort in den Ostseeraum, also weit nach der Entstehung der Hanse selbst. Um 1340 bezeichnete der Ausdruck bereits die gesamte Gemeinschaft der norddeutschen Kaufleute, so als sich der König von Norwegen und Schweden 1343 an die «universos mercatores de hansa Theutonicorum» wandte. Als die Hanse bald danach zu einer Städtegemeinschaft wurde, bürgerte sich die niederdeutsche Bezeichnung der «steden van der dudeschen hense» für sie ein.

Der Ausbau des hansischen Handelssystems im 13. Jahrhundert

Für den Aufschwung der frühen Hanse hatte der Russlandhandel entscheidende Bedeutung. Die schließlich fast monopolartige Vermittlung von Ostwaren gegen westliche Produkte bildete die Grundlage für den Erfolg des hansischen Wirtschaftssystems in der Nordhälfte Europas. Das russische «Tor zur Welt» war damals Nowgorod. Die Stadt bildete das Zentrum des auf die Ostsee ausgerichteten russischen Außenhandels. Der Reichtum Nowgorods basierte auf seinem ausgedehnten Landgebiet, das sich bis zum Weißen Meer erstreckte. Von dort kamen die Pelze als wichtigstes Ausfuhrgut wie auch die anderen im Westen begehrten Erzeugnisse der russischen Waldwirtschaft, nämlich Pech, Teer, Holzkohle, Pottasche und Wachs. Im Gegenzug lieferten die deutschen Kaufleute vor allem Salz, das die Lübecker aus der Saline in Lüneburg bezogen, sowie Tuche aus Flandern und England.

Als der Mongolenchan Batu zwischen 1236 und 1245 alle russischen Fürstentümer eroberte, musste Nowgorod zwar hohe jährliche Tribute entrichten, entging aber der Zerstörung und damit dem wirtschaftlichen Ruin. Die anfangs noch starke Konkurrenz der skandinavischen Kaufleute, die traditionell den Russlandhandel kontrolliert hatten, konnten die Hansen bis zum Ende des 13. Jahrhunderts fast völlig verdrängen. Die Norddeutschen nutzten gegenüber den Schweden den Vorteil, dass sie über die besseren Verbindungen zum Westen Europas verfügten, nach Flandern und England und auch in das Innere Deutschlands. Als äußeres Zeichen der Umkehrung der einstigen Verhältnisse übernahmen die Deutschen im 14. Jahrhundert schließlich auch den St. Olavshof, das traditonsreiche Zentrum des gotländischen Handels in Nowgorod.

Im hansischen Wirtschaftsverkehr mit Skandinavien spielte das schwedische Erz seit der zweiten Hälfte des 13. Jahrhunderts eine wichtige Rolle. Dabei beschränkte man sich nicht auf eine reine Handeltätigkeit, Mitglieder der Hanse beteiligten sich bald auch aktiv an der Erschließung der Eisen- und Kupfererzlagerstätten. Vor allem aus Lübeck floss viel Kapital in den schwedischen Bergbau. Bereits zu Beginn des 13. Jahrhunderts tauchten lü-

Die Stecknitzfahrer (im Bild ihr Kirchenstuhl im Lübecker Dom) sorgten auf dem Stecknitzkanal für den Transport des Salzes von Lüneburg nach Lübeck.

bische Kaufleute auch an der Westküste Schonens auf, wo der Heringsfang zwar schon lange betrieben wurde, aber bis dahin nur lokale Bedeutung hatte. Der Durchbruch zum internationalen Massengeschäft erfolgte mit dem Salz, das die Lübecker aus Lüneburg mitbrachten. Als Salzhering haltbar gemacht, konnten die vor Schonen gefangenen Fische jetzt über weite Entfernungen zu den mittel-, west- und osteuropäischen Märkten transportiert werden. In der Mitte des 13. Jahrhunderts begannen auch Friesen, Flamen, Norweger und Engländer auf den schonischen Messen zu erscheinen. Die Hansen konnten diese Konkurrenz jedoch bald ausschalten und sich das Monopol auf dem schonischen Heringsmarkt sichern.

Fisch, aber diesmal in getrockneter Form als Stockfisch, war auch das wichtigste Ausfuhrprodukt im hansischen Handel mit Norwegen, der hauptsächlich über die Stadt Bergen abgewickelt wurde. Im Gegenzug landeten die hansischen Schiffe vor allem Getreide sowie weitere Nahrungsmittel wie Mehl, Malz und Bier an. Rasch war Westnorwegen von diesen Lebensmitteleinfuhren abhängig, was Lübeck und die anderen im ehemals wendischen Gebiet gegründeten Städte zur Erlangung wichtiger Handelsprivilegien nutzten. Neben den Ostseestädten spielten im Verkehr mit Norwegen auch die deutschen Nordseehäfen eine wichtige Rolle, allen voran Bremen, das über alte Verbindungen zu Bergen verfügte.

Der deutsche Handel mit England wurde lange von den Kölner Kaufleuten beherrscht, die seit der Mitte des zwölften Jahrhunderts über umfangreiche Privilegien verfügten. Erst allmählich und gegen den Widerstand der Kölner konnten sich die Händler aus den Ostseestädten gleiche Rechte sichern. 1237 erteilte König Heinrich II. den Kaufleuten der Gotländischen Genossenschaft Zollfreiheit für alle in England gekauften Waren. 30 Jahre später erhielten die Kaufleute aus Lübeck auch das Privileg, nach dem Vorbild der Kölner in London eine eigene Handelsgenossenschaft, eine «Hanse», zu gründen. 1281 erfolgte der Zusammenschluss aller deutschen Kaufleute zu einer gemeinsamen Hanse in London, doch bewahrten die regionalen Kaufmannsgruppen aus Köln, aus Westfalen und aus den Ostseestädten (die sogenannten Osterlinge) noch lange eine gewisse Eigenständigkeit. Pelze und Wachs, später auch Holz, waren die wichtigsten Güter, die aus dem Ostseeraum nach England gingen. Im Austausch wurden Wolle und Wollwaren exportiert.

Am gegenüberliegenden Ufer des Ärmelkanals, in Flandern, hatten es deutsche Kaufleute zunächst schwer, Fuß zu fassen, weil der flämische Handel so stark war. Doch seit der Mitte des 13. Jahrhunderts erschienen zunehmend auch Osterlinge in Flandern, zunächst aus Lübeck, dann auch aus

Stralsund, Danzig, Elbing, Riga und weiteren Städten. Mehrere Privilegien, die die Gräfin Margarete von Flandern 1252/53 erteilte, brachten Rechtssicherheit und Zollermäßigungen und förderten so den weiteren Aufschwung des hansischen Handels. Aus dem Ostseegebiet gelangte neben den typischen Ostwaren vor allem Getreide nach Flandern. Riga lieferte Wachs, sein Hauptexportgut, und fand dafür in Brügge seinen wichtigsten Markt.

Brügge überflügelte im Laufe des späten 13. Jahrhunderts die traditionellen Messen der Champagne und stieg damit zum bedeutendsten Handelszentrum Westeuropas auf. Parallel dazu gelang es den hansischen Kaufleuten, ihre flämische Konkurrenz zur Seite zu drängen, indem sie ihnen auf den Handelsplätzen im Deutschen Reich keine Waren verkauften. Damit fehlte den Flamen die Rückfracht, während die Hansen in Flandern die einzigen Anbieter von Ostwaren wurden.

Der Weg zur Städtehanse

Der hochmittelalterliche Fernhandel war genossenschaftlich organsiert. Schon um der eigenen Sicherheit willen schlossen sich die Kaufleute zu Fahrtgemeinschaften zusammen, die ein gemeinsames Ziel aufsuchten. Die gefährliche Reise erfolgte auf dem Landweg in Karawanen und zur See in Konvois. Aber auch am Zielort blieb der Zusammenhalt gewahrt, um gemeinsam Handelsverträge abzuschließen oder bestehende Vereinbarungen in Anspruch zu nehmen, aber auch, um bei Konfliktfällen untereinander selbst Recht zu sprechen. Das Bewusstsein der Zusammengehörigkeit wurde unter den niederdeutschen Kaufleuten zudem durch die gemeinsame Sprache gefördert. In ihren Heimatstädten standen die gleichen Kaufleute oft als Ratsherren oder Bürgermeister an der Spitze des Gemeinwesens. So übertrug sich das auf den Auslandsreisen erfahrene Gemeinschaftsgefühl auch auf die Städte. Diese begannen, zunächst parallel zu den Aktivitäten der Kaufmannsgenossenschaften, den Schutz des Handels auch durch Vereinbarungen untereinander zu gewährleisten. Das war umso wichtiger, als sich der internationale Warenverkehr immer mehr ausdehnte und die Kaufleute allein der Aufgabe nicht mehr gewachsen waren.

Dieser Wandel von der Kaufmanns- zur Städtehanse war ein langfristiger Vorgang, der sich über einen Zeitraum von mehr als hundert Jahren erstreckte. Den Beginn dieser Entwicklung markiert das Bündnis der Städte Lübeck und Hamburg. Beide hatten ein elementares Interesse daran, den Landweg zwischen Elbe und Trave zu schützen, auf dem ihr Wohlstand zu

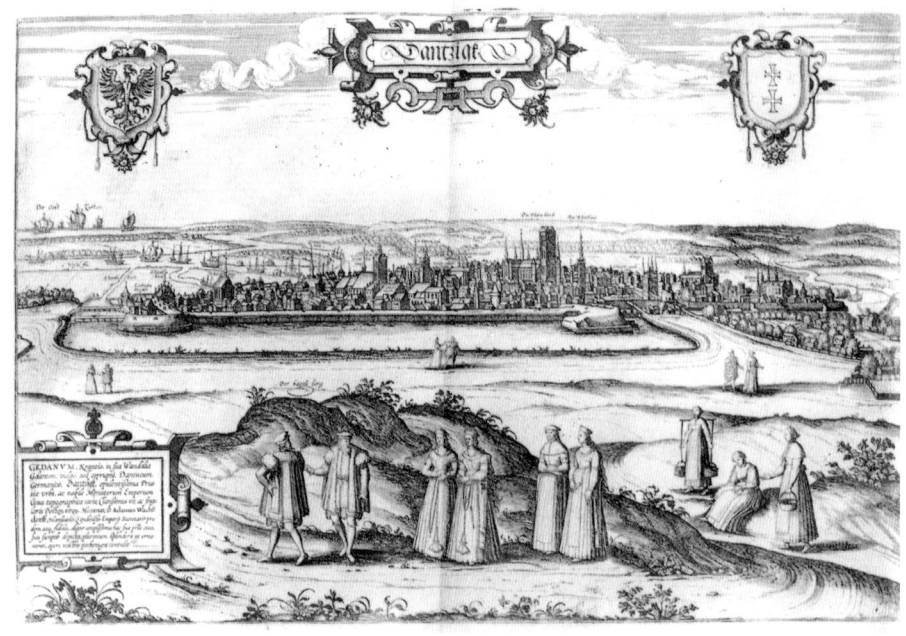

Danzig war ab der Mitte des 14. Jahrhunderts der Haupthafen von Preußen. In der Hanse erhielt die Stadt erst zwei Jahrhunderte später als Leiterin eines Quartiers eine hervorgehobene Rolle.

einem wesentlichen Teil beruhte. 1241 verpflichteten sich die beiden Kommunen vertraglich zum gemeinsamen Kampf gegen den Straßenraub. Weitere Vereinbarungen festigten in den Folgejahren das Bündnis.

Im Verhältnis zu den wendischen Städten setzte Lübeck dagegen zunächst auf eine Politik der Konfrontation. 1249 zerstörte eine lübische Flotte die Stadt Stralsund, mit der man wegen der Heringsfanggründe vor Rügen im Streit lag. Den Vorwand für den Angriff lieferte ein Krieg Lübecks mit Dänemark, denn der Fürst von Rügen, in dessen Gebiet Stralsund lag, war dänischer Vasall. Doch dann wuchs auch hier die Erkenntnis, dass Zusammenarbeit zu besseren Ergebnissen führt. 1259 schlossen zunächst Lübeck, Rostock und Wismar ein einjähriges Bündnis gegen die Seeräuberei. Der Pakt wurde 1264 erneuert und im folgenden Jahr auf unbefristete Zeit verlängert. Zugleich vereinbarten die Vertreter der Städte, sich künftig jährlich treffen zu wollen, um gemeinsame Angelegenheiten zu beraten. Dem Bund der Wendischen Städte, wie er seit 1280 genannt wurde, schlossen sich bald auch Hamburg und Lüneburg sowie die pommerschen Städte Stralsund, Greifswald, Stettin und Anklam an.

Der stabile und handlungsfähige wendische Städteverein hatte für die weitere Geschichte der Hanse eine große Bedeutung. Er war aber bei weitem nicht der einzige Zusammenschluss dieser Art. Auch in Niedersachen und Westfalen bildeten sich um die Mitte des 13. Jahrhunderts Städtebünde, die der Sicherung der Handelsinteressen dienten. 1280 schloss zudem Lübeck mit Visby einen zehnjährigen Vertrag, dem zwei Jahre darauf auch Riga beitrat. Die Städte verpflichteten sich darin, den Handelsverkehr zwischen dem Öresund und Nowgorod, d. h. im gesamten Ostseegebiet, schützen zu wollen.

Als Motor und Kristallisationspunkt der Städteeinungen trat deutlich Lübeck hervor. Dem großen Reichtum und dem hohen Ansehen der Ostseemetropole entsprach ein ebenso ausgeprägter Machtwille ihrer politischen Führung. Die älteren Rechte Visbys und der Genossenschaft der Gotlandfahrer schob man jetzt zur Seite. 1293 fasste die Versammlung der wendischen Städte den Beschluss, dass künftig Lübeck statt Visby Oberhof und Appellationsinstanz für die Nowgorodfahrer sein solle. In großer Einmütigkeit stimmten auch die übrigen am Russlandhandel interessierten Städte der Verlegung des Rechtszuges zu, lediglich von Riga und Osnabrück ist ein Nein überliefert. Fünf Jahre später entschieden die Vertreter wendischer und sächsischer Städte auf einem Treffen in Lübeck, dass auf Gotland nicht mehr mit dem Siegel des gemeinen Kaufmanns gesiegelt werden solle, da jede Stadt ihr eigenes Siegel habe. Es war ein Zeichen dafür, dass die Genossenschaft reisender Kaufleute durch die Einung der Städte abgelöst wurde.

Gestützt auf die Gemeinschaft der Städte, ging die Hanse seit dem letzten Viertel des 13. Jahrhunderts daran, ihre gewachsene Handelsmacht offensiv zur Durchsetzung ihrer Ziele zu nutzen. Die wichtigste Waffe war dabei die Verhängung eines Handelsembargos. Als 1280 ein schon länger schwelender Streit über die Rechte der Hansekaufleute in Brügge eskalierte und Unruhen ausbrachen, entschieden die wichtigsten Hansestädte unter der Führung Lübecks, über Brügge eine Handelsblockade zu verhängen. Die Hansekaufleute verließen die Stadt und richteten sich im wenige Kilometer entfernten Ardenburg ein, wo sie besondere Vergünstigungen genossen. Brügge litt so schwer unter dem Embargo, dass es in den Verhandlungen über eine Rückkehr der Hansen nicht nur die Wiederherstellung der umstrittenen alten Rechte, sondern auch wichtige neue Privilegien zusagte. So durften die Ausländer in Brügge jetzt auch untereinander Handel treiben. Daraufhin wurde die Verlegung des Hansekontors 1282 rückgängig gemacht. Nur zwei Jahre später zwang ein Embargo sogar das Königreich Norwegen in die Knie. Nach der Plünderung eines Hanseschiffes untersagten die meisten Hansestädte die Ausfuhr von Getreide, Mehl, Gemüse und Bier nach

Norwegen, so dass in dem auf Lebensmitteleinfuhren angewiesenen Land eine Hungersnot ausbrach. Auch hier wurden den Hansen schließlich umfangreiche neue Privilegien zugestanden, die ihnen die wirtschaftliche Vorherrschaft im Lande sicherten.

Als zu Beginn der 1350er Jahre neuer Streit in Brügge ausbrach und die im dortigen Hansekontor vereinigten Kaufleute nach Auffassung der wichtigsten Hansestädte zu eigenmächtig vorgingen, kam es 1356 auf Initative Lübecks zum ersten allgemeinen Hansetag. Bis dahin war es üblich gewesen, dass nur die Vertreter einzelner regionaler Städtegruppen sich trafen und andere Städte bei Bedarf einem Beschluss nachträglich beitraten. Jetzt beschlossen die in das wendisch-sächsische, westfälisch-preußische und gotländisch-livländische Drittel gruppierten Hansestädte erstmals auf einer gemeinsamen Tagung über ihr Vorgehen. Der Hansetag sandte eine Delegation nach Brügge, die die Statuten des Kontors prüfte und ordnete und damit zugleich das Kontor unter die Kontrolle der Städte stellte. In den folgenden 20 Jahren wurden auch die anderen drei großen Niederlassungen in Nowgorod, London und Bergen in vergleichbarer Weise dem Hansetag unterstellt. Diese Vormachtstellung des Hansetages gegenüber den Genossenschaften der Kaufleute im Ausland wurde auch später nie mehr in Frage gestellt. Die Städtehanse im eigentlichen Sinne war damit geboren.

Die Organisation der Städtehanse

Es wird sich wohl nie mehr genau klären lassen, wieviele Städte der Hanse angehört haben. Ein offizielles Mitgliederverzeichnis wurde in der langen Geschichte der Gemeinschaft nie erstellt. Für das Funktionieren der Hanse war ein solches Dokument nicht notwendig, man fürchtete im Gegenteil, dass eine solche Liste ausländischen Mächten in Konfliktfällen als Grundlage für kollektive Schadenersatzforderungen dienen könnte. Auch gab es eine abgestufte Form der Mitgliedschaft. Neben den eigentlichen «Städten von der Hanse», die zu den Hansetagen eingeladen wurden und grundsätzlich verpflichtet waren, sich an finanziellen und militärischen Lasten zu beteiligen, gab es die sogenannten «Beistädte». Deren Bürger hatten zwar an den Hanseprivilegien Anteil, doch waren sie keine vollberechtigten Mitglieder. Die Zahl der Hansestädte im engeren Sinne belief sich in der Mitte des 15. Jahrhunderts auf etwas über 70, die der Beistädte auf über 100. Letztere waren oftmals gar nicht offiziell durch einen Hansetag aufgenommen worden, sondern hatten sich selbst stillschweigend der Hanse angegliedert, indem sie deren Handelsvorrechte im Ausland auch für sich in Anspruch nahmen.

Der Ausschluss einer Stadt aus der Hanse, die «Verhansung», wie sie zum Beispiel 1427 für Bremen und 1471 für Köln ausgesprochen wurde, war fast immer nur eine zeitweilige Sanktionsmaßnahme, meist eine Reaktion auf innere Auseinandersetzungen in einer Stadt. Dagegen waren die offiziell erklärten Austritte oftmals endgültig. Sie erfolgten häufig auf Druck des Stadtherrn, so etwa im Fall des brandenburgischen Berlin, das 1452 die Hanse verlassen musste. Mehr noch als diese Austritte war es jedoch das schleichende faktische Ausscheiden, welches die Zahl der Hansestädte insbesondere seit dem 16. Jahrhundert merklich schrumpfen ließ. Die Zugehörigkeit zur Hanse erlosch, weil die Kaufleute einer Stadt die hansischen Niederlassungen nicht mehr nutzten und der Stadtrat keine Abordnungen mehr zu den Tagfahrten schickte.

Neben den vielen Städten gehörte als einziger Fürst der Hochmeister des Deutschen Ordens der Hanse an. Die Mitgliedschaft des Ordens ergab sich aus dessen besonderer Bedeutung für die Kolonisation von Preußen und Livland und die Entwicklung des dortigen Städtewesens, das unter starker Kontrolle des Ordens stand. Für die Hanse bedeutete die Zugehörigkeit des Ritterordens auf der einen Seite einen erheblichen Prestigegewinn, und auch dessen militärischen Fähigkeiten erwiesen sich als wertvoll. Auf der anderen Seite wurde die Hanse durch den Orden auch in Streitigkeiten hineingezogen, die ihren ureigenen Handelsinteressen zuwiderliefen, so dass die Bilanz durchaus zwiespältig ausfällt. Ein Sonderfall stellt auch die Bauernrepublik von Dithmarschen im südwestlichen Holstein dar, die seit 1468 mit Lübeck in einer festen Allianz verbunden war. Die wohlhabenden Bauern trieben bereits seit dem 15. Jahrhundert einen ausgedehnten Seehandel vor allem mit Livland. In der ersten Hälfte des 16. Jahrhunderts nahmen Abgesandte der Dithmarscher regelmäßig an den Hansetagen teil.

Diese Hansetage waren das oberste und im Grunde einzige Organ der Gemeinschaft. Bei den Treffen, die im 14. Jahrhundert noch annähernd jährlich, dann nur noch etwa alle drei Jahre stattfanden, wurden alle Fragen behandelt, die für die Hanse als Ganzes wichtig waren: Verträge mit auswärtigen Mächten, Krieg und Frieden, Handelsbestimmungen aller Art, Ausschluss und Zulassung von Mitgliedern und Konflikte zwischen diesen. Die Initiative für die Einberufung eines Hansetages ging in aller Regel von Lübeck aus, wo auch die meisten Versammlungen abgehalten wurden. Ein weiterer beliebter Tagungsort war daneben Stralsund, das für die preußischen und livländischen Städte näher lag.

Gemessen an der Bedeutung der Hansetage war die Beteiligung auffallend gering. Meist entsandten nur zwischen zehn und 20 Städte eine Delegation zu den Zusammenkünften. Die hohen Kosten schreckten ab. Versuche, das Fernbleiben ohne triftigen Grund durch Geldbußen zu ahnden, blieben erfolglos. Auch verspätetes Erscheinen und vorzeitige Abreise behinderten die Arbeit der Hansetage. Die Beratungen unter Vorsitz Lübecks waren oft ziemlich langwierig. Für Beschlüsse galt der Grundsatz der «unwidersprochenen Eintracht» (HAMMEL-KIESOW, S. 74). Der Vorsitzende fasste dabei das Ergebnis der Beratungen zusammen und formulierte einen Konsens. Die Minderheit war gehalten, der Mehrheit zu folgen und damit einen Beschluss zu ermöglichen. Dieser wurde in der Form eines Rezesses schriftlich festgehalten.

Neben den Hansetagen gab es sogenannte Dritteltage, bei denen sich die wendisch-sächsischen, die westfälisch-preußischen und die gotländisch-livländischen Städte zu getrennten Beratungen trafen. Die regionale Zuordnung, die dem Vorbild des Brügger Kontors folgte, war weniger sachlich als vielmehr machtpolitisch begründet. Der Zusammenschluss der rheinisch-westfälischen mit den preußischen Städten sollte ein Gegengewicht gegen die Dominanz des wendisch-sächsischen Drittels schaffen, und die Bildung des gotländisch-livländischen Drittels geschah auf Betreiben des im 14. Jahrhundert noch mächtigen Visbys, das auf einer hervorgehobenen Rolle bestand. Vororte der Drittel waren neben Visby Lübeck und Dortmund, das in der Mitte des 15. Jahrhunderts von Köln abgelöst wurde. Eine Neuordnung fasste 1494 die sächsischen, preußischen und livländischen Städte unter Führung Braunschweigs zusammen. Damit war wiederum Danzig unzufrieden. So kam es in der Mitte des 16. Jahrhunderts, als die Hanse ihren Höhepunkt längst überschritten hatte, noch zu einer Neuaufteilung in vier Quartiere, indem die preußisch-livländischen Städte von den sächsischen getrennt und in einem eigenen Quartier unter der Leitung Danzigs vereinigt wurden.

Eine wesentliche Rolle spielten schließlich die Regionaltage, auf denen sich zum Beispiel die niederrheinischen, die wendischen oder die preußischen Städte trafen. Sie fanden oft sogar mehrmals im Jahr statt und dienten der Vor- und Nachbereitung von Hansetagen, aber auch der Verständigung über gemeinsame regionale Fragen. Deshalb nahmen an ihnen auch Städte teil, die nicht der Hanse angehörten.

Trotz ihrer lockeren Organisation als dauerndes Städtebündnis hatte die Hanse wirksame Mittel zur Hand, um die gemeinsamen Ziele durchzusetzen. An erster Stelle stand dabei immer der Versuch einer Einigung auf dem Verhandlungswege. Die Hansediplomaten waren für ihre Verhandlungskunst berühmt. Von einem englischen Unterhändler stammt der Ausspruch, dass er «lieber mit jedem Fürsten der Welt verhandeln (würde) als mit einem hansischen Ratsherrn» (DOLLINGER, S. 147). Fruchtete dies nichts, griff man zum Embargo. Die Unterbrechung des Handels schadete zwar auch den Hansen selbst, doch war die negative Wirkung für das betroffene Land meist viel stärker. Allerdings stellte diese Waffe auch die Solidarität der Hansestädte untereinander auf eine harte Probe, da die Interessen nicht immer gleich gelagert waren. Zudem drohte sie die nichthansische Konkurrenz zu stärken. Die großen Erfolge, die noch im 13. und 14. Jahrhundert mit einer Blockade erzielt werden konnten, wiederholten sich im 15. Jahrhundert nicht mehr.

Der Einsatz von militärischer Gewalt war für die Hanse stets nur allerletztes Mittel. Als nüchtern kalkulierende Kaufleute wussten die Hansevertreter sehr genau um die Gefahren und Kosten eines Krieges, den sie daher vermieden, so lange es ging. Geführt wurde er überwiegend als Kaperkrieg, regelrechte Schlachten waren die Ausnahme. Kriegerische Zusammenstöße gab es hauptsächlich mit Dänemark, das den Sund und damit den Eingang zur Ostsee kontrollierte und zudem immer wieder die Vorherrschaft über die norddeutschen Küstengebiete zu erlangen suchte. Der 1370 abgeschlossene Friede von Stralsund, der den ersten dänisch-hansischen Krieg beendete, markierte zugleich den Höhepunkt der hansischen Machtentfaltung im Ostseeraum.

Die Hansekontore

Die ausländischen Niederlassungen oder Kontore waren modern gesprochen Service-Einrichtungen, mit deren Hilfe die Hansekaufleute ihre Geschäfte abwickelten. Die Kaufleute brauchten für ihre Geschäfte einen Platz, an dem sie während ihrer oft mehrere Monate dauernden Aufenthalte wohnen und leben und wo sie ihre Ware einlagern konnten. Dort fanden sie auch Schutz vor willkürlichen Eingriffen, denen sie als Fremde möglicherweise ausgesetzt waren. Es gab kleinere Häuser mit Lagerschuppen, aber auch große Höfe, von denen die Hanse vier besaß. Das waren der Stalhof in London, das Hansekontor in Brügge, die Deutsche Brücke in Bergen und der Peterhof in Nowgorod. Bei ihnen handelte es sich um eine Mischung aus Wohn- und Lagerhäusern mit gemeinsamer Versammlungshalle, oft auch gemeinsamer Kirche oder Kapelle. Die Kontore waren mit teils umfangreichen Privilegien der ausländischen Territorialherren ausgestattet, weil diese sich von ihrem

Bestehen Vorteile versprachen. Die tatsächliche oder vermeintliche Bevorzugung der Hansekaufleute gegenüber den Einheimischen rief dann allerdings auch oft den Zorn und den Neid der Bevölkerung im Gastland hervor.

Zu den großen Kontoren kamen noch gut zwei Dutzend weitere Niederlassungen, über die Länder verstreut, in denen Hansekaufleute tätig waren. Sie besaßen aber nicht die gleichen Privilegien und wurden oft nicht von der gesamten Hanse, sondern nur von einzelnen Städten, oft auch nur von einzelnen Hansekaufleuten unterhalten.

Alle Kontore hatten eigene Verfassungen und eigene Gerichtsbarkeit. Es wurde nicht nach dem Recht des Gastlandes, sondern nach dem Recht der Städte, das heißt meist nach dem lübischen Recht, geurteilt. Man sah im allgemeinen auf sehr strenge Ordnung, wie es bei einer Männergesellschaft bei mehrmonatigen Aufenthalten notwendig war, zumal es in den langen Nächten zu erheblichem Alkoholkonsum kommen konnte. Würfelspiel und das Mitbringen von Prostituierten war bei harter Strafe verboten. Die Tore des Hofes wurden am frühen Abend, im Winter um acht, im Sommer um neun Uhr geschlossen.

Der älteste dieser Höfe ist der Stalhof in London, der schon im ersten Drittel des zwölften Jahrhunderts von Kölner Kaufleuten gegründet wurde, also zu einem Zeitpunkt, als der Ostseehandel in großem Stil noch nicht in Gang gekommen war. Haupthandelsgüter waren zunächst Rheinwein aus Köln und dann Tuche aus Flandern, die von den Kaufleuten mit einem Stempel versehen wurden (stempeln = stalen), woher auch der Name kommt.

Der Stalhof lag nicht weit vom Ufer der Themse entfernt. Direkt am Wasser gab es mehrere Lagerhäuser und Schuppen, daneben hatte man eine Versammlungshalle, die Guildhall oder Gildhalla Teutonicorum, später auch Esterlingshalle genannt. Sie diente als Speisesaal, in ihr wurden aber auch die Ratssitzungen und Gerichtsverhandlungen abgehalten.

Der Stalhof wurde von einem deutschen und einem englischen Ältermann verwaltet, die von den Stalhofkaufleuten vorgeschlagen und vom englischen König eingesetzt wurden. Der Engländer musste Londoner Bürger sein, oft war der englische Ältermann der Mayor selber. Beraten wurden die Ältermänner von einem Rat aus zwölf Mitgliedern, die auch das Gericht bildeten, sie wurden jeweils zu einem Drittel von den drei Quartieren der Hanse eingesetzt.

Das zweitälteste Hansekontor war der von lübischen Kaufleuten gegründete Peterhof in Nowgorod. Er verfügte über zahlreiche Gebäude wie Speise- und

Trinkstuben, ein Siechenhaus, ein Pfarrhaus, eine Badestube, ein Brauhaus, eine Mahlstube und ein Gefängnis sowie zahlreiche Unterkünften für Kaufleute und ihre Gesellen und Lehrlinge. In der Mitte des Hofes stand die Kirche St. Peter. Der Hof konnte mehrere hundert Menschen beherbergen, die sich meist mehrere Monate in Nowgorod aufhielten, um hier die Waren aufzukaufen, die über den Wolchow, den Ladogasee und die Newa verschifft wurden und so in die Ostsee gelangten.

Der Peterhof wurde von einem Ältermann geleitet, der von vier Beisitzern beraten wurde. Der Hof hatte eigenes Recht, Berufungsinstanz war zunächst Visby, seit 1293 Lübeck. Der Peterhof hatte einen eigenen Geistlichen, denn die Hansen waren römisch-katholisch, die Bevölkerung Nowgorods griechisch-orthodox. Der Geistliche war zugleich Sekretär des Kontors. In späteren Jahren gab es zwei Ältermänner, weil die livländischen Städte ebenfalls einen Ältermann bestimmten.

Als 1478 der Großfürst von Moskau Iwan III. das Fürstentum Nowgorod eroberte, läutete dies das Ende seines Wohlstandes und seiner internationalen Bedeutung ein. Bereits 1494 wurde das Hansekontor geschlossen, 1570 die Stadt selbst durch Iwan den Schrecklichen zerstört.

Die Bedeutung der Deutschen Brücke, wie das Hansekontor in Bergen genannt wurde, beruhte auf dem Handel von Salz gegen Fisch. Schon das Wahrzeichen des Kontors, der Stockfisch, weist darauf hin. Das Salz kam aus Lüneburg und damit gaben von der Gründung des Kontors an die wendischen Städte und vor allem Lübeck den Ausschlag für die Entwicklung. Die am Hardangerfjord gelegene westlichste Stadt Norwegens war im 13. Jahrhundert noch ein kleiner, unbedeutender Hafen, klimatisch allerdings durch den Golfstrom begünstigt. Im 14. Jahrhundert zählte Bergen dann bereits 6000 Einwohner, davon ein Drittel Deutsche.

In Bergen waren aber nicht nur deutsche Kaufleute aus Lübeck und Bremen tätig, sondern auch zahlreiche Handwerker. Die deutschen Handwerker unterstanden der norwegischen Gerichtsbarkeit, die Kaufleute hatten ihr eigenes – lübisches – Recht. 1383 wurde die Deutsche Brücke von sechs Älterleuten geleitet, später waren es nur zwei, denen ein 18er Rat zur Seite stand. Kriminalfälle blieben Angelegenheit des königlichen Vogts.

Die Deutsche Brücke bestand aus über 20 Gebäuden, die direkt am Fjord lagen. Jeder Hof war 18 bis 20 Meter breit und etwa 100 Meter lang. Die Schiffe konnten direkt vor den Häusern anlegen. Im vorderen Teil der Häuser waren Stuben, die der Geselligkeit dienten. Es gab eine eigene Kirche, die Marienkirche, deren Pfarrer von den Lübeckern berufen wurde. Um das Kontor herum gab es weitere Häuser, in denen die Handwerker, vor allem Schuster, Bäcker, Kürschner, Tuchscherer und Goldschmiede wohnten. Ein großes Gebäude diente als Versammlungsraum. Die Anlagen wurden mehrfach zerstört, aber auch heute noch ist ein Rest erhalten, der zu besichtigen ist.

Das flämische Brügge war im späten Mittelalter die wichtigste Hafenstadt an der Nordsee. Über Brügge wurde nicht nur der Ost-West-Handel, sondern auch der Nord-Süd-Handel mit dem Mittelmeerraum abgewickelt. Das Kontor in Brügge war daher von allen vier Kontoren das meistbesuchte und ökonomisch bedeutendste.

Politisch gehörte der größte Teil der Grafschaft Flandern zunächst zu Frankreich, 1374 kam das Land durch Heirat an Burgund und 1477 schließlich an das Haus Habsburg. Die niederdeutschen Hansekaufleute fühlten sich hier aber nicht als Fremde, denn mit der niederländischsprachigen Bevölkerung konnten sie sich ohne Schwierigkeiten in ihrer Muttersprache verständigen. Die Kaufleute lebten dementsprechend auch nicht getrennt, sie waren nicht in einem Hof zusammengeschlossen, sondern wohnten in Gasthäusern in der Stadt. Erst seit 1442 besaßen die Hansen ein eigenes Haus, in dem die Versammlungen abgehalten wurden. Nach den Statuten von 1347 waren die Kaufleute in drei Drittel eingeteilt, die gemeinsame Kassen hatten. Das war das wendisch-sächsische, das westfälisch-preußische und das gotländisch-livländische Drittel, die jährlich acht Tage nach Pfingsten jeweils zwei Älterleute und sechs Beisitzer wählten, denen bezahlte Sekretäre assistierten. Bei Konflikten im Vorstand sollte sich die Minderheit der Mehrheit anschließen.

Neben diesen vier großen Kontoren gab es eine ganze Reihe kleinerer Niederlassungen der Hanse, so in Oslo, Kopenhagen, Malmö und Polozk in Litauen. Besonders viele Niederlassungen existierten in den Niederlanden, so in Antwerpen, Amsterdam, Dordrecht, Utrecht und Sluis, in England war die Hanse in King's Lynn, Boston und York vertreten, alles Städte an der Ostküste. Selbst im Handelshof der Deutschen in Venedig verkehrten nicht nur oberdeutsche Kaufleute, sonden auch Kölner und Lübecker hatten hier Räume gemietet.

«Es ist kaum übertrieben,» urteilt der Hansehistoriker Philippe Dollinger, «wenn man sagt, dass Lübeck (…) auf Heringsfässern erbaut worden ist» (DOLLINGER, 289). Ende des 14. Jahrhunderts wurden schätzungsweise 150 000 Fässer Hering in den Häfen der wendischen Städte gelöscht, und davon allein die Hälfte in Lübeck. Der eingesalzene und damit haltbar gemachte Hering spielte damals eine viel größere Rolle für die menschliche Ernährung als heute. Vor allem in der Fastenzeit, die vor der Reformation streng eingehalten wurde, deckte er den Eiweißbedarf der Bevölkerung.

Der Hering, eine der fruchtbarsten Fischarten, laicht an den Orten seiner Geburt. Zu den Laichzeiten drängen sich große Heringsschwärme in den flachen Küstengewässern. Einer der wichtigsten Laichplätze des Herings während des Mittelalters war die Südwestküste von Schonen. Die Schwärme waren hier so dicht, dass von Fischerbooten berichtet wurde, die durch sie zu kentern drohten.

Die Heringssaison oder, wie man sie auch nannte, die Heringskampagne fand jährlich von Juli bis September statt, wenn die Heringsströme vor Schonen eintrafen. Die Fischerei lag fast ausschließlich in den Händen dänischer Fischer, Fischer aus anderen Ländern waren zum Heringsfang nicht zugelassen. Nur vorübergehend konnten sich einige Fischer von der mecklenburgischen und pommerschen Küste daran beteiligen.

Die Verarbeitung der Heringe an Land war den Fischern verboten, sie war die Domäne vor allem der hansischen Kaufleute. Die Hansestädte erwarben dazu vom dänischen König Konzessionen, sogenannte Vitten, die ihnen das Recht gaben, auf einem festgelegten Stück Land die Fische versandfertig zu machen. Die Nordseestädte hatten ihre Vitten vor allem in Skanör, die Ostseestädte etwas südlich davon in Falsterbo. Die größten gehörten Lübeck sowie Danzig und waren zwischen sechs und zehn Hektar groß. Sie boten nicht nur Platz für die Baracken, in denen die Kaufleute und ihre Gehilfen während der Saison lebten und arbeiteten, sondern auch für Kirche und Friedhof.

Dänische und deutsche Arbeitskräfte, vor allem Frauen, nahmen den Hering aus, salzten und verpackten ihn in Tonnen. Für vier bis fünf Fässer Fisch benötigte man ein Fass Salz, das hauptsächlich aus Lüneburg kam. Die Abfälle, Grum genannt, wurden sorgfältig gesammelt – schon wegen der Geruchsbelästigung – und zu Fischöl verarbeitet. Auch eine Anzahl Böttcher, deren Aufgabe es war, die Fässer zu verschließen, kamen aus den Hansestädten zur Heringssaison. Eingelagert wurden die Heringe in Eichenfässern, zum Teil verwendete man die leeren Salzfässer oder Fässer, die die Kaufleute mitgebracht hatten.

Beaufsichtigt wurde die Arbeit von dem Gaelkaer, dem Vogt des dänischen Königs, der eine herausragende Stellung hatte. Er war Mitglied des dänischen Reichsrates und beriet sehr oft auch den dänischen König. Er zog die vielfältigen Abgaben ein und achtete darauf, dass die Rechte des Königs nicht verletzt wurden.

Die einzelnen Vitten besaßen zudem jeweils ihren eigenen Vogt, der von der Heimatstadt ernannt wurde und die Verwaltung, die Gerichtsbarkeit und den Handel vor Ort leitete. Streit, insbesondere Schlägereien, gab es immer wieder unter den Männern, die auf engem Raum zusammenlebten und – nach den erhaltenen Unterlagen zu urteilen – ungeheure Mengen an Bier tranken. Um die Arbeit und die mehrmonatige Abwesenheit von zu Hause erträglicher zu machen, gab es neben dem Alkohol auch allerlei Kurzweil mit Gauklern und Musikern, vor allem aber blühte die Prostitution. Dirnen kamen gleich zu Beginn der Kampagne in großer Zahl aus den Hansestädten.

Der Verkauf der Heringe fand nur zum Teil in den Vitten selbst, hauptsächlich aber auf der schonischen Messe statt, die von Ende Juli bis Ende Oktober, manchmal auch bis zum Martinstag dauerte. Anfänglich kamen auch viele nichthansische Kaufleute aus Flandern, Holland, England und Skandinavien zu der Messe, deren Schwerpunkt zunächst in Skanör, ab dem 15. Jahrhundert dann in Falsterbo lag. Zwischen 1370 und 1385 nutzten die Hansen ihre zeitweilige politische Herrschaft in Schonen jedoch dazu, die Fremden rigoros zu verdrängen.

Diese Politik trug mit zum allmählichen Rückgang des schonischen Heringshandels im Laufe des 15. Jahrhunderts bei. Die Niederländer gingen nämlich dazu über, in anderen Gewässern zu fischen, vor allem an der norwegischen Küste, wobei sie zum Einsalzen das preisgünstigere Baiensalz verwendeten, das in Frankreich aus dem Meer gewonnen wurde. Schon seit der Mitte des 15. Jahrhundert verdrängte daher der Nordseehering den schonischen aus ganz Nordwesteuropa.

Die Heringskampagnen auf Schonen näherten sich dann wider Erwarten schnell ihrem Ende, als 1537 und 1538 die Fischschwärme urplötzlich ausblieben und erst später wieder in wesentlich geringerem Umfang erschienen. Die Heringe hatten ihre Laichplätze aus nie völlig erforschten Gründen vor die Lofoten verlagert. Der Siegeszug der Reformation beschleunigte zusätzlich den Niedergang der Fischerei, weil mit dem Wegfall des Fastengebots die Nachfrage nach Heringen sank. Im 17. Jahrhundert war die Halbinsel Skanör verödet.

Die Saline in Lüneburg

Salz ist eines der ältesten Welthandelsgüter. Es ist nicht nur lebenswichtig für den Menschen und das Vieh, sondern es war auch das wichtigste, ja zeitweise einzige Konservierungsmittel für Butter, Fleisch und Fisch. Im Ostseeraum, in Skandinavien ebenso wie im Baltikum und im nordwestlichen Russland, gab es aber keine wesentlichen Salzlagerstätten. Auch aus der Ostsee ließ sich kein Meersalz gewinnen, denn dafür ist ihr Salzgehalt zu gering. Der einzige wirklich bedeutende Salzproduzent im Norden war daher die Saline von Lüneburg, die einen Salzstock ausbeutete, der sich von Lüneburg über Oldesloe bis nach Bad Segeberg hinzieht.

Die im zehnten Jahrhundert erstmals urkundlich erwähnte Saline gehörte ursprünglich den Herzögen von Sachsen, deren Nachfolger das Nutzungsrecht spätestens im 13. Jahrhundert an ein privates Betreiberkonsortium verkauften. Die Mine war auf einzelne Gewerke aufgeteilt, deren Mitglieder – überwiegend kirchliche Einrichtungen und Prälaten sowie Lüneburger Bürger – Rechte bis zu einem Sechzehntel und einem Zweiunddreißigstel an einer Siedepfanne besaßen. Zu Beginn des 14. Jahrhunderts lag die Salzausbeute bei 15 000 Tonnen im Jahr, auf dem Höhepunkt

Die salzhaltige Sole wurde in großen Siedepfannen verdampft. Auf dem Höhepunkt der Salzherstellung gab es in Lüneburg 54 Siedhäuser mit über 200 Pfannen.

der Salzgewinnung, im frühen 16. Jahrhundert, waren es sogar 22 000 bis 25 000 Tonnen.

Zu dieser Zeit bestand die Saline aus 54 Siedhäusern. In jedem Siedhaus gab es vier Pfannen, die Tag und Nacht ununterbrochen arbeiteten. Die Pfannen waren aus Blei und etwa acht Quadratmeter groß. Zu jeder Pfanne gehörten etwa 40 Arbeitskräfte, die in der Saline wohnten und einem Sülfmeister unterstanden. Die Pfannenbesitzer, die Salzherren, und die Sieder, die Sülfmeister, teilten sich den Produktionsertrag, sofern nicht, wie bei einigen Ratsgeschlechtern, beide Funktionen in einer Hand vereinigt waren. Von ihrem Reichtum zeugen noch heute die Altäre, die sie den Lüneburger Kirchen stifteten.

Die Sole wurde ursprünglich mit Eimern aus der Quelle geschöpft, erst später wurden Pumpen und Rinnen zu ihrem Transport eingesetzt. Der Holzverbrauch für das Heizen der Pfannen war enorm. Im Jahr wurden etwa 32 000 Faden Holz verbrannt, das sind etwas mehr als 200 000 Raummeter. Zur Beschaffung des Holzes dienten die Wälder der Lüneburger Heide, die als Heide erst durch die überaus große Nutzung und die anschließende Schafweide entstand und die sich zwischen Elbe und Weser bis etwa nach Celle im Süden erstreckte.

Von der eigentlichen Stadt war die Saline durch einen Ringwall mit Graben und Mauern abgetrennt, zur Stadt führte nur eine einzige Verbindung durch das Nicolai-Tor. Mit der räumlichen Trennung wollte man Salz- und Holzdiebstahl verhindern, aber auch Lüneburg vor Feuersbrünsten schützen, denn bei dem Salinenbetrieb waren Brände nichts Ungewöhnliches.

Hauptabnehmer des Salzes waren die Kaufleute in Lübeck, die für das Lüneburger Salz mehrere Jahrhunderte lang praktisch ein Monopol besaßen. Das begehrte Handelsgut wurde zunächst auf der sogenannten Salzstraße auf dem Landweg nach Lübeck transportiert. Ende des 14. Jahrhunderts ging man dazu über, das lose oder in Fässern verpackte Salz auch mit Binnenschiffen zu befördern. Mit einem großen Kran, der heute noch am Ufer der Ilmenau in Lüneburg zu sehen ist, wurde das Salz auf flache Kähne verladen. Die Verbindung zwischen Elbe und Trave sicherte der Stecknitz-Kanal, der auf Anregung Lübecks von 1391 bis 1398 gebaut wurde und als der älteste deutsche Schifffahrtskanal gilt. Für den Kanalbetrieb gab es eine eigene Genossenschaft, die Bruderschaft der Stecknitzfahrer.

Die Stadt Lüneburg wurde zwar durch ihr Salz reich, aber die Lübecker wurden noch reicher. Die Lübecker diktierten den Lüneburgern den Salzpreis. Jeden Tag wurde ein reitender Bote nach Lüneburg gesandt, um den Preis mitzuteilen, der in Lübeck festgelegt worden war. Immer wieder haben

In den Salzspeichern nahe dem Holstentor lagerte bis ins 18. Jahrhundert das Salz, eine der wichtigsten Quellen des Lübecker Wohlstandes.

die Lüneburger vergeblich versucht, das Monopol Lübecks zu brechen. So scheiterte auch ein von den mecklenburgischen Herzögen unterstützer Versuch der Lüneburger, das Salz über kleinere Seen und Flüsse nach Wismar zu transportieren.

Bis in die Mitte des 14. Jahrhunderts wurden die Ostsee-Anrainer fast ausschließlich durch Lübeck mit Lüneburger Salz versorgt, das für die Travestadt das wichtigste Ausfuhrgut darstellte. Seit dieser Zeit drängte das um ein Drittel billigere Baiensalz in den Ostseeraum, Meersalz, das an der französischen Atlantikküste gewonnen wurde. Vor allem die preußischen und livländischen Hansestädte schickten ihre Schiffe nach Frankreich, weil sie so das lübische Salzhandelsmonopol aufbrechen konnten, aber auch die Lübecker kauften bald in großem Umfang Baiensalz auf, weil die Lüneburger Saline allein den Bedarf nicht mehr decken konnte. Im 15. Jahrhundert sank der einst dominierende Anteil des Lüneburger Salzes an den Salzeinfuhren Revals auf nur noch ein Sechstel ab. Auch das Schwergewicht der schwedischen Salzimporte verlagerte sich seit dem ausgehenden 14. Jahrhundert von Lübeck nach Danzig, das Baiensalz lieferte. Dennoch blieb das hochwertige Lüneburger Salz ein begehrter Handelsartikel, weil es wesentlich reiner als das französische Meersalz war, das oft noch nachraffiniert werden musste. Die Salzmengen, die aus Lüneburg kamen, blieben deshalb auf hohem Niveau.

In der Mitte des zwölften Jahrhunderts war in der Ostsee immer noch das Wikingerboot der am meisten verbreitete Schiffstyp. Er hatte viele außerordentliche Qualitäten, aber einen großen Nachteil, nämlich seine geringe Ladekapazität, die 30 Tonnen nicht überschritt. Aber auch das normale westeuropäische Segelschiff jener Zeit konnte nicht mehr Güter transportieren. Unter diesen Umständen verdankten die Hansekaufleute ihre Überlegenheit gegenüber der nord- und westeuropäischen Konkurrenz auch ihrem typischen Schiff, der Kogge. Denn es hatte eine Tragfähigkeit von zunächst 80, dann von bald über 100 Last oder von umgerechnet etwa 160 beziehungsweise über 200 Tonnen.

Eine durchschnittliche Kogge war 30 Meter lang, sieben Meter breit und hatte einen Tiefgang von drei Metern. Die Grundform dieses breitbauchigen Schiffs mit geradem Kiel und Steven stammte vermutlich aus Friesland, doch wurde die Kogge erst in den Werften der Hansestädte zu dem erfolgreichen Schiffsmodell, mit dem die norddeutschen Kaufleute die Vorherrschaft im nordeuropäischen Handel errangen. Bereits zu Beginn des

Das dreimastige Krawel erschien seit Mitte des 15. Jahrhunderts in der Ostsee, konnte aber den einmastigen Holk als wichtigstes Frachtschiff der Hanse nicht verdrängen.

156

Viele Hansestädte nahmen die Kogge in ihr Siegel auf. Im Bild die Siegel von Kiel, Stralsund, Danzig und Lübeck.

13. Jahrhunderts wurde das Seitenruder durch ein Heckruder ersetzt. Dadurch war es möglich, das bisherige breite Luggersegel durch ein hohes Rahsegel zu ersetzen, was das Schiff schneller machte. Bei günstigen Windverhältnissen erreichte die Kogge so eine Geschwindigkeit von zehn Knoten, im Mittel waren es allerdings nur drei. Die Reise von Lübeck über Gotland nach Reval glückte bei gutem Wind in sechs Tagen. Für die Fahrt von Lübeck nach Bergen benötigte man wenigstens neun Tage, häufig aber auch zwei bis drei Wochen, weil der Westwind zum Kreuzen zwang.

Im gesamten 13. und auch noch im 14. Jahrhundert war die Kogge das typische Hanseschiff. Nicht nur Lübeck, sondern auch weitere Ostseestädte wie Wismar, Stralsund und Elbing wählten dieses Schiff als Symbol für ihr Siegel. Seit dem ausgehenden 14. Jahrhundert aber wurde die Kogge von einem noch breitbauchigeren Wasserfahrzeug verdrängt, dem Holk. Dieser ebenfalls einmastige Schiffstyp besaß zwar weniger gute Segeleigenschaften, doch dafür eine nochmals erheblich gesteigerte Ladefähigkeit. Er konnte zwischen 150 und 200 Last transportieren, was ihn zum idealen Frachtschiff für Massengüter wie Salz, Getreide und Holz machte. Wie die Kogge verfügte er vorder- und achterschiffs über kastellartige Aufbauten, die mit der Zeit immer stattlicher ausfielen. Sie boten nicht nur dem Steuermann Schutz vor dem Wetter und dem Kapitän eine bessere Sicht, sondern dienten auch bewaffneten Kriegsknechten als Kampfplattform.

Seit der Mitte des 15. Jahrhunderts kam dann in der Ostsee ein weiterer Schiffstyp auf, das Kraweel. Der ursprünglich aus dem Atlantik und Italien stammende Dreimaster mit zwei rechtecktigen Rah- und einem dreieckigen Lateinersegel lag besser am Wind und konnte damit schneller gesegelt werden. Außerdem waren die Planken seines glatten Rumpfes nicht mehr in Klinkertechnik überlappend, sondern plan nebeneinander gefügt, was den Bau noch größerer Schiffe erlaubte. Die maximale Tragfähigkeit stieg so auf über 400 Last. Die 1462 als Kriegsschiff ausgerüstete «Peter von Danzig» war 51 Meter lang und zwölf Meter breit und galt als größtes nordeuropäisches Schiff des Spätmittelalters.

Der Trend zu immer größeren Schiffen hielt auch weiterhin an. 1565 lief in Lübeck der «Große Adler von Lübeck» vom Stapel, eine 64 Meter lange und 14 Meter breite Karacke. Ihr Hauptmast war 62 Meter hoch, die Hauptrah 34 Meter lang. Die Adler von Lübeck, die mit ihrer Tragfähigkeit von 2000 Tonnen die gesamte kurfürstlich brandenburgische Flotte übertraf, wurde ausschließlich als Kriegsschiff eingesetzt. Für Handelszwecke war die Mannschaftsstärke, die man für ihre Besegelung brauchte, bereits viel zu groß.

Insgesamt zählte die hansische Flotte am Ende des 15. Jahrhunderts schätzungsweise tausend hochseegängige Schiffe mit einer Tragfähigkeit von 30000 Last. Allein drei Viertel gehörten zu den Ostseehäfen. Auch wenn die Hanse damals den Höhepunkt ihrer wirtschaftlichen Blüte bereits überschritten hatte, stand sie damit immer noch an der Spitze der Seemächte ihrer Zeit, noch weit vor Holland, England, Frankreich und Spanien.

Dänemark und Schweden im 13. und 14. Jahrhundert

Steigerung der Adelsmacht

In den ehemaligen Wikingerreichen, in Dänemark und Schweden, waren die freien Bauern von altersher verpflichtet gewesen, für den Krieg zur See Schiffe, Proviant und Mannschaften zu stellen. So war es noch 1219, als König Waldemar II. die dänische Bauernflotte zur Eroberung Estlands zusammenrief. Die Zukunft aber gehörte den gepanzerten Reitern, wie die Schlacht von Bornhöved wenige Jahre später zeigte. Ihrer geballten Stoßkraft waren die leicht bewaffneten Bauernaufgebote nicht gewachsen. Die neue Landkriegführung, die neben einem Reiterheer auch den Bau von starken Festungen und den Unterhalt ihrer Besatzungen erforderte, kostete viel Geld. Sowohl in Schweden wie in Dänemark setzten die Könige deshalb bis zur Mitte des 13. Jahrhunderts durch, dass die bisherige bäuerliche Seekriegspflicht, die Ledung, in eine feste Steuer umgewandelt wurde. Die schwedischen Bauern wehrten sich mit Waffengewalt gegen die neuen Lasten, unterlagen aber 1247 in der Schlacht bei Sparrsätra. Auch in Dänemark kam es in den 1250er Jahren zu größeren Bauernunruhen, bei deren Niederschlagung König Abel 1252 in Friesland fiel.

Die Änderungen im Kriegswesen hatten weitreichende soziale Folgen. Großbauern und Häuptlinge und deren Söhne, die sich verpflichteten, auf eigene Kosten mit Pferd und Rüstung in den Krieg zu ziehen, wurden im Gegenzug von den ordentlichen Steuern befreit. Als Lohn für ihre Dienste verlieh ihnen der König oft auch Ämter oder Königsgüter zur Verwaltung, was mit beträchtlichen Einnahmen verbunden war. Im Ergebnis entstand so ein erblicher Reichsadel als geschlossener, bald auch rechtlich anerkannter Stand. Er musste zu Königs- und Kriegsdienst bereit sein, genoss dafür aber weitreichende politische und soziale Privilegien. Auch in ihrer Lebensführung grenzte sich die neue Oberschicht nun bewusst von den Bauern ab. Die adligen Standesgenossen in Mittel- und Westeuropa, wo es ein durchgebildetes Lehnswesen gab, wurden zum Vorbild für rittermäßiges Leben. Für 1287 ist der erste Ritterschlag in Dänemark belegt.

Viele Bauern suchten seit der zweiten Hälfte des 13. Jahrhunderts die gestiegene finanzielle Belastung dadurch zu umgehen, dass sie ihren Grund und Boden an einen Adligen oder die Kirche abgaben und dann als Pachtland zurückerhielten. Denn die Pacht, die meist zwei Drittel der Aussaat ausmachte, war niedriger als die königlichen Steuern, von der die Hintersassen des Grundherrn befreit waren. Auch der vielfältige Schutz, den ein großer

Grundherr bieten konnte, war in den kriegerischen Zeiten des 13. und 14. Jahrhunderts ein wichtiges Motiv, sich in die Abhängigkeit eines mächtigen Herrn zu begeben. Waren zur Regierungszeit Waldemars II. noch mehr als zwei Drittel der dänischen Bauern freie Landeigentümer in Waffen, so befand sich um 1400 bereits fast der gesamte Boden Dänemarks im Besitz von Adel, Kirche und König.

In Schweden verlief die Entwicklung in die gleiche Richtung, doch blieb der größere Teil der Bauern Selbsteigner. Hier war es hauptsächlich der von 1275 bis 1290 regierende König Magnus Birgersson, der die Abtretung von Kronland an den Adel verbot und die Rechte der Bauern schützte, um sie als Gegengewicht zum Adel zu erhalten. Das brachte ihm den Beinamen Ladulås («Scheunenschloss») ein, das heißt Riegel gegen die Ausbeutung der Bauern.

Parallel zur Entstehung einer Reichsaristokratie und zur Minderung des Bauernstandes kam es in beiden nordischen Reichen zu einer Zentralisierung der Landesverwaltung. Die alten regionalen Thingversammlungen mit ihrem ausgeprägten Eigenbewusstsein wurden in ihrer Bedeutung zurückgedrängt durch neue Reichsorgane, die nur noch dem hohen Adel offenstanden und direkt beim König angesiedelt waren. In Dänemark war dies der Danehof, eine vom Monarchen einberufene Versammlung weltlicher und geistlicher Würdenträger. Als Waldemar II. gegen Ende seiner Regierungszeit die alten Gewohnheitsrechte in eine ausgearbeitete schriftliche Form bringen ließ, wurde das Gesetzbuch für Jütland, das Jyske Lov, 1241 bereits auf dem Danehof verkündet und nicht mehr vor dem jütischen Thing. In Schweden bildete sich als vergleichbare Institution der Reichsrat, in der die Spitzen der Aristokratie vertreten waren. Für die Krone war die Beschneidung der alten regionalen Selbstverwaltung ein wichtiges Mittel, um die eigene Macht zu steigern. Auch konnten mit den neuen Institutionen und der Einrichtung weiterer hoher Reichsämter die Großen des Landes stärker an den König gebunden werden. Auf der anderen Seite gewann der Hochadel mit den neuen Gremien und Ämtern ein Instrument, um seine eigenen Interessen zu verfolgen.

Thronkämpfe und Bürgerkriege

Vorerst war es allerdings nicht das Herrschaftsstreben des Adels, sondern der fortwährende Machtkampf innerhalb der regierenden Dynastien, der das Königtum schwächte. Um den absehbaren Streit zwischen seinen Söhnen zu entschärfen, hatte der dänische König Waldemar II. für die jüngeren, nicht thronberechtigten Söhne sogenannte Fürstenlehen geschaffen, Teilherrschaften unter königlicher Oberhoheit. Von ihnen war Schleswig unter Herzog Abel das bedeutendste. Die von Waldemar erhoffte Eintracht unter den Brüdern währte allerdings nur kurz. Zwischen Abel und König Erik, der vergebens seine Unterordnung verlangte, kam es schnell zum Bruderkrieg. Abel unterlag zwar, inszenierte aber kurz darauf einen Mordanschlag, dem Erik 1250 zum Opfer fiel. Das Attentat blieb ungesühnt, Abel gelangte auf den Thron, starb selbst jedoch schon 1252 im Kampf gegen friesische Bauern. Nun ging die Krone auf den jüngsten Bruder Christoph über, unter dessen Regierung das Land ebenfalls nicht zur Ruhe kam. Wie zwischen Erik und Abel, so herrschte jetzt Krieg zwischen Christoph und Abels Sohn Waldemar, dem neuen Herzog von Schleswig. Zudem geriet Christoph in Konflikt mit der Kirche, die gegenüber dem König in bislang nicht gekannter Weise auf ihre Immunität und ihr Eigenrecht pochte. Als es darüber zu bewaffneten Auseinandersetzungen kam, ließ Christoph den Erzbischof Jacob von Lund verhaften. Christoph starb 1259, vermutlich durch vergifteten Abendmahlswein, dem ihn ein Zisterzienserabt reichte.

Für Christophs unmündigen Sohn Erik Glipping führte die Königinwitwe Margarete von Pommern die Regierung. Ihr Versuch, das Herzogtum Schleswig nach dem Tode Waldemars zugunsten der Krone einzuziehen, endete 1261 mit der Gefangennahme der Königin und ihres Sohnes bei der Schlacht auf der Lohheide südlich von Schleswig. Margarete musste Waldemars Bruder Erik Abelson den Besitz des Herzogtums bestätigen. Auch die Inhaber der anderen Fürstenlehen strebten nun nach größerer Selbstständigkeit. 1282 sah sich König Erik genötigt, dem gesamten Hochadel in der «Nyborger Handfeste» weitgehende Zugeständnisse zu machen. In der auch als dänischer «Magna Charta» bezeichneten Urkunde verpflichtete sich Erik zu einer jährlichen Einberufung des Danehofs und der Herabsetzung der adligen und bäuerlichen Abgaben an die Krone. Außerdem versprach er, niemanden ohne vorheriges Thing-Urteil zu bestrafen oder gefangen zu setzen. Statt des Königs hatte jetzt der Hochadel das Sagen, der aber selbst wiederum in verschiedene Fraktionen gespalten war. Opfer ihrer Machtkämpfe wurde schließlich auch König Erik, der 1286 im jütländischen Vinderup überfallen und ermordet wurde.

Unter seinem Sohn und Nachfolger Erik Menved setzten sich die bürgerkriegsähnlichen Auseinandersetzungen zunächst fort. Erst um die Jahrhundertwende gelang dem König eine allmähliche Konsolidierung seiner Herrschaft, die er allerdings mit weiteren finanziellen Zugeständnissen an den Adel erkaufte. Die Ruhe im Innern nutzte Erik für eine expansive Außenpolitik, die an die Großmachtziele Waldemars II. anknüpfte. 1307 musste Lübeck den Dänenkönig als Schutzherrn anerkennen, doch im Kampf um die Vorherrschaft in Mecklenburg-Pommern erwuchs Erik in der Person seines Vetters Waldemar von Brandenburg ein ernster Rivale. Erik überspannte die dänischen Kräfte, zumal er gleichzeitig auch noch mit Norwegen im Krieg lag und in die innerschwedischen Machtkämpfe eingriff. Schließlich flammten auch in Dänemark wieder Unruhen auf. Im Ergebnis sah sich Erik gezwungen, Herrschaftsrechte und Kroneinnahmen in Dänemark und Norddeutschland an seine Verbündeten zu verpfänden. Bereits 1317 gelangte so ganz Fünen unter die Herrschaft des Grafen Gerhard III. von Holstein. Als Erik 1319 ohne überlebende Nachkommen starb, befand sich Dänemark am politischen und finanziellen Abgrund.

In Schweden gelangte nach dem Aussterben der rivalisierenden Königsgeschlechter der Sverker und Erik im Jahr 1250 erstmals ein Folkunger auf den Thron, der noch unmündige Waldemar. Sein Vater Birger herrschte bis 1266 als Regent über das Land. Er hatte als Jarl, dem die Organisation der Ledung oblag, bereits zu Lebzeiten des letzten Erik die eigentliche Macht im Staate inne gehabt. Waldemars Nachfolger Magnus Ladulås bestimmte seinen ältesten Sohn Birger zum Thronerben, während dessen Brüder Erik und Waldemar nach dänischem Vorbild mit Herzogtümern abgefunden wurden. 1304 zettelten beide einen erfolglosen Aufstand gegen ihren königlichen Bruder an. Nach zwischenzeitlicher Versöhnung nahmen sie König Birger 1306 bei einer gemeinsamen Feier auf Schloss Hatuna gefangen. Um seine Freilassung zu erreichen, musste er in die weitgehende Souveränität der Herzogtümer einwilligen. Bis 1310 fielen weitere große Reichsteile an die jüngeren Brüder, so dass die schwedische Reichseinheit faktisch verloren ging. An Weihnachten 1317 holte Birger zum Gegenschlag aus und ließ Erik und Waldemar, die mit ihm Heiligabend verbrachten, in ein Burgverlies sperren. Aber er wurde seines Sieges nicht froh. Im neu entflammten Bürgerkrieg behielten die Anhänger von Erik und Waldemar die Oberhand, Birger musste nach Dänemark flüchten, wo er 1321 starb, sein Sohn Magnus wurde 1320 geköpft. Erik und Waldemar waren bereits im Sommer 1318 eines gewaltsamen Todes gestorben, nach einer von mehreren Versionen ließ Birger sie im Turmgefängnis verhungern.

Hauptnutznießer der Auseinandersetzungen war die schwedische Reichsaristokratie. Sie verständigte sich im Sommer 1319 darauf, Magnus, den erst dreijährigen Sohn Eriks, zum neuen König zu wählen. Am Tag vor der Wahl wurde der künftige König verpflichtet, die Freiheiten des Adels und der Kirche zu wahren und neue Steuern nur nach vorheriger Zustimmung der

Stände zu erheben. Der Freiheitsbrief, das schwedische Gegenstück zur dänischen «Magna Charta», war ein wichtiger Einschnitt in der Geschichte des Landes, mit der die Stellung des Adels bedeutend gestärkt wurde. Noch Mitte des 15. Jahrhunderts wurden die Bestimmungen nahezu unverändert in die Landesgesetze König Christophs aufgenommen.

Unterdessen erreichte Dänemark unter Erik Menveds Nachfolger, seinem Bruder Christoph II., einen Tiefpunkt seiner Geschichte. In völliger Verkennung der realen dänischen Handlungsmöglichkeiten führte er die mecklenburgische Politik seines Vorgängers fort, beschwor damit aber nur die Opposition des Hochadels hervor, der die Kriegskosten durch Steuererhöhungen mittragen sollte. 1326 stürzten die dänischen Großen im Bund mit dem Grafen Gerhard von Holstein den König und wählten den zwölfjährigen Erben Schleswigs als Waldemar III. zum neuen Herrscher. Tatsächlich aber regierte sein Onkel und Vormund Graf Gerhard das Land. Da Waldemar vor seiner Wahl hatte zusagen müssen, dass Schleswig niemals mit der Krone Dänemarks unter einem Herrscher vereint sein solle, belehnte er zudem nach der Thronbesteigung seinen Onkel mit dem Herzogtum.

Zahlreiche weitere Verlehnungen und Verpfändungen an dänische Große, vor allem aber an Gerhard und seinen Vetter Johann von Holstein-Plön, lösten die dänische Reichseinheit weitgehend auf. Daran änderte auch die 1330 erfolgte Rückberufung Christophs auf den dänischen Thron nichts. Nach seinem Tod 1332 blieb Dänemark vorerst königlos. Die Stände der Provinz Schonen wandten sich an den schwedischen König Magnus Eriksson, der das Land nach Zahlung von 34000 Mark Silber an den Pfandinhaber Graf Johann erstmals mit Schweden vereinigen konnte. In den übrigen Provinzen herrschten einzelne dänische Große, hauptsächlich aber die beiden holsteinischen Grafen Gerhard und Johann. Mit ihrer unerbittlichen Eintreibung der Steuern und Abgaben machten sie sich viele Feinde. Die Besetzung der Königsburgen durch holsteinische Truppen tat ein Übriges, um das Gefühl der nationalen Fremdbestimmung zu steigern.

Als ein dänischer Ritter im Frühjahr 1340 Graf Gerhard ermordete, erhoben sich überall im Land die Dänen gegen die Pfandherren. In Dänemark selbst, aber auch in den Hansestädten, deren Handel unter der Friedlosigkeit litt, wuchs der Wunsch nach einer Neuordnung der Verhältnisse unter einem dänischen König. Auch die Söhne des ermordeten Gerhard waren an einer Lösung interessiert, sofern nur ihre finanziellen Forderungen erfüllt wurden. Damit war der Weg frei für den Sohn König Christophs, Waldemar. Seine Wahl zum König im Sommer 1340 beendete das achtjährige dänische Interregnum.

Der dänische Historiker Palle Lauring beschreibt Waldemar, der von den Zeitgenossen auch «der Böse» genannt wurde, als «einen rücksichtslosen, listigen, zielbewussten, dreisten und hochbegabten Politiker großen Stils» (LAURING, S. 91). Alle Mittel waren ihm recht, sofern sie nur zum Erfolg führten. Dennoch war er wohl «der richtige Mann zur rechten Zeit» (FIND-EISEN, Dänemark, S. 69), wenn man die Konsolidierung Dänemarks unter einem wiedererstarkten Königtum zum Maßstab der Beurteilung nimmt. Sein seltsamer Beiname Atterdag bezieht sich vielleicht auf die Wiederherstellung früherer dänischer Größe, denn er bedeutet nach einer Lesart «wieder Tag (in Dänemark)». Waldemar war klug und geduldig genug, seine Ziele langfristig zu planen und Schritt für Schritt umzusetzen. Friedensschlüsse beließen vorerst Schleswig und Teile Fünens im Besitz der holsteinischen Grafen, auch der Erwerb Schonens durch Schweden wurde vertraglich anerkannt. Viele Pfänder wurden nach und nach ausgelöst, andere Burgen gewaltsam erobert. Um dringend benötigtes Geld zu erhalten, verkaufte Waldemar 1346 den nördlichen Teil Estlands an den Deutschen Ritterorden. Gegen Ende der 1350er Jahre waren ganz Jütland und die Inseln wieder in alleinigem dänischem Besitz.

Dagegen spitzte sich die Situation in Schweden zu. König Magnus Eriksson, der 1331 für mündig erklärt worden war, hatte außenpolitisch zwar einige Erfolge vorzuweisen, so vor allem den Erwerb Schonens sowie die Festigung der schwedischen Herrschaft in Finnland, im Innern aber wuchs aufgrund der ständigen Finanzkrise des Reiches die Opposition der Stände. Geistigen Rückhalt gewann der Adel dabei in den königskritischen Offenbarungen der später heilig gesprochenen Birgitta Birgersdotter, die höchstes Ansehen genoss. 1356 verbündete sich Magnus' Sohn und Thronfolger Erik mit dem Adel und seinem Onkel, dem ehrgeizigen Herzog Albrecht von Mecklenburg. Im folgenden Jahr zwang er seinen Vater zur Teilung der Herrschaft. Als Erik nur zwei Jahre später an der Pest starb, schien Magnus seine Position wieder stärken zu können, doch erwuchs ihm nun in Waldemar Atterdag ein neuer und gefährlicher Gegner.

Waldemar landete 1360 mit einem Heer in Schonen und zog kurz darauf Albrecht von Mecklenburg durch ein Ehebündnis auf seine Seite. Magnus war auf sich allein gestellt für eine erfolgreiche Verteidigung Schonens zu schwach, so musste er noch im gleichen Jahr in die Abtretung der Provinz an Dänemark einwilligen. Für Waldemar war die Rückgewinnung Schonens nur ein Zwischenschritt auf dem Weg, für Dänemark die Vorherrschaft im

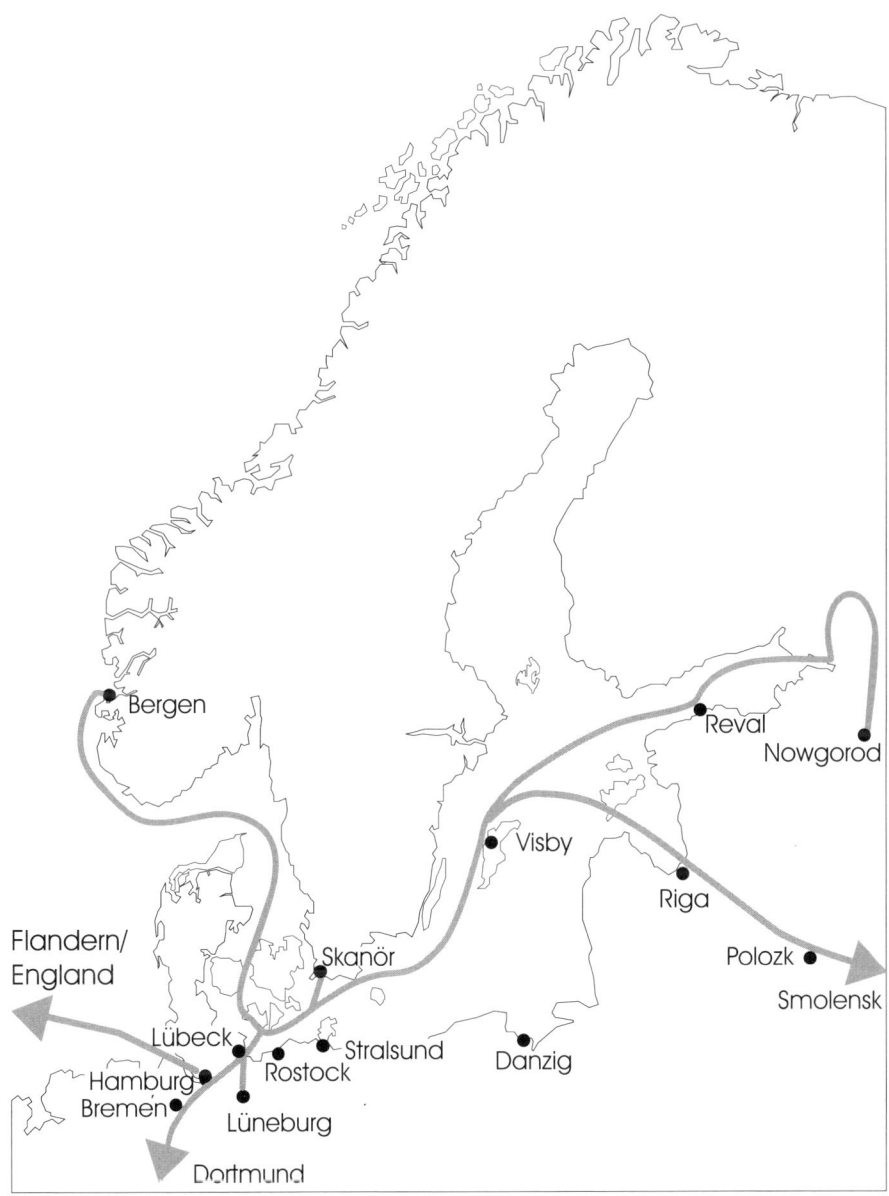

Handelswege der Hanse um 1230

Ostseeraum wieder zu erlangen. Dabei hatte er als Gegner nicht nur Schweden, sondern auch die Hansestädte im Visier, die er durch eine Erhöhung der Zölle und Abgaben in Schonen herausforderte.

Im Juli 1361 landete Waldemar überraschend auf Gotland, schlug in einer der blutigsten Schlachten des nordischen Mittelalters das Aufgebot der gotländischen Bauern und rückte wenig später auch in Visby ein, der nach Lübeck und Riga immer noch reichsten Stadt entlang der Ostsee. Die Hanse rüstete zum Krieg, sah sich aber nach dem Ausfall ihrer Verbündeten Magnus von Schweden und Hakon von Norwegen, seines Sohnes, 1363 zum Waffenstillstand gezwungen. Der glücklose Bürgermeister von Lübeck, Johann Wittenborg, der einen fehlgeschlagenen Angriff auf Kopenhagen und Hälsingborg geleitet hatte, musste nach seiner Rückkehr an die Trave die Niederlage mit seinem Leben büßen. Während Magnus und Hakon ins Lager Waldemars wechselten, gewann die Hanse einen neuen Alliierten in der schwedischen Aristokratie, die sich unterstützt von der einflussreichen Birgitta gegen ihren König erhob. An der Seite des schwedischen Adels war nun auch wieder Herzog Albrecht von Mecklenburg zu finden. Sein gleichnamiger Sohn, über seine Mutter Eufemia ein Folkungerenkel, wurde im Februar 1364 auf dem Mora-Feld zum neuen schwedischen Herrscher ausgerufen.

Im folgenden Jahr konnte Albrecht Magnus und Hakon entscheidend schlagen, wobei Magnus in mecklenburgische Gefangenschaft geriet. Er erkannte schließlich das Königtum Albrechts an, was ihm die Entlassung aus jahrelanger Haft und die Überlassung einiger westschwedischer Landschaften auf Lebenszeit einbrachte. Der Kampf gegen Waldemar wurde in der Hauptsache von der Hanse getragen, die darin außer von Mecklenburg auch vom Grafen von Holstein-Rendsburg und Teilen des jütischen Adels unterstützt wurde. Im November 1367 trafen sich die Mitglieder des Städtebundes in Köln. Neben den wendischen und preußischen Städten hatten auch die Städte der Zuidersee, von Holland und Seeland Abgesandte geschickt, was für den Erfolg der Kriegsanstrengungen von entscheidender Bedeutung werden sollte. Die Teilnehmer verständigten sich auf die Bildung einer Konföderation, die noch drei Jahre nach Beendigung des Krieges Bestand haben sollte. König Waldemar, der die in Köln tagenden Delegierten als «schnatternde Gänse» abtat, unterschätzte die Entschlossenheit der Handelsstädte. Während Waldemar sich noch in Pommern und Brandenburg nach Bundesgenossen umsah, zerstörte eine gemeinsame hansisch-niederländische Flotte Kopenhagen und verwüstete die norwegisch-dänischen Küsten. Nachdem im September 1369 die schonische Festung Hälsingborg gefallen war, bat der dänische Reichsrat im Namen des immer noch in Norddeutschland weilenden Waldemars um Waffenstillstand.

Der Friede zwischen der Hanse und Dänemark wurde am 24. Mai 1370 in Stralsund geschlossen. Die Hanse erhielt darin ihre völlige Handelsfreiheit in Dänemark bestätigt, auch wurden die von Waldemar 1361 erhöhten Abgaben auf das frühere Niveau gesenkt. Die vier Sundfestungen Hälsingborg, Malmö, Skanör und Falsterbo blieben mit zwei Dritteln ihrer Einkünfte für die Dauer von 15 Jahren im Besitz der Konföderation. Außerdem erhielten die verbündeten Städte ein Vetorecht bei der Wahl des nächsten dänischen Königs. Mit dem Frieden von Stralsund etablierte sich die Hanse endgültig als nordeuropäische Großmacht. Im Rückblick bezeichnet der Vertrag aber auch schon den Höhepunkt ihres politisch-militärischen Gewichtes. Der durch die Kölner Konföderation geschlossene enge Bund wurde nach der vertragsgemäßen Rückgabe der vier Sundfestungen 1385 nicht mehr verlängert. Die auf ihre Entscheidungsfreiheit bedachten Städte widerstrebten einem zu engen Zusammenschluss mit festen militärischen und finanziellen Verpflichtungen, sofern nicht eine unabweisbare Notwendigkeit bestand.

Aufstieg und Niedergang des Deutschen Ordens

Die Anfänge des Ordens in Preußen

Das zwischen Weichsel und Memel etwa im Gebiet des späteren Ostpreußen siedelnde baltische Volk der Pruzzen war auch nach zeitgenössischem Maßstab nicht allzu groß. Man hat geschätzt, dass es um 1200 etwa 170000 Köpfe zählte. Zudem war es politisch nicht einheitlich organisiert, sondern zerfiel in verschiedene Stämme, die sich untereinander bekriegten. Auch wenn die heidnischen Pruzzen über den Handel mit Bernstein und Pelzen in die Ostseeökonomie miteinbezogen waren, blieben sie doch lange im Windschatten des großen geschichtlichen Geschehens. Nach zwei kurzen, erfolglosen Missionsversuchen um die Jahrtausendwende gerieten sie erst zu Beginn des 13. Jahrhunderts wieder in das Blickfeld der Kirche. Die fortschreitende deutsche Ostsiedlung, der Aufschwung des hansischen Handels mit Nowgorod und die damit zusammenhängende Festsetzung von Dänen und Deutschen im nördlichen Baltikum bilden die Szenerie, vor dem das neu erwachende Interesse am Pruzzenland und seinen Bewohnern erklärlich wird.

Im nordpolnischen Lekno, rund 80 Kilometer von der preußischen Grenze entfernt, hatten rheinische Zisterziensermönche ein Kloster gegründet, das zum Ausgangspunkt der neuerlichen Missionsanstrengungen wurde. Mit päpstlichen Vollmachten versehen, gelangen dem vor 1216 zum ersten Bischof von Preußen ernannten ehemaligen Abt Christian eindrucksvolle Anfangserfolge. Doch die getauften pruzzischen Fürsten fürchteten bald um ihre politische Unabhängigkeit, weil mit der Bekehrung auch Herrschaftsabsichten der benachbarten christlichen Fürsten einhergingen. Als sie sich deshalb wieder dem heidnischen Glauben zuwandten, wurde das Kreuz gegen sie gepredigt.

Zwei Kreuzzüge, 1218 und 1221/23 gemeinsam von deutschen und polnischen Rittern unternommen, verhärteten nur den Widerstand der Pruzzen, die nun ihrerseits selbst zum Angriff übergingen und 1224 in das südlich angrenzende polnische Herzogtum Masowien einfielen. In dieser Situation rief der bedrängte Herzog Konrad von Masowien 1225/26 den Deutschen Orden zu Hilfe. Konrad hoffte, mit der Unterstützung der Ordensritter Preußen erobern und in seinen Machtbereich eingliedern zu können. Doch es sollte ganz anders kommen.

Denn der bislang hauptsächlich im Heiligen Land tätige Ritterorden war unter seinem Hochmeister Hermann von Salza bereits seit einiger Zeit auf der Suche nach einem eigenen, seine Unabhängigkeit sichernden Herrschaftsgebiet. Nachdem sich entsprechende Pläne in Palästina und in Siebenbürgen zerschlagen hatten, bereitete Hermann von Salza das neue Unternehmen in diplomatischen Verhandlungen mit Kaiser Friedrich II., Papst Gregor IX. und Herzog Konrad sorgfältig vor. Bereits im Frühjahr 1226 bestätigte Friedrich II. in der Goldbulle von Rimini dem Orden ganz Preußen mit allen Rechten. Am Ende war Konrad ausmanövriert und der Orden im reichlichen Besitz von Rechtstiteln, die ihm einen Anspruch auf das gesamte Land der Pruzzen gaben.

Die eigentliche Eroberung des Landes unter dem Oberbefehl des Landmeisters Hermann Balk begann 1231 mit der Anlage der ersten Burg in Thorn. Im nächsten Jahr wurde Kulm befestigt, dann Marienwerder, und schon 1237 wurde mit der Gründung von Elbing die Küste der Ostsee erreicht. Der rasche militärische Erfolg beruhte außer auf der eigenen Kraft des Ordens auf dem großen Zustrom von meist deutschen und polnischen Kreuzfahrern, die einem päpstlichen Aufruf aus dem Jahr 1230 gefolgt waren. Bereits unmittelbar nach Beginn der Eroberung leitete der Orden auch die planmäßige Erschließung des Landes ein. Siedler wurden ins Land gerufen und die ersten Städte gegründet. Für diese galt mit der Ende 1233 erlassen Kulmer Handfeste ein günstiges Stadtrecht, das sich an dem auch sonst weit verbreiteten Magdeburger Recht orientierte und den Bürgern eine weitgehende Selbstverwaltung garantierte. Als Hermann von Salza 1239 starb, hatte sich der Deutsche Orden in Preußen fest etabliert, was nicht zuletzt dem diplomatischen Geschick und den organisatorischen Fähigkeiten des Hochmeisters zu verdanken war. Der Königsberger Ordenspriester Peter von Duisburg drückte 90 Jahre später die Bewunderung über die Leistung Hermann von Salzas mit den Worten aus: «Es ist von Anbeginn der Welt nicht gehört worden, dass ein Orden durch einen Mann solchen Aufschwung nahm.» (zit. nach STASIEWSKI, S. 30.)

Das Ende des Schwertbrüderordens in Livland

Im nördlichen Baltikum hatten sich die einheimischen Völker unterdessen noch lange nicht mit dem Verlust ihrer Unabhängigkeit abgefunden. 1223 erhoben sich die Esten gegen die fremde Herrschaft. Sie wurden in ihrem Kampf von Litauern und Russen unterstützt, doch behielten Deutsche und Dänen gemeinsam die Oberhand. Bald nach der Niederschlagung des Aufstandes, nämlich 1227, gelang Bischof Albert und dem Schwertbrüderorden auch die Eroberung der Insel Ösel, für die – erweitert um die gegenüber liegende estnische Küste – ein eigenes Bistum eingerichtet wurde. Da sorgte der Tod Alberts 1229 für neuen Zwist. Da das Domkapitel in Riga und der zuständige Metropolit, der Erzbischof von Hamburg-Bremen, sich nicht auf einen Nachfolger einigen konnten, gab es plötzlich zwei konkurrierende Bischöfe für das livländische Bistum. Der vom Papst zur Schlichtung des Streits entsandte Legat nutzte die Rivalitäten, um den schon länger bestehenden Plan eines Kirchenstaates am Ostrand der Ostsee voranzutreiben. Doch das Vorhaben des Heiligen Stuhls, in Konkurrenz zum Schwertbrüderorden hier eine eigene Landesherrschaft zu etablieren, endete in einer militärischen Niederlage. 1233 schlugen die Ordensritter die Truppen des päpstlichen Legaten Balduin von Alna in der Schlacht auf dem Domberg in Reval.

Es war der letzte bedeutende Sieg der Schwertbrüder. Beim Versuch, die immer noch heidnischen Semgaller zu unterwerfen, wurde das Heer des Ordens 1236 in der Schlacht an der Saule von den verbündeten Semgallern und Litauern fast vollständig aufgerieben. Die katastrophale Niederlage bedeutete das Ende des Ordens. 1237 wurden seine Reste auf Betreiben Hermann von Salzas mit dem Deutschen Ritterorden vereinigt. Waldemar II. von

Dänemark, der mit den Schwertbrüdern um estnische Gebiete im Streit lag, hatte vergebens dagegen protestiert. Bereits ein Jahr später gelang es jedoch dem nach Livland entsandten Landmeister Hermann Balk, den Konflikt mit Dänemark friedlich beizulegen und damit zugleich die Stellung des Ordens in Livland wieder zu festigen.

Für die Zukunft zeichnete sich damit eine Aufteilung der Landesherrschaft im Baltikum unter mehrere Gewalten ab. Neben den Gebieten, die unter der unmittelbaren Kontrolle des Deutschen Ordens standen, gab es die Territorien der Bistümer Riga, Dorpat, Ösel-Wiek und Kurland. Auch die Stadt Riga verfügte über ein eigenes Landgebiet, während ganz im Norden die Dänen herrschten. Im Gebiet des heutigen Lettland leisteten die Kuren und Semgallen noch lange zähen Widerstand gegen die Ordensritter. Erst 1263 konnte Kurland und sogar erst 1290 Semgallen endgültig erobert werden.

Die Städte im Baltikum wie Riga, Reval oder Dorpat wiesen dank einer stetigen Zuwanderung über die Ostsee von Anfang an einen deutschen Charakter auf, zumal «Undeutsche», wie die einheimische Bevölkerung in den zeitgenössischen Quellen genannt wird, vom Bürgerrecht ausgeschlossen waren. Für diese Städte galt anders als in Preußen das lübische Recht. Dagegen scheiterten alle Versuche, auch auf dem flachen Land deutschen Bauernsiedlungen zum Durchbruch zu verhelfen. Lediglich an der nordestnischen Küste kam es später zu einer bäuerlichen Einwanderung aus Schweden. So war nur eine dünne Oberschicht, bestehend aus Gutsbesitzern und Geistlichen, deutschen oder im Norden auch dänischen Ursprungs. Die Masse der ländlichen Bevölkerung und damit auch die eigentlichen Träger des Landesausbaus bildeten weiterhin die einheimischen Stämme baltischer und finnischer Sprache.

Der nordöstliche Rand der Ostsee war nicht nur eine der letzten bedeutenden europäischen Missionslandschaften, sondern zugleich ein Raum, in dem lateinische und orthodoxe Christen im Kampf um Macht und Einfluss heftig aufeinander stießen. Dieser Konflikt wurde vor allem um Finnland ausgetragen, wovon weiter unten noch die Rede sein soll, doch war davon auch das Baltikum betroffen. Ende der 1230er Jahre verabredeten Schweden und der Deutsche Orden unter Vermittlung des Papstes ein gemeinsames Vorgehen gegen das russische Fürstentum Nowgorod. Während der schwedische Angriff 1240 an der Newa scheiterte, gelang es dem Orden, das östlich des Peipussees gelegene Land Pleskau zu besetzen. Erst zwei Jahre später, im Frühjahr 1242, besiegte der russische Fürst Alexander Newski auf dem zugefrorenen Peipussee das Heer des Ordens und der mit ihm aufmarschierten livisch-lettisch-estnischen Bauerntruppen. Nur der anhaltende Druck der Mongolen nötigte damals beide Seiten zu einem raschen Friedensschluss, der die bestehende Grenze entlang der Narwa auf lange Zeit bestätigte. Dorpat blieb in deutschem Besitz und Pleskau russisch.

Die endgültige Eroberung Preußens

Die Niederlage auf dem Peipussee ermutigte die Pruzzen zum Versuch, die Herrschaft des Deutschen Ordens wieder abzuschütteln. Im Bündnis mit dem pommerellischen Herzog Swantopolk, der seine bislang freundliche Haltung gegenüber dem Orden aufgab, gelangen den erstmals vereint kämpfenden pruzzischen Stämmen zunächst große Erfolge. Der Orden musste sich auf einige feste Burgen zurückziehen, ehe durch den Einsatz neuer Kreuzfahrer die Lage stabilisiert werden konnte. Durch Vermittlung der Kurie, die einen erneuten Einfall der Mongolen fürchtete, kam es 1248 zum Friedensschluss mit Swantopolk und im folgenden Jahr auch mit den Pruzzen. Diesen wurde im Vertrag von Christburg ausdrücklich ihre volle persönliche Freiheit zugestanden, wogegen sie gelobten, den heidnischen Göttern und Riten abzuschwören. Die Herrschaftsgewalt des Ordens blieb unangetastet.

Noch während des pruzzischen Aufstandes hatte die Kurie die kirchliche Organisation des Landes durch die Gründung der vier Bistümer Kulm, Pomesanien, Ermland und Samland sowie die Einsetzung des Bremer Domherrn Albert Suerbeer zum Erzbischof von Preußen zielstrebig vorangetrieben. Er residierte wohl auf Veranlassung des preußischen Landmeisters seit 1251 im fernen Riga, was die Handlungsfreiheit des Ordens in seinem Kernland erhöhte. Anders als in Livland gelang es ihm in Preußen bald, drei der vier Bistümer zu inkorporieren und die Bischofsstühle mit Ordensangehörigen zu besetzen, die der Disziplinargewalt des Hochmeisters unterworfen waren. Lediglich das Bistum Ermland bewahrte sich eine stärkere Selbstständigkeit.

Der Frieden mit den Pruzzen hielt nicht lange. Als der Orden 1252 am Ausgang des Kurischen Haffs die strategisch bedeutsame Burg Memel errichtete, griffen die Samländer zu den Waffen. Erst ein neues großes Kreuzfahrerheer unter König Ottokar II. von Böhmen, das den Ordensrittern 1254 zu Hilfe kam, konnte den Widerstand der Samländer brechen. 1255 wurde die ehemalige preußische Burg Tuwangste über dem Pregel in eine Ordensburg umgewandelt und zu Ehren Ottokars Königsberg genannt. Mit der

Gründung von Königsberg, der späteren ostpreußischen Hauptstadt, und von Memel waren wichtige Schritte zur Absicherung der Verbindung zwischen Preußen und Livland getan. Doch nach wie vor schob sich das litauische Samaiten wie ein Keil zwischen die beiden Landesteile des Deutschen Ordens.

Das gleichfalls baltische Volk der Litauer war bislang wie die Pruzzen in Kleinstämme zersplittert gewesen. Doch dann gelang einem der Häuptlinge, Mindowe oder Mindaugas genannt, in der Mitte des 13. Jahrhunderts die Zusammenfassung der verschiedenen Herrschaften in einen großräumigen politischen Verband. Er erhielt dabei die Unterstützung des Deutschen Ordens, dem er im Gegenzug die Taufe für sich und sein Volk sowie auch das Land Samaiten versprach. Mindowe wurde getauft und 1253 vom Bischof von Kulm zum König der Litauer gekrönt, konnte oder wollte aber die Übergabe Samaitens an den Orden nicht durchsetzen. Als die Landmeister von Preußen und Livland die Abtretung des Gebietes militärisch erzwingen wollten, erlitten sie 1260 in Schlacht bei Durben eine schwere Niederlage. Mindowe wandte sich vom Christentum ab, was seinen Sturz aber nicht mehr verhindern konnte. 1263 wurde er mit zweien seiner Söhne ermordet. Der Versuch einer Christianisierung des Landes war damit vorerst gescheitert; Litauen blieb noch ein weiteres Jahrhundert bei seinen alten Göttern.

Bestärkt durch den Sieg der Litauer bei Durben, griff 1260 auch die Mehrzahl der Pruzzen nochmals zu den Waffen. In dem 14 Jahre dauernden Aufstand kämpften beide Seiten mit unerbittlicher Härte gegeneinander. Gefangene Männer wurden getötet, Frauen und Kinder versklavt, Dörfer und Felder verbrannt. Die Pruzzen unter ihren Führern Glande aus Samland, Herkus Monte aus Natangen, Glappo aus Warmien, Auktumo aus Pogesanien und Diwan aus Barten zerstörten Burgen, Kirchen und Städte, während der Orden immer neue Kreuzfahrerheere anwarb und in den Kampf schickte. Die Führer der Pruzzen fielen einer nach dem anderen, 1271 als letzter der umsichtige und tapfere Monte. 1274 war der Aufstand endgültig niedergeschlagen, in den folgenden Jahren wurden auch die bislang noch freien Pruzzenstämme unterworfen, zuletzt 1283 die Sudauer. Damit hatte der Orden nach 53 Jahren hartnäckigen und wechselvollen Kampfes endlich sein Ziel, die Eroberung des Pruzzenlandes, erreicht.

Es wird geschätzt, dass es um 1300 noch etwa 90 000 Pruzzen gab, die im Herrschaftsbereich des Ordens in eigenen Siedlungen und nach eigenem Recht lebten, also nur etwas mehr als die Hälfte verglichen mit der Situation in der Vorordenszeit. Außer auf den Bevölkerungsverlusten infolge des jahrzehntelangen Krieges beruhte die Abnahme auch auf einer beträchtlichen Abwanderung ins heidnische Litauen. Um 1400 hatte sich die Zahl der Pruzzen wieder auf etwa 140 000 erhöht. Äußeres Zeichen der Unterwerfung war immer die Annahme der Taufe, doch geschah die Christianisierung in vielen Fällen nur oberflächlich. Beträchtliche Teile der Pruzzen verehrten auch weiter die alten Götter und gaben ihren Glauben an ihre Kinder und Kindeskinder weiter. Auch wurde in den Dörfern weiter pruzzisch gesprochen. Die endgültige Assimilierung, das vollständige Aufgehen in der ostpreußischen Bevölkerung, erfolgte erst im 16. und frühen 17. Jahrhundert.

Für die planmäßige Erschließung des Landes, die der Orden so systematisch und vorbildlich wie kaum ein anderer Landesherr durchführte, griffen die geistlichen Ritter gleichermaßen auf Pruzzen und Deutsche zurück. Die deutsche bäuerliche Siedlung drang vom Kulmerland über Pomesanien vor und erreichte noch im 13. Jahrhundert das nördliche Ermland. Im südlichen Ermland und vor allem im Samland herrschten dagegen Dörfer nach pruzzischem Recht vor. Nach 1400 kamen weitere bedeutende Siedlergruppen hinzu. In Masuren und im südlichen Ermland waren es Polen, entlang des Kurischen Haffs Kuren und entlang der Memel und am Oberlauf der Pregel auch Litauer. Die deutschen Bauern erhielten als Neusiedler ihre Höfe zu sehr günstigen Bedingungen, die moderate Geld- und Naturalabgaben und nur sehr geringe persönliche Dienstpflichten umfassten. Die meist zwei Hufen oder umgerechnet rund 33 Hektar großen Höfe konnten außerdem frei vererbt und verkauft werden. Die Höfe der Pruzzen waren in der Regel kleiner, meist nur rund 20 Hektar groß, und ihre Besitzer lebten in stärkerer Abhängigkeit vom Grundherrn. Allerdings gelang vielen Pruzzen rasch der Übergang in die Gruppe der kleinen Freien, die nur mit geringen Abgaben belastet waren und dafür dem Orden im Kriegsfall als leichte Reiterei dienten. Auch unter den großen Freien, aus denen sich später der grundbesitzende Adel entwickelte, waren nicht wenige pruzzischer Herkunft, weil der Orden die Führungsschicht der Unterworfenen auf seine Seite zu ziehen versuchte. Hier ging die Assimilation besonders rasch vonstatten.

Der Erwerb Pommerellens

Im Herzogtum Pommerellen mit dem Hauptort Danzig stand das regierende Fürstenhaus am Ende des 13. Jahrhunderts vor dem Erlöschen. Strategisch und wirtschaftlich war das Land an der Weichselmündung für den Deutschen Orden und für Polen gleichermaßen von großem Interesse. Um das Erbe des söhnelosen letzten Herzogs Mestwin II. bemühten sich aber auch die Könige von Böhmen und die Markgrafen von Brandenburg, die seit 1269 über Lehnsrechte an dem Herzogtum verfügten. Aufgrund eines Erbvertrags nahm nach dem Tode Mestwins 1294 zunächst Przemyslaw von Polen Pommerellen in Besitz, starb jedoch schon 1296 als Opfer eines Überfalls, bei dem vielleicht die Brandenburger ihre Hände im Spiel hatten. Um die Nachfolge in Polen stritten sich nun König Wenzel von Böhmen und der polnische Teilfürst Wladislaw Lokietek, während in Danzig der von Wenzel eingesetzte einheimische Statthalter Swenza amtierte. 1305 übertrug Wenzel seine Ansprüche auf Pommerellen an Brandenburg. Der inzwischen zum polnischen König gekrönte Wladislaw Lokietek konnte zwar Danzig erobern, nicht aber die Familie Swenzas entmachten, die ihrerseits 1308 die Brandenburger ins Land rief. Als deren Truppen die Danziger Burg belagerten, wandte sich die eingeschlossene polnische Besatzung an den Deutschen Orden um Hilfe. Der nutzte die Situation, um sich sowohl der Burg wie der Stadt zu bemächtigen. Pommerellische Adlige, die dies zu verhindern suchten, büßten ihren Widerstand mit dem Tode, während große Teile der Stadt zerstört wurden.

Bald war ganz Pommerellen fest in der Hand der Ordensritter. Um den militärischen Handstreich auch rechtlich abzusichern, erwarb der Orden 1309 die Gebiete von Danzig, Dirschau und Schwetz vom Markgrafen Waldemar. Die westlichsten Teile Pommerellens, die Länder Schlawe und Stolp, gelangten bald darauf an das Herzogtum Pommern-Wolgast. Der Versuch des Ordens, auch Polen seine Rechte an Pommerellen abzukaufen, misslang allerdings. So war der Gewinn des Weichselmündungsgebietes für den Orden ein Erfolg, der in der Zukunft noch schweren Konfliktstoff barg.

Bereits 1291 war in Palästina der letzte Stützpunkt der Kreuzfahrer, die Festung Akkon, von den muslimischen Mamelucken erobert worden. Der Hochmeister des Deutschen Ordens war daraufhin zunächst nach Venedig übergesiedelt. 1309 wählte er jedoch die Marienburg, die stärkste Festung in Preußen, zum Haupthaus des Ordens. Mit der Verlegung des Ordenssitzes vom Mittelmeer an die Weichsel wurde deutlich, dass der Orden sich mit dem Verlust des Heiligen Landes abgefunden hatte und nun endgültig Preußen als sein zentrales Herrschaftsgebiet begriff.

Vereinigung Polens mit Litauen

Teil der Daseinsberechtigung des Deutschen Ordens war die selbst auferlegte Verpflichtung zum Kampf gegen die Heiden. Fiel die Aufgabe der Schwertmission weg, war damit auch die Existenz des Ordens als ostmitteleuropäische Großmacht in Frage gestellt. So gesehen hatte der Orden ein

Die ab 1272 errichtete Marienburg war seit 1309 Hauptsitz des Deutschen Ritterordens. Von hier aus lenkten der Großmeister und die Großgebietiger die Geschicke des Ordens.

Interesse daran, dass Litauen heidnisch blieb. Jahr für Jahr unternahmen die Ordensritter Feldzüge gegen Litauen, die meist von Tilsit und Ragnit aus in die samaitische Wildnis führten. Es waren Verheerungs- und Vernichtungszüge, die der Schwächung des Gegners dienten. Wehrfähige Männer wurden getötet, Frauen und Kinder gefangen genommen, die Habe geplündert, die Dörfer verbrannt. An diesen sogenannten Litauer-Reisen nahmen auch regelmäßig Adlige und Fürsten aus ganz Mittel-, West- und Südeuropa teil. Die Kriegsfahrten galten als «ritterliche Bewährungsproben», so wenig ritterlich das Abschlachten von Menschen als Adelssport auch sein mochte. Auf der anderen Seite gab es die Rachezüge der Litauer, die manchmal bis weit nach Preußen hinein führten und derselben Kriegslogik gehorchten.

Mit Polen hatte der Deutsche Orden nach mehrfachen diplomatischen Auseinandersetzungen und militärischen Kämpfen einen vorläufigen Ausgleich erreicht. Im 1343 geschlossenen Frieden von Kalisch gab der Sohn Wladimir Lokieteks, Kasimir der Große, die polnischen Ansprüche auf das Kulmerland und Pommerellen auf, während der Orden sich aus zwischenzeitlich eroberten Gebieten zurückzog. Der Friede hielt zwar insgesamt 66

Jahre, doch schon bald nach dem Tod Kasimirs 1370, mit dem die regierende Dynastie der Piasten in männlicher Linie ausstarb, zeichnete sich ab, dass der Orden schweren Zeiten entgegengehen würde.

1386 vermählten sich die polnische Königin Hedwig und der litauische Fürst Jagiello. In dem ein Jahr zuvor aufgesetzten Heiratsvertrag hatte Jagiello sich verpflichtet, sich selbst und alle nichtchristlichen Untertanen taufen zu lassen, seine Länder der polnischen Krone anzufügen und sich um die Rückgewinnung all jener Gebiete zu bemühen, die Polen in der Vergangenheit entfremdet worden waren. Das konnte sich im Zweifelsfall auch auf Pommerellen und das Kulmerland beziehen, das der Orden zu Beginn seiner Festsetzung in Preußen Herzog Konrad von Masowien abgenommen hatte. Mit dem Vertragswerk waren nicht nur die beiden wichtigsten Nachbarn des Ordenslandes zu einem Doppelstaat vereinigt, sondern dem Deutschen Orden war auch die bisherige Legitimation des Heidenkampfes entzogen.

Der Deutsche Orden weigerte sich zunächst einfach, Litauen als christliches Land anzuerkennen. Der Hochmeister schlug die Einladung Jagiellos, sein Taufpate zu werden, ab. Stattdessen rückte ein Ordensheer Anfang 1386 in Litauen ein, als gerade die Tauf- und Krönungsfeierlichkeiten in Krakau stattfanden. 1390 belagerten die Kreuzritter sogar die litauische Hauptstadt Wilna, in der seit 1388 der neu bestellte Erzbischof für Litauen residierte. Dann wechselte der Orden seine Strategie. Er verbündete sich mit Witold, der sich mit seinem Vetter Jagiello um die Oberherrschaft in Litauen stritt. Die Allianz brachte dem Orden 1398 vertraglich das Land Samaiten ein, doch eine schwere Niederlage Witolds im Kampf gegen die Tataren nötigte diesen bald dazu, sich wieder Jagiello anzunähern.

1402 kaufte der Deutsche Orden den östlich der Oder gelegenen Teil der Mark Brandenburg, die Neumark, um zu verhindern, dass sie an Polen fiel. Der Deutschordensstaat erreichte damals seine größte Flächenausdehnung, zumal er zwischen 1398 und 1408 auch die Insel Gotland besetzt hielt. Bereits 1346 hatte er wie erwähnt von König Waldemar Atterdag den nördlichen Teil Estlands erworben. Das Ordensgebiet erstreckte sich damit von der Oder bis zum Finnischen Meerbusen und hatte eine Größe von 170000 Quadratkilometern mit 55 Städten, etwa 20000 Dörfern, 2000 Rittergütern und 48 festen Burgen.

Doch trotz seiner imposanten äußeren Machtstellung verschlechterte sich die Position des Ordens in dem Maße, wie sich die Front seiner Gegner formierte. Im Verhältnis zwischen Polen-Litauen und dem Orden lösten in den ersten Jahren des 15. Jahrhunderts kriegerische Auseinandersetzungen und kurzfristige Einigungen einander ab; zugleich führten beide Seiten einen erbitterten Propagandakrieg, bei der Polen-Litauen dem Orden die Existenzberechtigung und der Orden Jagiello und Witold den christlichen Glauben absprach. Schließlich suchten beide die militärische Entscheidung. In einer der größten Feldschlachten des Mittelalters prallten im Juli 1410 die polnisch-litauischen Truppen mit dem Heer des Deutschen Ordens zusammen. In der Schlacht von Tannenberg fielen der Hochmeister Ulrich von Jungingen, mehrere der höchsten Ämterinhaber und die meisten der teilnehmenden Ordensritter. Die Niederlage wäre vollständig geworden, wäre es nicht dem Verwalter der Komturei Schwetz, Heinrich von Plauen, gelungen, die Marienburg erfolgreich zu verteidigen. Als das von Seuchen und Versorgungsschwierigkeiten geschwächte polnisch-litauische Heer nach zehnwöchiger Belagerung abziehen musste, hatte der Orden seine Stellung wieder konsolidiert. Als neuer Hochmeister schloss Heinrich von Plauen 1411 den Ersten Thorner Frieden, bei dem der Orden bis auf Samaiten seinen Gebietsstand behaupten konnte. Allerdings musste er eine hohe Kriegsentschädigung zahlen, die sich als Hypothek für die Zukunft erwies.

Innere Verhältnisse im Ordensstaat

Das vom Deutschen Orden in Preußen und Livland aufgebaute Staatswesen war ein im Vergleich zu den übrigen Staaten Europas einzigartiges Herrschaftsgebilde. Manche seiner besonderen Merkmale ließen den Ordensstaat schon im 15. Jahrhundert anachronistisch wirken, doch besaß er auch wichtige Züge, mit denen er seiner Zeit voraus war. Der von den Ordensbrüdern auf Lebenszeit gewählte Hochmeister war bei seiner Amtsführung auf die Zustimmung des Ordens angewiesen. Während das Generalkapitel, die Versammlung aller Ordensbrüder, schon aus praktischen Gründen hauptsächlich nur im Krisen- und Konfliktfall in Erscheinung trat, waren die Gebietiger, die Inhaber der wichtigsten Ämter, als Berater des Hochmeisters an der Gestaltung der preußischen Politik maßgebend beteiligt. Noch aus der Zeit, als der Orden in Palästina aktiv war, stammten die fünf vornehmsten Ämter nach dem des Hochmeisters: der Großkomtur, der Marschall, der Spittler, der Trappier und der Tressler. Während der Großkomtur als Stellvertreter des Hochmeisters fungierte, verwaltete der Tressler die Finanzen des Ordens. Die drei übrigen Ämter waren in Preußen zu reinen Ehrenämtern geworden, deren Inhaber in der Regel mit der Verwaltung der bedeutenden Komtureien Elbing, Christburg und Königsberg betraut waren.

Zusammen mit den Komturen von Danzig und Thorn sowie den Bischöfen des Landes bildeten sie den Rat der Gebietiger, der die Politik des Hochmeisters entscheidend mitprägte.

Die Komture hatten in den ihnen unterstellten Verwaltungsbezirken, den Komtureien, in Vertretung des Hochmeisters die Landesherrschaft inne. Anders als den meisten anderern Territorien der Zeit handelte es sich hier um geschlossene Gebiete, bei denen alle Herrschaftsrechte in einer Hand lagen. Dieser Umstand ermöglichte eine rationale, modern wirkende Verwaltung. Auch waren die Komture zu jährlicher Rechenschaft verpflichtet, und sie hatten – wie alle Ordensritter mit Ausnahme des Hochmeisters – ihre Ämter nur auf Zeit inne. Das machte sie weniger anfällig für Korruption.

Als Angehörige einer geistlichen Korporation verpflichteten sich die Ritter bei ihrem Eintritt in den Orden zudem zu Armut, Keuschheit und Gehorsam. Allerdings scheint die Regeltreue vor allem im 15. Jahrhundert stark nachgelassen zu haben. Ein Indiz dafür sind nicht nur die vielen Klagen über den moralischen Verfall des Ordens, sondern auch die rückläufige Zahl der Ritterbrüder. Von etwa 700 am Beginn des 15. Jahrhunderts sank sie im Laufe von 50 Jahren auf nicht einmal die Hälfte. Der Orden nahm weniger Mitglieder auf, weil es angesichts schwindender Einnahmen weniger zu verteilen gab. Das sich wandelnde Selbstverständnis von einer der Askese verpflichteten Gemeinschaft zu einer Versorgungsanstalt fand seinen Ausdruck schon zu Beginn des Jahrhunderts in dem Begriff «Spital des deutschen Adels», mit dem der Orden sich damals selbst beschrieb.

Der Reichtum des Deutschen Ordens beruhte hauptsächlich auf den Getreideüberschüssen, die das Land erwirtschaftete und die auf den Hanseschiffen nach Westen exportiert wurden. Deshalb traf ihn die spätmittelalterliche Agrarkrise, die sich als langfristige Folge der Pestepidemien in einem Verfall der Getreidepreise bei gleichzeitigem Anstieg der Preise für gewerbliche Güter äußerte, besonders hart. Dazu kamen die hohen hohen Kriegskosten und die im Thorner Frieden festgelegten Kontributionszahlungen an Polen-Litauen. Zusammen führten sinkende Einnahmen und steigende Ausgaben dazu, dass der Orden unter finanziellen Druck geriet. Der Ordensstaat suchte die Belastung an seine Untertanen weiterzugeben, denen er neue und höhere Abgaben abverlangte. Diese wehrten sich, indem sie sich in ständischen Korporationen organisierten, um gemeinsam ihre Interessen gegenüber dem Landesherrn durchzusetzen.

Die Anfänge ständischer Organisation reichen allerdings bereits ins 14. Jahrhundert zurück. Zunächst waren es die sechs großen Städte Danzig, Elbing, Thorn, Kulm, Königsberg und Braunsberg, die zugleich Hansestädte waren, die ihre Politik gegenüber dem Orden koordinierten. In den Konflikten zwischen den Städten und dem Orden ging es neben der Höhe der finanziellen Abgaben vor allem um die Organisation des Außenhandels. Der Orden betrieb nämlich über seine Großschäffereien in Königsberg und Marienburg einen ausgedehnten Staatshandel, der ihn zum «größten Unternehmer im gesamten hansischen Wirtschaftsraum zwischen Nowgorod und England» werden ließ (Patze, in: HEG, Bd. 2, S. 485). Zeitweise monopolisierte der Orden den Getreideexport sogar in seinen Händen, wie das traditionell auch bei dem zweiten wichtigen Ausfuhrgut, dem Bernstein, der Fall war. Je mehr der Orden seinen eigenen Handel ausdehnte und begünstigte, desto schwerer fiel es den Städten, die verlangten Abgaben zu erwirtschaften.

Auch die Inhaber der großen Dienstgüter, die sich mit wachsendem Selbstbewusstsein als Adlige verstanden, schlossen sich seit dem Ausgang des 14. Jahrhunderts zur Erlangung verbriefter ständischer Rechte zusammen. Sie waren zu militärischen Diensten verpflichtet, aber weitgehend frei von finanziellen Abgaben, was für den Orden zu einem Problem wurde, weil sein Heer zunehmend aus Söldnern bestand. Deshalb förderte der Orden die Umwandlung von Dienstgütern in Bauernland, wogegen sich die Ritter wiederum zur Wehr setzten. Weiterer Streit um Gewohnheits- und geschriebene Rechte kam hinzu, bei der die Ordensvertreter häufig ihre Macht ausspielten und damit die Atmosphäre belasteten.

Um den wachsenden Druck abzufangen, hatte der Hochmeister Heinrich von Plauen 1412 einen Landesrat als ständische Vertretung ins Leben gerufen. Allerdings wurden seine Mitglieder nicht von den Ständen gewählt, sondern vom Hochmeister berufen. Ihr wachsender Einfluss zeigte sich 1422, als nach einem neuerlichen Krieg zwischen dem Orden und Polen-Litauen der Friedensvertrag erstmals auch von den Ständen garantiert wurde. Aber diese wollten mehr, eine echte Beteiligung an der Herrschaft und vor allem ein gemeinsam eingesetztes oberstes Gericht, das bei Streitigkeiten zwischen Orden und Ständen anstelle des Hochmeisters verbindlich entscheiden sollte.

Um diese Forderungen durchzusetzen, vereinigten sich die Vertreter der Städte und des Landadels 1440 zum Preußischen Bund. Während der damalige Hochmeister Paul von Riesdorf noch bereit war, den Ständen in Einzelfragen entgegen zu kommen, entschied sich sein 1450 gewählter Nachfolger Ludwig von Erlichshausen zusammen mit dem Rat der Gebietiger für eine Politik der Konfrontation. Ende 1453 erklärte der vom Orden als Schiedsrichter angerufene Kaiser Friedrich III. den Preußischen Bund für illegal und verfügte seine Auflösung.

Sofort nach Bekanntwerden des Urteils kündigte der Preußische Bund dem Hochmeister seinen Gehorsam auf. Die preußischen Stände unterwarfen sich stattdessen König Kasimir IV. von Polen, der das Ordensgebiet als autonomen Landesteil seinem Königreich inkorporierte und den Führer der preußischen Ritterschaft Hans von Baysen zum Gubernator ernannte. Schnell befand sich der größere Teil des Landes unter der Kontrolle der Aufständischen, doch konnte auch der Deutsche Orden zahlreiche Städte und Burgen behaupten, darunter zunächst auch die Marienburg. Sie fiel 1457 nicht durch militärische Eroberung, sondern durch Kauf an den polnischen König. Denn der Orden hatte sein Haupthaus den dort für ihn kämpfenden Söldnern als Sicherheit verpfändet, und als er den vereinbarten Sold nicht aufbringen konnte, veräußerten die Söldner ihren Pfandbesitz für 420 000 Gulden an den Gegner. Trotz allem ging der Krieg, der das Land furchtbar verheerte, noch neun Jahre weiter. Erst 1466 kam es unter Vermittlung der Kurie zum Zweiten Thorner Frieden. In ihm trat der Orden die westliche Hälfte des Preußenlandes sowie das Bistum Ermland ab, dessen Bischof bereits 1464 einen Sonderfrieden mit Polen geschlossen hatte. Außerdem musste der Hochmeister den König von Polen für die übrigen preußischen Gebiete als Oberherrn anerkennen.

Durch den Frieden von 1466 verlor der Deutsche Orden den wertvollsten Teil seines bisherigen Herrschaftsgebietes in Preußen. Geblieben waren aber die Schulden bei den Hauptleuten der Söldner, die für ihn den Krieg bis zum Ende geführt hatten. An eine Bezahlung in Geld war nicht zu denken. Deshalb löste der Orden die Forderungen mit Land ab, das er teils verpfändete, teils endgültig übergab. Damit wurde die Grundlage für die Enstehung eines ländlichen Großgrundbesitzes gelegt, wie er bis dahin in Preußen beinahe unbekannt gewesen war. Viele Adelsfamilien wie die Dohna oder Schlieben, die später in der Geschichte Ostpreußens eine wichtige Rolle spielten, kamen damals auf diese Weise ins Land.

Auch die Stellung der Amtsträger des Ordens änderte sich nach 1466 stark. Die Komture, Vögte oder Pfleger wandelten sich nun endgültig von Verwaltern zu Nutznießern der aus den Ämtern fließenden Einnahmen. Entsprechend kam es nun auch zum Kauf von Ämtern. Die Position des Hochmeisters blieb deshalb schwach.

Die Wahl Friedrichs von Sachsen zum Hochmeister im Jahr 1498 bezeichnet dann einen weiteren Einschnitt in der Geschichte des Ordensstaates. Denn der neue Hochmeister trat erst zum Zweck der Wahl dem Orden bei. Das Hochmeisteramt wurde damit wie ein geistliches deutsches Fürstentum behandelt, um das sich die für den geistlichen Stand bestimmten Angehörigen der fürstlichen Familien bewerben konnten. Damit war der Weg vom Ordensstaat alter Prägung zum geistlichen Fürstentum beschritten. Von hier aus war es bis zur Umwandlung in ein weltliches Fürstentum nicht mehr weit. Bereits Friedrichs Nachfolger, der 1511 auf die gleiche Weise in das Amt gelangte Albrecht von Brandenburg, sollte diesen Schritt später gehen.

Finnland im hohen und späten Mittelalter

Christianisierung von West und Ost

Das nur dünn besiedelte Finnland lag jahrhundertelang abseits der Brennpunkte des Geschehens. Zwar lief während der Wikingerzeit der wichtige Osthandelsweg der Waräger nach Russland und weiter in den Orient an der südfinnischen Küste vorbei, doch nahmen die Finnen an den Wikingerzügen selbst nicht teil. Immerhin war man aufgrund des Reichtums an Pelzwerk in den internationalen Handel einbezogen. Jagd und Fischfang boten mehr Ertrag als Ackerbau und Viehzucht. Die Landwirtschaft war auf den äußersten Süden des Landes beschränkt, aber auch hier konnte sie aufgrund der langen Winter, die eine Ernte erst spät im Herbst ermöglichte, nur wenige Menschen ernähren.

Die Bevölkerung zerfiel in heidnischer Zeit in drei große Stammesgruppen. Im Südwesten Finnlands, in der Gegend des heutigen Åbo (Turku) saßen die eigentlichen Finnen, an der finnischen Seenplatte wohnten die Tavasten und im Osten siedelten die Karelier, deren Zentren am Westufer des Ladogasees lagen, die aber bis hinauf zum Weißen Meer lebten. Zu einer eigentlichen Reichsbildung wie bei den skandinavischen Völkern gelangten die zerstreut lebenden Finnen nicht. Die politische Organisation blieb lose, nur innerhalb kleinerer Landstriche kam es zu engeren Zusammenschlüssen.

Das Wort Finnland soll im übrigen aus dem niederdeutschen Wort für Torfmoor – Fen – abgeleitet sein, während die finnische Eigenbezeichnung Suomi lautet – Menschen, die im Sumpf leben.

Bis ins zwölfte Jahrhundert hinein beschränkten sich die Kontakte mit den anderen Ostseevölkern auf einen mehr oder minder intensiven Warenaustausch und gelegentliche Überfälle. Doch dies änderte sich nun grundlegend. Der Aufschwung des über Gotland laufenden Russlandhandels und der verschärfte Wettbewerb zwischen den Handelsmächten ließen auch das

Interesse der Nachbarn an einer dauernden Beherrschung Finnlands wachsen. Denn das Land war nicht nur aufgrund seiner Naturschätze, den Pelzen, von Bedeutung, sondern auch als Flankensicherung für den Handelsweg nach Osten. Der religiöse und machtpolitische Konflikt zwischen dem lateinischen Westen und dem orthodoxen Osten kam erschwerend hinzu. Beide Seiten waren bestrebt, die Finnen nach ihrem besonderen Bekenntnis zu missionieren und damit in ihr Lager zu ziehen.

Wie es scheint, erfolgte bei den Finnen die erste Berührung mit dem Christentum von Osten aus, denn mehrere wichtige christliche Begriffe sind Lehnwörter aus dem Slawischen. Doch rasch wurde die westliche Glaubenslehre wichtiger, die mit dem Handel nach Finnland kam. Die ältesten Spuren für den Übergang zum Christentum, die aus einem kleinen Gebiet im Norden des eigentlichen Finnland stammen, datieren bereits aus der Mitte des elften Jahrhunderts. Um 1150 war ausweislich der Begräbnissitten der Übergang zum christlichen Glauben in ganz Südwestfinnland sowie im Tavastland in vollem Gange, während Karelien erst um 1300 folgte.

Die Finnen waren also schon von sich aus im Begriff, das Christentum anzunehmen, als um 1157 die Schweden unter König Erik ihren ersten Kreuzzug in das Nachbarland unternahmen. Er diente wohl vor allem der Schaffung einer festen, nach Schweden ausgerichteten kirchlichen Organisation. Henrik, bislang Bischof von Uppsala, blieb als Missionsbischof im Land, wurde jedoch schon im Jahr darauf im Streit um kirchliche Abgaben von einem Bauern erschlagen. Bereits Ende des zwölften Jahrhunderts begannen die Finnen, ihn als ihren Schutzheiligen zu verehren.

Der auf die schwedischen Waffen gestützte Machtbereich seiner Nachfolger beschränkte sich zunächst auf den Südwesten Finnlands. Der größte Teil des Tavastlandes bewahrte noch seine Unabhängigkeit, obwohl auch seine Bewohner inzwischen christlich waren.

In Konkurrenz zum schwedischen Herrschaftsanspruch griffen seit dem ausgehenden zwölften Jahrhundert auch die Dänen in Finnland ein. Nach zwei Kriegszügen 1191 und 1202 erhielten sie 1209 vom Papst sogar die Ermächtigung, den vakanten finnischen Bischofsstuhl mit einem ihrer Leute zu besetzen. Den alarmierten Schweden, denen ihr Einflussgebiet abhanden zu kommen drohte, gelang es indessen sieben Jahre später, den Papst umzustimmen. Dieser erteilte dem schwedischen König das Recht, die Länder, die er schon erobert hatte und die er noch erobern würde, zu missionieren und kirchlich zu organisieren.

Während die Dänen sich nun darauf beschränkten, ihre Position an der Südküste des finnischen Meerbusens in Estland zu sichern, trat mit dem orthodoxen Fürstentum Nowgorod eine neue Macht bestimmend in Finnland auf. Fürst Jaroslaw ordnete 1227 eine große Zwangstaufe in Karelien an, da die Karelier nicht freiwillig das Christentum annahmen. Außerdem versuchte er, seinen Einfluss weiter ins Tavastland auszudehnen. Zugute kam ihm dabei, dass der schwedische Missionsbischof Thomas sich durch sein hartes Vorgehen bei den Tavasten verhasst machte. 1236/37 entlud sich die Empörung in einem Aufstand, bei dem Nowgorod seine Hand im Spiel hatte.

Der lateinische Westen holte daraufhin zum Gegenschlag aus. Ein im Kern schwedisches Kreuzfahrerheer rückte 1240 bis an die Newa vor, wurde dort jedoch von den Truppen Nowgorods entscheidend geschlagen. Der Sieg brachte ihrem Befehlshaber, dem Fürsten Alexander, einem Sohn Jaroslaws, den Beinamen Newski ein. Der Ausgang der Schlacht bedeutete einen Wendepunkt in der Geschichte Finnlands, denn von nun an zeichnete sich eine Zweiteilung des Landes in einen lateinischen Westen und einen orthodoxen Osten ab.

Finnland wird schwedischer Reichsteil

Um das Tavastland unter feste schwedische Kontrolle zu bringen, unternahm Birger Jarl, der damalige faktische Regent Schwedens, 1250 eine weitere Kriegsfahrt, den sogenannten zweiten Kreuzzug. Seit dieser Zeit setzte eine organisierte schwedische Einwanderung nach Finnland ein. Die ersten schwedischen Siedler ließen sich an der Südküste des Finnischen Meerbusens in der Gegend des späteren Helsinki nieder, die bald als Nyland (d. h. Neuland, finnisch Uusimaa) bezeichnet wurde. Kurze Zeit später fassten die Einwanderer auch in der Provinz Österbotten Fuß, in einem Raum, der vom heutigen Vaasa über Gamla Karleby bis nach Jakobstad (Pietasari) geht. Die Zone der schwedischen Besiedlung reichte nur bis zu 30 Kilometer ins Landesinnere, weiter drangen die Schweden nicht vor. Erleichtert wurde die Ansiedlung dadurch, dass diese direkten Küstengebiete bis dahin unbewohnt gewesen waren. So blieben größere Konflikte mit der finnischen Bevölkerung aus. Die Gebiete im südlichen Österbotten und Nyland sind bis in die Gegenwart weitgehend schwedischsprachig geblieben.

Gegen Ende des 13. Jahrhunderts wiederholten die Schweden nochmals den Versuch, ganz Karelien einzunehmen. Das Land hatte inzwischen die Abhängigkeit von Nowgorod beträchtlich verringern können, denn das russische Fürstentum war durch die Tatarenangriffe geschwächt. 1293 drang der schwedische Marschall Tyrgils Knutsson an der karelischen Küste vor und erbaute die Burg Viborg an einem damals noch schiffbaren Mündungsarm des Vuoksi. Im Jahr 1300 gründete der Marschall bei einem weiteren Unternehmen sogar eine Burg an der Newa in der Nähe des heutigen St. Petersburg, doch musste diese bereits 1302 wieder aufgegeben werden. Die hansischen Kaufleute sahen den schwedischen Vormarsch mit Sorge. Sie wollten nicht, dass der Weg nach Russland von einer dritten Macht kontrolliert wurde und begünstigten deshalb Nowgorod.

Nach weiteren wechselvollen Kämpfen kam es 1323 unter Vermittlung der deutschen Kaufleute zum Frieden von Schlüsselburg. Der Vertrag machte auch formell der Unabhängigkeit Kareliens ein Ende und bestätigte die Teilung des Landes entlang der bereits bestehenden faktischen Grenzen. Viborg blieb schwedisch, das eigentliche karelische Kernland, Ladoga-Karelien, aber unter der Herrschaft von Nowgorod. Die Kaufleute erhielten als Lohn für ihre Vermittlung die freie Zufahrt zur Newa ausdrücklich garantiert. Auch wenn der Friede von Schlüsselburg nur 14 Jahre hielt, hatte die Grenzziehung Bestand. Bis zum Ende des 16. Jahrhunderts einigten sich Schweden und Russen bei den Waffenstillständen jeweils auf die Rückkehr zu den Bestimmungen des Schlüsselburger Abkommens.

Bis auf das östliche Karelien gehörte nun ganz Finnland fest zum schwedischen Reich. Bereits 1284 fiel das Land als Herzogtum an einen jüngeren Bruder des damaligen schwedischen Königs Magnus Ladulås, doch hatte diese Regelung auf Dauer keinen Bestand. Der Aufbau einer Verwaltungsstruktur mit der Gründung der Lehen Viborg, Åbo und Tavastehus, deren Amtsinhaber sich auf die dortigen großen Burgen stützen konnten, sicherte die Herrschaft militärisch und administrativ ab. Zur einigenden Klammer wurde das Bistum Åbo, das das gesamte Land kirchlich erfasste. Während der Adel und auch die Bürgerschaft in den Städten überwiegend schwedischer, zum Teil auch deutscher und dänischer Herkunft waren, rekrutierte sich die Geistlichkeit hauptsächlich aus der einheimischen Bevölkerung, denn für die Seelsorge war die Beherrschung der Volkssprache unverzichtbar. Bereits 1291 bestieg der erste gebürtige Finne den Bischofsstuhl in Åbo.

Im 14. Jahrhundert wurde das schwedische Landrecht eingeführt, doch blieb ergänzend dazu auch das finnische Gewohnheitsrecht in Kraft. Wie in Schweden selbst, so blieben auch in Finnland die Bauern persönlich frei und konnten ihre örtlichen Angelegenheiten sehr selbstständig regeln. Die dünne Besiedlung und die Weite der unberührten Wildnis taten ein Übriges. Wer sich von den Anforderungen der Obrigkeit zu stark belastet fühlte, hatte immer noch die Möglichkeit, fortzuziehen und anderswo neu anzufangen.

Die Unionszeit

Königin Margarete – Herrin dreier Reiche

Als Waldemar Atterdag 1375 starb, schien die Nachfolge zunächst auf seinen Enkel Albrecht von Mecklenburg zuzulaufen. Er war der Sohn seiner ältesten, bereits vor ihm gestorbenen Tochter Ingeborg und ein Neffe des gleichnamigen schwedischen Königs. Doch auch Ingeborgs jüngere Schwester Margarete, die Frau des norwegischen Königs Hakon, machte zugunsten ihres erst fünfjährigen Sohnes Olav Thronansprüche geltend. Die Entscheidung lag bei den dänischen Großen und der Hanse, die aufgrund der Bestimmungen des Stralsunder Friedens ein Mitspracherecht besaß. Margarete gelang es, beide auf ihre Seite zu ziehen; die Magnaten durch vollständige Anerkennung der dänischen Wahlreichsverfassung, die Hanse durch die Festschreibung ihrer Handelsprivilegien in Norwegen. Für die Hanse schien zudem eine dänisch-norwegische Union weniger Gefahren zu bieten als ein dänisch-schwedisch-mecklenburgischer Block unter der Führung des meist hansefeindlichen norddeutschen Fürstentums.

Vielleicht glaubte man in Dänemark und Lübeck auch, mit der erst zweiundzwanzigjährigen Margarete, die nun die Regentschaft innehatte, und ihrem kleinen Sohn leichtes Spiel zu haben. Doch darin täuschte man sich gründlich. Die hoch gebildete Regentin erwies sich als eine der bedeutendsten Herrscherpersönlichkeiten des gesamten nordischen Mittelalters. Sie war klug, gewandt und flexibel in der Wahl der Mittel, dabei zielbewusst und willensstark. In ihrer politischen Begabung zeigte sie sich ihren Gegenspielern weit überlegen. Als 1380 ihr Mann Hakon starb, übernahm sie zusätzlich die Regentschaft für Norwegen. Damit begann die über vierhundertjährige dänisch-norwegische Union, die bis 1814 Bestand hatte.

1387 starb auch König Olav im Alter von nur 17 Jahren. Nach geltendem Recht hätte damit in beiden Ländern ein neuer König gewählt werden müssen, aber Margarete konnte in dieser Situation die norwegischen und dänischen Reichsräte dazu gewinnen, sie als Regentin auf Lebenszeit anzuerkennen. Beide Länder huldigten ihr nacheinander als «Frau, Herrscherin und mächtigen Vormund der Reiche».

In Schweden hatte sich unterdessen König Albrecht immer mehr Gegner geschaffen. Die Bauern und die mittelschwedischen Bergwerksbesitzer stöhnten unter einem wachsenden Steuer- und Abgabendruck, der niedere Adel fühlte sich zurückgesetzt, weil Albrecht die festen Schlösser, die als Militärstützpunkte und Verwaltungszentren dienten, mit norddeutschen statt mit schwedischen Gefolgsleuten besetzte. Einflussreiche Teile des Hochadels stützten dagegen Albrechts Herrschaft, solange er zuließ, dass große Teile des Krongutes in ihre Hände gelangten. Der Reichstruchsess Bo Jonsson hatte auf diese Weise nahezu ein Drittel des Landes unter seine direkte oder indirekte Kontrolle gebracht. Nach seinem Tod 1386 versuchte Albrecht, die riesigen Ländereien wieder einzuziehen und brachte damit auch noch die Magnaten gegen sich auf. Im März 1388 trugen sie Margarete, der Schwiegertochter des abgesetzten Königs Magnus Erikssson, auch die schwedische Regentschaft als «bevollmächtigte Frau» an.

Elf Monate später konnte das dänisch-schwedische Heer Margaretes die Truppen Albrechts bei Falköping entscheidend schlagen. Albrecht, der Margarete noch kurz zuvor als «König Hosenlos» verhöhnt hatte, geriet gemeinsam mit seinem Sohn Erich in Gefangenschaft. Als letzter wichtiger Stützpunkt in Schweden blieb den Mecklenburgern nurmehr die Stadt Stockholm mit ihrem großen deutschen Bevölkerungsanteil.

Die Vitalienbrüder

Seeräuberei war in der Ostsee ein immer wiederkehrendes Problem, aber zu keiner Zeit nahm es solche Ausmaße an wie im letzten Viertel des 14. Jahrhunderts. Das bei der Nachfolgeregelung für Waldemar Atterdag übergangene mecklenburgische Herzogshaus begann 1376 einen Kaperkrieg gegen Dänemark und bediente sich dafür auch der in der Ostsee aktiven Piraten, die nun entlang der mecklenburgischen Küste sichere Unterschlupfe und Unterstützung fanden. Mecklenburgische Adlige stießen hinzu und rüsteten eigene Schiffe aus. Die Hanse, deren Schiffe bald ebenso überfallen wurden wie die dänischen, ging gegen die Seeräuber vor, musste dabei aber auf die Unterstützung von Wismar und Rostock verzichten, die sich nicht gegen ihren mecklenburgischen Landesherrn stellen wollten. Als Mecklenburg 1379 einen Waffenstillstand mit Dänemark schloss, wechselten die Piraten die Fronten und operierten nun von dänischen Stützpunkten aus. Erst Mitte der achtziger Jahre zeichnete sich eine Beruhigung ab, als 20 Seeräuberkapitäne Frieden mit der Hanse und der dänischen Königin schlossen.

Da schuf die Gefangennahme von König Albrecht und seinem Sohn durch Margarete eine veränderte Situation. Mecklenburg griff erneut zum Mittel des Kaperkriegs. In einer Proklamation öffnete das Herzogtum seine Häfen für alle, «die auf ihre eigene Gefahr ausfahren wollen, das Reich zu

Rostock war um 1390 Hauptbasis der Vitalienbrüder. Die Seeräuber führten als Ver-
bündete des Herzogtums Mecklenburg auf eigene Rechnung Krieg gegen Dänemark.

Dänemark zu schädigen» (zit. nach DOLLINGER, S. 112). Vor allem Rostock
und Wismar wurden nun zu Zentren der Freibeuter, hier wurden ihre Schiffe
ausgerüstet und bewaffnet und bei der Rückkehr die Beute an Land gebracht
und verkauft. Der Krieg mithilfe der angeworbenen Piraten verlief aus Sicht
von Mecklenburg durchaus erfolgreich. Das belagerte Stockholm erhielt
mehrfach dringend benötigte Lebensmittel, 1391 wurden Bornholm und
Visby erobert, 1393 wurde Bergen in Norwegen überfallen und geplündert,
ein Jahr später erlitt Malmö das gleiche Schicksal.

Als Bezeichnung für die Seeräuber bürgerte sich der Begriff Vitalienbrüder ein, dessen Herkunft aber nicht ganz klar ist. Vielleicht ist er eine
Übertragung des französischen Wortes «vitailleurs». So nannte man das
Kriegsvolk, das die Truppen mit Nachschub versorgte, indem es das Land
ausraubte. Auch Stockholm bekam ja Lebensmittel («Viktualien») durch die
Schiffe der Vitalienbrüder, allerdings ist der Begriff schon 1390 in Hamburg
geläufig, als die Piraten vermutlich noch nicht an der Versorgung Stockholms beteiligt waren.

Die Hanse geriet wie schon in den 1370er Jahren in eine innere Krise, weil mit Rostock und Wismar zwei ihrer wichtigsten Mitgliedsstädte mit denen paktierten, die auch dem Handel der Hanse schweren Schaden zufügten. Seit 1392 kam der gesamte Verkehr mit Schonen zum Erliegen, was den Preis für Heringe in schwindelnde Höhen trieb. Aber wie insbesondere Lübeck, das gemeinsam mit Stralsund Schiffe gegen die Seeräuber aussandte, litt auch Dänemark schwer unter der Verödung der schonischen Messen. 1393 begannen deshalb unter Vermittlung der Hanse Verhandlungen zwischen Dänemark und Mecklenburg. Doch erst zwei Jahre später kam es zu einem Friedensvertrag. Albrecht wurde auf drei Jahre freigelassen und Stockholm bis dahin von sieben Hansestädten in Besitz genommen. Albrecht verpflichtete sich, 1398 in die Gefangenschaft zurückzukehren oder 60 000 Mark Lösegeld zu zahlen, falls bis dahin keine Einigung mit Margarete erzielt worden sei. Würde Albrecht weder das eine noch das andere tun, sollten die Hansestädte Stockholm an Margarete übergeben. Letzteres ist dann auch geschehen, wenngleich Albrecht erst 1405 formell auf die schwedische Krone verzichtete.

Nachdem die Vitalienbrüder mit dem Friedensschluss ihre Basen in Rostock und Wismar verloren hatten, konzentrierten sie sich auf Gotland, das sie seit 1397 faktisch beherrschten. Von hier aus störten sie nicht nur massiv den Schiffsverkehr mit Preußen, sondern unternahmen auch Raubzüge nach Livland. 1398 landete daher ein Heer des Deutschen Ordens auf Gotland und besetzte die Insel. Erst 1408 fiel sie gegen eine Geldentschädigung an Dänemark zurück. Die Vitalienbrüder zogen in die Nordsee, wo sie in Friesland nochmals einen Unterschlupf fanden. Doch 1401 wurden auch ihre letzten Anführer Godeke Michels und Klaus Störtebeker durch ein Aufgebot der Hanse gefangen genommen und in Hamburg enthauptet.

Die Kalmarer Union

Als ihren einstigen Nachfolger hatte Margarete den um 1382 geborenen Bogislaw von Pommern-Stolp ausersehen, einen Enkel ihrer Schwester Ingeborg, der nun den Namen Erik trug. Bereits 1388 ließ sie ihn vom norwegischen Reichsrat zum «Erben des Reichs» erklären, 1396 wurde ihm auch in Dänemark und Schweden gehuldigt. Im Jahr darauf berief Margarete die geistlichen und weltlichen Spitzen aller drei von ihr regierten Länder zu einer gemeinsamen Krönungsversammlung nach Kalmar, der damals südlichsten schwedischen Festung an der Grenze zu Dänemark. Die Krönung des

Unionskönigtum und Zenit des Deutschen Ordens (1402)

14-jährigen Erik schuf für sich genommen nur eine Personalunion, aber Margarete hatte mehr im Sinn. Neben dem von allen 67 Teilnehmern gesiegelten Huldigungsbrief, der der Regentin zugleich eine Generalvollmacht für ihre weitere Reichsverweserschaft gab, existiert ein weiteres Dokument, das allerdings nur Konzeptcharakter trägt. In diesem sogenannten «Unionsdokument» wurde festgehalten, dass die drei Reiche für alle Zeiten nur einen König haben sollten. Nach außen sollte die Union vereint auftreten, im Inneren aber die jeweiligen besonderen Rechte und Gesetze Gültigkeit behalten. Da eine staatsrechtlich gültige Ratifizierung niemals stattfand, hat die Union der drei Länder formell nie Rechtskraft erlangt. Dennoch war sie eine Realität, die mit Unterbrechungen bis 1523 Bestand hatte und bis dahin die Geschehnisse im Norden entscheidend prägte.

Eine wichtige Grundlage besaß die Union auch in der starken Versippung und Besitzverflechtung des hohen Adels der drei Länder. Gegen ihn konnte selbst Margarete nicht regieren. Dennoch gelang es ihr, die königlichen Finanzen durch die umfassende Einziehung entfremdeten Krongutes in Schweden und Dänemark zu stärken und den Adel durch die Nichtbesetzung hoher Reichsämter von den Schaltstellen der Macht fernzuhalten. Auch verstand sie es perfekt, die öffentliche Meinung durch ein gewinnendes Auftreten für sich einzunehmen. Das war eine Fähigkeit, die dem unbeherrschten und hochfahrenden Erik fehlte. Als er nach ihrem Tod 1412 die Regierungsgeschäfte übernahm, sollte ihm das auf die Dauer zum Verhängnis werden.

Erik von Pommern – vom König zum Seeräuber

Erik von Pommern war als König dreier Reiche ein selbstbewusster Herrscher mit großen Ambitionen. Als Ziel hatte er die politische und wirtschaftliche Vormachtstellung der nordischen Union im gesamten Ostseeraum vor Augen. Symptomatisch für seine weitreichenden Pläne war seine vergebliche Forderung an den Deutschen Orden, das vor hundert Jahren veräußerte Estland an Dänemark zurückzugeben. Es hätte ihm als Basis dienen können, um den lukrativen Russlandhandel unter seine Kontrolle zu bringen. Um die Position der immer noch übermächtigen Hanse zu schwächen, begünstigte er das Eindringen der niederländischen und englischen Kaufleute in das Ostseegebiet. Mit der Anlage der Festung Landskrona und der Förderung von Malmö und Kopenhagen, das jetzt Königssitz wurde, schuf er zudem die Voraussetzungen, um den Öresund als wichtigste Zufahrt in die Ostsee vollständig kontrollieren zu können.

Zur offenen Konfrontation mit der Hanse kam es, als er 1423 ihre Privilegien aufhob, die Zölle allgemein erhöhte und einen neuen Zoll auf die Sunddurchfahrt ankündigte. Dieser 1429 dann tatsächlich eingeführte Sundzoll blieb bis 1857 bestehen und war jahrhundertelang eine der wichtigsten Einnahmequellen der dänischen Krone. Der seit 1426 hauptsächlich von den wendischen Städten gegen Dänemark geführte Seekrieg zog sich ohne entscheidenden Vorteil für eine der beiden Seiten über neun Jahre hin. Indirekt aber trug er entscheidend zum Sturz Eriks bei.

1434 erhob sich der mittelschwedische Bergbaubezirk Bergslagen gegen den Unionskönig. Dort litt man nicht nur unter der harten Hand der eingesetzten dänischen Vögte und ihrer unnachsichtigen Steuereintreibung, sondern auch besonders unter der durch den Krieg bewirkten Wirtschaftskrise. Das einzige schwedische «Industriegebiet» jener Zeit, das mit den Bergsfrälse über eine eigene Oberschicht aus kleinadeligen Hütten- und Grubenbesitzern verfügte, war nämlich auf den Eisen- und Kupferexport angewiesen, der nun durch die hansische Handelsblockade unterbrochen war. Der

Engelbrekt Engelbrektsson führte 1434 den Aufstand des Bezirks Bergslagen gegen den Unionskönig Erik von Pommern an (Gemälde von Bengt Nordenberg, 1860).

Aufstand unter der Führung des Bergwerksbesitzers Engelbrekt Engelbrektsson erfasste schnell das ganze schwedische Kernland. Entscheidend für seinen Erfolg war, dass sich auch große Teile des Hochadels der Erhebung anschlossen, die über die selbstherrliche Regierung Eriks erbittert waren. Anfang 1435 wählte eine von Adel, Klerus, Bürgern und Bauern beschickte Reichsversammlung Engelbrekt Engelbrektsson zum Reichsverweser.

König Erik beeilte sich jetzt, mit der Hanse den Frieden von Vordingborg zu schließen. Der Vertrag brachte dem Städtebund die Bestätigung seiner Privilegien sowie den wendischen Städten zusätzlich die Befreiung vom Sundzoll ein. Auch wenn Erik nun seine ganze Kraft auf Schweden richten konnte, gelang ihm dort kein durchgreifender Erfolg mehr. Stattdessen sagten ihm 1436 auch die dänischen Magnaten den Gehorsam auf. Erik floh auf die Insel Gotland, wo er durch aktive Förderung der Seeräuberei seinen vielen Gegnern nach Kräften zu schaden suchte. Da er sich auf Verhandlungen nicht einließ, setzte ihn der dänische Reichsrat im Sommer 1439 auch formell als König ab. Der schwedische und der norwegische Reichsrat folgten kurze Zeit später dem dänischen Vorbild.

Zum neuen König bestimmte der Reichsrat in Dänemark 1440 einen Neffen Eriks, Christoph von Bayern. Er musste dem Hochadel als Gegenleistung für seine Wahl eine weitgehende Mitregierung einräumen. Die Selbstbeschränkung ermunterte auch die Räte der beiden anderen Reiche, es trotz der negativen Erfahrungen mit Erik noch einmal mit einem Unionskönig zu versuchen. 1441 wählte der schwedische, 1442 auch der norwegische Reichsrat Christoph auf den Thron. Kinderlos und erst 32-jährig starb er bereits im Januar 1448.

Das Auseinanderbrechen der Union

Während Dänemark als das mächtigste der drei Reiche von der nordischen Union am stärksten profitierte und auch der zunehmend «danifizierte» norwegische Adel an der Vereinigung festhielt, waren die schwedischen Eliten in der Frage der Union gespalten. Bei im einzelnen wechselnden Koalitionen setzte sich die «dänische» Fraktion vor allem aus hochadligen Familien zusammen, die in beiden Teilen des Reiches stark begütert waren. Ihre Widersacher, die Anhänger eines nationalen Königtums, erlangten meist dann das Übergewicht, wenn die dänische Herrschaft als zu drückend empfunden wurde. Die entschlossensten Exponenten dieser Richtung waren die mittelschwedischen Hütten- und Bergwerksbesitzer.

Nach dem frühen Tod König Christophs wählte der schwedische Reichsrat bereits im Juni 1448 den früheren Reichsmarschall und zeitweiligen Reichsverweser Karl Knutsson Bonde zum neuen Herrscher. Der dänische Reichsrat entschied sich dagegen im Herbst für den jungen deutschen Grafen Christian, der die dann bis 1863 in Dänemark herrschende oldenburgische Dynastie begründete. Damit war die Union vorerst zerbrochen. Christian I. war als landfremder Kandidat ohne Hausmacht, was den Interessen des hohen Adels entgegenkam. Zudem verknüpfte sich mit ihm die Aussicht, Schleswig und Holstein wieder mit Dänemark verbinden zu können, denn er war der Neffe und voraussichtliche Erbe des dort regierenden Herzogs Adolf VIII.

Im Wettrennen der beiden Könige um die norwegische Krone setzte sich Christian 1449 durch. Da sich der unterlegene Karl Knutsson mit der Niederlage nicht abfand, folgten kostspielige militärische Auseinandersetzungen zwischen den Reichen. Der teure, durch Sondersteuern finanzierte Krieg und das Vorhaben Karls, in adlige Hände gelangtes Krongut wieder einzuziehen, schürten die Unzufriedenheit in Schweden. 1457 kam es zum offenen Aufstand. Karl musste fliehen und fand in Danzig ein Asyl, während der schwedische Reichrat Christian zum neuen König berief. Als es diesem im nächsten Jahr gelang, seinen erst dreijährigen Sohn Hans in Norwegen und Schweden als Thronfolger anerkannt zu erhalten, schien die Union wieder auf eine feste Grundlage gestellt zu sein.

Doch diese Aussicht trog. Bereits 1464 rief der schwedische Reichsrat Karl als König zurück, denn Christians Geldbedarf war nicht geringer und seine Beschaffungsmethode nicht weniger rigoros, als dies bei seinem Vorgänger der Fall gewesen war. Nun versank Schweden in anhaltende Parteikämpfe. Karl wurde 1465 erneut abgesetzt und 1467 zum dritten Mal auf den Thron gehoben. Die eigentliche Macht lag in den Händen rivalisierender hochadliger Familienclans.

Reichsverweser Sten Sture der Ältere

Als Karl 1470 starb, setzte sich sein Neffe Sten Sture in einem Überraschungscoup an die Spitze des Staates, indem er unter Berufung auf den letzten Willen des Königs den Titel eines Reichsverwesers annahm. Aber auch Christian I. sah nun die Stunde gekommen, um Schweden in die Union zurückzuführen. 1471 landete er mit einem Heer in Stockholm, das durch Zuzug seiner immer noch zahlreichen schwedischen Anhänger verstärkt wurde. Doch in der Schlacht am Brunkeberg erlitt das Aufgebot Christians eine vernichtende Niederlage, der schwer verletzte König konnte sich nur mit Mühe auf ein Schiff retten, das ihn zurück nach Dänemark brachte. Er verzichtete künftig auf eine gewaltsame Durchsetzung seiner Unionspläne, hielt aber seinen Anspruch auf den schwedischen Thron aufrecht.

Mit dem Sieg vor den Toren Stockholms sicherte Sten Sture seine Herrschaft in Schweden auf lange Zeit. Den Schritt zu einer eigenen Thronkandidatur konnte er allerdings nicht wagen, denn er musste Rücksicht auf die hochadligen Familiengruppen nehmen, die im Reichsrat das Sagen hatten. Dennoch förderte die siegreiche Schlacht am Brunkeberg die Ausbildung eines starken schwedischen Nationalbewusstseins und arbeitete damit der Wiedererrichtung eines eigenen Königtums vor. War schon der Aufstand unter Engelbrekt Engelbrektsson auch eine Reaktion auf die ausländische Dominanz in Politik und Wirtschaft gewesen, so galt dies jetzt noch mehr. Nur vier Tage nach der Schlacht wurde durch Beschluss des Reichsrates die bisherige Sonderstellung der Deutschen in den Städten aufgehoben, für die Ratssitze waren nun allein gebürtige Schweden qualifiziert.

Als Exponent der nationalschwedischen Richtung stützte sich Sten Sture vor allem auf die Bauern, die Bürger der großen Städte und die kleinadligen unternehmerischen Schichten. Mit Hilfe der beiden unteren Stände der Bürger und Bauern setzte er auch 1477 auf dem Reichstag zu Strängnäs durch, dass eine Thronkandidatur Christians für alle Zeiten ausgeschlossen sei. Auch die gleichzeitige Gründung der Universität Uppsala, der ersten im Norden, war Ausdruck des Strebens nach größerer nationaler Selbstständigkeit.

In Dänemark und Norwegen konnte sich Christians Sohn Hans die Krone nur durch große Konzessionen an den Hochadel sichern. Erst zwei Jahre nach dem Tod seines Vaters wurde er 1483 offiziell als König angenommen und gekrönt. Seine Hoffnung, durch sein Eingehen auf die Wünsche der Magnaten auch in Schweden Fuß fassen zu können, erfüllte sich nicht. Es kam zwar im selben Jahr im Rezess von Kalmar zu einer grundsätzlichen Übereinkunft der drei Reichsräte, doch ließ die praktische Verwirklichung auf sich warten. Sten Sture konnte die ihm feindlich gesonnene Mehrheit im Reichsrat noch einmal sprengen und damit den Status quo erhalten.

Erst 1495 konnte sich die unionsfreundliche Fraktion in Schweden unter dem Eindruck eines drohenden Zweifrontenkrieges mit Dänemark und Russland durchsetzen. Sten Sture wurde auf einem Herrentag als Reichsverweser abgesetzt. Der mit einem deutschen Söldnerheer in Schweden erschienene Hans schlug 1497 bei Rotebro Sten Stures Bauernaufgebot und wurde noch im gleichen Jahr zum König von Schweden gekrönt. Doch bereits vier Jahre später schlug die Stimmung wieder um, Hans wurde für abgesetzt erklärt und Sten Sture noch einmal zum Reichsverweser ernannt. Auch nach dessen Tod 1503 ging der Kampf zwischen den Unionsanhängern und der schwedischen Nationalpartei weiter.

Der neue Reichsverweser, Svante Nilsson, trug ebenfalls den Namen Sture, war mit seinem Vorgänger aber nicht verwandt. Noch 1497 hatte er zu den Magnaten gehört, die den Griff von König Hans auf die schwedische Krone unterstützt hatten. Später versöhnte er sich mit Sten Sture und setzte nun als Regent dessen antidänische, auf die Unabhängigkeit Schwedens bedachte Politik fort. Seit 1506 befand sich das Land wieder fortdauernd im Krieg mit Dänemark, wobei es auf lübische Unterstützung zählen konnte. Als Svante Sture 1512 unvermittelt starb, setzte sich im Reichsrat nochmals die prodänische Gruppe durch. Doch der zum Reichsverweser ausersehene Erik Trolle wurde bereits 1513 durch Svantes Sohn Sten Sture den Jüngeren gestürzt und der Reichsrat entmachtet. Der damals erst 21-jährige Sture hatte im Vorfeld des Staatsstreichs seine Namensgleichheit mit Sten Sture dem Älteren für eine wirkungsvolle Propaganda genutzt, die ihm die Unterstützung der schwedischen Bauernschaft und der Unionsgegner für seinen Putsch einbrachte. Doch auch Sten Sture der Jüngere saß keineswegs fest im Sattel. Noch war der Kampf zwischen Befürwortern und Gegnern der Union in Schweden nicht entschieden.

Die norddeutschen Territorien im späten Mittelalter

Das Zusammenwachsen von Schleswig und Holstein

Im Laufe des 13. Jahrhunderts gelang es den Grafen von Holstein, in ihrer Grafschaft den Weg zur Landesherrschaft einzuschlagen. Die Entwicklung Holsteins zu einem Territorium war ein Vorgang, wie er sich zu dieser Zeit überall im Deutschen Reich vollzog. Dabei wurden durch die Bündelung einer Fülle von Herrschaftsrechten in einer Hand konkurrierende Herrschaftsträger aus einem räumlich umgrenzten Gebiet verdrängt oder zur Unterordnung gezwungen. Im Falle Holsteins war der Aufbau der Landeshoheit für die Grafen erst durch den Sturz Heinrichs des Löwen und dem damit einhergehenden Zerfall der herzoglichen Machtstellung möglich geworden. Das Gerichtswesen, die Landesverteidigung und die Erhebung von Steuern und Zöllen waren in Holstein nun neben weiteren Rechten in der Hand der Grafen vereinigt. Betroffen war davon auch die bisherige Selbstverwaltung der freien Bauern, die ihre politischen Rechte auf den vier regionalen Godingen, den Gauversammlungen, ausgeübt hatten. Die Macht der Overboden, der höchsten Volksbeamten im Gau, stand jetzt unter der des Grafen.

Sichtbar wurde die landesherrliche Stellung der holsteinischen Grafen nicht zuletzt in den Teilungen des Landes, die im späten 13. Jahrhundert einsetzten. War die Grafschaft ursprünglich ein übertragenes Amt, so wurde sie jetzt von ihren Inhabern als Privatbesitz angesehen, der entsprechend dem deutschen Erbrecht geteilt werden konnte. Seit 1273 zerfiel das regierende Haus der Schauenburger in eine Kieler und eine Itzehoer Linie, die sich in den folgenden Generationen noch weiter in eine Segeberger, Plöner, Schauenburger und Rendsburger Linie aufteilten. Nur wenige Bereiche wie die Landesverteidigung blieben als gemeinsame Aufgaben bestehen. Den Gedanken der Einheit des Landes hielt in dieser Situation vor allem der Dienstadel hoch, der sich als Ritterschaft ständisch zu organisieren begann. Erst ab 1390 war nach dem Aussterben der meisten schauenburgischen Familienzweige der größte Teil des Landes wieder unter der Rendsburger Linie vereinigt. Davon abgeteilt blieb die Herrschaft Pinneberg, die erst 1640 an Holstein zurückfiel.

Das dänische Herzogtum Schleswig, das einst als Abfindung für jüngere Königssöhne eingerichtet worden war, hatte sich im Laufe des 13. Jahrhunderts immer mehr verselbstständigt. Daran hatten nicht zuletzt auch die Grafen von Holstein Anteil, die die Unabhängigkeitsbestrebungen der mit ihnen verwandten Herzöge unterstützten. Aus einem dänischen Landesteil wurde dadurch ein dänisches Lehen, das nur noch mittelbar mit dem übrigen Dänemark in Verbindung stand. Als das dänische Königshaus unter Christoph II. auf dem Tiefpunkt seiner Macht anlangte, konnte Graf Gerhard III. von Holstein-Rendsburg 1326 – wie bereits berichtet – Schleswig erstmals mit Holstein vereinigen. Er erhielt das Herzogtum als erbliches Fahnenlehen aus der Hand seines Mündels, dem jungen König Waldemar III.

In dieser Zeit wanderten viele holsteinische Adlige nach Schleswig ein, wo sie sich mit ihren dort ansässigen Standesgenossen verschwägerten. Die Bildung einer gemeinsamen schleswig-holsteinischen Ritterschaft zeichnete sich ab, was die allmähliche Verschmelzung der beiden Länder förderte. Neben dem Adel gelangten auch verstärkt deutsche Kaufleute, Handwerker und Bauern nach Schleswig, wo mit ihnen zugleich die niederdeutsche Sprache vordrang.

Auch nach der Ermordung Gerhards 1340 blieb der größte Teil Schleswigs als Pfandbesitz in der Hand der Holsteiner Grafen. Mehrere Versuche König Waldemar Atterdags, die Rückkehr Schleswigs zu Dänemark militärisch zu erzwingen, blieben erfolglos. Königin Margarete, die zu dieser Zeit noch mit den Mecklenburgern um Schweden kämpfte, suchte zunächst den Ausgleich mit den Schauenburgern. 1386 erfolgte eine erneute feierliche Belehnung mit dem Herzogtum Schleswig, die 1396 nochmals bestätigt wurde. Doch insgeheim gaben weder Margarete noch ihr Mitregent Erik von Pommern das alte Ziel der dänischen Könige auf, Schleswig wieder enger an ihr Reich zu binden. Ab 1404 nutzten sie eine Schwächeperiode des Schauenburger Grafenhauses zum Versuch, ihnen Schleswig zu entreißen. 1410 begann ein 25-jähriger, wenn auch mit Unterbrechungen geführter Krieg um das Herzogtum. Unterstützung erhielt König Erik dabei auch von seinem Vetter Kaiser Sigismund, der sich in zwei Schiedsurteilen auf die Seite Dänemarks schlug. Dagegen erhielten die holsteinischen Grafen Beistand von den Hansestädten, die mit Erik um die wirtschaftliche Vormachtstellung im Ostseeraum kämpften. Der Friede von Vordingborg 1435 bestätigte den zwischenzeitlich allein regierenden Grafen Adolf VIII. den Besitz des größten Teils von Schleswig. Fünf Jahre später erhielt er aus der Hand des neuen

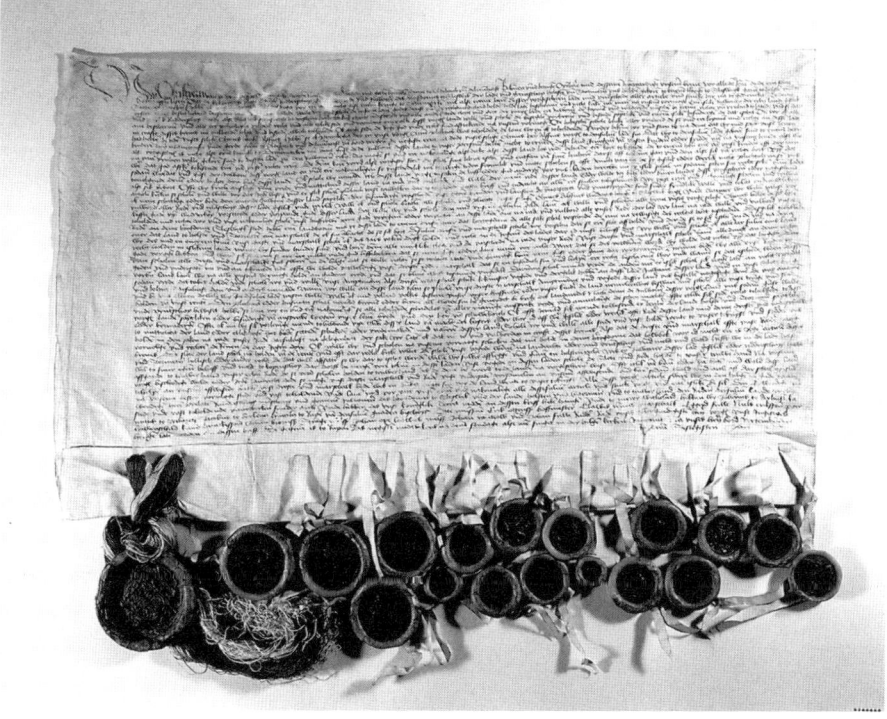

Der Ripener Vertrag von 1460 begründete die fortdauernde Einheit von Schleswig und Holstein und ihre Verbindung mit Dänemark.

dänischen Königs Christoph III. ganz Schleswig als erbliches und unbeschränktes Lehen.

Unter Adolf VIII. erreichte die Einwanderung niederdeutscher Bauern in Schleswig ihren Höhepunkt. Sie besiedelten vor allem die Gebiete südlich der Schlei. Auch der holsteinische Adel erwarb hauptsächlich im Südosten des Landes großen Grundbesitz, während deutsche Handwerker und Kaufleute vielfach die Städte in Schleswig prägten. Die niederdeutsche Sprache hielt nicht nur im Wirtschaftsleben, sondern auch in Verwaltung und Kirche ihren Einzug.

Adolf VIII. war indessen kinderlos, sein Haus stand damit vor dem Aussterben. Sein Wunschkandidat als Nachfolger war sein Neffe Christian von Oldenburg, der seit 1448 die dänische Königskrone trug. Damit stand unter veränderten Vorzeichen nicht nur die Vereinigung von Schleswig, sondern auch von Holstein mit Dänemark im Raum. Nach dem Tod Adolfs wurde Christian 1460 auch tatsächlich von den Ständen zum Herzog von Schleswig und Grafen von Holstein gewählt. Allerdings setzen sie zuvor im Vertrag von Ripen eine Reihe von wichtigen Bedingungen durch. Schleswig und Holstein waren künftig nur durch die Person des gemeinsamen Herrschers, also durch Personalunion, mit Dänemark verbunden, während die beiden Länder selbst eine Realunion bildeten. Im Vertrag hieß es dazu in einer berühmten Formulierung, «dat se bliven evig tomasende ungedeelt». Die Stände, und unter ihnen vor allem die Ritterschaft, wurden bei dieser Gelegenheit vom neuen Herrscher ausdrücklich anerkannt und mit wichtigen Privilegien ausgestattet. Sie sollten künftig die Einheit der beiden Länder verkörpern.

1474 erreichte Christian von Kaiser Friedrich III. die Erhebung Holsteins zum Herzogtum, das als Fahnenlehen zu einem reichsunmittelbaren Territorium erklärt wurde. Mit der Rangerhöhung war zugleich die staatsrechtliche Stellung Holsteins im Deutschen Reich für die Zukunft festgelegt.

Nach dem Tode Christians 1481 hätten die schleswig-holsteinischen Stände am liebsten anstelle des neuen dänischen Königs Johann dessen jüngeren Bruder Friedrich zum Herzog gewählt und damit die Selbstständigkeit der beiden Herzogtümer noch untermauert. Da Johann sich aber nicht zur Seite drängen ließ, wurden beide Fürsten gemeinsam zu neuen Landesherren bestimmt. Als Friedrich 1490 mündig wurde, setzte die Königinwitwe Dorothea gegen den Willen der Ritterschaft die Teilung des Landes durch. Die Herzogtümer zerfielen jetzt in einen Königlichen und einen Herzoglichen Anteil. Friedrich, der als Jüngerer das Recht des ersten Zugriffs besaß, entschied sich für die nach dem Hauptschloss «Gottorfer Anteil» benannte Hälfte, während Johann den «Segeberger Anteil» erhielt. 1544, 1564, und 1581 folgten weitere Teilungen. Dass die übergeordnete Einheit des Landes trotz allem auch für die Zukunft erhalten blieb, lag hauptsächlich an den Ständen, «die bei jedem Anlass das Gefühl der Zusammengehörigkeit betonten und stärkten» (BRANDT, S. 121).

Mecklenburg zwischen Großmachtansprüchen und Kleinstaatlichkeit

Früher noch als im benachbarten Holstein schritten die Fürsten in Mecklenburg zur Teilung ihres ererbten Landes. Nach dem Tode Heinrich Borwins 1227 begründeten seine Enkel bald nach 1229 die vier getrennten Herrschaften Mecklenburg, Werle, Rostock und Parchim. Daneben gab es die eigenständige Grafschaft Schwerin sowie die freilich flächenmäßig kleinen Territorien der Bistümer Ratzeburg und Schwerin im Gebiet des heutigen Mecklenburg. Von diesen Landesherrschaften setzte sich seit etwa 1300 das eigentliche Mecklenburg als stärkste Kraft durch. Der dort regierende Heinrich II. erhielt um 1299 das Land Stargard als Heiratsgut von seinem brandenburgischen Schwiegervater Albrecht. Als dessen Nachfolger Woldemar das Land zurückforderte, konnte Heinrich es 1316 mit Waffengewalt behaupten. Außerdem gelangte ab 1319 die Herrschaft Rostocks an Mecklenburg. Diese war 1314 von Dänemark gekauft worden, doch sah sich König Erik Menved schon bald genötigt, den Besitz als Gegenleistung für mecklenburgische Kriegshilfe an Heinrich zu verpfänden. 1323 wurde dieser Pfandbesitz in ein erbliches Lehen umgewandelt.

Unter Heinrichs Söhnen Albrecht II. und Johann I. setzte sich der Aufstieg des Hauses weiter fort. Als Dank für die Hilfe, die die beiden Karl IV. im Kampf um die Kaiserkrone geleistet hatten, wurde Mecklenburg 1348 zum reichsunmittelbaren Herzogtum erhoben. 1352 beschlossen die Brüder allerdings die Teilung des Landes. Während Johann die Linie Stargard begründete, wurde Albrecht zum Ahnherrn des Hauses Mecklenburg-Schwerin. Die Grafschaft Schwerin gelangte 1358 durch Kauf in seinen Besitz, indem er eine verzwickte erbrechtliche Situation für sich zu nutzen verstand. Das im Schweriner See gelegene Schloss zog Albrecht seitdem seinem bisherigen Residenzort Wismar vor. Das Schloss sollte fünfeinhalb Jahrhunderte lang bis zu ihrem Sturz 1918 Sitz der regierenden Dynastie bleiben.

Die machtpolitischen Ziele Albrechts II. gingen – wie bereits berichtet – weit über die Grenzen Mecklenburgs hinaus. Dank seiner dynastischen Verbindungen mit dem schwedischen und dem dänischen Königshaus konnte er hoffen, dass seine Familie einmal den Ostseeraum beherrschen würde. Doch bereits 1389, nur zehn Jahre nach seinem Tod, brach die nordische Machtstellung seines Hauses mit der Schlacht von Falköping wieder zusammen. Die Kräfte Mecklenburgs reichten letztlich nicht aus, um die weit reichenden Herrschaftspläne absichern zu können. Der abgesetzte schwedische König Albrecht III., der 1405 auch förmlich auf sämtliche Thronrechte verzichtete, regierte von 1395 bis zu seinem Tod 1412 wieder von Schwerin aus sein kleines mecklenburgisches Reich.

Sein Sohn Albrecht V. und dessen Vetter Johann IV., die gemeinsam regierten, stifteten 1419 zusammen mit der Stadt Rostock die Universität der Hansestadt. Die Hochschule war die erste im gesamten Ostseeraum. Ein halbes Jahrhundert lang, bis zur Gründung der ersten Universitäten in Schweden und Dänemark, war die Universität Sammelpunkt der Studenten aus Skandinavien. So konnte Mecklenburg noch einmal eine führende Rolle im nördlichen Europa einnehmen, zwar nicht in machtpolitischer, aber dafür in geistiger Hinsicht.

Als 1436 der letzte Fürst von Werle starb, nahmen die Herzöge von Schwerin und Stargard aufgrund einer 1418 mit Werle vereinbarten Erbverbrüderung das Land in gemeinsamen Besitz, doch erhob auch der Kurfürst von Brandenburg als Lehnsherr Ansprüche. Der Konflikt wurde 1442 durch einen Vertrag gelöst, in dem Brandenburg seine Lehnshoheit aufgab, dafür aber für den Fall eines Erlöschens der mecklenburgischen Dynastie Erbansprüche auf ganz Mecklenburg erwarb. Da 1471 auch die Stargarder Linie ausstarb, standen die verschiedenen mecklenburgischen Landesteile nach 240 Jahren erstmals wieder unter einer gemeinsamen Obrigkeit.

Die Machtstellung der Herzöge war allerdings nicht besonders stark. Um ihre auswärtige Politik und ihre kostspielige Hofhaltung finanzieren zu können, hatten die Herzöge der verschiedenen Linien einen Großteil ihrer Einkünfte und Rechte an den landsässigen Adel vergeben, verpfändet oder verkauft. Herzog Heinrich der Dicke, der von 1422 bis 1477 regierte, hatte am Ende sogar sein Tafelsilber veräußern müssen. Der grundbesitzende Adel, der sich schon im ausgehenden 13. Jahrhundert ständisch zu organisieren begonnen hatte, verfügte daher in Mecklenburg über sehr viel Macht und Einfluss. Hauptverlierer waren in dieser Situation die Bauern, die ganz unter die Herrschaft des Adels gerieten und deren wirtschaftliche und rechtliche Stellung sich dadurch immer mehr verschlechterte.

Neben dem Adel hatten auch die Städte und die Geistlichkeit Anteil an der ständischen Mitregierung in den Herzogtümern. Die zwei größten und wirtschaftlich stärksten Städte, Rostock und Wismar, hielten sich allerdings

*Die Hansestadt Wismar gehörte zu Mecklenburg, war 1256–1358 sogar
Residenzort, verfügte aber lange Zeit über große Selbstständigkeit.*

abseits. Die beiden Hansestädte waren zwar nicht wie Lübeck reichsfrei geworden, aber hatten sich dennoch im 14. und 15. Jahrhundert ein gehöriges
Maß an Selbstständigkeit erworben, das sie auch gegen den Landesherrn zu
behaupten wussten. Ein Versuch, die Rechte Rostocks zu schmälern, endete
noch 1487 in einem Bürgeraufstand, der den Herzog aus der Stadt trieb.

Pommern zwischen Lehnsabhängigkeit und Reichsunmittelbarkeit

Die Herzöge von Pommern, deren Land seit etwa 1214 in eine südliche
Stettiner und eine zur Ostsee gewandte Demminer Hälfte zerfiel, hatten
zwar nach der Schlacht von Bornhöved ihre dänische Lehnsabhängigkeit
abstreifen können, mussten stattdessen aber 1250 die brandenburgische
Lehnshoheit anerkennen. Das Erlöschen der Demminer Linie 1264 führte
unter Herzog Barnim I. zur Vereinigung der beiden Landesteile, doch schon
1295 kam es erneut zur Teilung. Barnims Söhne Bogislaw IV. und Otto I.
begründeten die Herzogtümer Pommern-Wolgast und Pommern-Stettin.
Dank einer Erbverbrüderung zwischen der Wolgaster Linie und dem letz-
tem Fürsten von Rügen fiel 1325 auch das Gebiet des rügischen Fürstentums an Pommern.

Die Geschichte Pommerns im 14. und 15. Jahrhundert wird weitgehend vom Dauerkonflikt mit dem Kurfürstentum Brandenburg beherrscht. Dabei ging es zum einen um den Besitz der Uckermark und des unteren Odertals, zum anderen um die brandenburgischen Lehnsansprüche auf Pommern. In beiden Fragen behielt Brandenburg das bessere Ende für sich. 1348 erreichten die pommerschen Herzöge zwar von Kaiser Karl IV. die Anerkennung ihrer Reichsunmittelbarkeit, doch schlug sich sein Sohn Sigismund 1417 wieder auf die Seite des Kurfürstentums, wo inzwischen die Hohenzollern regierten.

Große praktische Bedeutung erlangte die Frage, als zwischen 1459 und 1464 zwei der damals drei pommerschen Herzögshäuser erloschen. Zunächst starb Erik, der ehemalige nordische Unionskönig, der 1449 von Gotland in seine alte Heimat zurückgekehrt und seinen Lebensabend als Herzog von Pommern-Stolp verbracht hatte. Sein Herrschaftsbereich fiel unter Vermittlung Brandenburgs als gemeinsamer Besitz an die beiden anderen Häuser Stettin und Wolgast. 1464 wurde dann der erst 19-jährige Otto von Pommern-Stettin das Opfer einer damals grassierenden Pestepidemie. Nun forderte Brandenburg das Herzogtum als erledigtes Lehen für sich, während die Herzöge von Pommern-Wolgast auf ihr Erbrecht pochten. Der darüber 1468 ausgebrochene Krieg dauerte mit Unterbrechungen zehn Jahre. 1479 nahm Bogislaw X., der seit 1478 nach dem Tod seines Onkels und seiner Brüder der letzte noch lebende pommersche Herzog war, ganz Pommern von Brandenburg zu Lehen. Die Eroberungen, die die Kurfürsten bis dahin gemacht hatten, so vor allem Schwedt, blieben brandenburgisch.

1493 gelang Bogislaw X. im Vertrag von Pyritz noch eine wichtige Korrektur. Die brandenburgische Lehnshoheit wurde nun faktisch auf ein Erbfallrecht reduziert, so dass Pommern in allen übrigen Beziehungen als reichsunmittelbares Herzogtum gelten konnte. Auch sonst erwies sich Bogislaw, der den Beinamen der Große erhielt, als starke Herrscherpersönlichkeit, der die Landesverwaltung modernisierte, den Landfrieden förderte und Städte und Adel zur Anerkennung seiner Hoheitsrechte brachte. Auch das bis dahin reichsunmittelbare Bistum Kammin, dessen Territorialbesitz Hinterpommern in zwei Teile trennte, konnte er in den 1490er Jahren der pommerschen Landesherrschaft unterwerfen. So konnte Pommern als mittelgroßes Territorium eigentlich einer gesicherten Zukunft entgegensehen. Nur das brandenburgische Erbrecht stand drohend im Hintergrund.

6.
Das Zeitalter der Reformation im Ostseeraum

Zeittafel

1513–1523	Christian II., letzter Unionskönig
1520	Stockholmer Blutbad
1522–1531	Durchsetzung der Reformation in Norddeutschland
1523–1560	König Gustav Vasa von Schweden
1525	Preußen wird weltliches Herzogtum und lutherisch
1525/26	Gescheiterte Umwälzung in Danzig
1527	Schwedischer Reformationsreichstag von Västerås
1533–1535	Jürgen Wullenwever Bürgermeister von Lübeck
1534–1536	Grafenfehde
1535–1559	König Christian III. von Dänemark
1536	offizielle Einführung der Reformation in Dänemark
1539	Sieg des Luthertums in den baltischen Ländern
1539/41	Errichtung der schwedischen Staatskirche
1557	Lübecker Hansetag mit Versuch einer Reorganisation der Hanse
1558–1583	Livländische Kriege
1559	Zulassung des lutherischen Glaubens in Polnisch-Preußen
1561	Auflösung des livländischen Ordensstaates, Bildung des Herzogtums Kurland
1563–1570	Nordischer Krieg
1569	Union von Lublin
1576/77	Danziger Krieg
1587–1632	König Sigismund III. Vasa von Polen, 1592–1604 auch König von Schweden
1598	Schließung des Londoner Stalhofs durch Königin Elisabeth
1588–1648	König Christian IV. von Dänemark
1600–1609	Schwedisch-polnischer Krieg um Livland

Das Ende der Kalmarer Union

Christian II., der letzte Unionskönig

Der letzte König der Kalmarer Union, der gleichzeitig in den drei Ländern Dänemark, Norwegen und Schweden herrschte, war Christian II., der Sohn von König Hans. Er hat den Beinamen «der Böse» erhalten, eine Bezeichnung, mit der in der Geschichte nur wenige Herrscher bedacht worden sind. Es hat weitaus schlimmere Despoten gegeben, die auf der anderen Seite als «groß» gelten, wie etwa Zar Peter von Russland, weil sie Erfolg hatten. Die Geschichte wird von den Siegern geschrieben, und Christian erwies sich trotz mancher Talente als ein Verlierer, nicht zuletzt, weil er wenig Gelegenheiten ausließ, sich zwischen alle Stühle zu setzen. Christian II. regierte insgesamt nur zehn Jahre lang, von 1513 bis 1523. Mehr als ein Drittel seines 78 Jahre währenden Lebens verbrachte er dagegen hinter Gefängnismauern.

Seit 1506 residierte Christian im Auftrag seines Vaters als Vizekönig in Norwegen, wo er einen antidänischen Aufstand mit rücksichtsloser Härte niederschlug. 1513, noch im gleichen Jahr, in dem er den Thron bestieg, heiratete er Elisabeth von Österreich, die Schwester des künftigen Kaisers Karl V. Seine niederländische Mätresse, genannt Dyveke (Täubchen), die er in seiner Zeit als Vizekönig in Norwegen kennengelernt hatte, blieb auch nach der Eheschließung in seiner Nähe. Weniger diese Tatsache an sich als die hervorgehobene Rolle von Dyvekes Mutter, der ehemaligen Hökerin Sigbrit Willoms, erregte Anstoß bei den dänischen Magnaten. Sie amtierte als eine Art Finanzministerin, seit 1516 verwaltete sie alle Zölle des Reiches – «und das nicht zum Schaden der Krone» (BOHN, S. 45). Es kränkte die Großen des Landes, dass eine Bürgerliche aus einfachsten Verhältnissen, die zudem aus ihrer Abneigung gegen den Adel keinen Hehl machte, so viel Macht und Einfluss besaß. Als 1517 Dyveke möglicherweise durch Gift ums Leben kam, ließ Christian den adligen Hauptverdächtigen vor ein Bauerngericht stellen und wegen anderer Delikte zum Tode verurteilen. Die Hinrichtung bedeutete den Bruch zwischen Adel und König.

*Christian II. stellte die Union der nordischen Königreiche kurzzeitig wieder her,
verlor jedoch 1523 die Macht und verbrachte ab 1531 den Rest seines Lebens in
Gefangenschaft.*

In Schweden dauerte unterdessen der Machtkampf zwischen der Partei
des Reichsverwesers Sten Sture d.J. und den Unionsanhängern, die sich
um den neuen Erzbischof von Uppsala Gustav Trolle scharten. Als Christian II. im Sommer 1517 eingriff und mit einem Heer bei Stockholm landete,
wurde er von Sten Sture geschlagen. Ein Reichstag in Stockholm erklärte
daraufhin den Erzbischof für abgesetzt, seine feste Burg Stäket wurde erobert und er selbst gefangen genommen. Auch ein erneuter Feldzug Christians 1518 endete mit einer Niederlage des dänischen Heeres, doch gelang es
ihm im Jahr darauf, den Papst auf seine Seite zu ziehen. Dieser verhängte
wegen des Angriffs auf den Erzbischof den Bann über Sten Sture und das

Interdikt über Schweden. Christian konnte nun als Vollstrecker des Bann-spruchs auftreten. Anfang 1520 siegte seine Armee auf dem Eis des Åsun-den-Sees westlich Jönköping über das Aufgebot Sten Stures. Dieser starb zwei Tage nach der Schlacht an den Folgen einer schweren Verwundung. Seine Witwe Christina Gyllenstierna konnte noch bis September Stockholm verteidigen, während die Mehrheit der Geistlichkeit und des Hochadels be-reits im März Christian gegen ein Amnestieversprechen als König aner-kannte. Die Zusage der Straffreiheit erhielt auch Christina für sich und ihre Anhänger, als sie schließlich kapitulierte.

Am 4. November wurde Christian in Stockholm von Gustav Trolle ge-krönt. In unmittelbarem Anschluss an die Krönungsfeierlichkeiten klagte der Erzbischof am 7. November den toten Sten und seine Helfer wegen ih-rer Verbrechen gegen die Kirche der Ketzerei an. Damit war Christian seiner Zusagen ledig, denn Ketzern gegenüber brauchte das Amnestieversprechen nicht gehalten zu werden. Bereits am 8. November fällte ein geistliches Ge-richt unter Vorsitz Trolles ein entsprechendes Urteil. Die Ausführung oblag entsprechend dem kanonischen Recht dem weltlichen Arm, das heißt Chris-tian II., der am 8. und 9. November auf dem Stockholmer Großmarkt rund 100 Menschen hinrichten ließ, darunter zwei Bischöfe, mehrere Reichsräte, viele niedere Adlige sowie den Bürgermeister und viele Bürger der Stadt Stockholm, die in der Anklageschrift gar nicht aufgeführt waren. Auch Sten Stures Leiche wurde exhumiert und verbrannt. Der als «Stockholmer Blut-bad» in die Geschichte eingegangene Justizmord war «die Generalabrech-nung König Christians mit den Gegnern der nordischen Union überhaupt» (BRANDT, in: HEG, Bd. 3, S. 974).

Das Blutbad wurde zum Wendepunkt in Christians Leben, denn das Ver-brechen erwies sich als schwerer politischer Fehler. Die Partei der Sture-anhänger war zwar schwer getroffen, aber keineswegs vernichtet worden, und sie hatte nun einen Agitationsstoff sondergleichen in ihrer Hand. Zum Führer der schon im März 1521 offen zutage tretenden Aufstandsbewegung wurde der damals etwa 25-jährige Gustav Erikson Vasa, eine der größten po-litischen Begabungen, die Schweden je hervorgebracht hat.

Gustav Vasa – schwedischer Reichsverweser und König

Gustav Vasa war ein Neffe von Christina Gyllenstierna; sein Vater und sein Schwager gehörten zu den Hingerichteten. Er hatte überlebt, weil er bereits 1519 als Geisel nach Jütland gekommen war, von wo aus er als Ochsentrei-

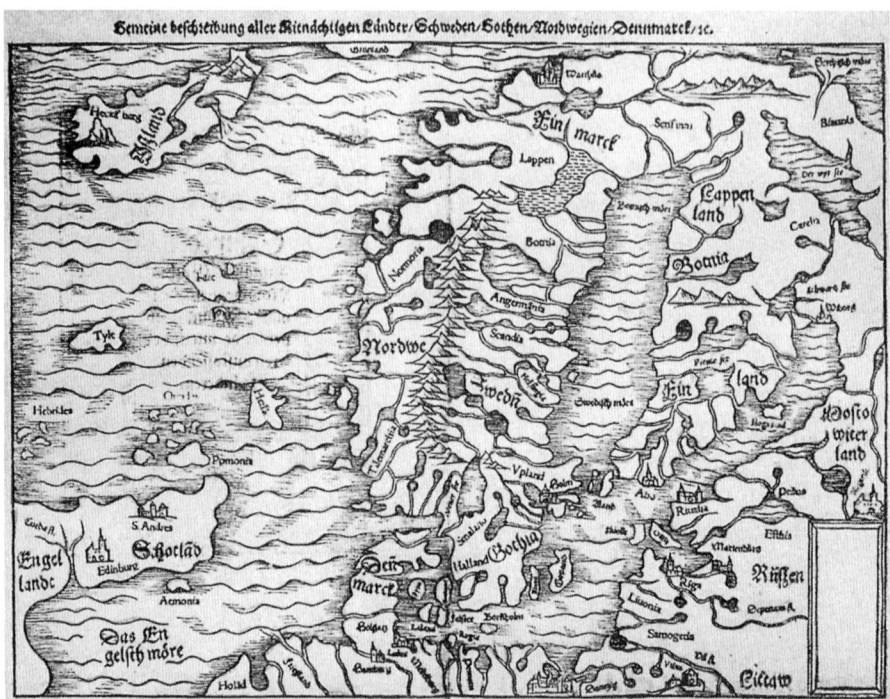

Eine Karte von der Nordsee und Ostsee aus der Cosmographia von Sebastian Münster aus dem Jahre 1544, die schon eine gute Kenntnis der Geographie der Ostsee verrät.

ber verkleidet nach Lübeck hatte fliehen können. Dort hatte er bei den Schwedenhändlern Geld und Hilfszusagen erhalten. Seit dem Sommer 1520 lebte er im Verborgenen in Schweden. Unterstützung fand der glänzende Redner und begabte Organisator zunächst bei den Bauern von Dalarna, denen sich schnell die Bergleute vom Kupferberg (Stora kopparberget) anschlossen. Sein wachsender Erfolg veranlasste auch die Vertreter der Reichsaristokratie dazu, in das Lager von Gustav Vasa zu wechseln. Im August 1521 wurde er auf einem Herrentag in Vadstena zum Reichsverweser gewählt. Die wichtigsten Küstenplätze, vor allem Stockholm und Kalmar, sowie große Teile Finnlands blieben allerdings weiter in dänischer Hand.

In dieser Situation gab die veränderte Haltung Lübecks den Ausschlag. Der Rat der Hansestadt hatte bis dahin gegenüber Christian eine eher wohlwollende Neutralität gezeigt, sah sich aber in der Hoffnung getrogen, dass der dänische König im Gegenzug seine hollandfreundliche und antihansische Zoll- und Wirtschaftspolitik revidieren werde. Lübeck, der sich auch die wendischen Städte sowie Danzig anschlossen, griff dem schwedischen Reichsverweser mit Waffenlieferungen und Krediten unter die Arme. Auch die lübische Flotte stach im Sommer 1522 in See.

Ungeachtet der schwierigen Lage in Schweden verschärfte Christian II. mit einer antiadligen Gesetzgebung auch noch den Konflikt im eigenen Land. 1522 wurde der Außenhandel des Adels und des Klerus mit landwirtschaftlichen Produkten zugunsten der Städte eingeschränkt. Das traf insbesondere den jütlandischen Adel, der mit der Ausfuhr von Ochsen nach Norddeutschland blendende Geschäfte machte. Von Jütland ausgehend bildete sich nun eine Fronde, die schließlich auch den Onkel Christians, Herzog Friedrich von Schleswig-Holstein, für sich gewinnen konnte. Er nahm im März 1523 die ihm angebotene Königskrone an und marschierte mit einem Heer Richtung Kopenhagen. Obwohl Christian II. das Bürgertum hinter sich wusste, wich er einem Kampf aus und verließ mit seiner Frau und Sigbrit Willoms an Bord eines Schiffes das Land Richtung Holland. Damit war die einst von Königin Margarete zu Stande gebrachte Union endgültig aufgelöst.

Anfang Juni 1523 trat in Strängnäs auch auf Betreiben Lübecks der schwedische Reichstag zusammen. Der Rat der Hansestadt wünschte die Bildung einer festen und anerkannten Regierung, die Garantien für die Rückzahlung der gewährten großen Darlehen bieten konnte. Der Reichstag wählte in Gegenwart lübeckischer Ratsherren Gustav Vasa zum König von Schweden; während der Krönungsmesse saßen die lübeckischen Gesandten zur Rechten des Königs in der Domkirche. Als Lohn für ihre Hilfe erhielt Lübeck nicht nur die alten hansischen Privilegien bestätigt, diese wurden sogar noch durch die Zusage völliger Zollfreiheit und eines faktischen Außenhandelsmonopols wesentlich erweitert. Noch im Juni konnte Gustav Vasa in Stockholm einmarschieren, Anfang Juli kapitulierte Kalmar, die letzte noch von Dänemark gehaltene Festung. Im folgenden Jahr kam schließlich auch ein formeller Friedensvertrag zustande, der den dänischen Gebietsstand auf der einen und das schwedische Königtum Gustav Vasas auf der anderen Seite garantierte.

Die Durchsetzung der Reformation in den Ostseeländern

Kaum ein Jahrzehnt nach Luthers Thesenanschlag an das Tor der Schlosskirche zu Wittenberg 1517 war fast der ganze Ostseeraum evangelisch-lutherisch oder zumindest im Begriff, es zu werden. Eine Ausnahme machten nur Polen und Litauen, wo sich der Katholizismus behaupten konnte, sowie das orthodoxe Großfürstentum Moskau, das aber trotz der Annexion von Nowgorod im eigentlichen Sinn noch kein Ostsee-Anrainer war.

Um 1500 häuften sich auch entlang der Ostseeküste die Klagen über den moralischen Verfall der Kirche und ihrer Institutionen, so in Wismar und Rostock, wo aus den Klöstern «plurima scandala» berichtet wurden. Vermutlich waren die Zustände im Allgemeinen nicht schlimmer als früher, aber die Wahrnehmung änderte sich, weil nicht nur die kirchliche Praxis, sondern die gesamten politischen, wirtschaftlichen und sozialen Verhältnisse als krisenhaft erlebt wurden. Mit der Entstehung des frühneuzeitlichen Fürstenstaates gerieten die überlieferten Beziehungen zwischen Fürsten, Adel, Bürgern und Bauern ins Wanken, wuchsen die Ansprüche der Obrigkeit an die Untertanen. Technologische und betriebswirtschaftliche Neuerungen beschleunigten den ökonomischen Wandel und trugen zur Ausbreitung des Frühkapitalismus bei. Die sogenannte «Preisrevolution», eine langfristige inflationäre Tendenz seit dem Ausgang des 15. Jahrhunderts, führte vor allem bei der einfachen städtischen Bevölkerung zu empfindlichen Kaufkraftverlusten. Mit der Entdeckung der Seewege nach Amerika, Afrika und Asien zeichnete sich zudem bereits eine Schwerpunktverlagerung des Handels von der Ostsee zu den westeuropäischen Küstengebieten ab. Die Erfindung des Buchdrucks erleichterte den Austausch von Ideen und trug wesentlich zur Enstehung einer überregionalen Öffentlichkeit bei, in der die Zeiterscheinungen kontrovers diskutiert wurden.

Es gab ein wachsendes Bedürfnis nach religiöser Vergewisserung, dem aber zunächst vor allem mit äußeren Frömmigkeitsformen wie Messstiftungen, Reliquienkult und dem massenhaften Vertrieb von Ablassbriefen entsprochen wurde. Diese mündeten in eine «Materialschlacht um das Seelenheil» (Mirow, S. 297). Das Auseinanderklaffen zwischen christlichen Idealen und kirchlichen Realitäten, die Sorge, dass die eigene Seele durch die kirchlichen Missstände Schaden leide, trieb immer mehr Menschen um.

Vor diesem sozial- und geistesgeschichtlichen Hintergrund erklärt sich die große Resonanz, die Luthers Thesen und Schriften fanden. Seine Botschaft vom gnädigen Gott, dem man sich als reuiger Sünder vorbehaltlos ausliefern könne, wirkte wie eine Befreiung von einem gewaltigen Druck, während seine Gleichsetzung des Papstes mit dem Antichristen als ein Generalschlüssel zur Erklärung allen Übels diente. Seit Beginn der 1520er Jahre traten in den Ostseestädten mit großem Erfolg evangelische Prediger auf, die vor allem das untere und mittlere Bürgertum für sich und ihre Sache gewannen. Die religiösen Anliegen mischten sich schnell mit politischen und sozialen Forderungen, nicht immer ging es gewaltfrei zu. Die Mehrzahl des in den Räten versammelten Patriziats, die meisten Fürsten und die alt-gläubige Geistlichkeit standen der Reformation zunächst feindlich gegen-über, mussten dem Druck von unten aber schließlich fast überall nachgeben.

Die Reformation im Baltikum

In Riga wurden auf Betreiben der Bürgerschaft schon 1522 zwei Pfarrstel-len mit Anhängern der Reformation besetzt. Reval und Dorpat folgten in den beiden folgenden Jahren, wobei es hier wie in Riga und anderen Orten auch zu schweren Ausschreitungen kam. Kirchen wurden verwüstet, Altäre zer-schlagen, Klöster geplündert und ihre Bewohner vertrieben. Die inzwischen bereits evangelisch gesinnten Magistrate nutzten die Gelegenheit, um ab Mitte der zwanziger Jahre die Hoheit über die kirchlichen Angelegenheiten an sich zu ziehen. Das kirchliche Vermögen wurde vielerorts eingezogen und neue Gottesdienstordnungen wurden erlassen. Auch das Recht zur Stel-lenbesetzung ging auf die Magistrate über. Als die Städte Anfang 1533 auf einem Landtag die lutherische Glaubenslehre als verbindlich annahmen, er-reichte die Reformation in den livländischen Städten bereits einen gewissen Abschluss.

Der Landesherr, der livländische Zweig des Deutschen Ordens, besaß nicht die Kraft, diese Entwicklung aufzuhalten. Auch unter seinen Ordens-rittern gab es viele, die innerlich evangelisch eingestellt waren, allerdings konnte der Ordensmeister Wolter von Plettenberg einen offenen Abfall vom alten Glauben verhindern. Auch die Ritterschaft der geistlichen Stifte war in der Frage der Reformation zunächst gespalten. Die Bilderstürme in den Städten und die Furcht vor Bauernunruhen mahnten zur Vorsicht. Das all-mähliche Einschwenken des gesamten Adels auf die evangelische Linie, die sich in den dreißiger und vierziger Jahren vollzog, sicherte der Reformation zugleich den Sieg auf dem flachen Land, wo den Gutsherren über das Patro-natsrecht auch die Besetzung der Pfarrstellen zustand.

Preußen wird weltliches Herzogtum

Die verhältnismäßig rasche Durchsetzung der Reformation in Livland lag auch an dem starken Einfluss, der von dem benachbarten Preußen ausging. Hier hatte der letzte Hochmeister Albrecht von Brandenburg 1520 die erm-ländische, das heißt zu Polnisch-Preußen gehörende Stadt Frauenburg im

Handstreich erobert. Der folgende «Reiterkrieg» verwüstete das Land, ohne dass eine der kriegführenden Parteien eine militärische Entscheidung zu ihren Gunsten erzielte.

Albrecht geriet aber schnell in finanzielle Bedrängnis und sah sich deshalb gezwungen, um Waffenstillstand nachzusuchen. Während eines mehrjährigen Aufenthaltes in Deutschland, bei dem er vergeblich nach neuen Geldquellen Ausschau hielt, nahm Albrecht auch mit Martin Luther Kontakt auf. Luther gab ihm schriftlich und dann auch bei einem persönlichen Treffen Ende 1523 den Rat, den Orden aufzulösen und Preußen in ein weltliches Fürstentum umzuwandeln.

Evangelische Prediger, die Luther nach Königsberg sandte, bereiteten in den folgenden Monaten die Reformation und damit auch den Boden für den beabsichtigten Staatsstreich des Hochmeisters vor. In Preußen hatte die Reformation schon sehr früh viele Anhänger gefunden, darunter auch den samländischen Bischof Georg von Polenz, der sich 1524 bereits öffentlich als Anhänger Luthers bekannte. Im April 1525 schloss Albrecht in Krakau Frieden mit Polen und schwor als weltlicher Fürst dem polnischen König Sigismund einen Lehnseid. Damit war der entscheidende Schritt zur Umwandlung des bisherigen Ordensstaates in ein weltliches und erbliches Fürstentum vollzogen.

Der Wechsel vom Hochmeisterstaat zum Herzogtum ging in Preußen ohne nennenswerten Widerstand vonstatten. Die meisten seiner einstigen Ordensbrüder gewann Albrecht bereits in Krakau für sich, indem er ihnen Vorteile beim Austritt aus dem Orden zusicherte. Als er im Mai 1525 in seine Residenzstadt Königsberg als Herzog Albrecht I. einzog und von den Anhängern der Reformation begeistert empfangen wurde, trat er gleichwohl ein schweres Amt an. Die finanzielle Situation des Landes hatte sich keineswegs gebessert, und auch seine Stellung gegenüber den Landständen blieb äußerst schwach. Die Stände forderten Einfluss auf die Regierung des Landes und neue Privilegien. Widerstand gab es auch von Seiten des Kaisers und des Papstes. Kaiser Karl V. klagte 1530 vor dem Reichskammergericht; dieses verhängte die Reichsacht über Albrecht. Der Papst forderte Albrecht auf, das Land zu verlassen. Nur eine Minderheit der Ordensritter blieb katholisch. Sie zogen nach Deutschland und setzten einen neuen Hochmeister, Walter von Kronberg, ein, der seinen Sitz in Mergentheim nahm. Allein, die Reichsacht zeigte in dem außerhalb des Reichsgebietes liegenden Preußen keine Wirkung. Die Mehrzahl der Ritter blieb im Land. Sie erhielten ehemaliges Ordensland zu Lehen, verheirateten sich und gingen im übrigen Adel auf.

Gescheiterte Umwälzung in Danzig

Auch in der größten Stadt Preußens, in Danzig, fand die Reformation früh entschiedene Anhänger. 1522 hielt der zuvor vom Bischof seines Amtes enthobene Geistliche Jakob Hegge die erste öffentliche Predigt im lutherischen Geist. Um Unruhen zu vermeiden, nötigte ihn der Rat noch im gleichen Jahr, die Stadt zu verlassen. Doch er konnte die Entwicklung damit nicht aufhalten. Denn inzwischen hatte sich eine Volksbewegung formiert, die nicht nur die religiösen, sondern auch die politischen Verhältnisse in Danzig grundlegend verändern wollte. Nachdem die Bürgerschaft zunächst den Rücktritt des bislang allmächtigen Bürgermeisters Ferber erzwungen hatte, kam es 1523 zum Aufstand und zum Bildersturm, dem ein Großteil der Innenausstattung der Kirchen zum Opfer fiel. Die Ratsherrschaft wurde beseitigt und zugleich die alte Kirchenordnung aufgehoben, der katholische Gottesdienst verboten und die Klöster aufgelöst.

Das gestürzte Patriziat fand sich allerdings mit der Niederlage nicht ab, sondern suchte die Hilfe des polnischen Königs Sigismund. Dieser zog im Frühjahr 1526 in die Stadt ein und stellte die alten Verhältnisse mit Gewalt wieder her. Die führenden Vertreter der neuen Ordnung wurden hingerichtet. Die im Juli 1526 vom König erlassene Stadtverfassung begründete die Herrschaft des Rates und der katholischen Kirche von Neuem. Die Anhänger Luthers wurden vor die Alternative Auswanderung oder Hinrichtung gestellt. Damit war die Reformation nicht nur in Danzig, sondern im ganzen königlichen Preußen vorerst gescheitert. Die Furcht vor einem erneuten Eingreifen des Königs verhinderte für drei Jahrzehnte, dass sich lutherische Gemeinden offen bildeten oder gar ganze Orte den Übergang zum evangelischen Glauben vollzogen. Unter der katholischen Oberfläche aber gewann die Reformation in den preußischen Städten immer mehr Anhänger, die im lutherischen Herzogtum Preußen einen starken Rückhalt gewannen.

Die Reformation in den deutschen Ostseestädten

Die Verknüpfung der religiösen Fragen mit sozialen und verfassungspolitischen Konflikten kennzeichnet auch die Entwicklung in den pommerschen und mecklenburgischen Städten sowie in Lübeck. Diese fast immer mit Tumulten verbundenen Auseinandersetzungen blieben selbst da nicht aus, wo wie in Stettin die Initiative zur Reformation vom Rat ausging. Die Ratsherren der pommerschen Hauptstadt wandten sich bereits 1522 an Martin

Luther und baten um die Entsendung eines evangelischen Predigers, was im Jahr darauf geschah. Der schwelende Streit um die Verteilung der Macht zwischen den Gilden und Gewerken auf der einen und der Ratsoligarchie auf der anderen Seite wurde hier seit 1525 durch den Königsberger Prediger Johann Amandus angeheizt, der zuvor bereits in Stolp einen Sturm auf Kirchen und Klöster angeführt hatte. In Stolp wie in Stettin griff schließlich Herzog Georg I. von Pommern ein, ein Gegner der neuen Lehre. Er nahm die katholische Geistlichkeit in Schutz, ließ aber in beiden Städten zugleich zu, dass weiter evangelisch gepredigt wurde.

In Stralsund, der größten Stadt Pommerns, gipfelten die Auseinandersetzungen zwischen Bürgerschaft und Patriziat 1524 in einem Sturm auf das Rathaus. Seither erhielt die Bürgerschaft durch einen Ausschuss Anteil am Stadtregiment. In der Karwoche 1525 verwüstete eine Volksmenge die Nikolaikirche und die Klöster der Stadt. In einer daraufhin einberufenen Bürgerversammlung erklärte sich die Mehrheit der Bevölkerung für die Reformation. Der um evangelische Parteigänger ergänzte Rat und der Bürgerausschuss beschlossen auf dieses Votum hin die offizielle Einführung der lutherischen Lehre in der Stadt. Noch im gleichen Jahr wurde eine Kirchen- und Schulordnung erlassen, die der Reformation eine feste rechtliche Grundlage gab.

In Wismar musste der Rat ebenfalls seit 1524 die Macht mit einem Bürgerausschuss teilen, der den Übergang zur neuen Lehre vorantrieb. Hier wie in Rostock konnten lutherische Prediger offen auftreten und unter dem Druck von unten sogar Pfarrstellen gewinnen, wenngleich die kirchlichen Verhältnisse noch mehrere Jahre in der Schwebe blieben. Seit 1531 wurde aufgrund eines Ratsbeschlusses an allen vier Rostocker Stadtkirchen der Gottesdienst nach evangelischer Ordnung gehalten. In Wismar bezeichnet die Schließung der Dominikanerkirche an Weihnachten 1534 den endgültigen Sieg der Reformation in der Stadt.

Mit am längsten kämpfte der Rat der Stadt Lübeck gegen das Vordringen der protestantischen Bewegung. Zwei lutherische Prediger wurden aus der Stadt verwiesen, reformatorische Schriften verboten. Das konservative Patriziat fürchtete innerstädtische Unruhen, Schwierigkeiten mit Kaiser Karl V. und schädliche Folgen für den Handel, wollte aber auch auf die geistlichen Pfründe nicht verzichten, die zur Versorgung von Verwandten dienten. Dennoch konnte die Stadtspitze nicht verhindern, dass der neue Glaube in der Bürgerschaft immer weiter um sich griff. Als der Rat 1528 zusätzliche Finanzmittel für den Krieg gegen Dänemark benötigte, setzten die Ämter, die Vertretungen der Gilden, die Bildung eines Ausschusses aus 64 Mitgliedern durch, der die Verwendung der Haushaltsgelder überwachen sollte. Dieser 64er Ausschuss, mit dem sich die nichtpatrizische Kaufmannschaft und die Handwerker ein zunehmend mächtiger werdendes Organ schufen, entwickelte sich zur Speerspitze der Reformation. 1530 setzte der Ausschuss die Rückberufung der beiden Prediger durch, bald darauf musste der Rat der Neuordnung des lübischen Kirchenwesens zustimmen.

Mit der Aufgabe wurde Johannes Bugenhagen betraut, der aus Pommern stammte und seit 1523 als Pfarrer der Stadtkirche von Wittenberg zu den engsten Vertrauten Luthers gehörte. Er hatte 1528 und 1529 bereits die evangelischen Kirchenordnungen von Braunschweig und Hamburg geschaffen. Parallel zur Arbeit von Bugenhagen machte sich der 64er Ausschuss an die Formulierung einer Art Verfassung aus 26 Artikeln, die den Rat in der auswärtigen Politik, der Gesetzgebung und bei Anleihen an die Zustimmung der Bürgerschaft band. Als die neue lutherische Kirchenordnung an Pfingsten 1531 in Kraft trat, hatte sich die Mehrheit des alten Rates mit den beiden ältesten Bürgermeistern Nicolaus Brömse und Hermann Plönnis bereits aus Lübeck abgesetzt.

Der einflussreichste Mann der Stadt war nun Jürgen Wullenwever, der sich als wichtigster Wortführer im 64er Ausschuss profiliert hatte. Der damals etwa 40-jährige Kaufmann war erst 1526 von Hamburg nach Lübeck gekommen, wo seine Frau herstammte. Im Februar 1533 kam er in den Rat, bereits einen Monat später wurde er zum Bürgermeister gewählt. Wullenwever hatte große Pläne. Ihm schwebte nichts Geringeres als die Wiederherstellung der lübischen Vormachtstellung im Ostseeraum gegen die dänische und niederländische Konkurrenz vor.

Ausbreitung des Luthertums in Schleswig-Holstein und Dänemark

Wie überall im Ostseeraum, so fasste auch in den schleswig-holsteinischen Herzogtümern sowie in Dänemark die neue Glaubenslehre zunächst in den Städten Fuß. Die Anfänge der Reformation in Dänemark sind vor allem mit dem Namen Hans Tausen verbunden, einem jungen Priester, der in Wittenberg studiert hatte und seit etwa 1525 mit großem Erfolg zunächst im jütländischen Viborg predigte. Als der zuständige Bischof protestierte, stellte König Friedrich I. Tausen einen persönlichen Schutzbrief aus. Seit 1529 wirkte Tausen als Prediger in Kopenhagen, wo er sich bemühte, die Reformation in geordneten Bahnen zu halten. Als eine Menschenmenge unter Führung des Kopenhagener Bürgermeisters Ambrosius Buchbinder die Ko-

Jürgen Wullenwever, Führer der protestantischen Partei in Lübeck, suchte die alte Stellung Lübecks wiederaufzurichten. Seine gewagte Politik endete in einem Debakel.

penhagener Marienkirche stürmte und die Heiligenbilder und Altartafeln zu zerbrechen begann, gebot Tausen dem Bildersturm Einhalt.

Obwohl Friedrich I. – ein Schwager Herzog Albrechts von Preußen – sich selbst nie zur evangelischen Lehre bekannte, hat er die reformatorische Bewegung doch stark begünstigt. Von Fall zu Fall stellte er in seiner Eigenschaft als König oder Herzog landesherrliche Schutzbriefe aus, um lutherischen Predigern freien Raum für ihre Aktivitäten zu geben. Eine grundlegende Neuordnung der kirchlichen Verhältnisse blieb dadurch zwar noch aus, doch setzte sich die Reformation bis etwa 1530 in den Städten faktisch weitgehend durch. Hier richtete sich die Empörung der gewerbetreibenden

Bürgerschaft insbesondere gegen die Bettelorden, die den Handel mit dem Umland stark unter ihre Kontrolle gebracht hatten. Nach einigen Gewaltausbrüchen gegen Mönche wurden die Bettelorden seit Ende der 1520er Jahre von Friedrich I. in Dänemark und den Herzogtümern aufgehoben und ihre Aufgaben in der Armen- und Krankenpflege den Städten übertragen.

In Schleswig und Holstein ging die Ausbreitung des Luthertums eher noch schneller vonstatten, weil hier Friedrichs Sohn Christian mitregierte. Er war ein offener Anhänger Martin Luthers und führte in den von ihm verwalteten Ämtern Hadersleben und Törninglehn 1528 offiziell die Reformation ein. Die als Haderslebener Artikel bekannt gewordene Kirchenordnung erlaubte bereits die Verehelichung der Pastoren, regelte Kultus und Kirchenzucht und ebnete den Weg für ein landesherrliches Kirchenregiment.

Reformation «von oben» in Schweden

In Schweden nahm die Reformation einen besonderen Verlauf. Anders als in den übrigen Ostseeländern gab es hier nur eine schwach ausgeprägte evangelische Bewegung von unten. Kirchliche Missstände wurden wenig empfunden, Bauern und Hochadel boten der Papstkirche einen starken Rückhalt. Hier war es der König, der aus innenpolitischen Gründen die Reformation von oben betrieb und gegen Widerstände auch gewaltsam durchsetzte.

In Wittenberg ausgebildete schwedische Theologen, an ihrer Spitze Olaus Petri, begannen Mitte der 20er Jahre mit Rückendeckung von Gustav Vasa, die lutherische Lehre zu predigen. Der König förderte die neue Verkündung hauptsächlich mit dem Ziel, seine noch ungesicherte Herrschaft auf eine feste Grundlage zu stellen. Dazu bedurfte es neben dem Aufbau einer effektiven Zentralverwaltung vor allem einer umfassenden Neuordnung der Staatsfinanzen, um sich aus der finanziellen und wirtschaftlichen Abhängigkeit Lübecks lösen zu können.

1527 rief Gustav Vasa den Reichstag von Västerås ein, bei dem auch die Anwesenheit lübischer Sendboten den Wünschen des Königs Nachdruck verlieh. In einer geschickten Rede lenkte Gustav Vasa den Blick der versammelten Ständevertreter auf das Kirchengut, mit dem sich sowohl der Geldbedarf der Krone als auch die Landforderungen des Adels befriedigen ließen. Während die Geistlichkeit gar nicht zu Wort kam, einigten sich Adel, Städte und Bauern daraufhin mit dem König auf den Rezess von Västerås. Die bischöflichen Schlösser gelangten dadurch in den Besitz des Königs, der die überschüssigen Einkünfte als dauernde Steuer erhielt. Die Klöster blieben erhalten, wurden aber an Adlige verlehnt. Ferner durfte der Adel nun unter bestimmten Voraussetzungen die Güter zurückfordern, die seit der Mitte des vorigen Jahrhunderts an die Kirche verschenkt worden waren.

Außerdem beschloss der Reichstag, dass das Wort Gottes in Schweden «rein und lauter» gepredigt werden solle; diese unbestimmte Formulierung gab dem lutherischen Bekenntnis freie Bahn. Schon 1526 hatte Olaus Petri ein Heft geistlicher Lieder im Geiste Luthers veröffentlicht, von denen viele noch heute zum schwedischen Kirchenliederschatz gehören.

Unter den von Natur aus eher konservativ gesinnten Bauern bestand großes Misstrauen gegen die kirchlichen Neuerungen. Dies machte sich die gegen Gustav Vasa bestehende Opposition aus alten Unionsfreunden und ehemaligen Stureanhängern zunutze. 1529 riefen Ture Jönson Tre Rosor, der erste Mann der weltlichen Aristokratie, und der Bischof Magnus von Skara das Landvolk in Småland und Västergötland zum Widerstand auf. Der Aufstand erfasste bald auch Östergötland und Hälsingland. Die Kirchenpolitik des Königs diente dabei als willkommener Agitationsstoff. Gustav Vasa schlug die Erhebung mit Gewalt, List und Überredung nieder, sah sich jedoch schon zwei Jahre später mit einem neuen Aufruhr konfrontiert.

Anlass war diesmal die Forderung des Königs, von jeder Kirche eine Glocke zugunsten der Staatskasse abzugeben. Da die Glocken im Volksglauben eine große Rolle spielten – insbesondere die Luft von bösen Geistern reinigen sollten – erregte diese Forderung auf dem Land besondere Empörung. In Bergslagen und Dalarna wurden die Königsboten mit Berghämmern verjagt. Auch diesen Glockenaufruhr überwand Gustav Vasa durch rücksichtslosen Einsatz von Gewalt. Im Februar 1533 wurden die Anführer am Kupferberg zum Tode verurteilt, darunter auch alte Parteigänger Gustav Vasas aus der Zeit des Aufstandes gegen Christian II.

Die «Grafenfehde»

Nach acht langen Jahren im niederländischen Exil unternahm Christian II. den Versuch, die Herrschaft in Dänemark wieder zu erlangen. Dank einiger holländischer Geldgeber konnte er Landsknechte anwerben und eine Flotte ausrüsten, womit er zunächst Norwegen erobern wollte. Ein Gutteil der Schiffe ging in einem Sturm verloren, doch die verbleibenden Truppen waren noch schlagkräftig genug, um nach der Landung im Oslofjord die Festung Akershus belagern zu können. Friedrich I. schickte ihm ein Heer unter dem Kommando des Bischofs von Odense entgegen. Christian ließ sich auf

Verhandlungen ein und stimmte einem Treffen mit seinem Onkel König Friedrich in Kopenhagen zu. Freies Geleit war ihm zugesichert. Vor Kopenhagen hieß es, dass er nach Schleswig weiter segeln müsse. Erst als Christian in den Alsensund einbog, merkte er, dass er in eine Falle getappt war. Als Gefangener wurde er auf Schloss Sonderburg gebracht, wo er die nächsten 18 Jahre unter vergleichsweise angenehmen Bedingungen inhaftiert war. Die Freiheit sah Christian jedoch nie wieder.

Obwohl in Haft und damit aller eigenständigen Handlungsmöglichkeiten beraubt, blieb der Ex-König auch weiter eine Figur im Spiel der politischen Kräfte. Dies umso mehr, als im April 1533 Friedrich I. überraschend starb. Der nächste Thronanwärter war Friedrichs Sohn Christian, der Herzog von Schleswig und Holstein. Da die Thronbesteigung des überzeugten Lutheraners zugleich den endgültigen Sieg der Reformation in Dänemark bedeutet hätte, verzögerte der mächtige und mehrheitlich katholische Reichsrat die anstehende Königswahl, um vorerst selbst zu regieren. Damit aber beschwor er eine nur noch schwer zu kontrollierende Entwicklung herauf. Die Bürgerschaft der großen Städte, vor allem Kopenhagens und Malmös, erinnerte sich der bürgerfreundlichen Politik Christians II. und betrieb nun dessen Wiedereinsetzung.

Ihren wichtigsten Bundesgenossen fand sie dabei ausgerechnet in der Stadt Lübeck, die als alter Feind Christians maßgeblich zu seinem Sturz beigetragen hatte. Der neue Bürgermeister Jürgen Wullenwever, der die Stadt bereits in einen Kaperkrieg gegen die Holländer getrieben hatte, sah die Chance, den lübischen Einfluss in Dänemark zu erhöhen und so die niederländische Konkurrenz von der Ostsee ausschließen zu können. Die nur mit dänischer Hilfe mögliche Sperrung des Sundes schien Wullenwever umso dringlicher, als die Zeit des Einvernehmens mit Gustav Vasa vorbei war. Der schwedische König suchte sich der vertraglichen Verpflichtungen mit Lübeck zu entziehen und begann, die Holländer im Handel zu begünstigen.

Allerdings konnte sich Wullenwever bei seiner groß angelegten Politik nur auf eine Minderheit der Hansestädte, namentlich Rostock und Wismar, stützen. Vor allem die preußischen Städte hatten sich längst mit den Niederländern arrangiert und wandten sich entschieden gegen deren Verdrängung aus der Ostsee. Gewagt war der Plan auch deshalb, weil das lutherische Lübeck sich mit seiner Unterstützung für Christian II. gegen den evangelischen Thronanwärter Herzog Christian wandte und damit das Misstrauen des gesamten protestantischen Lagers erregte. Schließlich bedeutete die Entscheidung für Christian II. auch den endgültigen Bruch mit Gustav Vasa, da Christian den Anspruch auf den schwedischen Thron nie aufgegeben hatte.

Der Krieg begann damit, dass Lübeck den gefangenen Christian II. als legitimen König anerkannte und zugleich unter seinen Schutz stellte. Für seine Befreiung gewann Wullenwever den Grafen Christoph von Oldenburg als Heerführer. Als naher Verwandter der beiden Christian konnte sich Christoph selbst gewisse Hoffnungen auf den dänischen Thron machen, zumal Christian II. nicht mehr der Jüngste war. Auch für den schwedischen Thron fand der Lübecker Bürgermeister im Grafen Johann von Hoya, dem Schwager Gustav Vasas, einen kriegslustigen Bewerber. Nach diesen beiden Grafen von Hoya und von Oldenburg wird der lübisch-dänisch-schwedische Krieg zwischen 1534 und 1536 etwas verniedlichend als «Grafenfehde» bezeichnet.

Zunächst schienen die Pläne Wullenwevers aufzugehen. Christoph von Oldenburg landete mit seinem Heer auf Fünen, dann auf Seeland und zog bald in Kopenhagen ein. Parallel dazu hatten sich die Bürger Malmös für Christian II. erhoben und das dortige Schloss besetzt. Lübeck beherrschte damit den Sund, der Sundzoll wurde von ihrem Flaggschiff erhoben. Zugleich sahen die jütländischen Bauern ihre Stunde gekommen, sich mit Gewalt gegen die drückende Adelsherrschaft zu wehren. Ein Adelsheer, das den Aufruhr zu unterdrücken suchte, wurde vernichtend geschlagen.

In dieser Situation höchster Bedrängnis erzwang der niedere Adel im Juli 1534 eine Entscheidung zugunsten des Herzogs Christian. Auf einem von dem lutherischen Reichsrat Mogens Gøye einberufenen Herrentag in der Kirche von Ry in Mitteljütland brachen die Barone unter Androhung von Gewalt den Widerstand der katholischen Bischöfe und setzten die Wahl Christians zum dänischen König durch.

Als Christian III. griff er entschlossen in die Kämpfe ein, wobei er nicht nur die Unterstützung des dänischen Adels, sondern auch verschiedener deutscher protestantischer Fürsten, darunter der von Brandenburg und Pommern fand. Sein Feldherr Graf Johann von Rantzau eroberte zunächst Travemünde, womit Lübeck von der offenen See und dem Kontakt zu seiner Kriegsflotte abgeschnitten war. Der Bauernaufstand brach im Herbst mit der Eroberung Aalborgs durch Rantzau zusammen. Der Sturm auf die Stadt mündete in ein Gemetzel unter der Bevölkerung und der dort verschanzten Bauern.

Unter dem Druck der Niederlagen musste Jürgen Wullenwever noch 1534 mehrere seiner Gegner wieder in den Rat lassen und im November einen auf Holstein beschränkten Waffenstillstand schließen. Im nächsten Jahr schlug Johann Rantzau die Truppen Christophs von Oldenburg auf Fünen, während die lübische Flotte bei Svendborg im Großen Belt der durch preußische und schwedische Schiffe verstärkten dänischen Marine unterlag. Damit war der

Krieg entschieden. Nur Kopenhagen, das von Christoph verteidigt wurde, hielt sich noch über ein Jahr, ehe eine Hungersnot die Kapitulation erzwang.

Über die Niederlagen stürzte auch Wullenwever. Gedrängt von einem Beschluss des Hansetages und unter dem Druck einer kaiserlichen Acht-Androhung wurden im August 1535 die alten patrizischen Ratsherrn wieder in ihre Rechte eingesetzt. Die frühere Ratsherrschaft wurde wieder hergestellt, die lutherische Kirchenverfassung aber blieb erhalten. Jürgen Wullenwever konnte sich zunächst frei bewegen, wurde dann jedoch, als er durch das Gebiet des Erzbischofs von Bremen kam, gefangen genommen, an den Herzog von Braunschweig ausgeliefert und 1537 nach unter der Folter erpressten Geständnissen als angeblicher Aufrührer und Wiedertäufer hingerichtet.

Die neue Lübecker Stadtspitze schloss 1536 gegen Bestätigung der Hanseprivilegien Frieden mit Christian III. und erreichte im folgenden Jahr auch eine Vereinbarung mit Schweden, bei der allerdings die Strängnäser Privilegien nicht erneuert wurden. Die Gewinner waren Dänemark, Schweden und nicht zuletzt die Niederlande, denen 1544 von Dänemark die freie Sundschifffahrt garantiert wurde. Für Lübeck und die Hanse insgesamt endete die Grafenfehde mit einer massiven Schwächung ihrer Position. Nicht nur die Niederlage Lübecks, sondern mehr noch die offen zutage getretene Uneinigkeit der Hansestädte führte dazu, dass das internationale Ansehen der Hanse auf einen Tiefpunkt sank. Ihre bisherige machtpolitische Rolle war ausgespielt, das Gleichgewicht der Mächte in der Ostsee erschüttert.

Der Fortgang der Reformation in den Ostseeländern

Nach dem Fall Kopenhagens berief Christian III. im August 1536 einen Reichstag ein, auf dem er alle katholischen Bischöfe gefangen nehmen ließ. Sie erhielten ihre Freiheit erst nach der Leistung eines Eides, dass sie der Reformation keinen Widerstand entgegen setzen würden. Danach erfolgte die offizielle Abschaffung der alten Kirchenordnung durch einen gemeinsamen Beschluss von Adel, Bürger und Bauern, die auf dem Alten Markt zusammengekommen waren. Auf die sieben dänischen Bischofstühle gelangten nun überzeugte Lutheraner, auf den von Ribe Hans Tausen. Er entwarf auch die neue dänische Kirchenordnung, die dann 1537 noch von Johannes Bugenhagen revidiert wurde. Die meisten Pfarrer blieben mit der Verpflichtung, nur noch die lutherische Lehre zu predigen, im Amt. Anders als bislang hatten die Bischöfe keine politische Macht mehr, sie waren nicht länger im Reichsrat vertreten, sondern Beamte der Krone, die dem König als oberstem

Kirchenherrn unterworfen waren. Auch das gesamte Kirchengut wurde zugunsten der Krone eingezogen. Das Kronland wuchs damit von etwa einem Sechstel auf knapp zwei Drittel des Grund und Bodens in Dänemark an. Die Klöster wurden allerdings nicht sofort aufgelöst; den bisherigen Insassen blieb es freigestellt, bis an ihr Lebensende im Kloster zu bleiben und auch den katholischen Gottesdienst weiter zu feiern. Neue Mönche oder Nonnen durften indessen nicht mehr aufgenommen werden.

In Schleswig blieb der altgläubige Bischof bis zu seinem Tod im Amt, doch stellten seit 1538 lutherische Visitatoren sicher, dass Gottesdienst und Lehre im ganzen Land nach evangelischer Norm erfolgten. 1542 nahmen die Stände auf dem Rendsburger Landtag die lutherische Schleswig-Holsteinische Kirchenordnung an, ebenfalls ein Werk Bugenhagens. 1544 wurde das Bistum Schleswig einem Bruder Christians, Friedrich, gegeben, der als evangelischer und weltlicher Fürstbischof amtierte. Auch das Stift Lübeck geriet zunächst unter königlichen Einfluss, dann nach den Landesteilungen unter die Herr-

Johannes Bugenhagen hatte durch seine Kirchenordnungen wesentlichen Anteil an der Durchführung der Reformation im gesamten westlichen Ostseegebiet.

schaft der Herzöge von Schleswig-Holstein-Gottorf, die fast 200 Jahre lang in ununterbrochener Reihenfolge die Lübecker Fürstbischöfe stellten.

Bereits 1534 führten die Herzöge Barnim XI. und Philipp I. die Reformation offiziell in Pommern ein. Der Weg für eine Neuordnung der kirchlichen Verhältnisse im lutherischen Sinne war durch den Tod Herzog Georgs I. 1531 frei geworden, ein Anhänger des alten Glaubens. Dagegen war sein Sohn und Nachfolger Philipp I. ebenso evangelisch gesinnt wie sein Onkel Barnim XI. Nur wenige Tage nach der Beerdigung Georgs beschloss der pommersche Landtag in Stettin, die freie Predigt des Evangeliums zu gestatten. Der eigentliche Beschluss, die lutherische Lehre zur offiziellen Richtschnur des Glaubens zu machen, fiel dann zweieinhalb Jahre später im Dezember 1534 auf dem Landtag in Treptow an der Rega, zu dem auch Johannes Bugenhagen eine Einladung erhielt. Neben dem Bischof von Cammin äußerte zwar auch der Adel Bedenken, doch galten diese weniger dem Übergang zum Luthertum als vielmehr der Absicht der Herzöge, das Vermögen der Klöster zu ihren Gunsten einzuziehen. Während die Mehrheit des Adels den Landtag verließ, beschlossen die noch versammelten Stände, Johannes Bugenhagen mit der Ausarbeitung einer Kirchenordnung und der Durchführung der Visitationen zu beauftragen, mit denen in der Folgezeit die Reformation auf dem Lande praktisch durchgesetzt wurde.

Das Bistum Cammin blieb vorerst katholisch, allerdings sorgten die Herzöge dafür, dass im Domkapitel die evangelischen Mitglieder allmählich die Mehrheit erhielten. Ab 1545 waren auch die Bischöfe evangelisch gesinnt. Seit der Wahl von Philipps Sohn Johann Friedrich zum Bischof im Jahr 1556 gelangten nur noch Angehörige der regierenden Dynastie auf den Bischofstuhl, der seitdem zur Versorgung jüngerer Söhne der Herzogsfamilie diente. Die geistliche Leitung im Stiftsgebiet übernahm ein evangelischer Superintendent, der in Kolberg residierte.

Auch in Mecklenburg musste zunächst der Tod des letzten katholisch gesinnten Herzogs Albrecht VII. abgewartet werden, ehe der offizielle Übergang zum Protestantismus erfolgen konnte. Doch betrieb sein Mitregent Herzog Heinrich, der sich ab 1532 offen zum lutherischen Glauben bekannte, schon vorsichtig die Reformation auch des flachen Landes, nachdem die Städte bereits evangelisch geworden waren. 1547 starb Albrecht, 1549 wurde das evangelische Bekenntnis durch Heinrich und seinen Neffen Johann Albrecht förmlich in ganz Mecklenburg eingeführt.

In Schweden hatte der Reichstag von Västerås im Jahre 1527 zwar die weitgehende Enteignung der Kirche beschlossen und ihr darüber hinaus auch fast die gesamte Gerichtsbarkeit und das Bestellungsrecht für die hohen Kirchen-

Åbo (Turku) entwickelte sich im Schutz der königlichen Burg (Bild) zum geistigen Zentrum Finnlands. Michael Agricola übersetzte hier große Teile der Bibel ins Finnische.

ämter genommen, doch blieb in religiöser Hinsicht noch vieles in der Schwebe. Die eigentliche kirchliche Umgestaltung wurde etappenweise erst in den dreißiger und frühen vierziger Jahren des 16. Jahrhunderts durchgeführt. Erster protestantischer Erzbischof von Uppsala wurde Laurentius Petri, der 1531 ohne päpstliche Bestätigung zum Bischof geweiht worden war. Er und vor allem sein Bruder Olaus Petri waren in den dreißiger Jahren die treibenden Kräfte der schwedischen Reformation, während Gustav Vasa eine eher abwartende Haltung einnahm. So schien die sich herausbildende evangelische Kirche eine staatsunabhängige Stellung zu gewinnen. Doch als der König merkte, dass ihm die Macht über die Kirche aus den Händen zu gleiten drohte, griff er zu harten Maßnahmen. 1539/40 wurden Olaus Petri und ein weiterer führender Reformator, der Erzdiakon Laurentius Andreae, des Hochverrats angeklagt und zum Tode verurteilt, dann aber begnadigt. Die Organisation einer schwedischen Staatskirche nach deutschem Muster mit dem König als Kirchenhaupt übertrug Gustav Vasa dem deutschen Ratsmitglied Georg Normann, der zum Superintendenten ernannt wurde. Die praktische Durchsetzung der neuen Ordnung begann 1540/41 mit einer groß angelegten Visitationsreise Normanns, bei der er zugleich «überflüssig» erscheinendes bewegliches Kircheneigentum wie Kelche und Patenen zugunsten der Krone konfiszierte.

224

In Finnland war 1528 der Dominikanerpater Martinus Skytte von Gustav Vasa zum Bischof von Åbo (Turku) ernannt worden. Unter seiner Leitung schlug die finnische Kirche einen Mittelweg zwischen Katholizismus und Protestantismus ein; so wurde die Verehrung der Heiligen abgeschafft, aber die Heiligenbilder blieben in den Kirchen. Sein Nachfolger war seit 1554 der in Wittenberg ausgebildete Michael Agricola, der eigentliche Reformator der finnischen Kirche. Auch er bewahrte in Gottesdienst und Liturgie manche katholischen Formen, was dann unter Gustav Vasas Nachfolger Johann auch für die schwedische Kirche typisch wurde. Bereits in seiner Zeit als Rektor der Kathedralschule von Åbo hatte Michael Agricola damit begonnen, das Neue und Teile des Alten Testaments ins Finnische zu übertragen. Er wurde damit zum «Vater der finnischen Schriftsprache», denn seine Bibelübersetzungen sind die ersten gedruckten Veröffentlichungen im Finnischen. In Schweden war es in änlicher Weise Olaus Petri, der mit der 1541 erschienenen ersten vollständigen schwedischen Bibelübertragung die Grundlage für das Neuschwedische schuf.

Modernisierung der Staatsverwaltung

Wie in ganz Europa, so unternahmen auch die Herrscher in den Ostseeländern in der ersten Hälfte des 16. Jahrhunderts große Anstrengungen, um durch eine durchgreifende Neuorganisation der Verwaltung die Ressourcen des Landes zu steigern und möglichst effektiv für die Zwecke des Staates nutzen zu können. Die finanziellen und administrativen Reformen dienten vor allem auch dazu, ein stehendes Heer unterhalten zu können, denn die Zeit der feudalen Reiterarmeen und leicht bewaffneten Bauernaufgebote war mit dem Aufkommen der modernen Feuerwaffen endgültig vorbei.

Da es in Schweden noch an Fachkräften für die Einrichtung einer durchorganisierten Zentralverwaltung fehlte, griff Gustav Vasa auf ausländische, vor allem deutsche Spezialisten zurück. Die Jahre 1538–1543 werden deshalb auch «deutsche Periode» genannt. An die Spitze der königlichen Kanzlei wurde Konrad von Pyhy berufen, der zuvor im Dienst von Kaiser Karl V. und König Ferdinand Erfahrungen in der modernen Verwaltungstätigkeit gesammelt hatte. Der bisherige Reichsrat wurde in einen Regimentsrat verwandelt, der als höchste juristische Instanz und zugleich als oberstes Verwaltungsorgan diente. Das Kriegswesen unterstand nun einem besonderen Kriegsrat, während die gesamte Steuer- und Finanzverwaltung in der königlichen Rechenkammer zusammengefasst wurde. Ihr besonderes Augenmerk richteten der König und die neue Verwaltung auch auf die Entwicklung der schwedischen Wirtschaft, die im merkantilistischen Sinne vom Staat zugleich gefördert und reguliert wurde.

Durch die Fülle der neuen königlichen Ge- und Verbote fühlten sich viele Schweden in ihrer Freiheit verletzt. Besonders groß war die Empörung der Bevölkerung in Småland, der die gewohnte Ausfuhr ihrer Waren über die dänischen Häfen in Schonen untersagt worden war. Stattdessen sollten die schwedischen Häfen genutzt werden. Der Widerstand steigerte sich im Frühsommer 1542 zu einem offenen Aufstand unter der Führung eines Mannes namens Nils Dacke. Die Rebellion konnte erst im nächsten Jahr mit militärischen Mitteln niedergeschlagen werden. Ein hartes Strafgericht mit Hinrichtungen und Deportationen schloss sich an. Nach der gewaltsamen Beendigung des Aufruhrs entließ Gustav Vasa seinen im Volk unbeliebten Ratgeber Konrad von Pyhy. Die Grundlinien der Politik blieben unverändert, doch achtete Gustav Vasa in Zukunft mehr darauf, auf die Stimmung in der Bevölkerung Rücksicht zu nehmen.

Bereits 1540 hatte Gustav Vasa seinen Söhnen als Erbprinzen des Reiches huldigen lassen und sich damit über die bisherige Wahlreichsverfassung hinweggesetzt. Auf dem Reichstag von Västerås 1544 stimmten die Stände auch förmlich dem erblichen Thronrecht des Hauses Vasa zu. Künftig galt in Schweden bei der Erbfolge die streng agnatische Primogenitur, so dass die Krone immer vom ältesten Sohn und dessen männlichen Nachkommen geerbt wurde. Die Dynastie war nun fest gegründet. «Gustav Vasa hatte eine starke Königsmacht in einem Lande errichtet, das sich jahrhundertelang gegen eine solche Macht gesträubt hatte. Durch ihn und sein Reformwerk wurde Schweden bis zur Schwelle der Großmacht geführt» (IMHOF, S. 89).

Die jüngeren Söhne Gustav Vasas erhielten als Ausgleich Herzogtümer zugewiesen, die ebenfalls nach den Grundsätzen der agnatischen Primogenitur vererbt werden sollten. Die Herzöge durften keine eigenständige Außenpolitik betreiben, waren aber sonst in ihrer Stellung sehr selbstständig, zumal ihnen alle ordentlichen Einkünfte aus ihren Gebieten zustanden. Södermannland, Närke und Värmland gingen an Herzog Karl, Dalarna und Östergötland an Herzog Magnus, Åland und Finnland an Herzog Johann. Die Reichskrone erhielt nach Gustav Vasas Tod im Jahr 1560 sein ältester Sohn Erich.

In Dänemark war die Lage für König Christian III. schwieriger, denn er musste auf den Hochadel Rücksicht nehmen, dem er den Thron verdankte. Dennoch gelang es auch ihm, durch zielbewusst und entschlossen durchgeführte Reformen seine Macht zu stärken und den Staat insgesamt deutlich leistungsfähiger zu machen. Auch Christian griff in starkem Maße auf deutsche, in diesem Falle holsteinische Ratgeber zurück. Für die inneren Angelegenheiten gab es jetzt eine Dänische Kanzlei, in der die Schriftsprache Dänisch war, während die äußeren Angelegenheiten (einschließlich der Verwaltung der Herzogtümer) der Deutschen Kanzlei oblagen, in der deutsch und lateinisch geschrieben wurde. Für die Verwaltung der Staatsfinanzen wurde die Rentkammer eingerichtet, die darauf achtete, dass alle Steuern pünktlich eingingen. Eine neue ergiebige Geldquelle schufen der König und seine Berater mit den «Rechenschaftslehen», die an die Stelle der traditionellen Dienstlehen traten. Hatte der adlige Lehnsmann früher frei über das Lehnsgut verfügen können, so musste er nun der Krone Rechenschaft ablegen und die über eine festgelegte Summe hinausgehenden Einnahmen an die Rentkammer abliefern.

Kampf um die Vorherrschaft im Ostseeraum

Die Auflösung des livländischen Ordensstaates

Im 16. Jahrhundert erlebte das Baltikum eine wirtschaftliche Blütezeit. Vor allem der Russlandhandel, der sich nach der Schließung des Hansekontors in Nowgorod durch Iwan III. fast ganz nach Reval und Riga verlagert hatte, aber auch die anhaltende Getreidekonjunktur sorgten für blendende Geschäfte. Politisch allerdings standen Livland und Estland vor einer ungewissen Zukunft. Der Föderation aus dem livländischen Zweig des Deutschen Ordens, dem Erzstift Riga, den Stiften Kurland, Dorpat, Ösel-Wiek sowie der Stadt Riga mangelte es an innerer Festigkeit. Angesichts der Schwäche des Ordens gab es immer wieder Versuche des Rigaer Erzbischofs, die Vorherrschaft in der Föderation zu gewinnen. Durch den Erfolg der Reformation, die sich bis zur Jahrhundertmitte in allen Landesteilen weitgehend durchsetzte, ging zudem das katholische Fundament verloren, auf dem die geistlichen Herrschaften ruhten. «Sie wurden zu einem Widerspruch in sich selbst» (RABE, S. 469).

Die naheliegende Lösung, dem Beispiel Preußens zu folgen und das Ordensgebiet zu säkularisieren, schloss der Landmeister Wolter von Plettenberg aus persönlichen und politischen Gründen aus. Er war ein überzeugter Katholik, auch fürchtete er, dass durch einen solchen weitreichenden Schritt die livländische Föderation zerrissen werden könnte. Stattdessen suchte er durch einen engeren Anschluss an das Deutsche Reich eine Stabilisierung der Verhältnisse zu erreichen. Bereits 1526 erreichte er seine eigene förmliche Erhebung zum Reichsfürsten, der 1530 die Belehnung mit dem Ordensgebiet Livland folgte. Staatsrechtlich gehörte Livland jetzt formell zum Deutschen Reich, politisch war damit aber wenig gewonnen.

Wichtigster Gegenspieler des Landmeisters war seit 1530 Wilhelm von Hohenzollern-Ansbach, ein Bruder des Herzogs Albrecht von Preußen. Wilhelm war von dem eben erst gewählten Rigaer Erzbischof Thomas Schöning zum Koadjutor bestimmt worden, weil dieser hoffte, mit einer starken Persönlichkeit aus fürstlicher Familie die Rechte des Erzstifts gegenüber der evangelisch gewordenen Stadt Riga wahren zu können. Dass Wilhelm insgeheim dem evangelischen Glauben anhing, wurde dem Erzbischof bewusst verschwiegen. Bereits 1531 schloss die Stadt Riga mit Wilhelm und seinem Bruder Albrecht ein Schutz- und Trutzbündnis zur Erhaltung des Evangeliums, dem in den Monaten darauf weitere Bündnisse mit der evangelischen Ritterschaft des Erzstiftes, kurländischen Ordensvasallen und selbst dem evangelisch gesinnten Ordenskomtur von Windau folgten. Der Versuch des Koadjutors, sich auch des Bistums Ösel-Wiek zu bemächtigen, scheiterte allerdings.

Ziel Wilhelms, der 1539 die Nachfolge Schönings als Erzbischof antrat, war die Säkularisierung und gleichzeitige politische Einigung Livlands unter seiner Oberhoheit. 1555 ließ er Herzog Christoph von Mecklenburg zu seinem Koadjutor wählen, der mit Herzog Albrecht von Preußen verschwägert war. Mit Unterstützung der beiden Herzogshäuser und vor allem des polnischen Königs Sigismund II. August, dem der lehnsrechtliche Anschluss Livlands an sein Reich zugesagt wurde, sollte der Herrschaft des Ordens ein Ende bereitet werden. Die Verschwörung, an der sogar der Landmarschall, der zweithöchste Gebietiger des Ordens, beteiligt war, wurde jedoch aufgedeckt, das Erzstift wurde vom Ordensheer besetzt und Wilhelm und Christoph gefangen genommen. Sigismund August erreichte 1557 durch militärischen Druck zwar die Freilassung und Wiedereinsetzung des Erzbischofs und seines Koadjutors, doch war der Plan zunichte geworden.

Gleichzeitig drohte jedoch von Russland eine neue und diesmal tödliche Gefahr für den Bestand des Ordensstaates. Iwan IV. der Schreckliche, der sich 1547 zum ersten russischen Zaren hatte krönen lassen, verstärkte in den 1550er Jahren den Druck auf Livland. 1554 hatte der Orden den bereits ein halbes Jahrhundert dauernden Frieden zwischen den beiden Staaten nur unter für ihn demütigenden Bedingungen verlängern können. Anfang 1558 nahm der Zar die mangelnde Bereitschaft der Livländer, eine Tributforderung zu zahlen, zum Anlass, um in das Ordensgebiet einzurücken.

Bereits im Mai 1558 fielen die Ordensfestung Narwa, im Juli des gleichen Jahres dann auch Dorpat und weitere wichtige Schlösser im Osten des Landes in russische Hände. Schnell wurde offenbar, dass der Orden und die Fürstbistümer militärisch zu schwach waren, um allein gegen Russland bestehen zu können. Das um Hilfe gerufene Deutsche Reich beließ es im wesentlichen bei Worten, nicht einmal eine wirksame Geldbeihilfe kam zustande.

In dieser Lage suchten erneut einflussreiche Kräfte bei Polen-Litauen Anlehnung und Schutz. Ihr Anführer war der Komtur von Fellin, Gotthard von Kettler, der im Sommer 1558 gegen den Willen des amtierenden Landmeisters Wilhelm von Fürstenberg zu seinem Koadjutor gewählt wurde. Kettler war wie viele seiner Ordensbrüder protestantisch gesinnt; vom katholischen Polen versprach er sich den Erhalt eines ungeteilten Livlands und der lutherischen Konfession und nicht zuletzt für sich eine fürstliche Stellung nach dem Vorbild Albrechts von Preußen. Die Hilfszusagen, die Kettler und Erzbischof Wilhelm im Spätsommer 1559 von Sigismund August erreichten, mussten mit der Verpfändung von Schlössern an Polen bezahlt werden.

Das absehbare Ende des bisherigen Ordensstaates rief weitere Mächte auf den Plan, die sich aus der Konkursmasse bedienen wollten. Im Herbst 1559 verkaufte der Bischof von Ösel-Wiek seine Rechte am Stift an den neuen dänischen König Friedrich II. Dieser befriedigte damit die Erbansprüche seines jüngeren Bruders Magnus von Holstein, der sich im Frühjahr 1560 zum Bischof von Ösel wählen ließ und bald darauf auch das Anrecht auf das Stift Kurland erwarb. Auch den Bischof von Reval zahlte er in gleicher Weise aus, doch konnte sich Magnus in Estland nicht durchsetzen. Denn hier waren inzwischen die Schweden aktiv geworden. Während sich allerdings Gustav Vasa in seinen letzten Lebensmonaten darauf beschränkte, die Festsetzung der Dänen an der Südküste des Finnischen Meerbusens zu verhindern, verfolgte sein Nachfolger Erich XIV. seit seiner Thronbesteigung Ende September 1560 expansive Ziele. Dabei konnte er zunächst vor allem auf das Wohlwollen der Stadt Reval zählen, die um ihre Stellung im Russlandhandel bangte. Aber auch die Ritterschaft sah sich angesichts eines bevorstehenden neuen russischen Angriffes nach einem stärkeren Schutz um, als ihn der inzwischen zum Landmeister gewählte von Kettler bieten konnte. Im Mai 1561 sagten Ritterschaft und Stadt Reval dem Orden ihren Eid auf, im Juni huldigten beide dem schwedischen König als ihrem neuen Herrn.

Der Abfall Estlands vom Orden veranlasste nun auch Polen-Litauen zu einem energischeren Vorgehen. Sigismund August beauftragte seinen litauischen Kanzler Fürst Nikolaus Radziwill, mit dem Ordensmeister Kettler und dem Erzbischof Wilhelm über den Anschluss Livlands an Polen-Litauen zu verhandeln. Auch die Städte Riga, Wenden und Wolmar sowie Abgesandte des Ordensadels beteiligten sich im Herbst 1561 an den Gesprächen. Ihr Ergebnis war die Auflösung des Ordens und die Teilung des Landes entlang der Düna. Das südlich des Flusses gelegene Gebiet wurde nach preußischem Vorbild zum polnischen Lehnsherzogtum Kurland und Semgallen erhoben mit Kettler als erblichem Herzog. Das «überdünische» Livland wurde direkt dem König unterstellt, Kettler amtierte hier (bis 1566) als Statthalter. Das königliche Livland erstreckte sich dem Anspruch nach auch auf das jetzt schwedische Estland und die russisch besetzten Gebiete, dagegen blieben die Länder von Herzog Magnus ausgenommen. Auch die Stadt Riga, die auf ihre Zugehörigkeit zum Reich pochte, blieb vorerst unabhängig. Sie unterwarf sich erst 20 Jahre später dem polnischen König.

Bestandteil der vertraglichen Vereinbarungen mit den livländischen Ständen war das im November 1561 ausgestellte Privilegium Sigismundi Augusti. Es sicherte Livland die Erhaltung des lutherischen Glaubens, deutsches Recht und deutsche Sprache in der Landesverwaltung sowie die Besetzung der Landesämter mit Einheimischen zu. Im März 1562 fand die offizielle Unterwerfung und Huldigung in einem feierlichen Akt in Riga statt. Bei der Huldigung legten Kettler und die Gebietiger unter den Tränen der Anwesenden ihr Ordensgewand ab. Zu diesem Zeitpunkt war Livland nach vierjährigem Krieg weitgehend verwüstet und unter vier Mächte aufgeteilt.

Der Nordische Siebenjährige Krieg

Zwischen Schweden und Dänemark herrschte seit der Auflösung der Union 1523 ein Zustand angespannter Ruhe. Die Könige Christian III. und Gustav Vasa trauten einander nicht, wollten aber auch beide das Erreichte nicht durch außenpolitische Abenteuer aufs Spiel setzen. Solange Christian II. noch lebte, einte sie darüberhinaus die gemeinsame Sorge vor einem Wiederaufleben seiner Ansprüche auf beide Throne mit Hilfe seines Schwagers Karl V. Dagegen richtete sich auch das 1541 abgeschlossene dänisch-schwedische Defensivbündnis von Brömsebro, das seinem Wortlaut nach den Frieden zwischen beiden Reichen auf 50 Jahre sichern sollte.

Die neue Herrschergeneration, die 1559/60 mit Friedrich II. in Dänemark und Erich XIV. in Schweden die Regierung übernahm, war weniger vorsichtig eingestellt. Im Gegenteil, im beiden Ländern gab es eine einflussreiche Kriegspartei, der auch die jungen Könige zuneigten. Während Friedrich II. dem Vasa-Geschlecht die Herrschaftslegitimation absprach und von einer Wiedererrichtung der Union träumte, wollte Erich XIV. die fast vollständige Einkreisung seines Landes durch dänische Territorien sprengen, zumal die Festsetzung auf Ösel das strategische und handelspolitische Übergewicht Dänemarks in der Ostsee noch zu verstärken drohte.

Zum Ausgangspunkt des Krieges wurde die Blockade Narwas, die Erich XIV. 1562 verfügte. Die Hafenstadt hatte sich seit ihrer russischen Besetzung zu einer immer stärkeren Konkurrenz für das jetzt schwedische Reval entwickelt, weil der Ost-West-Handel hier einen unmittelbaren Zugang zum russischen Markt erhielt. Die Handelssperre brachte nicht nur Russland, sondern auch die Niederlande, England, Dänemark und Polen (mit Danzig) gegen Schweden auf. Besonders betroffen war Lübeck, das mit Reval – obwohl gleichfalls Hansestadt – seit Jahrzehnten im Streit lag und von der zeitweiligen Ausschaltung des livländischen Zwischenhandels sehr profitiert hatte.

In Schweden selbst spitzte sich zur gleichen Zeit der Konflikt zwischen König Erich und seinem jüngeren Halbbruder Johann zu. Als Herzog von Finnland hatte er schon Ende der 1550er Jahre den Plan entwickelt, seinen Machtbereich um die Südküste des Finnischen Meerbusens zu erweitern. Nachdem ihm hier sein Bruder zuvorgekommen war, knüpfte Johann Verbindungen zu Polen an. Er heiratete 1562 Sigismund Augusts Schwester Katharina Jagellonica und erhielt bei dieser Gelegenheit eine Reihe fester Burgen im polnischen Livland. Erich entschied den offenen Machtkampf für sich, indem er Johann 1563 wegen Hochverrats gefangen setzte und zugleich dessen livländische Schlösser Schwedisch-Estland angliederte. Dies wiederum führte zum Bruch mit Polen. Erich XIV. verständigte sich daraufhin kurzfristig mit Iwan IV. und hob die Blockade Narwas für Westeuropäer und Russen, nicht aber für Polen, Dänen und Lübecker auf.

Die dänisch-lübisch-polnische Koalition, die sich im Sommer 1563 gegen Schweden formierte, begann den Nordischen Siebenjährigen Krieg mit einer vollständigen Sperre des Sundes. Bereits im September eroberten die Dänen die Festung Älvsborg an der Mündung der Göta, die den einzigen schwedischen Zugang zum Kattegat sicherte. Weitere durchschlagende Erfolge gelangen der antischwedischen Allianz allerdings nicht mehr. Wechselseitige Feldzüge der Schweden und Dänen verheerten in den folgenden Jahren ganze Landstriche beiderseits der Grenze, brachten aber keiner Seite einen kriegsentscheidenden Vorteil. Zur See erwies sich die neuformierte

Der Sund bei Helsingør, im Hintergrund das 1574–1585 errichtete Schloss Kronborg. In Helsingør wurde der Sundzoll erhoben, der Anlass war zu vielen Kriegen.

schwedische Flotte als überlegen. 1566 besiegte sie vor Gotland ein lübisch-dänisches Geschwader. Bei der Seeschlacht verlor Lübeck sein Flaggschiff, die «Morian».

Auch der parallel geführte Krieg zwischen Russland und Polen-Litauen sah trotz mehrerer Feldschlachten keinen eindeutigen Sieger. Er endete im Sommer 1570 mit einem dreijährigen Waffenstillstand auf der Grundlage des Status quo. Ein halbes Jahr später kam auf Vermittlung von Kaiser Maximilian II. schließlich auch ein Friede zwischen Schweden, Dänemark und Lübeck zustande. Im Vertrag von Stettin verzichtete der dänische König nochmals formell auf seine schwedischen Thronansprüche. Im Gegenzug erkannte Schweden die bestehenden Grenzen an. Mit Blick auf Livland stellten die Parteien fest, dass es nach wie vor zum Reich gehöre. Schweden solle seinen dortigen Besitz gegen eine Geldentschädigung an Kaiser und Reich zurückgeben und Dänemark daraufhin die Schutzherrschaft unter der Oberhoheit des Kaisers übernehmen. Durchgeführt wurde diese Bestimmung jedoch nie, denn kaum ein Reichsstand war bereit, seinen Anteil an der Entschädigung für Schweden zu zahlen.

Umgekehrt wartete auch Lübeck vergebens auf die ihm zugesagte schwedische Kriegsentschädigung. Die Stadt zählte zu den eigentlichen Verlierern des Nordischen Siebenjährigen Krieges. Sie war nicht nur militärisch unterlegen, sondern hatte auch einmal mehr bei den übrigen Hansestädten für ihre offensive Politik keinen Rückhalt gefunden. Lübeck zog daraus seine Konsequenzen. Künftig verzichtete es auf jeden Versuch, mit militärischer Gewalt seine Handelsinteressen durchzusetzen. In diesem Sinne bedeutete der Nordische Krieg auch «das Ende der Hanse als Seemacht in der Ostsee» (DOLLINGER, S. 437).

Die Absetzung Erichs XIV.

Als im Dezember 1570 die Unterschriften unter den Stettiner Vertrag gesetzt wurden, befand sich Erich XIV. bereits über ein Jahr in Haft, als König abgesetzt von einem schwedischen Reichstag. Erich ist «eine der packendsten Gestalten in der Reihe der schwedischen Herrscher» (ANDERSSON, S. 189). Er war einerseits hoch gebildet, geistreich und vielseitig begabt, andererseits seelisch außerordentlich labil. Sein krankhaftes Misstrauen, das er vor allem gegenüber seinen Brüdern und dem gesamten Hochadel an den Tag legte, steigerte sich bis zum Verfolgungswahn. Zur Aburteilung seiner tatsächlichen oder vermeintlichen Gegner diente ein eigens geschaffener Oberhof, der ein willfähriges Instrument in der Hand des Königs war. Das Gericht erkannte im Frühjahr 1567 gegen Nils und Svante Sture, Enkel und Sohn von Sten Sture dem Jüngeren, sowie weitere Hochadlige auf Hochverrat. Der König griff den verurteilten Nils Sture in einem Anfall von Verfolgungswahn mit dem Dolch an und ließ ihn und die übrigen Gefangenen von seinem Gefolge erschlagen.

Unmittelbar darauf wurde bei Erich Geisteskrankheit diagnostiziert. Ein Regentschaftsrat trat nun an seine Stelle, er befreite Herzog Johann aus dem Gefängnis. Als eine Besserung seines Gemütszustandes eintrat, übernahm Erich nochmals die Regierungsgeschäfte, doch war sein Verhältnis zum Hochadel zerrüttet. Er stürzte schließlich über seine Beziehung zu Karin Månsdotter, einer Frau bäuerlicher Herkunft, die ihm bereits zwei Kinder geboren hatte. Als er das Verhältnis legitimierte, stellten sich seine Halbbrüder Johann und Karl an die Spitze einer Adelserhebung. Erich wurde 1568 gefangengenommen und durch einen Reichstag abgesetzt, auf den Thron gelangte sein zweiter Bruder als Johann III. Am 26. Feburar 1577, einem Donnerstag, starb Erich in der Haft, vermutlich durch eine vergiftete Erbsensuppe. Seit dieser Zeit gilt Erbsensuppe als das traditionelle Donnerstagsessen in Schweden.

Von Erichs Sturz profitierte vor allem der Adel, dem Johann III. umfassende Privilegien erteilte, darunter die Befreiung von Aushebung und Steuern sowie die zollfreie Ausfuhr der Erzeugnisse seiner Güter. Hatte Erich noch ganz bewusst seine Regierungsgeschäfte mit Hilfe nichtadliger Sekretäre geführt, so konnte nun der Adel über den Reichsrat und den Reichstag wieder an Einfluss gewinnen.

Die Union von Lublin und die Inkorporation des Königlichen Preußen

Dank seiner guten persönlichen Beziehungen zu Polen, vor allem zu seinem Schwager König Sigismund II. August, war es Johann III. noch 1568 gelungen, dass Polen-Litauen aus dem Krieg gegen Schweden ausschied. Das Doppelreich, dessen Hälften bislang nur durch den gemeinsamen König miteinander verbunden waren, stand zu dieser Zeit vor einer entscheidenden Umbildung. Da absehbar war, dass die herrschende Jagellonendynastie mit Sigismund II. August in männlicher Linie aussterben würde, war die Frage einer engeren Verbindung der beiden Länder besonders akut geworden. Gegen die vom polnischen Adel seit längerem geforderte Union gab es seitens der litauischen Magnaten erhebliche Widerstände. Von Januar bis Juli 1569 tagten in Lublin der polnische und der litauische Reichstag in paralleler Sitzung, um über die Vereinigung zu beschließen. Nach dramatischen Szenen fiel am 1. Juli die Entscheidung zugunsten der Union. Beide Staaten sollten künftig «einen unteilbaren Leib» bilden, neben dem gemeinsamen König gab es nun auch einen gemeinsamen Reichstag. Auch in der Außen- und Münzpolitik waren die Länder vereinigt. Dagegen blieben Heerwesen, Verwaltung, Finanzen und Recht getrennt.

Bereits im März verfügte der König auf dem Lubliner Reichstag auch die Inkorporation des «Königlichen Preußen», das bislang innerhalb des polnischen Reiches eine weit reichende Autonomie genossen hatte. Der preußische Landtag als wichtigstem Organ der Selbstverwaltung sollte künftig nur noch als regionaler Kleinlandtag fortbestehen, der die Tagungen des polnischen Reichstages vorbereitete. Die königlichen Amtsträger der drei preußischen Woiwodschaften sowie die beiden Bischöfe von Ermland und Kulm wurden dafür jetzt in den Senat des polnischen Reichstages aufgenommen, während die drei großen Städte Danzig, Elbing und Thorn ihre Vertreter in die untere Kammer des Sejm, die Landbotenstube, entsenden durften.

Die Inkorporation geschah gegen den ausdrücklichen Willen der preußischen Stände und Amtsträger. Vor allem die drei großen Städte gaben ihren Widerstand auch nach 1569 nicht auf. Sie nahmen ihr Recht auf Vertretung im Reichstag aus Protest nicht wahr. Der preußische Landtag bewahrte sich einen Rest an Sonderrechten, von denen das Steuerbewilligungsrecht am bedeutendsten war. Insgesamt aber schritt seit der Mitte des 16. Jahrhunderts die Angleichung Preußens an Polen stetig voran. Vor allem der Adel assimilierte sich, aber auch in den kleineren Städten und dem flachen Land drang die polnische Sprache und mit ihr auch der katholische Glaube vor. Eine Ausnahme bildeten schließlich fast nur noch die großen Städte und hier vor allem Danzig. Aufgrund seiner Größe und seines Reichtums blieb seine Stellung innerhalb Polens einzigartig.

Die Stärke und das Selbstbewusstsein Danzigs zeigten sich 1576/77 im sogenannten Danziger Krieg. Zu ihm kam es, weil die Stadt den Sieger der polnischen Königswahl von 1575, Stephan Báthory, selbst nach dessen Krönung nicht anerkennen wollte und weiter an dem unterlegenen Kandidaten, Kaiser Maximilian II., festhielt. Die Stadt widerstand einer dreimonatigen Belagerung, da dank dänischer Flottenhilfe der Zugang über die Ostsee offen gehalten werden konnte. In dem Ende 1577 geschlossenen Frieden erklärte sich Danzig zwar dann zur Huldigung bereit, ging jedoch straflos aus und erhielt alle ihre Privilegien bestätigt. Weitere umfangreiche Vorrechte erlangte die Stadt 1585 gegen die Überlassung der Hälfte der Hafengebühren an den polnischen König. Dank dieses noch von Stephan Báthory abgeschlossenen Pfahlgeldvertrages genoss Danzig innerhalb Polens eine ähnliche Selbstständigkeit wie Lübeck oder Hamburg im Deutschen Reich.

Bedeutung hatte der Reichstag von Lublin auch für die Zukunft des «Herzoglichen Preußen». 1568 war Herzog Albrecht nach 43-jähriger Regierungszeit als Herzog und weiteren 14 Jahren als Hochmeister in Königsberg gestorben. Von seinen drei Söhnen überlebte ihn nur der 1553 geborene Albrecht Friedrich, der jedoch geistesschwach und damit regierungsunfähig war. In Lublin wurde nun nicht nur Albrecht Friedrich mit dem Herzogtum belehnt, sondern mit ihm auch drei Söhne des Kurfürsten Joachim II. von Brandenburg. Diese noch von Herzog Albrecht mit der polnischen Krone ausgehandelte Regelung verhinderte den künftigen Heimfall des Lehens an Polen und sicherte die Erbfolge der brandenburgischen Hohenzollern. Bis zum Tode Herzog Albrechts II. Friedrich im Jahre 1618 regierte in Königsberg ein Regentschaftsrat, der sich aus einer kleinen Gruppe von adligen und bürgerlichen Ständevertretern zusammensetzte.

Mit der Absetzung Erichs XIV. endete auch die Zeit des Einvernehmens zwischen Schweden und Russland. Zar Iwan IV. zog Herzog Magnus auf seine Seite, indem er ihm anbot, unter russischer Oberhoheit Herrscher von ganz Livland zu werden. Im Juni 1570 wurde er in Moskau zum König von Livland proklamiert. Unmittelbar darauf begann ein russisches Heer unter Magnus' Oberbefehl mit der Belagerung Revals, die jedoch nach sieben Monaten erfolglos abgebrochen werden musste. 1573 erhielt Magnus sogar eine Großnichte des Zaren zur Frau, doch war das gute Verhältnis nicht von Dauer. Zeitweise gefangengesetzt, flüchtete er 1577 nach Kurland, wo er 1583 als gescheiterter Abenteurer starb. Nach seinem Tod gelangte die Insel Ösel in unmittelbaren dänischen Besitz, während das Stift Kurland 1585 an Polen kam.

Iwan IV. setzte den Krieg um Livland nun persönlich fort. An der Spitze eines großen Heeres eroberte er 1575/76 fast ganz Schwedisch-Estland und 1577 auch weite Teile von Polnisch-Livland. Lediglich Reval und Riga konnten sich halten. Eine Wende trat erst ein, als sich Johann III. mit dem neuen polnischen König Stephan Báthory auf ein gemeinsames Vorgehen verständigte. Während das polnische Heer die russischen Truppen aus dem südlichen Livland herausdrängte, war im Norden der schwedische Heerführer Pontius De la Gardie, ein gebürtiger Südfranzose, siegreich. Er eroberte 1581 Narwa und Iwangorod, wobei es zu einem Blutbad unter der Bevölkerung kam.

Der geschlagene Zar verzichtete Anfang 1582 im Frieden zu Jam Zapolski zugunsten Polens auf Livland. Anderthalb Jahre später kam auch ein schwedisch-russischer Waffenstillstand zustande. Schweden behielt dabei nicht nur ganz Estland mit Narwa, sondern auch Ingermanland, den bislang russischen Küstenstrich am Ostende des Finnischen Meerbusens.

Die polnisch-schwedische Union und der Machtkampf um Schweden

Nach dem Tod vom König Sigismund II. August, dem letzten Jagellonen, im Jahre 1572 machte sich Johann von Schweden vergeblich Hoffnungen auf die polnische Krone. Dennoch blieb durch seine Ehe mit Katharina Jagellonica und ihren gemeinsamen Sohn Sigismund die Aussicht auf eine Union der beiden Länder bestehen. Schon mit der Wahl des alten polnischen Königsnamen war der künftige Anspruch auf den Thron zum Ausdruck gebracht worden. Insgeheim erhielt der junge Prinz deshalb auch eine katholische Erziehung durch Jesuiten, um ihn für die polnischen Königswähler annehmbar zu machen.

Auch Johann III. selbst kam über polnische Jesuiten in engere Berührung mit den Ideen des Reformkatholizismus. Die vorsichtige Annäherung an die katholischen Mächte diente dabei nicht zuletzt dem Ziel, die Isolierung Schwedens nach dem Nordischen Siebenjährigen Krieg zu durchbrechen. Aber auch persönliche Motive spielten eine Rolle. Der theologisch gebildete und interessierte Monarch hatte den «Wunsch, die ästhetischen und traditionellen Werte des Katholizismus hinüberzuretten in die neue lutherische Kirchenform, die in Schweden herrschend geworden war» (ANDERSSON, S. 193). Er arbeitete deshalb eine katholisierende Liturgie aus, die er der schwedischen Kirche gegen deren zum Teil heftigen Widerstand aufzwang. Die bunten Messgewänder, mit denen sich die lutherischen Pfarrer in Schweden noch heute von ihren Amtsbrüdern in anderen Ländern abheben, gehen auf diese Zeit zurück. Unterstützung und Rückhalt fand die lutherische Orthodoxie dabei bei Johanns Bruder, Herzog Karl von Södermanland, der sich auch sonst als Gegenspieler des Königs profilierte und für sein Herzogtum größtmögliche Unabhängigkeit anstrebte.

Nach dem Tode Stephan Báthorys kam es 1587 in Polen endlich zu der ersehnten Wahl des jungen Vasa als Sigismund III. Die Erhebung zum König wurde seitens der schwedischen Delegation mit dem Versprechen erkauft, Estland an Polen abzutreten. Allerdings war nicht ernsthaft daran gedacht, die Zusage auch einzuhalten. Im Gegenteil versprach Sigismund wenig später den schwedischen Ständen, den Besitzstand des Reiches nicht zu verkleinern.

In Schweden gab es gegenüber der sich abzeichnenden Verbindung mit einem katholischen Land unter einem katholischen König massive Vorbehalte. Um sie auszuräumen und die Thronfolge Sigismunds auch in Schweden sicherzustellen, stimmte Johann in einer Vereinbarung mit dem Hochadel den Kalmarer Statuten von 1587 zu. Sie garantierten die Rechte des Adels und die Freiheit der lutherischen Kirche. Für den Fall der Abwesenheit des Unionskönigs sollte in Schweden ein siebenköpfiger Staatsrat herrschen. Für Herzog Karl, dem man seine adelsfeindlichen und autokratischen Neigungen verübelte, war darin allerdings kein Platz vorgesehen.

Der schwelende Konflikt um Estland brachte Johann III. bereits 1589 dazu, seinem Sohn bei einem Treffen in Reval den Verzicht auf die polnische Krone und die Rückkehr nach Schweden zu empfehlen. Diese Lösung wurde jedoch sowohl von den schwedischen wie den polnischen Magnaten abgelehnt, so blieb alles beim Alten.

Als Johann Ende 1592 starb und damit der Unionsfall eintrat, entstand formal ein Dopppelreich, das einschließlich der lehnsabhängigen Länder Preußen und Kurland die gesamte östliche Hälfte des Ostseeraums umfasste und von Lappland bis nahe an das Schwarze Meer reichte. Das Bestehen dieses Doppelkönigtums sollte allerdings nach wenigen Jahren am konfessionellen Gegensatz scheitern und die beiden Länder in einen sechs Jahrzehnte andauernden blutigen Konflikt stürzen.

Bereits die Ankunft Sigismunds in Schweden im September 1593 ließ die Probleme offenbar werden. Der fanatisch religiöse Sigismund landete mit einem großen katholischen Gefolge in Stockholm, zu dem auch der päpstliche Nuntius und polnische Gegenreformator Germanico Malaspina gehörte. Sigismund verfolgte den Plan, den Katholizismus in Schweden wieder einzuführen, stieß damit jedoch auf den erbitterten Widerstand fast der gesamten politischen Führungsschicht. Bei den Krönungsverhandlungen, bei denen Sigismund die freie Religionsausübung für Nichtlutheraner durchzusetzen suchte, drohten die Stände mit seiner Enterbung, sollte er an der herrschenden Kirchenverfassung etwas ändern. Daher musste Sigismund vor seiner Krönung in Uppsala eine Garantie der lutherischen Staatsreligion abgeben.

Bei den parallel geführten Verhandlungen über die Lenkung des Reiches während der Abwesenheit des Königs standen sich Herzog Karl, der nach dem Tode Johanns faktisch die Regentschaft übernommen hatte, und der Hochadel mit entgegengesetzten Zielen gegenüber. Karl strebte die Stellung eines regierenden Vizekönigs an, während der Adel seine Privilegien sichern und weitgehende Mitwirkungsrechte gewinnen wollte. Als Sigismund im Februar 1594 enttäuscht nach Polen zurückkehrte, war hier immer noch keine Einigung erzielt worden. Im Herbst begann sich allerdings die Waagschale zugunsten Karls zu neigen, als er vom Reichsrat zum Vorsitzenden des Gremiums und zugleich zum Reichsvorsteher während der Abwesenheit Sigismunds gewählt wurde.

Aber Karl wollte mehr, nämlich die vollständige und alleinige Regierungsgewalt. Um dieses Ziel zu erreichen, bediente er sich des schon länger nicht mehr einberufenen Reichstages, wo er die drei nichtadligen Stände – Geistlichkeit, Bürger und Bauern – hinter sich zu bringen wusste. Bald wurde der Konflikt zwischen Karl und dem Reichsrat so heftig, dass mehrere seiner Mitglieder zu Sigismund nach Polen flohen. 1598 landete der König mit einem Heer in Schweden, brach jedoch nach der verlorenen Schlacht bei Stångebro (in der Nähe von Linköping) den Machtkampf mit seinem Onkel resigniert ab. Er lieferte sogar die zu ihm geflohenen Mitglieder des

Reichsrates an Karl aus, bevor er sich wieder nach Polen zurückzog. Damit war die polnisch-schwedische Union nach nur vier Jahren faktisch schon wieder beendet.

Herzog Karl nahm blutige Rache an seinen Gegnern. In Finnland und Südschweden kam es zu Vergeltungsfeldzügen gegen die Anhänger Sigismunds. Auf dem Reichstag zu Linköping folgte 1600 die Schlussabrechnung mit den oppositionellen Reichsräten. Zahlreiche Hochadlige wurden wegen Hochverrats verurteilt, vier von ihnen hingerichtet. Gleichzeitig beschloss der Reichstag, Sigismund und seine Nachkommen vom schwedischen Thron auszuschließen und die Krone stattdessen Karl anzubieten. Der Herzog zögerte zunächst, diesen letzten Schritt zu gehen, trat dann aber 1603 als Karl IX. doch die Nachfolge seines Vaters an.

Schwedisch-polnischer Krieg um Livland

Nach dem Bruch mit Karl machte Sigismund im März 1600 sein Versprechen wahr und übergab Estland an Polen, soweit es sich nicht bereits – wie der Hauptort Reval – in der Hand seines Onkels befand. Schweden reagierte umgehend mit einem Angriff auf Polnisch-Livland. Hier gingen der Adel und die meisten Städte rasch in das schwedische Lager über. Im Mai 1601 huldigte der Landtag in Wenden den Schweden als neuen Oberherrn.

Dass die schwedischen Truppen in Livland von der deutschen Bevölkerung wie Befreier begrüßt wurden, kam nicht von ungefähr. Nach dem Tode von Sigismund August waren die 1561 gegebenen Zusagen mehr und mehr missachtet worden. Bereits in den 1582 von Stephan Báthory erlassenen Constitutiones Livoniae war von den gegebenen Privilegien keine Rede mehr. Durch die Einteilung des Landes in drei Woiwodschaften wurde stattdessen die bisherige Selbstverwaltung des Adels erheblich eingeschränkt, die Ämter gelangten nun zumeist in den Besitz von landfremden Personen. Die bislang herrschende lutherische Konfession wurde zu einem nur noch geduldeten Bekenntnis herabgestuft, in Riga und Dorpat mussten die Hauptkirchen an die Katholiken übergeben werden, für die in Wenden ein neues Bistum gegründet wurde.

Unter Sigismund hatte sich der Druck noch mehr verschärft. 1589 wurde der livländische Adel auch formal von der Verwaltung der wichtigeren Ämter ausgeschlossen. Im gleichen Jahr erließ der König das Verbot, den Undeutschen auf den Domänen lutherisch zu predigen. Die Bestimmung wurde von dem Bischof von Wenden bald auch auf die übrigen Bauern und die Undeutschen in den Städten ausgedehnt. Erbitterte Auseinandersetzungen in Stadt und Land waren die Folge.

Bereits 1585/86 war es in Riga zu einem «Kalenderaufstand» der Gilden gegen den als zu polenfreundlich geltenden Rat der Stadt gekommen. Anlass war die Einführung des als «papistisch» angesehenen Gregorianischen Kalenders gewesen. Bei dem Aufruhr mischten sich religiöse, politische, soziale und nationale Motive miteinander. Bis 1589 herrschte die demokratische Opposition in der Stadt, ehe ein polnisches Strafgericht die Wiederherstellung der Ratsherrschaft durchsetzte. Riga war denn auch 1600/01 die einzige bedeutende Stadt, die in Livland fortgesetzt zur polnischen Krone hielt.

Dank einer erfolgreichen Gegenoffensive konnten die polnischen Truppen Livland bis Ende 1602 wieder zurückgewinnen, nur Estland blieb in schwedischer Hand. Ein Angebot von Karl an Sigismund, Estland an Polen abzutreten, sofern dieser auf die schwedische Krone verzichte, wurde ausgeschlagen. 1605 unternahm Karl IX. einen neuen Anlauf, Livland zu erobern, der jedoch noch im selben Jahr mit einer schweren Niederlage in der Schlacht bei Kirchholm endete. Ein dreijähriger Waffenstillstand schloss sich an, nach dessen Ablauf Schweden die noch besetzten livländischen Gebiete räumte. Trotz dieses Rückzugs war der Kampf um Livland aber noch nicht entschieden. Schweden wartete nur auf eine Gelegenheit, um wieder anzugreifen.

Die wirtschaftliche Entwicklung im 16. Jahrhundert

Allgemeiner Handelsaufschwung

Mit der Entdeckung der Neuen Welt und der Seerouten nach Süd- und Ostasien verlagerte sich im 16. Jahrhundert der Schwerpunkt des europäischen Handels an die Atlantik- und Nordseeküste. Die bisherigen Handelszentren, die Ostsee im Norden wie das Mittelmeer im Süden, büßten demgegenüber an Bedeutung ein. Dies ist allerdings nur die halbe Wahrheit. Denn auch die Ostsee-Anrainer profitierten vom allgemeinen Aufschwung des europäischen Handels. Absolut gesehen nahm der Verkehr in der Ostsee daher um ein Vielfaches zu. Passierten um 1500 etwa 1000 Schiffe im Jahr den Sund, so waren es in der Mitte des 16. Jahrhunderts etwa 3000 und an dessen Ende sogar über 6000. Mindestens 80 % dieses Handels entfielen nach wie vor auf die Hansehäfen von Lübeck bis Reval.

Auch die Hanseflotte vergrößerte sich erheblich. Im genannten Zeitraum wuchs sie um 50% auf rund 1000 Schiffe mit einer Tragkraft von 45000 Last. Von ihnen entfielen 1597 allein 253 Schiffe mit einer Tragkraft von 9000 Last auf Lübeck, das von allen Hansestädten immer noch die bedeutendste Flotte sein eigen nannte. Die gesamte englische Flotte besaß demgegenüber zur gleichen Zeit nur 21000 und die französische 40000 Last. Erdrückend war allerdings das Übergewicht der niederländischen Flotte, die auf 120000 Last geschätzt wird. Bereits in der Mitte des 16. Jahrhunderts stammten zwischen der Hälfte und zwei Drittel aller den Sund passierenden Schiffe aus Holland.

Es war diese starke Stellung der ausländischen Kaufleute und Reeder, zu denen neben den Niederländern auch die Engländer mit ihren Niederlassungen unter anderem in Elbing und Hamburg sowie die Portugiesen in Hamburg gehörten, die bei den hansischen Kaufleuten das Gefühl des eigenen Abstiegs hervorrief. Vor allem die Lübecker, die einmal den Ostseehandel weitgehend beherrscht hatten, sahen sich mehr und mehr durch Fremde auf ihren angestammten Märkten bedrängt. Selbst in ihrer eigenen Stadt mussten sich die lübischen Kaufleute nun vielfach darauf beschränken, als Kommissionäre fremder Firmen tätig zu werden, anstatt wie früher selbst aktiv zu handeln.

Der über die Ostsee laufende Ost-West-Handel war im 16. Jahrhundert zudem durch steigende Ungleichgewichte gekennzeichnet, denn es gingen wesentlich größere Gütermengen Richtung Westen als umgekehrt. Um 1600 durchfuhr mehr als die Hälfte der Schiffe den Sund Richtung Osten ohne Fracht, auf dem Rückweg war dies nur bei jedem fünfzigsten Schiff der Fall. Eingeführt wurden in den Ostseeraum wie in den früheren Jahrhunderten vor allem Salz aus Frankreich, später auch aus Portugal, sowie Tuche, die nun allerdings kaum noch aus Flandern, sondern hauptsächlich aus England und Holland kamen. Daneben war auch der Import von deutschem, französischem und portugiesischem Wein sowie von Fisch aus Holland und Norwegen bedeutsam.

In die Gegenrichtung wurden zum einen weiterhin die typischen Ostwaren transportiert, allerdings kaum noch Pelze und auch weniger Wachs als früher. Auch die Holzausfuhr war rückläufig, weil die Gebiete an der Weichsel und unteren Düna abgeholzt waren. Dagegen florierte der Hanf- und Flachshandel. Die Rohstoffe für Tau- und Segelwerk kamen hauptsächlich aus Litauen und Weißrussland und wurden über die livländischen Häfen verschifft. In Riga entfielen um 1600 etwa 60% des Exports auf diese beiden Waren.

Zum mit großem Abstand wichtigsten Ausfuhrgut aber wurde seit Beginn der Neuzeit das Getreide. Die wachsende Bevölkerung in Westeuropa lebte vom Roggen und Weizen, der in Preußen und Polen, in Pommern und in den baltischen Ländern sowie in der Ukraine angebaut wurde. Unbestrittenes Zentrum des Getreidehandels war Danzig, wo im 16. Jahrhundert meist über 75 % des nach Westeuropa gehenden Getreides umgeschlagen wurde. Die Danziger Roggenexporte stiegen dabei von rund 10 000 Last um 1500 auf über 40 000 Last um 1560 und sogar auf 65 000 Last zu Beginn des 17. Jahrhunderts. Das verbleibende Viertel des Getreideexports wurde vornehmlich über Königsberg, Riga und Stettin abgewickelt.

Reorganisationsbemühungen der Hanse

In der ersten Hälfte des 16. Jahrhunderts schien die Hanse bereits ihrem unaufhaltsamen Ende entgegen zu gehen. Nicht nur wurde die wirtschaftliche Situation ihrer Mitglieder im Vergleich zu der ihrer niederländischen Konkurrenz immer schlechter, auch in der inneren Organisation der Gemeinschaft zeigten sich Auflösungserscheinungen. Zwischen 1535 und 1552 fanden nur noch drei allgemeine Hansetage statt. Auf der anderen Seite wuchs in den hansischen Städten aber die Überzeugung, dass der Erhalt der Gemeinschaft für das allgemeine Wohl notwendig sei. Nach der Jahrhundertmitte setzten daher ernsthafte Anstrengungen zu einer Erneuerung des Städtebundes ein, die zu einer «richtiggehende(n) Wiedergeburt der Hanse» führten (DOLLINGER, S. 426), ihre Auflösung aber letztlich nur herauszögern, nicht verhindern konnten.

Zwischen 1553 und 1567 trafen sich die Vertreter der Hansestädte fast jährlich auf Hansetagen, insgesamt 14 Mal. Eine der ersten wichtigen Entscheidungen war die 1556 beschlossene Bestellung eines «Syndicus der Hanse», der die Tagfahrten vorbereitete, die laufenden Geschäfte führte und diplomatische Reisen ins Ausland unternahm. Das neue Amt wurde dem Kölner Patrizier Heinrich Sudermann übertragen, der er es bis zu seinem Tod 1591 mit großem Engagement und beträchtlichem Erfolg ausübte.

1557 kam auch der Abschluss eines Konföderationsvertrages zustande, der im Wesentlichen die bestehenden Pflichten der Hansemitglieder und die Grundsätze ihres gemeinschaftlichen Handelns noch einmal bekräftigte. Das Statut wurde von den vier Hauptstädten der Viertel – Köln, Braunschweig, Lübeck und Danzig – besiegelt und von 63 auf dem Hansetag vertretenen Städten angenommen. Die wichtigste Neuerung war in diesem Zusammenhang die Erhebung eines jährlichen ordentlichen Beitrages aller Mitglieder, denn bisher hatte es nur von Fall zu Fall außerordentliche Abgaben gegeben. Das Prinzip der Vorauszahlung wurde künftig nicht mehr in Frage gestellt, allerdings leisteten viele Städte ihre Beiträge nur unregelmäßig oder gar nicht, was den geplanten Neuaufbau der Hanse hemmte.

Eines der wichtigsten Projekte der Hanse in der Mitte des 16. Jahrhunderts war die Wiederherstellung ihres Handels in den Niederlanden. Da der Hafen von Brügge ab 1450 allmählich versandete, waren die Hansen zusammen mit den anderen Kaufleuten Anfang des 16. Jahrhunderts vollständig nach Antwerpen übergesiedelt. Dort bildeten die Hansekaufleute mangels eines Kontors aber keine organisierte Gemeinschaft mehr. Bald verstießen viele von ihnen gegen hansische Prinzipien, indem sie mit Bürgern Antwerpens oder ausländischen Kaufleuten Handelsgesellschaften gründeten, die unberechtigt in den Genuss der hansischen Privilegien kamen. 1555 beschloss der Hansetag daher die Errichtung eines Kontors in Antwerpen.

Um die Handelsaktivitäten der Kaufleute effektiv überwachen zu können, setzte der Hansesyndikus Sudermann den Plan durch, dass die Hansen wie in den anderen Kontoren ein Gemeinschaftsleben führen sollten, was in Brügge nie üblich gewesen war. Die Stadt Antwerpen stimmte 1563 zu, überließ ein Grundstück und übernahm sogar ein Drittel der Baukosten für das Kontorgebäude. Das zwischen 1564 und 1568 errichtete Haus bedeckte eine Fläche von 5000 Quadratmetern, besaß unter anderem 23 Lagerräume und 133 Schlafzimmer sowie weitere Schlafsäle und konnte als «Symbol für die wiedererstandene hansische Macht» gelten (DOLLINGER, S. 439).

Doch der Neubau stand unter keinem guten Stern. Der Unabhängigkeitskampf der Niederlande gegen die spanische Herrschaft, der sich 1567 mit dem Antwerpener Bildersturm angekündigt hatte, legte die wirtschaftlichen Aktivitäten in der Scheldestadt zusehends lahm. 1576 wurde die Stadt durch die Spanier geplündert, die Belagerung von 1584 vertrieb dann die letzten Kaufleute aus der Stadt. Damit war der Versuch, den Hansehandel in den Niederlanden wieder zu alter Größe zu bringen, gescheitert.

Auch im Handel mit England agierte die Hanse zunehmend glücklos. Die britischen Könige unterstützten seit der zweiten Jahrhunderthälfte die Merchant Adventurers, die sich im Ausland um Niederlassungen bemühten und von dort aus den Englandhandel unter ihre Kontrolle zu bringen suchten. Dabei konnten sie erfolgreich die hansischen Städte gegeneinander ausspielen. An der Elbe gewährten Hamburg und später Stade den englischen Kaufleuten umfangreiche Rechte, in der Ostsee war es Elbing, das in Konkurrenz zu Danzig stand und 1579 den in der Eastland Company zusammengeschlossenen Merchant Adventurers ein Handelsprivileg erteilte. Die Hanse schloss

Elbing daraufhin faktisch aus ihrer Gemeinschaft aus, doch war der Schaden daraus für die Stadt geringer als der Vorteil, den sie aus der englischen Niederlassung zog. Durchschnittlich 50, in der Spitze sogar um die 100 englische Schiffe liefen seitdem jährlich den Elbinger Hafen an, um dort Tuche zu löschen und Getreide und Flachs zu laden.

1597 erließ Kaiser Rudolf II. auf Drängen der Hanse ein Aufnahme- und Handelsverbot gegen die Merchant Adventurers in Deutschland. Im Gegenzug verfügte die britische Königin Elisabeth I. 1598 die Schließung des Stalhofs in London und die Ausweisung aller hansischen Kaufleute mit Ausnahme der Danziger und Elbinger, da sie keine Untertanen des Kaisers waren. Auch wenn der Stalhof einige Jahre später seinen Eigentümern zurückgegeben wurde, erholte sich das Kontor nie mehr von diesem Schlag.

Schließlich geriet auch die alte Vorherrschaft der Hanse im Handel mit den skandinavischen Ländern ins Wanken. Lübeck, Danzig, Reval, Riga, Stralsund, Rostock und Wismar blieben zwar im gesamten 16. Jahrhundert wichtige Handelspartner Schwedens und Dänemarks, aber sie erhielten wachsende Konkurrenz durch die Holländer und später auch die Engländer. Die Bemühungen der schwedischen Krone, holländische Schiffe in schwedische Häfen zu locken und damit den hansischen Zwischenhandel auszuschalten, zeitigten seit der Mitte des 16. Jahrhunderts beträchtliche Erfolge. Der Austausch erfolgte vor allem über Älvsborg, den damals einzigen schwedischen Hafen am Kattegat. In manchen Jahren erfolgte der gesamte schwedische Salzimport über Älvsborg, während im Gegenzug hauptsächlich Eisen, Kupfer und Teer nach Holland und später auch nach England geliefert wurden. In Dänemark stand Christian IV. von Beginn seiner selbstständigen Regierung 1596 an der Hanse feindselig gegenüber. Er behinderte die Tätigkeit der Hansekaufleute in Dänemark, Norwegen und Island, um den dänischen Eigenhandel zu fördern. Sein Grundsatz «dänische Ware auf dänischem Schiff», den er zunächst für den Islandhandel durchzusetzen suchte, ließ sich wegen fehlender Transportkapazitäten zwar noch nicht verwirklichen, doch nahm die Zahl dänischer Schiffe seit dieser Zeit bedeutend zu.

Steigende Produktivität des schwedischen Bergbaus

Der schwedische Bergbau erlebte im Verlauf des 16. Jahrhunderts einige wichtige Veränderungen, die mit einer beträchtlichen Produktionsausweitung einhergingen. Für die Verhüttung des Eisenerzes begann man bessere und größere Hochöfen zu benutzen, mit denen sich die Roheisenproduktion erheblich steigern ließ. Damit verbunden war als zweite wichtige Innovation die Einführung von Hammerwerken, in denen das Roheisen zu Stabeisen ausgeschmiedet wurde. Diese Arbeit wurde häufig von aus Deutschland eingewanderten Schmieden geleitet, die über die nötigen Spezialkenntnisse verfügten. Das etwa 1,5 bis 2 Meter lange und 2 Zentimeter dicke Stabeisen erbrachte auf dem internationalen Markt etwa den doppelten Verkaufserlös wie das bisherige Osmund-Eisen. Diese von den Bergleuten selbst geschmolzenen und grob geschmiedeten kleinen Eisenklumpen waren etwa 300 Gramm schwer und wurden in Fässern mit 600 Stück verkauft. Man schätzt, dass sich die Produktion an reinem Eisen zwischen 1550 und 1600 in etwa verdoppelt hat. Um 1600 wurden etwa 7000 Tonnen Stab- und Osmundeisen exportiert, hinzu kommt noch der schwedische Eigenverbrauch.

Für den Betrieb der neuen Hochöfen waren große Mengen an Holzkohle nötig und für die Hammerwerke eine sichere und gleichmäßige Versorgung mit Wasserkraft. Deshalb wanderten die Hütten und Hammerwerke seit der Mitte des 16. Jahrhunderts von der unmittelbaren Nähe der Gruben in solche Gebiete ab, wo beides in ausreichendem Maße zur Verfügung stand. Angelegt wurden die Eisenbetriebe entweder noch von den Bergleuten selbst oder aber zunehmend von der Krone sowie reichen Bauern in den Waldgebieten. Um 1600 traten dann niederländische Industriemagnaten wie Louis de Geer oder Willem de Bessche in Schweden auf. Sie begannen, die meisten der älteren Werke aufzukaufen und die Produktion an wenigen Orten zu konzentrieren. Sie brachten geschulte Schmiede aus dem Bistum Lüttich, die sogenannten Wallonen, mit, die über Jahrhunderte eine Arbeiteraristokratie bildeten.

Auch die Kupferproduktion am Stora Kopparberg in Falun nahm in der zweiten Hälfte des 16. Jahrhunderts deutlich zu. Sie stieg von etwa 800 auf 2000 Jahrestonnen. Die Bergorganisation in Falun entsprach ungefähr einer deutschen Genossenschaft alten Rechts oder einer Gewerkschaft im westfälischen Kohlerevier, bei der die Gewerke an Gewinn und Verlust beteiligt waren. Diese brachten gemeinsam das Kapital für die Entlohnung der Arbeiter, für das Gerät und auch für die großen Mengen an Holz auf, das für das sogenannte Feuersetzen und die Verhüttung des Erzes benötigt wurde. Die Anteile am Bergwerk wurden unter den Beteiligten verkauft. Mit der Zeit gab es zahlreiche bürgerliche Bergherren, die zu einem mächtigen Stand wurden.

Zunächst wurde vor allem im Tagebau gearbeitet, später hauptsächlich unter Tage. Es wurden Schächte und Stollen in den Berg getrieben, die mit

Grubenholz abgestützt werden mussten. Für die Wasserhaltung setzte man Pumpen ein, die meist mit Wasserkraft betrieben wurden. Der eigentliche Abbau ging in der Weise vor sich, dass man zunächst durch große Scheiterhaufen das erzhaltige Gestein erhitzte. War es mürbe geworden, wurde es mit Meißeln und großen Vorschlaghämmern abgeschlagen, zerkleinert und auf Tragbahren abtransportiert.

Dem Wert nach war Kupfer um 1600 der wichtigste schwedische Ausfuhrartikel. Die Krone zeigte deshalb für die Kupferproduktion starkes Interesse, was allerdings auch damit zusammenhing, dass Kupfer für die Herstellung von Kanonen aus Bronze von großer militärischer Bedeutung war. Um nach dem Kalmarkrieg das Lösegeld für die Rückgabe der Festung Älvsborg aufbringen zu können, galt für den Kupferhandel eine Zeitlang ein staatliches Monopol. Nach der Aufhebung des Monopols erhielt die Krone als spezielle Kupfersteuer noch ein Viertel allen Rohkupfers. Neben Lübeck, das traditionell den schwedischen Kupferexport beherrscht hatte, gewannen im 16. und 17. Jahrhundert auch Amsterdam, Hamburg, Antwerpen und Danzig wachsende Anteile am Kupferhandel.

Die Entstehung der Gutsherrschaft im Ostseeraum

Im 16. Jahrhundert verschlechterte sich fast überall im Ostseeraum die soziale und rechtliche Stellung der Bauern. Um 1600 waren sie am gesamten südlichen Rand der Ostsee von Ostholstein bis nach Estland zumeist auf den Status von Leibeigenen herabgedrückt, und auch in Dänemark nahmen die bäuerlichen Lasten stark zu. Am besten ging es der bäuerlichen Bevölkerung noch in Schweden und Finnland, wo die Bauern unabhängig davon, ob sie Selbsteigner oder Pächter von Kron- oder Adelsland waren, als freie Männer galten, die selbstständig auf dem Thing auftreten, an Prozessen teilnehmen und zu Schöffen gewählt werden konnten.

Der soziale und rechtliche Abstieg der Bauern hängt paradoxerweise mit der guten Agrarkonjunktur zusammen, von der vor allem die Getreideproduzenten profitierten. Von 1500 bis 1550 verdoppelte sich in den Ostseeländern in etwa der Getreidepreis als Folge der starken Nachfrage aus Westeuropa. Der Landadel begann deshalb seine Eigenwirtschaft stark auszudehnen. Zunächst richtete sich der Expansionsdrang noch auf die im späten Mittelalter aufgrund der Pestepidemien wüst gewordenen Flächen, die den Rittergütern zugeschlagen wurden. Als spätestens seit etwa 1530 das freie Land knapp wurde, fingen die Grundherren an, das Besitzrecht ihrer

Bauern zu verschlechtern. Der erbliche Besitz wurde zur Ausnahme, die Zeitpacht die Regel. Damit war eine Handhabe gegeben, um die Bauern bei Bedarf «legen» zu können, das heißt, ihre Höfe einzuziehen und das Land unmittelbar der Eigenwirtschaft des Gutsbesitzers zuzuschlagen. Waren die Höfe der Lehnsritter und anderer großer ländlicher Besitzer noch im 14. Jahrhundert meist nur etwa dreimal so groß wie die eines normalen Bauern, so umfassten sie jetzt vielfach 150 Hektar und mehr.

Die nötigen Arbeitsleistungen auf den Rittergütern wurden nur zum geringeren Teil vom eigenen Gesinde erbracht. Hier wie auch bei den Gerätschaften und den Zugtieren griffen die Gutsherren vielmehr in starkem Maße auf die von ihnen abhängigen Bauern zurück. Diese mussten neben der Versorgung ihres eigenen Hofes immer mehr Frondienste leisten. Waren es in Mecklenburg um 1500 erst drei bis vier Tage im Jahr, die die Bauern auf den Feldern ihres Herrn dienen mussten, so war es um 1550 bereits ein Tag in der Woche und um 1600 drei.

Der Chronist Thomas Kantzow schrieb bereits um 1540 in seiner «Pommerania» über die pommerschen Bauern: «Die haben an den Höfen kein Erbe, und müssen der Herrschaft so viel dienen, als sie immer von ihnen haben wollen und können oft über solchen Dienst ihr Eigenwerk nicht tun und müssen derohalben verarmen und entlaufen. Und ist von denselben Bauern ein Sprichwort, dass sie nur 6 Tage in der Woche dienen, den siebenten müssen sie Briefe tragen ...» (zit. nach AUBIN/ZORN, Bd. 1, S. 393). Um das angesprochene «Entlaufen» zu verhindern, wurde die Freizügigkeit der Bauern beschränkt. Sie wurden mit Kindern und Kindeskindern «an die Scholle gebunden», ohne Erlaubnis des Gutsherrn durften sie weder wegziehen noch ihre Kinder ein Handwerk lernen lassen. Entsprechend galten die Bauernfamilien in der zeitgenössischen ökonomischen Literatur als ein «Zubehör des Gutes, das Handelswert besaß» (AUBIN/ZORN, Bd. 1, S. 394).

Seit etwa 1600 bürgerte sich zudem auf vielen Höfen der Gesindezwangsdienst ein. Die Bauernfamilien waren damit verpflichtet, eines ihrer älteren Kinder auf Verlangen des Gutsherrn ein Jahr oder auch länger für einen sehr geringen Lohn zum Gesindedienst abzustellen.

Das gesamte System der Erbuntertänigkeit oder Leibeigenschaft, das sich bis um 1600 im östlichen Holstein, in Mecklenburg, in Pommern, im polnischen und im herzoglichen Preußen sowie in den baltischen Ländern voll ausgebildet hatte, war nur möglich, weil die Ritterschaft hier bereits im 15. Jahrhundert wichtige Hoheitsrechte wie vor allem die Gerichtsherrschaft hatte an sich bringen können. Erst die Schwäche der Landesfürsten schuf die

Voraussetzung für die Entstehung der Gutsherrschaft. Als Gerichtsherren und als Inhaber der Polizeigewalt konnten die Ritter den widerstrebenden Bauern ihren Willen aufzwingen. Tatsächlich wurden die einzelnen, räumlich geschlossenen Gutsbezirke so etwas wie ein «Staat im Staat», der Gutsuntertan hatte, gleich um was es auch ging, immer denselben Herrn über sich, dem er nahezu vollständig ausgeliefert war.

In Dänemark entwickelte sich das Verhältnis zwischen Bauern und grundbesitzendem Adel in eine ähnliche Richtung, allerdings kam es hier nicht zu einer vollständigen Leibeigenschaft. Dies liegt wohl auch daran, dass die dänischen Adligen sich auf die Viehzucht konzentrierten statt auf die personalintensivere Getreideproduktion. Aber auch in Dänemark nahm die Größe der Adelsgüter zu, indem Pachtland und ganze Höfe eingezogen wurden. Gleichzeitig stieg die Menge der verlangten Frondienste. Die Zahl der freien Bauern, die eigenes Land bewirtschafteten, sank indessen auch hier bis zur Mitte des 17. Jahrhunderts auf nur noch 8 %, von denen die meisten auf der kleinen Insel Bornholm lebten, während es auf ganz Falster nur noch zwei freie Höfe gab. Die Freizügigkeit der Bauern war eingeschränkt, zu einer förmlichen Schollenbindung kam es jedoch nur auf Seeland, wo die Nähe des aufstrebenden Kopenhagen die Neigung zur Landflucht verstärkte.

7.
Schweden als Großmacht

Zeittafel

1588–1648	König Christian IV. von Dänemark
1611–1632	König Gustav II. Adolf von Schweden
1611–1613	Kalmarkrieg
1612–1654	Axel Oxenstierna, Reichskanzler in Schweden
1617	Frieden von Stolbowa
1618–1648	Dreißigjähriger Krieg
1625–1629	Dänisch-Niedersächsischer Krieg
1628	Wallenstein, Herzog von Mecklenburg
1621–1629	Schwedisch-polnischer Krieg
1630–1648	Schwedischer Krieg mit dem Reich
1630	Landung von Gustav Adolf auf Usedom
1631	Schlacht bei Breitenfeld
1632	Schlacht bei Lützen, Tod Gustav Adolfs
1640–1688	Kurfürst Friedrich Wilhelm von Brandenburg (der Große Kurfürst)
1643–45	Schwedisch-dänischer Krieg
1644–1654	Königin Christina von Schweden
1648	Westfälischer Friede
1648–1670	König Friedrich III. von Dänemark
1654–1660	König Karl X. von Schweden
1655–1661	Schwedisch-polnischer und schwedisch-russischer Krieg
1657–60	Schwedisch-dänischer Krieg
1660	Herzogtum Preußen wird lehnsunabhängig
1660	Kopenhagener Ständeversammlung, Einführung des Absolutismus in Dänemark
1669	Letzter Hansetag
1672–1697	König Karl Xl. von Schweden
1675–1679	Krieg Schwedens mit Dänemark und Brandenburg
1680/82	Einführung des Absolutismus in Schweden

Die Ostsee im Zeitalter von Christian IV. und Gustav II. Adolf

Christian IV. von Dänemark

Christian IV., Dänemarks bekanntester und im eigenen Land bis heute auch populärster König, trat 1588 als kaum Elfjähriger die Nachfolge seines Vaters Friedrich II. an. 1593 wurde er in den Herzogtümern für mündig erklärt, 1596 trat er auch im Stammland Dänemark die selbstständige Regierung an, die er mehr als 50 Jahre bis zu seinem Tod im Februar 1648 innehatte. Seine politische und militärische Begabung war groß, aber noch größer waren seine impulsive Unbeherrschtheit, seine Rechthaberei und der Mangel an Augenmaß bei der Verfolgung seiner Ziele. Christian wollte Dänemark und das mit ihm verbundene Norwegen nicht nur zur alles bestimmenden Macht in Nordeuropa machen, er träumte auch davon, «aus den beiden nordischen Reichen ein Holland des Nordens mit Seefahrt auf den sieben Meeren zu machen» (LAURING, S. 138). Weder das eine noch das andere ließ sich realisieren. Bei seinem Tod stand Dänemark politisch, finanziell und militärisch am Abgrund, seine Rolle als bedeutender europäischer Machtfaktor war ausgespielt.

Seine hochfliegenden Pläne spiegeln sich nicht zuletzt in den prächtigen Bauten, die bis heute das Stadtbild Kopenhagens prägen. Er ließ die alten Wälle niederlegen und erweiterte die Stadt um mehr als das Doppelte. Schloss Frederiksborg riss er ab und errichtete an seiner Stelle das neue, größere und prachtvollere Frederiksborg, dazu an anderer Stelle das Lustschloss Rosenborg. In seiner Regierungszeit entstand zudem in Kopenhagen der modernste und größte Kriegshafen Europas. Auch das 1624 durch einen verheerenden Brand zerstörte Oslo ließ er in großem Stil wieder aufbauen; die Stadt trug seitdem seinen Namen und hieß (bis 1924) Christiania.

In wirtschaftlicher Hinsicht richtete sich die Politik des Königs sowohl gegen die Hanse, deren wendischen Städte mit Lübeck an der Spitze ihre traditionelle Befreiung vom Sundzoll einbüßten, als auch gegen Schweden. Christian sah mit großer Verbitterung, dass das nördliche Nachbarland

König Christian IV. von Dänemark hatte große Pläne, trug durch sein unüberlegtes Handeln aber stattdessen zum Niedergang der dänischen Machtstellung bei.

mit der 1603 erfolgten Gründung des Kattegat-Hafens Göteborg einen entscheidenden Schritt tat, um die dänische Sundkontrolle zu umgehen. Sein Protest gegen die Stadtgründung und die Privilegierung der Niederländer dort blieb vorerst vergeblich. Zur gleichen Zeit spitzte sich im hohen skandinavischen Norden der Kampf um die Beherrschung der lappländischen Wildmarken zu. Das Land selbst war zwar wirtschaftlich wertlos, aber strategisch von Bedeutung, seitdem Russland mit dem Hafen von Archangelsk im Weißen Meer eine Alternative zum bisherigen Warenaustausch über die baltischen Häfen geschaffen hatte. Vor allem englische und holländische Schiffe nutzten die neue Route um das Nordkap.

1611 fühlte sich Christian nach dem Bau einer Festungskette entlang der dänisch-schwedischen Grenze stark genug, um den Angriff auf Schweden zu beginnen. Bereits nach wenigen Wochen konnten die Dänen die schwedische Schlüsselfestung Kalmar erobern, und bald danach gelang auch die Einnahme Göteborgs, das in Brand gesetzt wurde. Im folgenden Jahr fiel auch die Festung Älvsborg in dänische Hände, womit Schweden von der Nordsee vollständig abgeschnitten war. Ein Flottenangriff auf Stockholm, der die endgültige Entscheidung bringen sollte, scheiterte indessen, und auch in den norwegischen Grenzprovinzen Jämtland und Härjedalen rückten die Schweden vor. Zugleich bahnte sich eine Annäherung der Niederlande an Schweden und die Hanse an, die weder im dänischen noch im englischen Interesse lag. So kam es 1613 unter Vermittlung von Christians Schwager, König Jakob I. von England, zum Frieden von Knäred, der den sogenannten Kalmarkrieg beendete. Im Friedensvertrag musste Schweden auf eine weitere Expansion nach Norden verzichten und Dänemark wieder freien Zugang zum Livlandhandel ermöglichen. Außerdem blieb Älvsborg vorerst in dänischem Pfandbesitz. Für die Auslösung sollte Schweden innerhalb von sechs Jahren ein astronomisch hohes Lösegeld von einer Million Reichstalern bezahlen.

Gustav II. Adolf von Schweden

Im Oktober 1611, als Karl IX. starb und sein Sohn Gustav Adolf mit gerade 17 Jahren den schwedischen Thron bestieg, befand sich sein Land in einer politisch und militärisch äußerst ernsten Lage. Es herschte nicht nur Krieg mit Dänemark, sondern zeitgleich auch mit Polen und Russland. Gustav Adolf wurde mit Zustimmung des Hochadels vorzeitig für mündig erklärt, musste aber im Gegenzug den von seinem Vater beiseite geschobenen Reichsrat förmlich als Mitregenten anerkennen. Der ebenfalls noch junge Axel Oxenstierna, damals 28 Jahre alt und aus einer der führenden Hochadelsfamilien stammend, trat als Kanzler an die Seite des Königs.

Mit niederländischer Hilfe gelang es, das Lösegeld für die Freigabe von Älvsborg pünktlich zu begleichen. Ein 1614 abgeschlossener Handels- und Defensivvertrag mit den Generalstaaten hatte dafür die Voraussetzungen geschaffen. Niederländischer Einfluss wurde schnell in allen wirtschaftlichen Bereichen spürbar, so auch bei der Wiederbegründung von Göteborg 1618, für das in «Stadtanlage, Stadtverfassung, Bevölkerung und Wirtschaft holländischer Einfluss maßgeblich wurde» (BRANDT, in HEG, Bd. 3, S. 989).

Der Krieg mit Russland um die Vorherrschaft am östlichen Ausgang der Ostsee endete 1617 mit einem schwedischen Erfolg. Im Frieden von Stolbowa gab Schweden zwar das zwischenzeitlich besetzte Nowgorod preis, gewann dafür aber ganz Ostkarelien, das Newagebiet um die Festung Nöte-

Axel Oxenstierna war 42 Jahre lang schwedischer Reichskanzler. Der Aufstieg Schwedens zur Großmacht ist eng mit seinem Namen verknüpft.

borg sowie Ingermanland mit der Festung Iwangorod. Damit war Russland wie schon einmal in den 1580er Jahren von der Ostsee vollkommen abgeschnitten. Mit Polen bestand demgegenüber nur ein Waffenstillstand, der noch bis 1620 galt.

Schon bald nach seinem Regierungsantritt machte sich Gustav Adolf zusammen mit seinem Kanzler Oxenstierna daran, durch ein ganzes Bündel von Reformen die Leistungsfähigkeit des schwedischen Staates und seiner Armee zu steigern. Nach ersten provisorischen Maßnahmen wurden 1618 die obersten Zentralbehörden auf kollegialer Basis neu organisiert und mit klaren Zuständigkeiten ausgestattet. Bis 1624 erhielten auch die regionalen Mittelinstanzen genau definierte Kompetenzen. So entstand eine hierarchisch aufgebaute Verwaltung, die von der Spitze aus effektiv gelenkt und auch kontrolliert werden konnte. Bereits 1614 wurde zusammen mit der Einrichtung eines obersten Gerichtes erstmals ein klarer Instanzenweg für das gesamte schwedische Justizwesen geschaffen. Dies entlastete nicht zuletzt den König, der bislang als Herr über Leben und Tod mit einer Fülle von Rechtsfällen überschwemmt worden war. Mit diesen und weiteren administrativen Reformen wurde Schweden «zu einer der am modernsten und rationellsten organisierten Staaten Europas» (BRANDT, in: HEG, Bd. 3, S. 990). Insbesondere die Finanzverwaltung verdiente sich bald das Prädikat, die beste Europas zu sein.

Mit dem Vertrag von Stolbowa, der für Schweden eine kurze Phase allgemeinen Friedens einleitete, war auch eine Atempause gewonnen, um das Heerwesen neu organisieren zu können. Die bisherigen Erfahrungen in Schweden und anderswo zeigten, dass eine Armee aus geworbenen Söldnern zwar kampfstark, aber sehr teuer im Unterhalt war, während es sich bei einer Milizarmee genau umgekehrt verhielt. Das von Gustav Adolf 1620 selbst entwickelte neue schwedische System verband nun die Aushebung von Wehrpflichtigen mit ihrer intensiven Ausbildung und langjährigem aktivem Dienst. Das Verfahren ermöglichte den raschen Aufbau einer schlagkräftigen, auch im Offensivkrieg einsetzbaren Armee.

Voraussetzung für den Erfolg der inneren Reformen war ein neues Einvernehmen zwischen König und Hochadel. Gustav Adolf war anders als seine unmittelbaren Vorgänger auf dem Thron bereit, die herausgehobene politisch-soziale Stellung des Hochadels zu festigen und zu institutionalisieren und zugleich dessen materiellen Interessen weit entgegen zu kommen. Im Gegenzug nahm er die Angehörigen der führenden Familien in bis dahin ungekanntem Maß für Aufgaben in Verwaltung, Diplomatie und Kriegsführung in Anspruch. Das neue Zweckbündnis zwischen Monarchie und Aristokratie verkörperte sich vor allem in der Zusammenarbeit zwischen Gustav Adolf und Axel Oxenstierna.

Der Reichskanzler, der dieses Amt insgesamt 42 Jahre innehaben sollte, war vom König bei seiner Berufung mit einer außergewöhnlichen Machtfülle ausgestattet worden. Gustav Adolf musste nie bereuen, diesen Vertrauensvorschuss gegegeben zu haben. Oxenstierna, der neben dem französischen Kardinal Richelieu zum größten Staatsmann seiner Epoche wurde, erwies sich als vollkommen loyal. Hoher gegenseitiger Respekt und tiefes Vertrauen prägten das Verhältnis zueinander.

Der schwedische Angriff auf Livland

Die Beziehungen zwischen den polnischen und den schwedischen Vasa und ihren beiden Reichen waren weiterhin durch Misstrauen und Feindseligkeit geprägt. 1617 hatte Schweden vergeblich versucht, Livland kampflos zu gewinnen, indem es den dortigen polnischen Gouverneur Wolmar Farensbach zum Verrat anstiftete. Im gleichen Jahr war in Schweden mit Blick auf König Sigismund die lutherische Staatsreligion unter Ausschluss aller Katholiken nochmals gesetzlich fixiert und zugleich jegliche Verbindung mit Polen untersagt worden. Sigismund III. dachte aber auch weiterhin nicht daran, für sich oder seine Nachkommen auf die schwedischen Thronrechte zu verzichten.

Als im November 1620 der schwedisch-polnische Waffenstillstand ablief, befand sich Polen in einer denkbar ungünstigen Lage, weil es alle seine Kräfte zur Verteidigung gegen eine drohende türkische Invasion benötigte. Gustav Adolf glaubte, diese Situation nutzen zu können, um seinen ungeliebten Vetter zum Thronverzicht bewegen zu können. Doch Sigismund lehnte die Einleitung von Verhandlungen rundweg ab. Damit war der Anlass für den schwedischen Angriff gegeben, der im Juli 1621 mit der Überfahrt von 14 000 Soldaten nach Livland begann. Bereits im September musste nach einmonatiger Belagerung und drei überstandenen Sturmangriffen die Stadt Riga vor Gustav Adolf kapitulieren. Die Kapitulationsbedingungen machten deutlich, dass Schweden die dauerhafte Eroberung Livlands beabsichtigte. Denn die Stadt musste gegen Bestätigung ihrer Privilegien Gustav Adolf die Erbhuldigung leisten und künftig Abgeordnete zum schwedischen Reichstag entsenden. Mit der Einnahme von Riga, dem wichtigsten baltischen Handelszentrum, gewann Schweden auch ganz erhebliche Zolleinnahmen, die die Finanzierung von Armee und Flotte erleichterten.

Der weitere Verlauf des Krieges entsprach allerdings nicht mehr den schwedischen Erwartungen. Versorgungsprobleme und Seuchen, denen auch der Bruder des Königs, Prinz Karl Philipp, zum Opfer fiel, schwächten das schwedische Heer, während die polnischen Verteidiger dank der Überlegenheit ihrer

Die Stadt Reval, einer der Haupthäfen für den Handel mit Russland, sagte sich 1561 vom Deutschen Orden los und unterwarf sich dem schwedischen König Erich XIV.

Kavallerie Terrain zurückgewinnen konnten. Im Sommer 1622 kam ein Waffenstillstand zustande, der nach baldiger Verlängerung für zwei Jahre galt.

Bei den Verhandlungen hatte die schwedische Seite für einen dauerhaften Verzicht Sigismunds auf seine schwedischen Ansprüche sogar die Rückgabe Rigas angeboten. Doch dazu war Sigismund nicht bereit. Er plante vielmehr bereits eine Invasion Schwedens für das Jahr 1623, für die er die Unterstützung katholischer Mächte gewann. Eine spanische Flotte sollte ein angeworbenes Söldnerheer bei Älvsborg an Land setzen, während gleichzeitig der ehemalige österreichische Feldmarschall von Altenheim mit einem internationalen Kreuzfahrerheer sowie polnischen Truppen Stockholm angreifen sollte. Sigismund gelang es allerdings trotz persönlicher Anwesenheit in Danzig nicht, die nötige Flotte für das Landeunternehmen zusammenzubringen.

So ging die Initiative wieder an Schweden über. 1625 nahm Gustav Adolf den Krieg in Livland erneut auf. Dabei konnten Dorpat und die kurländische Hauptstadt Mitau erobert und im Januar 1626 erstmals die polnische Armee in einer offenen Feldschlacht bei Wallhoff besiegt werden. Die schwedische Position war damit gefestigt, eine endgültige Entscheidung aber stand noch aus.

Der Dreißigjährige Krieg

Christian IV. und der Niedersächsisch-Dänische Krieg

Während Schweden dank der inneren Reformen und einer zielstrebigen politischen und militärischen Führung von Jahr zu Jahr stärker wurde, verliefen die parallelen Anstrengungen von Christian IV. größtenteils im Sande. Vor allem gelang es nicht, die dänische Wehrverfassung entscheidend zu modernisieren, da der dänische Reichsrat die notwendigen finanziellen Mittel verweigerte. Hauptziel Christians IV. in diesen Jahren war es, seine Machtposition nach Norddeutschland auszudehnen. 1617 gründete er Glückstadt an der Unterelbe, um in Konkurrenz zu Hamburg stärkeren Anteil am florierenden Nordseehandel zu gewinnen. Sein Versuch, seine Herrschaft auch auf Hamburg selbst auszudehnen, scheiterte indessen. Die Hansestadt erreichte 1618 beim Reichskammergericht ihre Anerkennung als freie Reichsstadt. Für seine Söhne hatte Christian zudem die lutherisch gewordenen Fürstbistümer Bremen, Verden, Halberstadt und Osnabrück im Auge, deren Territorien große Teile Nordwestdeutschlands umfassten.

Unterdessen begann 1618 mit dem Prager Fenstersturz der Dreißigjährige Krieg, der maßgeblich durch die religiösen Gegensätze im Deutschen Reich ausgelöst wurde, aber sich bald zu einem Kampf der großen Mächte um die Vorherrschaft in Europa entwickelte. Der vernichtenden Niederlage des böhmischen «Winterkönigs» Friedrich von der Pfalz im Herbst 1620 und der Eroberung seiner pfälzischen Stammlande bis 1622 folgte im Jahr darauf das Vordringen des katholischen «Liga»-Heeres unter Johann Tilly nach Norddeutschland. Der protestantische Heerführer Christian von Halberstadt, der mit Hilfe der niedersächsischen Reichsstände ein neues Heer aufgestellt hatte, wurde von Tilly im August 1623 bei Stadtlohn vernichtend geschlagen. Die evangelischen Fürsten des Niedersächsischen Kreises unterwarfen sich dem habsburgischen Kaiser Ferdinand II., mussten nun aber um den Besitz der Bistümer fürchten, die ihre Dynastien in den vergangenen Jahrzehnten an sich gebracht hatten. 1623/24 erzwang Tilly die Rekatholisierung von Halberstadt, Minden, Hildesheim und Osnabrück. Sorgen machte sich in dieser Hinsicht auch Christian IV., der seinem Sohn Friedrich 1621/22 das Stift Verden und die Anwartschaft auf Bremen gesichert hatte.

Das Vordringen der Habsburger in Norddeutschland rief England, Frankreich und die niederländischen Generalstaaten auf den Plan. Sie sondierten gemeinsam mit den norddeutschen Fürsten die Möglichkeit eines Eingreifens der Schweden unter Gustav Adolf. Der schwedische König war grundsätzlich zu einer Invasion bereit, stellte aber dafür hohe Bedingungen, darunter den alleinigen Oberbefehl, Flottenstützpunkte an Nord- und Ostsee sowie die Bezahlung der Kriegskosten im Voraus. An diesen Forderungen scheiterten die Verhandlungen.

In dieser Situation ergriff der von seinem Ehrgeiz getriebene Christian IV. die Initiative. Er war bereit, den Krieg für weniger als die Hälfte der schwedischen Geldforderungen zu führen, auch wollte er auf die von Gustav Adolf zur Voraussetzung gemachte englisch-niederländische Flottenhilfe verzichten. Da der erst spät informierte dänische Reichsrat sich vehement gegen eine Kriegsteilnahme stellte, handelte Christian hinfort in seiner Eigenschaft als Herzog von Holstein und Oberst des Niedersächsischen Kreises. Mit Hilfe der Einnahmen aus dem Sundzoll warb Christian eine Söldnerarmee und zog im Juni 1625 in das Abenteuer des sogenannten Niedersächsisch-Dänischen Krieges.

Obwohl sich England, die Generalstaaten und einige Reichsfürsten formell mit Christian zu einem Bündnis vereinigten, stand er bei Kriegsbeginn ohne starke militärische Verbündete da. Selbst die versprochenen Geldzahlungen trafen nur verspätet und unvollständig ein. Im August 1626 wurde Christian daher am nordwestlichen Harzrand bei Lutter am Barenberge von Tilly entscheidend geschlagen. Nach der verlorenen Schlacht musste der König den Rückzug nach Norden antreten.

Im September 1627 wurden Schleswig und Holstein von den Kaiserlichen genommen, dann ging der Kampf in Jütland weiter, denn Kaiser Ferdinand ließ bei der Betrachtung seines Gegners den feinen Unterschied zwischen dem Herzog von Holstein und dem König von Dänemark nicht gelten. Geführt wurden die kaiserlichen Truppen inzwischen von Albrecht von Wallenstein, der im Frühjahr 1625 dem Kaiser ein selbst aufgestelltes Heer zur Verfügung gestellt hatte. Nach Jütland eroberten die Kaiserlichen im Winter 1627/28 auch ganz Mecklenburg und besetzten Pommern.

Wallenstein, Herzog von Mecklenburg und General des ozeanischen und baltischen Meeres

Herzog Bogislaw von Pommern, der den offenen Bruch mit dem Kaiser vermieden hatte, musste vertraglich in die Besetzung seines Landes einwilligen und alle Hafenstädte mit Ausnahme von Stettin und Wolgast, die sich freikauften, an Wallenstein ausliefern. Auch Stralsund, das innerhalb des Herzogtums eine halb unabhängige Stellung einnahm, blieb von der Abmachung unberührt. Schlimmer als Bogislaw erging es den Herzögen von Mecklenburg-Schwerin und Mecklenburg-Güstrow, über die der Kaiser wegen ihres Bündnisses mit Christian IV. die Reichsacht verhängte. Sie verloren ihr Land. Statt ihrer belehnte Ferdinand II. 1629 Wallenstein mit den Herzogtümern als Lohn für dessen Dienste und nicht zuletzt, um damit die kaiserlichen Schulden zu bezahlen.

Bereits im Jahr davor hatte Wallenstein die Herzogtümer zunächst als Pfandbesitz erhalten. Als Residenz wählte er das Schloss in Güstrow, bis dahin ein verschlafenes Landstädtchen. Wallenstein mit seiner Prachtliebe sorgte nun für eine Hofhaltung, die es an Prunk mit den größten Residenzen Europas aufnehmen konnte. Doch beließ er es nicht bei einem Leben in Luxus, sondern organisierte in kurzer Zeit auch die gesamte herzogliche Verwaltung neu, um das Land und damit die fürstlichen Einnahmen in die Höhe zu bringen. Nicht zuletzt brachte er Mecklenburg Frieden. Während ringsum weiter Krieg herrschte, bemühte sich Wallenstein erfolgreich darum, sein neues Herzogtum von den Lasten und Schrecken des Krieges möglichst fernzuhalten.

Wallenstein hatte Ferdinands Macht bis an die Ostsee ausgedehnt, nun sollte der Feldherr nach dem Willen des Kaisers auch die Herrschaft des Reiches über die See erringen. Im April 1628 wurde Wallenstein der Rang eines «Generals des Ozeanischen und des Baltischen Meeres» verliehen. Der Plan, eine kaiserliche Flotte zu schaffen, ging auf einen Vorschlag des spanischen Habsburgers Philipp IV. zurück, der hoffte, mit einer vereinigten deutschen und spanischen Handels- und Kriegsflotte die englisch-holländische Konkurrenz ausschalten zu können. Zur Umsetzung des Vorhabens war man dringend auf die Hilfe der Hanse angewiesen, doch der 1628 einberufene Hansetag ließ sich weder durch kaiserliche Versprechungen noch durch spanische Drohungen zum Mitmachen bewegen. Man wollte sich nicht in einen Handels- und Kaperkrieg gegen die protestantischen Seemächte treiben lassen; bei der ablehnenden Entscheidung spielten wirtschaftliche und religiöse Gründe eine Rolle.

Als Heimathafen für die entstehende kaiserliche Flotte hatte Wallenstein zunächst Wismar ausgesucht, doch schien ihm bald Stralsund besser geeignet zu sein. Die ersten, im Februar 1628 vor Stralsund erschienenen kaiserlichen Truppen wurden von den Bürgern vertrieben. Während Wallenstein daraufhin mit der Belagerung der Stadt begann, suchte diese Hilfe bei Dänemark und Schweden. Sowohl Christian IV. als auch Gustav Adolf, der eine Festsetzung der Habsburger an der Ostseeküste verhindern wollte, schickten Versorgungsgüter und Soldaten. Gemeinsam schlugen sie alle Angriffe ab, bis Wallenstein im Juli die erfolglose Belagerung aufhob. Hauptsächlicher Gewinner der Auseinandersetzung war Schweden, das sich bald darauf von der Bürgerschaft die volle militärische Verfügungsgewalt über Stralsund geben ließ.

Anfang 1629 begannen in Lübeck die Friedensverhandlungen zwischen dem Reich und Dänemark. Wallenstein, dessen inzwischen auf ein Dutzend Schiffe angewachsene Flotte nutzlos im Wismarer Hafen lag, weil die Schweden die Ausfahrt blockierten, war zu einem Verständigungsfrieden bereit. Er wollte damit einer dänisch-schwedischen Koalition zuvorkommen, deren Möglichkeit Christian IV. durch ein demonstratives Gespräch mit Gustav Adolf vor Augen führte. Tatsächlich aber dachte Christian gar nicht daran, sich dem schwedischen Rivalen als – nach Lage der Dinge – bloßer Juniorpartner unterordnen zu sollen. Auch er war vielmehr auf einen baldigen Friedensschluss aus. So kam es im Mai 1629 zum Frieden von Lübeck, der Dänemark territorial unversehrt ließ und Christian lediglich dazu verpflichtete, auf die norddeutschen Bistümer zu verzichten und sich künftig aller Einmischung in die Reichsangelegenheiten zu enthalten.

Schwedens preußischer Feldzug

Im Sommer 1626 erschien eine schwedische Invasionsarmee unter Gustav Adolf überraschend an der preußischen Küste. Schnell waren das herzoglich-preußische Pillau sowie die polnisch-preußischen Städte Elbing, Braunsberg, Marienburg und Dirschau in schwedischer Hand. Danzig wurde zu Land und zur See blockiert. Ziel der Operation war es, alle Seehäfen an der Danziger Bucht unter Kontrolle zu bringen und damit Polen seine wichtigste Einnahmequelle, die Getreideexporte, zu nehmen. Gustav Adolf und Oxenstierna hofften, dass der wirtschaftliche Schaden den polnischen Adel veranlassen werde, Sigismund zu einer schnellen Beendigung des Krieges mit Schweden zu drängen. In jedem Fall aber rechnete man mit erheblichen Zolleinkünften, die zur weiteren Aufrüstung und Kriegsfinanzierung verwendet werden sollten.

Obwohl Sigismunds Kampf um seine schwedischen Thronrechte in Polen alles andere als populär war, stellte sich der polnische Adel in einer Trotzreaktion hinter seinen König. Während Gustav Adolf im Herbst 1626 nach Schweden zurückkehrte, sahen sich der in Preußen zurückgebliebene Oxenstierna und die unter seinem Kommando stehenden schwedischen Truppen einem wachsenden Widerstand der polnischen Armee gegenüber.

Im Zuge der Verwaltungsreformen wurden 1634 die zentralen schwedischen Behörden nach Stockholm verlegt, das seitdem als Hauptstadt des Landes zur europäischen Metropole wurde.

Hauptleidtragender war wie immer die Zivilbevölkerung, da die Polen das Land verwüsteten, um dem Gegner die Existenzgrundlage zu entziehen.

Auch die Wiederaufnahme der schwedischen Offensive im nächsten Frühjahr brachte keinen durchschlagenden Erfolg. Bei einem Gefecht bei Dirschau wurde der wieder im Felde stehende Gustav Adolf durch eine Kugel schwer verwundet. Das Geschoss steckte so unglücklich zwischen Schulterblatt und Rückgrat, dass es nicht entfernt werden konnte. Einige Finger blieben deshalb steif. Auch zur See gab es eine empfindliche Niederlage. Eine neu gebildete polnische Flotte, die im wesentlichen aus Danziger Einheiten bestand, besiegte ein schwedisches Geschwader vor Oliva.

Währenddessen lavierte der brandenburgische Kurfüst und preußische Herzog Georg Wilhelm zwischen seinen Pflichten als polnischer Vasall und der Notwendigkeit, es mit dem übermächtigen schwedischen König, seinem Schwager, nicht ganz zu verderben. So blieb er im wesentlichen neutral, was aber auch Polen zum Vorteil gereichte, da Königsberg für den polnischen Handel nutzbar blieb. Da mit den pommerschen und den kurländischen Häfen weitere Außenhandelstore offen standen, erbrachte auch der Wirtschaftskrieg nicht die von Schweden erhofften Resultate.

Gustav Adolf war deshalb bereit, alle schwedischen Eroberungen in Preußen und Livland herauszugeben, falls sich Sigismund auf einen dreißigjährigen Waffenstillstand und die Zusage einließe, dass sein Nachfolger als polnischer König keinen Anspruch auf die schwedische Krone erheben würde. Doch Sigismund beharrte auf der Thronfolge der polnischen Vasa. So schleppte sich der Krieg ohne Entscheidung weiter.

Schließlich vermittelte Frankreich, das die schwedischen Kräfte für den Kampf gegen die Habsburger frei machen wollte, im Verein mit Georg Wilhelm von Brandenburg einen sechsjährigen Waffenstillstand. Die im September 1629 in Altmark (südlich von Elbing) geschlossene Vereinbarung fiel für Schweden im ganzen sehr vorteilhaft aus. Es erhielt für die Dauer des Vertrages die Verfügungsgewalt über die preußischen Häfen Elbing, Braunsberg, Pillau und Memel samt deren Zolleinnahmen. Mit Danzig einigte sich Schweden bald darauf in einem separaten Vertrag auf eine Teilung der Weichselzölle. Die sogenannten «preußischen Lizenzeinnahmen» sicherten in den folgenden Jahren zu einem guten Teil den schwedischen Staatshaushalt ab. So war mit dem Vertrag von Altmark militärisch, politisch und finanziell der Weg frei für ein direktes Eingreifen Schwedens in den Dreißigjährigen Krieg.

Die Landung Gustav Adolfs auf Usedom

Am 6. Juli 1630 landete Gustav Adolf mit 10000 Fußsoldaten und 3000 Reitern auf der Insel Usedom. Er kniete am Strand nieder und bat Gott in einem inbrünstigen Gebet um Beistand gegen seine Feinde: «du weißt, daß dieser Zug und mein Intent ja nicht zu meine, sondern einig und allein zu deine Ehren und deiner armen bedrengten Kirchen zu Trost und Hülffe angesehen und gemeynet» (zit. nach ZEEDEN, in: Gebhardt, Bd. 2, S. 173). Der Auftritt galt protestantisch gesinnten Historikern einmal als Beleg, dass der als «Löwe aus Mitternacht» verherrlichte schwedische König als selbstloser Kämpfer für die Erhaltung des evangelischen Glaubens nach Deutschland gekommen sei. Bereits seit 1629 hatte eine entsprechende schwedische Flugschriftenpropaganda, die von Hamburg aus gesteuert wurde, publizistisch den Boden für die Invasion bereitet. Auch in Schweden selbst waren durch nationale Gebetstage das Vordringen der Gegenreformation und die Not des Luthertums in Deutschland ins öffentliche Bewusstsein gerückt worden.

Tatsächlich aber spielten bei den internen Beratungen im Reichsrat, die zum schwedischen Kriegsentschluss führten, konfessionspolitische Motive nur ganz am Rande eine Rolle. Entscheidend waren machtpolitische Erwägungen. Das Vordringen der kaiserlichen Truppen an die Ostsee gefährdete die sich eben erst anbahnende schwedische Hegemonialstellung im Norden Europas. Eine kaiserlich-spanisch-polnische Allianz drohte sich abzuzeichnen, der

Unter Gustav II. Adolf wurde Schweden zur führenden Militärmacht Europas.
Seinem Eingreifen in den Dreißigjährigen Krieg lagen machtpolitische
Erwägungen zugrunde.

Schweden kaum gewachsen gewesen wäre und die auch die Herrschaft der schwedischen Vasa-Linie bedroht hätte. So gesehen trug die Invasion den Charakter eines Präventivschlages. «Gustav Adolf war ein geborener Krieger und als solcher ein geborener Angreifer», heißt es in einer jüngst erschienenen Biographie (JUNKELMANN, S. 291). Der Gedanke, bei dieser Gelegenheit gleich noch deutsche Küstengebiete zu gewinnen und damit die schwedische Ostseeherrschaft vollkommen zu machen, trat verlockend hinzu.

Die Situation, die Gustav Adolf in Deutschland vorfand, war durchaus günstig für seine Pläne. Denn dem Kaiser wehte inzwischen der Wind ins

Gesicht. 1629 hatte Ferdinand II. auf dem Gipfel seiner Macht das Restitutionsedikt erlassen, das die Rückführung aller seit 1552 evangelisch gewordenen Kirchengüter zum katholischen Kultus anordnete. Die konsequente Durchführung des Edikts wäre gleichbedeutend mit der Vernichtung des Protestantismus in weiten Teilen Norddeutschlands gewesen. Das Edikt rief nicht nur den Protest der evangelischen Fürsten hervor, sondern erregte auch große Besorgnis bei vielen katholischen Ständen. Denn die Begleitumstände machten deutlich, dass der Kaiser auf eine entschiedene Ausweitung seiner Machtstellung zielte, die die gewachsene «Libertät» der Reichsstände bedroht hätte, das heißt ihr Mitwirkungsrecht in Reichssachen und ihre Autonomie im eigenen Herrschaftsbereich.

Grundlage der kaiserlichen Macht war Wallenstein und seine Armee. Hier setzten die Fürsten an, die ohnehin auf den neuernannten Herzog von Mecklenburg nicht gut zu sprechen waren. Dass ein böhmischer Landadliger und Emporkömmling zum Mitglied des Reichsfürstenstandes erhoben wurde, kränkte ihr Ehrgefühl. Fast zeitgleich mit der Landung Gustav Adolfs an der deutschen Ostseeküste erzwangen die Kurfürsten auf einem Tag in Regensburg von Ferdinand die Entlassung Wallensteins und die drastische Verringerung der kaiserlichen Armee. Drei Viertel des Heeres wurden entlassen, der Rest in die Truppen der Liga integriert. Ohne diesen Vorgang wäre es Gustav Adolf kaum so leicht gelungen, an der Küste und ihrem Hinterland Fuß zu fassen. So aber war niemand da, der ihm in den ersten kritischen Wochen hätte in den Arm fallen können.

Von Breitenfeld nach Lützen

Vierzehn Tage nach der schwedischen Landung auf Usedom wurde der pommersche Herzog Bogislaw durch eine militärische Demonstration vor Stettin von Gustav Adolf zum Abschluss eines Bündnisvertrages gezwungen. Die schwedischen Truppen erhielten dadurch unbeschränkten Zugang zu den pommerschen Städten und Festungen, das Land wurde zu ihrem Durchzugs- und Versorgungsgebiet. Vorerst allerdings hielten sich kaiserliche Besatzungen noch in Greifswald und Kolberg. Die übrigen norddeutschen Fürsten, allen voran der brandenburgische Kurfürst Georg Wilhelm, reagierten kühl bis ablehnend auf schwedische Bündnisangebote, desgleichen die Hansestädte. Sie sahen in Gustav Adolf keine geringere Bedrohung ihrer Unabhängigkeit als in Ferdinand II. und suchten deshalb eine Art «dritte Partei» zu bilden. Georg Wilhelm war zudem alarmiert wegen eines Passus im schwedisch-pommerschen Vertrag, der das brandenburgische Erbrecht beim bald zu erwartenden Aussterben der regierenden pommerschen Dynastie in Frage stellte. Die schwedischen Absichten auf territorialen Gewinn an der südlichen Ostseeküste wurden darin deutlich.

Im Januar 1631 kam im schwedischen Lager von Bärwalde der Subsidienvertrag mit Frankreich zustande, um den bereits seit dem Sommer verhandelt worden war. Der französische Premierminister Kardinal Richelieu sicherte Gustav Adolf darin jährlich 400000 Reichstaler gegen die Verpflichtung zu, ein Heer von 36000 Mann gegen den Kaiser ins Feld zu stellen.

Zum Generalissimus der kaiserlichen Truppen war nach der Absetzung Wallensteins Johann von Tilly ernannt worden. Das Duell der beiden großen Feldherren, des 36-jährigen Königs und des 71-jährigen «Heiligen in Harnisch», bestimmte in den folgenden Monaten den Verlauf des militärischen Geschehens. Im April begann Tilly die Belagerung der Stadt Magdeburg, die aus Furcht vor der drohenden zwangsweisen Rekatholisierung ein Bündnis mit Gustav Adolf eingegangen war. Die Stadt vertraute auf die uneingeschränkte Hilfszusage des schwedischen Königs, die dieser aber aufgrund der zögerlichen Haltung des brandenburgischen und sächsischen Kurfürsten und der starken zahlenmäßigen Unterlegenheit seiner Armee nicht einlösen konnte. So rückte das schwedische Heer nur langsam zum Entsatz heran und ließ die Erstürmung Magdeburgs am 20. Mai tatenlos geschehen.

Unmittelbar nach der Eroberung ging die Stadt aus ungeklärten Gründen in Flammen auf, rund 20000 Menschen kamen bei der Brandkatastrophe ums Leben. Die Tragödie bot der protestantisch-schwedischen Propaganda Gelegenheit, die eigene militärische Niederlage zur moralischen Vernichtung des Gegners zu nutzen und dadurch die Bemühungen zur Bildung einer Allianz gegen den Kaiser voranzubringen.

Im Juni ging der brandenburgische Kurfürst – allerdings auch unter dem Eindruck schwedischer Kanonen, die auf Berlin gerichtet waren – in das Lager Gustav Adolfs über. Zur gleichen Zeit kapitulierte mit Greifswald die letzte kaiserliche Garnison an der pommerschen Küste. Die frei werdenden schwedischen Kräfte rückten in Mecklenburg vor. Nach dem Fall Rostocks im September 1631 konnten die von Wallenstein vertriebenen Herzöge Adolf Friedrich und Johann Albrecht ihr Land wieder in Besitz nehmen. Der Preis war ein immerwährendes Bündnis mit dem schwedischen König, der darüberhinaus die Überlassung Wismars und des größten Teils der Zolleinnahmen des Landes für sich forderte.

Von Tilly ultimativ zu einer klaren Parteinahme gedrängt, entschied sich im September schließlich auch Kursachsen für ein Bündnis mit Schweden. Es bildete die Grundlage für den überwältigenden Sieg, den Gustav Adolf bei Breitenfeld über Tilly errang. Die überflügelte kaiserliche Armee verlor bei der Schlacht ihre gesamte Artillerie, die Hälfte der Reiterei und zwei Drittel der Infanterie. Das Übergewicht der kaiserlich-katholischen Partei im Reich war damit mit einem Schlag dahin und Schweden zur führenden Militärmacht Europas geworden. Gustav Adolf stand der Weg nach Süddeutschland offen.

Der König und sein Kanzler entwickelten nun Pläne für ein festes Bündnis aller evangelischen Reichsstände unter schwedischer Führung, das auch nach Kriegsende fortbestehen und Schweden den unbedingten Zugriff auf das Militär und die Finanzen der Bundesmitglieder sichern sollte. Von Brandenburg verlangte Gustav Adolf unumwunden den Verzicht auf Pommern zugunsten Schwedens. Ob der König neben dem Gewinn der deutschen Ostseeküste und der vertraglich gesicherten Hegenomie Schwedens im Reich auch an den Erwerb der Kaiserkrone dachte, ist in der historischen Forschung umstritten geblieben. Wahrscheinlich aber waren auch die auf Deutschland bezogenen Pläne von Gustav Adolf immer nur Teil des zentralen Ziels der damaligen schwedischen Politik, nämlich die unumschränkte Herrschaft über die Ostsee zu gewinnen. Dazu sollte neben der gesamten baltischen, polnischen und deutschen Seeküste auch Dänemark bis zum Belt dem schwedischen Reich einverleibt werden.

Im Frühjahr 1632 stand die schwedische Armee tief in Bayern, Tilly wurde beim vergeblichen Versuch, den Übergang der Schweden über den Lech zu verhindern, tödlich verwundet. Während die Schweden München besetzten, rief Ferdinand II. in höchster Not Wallenstein zurück. Er war nach Lage der Dinge der einzige, der sofort eine kaiserliche Armee aufstellen konnte. Nach einem ersten Defensiverfolg bei Nürnberg zwang Wallenstein Gustav Adolf im Herbst 1632 zum Abzug nach Norden, um das von den Kaiserlichen bedrohte Sachsen zu retten. Bei Lützen unweit von Leipzig kam es am 16. November zur bis dahin schwersten Schlacht des Krieges.

Der Kampf wogte den ganzen Tag ohne klare Entscheidung hin und her. Am Ende hatten beide Seiten jeweils etwa 6000 Gefallene zu beklagen. Unter den schwedischen Toten befand sich auch der König selbst, der wie immer in vorderster Linie mitgefochten hatte. Der Apotheker, der Gustav Adolf einbalsamierte, zählte fünf Schuss-, drei Hieb- und eine Stichwunde an dessen Körper. Später kam das Gerücht auf, der König sei während des Kampfes von Herzog Franz Albrecht von Sachsen-Lauenburg ermordet worden, der erst kurz zuvor vom kaiserlichen ins schwedische Lager gewechselt war. Tatsächlich aber waren es wohl Reiter des Generals Piccolomini, die Gustav Adolf die tödlichen Verletzungen zufügten und dann den Leichnam plünderten.

Die Nachricht vom Tod des Königs, der um die Mittagsstunde fiel, löste unter den schwedischen Truppen nur kurz Panik aus. Der Feldprediger stimmte einen Choral an, die Masse der Truppen konnte zum Stehen gebracht, geordnet und zu erneuten Angriffen geführt werden. «Diese erstaunliche moralische Festigkeit des königlichen Heeres war es, die Wallenstein an diesem Tag um einen Sieg brachte» (JUNKELMANN, S. 459). Der Generalissimus räumte am späteren Abend mit seinen Truppen das Schlachtfeld und überließ damit dem Gegner den Sieg.

Vom Prager bis zum Westfälischen Frieden

Thronerbin in Schweden war die erst knapp sechsjährige Tochter Gustav Adolfs, Christina. Für sie regierte eine Vormundschaftsregierung, die aus den Leitern der höchsten Reichsämter bestand. Die überragende Persönlichkeit war nun mehr als je zuvor Axel Oxenstierna. Er entschied sich für die Fortsetzung des Krieges in Deutschland, vor dessen Eröffnung er Gustav Adolf selbst einmal gewarnt hatte, weil Schweden hier anders als im Kampf mit Polen wenig zu gewinnen, aber viel zu verlieren habe. Nun plädierte er nicht nur für die dauerhafte Präsenz in Pommern und Preußen, sondern auch für einen schwedischen Vorposten in der Mitte Deutschlands. Der schwedische Kanzler nahm das Kurfürstentum Mainz in Besitz. Zugleich fasste er die evangelischen Stände der vier süddeutschen Reichskreise im Heilbronner Bund unter seiner Leitung zusammen.

Währenddessen begann Wallenstein hinter dem Rücken des Kaisers, Friedensfühler nach allen Seiten auszustrecken. Die Ziele, die er dabei verfolgte, haben sich bis heute nicht eindeutig klären lassen. Oxenstierna verlangte von ihm vergeblich entweder eine kaiserliche Vollmacht oder den offenen Bruch mit dem Kaiser. Stattdessen handelte Ferdinand II., dem manches zu Ohren gekommen war. Er setzte Wallenstein in einem Geheimbefehl ab und ließ ihn im Februar 1634 zusammen mit seinen engsten Vertrauten ermorden.

Wallensteins Armee, die nun unter dem Oberbefehl von Erzherzog Ferdinand, dem Sohn des Kaisers, stand, blieb intakt. Gemeinsam mit spanischen Truppen schlug sie im Herbst 1634 die Schweden bei Nördlingen so vollständig, dass die schwedische Herrschaft in Süddeutschland von einem auf den anderen Tag zusammenbrach. Damit war der Weg frei für einen Frieden unter kaiserlichen Vorzeichen, der die lutherischen Reichsstände aus ihren Bündnissen mit Schweden löste. Ein Beitritt Schwedens zu dem im Mai 1635 geschlossenen Prager Frieden scheiterte letztlich daran, dass der Kaiser nicht bereit war, für den Abzug der schwedischen Truppen eine finanzielle Entschädigung zu zahlen. Stattdessen überließ er lieber die Bistümer Verden und Bremen Schwedens altem Gegner Christian IV. von Dänemark.

Oxenstiernas Bereitschaft, selbst einen Verzichtfrieden zu akzeptieren, ging nicht nur auf die schwierige Lage in Deutschland und die wachsenden Friedenswünsche in seiner Heimat zurück. 1635 lief auch der Waffenstillstand mit Polen aus, so dass ein Mehrfrontenkrieg drohte. Dort regierte seit 1632 Wladislaw IV., der längst nicht so fanatisch katholisch wie sein Vater Sigismund war und auch seine ererbten schwedischen Thronansprüche nicht mit gleicher Vehemenz verfocht. Dennoch bedurfte es des Drucks von Seiten Frankreichs und des friedenswilligen polnischen Adels, damit Wladislaw auf seine Kriegspläne verzichtetete. Auch so bedeutete der neue, im September 1635 auf 26 Jahre geschlossene Waffenstillstand von Stuhmsdorf für Schweden eine deutliche Verschlechterung gegenüber dem bisherigen Zustand. Es musste sämtliche besetzten Häfen und Festungen an Polen beziehungsweise das Herzogtum Preußen zurückgeben und damit zugleich auf die damit verbundenen Zolleinnahmen verzichten. Schweden war damit noch stärker auf die französischen Hilfsgelder angewiesen, die seit 1636 wieder reichlicher flossen. Zudem trat Frankreich nun auch offiziell in den Krieg gegen den Kaiser ein.

1636 begann der Dreißigjährige Krieg in Deutschland praktisch von vorn, und er trat nun zugleich in seine furchtbarste Phase, denn die schlimmsten Verheerungen, denen in manchen Gebieten bis zu drei Viertel der Bevölkerung zum Opfer fielen, ereigneten sich erst jetzt. 1644 begannen die Friedensverhandlungen zwischen Frankreich, Schweden, dem Kaiser und den Reichsständen in Münster und Osnabrück, doch gingen die Kämpfe parallel dazu weiter. Dabei konnten die schwedischen Truppen noch einige wichtige Erfolge erringen und damit die eigene Verhandlungsposition stärken. Noch im Juli 1648 eroberten die Schweden die Kleinseite von Prag. Bei dieser Gelegenheit fiel ihnen auch die Goten-Bibel des Wulfila in die Hände, die seitdem als schwedische Kriegsbeute in Uppsala verwahrt wird.

Der vorteilhaften militärischen Lage entsprachen die Friedensbestimmungen, die für Schweden sehr günstig ausfielen. Pommern, das 1637 nach dem Tod Herzog Bogislaws XIV. aufgrund des gültigen Erbvertrages eigentlich an Brandenburg hätte fallen müssen, wurde geteilt. Der wichtigere und bei weitem wertvollere Teil, nämlich Vorpommern, gelangte einschließlich des rechten Oderufers und Stettins an Schweden. Nur dank französischer Fürsprache erhielt Brandenburg wenigstens Hinterpommern mit dem Stift Cammin, dazu als weitere Entschädigung die Anwartschaft auf das Hochstift Magdeburg. Als Schweden Hinterpommern 1653 schließlich räumte, sicherte es sich im Vertrag von Stettin zudem noch die Hälfte der hinterpommerschen Seezölle. Die Herzöge von Mecklenburg mussten sich mit der Abtretung der Stadt Wismar sowie der Ämter Poel und Neukloster an Schweden einverstanden erklären und bekamen dafür die Stifte Schwerin und Ratzeburg als erbliche Fürstentümer. Auf Kosten Dänemarks fielen nun auch die Stifte Bremen-Verden als Herzogtum endgültig an Schweden. Als Inhaber der Reichslehen Pommern und Bremen-Verden wurde der König von Schweden Reichsstand und Mitglied des Fürstenkollegiums.

Die demographischen Folgen des Krieges

Pommern und Mecklenburg zählten zu den von den Verwüstungen des Dreißigjährigen Krieges am schlimmsten betroffenen Regionen des Deutschen Reiches. Die Menschen litten unter den Kriegshandlungen, vor allem aber durch die schiere Präsenz der Truppen, ihre Stationierung oder ihren Durchmarsch. Requirierungen, Plünderungen und Brandschatzungen raubten vor allem der ländlichen Bevölkerung ihre Existenzgrundlage. Für jeden Soldaten rechnete man an Verpflegung pro Tag ein Kilo Brot, ein Pfund Fleisch und drei Liter Bier. Die großen Armeen, die mehrere zehntausend Mann umfassten, saugten das Land gnadenlos aus. Höher noch als durch unmittelbare Kriegseinwirkung waren daher die Bevölkerungsverluste aufgrund von eingeschleppten Krankheiten und von Hungersnöten.

1638/39 wütete in Mecklenburg und Pommern die Pest. Der schwedische General Baner schrieb 1638 – noch vor Ausbruch der Seuche – an Oxenstierna, dass «in Mecklenburg nichts als Sand und Luft ist. Alles ist bis auf den Erdboden zerstört» (zit. nach MAST, S. 102). 1640 war in Mecklenburg nur noch jede dritte, 1651 sogar nur noch jede achte Bauernstelle besetzt. Vor allem der Osten Mecklenburgs war in manchen Ämtern fast menschenleer. Im Jahr 1648 lagen von den 79 Dörfern des Amtes Stavenhagen 30 ganz wüst, nur in 17 Orten gab es noch Bauern oder Kossäten. Auch in Pommern fehlten am Ende des Krieges zwei Drittel der ländlichen

Bevölkerung. In zwölf Dörfern des Kreises Schlawe war noch 1685 erst ein Drittel der Bauernstellen wieder besetzt. Im Amt Ueckermünde waren 1654 von einst 100 Bauern nur 51 übrig geblieben und von zehn Kossäten nurmehr drei.

Auch einige Städte litten äußerst schwer. So war Ueckermünde so gut wie vollständig vernichtet worden, die Bevölkerung in Anklam erreichte 1677 erst ein Drittel ihres Vorkriegsstandes. Insgesamt konnten sich die ummauerten Städte aber weit besser als das flache Land vor durchziehender Soldateska schützen. Lübeck konnte seine Neutralität während des ganzen Dreißigjährigen Krieges behaupten, sie wurde sowohl von Schweden wie vom Kaiser respektiert. Trotz des Krieges florierte der Handel. Zwischen 1627 und 1647 passierten jährlich rund 150 lübische Schiffe den Sund, das waren mehr als zu Beginn des 17. Jahrhunderts und fast so viele wie in den besten Jahrzehnten am Ende des 16. Jahrhunderts.

Aber auch für das kriegführende Schweden hatte die jahrzehntelange militärische Auseinandersetzung, selbst wenn sie jenseits der Ostsee ausgetragen wurde, schwerwiegende demographische Folgen. Wer zum Kriegsdienst verpflichtet wurde, sah meist seine Heimat nicht wieder. Aus der Pfarrgemeinde Bygdeå in Västerbotten wurden zwischen 1620 und 1640 230 junge Männer eingezogen. 1639 waren 215 von ihnen tot, fünf kehrten als Krüppel zurück, zehn taten noch Dienst. Die meisten Toten waren dabei nicht auf dem Schlachtfeld, sondern an Krankheiten gestorben. 1639 gab es daher in Bygdeå 50 % mehr Frauen als Männer. «Prozentual betrachtet, hat die männliche Bevölkerung Schwedens unter Gustav Adolf vermutlich weit höhere Opfer bringen müssen als die Deutschlands im 1. oder 2. Weltkrieg» (JUNKELMANN, S. 167). Der nationalschwedische Anteil im schwedischen Heer nahm deshalb rasch ab, zumal die Truppenstärken wuchsen. Im Sommer 1632, als Gustav Adolf in Deutschland über 150 000 Mann gebot, waren davon 90 % ausländische Söldner.

Schweden auf dem Höhepunkt seiner Machtentfaltung

Schwedischer Krieg gegen Dänemark

Noch während des Krieges in Deutschland entschloss sich die schwedische Staatsführung 1643, Dänemark anzugreifen. Axel Oxenstierna war davon überzeugt, dass der Kampf mit dem südlichen Nachbarn auf Dauer unvermeidlich sei. Die Situation schien günstig, da Christian IV. nicht zuletzt wegen seiner rigorosen Handhabung der Elb- und Sundzölle außenpolitisch isoliert war. Außerdem hatte sich durch die Stützpunkte in Deutschland die strategische Position Schwedens gegenüber Dänemark entscheidend verbessert. Während ein schwedisches Heer über Holstein nach Jütland vorrückte, fiel eine zweite Armee in Schonen ein, bald gelangten auch einige Inseln in schwedische Hände. Eine Seeschlacht im Fehmarnbelt endete im Juli 1644 mit einem taktischen Erfolg der schwedischen Flotte; König Christian, der das dänische Geschwader persönlich kommandierte, verlor bei dem schweren Gefecht ein Auge.

Die schwedische Überlegenheit schien so erdrückend, dass man in Stockholm bereits über eine vollständige Auslöschung des dänischen Staates nachdachte. Die schwedischen Verbündeten Frankreich und Holland schoben diesen Plänen allerdings einen Riegel vor. Aber auch so bedeutete der 1645 vereinbarte Frieden von Brömsebro das Ende der dänischen Großmachtzeit. Mit der Abtretung von Gotland und Ösel verlor das Land seine seestrategische Stellung in der mittleren Ostsee. Auch die bislang norwegischen Landschaften Jämtland und Härjedalen fielen an Schweden, so dass die Grenze im mittleren Skandinavien jetzt entlang der Gebirgskämme verlief. Schließlich erhielt Schweden für seine Schifffahrt die Freiheit vom Sundzoll; garantiert wurde die Einhaltung dieser Zusage durch den Pfandbesitz von Halland auf 30 Jahre.

Königin Christina

Der Beschluss zum Krieg gegen Dänemark wurde bereits mit Zustimmung der Königin Christina gefasst, obwohl die Vormundschaftsregierung formell erst 1644 endete. Die junge Herrscherin erhielt eine sehr sorgfältige Erziehung, sie sprach mehrere Sprachen fließend und interessierte sich sehr für Wissenschaften und Kunst. Der Hof, den sie in Stockholm hielt, war ebenso glänzend wie teuer, was ihr den Vorwurf der Verschwendungssucht eintrug. Ihr Umgebung schockierte sie dadurch, dass sie sich wie ein Mann benahm, in Männerkleidung ritt und auf die Jagd ging. Ihre vielseitigen geistigen Interessen, denen sie ohne Scheu vor Denkverboten nachging, missfielen der lutherischen Kirchenobrigkeit, die vergeblich versuchte, ihre Ansichten in orthodoxe Bahnen zu lenken.

Nach der feierlichen Übertragung der Amtsgeschäfte Ende 1644 ergriff sie zunächst tatkräftig die Zügel der Regierung, wobei sie Adelsparteien, Reichstagsstände und Günstlinge gegeneinander ausspielte. Besorgt um den

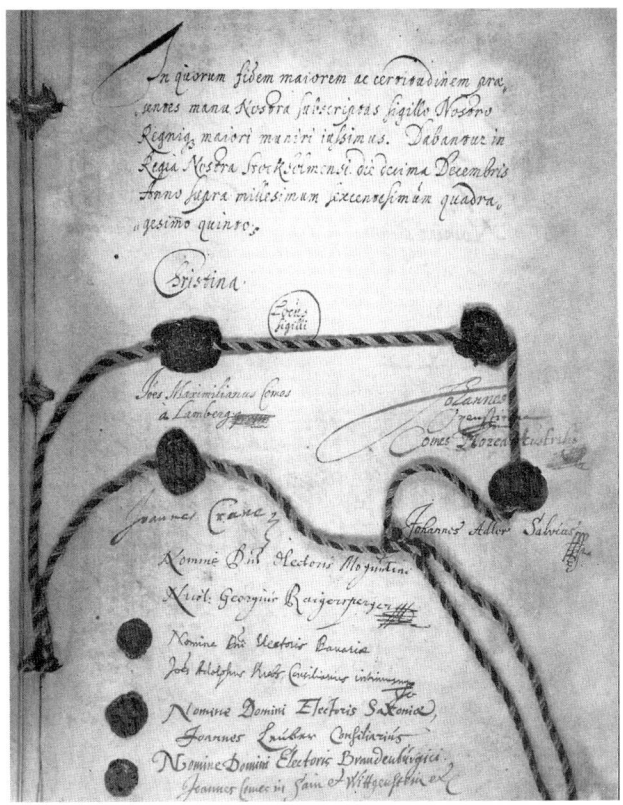

Vollmacht der Königin Christina aus dem Jahr 1645 für Reichskanzler Oxenstierna zu den Friedensverhandlungen mit den kaiserlichen Unterhändlern.

Erhalt ihrer Unabhängigkeit, wehrte sie sich entschieden dagegen, eine Ehe einzugehen. Es war vorgesehen, dass sie ihren Vetter, den Pfalzgrafen Karl Gustav von Pfalz-Zweibrücken, heiraten sollte. Sie entschloss sich aber, unvermählt zu bleiben und den Pfalzgrafen dafür zu ihrem Nachfolger einzusetzen. Er wurde 1649 offiziell zum Thronerben bestimmt.

Im Oktober 1650 ließ sie sich in Stockholm mit großer Pracht krönen, fühlte sich aber von der Last der Regierungstätigkeit zunehmend abgestoßen, zumal in den Ständen die Vorwürfe wegen ihrer teuren Hofhaltung immer lauter wurden. Christina, die sich nicht einschränken wollte, entschloss sich zur Abdankung. 1654 erklärte sie sich zum Thronverzicht bereit gegen eine jährliche Rente in Höhe der damals gigantischen Summe von 200 000 Reichstalern, wobei sie die Gelder im Ausland verbrauchen wollte. Der Reichstag bestätigte im Juni 1654 ihre Abdankung und wählte Karl Gustav zum König Karl X. Gustav, der noch am gleichen Tag gekrönt wurde.

Christina lebte seitdem im Ausland, in Brüssel, Paris und seit 1658 in Rom. Noch in Schweden war sie insgeheim zum Katholizismus übergetreten. 1655 vollzog sie den Glaubenswechsel in Innsbruck auch öffentlich. Nach dem Tod von Karl Gustav 1660 kam sie vorübergehend nach Schweden zurück, um sich die regelmäßigen Einkünfte zu sichern, erregte aber Ärgernis, als sie eine katholische Kapelle errichten ließ. Diese wurde auf Befehl der Regierung wieder niedergerissen. Nach ihrem Tod 1689 wurde sie als einzige Frau im Petersdom beigesetzt.

Zenit der schwedischen Großmachtstellung

Wenige Monate nach der Thronbesteigung Karls X. Gustav starb Axel Oxenstierna, der bis zuletzt das Amt des Reichskanzlers innegehabt hatte. Was Oxenstierna vorgedacht und in wichtigen Teilen auch verwirklicht hatte, die vollständige schwedische Beherrschung des gesamten Ostseeraums, suchte jetzt Karl X. zum Abschluss zu bringen. Der Neffe Gustav Adolfs trug zwar den Titel eines Pfalzgrafen von Pfalz-Zweibrücken, war aber 1622 in Nyköping geboren und am Stockholmer Hof erzogen worden. Sein Vater Johann Kasimir war nach der Schlacht am Weißen Berge mit seiner Frau Katharina, der Schwester Gustav Adolfs, nach Schweden geflohen. Schon als junger Mann diente Karl Gustav in der schwedischen Armee und wurde noch 1648 Generalissimus der Heere in Deutschland. Verheiratet war er mit einer Tochter des Herzogs von Holstein-Gottorf, einer Nebenlinie des dänischen Königshauses, die für ihre Besitzungen in Schleswig und Holstein die Souveränität anstrebte.

Der erste Angriff Karls X. galt im Sommer 1655 – noch vor Auslaufen des Waffenstillstandes – Polen, das durch innere Konflikte geschwächt war und sich zudem mitten in einem Abwehrkampf gegen Russland befand. Das schwedische Heer, das von Vorpommern und von Livland aus nach Polen einmarschierte, eroberte fast kampflos große Teile des Landes, darunter die Hauptstadt Warschau und die Krönungsstadt Krakau. Lediglich Danzig hielt entschlossen zu König Johann Kasimir, dem letzten polnischen Vasa. Friedrich Wilhelm von Brandenburg-Preußen, der Große Kurfürst, hatte zunächst versucht, neutral zu bleiben, schloss sich dann aber unter schwedischem Druck Karl X. an, von dem er Anfang 1656 das Herzogtum Preußen und das bislang polnische Ermland zu Lehen nahm.

Doch noch im Winter 1655/56 kam es zum Umschwung, der polnische Widerstandsgeist erwachte unter dem Banner der katholischen Marienver-

Karl X. führte die Kriege seiner Vorgänger gegen Polen und Dänemark fort. Unter ihm erreichte Schweden 1658 die größte territoriale Ausdehnung seiner Geschichte.

ehrung. In der dreitägigen Schlacht von Warschau im Juli 1656 behielten die verbündeten Schweden und Brandenburger nur knapp die Oberhand. Polen erhielt nun Unterstützung von Russland, das gegen Livland und Ingermanland vorrückte, von Kaiser Ferdinand und von Dänemark.

Dort sah König Friedrich III., der ehemalige Erzbischof von Bremen, nun endlich die Chance gekommen, den Frieden von Brömsebro zu revidieren. Er erklärte Schweden im Juni 1657 den Krieg. Karl X. verließ sofort den polnischen Schauplatz und warf sich gegen den dänischen Gegner. Der Große Kurfürst, der nun in Polen auf sich allein gestellt war, wechselte in den Verträgen von Wehlau und Bromberg erneut die Seiten. Nachdem ihn schon

Karl X. gegen die Fortdauer der Allianz mit Schweden aus der Lehnsabhängigkeit entlassen hatte, bestätigte nun auch der polnische König in Wehlau die Souveränität des Herzogtums Preußen. Knapp zweihundert Jahre nach dem demütigenden Zweiten Thorner Frieden hatte der östliche Teil Preußens seine Unabhängigkeit von Polen zurückgewonnen, ein zentraler Schritt auf dem Weg zum Aufstieg Brandenburg-Preußens zu einer ernstzunehmenden europäischen Macht. Im Bromberger Vertrag erhielt Friedrich Wilhelm zudem von Polen die Ämter Lauenburg und Bütow als Lehen, die künftig einen Teil Pommerns bildeten.

Im Krieg gegen Dänemark erwies sich Karl X. als ein zu allem entschlossener Feldherr. Schon im Spätherbst beherrschte er das dänische Festland. Das Übersetzen auf die Inseln schien zunächst an der ausbleibenden englischen Flottenhilfe und dann am Wetter zu scheitern, denn die Ostsee fror zu. Doch Karl X. entschloss sich zum Marsch über das Eis. Am 30. Januar 1658 überquerte er mit seinen Truppen den Kleinen Belt, eine Woche später zog das schwedische Heer von Fünen aus weiter über den Großen Belt nach Seeland. Friedrich III. hatte sich auf Seeland hinreichend sicher gefühlt und kein kampfbereites Heer zur Verfügung. Die dänische Reichsführung war wie gelähmt. So kam es noch im Februar zum Frieden von Roskilde, bei dem Dänemark ein Drittel seines Kernlandes abtreten musste. Schweden erhielt Schonen, Blekkinge, Halland und Bohuslän, die Insel Bornholm sowie in Norwegen das Gebiet um Trondheim. Es erreichte damit die größte territoriale Ausdehnung seiner ganzen Geschichte. Auch musste Dänemark kurz darauf unter schwedischem Druck dem Herzog von Holstein-Gottorf die volle Souveränität über sein Herzogtum zugestehen.

Doch nun überspannte Karl den Bogen. Im Herbst des gleichen Jahres überfiel er Dänemark erneut, um es als selbstständigen Staat zu vernichten. Das Land sollte unter Schweden, England und Holstein-Gottorf aufgeteilt werden, wobei Karl für sein Reich die Inseln und damit die Kontrolle über die Ostseezugänge beanspruchte. Schon plante er die Verlegung der schwedischen Hauptstadt nach Göteborg. Die Niederlande, Österreich, Polen und Brandenburg kamen indessen Dänemark zu Hilfe, um Schweden nicht übermächtig werden zu lassen. Während brandenburgische und kaiserliche Truppen in Schwedisch-Pommern und bald auch in Jütland vorrückten, erzwang eine holländische Flotte die Zufahrt in das belagerte Kopenhagen und lieferte dringend benötigte Versorgungsgüter. Ein schwedischer Sturmangriff auf die Stadt scheiterte im Februar 1659, Aufstände der Bevölkerung in Schonen, auf Bornholm und in Trondheim schwächten die schwedische Po-

Die schwedische Großmachtzeit (1660)

sition zusätzlich. Karl X., der eine neue Offensive vorbereitete, starb überraschend am 13. Februar 1660 an einem Schlaganfall. In dem im Mai des gleichen Jahres abgeschlossenen Frieden von Kopenhagen musste Schweden nur Bornholm und das Land um Trondheim an Dänemark zurückgeben, weitergehende dänische Forderungen scheiterten am Einspruch der europäischen Großmächte, die die Machtbalance am Öresund nicht grundsätzlich verändert sehen wollten.

Unterdessen waren auch in Polen die Kampfhandlungen abgeflaut. Der ebenfalls im Mai 1660 vereinbarte Frieden von Oliva bestätigte Schweden im Besitz des Großteils von Livland, nur Lettgallen verblieb bei Polen. Kurland blieb polnisches Lehnsherzogtum, während die Souveränität des Herzogtums Preußen bestätigt wurde. Die Städte im Königlichen Preußen erhielten ihren konfessionellen Besitzstand garantiert. Der kinderlose Johann Kasimir gab für seine Familie die Ansprüche auf die schwedische Krone auf, durfte sich aber weiter König von Schweden nennen. Die einstige Vormachtstellung im südöstlichen Ostseebereich, die Polen zwischen 1525 und 1561 errungen hatte, war mit dem Frieden von Oliva endgültig verloren. 1668 dankte der glücklose König ab, womit die acht Jahrzehnte dauernde Zeit der polnischen Vasa-Herrscher ihr Ende fand. Bereits 1661 besiegelte der Vertrag von Kardis auch im schwedisch-russischen Verhältnis den Status quo.

Kriege um Pommern und Schonen

Um seine Stellung als Vormacht im Ostseeraum zu halten, setzte Schweden auf das im Dreißigjährigen Krieg bewährte Bündnis mit Frankreich. Das führte allerdings auch zu neuen kriegerischen Verwicklungen, als Ludwig XIV. von Frankreich 1672 seinen Angriff auf die Niederlande und das Reich begann. Als französischer Bundesgenosse fiel Schweden 1674 in Hinterpommern ein. Im Juni des folgenden Jahres gelang es dem brandenburgischen Kurfürsten Friedrich Wilhelm erstmals, ein schwedisches Heer bei Fehrbellin in offener Feldschlacht zu besiegen. Auch wenn es rein militärisch gesehen «mehr ein Scharmützel» war (IMHOF, S. 110), waren die psychologischen Folgen der Niederlage doch groß. Das Ansehen der schwedischen Militärmacht war erschüttert.

Fehrbellin ermutigte den dänischen König Christian V., der 1670 seinem Vater Friedrich III. auf den Thron gefolgt war, zu dem Versuch, die dänischen Verluste seit dem Frieden von Brömsebro rückgängig zu machen. Dänemark schloss eine Allianz mit Brandenburg. Der erste Schlag galt dem mit Schweden verbündeten Herzogtum Schleswig-Holstein-Gottorf, dessen Festungen besetzt wurden. Auch Herzog Christian Albrecht wurde bei dieser Gelegenheit inhaftiert. Gemeinsam rückten brandenburgische und dänische Truppen dann gegen die Schweden in Wismar und Vorpommern vor, bald wurde auch das Herzogtum Bremen besetzt.

Nach einem Sieg der dänischen über die schwedische Flotte begann im Juni 1676 der Angriff auf Schonen, das bis auf Malmö vollständig in dänische Hände fiel. Die Bevölkerung der südschwedischen Provinz, immer noch dänisch gesinnt, unterstützte die Invasion. Schonische Bauerntruppen, Schnapphähne genannt, griffen in Guerillataktik kleinere schwedische Verbände an. Doch bereits im Dezember 1676 wendete sich mit der Schlacht von Lund das Blatt. Sie gilt mit mehr als 8000 Toten, darunter 5000 Dänen, als die bis dahin blutigste Schlacht in Nordeuropa. Seither mussten die Dänen die eroberten Positionen eine nach der anderen wieder aufgeben, nur die Festungen Landskrona und Hälsingborg konnten gehalten werden. Dänen, Schnapphähne und Schweden verwüsteten in diesen Jahren gleichermaßen das Land, um dem jeweiligen Gegner zu schaden. Die Sympathien, die die einfache schonische Bevölkerung bis dahin noch für die Dänen empfand, wurden damit gründlich ausgelöscht.

Erfolgreicher verlief der Kampf der Verbündeten in Pommern. Um die Jahreswende 1677/78 eroberte Brandenburg Stettin, das 1676 schon einmal erfolglos belagert worden war. Die Stettiner Bürgerschaft verteidigte zusammen mit den schwedischen Soldaten die Stadt; hier wirkte sich der konfessionelle Gegensatz zwischen der lutherischen Bevölkerung und dem kalvinistischen Kurfürsten aus. 1678 eroberten Brandenburger und Dänen gemeinsam die Insel Rügen mit Stralsund, am Ende fiel auch noch Greifswald als letzter befestigter schwedischer Platz.

Friedrich Wilhelm von Brandenburg trugen die militärischen Erfolge den Beinamen Großer Kurfürst ein, doch seine Hoffnungen auf den Gewinn Vorpommerns wurden enttäuscht. Frankreich setzte in den Friedensverhandlungen die Rückgabe fast aller schwedischen Besitzungen durch, lediglich ein schmaler pommerscher Gebietsstreifen östlich der Oder ging 1679 durch den Frieden von St. Germain an Brandenburg über, auch verzichtete Schweden damals auf seinen Anteil an den hinterpommerschen Seezöllen. Dänemark hatte sich im Frieden von Fontainebleau ebenfalls mit der Rückkehr zu den alten Verhältnissen abzufinden, Schonen blieb verloren.

Friedrich Wilhelm verfolgte als erster brandenburgischer Kurfürst eine offensive Seepolitik. Dafür baute er eine Flotte auf und erwarb sogar koloniale Stützpunkte in Afrika.

Streit um Schleswig-Holstein-Gottorf

Auch die Besetzung Schleswig-Holstein-Gottorfs musste wieder rückgängig gemacht werden. Das seit 1660 souveräne Herzogtum, dessen Gebiete und Besitzrechte in dichtem Gemenge mit den dänischen Anteilen an den Herzogtümern lagen, empfand die dänische Politik wie einen Stachel im Fleisch. Als sich im Verhältnis zu Frankreich ein Wechsel der Allianzen anbahnte, ergriff die dänische Führung daher sofort wieder die Initiative. Dänische Truppen marschierten 1684 im Herzogtum ein; dem Herzog wurde die Einziehung seiner schleswigschen Besitzungen verkündet. Im Jahr darauf beharrten die Stände des wiedervereinigten Herzogtums Schleswig zwar auf der ewigen Union mit Holstein, mussten bei der Huldigung Christians aber gleichzeitig anerkennen, dass Schleswig ein Teil Dänemarks sei.

Aber Christian wollte nach diesem Erfolg noch mehr. In seiner Eigenschaft als Herzog von Holstein forderte er 1686 von der freien Reichsstadt Hamburg einen Huldigungseid und damit deren Unterwerfung. Als sich die Stadt weigerte, wurde sie von dänischen Truppen erfolglos belagert. Das gescheiterte Unternehmen brachte Dänemark sogar wieder um den Besitz der Gottorfschen Anteile von Schleswig. Denn auf einer Konferenz in Altona musste König Christian 1689 auf Druck des Kaisers, Schwedens und der norddeutschen Fürsten der vollständigen Wiedereinsetzung Christian Albrechts als souveränem Herzog von Schleswig-Holstein zustimmen. England und die Niederlande traten als Garantiemächte auf.

Die Einführung des Absolutismus in Dänemark, Schweden und Brandenburg-Preußen

Vor seinem Regierungsantritt 1648 hatte Friedrich III. die härteste Wahlkapitulation der dänischen Geschichte unterschreiben müssen. Die Regierungsgewalt lag weitgehend in den Händen des hochadligen Reichsrates. Die dramatischen Niederlagen gegen Schweden aber nahmen dem Adel die Legitimation für seine exklusiven Vorrechte. «Seine Anmaßung war hohl und ließ sich nicht durch entsprechende Leistungen begründen» (IMHOF, S. 126). Die revolutionäre Stimmung zeigte sich auf einem im September 1660 nach Kopenhagen einberufenen Reichstag, der einen Ausweg aus der katastrophalen dänischen Finanzlage suchen sollte. Bürger und Geistlichkeit waren nicht länger bereit, die Steuerfreiheit des Adels zu akzeptieren. Als der Adel sich gegen eine Minderung seiner Privilegien wehrte, gingen die beiden niederen Stände einen entscheidenden Schritt weiter. Sie verlangten die Einführung des Erbkönigtums, was dem Adel mit dem Wegfall der Wahlkapitulationen das wichtigste Mittel nahm, um seine Macht immer weiter ausdehnen zu können. Während Friedrich III. die angebotene absolute Königsherrschaft annahm, sicherten verschlossene Stadttore und bewaffnete Bürgergarden den Staatsstreich. Der König wurde von seinen Wahlversprechen befreit und erhielt die Vollmacht, eine neue Verfassung auszuarbeiten.

Das vorläufige Ermächtigungsgesetz, das Friedrich III. Anfang 1661 verkünden ließ, setzte nicht nur die Erblichkeit der Krone im oldenburgischen Königshaus fest, sondern gab dem Herrscher auch das Recht zur absoluten Regierung. Das 1665 geschaffene Reichsgrundgesetz, die Lex Regia, blieb vorerst geheim und wurde erst anlässlich der Krönung von Friedrich IV. 1699 vorgetragen. Es übertrug die gesamte legislative, exekutive und judikative Gewalt dem König. Er wurde lediglich verpflichtet, die lutherische Staatsreligion aufrechtzuerhalten, keine Erbteilungen des Reiches vorzunehmen und das Königsgesetz selbst nicht zu brechen.

In Schweden kam es nach dem überraschenden Tod von Karl X. erneut zu einer langen Vormundschaftsregierung, denn sein Nachfolger Karl XI. war bei seiner Thronbesteigung 1660 erst vier Jahre alt. So konnte auch hier der Hochadel über den Reichsrat seine Machtstellung stark ausbauen. Immer mehr Kronland gelangte in die Hände des Adels, so dass Schweden in seiner auswärtigen Politik mehr denn je auf ausländische Hilfsgelder angewiesen war. Erst 1680 schlug das Pendel zurück. Gestützt auf die niederen Stände setzte der König im Reichstag zum einen eine Güterreduktion durch, womit mehr als die Hälfte des hochadligen Besitzes an die Krone zurückfiel. Waren 1680 72% des Bodens im adligen Besitz, so waren es nach Abschluss der Reduktion nur noch 33%. 36% gehörten dem König, die übrigen 31% den Bauern. Zugleich wurde festgelegt, dass der König den Reichsrat nur noch dann konsultieren müsse, wenn er es selbst für geboten halte. Der Herrscher sollte künftig nur noch Gott verantwortlich sein. Bereits 1682 stimmten die Stände im Reichstag zu, dass der König in der Gesetzgebung frei sei. Der vorläufige Abschluss auf dem Weg zum schwedischen Absolutismus wurde 1693 erreicht, als der Reichstag einer theokratisch begründeten Souveränitätserklärung Karls XI. zustimmte.

Auch in Brandenburg-Preußen setzte sich in der zweiten Hälfte des 17. Jahrhunderts der fürstliche Machtanspruch gegen die Mitwirkungsrechte der Stände durch. Zum eigentlichen Schöpfer einer absolutistischen Staatsordnung wurde hier der Große Kurfürst Friedrich Wilhelm, der das französische Staatsmodell unter König Ludwig XIV. als Vorbild vor Augen hatte. Der Vielgestaltigkeit der landschaftlichen Traditionen und der überkommenen Selbstverwaltungsrechte der Stände setzte er die Prinzipien der fürstlichen Souveränität, der Staatsräson und der Staatseinheit entgegen. Dabei schreckte er auch vor Gewaltmaßnahmen nicht zurück, um den ständischen Widerstand zu brechen. Besonders scharf verlief der Konflikt im Herzogtum Preußen, wo Adel und Städte traditionell über besonders große Freiheiten verfügten.

Hier war nach dem Erwerb der Souveränität durch den Frieden von Oliva eine neue Huldigung durch die Stände notwendig. Friedrich Wilhelm ließ dem Landtag in Königsberg 1661 bei dieser Gelegenheit eine Art Verfassungsurkunde vorlegen, die seine fürstliche Stellung erheblich stärkte. Vor allem sollten künftig Versammlungen der Stände nur nach vorheriger fürstlicher Einwilligung stattfinden dürfen. Da die Stände nicht bereit waren, auf dieser Grundlage dem Herzog zu huldigen, kam Friedrich Wilhelm im Jahr darauf mit einer Armee von 2000 Mann nach Königsberg, um den Widerstand zu brechen. Der Wortführer der Königsberger Bürgerschaft, der Stadtgerichtspräsident Hieronymus Roth, wurde verhaftet, wegen Hochverrats vor Gericht gestellt und blieb bis an sein Lebensende in Haft.

Die rechtliche Stellung der schwedischen Bauern war besser als irgendwo sonst im Ostseeraum. Ihre Vertreter im Reichstag unterstützten Karl XI. im Kampf gegen den Adel.

Noch schlimmer erging es zehn Jahre später dem Führer der adligen Opposition, Christian Ludwig von Kalckstein. Der Streit ging diesmal um Gelder für den Unterhalt der stehenden Armee, die der Landtag nicht bewilligen wollte. Als sich Kalckstein an den polnischen Reichstag um Hilfe wandte, wurde er aus Warschau entführt, des Hochverrats angeklagt, der Folter unterworfen, um die Namen der Mitverschworenen zu erfahren, und 1672 in Memel hingerichtet. Die unbewilligten Steuern wurden unterdessen mit militärischer Gewalt eingetrieben. In den folgenden Jahren wurde die ständische Steuerhoheit faktisch aufgehoben und hauptsächlich nur noch dem Schein nach beachtet.

Während Friedrich Wilhelm die politischen Teilhaberechte der Stände weitgehend beseitigte, ließ er die sozialen Privilegien des Adels bestehen. Als Instrument, um den widerspenstigen Adel in die neue Staatsordnung zu integrieren, diente hauptsächlich die Armee sowie die höhere zivile Verwaltung, wo Pflichtbewusstsein und Königsloyalität als Grundtugenden eingeübt wurden. Allmählich entwickelte sich unter den Offizieren und Beamten ein neues Selbstverständnis, das die Einheit und die Interessen des Gesamtstaates über die landschaftlichen Besonderheiten stellte.

Das Ende der Hanse

Da während des Dreißigjährigen Krieges ein gemeinsames Handeln der Hansestädte unmöglich schien und selbst ein regelmäßiges Zusammenkommen ungewiss war, forderte der Hansetag von 1629 die drei Städte Lübeck, Hamburg und Bremen auf, die Interessen der Gesamthanse bis auf weiteres zu wahren. Die Abgesandten machten sich vielleicht Illusionen über den tatsächlichen Charakter dieses Beschlusses, denn «in Wirklichkeit handelte es sich (…) ganz einfach um die Liquidierung der Gemeinschaft» (DOLLINGER, S. 473). Die drei genannten Städte schlossen daraufhin im folgenden Jahr ein engeres Bündnis mit Konsultations- und Beistandsverpflichtungen. Es wurde auch in Zukunft regelmäßig verlängert und bestand bis zum Anfang des 20. Jahrhunderts.

Nach dem Ende des Dreißigjährigen Krieges äußerten verschiedene Städte ihr Interesse an einer Wiederbelebung der Hanse im alten Sinne. Die wirtschaftlichen Aussichten waren nicht einmal so schlecht, mit Frankreich konnte sogar 1655 nochmals ein Handelsvertrag geschlossen werden, auch die Getreideexporte aus Danzig und Königsberg florierten. Schwer getroffen war allerdings der Handel mit Norwegen, wo sich die hansefeindliche Politik Christians IV. und sein Bemühen um den Aufbau einer eigenen starken Handelsflotte nun immer stärker bemerkbar machte. 1640 liefen nur noch etwa 30 Hanseschiffe norwegische Häfen an. Zudem privilegierte Schweden nun lieber die unter seine Herrschaft gekommenen Hansestädte wie Wismar, Stralsund und Greifswald, anstatt der gesamten Gemeinschaft Handelsvorteile zu gewähren.

Initiativen, die 1651 und 1662 zur Einberufung eines Hansetages unternommen wurden, verliefen im Sand. 1668 scheiterte die Abhaltung eines Treffens, da nur fünf Städte Vertreter geschickt hatten. Deshalb wurde bei der Neuauschreibung des Tages festgehalten, dass jede Stadt, die sich nicht vertreten lasse, sich damit von selbst aus der Hanse ausschließe. Dennoch waren auf dem Hansetag 1669 in Lübeck nur neun Städte wirklich vertreten, außer Lübeck waren aus dem Ostseebereich nur Danzig und Rostock präsent. Die unter schwedischer Herrschaft stehenden Städte erklärten in ihren Antworten offen, dass ihnen die Zugehörigkeit zu Schweden mehr einbringe als die zur Hanse, von der nur noch ein Schatten übrig sei. Trotz insgesamt 18 Sitzungen kam es in Lübeck zu keinen wesentlichen Beschlüssen.

Der Hansetag von 1669 blieb die letzte Versammlung der Hansestädte. Die Hanse erlosch, ohne dass es je einen förmlichen Auflösungsbeschluss gegeben hätte. Der Wille zur Einheit bestand nicht mehr, aber auch die politischen Verhältnisse sprachen gegen die Fortdauer des Bundes. Mit dem Aufkommen der frühmodernen Fürstenstaaten fehlte den Städten schließlich die Macht, noch gemeinsam etwas erreichen zu können. Als juristische Erben traten die drei Städte Lübeck, Hamburg und Bremen auf. Der Stalhof in London und das Hansehaus in Antwerpen wurden erst in der Mitte des 19. Jahrhunderts von ihnen verkauft.

8.
Der Aufstieg Russlands

Zeittafel

1682–1725	Peter der Große, Zar von Russland
1700–1721	Nordischer Krieg
1701	Der Kurfürst von Brandenburg wird König in Preußen
1703	Gründung von St. Petersburg
1709	Schlacht bei Poltawa
1718	Tod Karls XII., Beginn der «Freiheitszeit» in Schweden
1740–1786	Friedrich II., König in (von) Preußen
1743	Friede von Åbo
1756–1763	Siebenjähriger Krieg
1762–1796	Katharina die Große, Zarin von Russland
1770–1772	Johann Friedrich Struensee regiert Dänemark
1772	Erste polnische Teilung, Westpreußen fällt an Preußen
1772	Staatsstreich Gustavs III. in Schweden
1773	Holstein-Gottorf wird dänisch
1792	Attentat auf Gustav III. von Schweden
1793	Zweite polnische Teilung, Danzig wird preußisch
1795	Dritte polnische Teilung, Kurland wird russisch
1800	Liga der bewaffneten Neutralität
1806–1807	Krieg zwischen Frankreich und Preußen
1807	Beschießung Kopenhagens durch die britische Flotte
1807	Treffen Napoleons und Zar Alexanders auf der Memel
1809	Schweden verliert Finnland an Russland
1810	Lübeck wird französisch
1810	Marschall Bernadotte wird zum schwedischen Thronfolger gewählt
1813	Befreiungskriege
1814	Friede von Kiel (Verzicht Dänemarks auf Norwegen)
1815	Schwedisch-Vorpommern fällt an Preußen, Lauenburg wird dänisch

Das Ende der schwedischen Hegemonie

Seine Stellung als Großmacht hatte Schweden vor allem der überlegenen Kriegskunst seiner Feldherren zu verdanken. Zwischen 1612, als Gustav Adolf an die Regierung kam, und dem Jahr 1718, als Karl XII. starb, befand sich das Land die meiste Zeit im Krieg. In diesen gut hundert Jahren führte Schweden siebenmal Krieg gegen Dänemark, fünfmal gegen Polen, viermal gegen Russland, dazu kamen noch ein Krieg gegen Brandenburg und ganz besonders seine Beteiligung am Dreißigjährigen Krieg. In den meisten dieser militärischen Auseinandersetzungen war Schweden siegreich geblieben. Die Könige hatten das Reich vergrößern, neue Provinzen erobern können, aber diese Kriege hatten auch einen unerhörten Blutzoll von dem dünn bevölkerten Land gefordert, das um 1700 einschließlich Finnland noch keine zwei Millionen Einwohner zählte.

Die Könige erwarben ihren Ruhm auf dem Rücken des einfachen Volkes, der Bürger und vor allem der Bauern. Diese stellten die Soldaten und brachten die Masse der Steuern für die Finanzierung der Kriege auf. Seine Privilegien schützten den Adel davor, die Kriegskosten mittragen zu müssen. Im Gegenteil, die adligen schwedischen Generale hatten bei ihren Feldzügen, vor allem im Dreißigjährigen Krieg, reichlich Beute gemacht. Dies lässt sich bis heute an den prächtigen schwedischen Adelsschlössern ablesen, die zu einem Gutteil im 17. Jahrhundert entstanden. Erst die umfangreichen Güterreduktionen nach 1680, die die staatlichen Finanzen sanierten, rückten die Verhältnisse wieder ein wenig gerade.

Im Grunde genommen war Schweden trotz seiner reichen Rohstoffbasis zu schwach für die herausragende Stellung, die es in der europäischen Politik einnahm. Im 18. Jahrhundert spielten daher neue Großmächte an der Ostsee eine Rolle: Russland und Preußen, was so außergewöhnlichen Herrschergestalten wie Peter dem Großen, Friedrich dem Großen und Katharina der Großen zu verdanken ist, aber auch der Tatsache, dass Schweden sich übernommen hatte.

Zar Peter der Große öffnete Russland für westliche Ideen und Einflüsse. Entscheidende Eindrücke erhielt er von einer großen Auslandsreise, die er 1697/1698 unternahm.

Unter dem bestimmenden Einfluss der orthodoxen Kirche hatte sich Russland im 16. und 17. Jahrhundert gegenüber dem Westen Europas weitgehend abgeschottet. Die Beharrung auf den überkommenen Lebensformen betraf nicht nur Äußerlichkeiten wie die Kleidung oder die Barttracht, der Bannstrahl kirchlicher Verbote traf jede Form von westlichem Gedankengut, was nicht zuletzt den technischen Fortschritt hemmte. Die Ausländer, die als Kaufleute, Unternehmer, Offiziere oder Fachkräfte in Russland lebten, mussten in Moskau in einer besonderen Ausländervorstadt wohnen, um Kontakte mit der einheimischen Bevölkerung zu verhindern. Allerdings nahm angesichts der Rückständigkeit des Landes der Unmut über die Isolierung Russlands in den oberen Gesellschaftsschichten ständig zu. Die Bestrebungen, Wirtschaft, Armee und Verwaltung nach westlichem Vorbild zu modernisieren, wurden daher immer stärker. Zu ihrem vollem Durchbruch sollte ihnen aber erst Zar Peter der Große verhelfen.

Er war 1682 als Zehnjähriger zusammen mit seinem schwachsinnigen Halbbruder Iwan auf den Thron gekommen, während seine ältere Halbschwester Sophia die Regentschaft inne hatte. Sie wurde 1689 entmachtet und ins Kloster verbannt, aber erst nach dem Tod seiner Mutter 1694 begann für den Zaren die persönliche, aktive Regierungszeit. Bis dahin kümmerte er sich vornehmlich um seine Liebhabereien, das Soldatenspiel und das Segeln. Auch verkehrte er häufig in der Ausländervorstadt, wo er eine gesellschaftlich freiere und intellektuell anregendere Atmosphäre vorfand, als dies in Russland sonst üblich war.

Zum einem Schlüsselerlebnis wurde die große Auslandsreise, die er 1697/1698 inkognito unternahm. Bis dahin hatten sich nur ganz vereinzelt Russen ein persönliches Bild von den Verhältnissen in Mittel- und Westeuropa machen können. Nun wurde eine große Gesandtschaft unter der Leitung des Admirals Lefort zusammengestellt, einem Günstling des Zaren, der sich Peter unter dem Pseudonym Peter Michailow anonym anschloss. Die Reise führte über Riga, Mitau, Königsberg und Berlin nach Holland, wo sich der Zar auf den Werften in Amsterdam und Zaandam zum Schiffsbauingenieur ausbilden ließ. Auch England, Wien und Dresden standen noch auf der Liste der Reiseziele. Den Abschluss bildete ein Besuch beim neuen polnischen König, dem sächsischen Kurfürsten August dem Starken. Mit ihm vereinbarte Peter einen gemeinsamen Angriff auf Schweden, um den 1617 verlorenen russischen Zugang zur Ostsee wiederzugewinnen.

Zurück in Moskau, brach Peter radikal mit den Altmoskauer Gewohnheiten und Lebensstilen, führte mit dem Julianischen Kalender eine neue Zeitrechnung ein und begann mit den Vorbereitungen für den verabredeten Krieg.

Der Nordische Krieg

Dritter im Bunde der Angreifer war Christian V. von Dänemark. Die Gelegenheit zum Losschlagen schien günstig, denn der frühe Tod Karls XI., der im Alter von nur 42 Jahren an Magenkrebs starb, brachte im April 1697 seinen erst 15-jährigen Sohn als Karl XII. auf den schwedischen Thron. Alle drei hofften, mit dem jungen König leichtes Spiel zu haben und die früheren Friedensverträge grundlegend zu ihren Gunsten revidieren zu können. Christian wollte Schonen zurückgewinnen und den unbequemen schwedischen Parteigänger im Rücken des Landes, den Herzog von Schleswig-Holstein-Gottorf, ausschalten. August der Starke hatte es auf Livland abgesehen, wo die Schweden durch Güterreduktionen und die Aufhebung der Selbstverwaltung den landständischen Adel gegen sich aufgebracht hatten.

August der Starke eröffnete die Feindseligkeiten am Weihnachtstag 1699 mit einem Überraschungsangriff auf Riga, doch die Überrumpelung der Festung misslang. Christians Sohn Friedrich IV., der 1699 die Regierung übernommen hatte, ließ seine Armee kurz darauf in Gottorf einmarschieren. Karl XII. konnte sich in diesem Fall jedoch auf die Unterstützung der Garantiemächte der Gottorfschen Souveränität stützen, England und die Niederlande. Die beiden Seemächte sicherten im August 1700 mit ihren Flotten die Landung eines schwedischen Heeres auf Seeland ab. Die erfolgreiche Invasion, die die Hauptstadt Kopenhagen bedrohte, zwang Friedrich IV. zum sofortigen Friedensschluss in Travendal, mit dem sein Land aus der antischwedischen Koalition ausschied.

Hatte Karl XII. damit einen ersten wichtigen Sieg errungen, so fiel fast zur gleichen Zeit Peter der Große mit einer Armee in Ingermanland ein. Die Schlacht bei Narwa am 30. November 1700, bei der die schwedischen Truppen ein numerisch weit überlegenes russisches Heer durch einen kühnen Sturmangriff auf das Zentrum der feindlichen Verschanzungen schlugen, begründete den militärischen Ruhm Karls XII.

Nun wandte sich der schwedische König gegen den dritten Gegner, August den Starken. Seinen Einfall in Schwedisch-Livland hatte August als sächsischer Kurfürst mit sächsischen Truppen unternommen, während sich Polen ausdrücklich für neutral erklärt hatte. Entspechend sollte im Siegesfall Livland nicht an Polen, sondern als erbliches Herzogtum an das Haus Wettin fallen. Andererseits waren die Spitzen der polnischen Adelsrepublik über Augusts Pläne informiert gewesen und hatten seinen Truppenaufmarsch nicht verhindert. So wurde auch Polen in den Krieg hineingezogen.

Im Sommer 1701 schlug Karl XII. eine sächsisch-russische Armee bei Riga und marschierte dann in das polnische Lehnsherzogtum Kurland ein. Von August dem Starken, seinem verhassten Vetter, verlangte Karl die bedingungslose Abdankung vom polnischen Thron. Um den Verzicht zu erzwingen, rückte Karl im Januar 1702 in Polen ein und gewann im Mai kampflos Warschau. Im Juli verlor eine sächsisch-polnische Armee bei Klissow, als sich die polnischen Abteilungen vorzeitig aus der Schlacht zurückzogen.

Erst die rücksichtslose Ausplünderung des Landes durch die Schweden beschwor den polnischen Widerstand herauf. Karl hatte befohlen, es solle «alles, war nur irgend möglich sei» aus dem Land «herausgepresst, zusammengescharrt und geraubt werden» (zit. nach Roos, in: HEG, Bd. 4, S. 719). Am 23. August 1702 kam die königstreue Konföderation von Sandomierz zustande, und ein Guerillakrieg gegen die schwedische Besatzung setzte ein. Die schwedenfreundliche Minderheit des Adels vereinigte sich demgegenüber im Februar 1704 zur Generalkonföderation von Warschau und erklärte August für abgesetzt. Nachdem August der Starke zwei mögliche Thronanwärter, Söhne seines Vorgängers Johann III., gefangen genommen und deren Bruder auf eine Kandidatur verzichtet hatte, setzte Karl XII. im Juli 1704 die Wahl seines Wunschkandidaten Stanislaus Leszcynski durch, des bisherigen Woiewoden von Posen. Damit hatte Polen nun zwei Könige, zwei Regierungen und nicht zuletzt mit Russland und Schweden zwei auswärtige Schutzmächte, die miteinander kämpften.

Währenddessen reorganisierte Peter der Große sein Heer, eroberte am 1. Mai 1703 die schwedische Festung Nyenschanz in Ingermanland und gründete noch im gleichen Jahr unmittelbar in der Nähe St. Petersburg. Die Errichtung der neuen Metropole am Finnischen Meerbusen verdeutlichte wie kein anderes Projekt den Aufbruch Russlands nach Westen. Das nach dem Vorbild von Amsterdam geplante St. Petersburg war vom Zaren zum neuen staatlichen, geistigen und gesellschaftlichen Zentrum des Reiches ausersehen. Bereits 1712, noch vor einem Friedensschluss mit Schweden, wurde der halbfertige Ort zur russischen Hauptstadt erklärt. Der mit Zwangsarbeitern durchgeführte Bau in dem sumpfigen Gelände kostete 30 000 Menschen das Leben, die an Seuchen oder Unterernährung starben

Die Gründung des Ostseehafens St. Petersburg, das 1712 zur Hauptstadt erklärt wurde, war Symbol der Neuorientierung Russlands unter Peter dem Großen.

oder ertranken. Auch verschlang er riesige Summen an öffentlichem und privatem Geld. Die russischen Adligen, die in den zentralen Regierungsbehörden arbeiteten, wurden von Peter verpflichtet, sich in der neuen Stadt anzusiedeln und repräsentative Bauten zu errichten.

Während Peter der Große 1704 mit der Einnahme von Narwa und Dorpat auch im Baltikum erste Erfolge errang, konzentrierte sich Karl XII. auf den Kampf gegen August den Starken. Dabei gelang ihm 1706 mit der Besetzung des sächsischen Kernlandes ein entscheidender Schlag. Im Vertrag von Altranstädt musste sich August II. zur Niederlegung der polnischen Krone verpflichten. Allerdings führte die Abdankung nun keineswegs zur allgemeinen Anerkennung des konkurrierenden Königs Stanislaus. Stattdessen führten die Anhänger der Konföderation von Sandomierz mit Unterstützung Russlands ihren Guerillakrieg gegen die Schweden fort.

1708 suchte Karl XII. die Entscheidung durch einen direkten Angriff auf Russland zu erzwingen. Der Feldzug, der die schwedischen Truppen weit nach Süden in die Ukraine führte, wo die aufständischen Kosaken als Verbündete warteten, endete im Juli 1709 mit der Schlacht von Poltawa. Der vollständige Sieg Peters des Großen zerstörte an diesem Tag mit einem Schlag die schwedische Großmachtstellung. Während die Hauptmasse der schwedischen Armee kurz darauf in russische Gefangenschaft geriet, rettete sich Karl XII. mit wenigen Mann in die Türkei. Dort erreichte der schwedi-

Die Schlacht von Poltawa war der große Wendepunkt in der Geschichte des Nordischen Krieges. Der Sieg Peters des Großen zerstörte die schwedische Großmachtstellung.

sche König zwar, dass das Land 1710 in den Krieg gegen Russland eintrat, doch als Peter der Große im folgenden Jahr mit seiner Armee von türkischen Truppen eingeschlossen wurde, konnte er sich durch geringe Zugeständnisse den freien Abzug erkaufen.

Mit dem Krieg zog von 1709 bis 1712 die letzte große europäische Pestwelle quer durch den Ostseeraum. Besonders schlimm getroffen waren neben Ostpreußen, wo zwei Fünftel der Bevölkerung starben, die baltischen Länder. Von der Seuche gelähmt ergaben sich noch 1710 die schwedischen Garnisonen in Riga und Reval den russischen Truppen. Den Ständen, den Ritterschaften wie den Magistraten der Städte, sicherte der Zar bei der Anerkennung der neuen Herrschaft die Fortdauer ihrer Autonomie zu. Diese umschloss die ständische Selbstverwaltung, die Geltung des deutschen Rechts und die deutsche Behördensprache sowie nicht zuletzt die landeskirchliche Stellung der lutherischen Kirche. Auch wirtschaftlich blieben Estland und Livland ein von Russland abgetrenntes Gebiet. Doch dauerte es Jahrzehnte, bis sich die Ostseeprovinzen von den schweren Kriegsverwüstungen und den fürchterlichen Bevölkerungsverlusten infolge der Pest erholten.

Nach der Schlacht von Poltawa war Dänemark wieder in den Krieg gegen Schweden eingetreten, doch endete eine Invasion in Schonen im Frühjahr 1710 mit einer schweren Niederlage. Der Versuch des deutschen Kaisers, der Niederlande und Englands, durch eine Neutralitätsakte wenigstens die deutschen Staaten einschließlich der schwedischen Besitzungen sowie Jütland und Polen zu neutralem Gebiet zu erklären und damit den Krieg zu begrenzen, scheiterte im gleichen Jahr am Widerstand Karls XII., der von seinem türkischen Exil aus jede Verhandlung verbot, um den anstehenden Kriegseintritt der Türkei nicht zu gefährden.

Als 1713 auch noch große Teile Finnlands an Russland verloren gingen und fast gleichzeitig eine in Norddeutschland operierende schwedische Armee kapitulieren musste, gewann der Friedenswille in Schweden die Überhand. Der Reichsrat rief Ende 1713 einen Reichstag ein, der zu Friedensverhandlungen riet. Erst jetzt entschloss sich Karl XII., die Türkei zu verlassen. Inkognito, fast ohne Begleitung, ritt er in nur zwei Wochen vom Schwarzen Meer an die Ostsee nach Stralsund. Die unerwartete Ankunft des Königs hob noch einmal den Widerstandswillen der Schweden, angetrieben von Karl XII., der immer noch hoffte, die Lage wenden zu können.

Doch das Gegenteil war der Fall. 1715 traten nacheinander auch noch Preußen und Hannover der antischwedischen Koalition bei. Damit wurde die schwedische Position in Norddeutschland unhaltbar. Ende des Jahres fiel Stralsund; 1716 musste sich auch Wismar als letzte schwedische Festung ergeben. Karl XII., der bis zuletzt die Verteidigung Stralsunds geleitet hatte, entkam mit knapper Not auf einer Schaluppe in sein Heimatland. Während nun Friedensverhandlungen mit Russland begannen, hob Karl XII. bis 1718 noch einmal 60 000 Soldaten aus, mit denen er das vermeintlich schwächste Glied der Koalition angreifen wollte, nämlich Dänemark. Mit zwei Heeren fiel er in das dänische Norwegen ein. Es war sein letzter Feldzug. Im Laufgraben vor der Festung Fredriksten beim heutigen Halden traf ihn eine tödliche Kugel. Bis heute wird darüber gestritten, ob das Geschoss von der belagerten Festung kam oder Karl XII. das Opfer eines Mordkomplotts des hessischen Erbprinzen Friedrich wurde, der mit dem Attentat die Thronfolge seiner Frau Ulrike Eleonore, der Schwester Karls XII., sichern wollte.

Denn da Karl keine Kinder hatte, war zu seinen Lebzeiten offen, wer einst seinen Thron erben würde. Als Anwärter traten die Dynastien Holstein-Gottorf und Hessen auf, die beide mit dem Monarchen verschwägert waren. Karl selbst neigte der holsteinischen Partei zu, deren Führer Georg Heinrich von Görtz seit 1715 zum wichtigsten innen- und außenpolitischen Ratgeber des Königs wurde. Görtz hatte sich mit seiner inflationären Währungspolitik und

In Schloss Frederiksborg im Nordosten von Seeland wurde 1720 der dänisch-schwedische Friedensvertrag unterzeichnet. Der Gottorfsche Anteil von Schleswig fiel an Dänemark.

der weitgehenden Entmachtung des Beamtenadels allerdings auch viele Feinde geschaffen, was die hessische Partei nach dem Tod Karls zu nutzen verstand. Görtz wurde auf Befehl des Erbprinzen unmittelbar nach Bekanntwerden der Todesnachricht verhaftet, später vor ein Gericht gestellt und hingerichtet. Mit der Ausschaltung von Görtz war der Weg für Ulrike Eleonore frei.

Auch die neue Königin setzte den Krieg zunächst fort. Wiederholte schwere russische Angriffe auf die schwedische Küste führten schließlich jedoch zu der Einsicht, dass der Krieg gegen Russland beendet werden müsse. Im Frieden von Nystad musste Schweden 1721 auf Livland und Estland, Ingermanland und Westkarelien mit Viborg verzichten. Das russisch besetzte Finnland kehrte dagegen an Schweden zurück, das zudem eine Geldentschädigung von zwei Millionen Reichstalern und das Recht zur zollfreien Einfuhr eines Getreidekontigents aus den baltischen Ländern erhielt. Bereits 1719/20 hatte Schweden in den Friedensverträgen mit Hannover und Preußen das Herzogtum Bremen-Verden an Hannover und den südlichen Teil Vorpommerns mit der Hauptstadt Stettin an Brandenburg-Preußen abtreten müssen. Englischer Vermittlung war es zu verdanken, dass Vorpommern nördlich der Peene mit Stralsund und Greifswald bei Schweden verblieb. Dänemark gab aufgrund des Friedens von Frederiksborg von dem besetzten Gottorf nur die holsteinischen Teile an Herzog Karl Friedrich zurück, während nun ganz Schleswig unter der dänischen Krone vereinigt wurde.

Durch das Ergebnis des Nordischen Krieges war die bisherige Macht-stellung Schwedens gründlich vernichtet worden, auch wenn manche in Schweden dies noch nicht wahrhaben wollten. In der östlichen Ostsee trat Russland an seine Stelle, das sich als neue Großmacht etablierte. Im Westen des Baltischen Meeres ging Dänemark leicht gestärkt aus dem zwanzigjäh-rigen Großkonflikt hervor. Auf dieser Grundlage bahnte sich nun ein Aus-gleich zwischen Dänemark und Schweden an, die in dem abgelaufenen Jahr-hundert so viele Kriege gegeneinander geführt hatten.

Die inneren Verhältnisse in den Ostseeländern

Schwedens «Freiheitszeit»

Die fünf Jahrzehnte zwischen 1718 und 1772 sind als «Freiheitszeit» in die schwedische Geschichte eingegangen. Die etwas irreführende Epochenbe-zeichnung bezieht sich auf die Überwindung der absoluten Königsherr-schaft. Statt wie früher der Monarch hatten jetzt die Stände das Sagen. Denn nach dem Tod Karls XII. nutzten Reichsrat und Reichstag die Existenz der beiden konkurrierenden hessischen und holsteinischen Thronparteien, um die königliche Machtfülle entscheidend einzuschränken.

Die zur Jahreswende 1718/19 als Königin anerkannte Ulrike Eleonore und ihr Mann Friedrich von Hessen, zu dessen Gunsten sie bereits 1720 ihre Krone niederlegte, konnten kaum mehr etwas allein entscheiden. Die Ge-setzgebung, die Kontrolle über die Staatsfinanzen und das Recht der Kriegs-erklärung lagen in den Händen des Reichstages. Die eigentliche Regie-rungstätigkeit wurde vom 16-köpfigen Reichsrat besorgt, in dem der König als einziges Vorrecht eine zweite Stimme besaß und damit bei Pattsituatio-nen den Ausschlag geben konnte.

Über die Kontrolle der Ratsprotokolle und das Recht, Mitglieder des Reichsrates zu entlassen, die den Reichstagsbeschlüssen zuwider handelten, setzte der Reichstag allmählich die volle Verantwortung der Regierung gegenüber dem Parlament durch. Damit entstand ein parlamentarisches, aber nicht ein im modernen Sinne demokratisches Herrschaftssystem. Zwar konnten auch die Bauern als Vierter Stand ihre Vertreter in den Reichstag entsenden, was im europäischen Vergleich einmalig ist und die traditionell starke Position der freien Bauern in Schweden widerspiegelt. Das Überge-wicht besaß aber der Adel, denn jede einzelne Adelsfamilie war für den Reichstag vertretungsberechtigt. Den annähernd 1000 Abgeordneten des

Adels standen etwa 50 Vertreter der Geistlichkeit, eine schwankende Zahl von ca. 90 bis 120 Vertretern des Bürgertums sowie durchschnittlich etwa 140 Deputierte des Bauernstandes gegenüber. Vom wichtigsten Reichstagsgremium, dem Geheimen Ausschuss, war der Vierte Stand ausgeschlossen. Ihm gehörten 50 Adelsvertreter und je 25 Abgeordnete der Geistlichkeit und des Bürgertums an. Ohne jede Möglichkeit der politischen Mitbestimmung blieben zudem nicht nur die ländlichen und städtischen Unterschichten, sondern auch große Teile der nichtadligen Mittelklasse, sofern sie wie Ärzte, Offiziere, Zivilbeamte oder Bergwerksunternehmer nicht in die traditionelle Ständeeinteilung hineinpassten.

Gegen Ende der 1730er Jahre bildete sich im schwedischen Reichstag entlang außenpolitischer Konfliktlinien ein Zwei-Parteien-System aus. Die Partei der «Hüte» («hattar»), die als ihr Symbol den französischen Dreispitz gewählt hatte, vertrat eine antirussische Politik mit dem Ziel einer Wiedergewinnung der im Frieden von Nystad verlorenen Gebiete. Im Gegensatz dazu betrieb der langjährige Leiter der schwedischen Außenpolitik, der Kanzleipräsident Arvid Horn, eine defensive Sicherheitspolitik. Nicht zuletzt mithilfe französischer Bestechungsgelder erreichten die Hüte eine Mehrheit im Reichstag und zwangen Horn zum Austritt aus dem Reichsrat. Die als Schlafmützen verspotteten Anhänger Horns organisierten sich daraufhin unter dem Parteinamen der «Mützen» («mössor») und bildeten fortan die Opposition zu den regierenden Hüten.

Der im Sommer 1741 vom Zaun gebrochene Krieg gegen Russland endete für Schweden in einem Debakel. Die rasch zum Gegenangriff übergegangenen russischen Truppen eroberten ganz Finnland. Bei den Friedensverhandlungen schob sich schnell die Frage der schwedischen Thronfolge in den Vordergrund. Die schwedische Königin Ulrike Eleonore war 1741 kinderlos gestorben. Die eben erst durch einen Staatsstreich an die Macht gelangte russische Zarin Elisabeth versprach einen für Schweden glimpflichen Frieden, falls ihr Verwandter aus dem Haus Holstein-Gottorf, der Fürstbischof Adolf Friedrich von Lübeck, zum schwedischen Thronfolger gewählt würde. Nachdem sich der Reichstag dazu bereit gefunden hatte, kam es im August 1743 zum Frieden von Åbo, mit dem die schwedisch-russische Grenze weiter nach Westen an den Kymmene-Fluß verlegt wurde.

Der neue schwedische Kronprinz «war ein Biedermann, fromm und einfach, der gerne im geblümten Nachtrock mit der Pfeife im Mund im Schloss spazierte» (DUFNER, S. 171). Er heiratete 1744 die preußische Prinzessin Louise Ulrike, die Schwester Friedrichs des Großen. Es war sie und nicht ihr Mann, die nach der Thronbesteigung 1751 die treibende Kraft am Hofe wurde.

Ihr schwebte ein politischer Systemwechsel nach dem Vorbild des aufgeklärten Absolutismus in Preußen vor. Es entstand eine royalistische Hofpartei, die ihre Anhänger vor allem in Teilen des Adels, im Bauernstand und im Offizierkorps fand. Doch den durch Verrat vorzeitig entdeckten Staatsstreichversuch im Sommer 1756 bezahlten zahlreiche adlige Teilnehmer mit ihrem Leben, und die Königsfamilie musste in persönlich demütigender Weise Abbitte leisten und einen offiziellen Verweis des Reichstags hinnehmen.

Die Herrschaft der Stände war unumschränkter denn je. Wenn Adolf Friedrich sich weigerte, bestimmte Beschlüsse zu unterschreiben, griff der Reichsrat zu einem Stempel mit dem Faksimile des königlichen Namenszuges. Statt zu regieren, suchte der König Zerstreuung an der Drechslerbank.

1765 kamen nach mehr als einem Vierteljahrhundert Opposition die Mützen an die Macht. Sie schafften 1766 in einem neuen Pressegesetz die Vorzensur ab und suchten sich verstärkt auf die nichtadligen Mittelschichten zu stützen. Noch zweimal wechselten sich Hüte und Mützen bis 1772 in der Regierung ab. Die sozialen Gegensätze vertieften sich in dieser Zeit. Sie stürzten das ständeparlamentarische System, das der gesellschaftlichen Wirklichkeit nur unzureichend gerecht wurde, in eine schwere Krise. Quer durch alle Schichten wuchs die Unzufriedenheit, zumal es zu schweren Engpässen bei der Getreideversorgung kam. Auch der große Einfluss der ausländischen Gesandten, die wichtigen Ständevertretern große Bestechungsgelder zahlten, wurde zum allgemeinen Ärgernis. Der Boden für einen politischen Umschwung war bereitet.

Schweden unter Gustav III.

Als der erst 25-jährige Gustav im Februar 1771 in Versailles vom Tod seines Vaters Adolf Friedrich erfuhr, schloss er sofort einen Subsidienvertrag mit Frankreich, der ihm die finanziellen Mittel für einen möglichen Staatstreich sichern sollte. Im Frühjahr 1772 legte der finnische Oberst Jakob Magnus Sprengporten einen detaillierten Plan für den bewaffneten Umsturz vor, während Gustav III. sich bereits im Geheimen an die Ausarbeitung einer neuen Verfassung machte. Die royalistische Revolution konnte sich vor allem auf zahlreiche adlige Offiziere und Beamte stützen, die sich durch das Bündnis der Mützen mit den nichtadligen Ständen bedroht fühlten. Als der Putsch bereits zu scheitern drohte, sicherte das mutige persönliche Eingreifen des Königs am 19. August 1772 den Erfolg des Unternehmens, das ohne jedes Blutvergießen ablief.

Die neue Verfassung behielt dem König die Personalhoheit und weitgehend die ausführende Gewalt vor, aber etwa auch die Regelung des Schnapsbrennens aus Getreide. Der Reichsrat wurde entmachtet und die Befugnisse des Reichstages auf die Gesetzgebung, ein Veto gegen Angriffskriege und die Mitbestimmung über die Staatsfinanzen beschränkt.

Gustav III. «war der Romantiker der Aufklärungszeit auf dem schwedischen Thron» (DUFNER, S. 178). Er war hochbegabt, kunstsinnig und willensstark, aber er neigte auch zu Prunk und Selbstüberschätzung. Sein frühes Vorbild als aufgeklärter und moderner Herrscher war sein Onkel Friedrich der Große. Zu den positiven Ergebnissen seiner Regierungszeit zählen eine durchgreifende Reform der Verwaltung, die Abschaffung der Folter und die Einführung der religiösen Toleranz, aber auch der Ausbau von Straßen und Kanälen, die Erleichterung der Getreideeinfuhr und die Gründung der schwedischen Akademien für Musik, die schönen Künste und für Sprache und Dichtung.

Andererseits riefen die kostspielige Hofhaltung, die Einengung der Pressefreiheit, die Bevorzugung des Adels in Verwaltung und Armee immer mehr Kritik hervor. 1786 trat ihm im Reichstag eine geschlossene Opposition entgegen. Als Ausweg aus der innenpolitischen Krise verfiel Gustav III. auf einen erneuten Krieg gegen Russland. Weil ein Angriffskrieg nur mit Zustimmung des Reichstags möglich war, ließ er in der Hofoper Kosakenuniformen schneidern und im Sommer 1788 ein Dutzend damit ausstaffierte Soldaten einen schwedischen Grenzposten angreifen. Damit war ein Vorwand für die Kriegführung gegeben, doch verweigerte ihm bald ein Teil der finnischen Armee die Gefolgschaft. In einem von 112 Offizieren unterzeichneten Manifest wurde der Krieg als ungesetzlich gebrandmarkt. Zugleich bewog die russische Zarin Katharina ihren dänischen Verbündeten zum Kriegseintritt.

In dieser kritischen Situation gelang es Gustav, die Landbevölkerung im schwedischen Kernland durch mitreißende Reden, die er auf dem geschichtsträchtigen Kirchwall von Mora und anderen Orten hielt, auf seine Seite zu bringen. Der dänische Angriff wurde zurückgeschlagen. Im Reichstag machte er im Februar 1789 den Adel für alle Missstände verantwortlich und befahl den adligen Deputierten, aus dem Saal auszuziehen. Diese gehorchten konsterniert. Der Rumpfreichstag stimmte der vorgelegten «Vereinigungs- und Sicherheitsakte» zu, die die Machtbalance weiter zugunsten des Königs verschob. Zugleich erhielten die Nichtadligen einen besseren Zugang zu öffentlichen Ämtern und Grundbesitz und die Bauern die bisherigen Feudalrechte der Jagd und Fischerei.

Der Krieg gegen Russland endete trotz einiger schwedischer Siege im August 1790 auf der Basis des Status quo. Während Gustav III. 1791 nach Aachen reiste und die europäischen Fürsten zum bewaffneten Kampf gegen die Französische Revolution aufrief, formierte sich in Schweden ein adliger Geheimbund, der ein Attentat auf Gustav plante. Ein Maskenball in der Stockholmer Oper bildete im März 1792 den Schauplatz des Königsmordes. Der ehemalige Kapitän der Leibgarde Ankarström schoss inmitten des Trubels auf Gustav III. und verwundete ihn schwer. Zwei Wochen später erlag er seinen Verletzungen.

Absolutismus in Dänemark

In Dänemark blieb es im gesamten 18. Jahrhundert bei der zentralistischen Reichsverwaltung und der absoluten Königsherrschaft, wie sie 1660/65 eingeführt worden war. Die Hocharistokratie verlor dabei nicht nur ihre ständischen Mitspracherechte, ihre Mitglieder bekleideten auch nicht mehr länger die höchsten Staatsämter. In seinem 1723 aufgesetzten politischen Testament drängte Friedrich IV. seinen Sohn und Nachfolger Christian VI. ausdrücklich, Macht und Wohlstand des Reiches dadurch zu sichern, dass er den alten Hochadel von den einflussreichsten Regierungspositionen fernhielt. Durch die gezielte Entmachtung und Entpolitisierung der Stände bewirkte die absolutistische Staatsgewalt einen «Ständeausgleich von oben» (ZERNACK, in: HEG, Bd. 4, S. 543). Geprägt wurde die dänische Agrargesellschaft allerdings weiter von einem scharfen Gegensatz zwischen den rechtlich freien Landbesitzern und den unfreien Bauern.

Christian VI., der 1730 den Thron bestieg, regierte sein Land noch energisch selbst – fleißig und «methodisch wie ein Kanzleichef» (LAURING, S. 161). Sein Sohn Friedrich V. (1746–66) überließ die Regierung weitgehend seinen Ministern, insbesondere dem Deutschen Johann Hartwig Ernst Bernstorff, der das Land während seiner fast 20-jährigen Amtszeit aus allen kriegerischen Verwicklungen herauszuhalten verstand.

Johann Friedrich Struensee

Bernstorff wurde 1770 aus seinem Amt gedrängt. Er stand dem jungen, ebenso idealistischen wie ehrgeizigen Johann Friedrich Struensee im Weg, der im Jahr zuvor Leibarzt des geisteskranken Königs Christian VII. gewor-

Johann Friedrich Struensee stieg in kurzer Zeit zum mächtigsten Mann in Dänemark auf. Er stürzte über seine Liaison mit Königin Caroline Mathilde.

den war. Struensee nutzte seine Vertrauenstellung, um sich die Position eines Geheimen Kabinettssekretärs zu verschaffen, wodurch er alle für den König bestimmten Papiere in seine Hände bekam. Für seinen weiteren Aufstieg suchte der kaum 30-Jährige die Nähe der Königin Caroline Mathilde, einer englischen Prinzessin, die 1766 im Alter von nur 15 Jahren mit Christian verheiratet worden war und sich in Kopenhagen einsam und unglücklich fühlte. Sie verliebte sich in den galanten Arzt, und auch Struensee, der sie anfangs nur als Werkzeug zu benutzen gedachte, entwickelte bald tiefere Gefühle für die Königin.

Im Juni 1771 zum Geheimen Kabinettsminister ernannt und im folgenden Monat in den Grafenstand erhoben, stand Struensee auf dem Gipfel der Macht. Eine Generalvollmacht des Königs verlieh allen Gesetzen und Verordnungen mit Struensees Unterschrift Gültigkeit. Der Minister nutzte seine fast unumschränkte Machtfülle zu einer hastigen, die Verhältnisse umstürzende Reformpolitik im Geiste der Aufklärung. Rund 600 Gesetze und Verordnungen hat man gezählt, die zwischen März 1771 und Januar 1772 auf ihn zurückgehen, darunter die Einführung der Religions- und Pressefreiheit, die Verminderung der bäuerlichen Lasten, eine Reform der Justiz und der städtischen Verwaltung Kopenhagens.

Seine Absichten waren hehr, seine Vorhaben und Ideen entsprachen im allgemeinen den Erfordernissen der Zeit, aber die hektische und unüberlegte Art, mit der er seine Vorstellungen durchzusetzen suchte, ließ die Ausführung oft dilettantisch werden. In den Kreisen des Militärs und des Hofes erwuchs Struensee eine gefährliche Opposition. Sein Liebesverhältnis mit der Königin, von dem bald ganz Dänemark wußte, sollte ihm schließlich zum Verhängnis werden.

Vor allem Caroline Mathilde gab sich wenig Mühe, die nötige Diskretion zu wahren: «Sie erzählte den Kammermädchen offenherzig von ihrem Verhältnis, sie demonstrierte einmal ums andere stolz ihre derangierte Kleidung nach dem Besuch des Geheimministers in ihren Gemächern, sie ritt mit ihm in Männerkleidung und stramm sitzenden Hosen, und da sie ziemlich üppig war, kleidete sie dieser Anzug gar nicht» (LAURING, S. 166). Als sie eine Tochter gebar, und jedermann Struensee zu Recht als Vater vermutete, war der große Skandal da.

Im Januar 1772 verschaffte sich eine Verschwörergruppe beim König die nötige Unterschrift für die Verhaftung Struensees. Während die königliche Ehe aufgehoben wurde und Caroline Mathilde von ihrem Bruder, dem englischen König Georg III., ins hannoversche Stammland der Familie nach Celle verbannt wurde, kam Struensee vor Gericht. Der gestürzte Minister wurde zum Tode verurteilt, und wie zum Hohn auf dessen aufgeklärten Vorstellungen wurde der Richterspruch mit mittelalterlicher Grausamkeit durchgeführt. Am 28. April 1772 wurde ihm auf dem Richtplatz vor den Toren Kopenhagens zunächst die rechte Hand abgeschlagen, dann wurde er geköpft und die Leiche noch gerädert und geviertelt.

Staatsstreich des Kronprinzen

Der neue Staatsminister Ove Hoëgh-Guldberg machte alle Reformen Struensees wieder rückgängig. Im Hintergrund zogen die Stiefmutter Christians VII., die Königinwitwe Juliane von Braunschweig, und ihr Sohn, der

Erbprinz Friedrich, die Fäden. Mit der Zeit wuchs das Missbehagen über den Stillstand in der Politik. Den verbreiteten Wunsch nach Reformen machte sich Kronprinz Friedrich zunutze, der Sohn von Caroline Mathilde. Als er 1784 im Alter von 16 Jahren für mündig erklärt wurde und einen Sitz im Staatsrat erhielt, ergriff er gleich auf der ersten Sitzung entschlossen die Macht. Die Methode war bewährt: Er legte König Christian ein Dokument vor, das dieser unterschrieb. Erbprinz Friedrich wollte das Schriftstück an sich reißen, aber dem Kronprinz gelang es, damit aus dem Saal zu entkommen. Kronprinz Friedrich übernahm die Regentschaft, Guldberg wurde entlassen und an dessen Stelle Andreas Peter Graf von Bernstorff zum leitenden Minister ernannt, ein Neffe des alten Bernstorff, der bereits zwischen 1773 und 1780 als Außenminister amtiert hatte.

Die jetzt neuerlich einsetzende Reformpolitik richtete ihr Hauptaugenmerk auf die Bauernfrage und gestaltete die dänische Agrarverfassung grundlegend um. Dänemark erlebte nun eine innenpolitisch ruhige und wirtschaftlich sehr erfolgreiche Zeit.

Absolutismus in Preußen

Hatte der Große Kurfürst nach innen und außen die Grundlagen für den Aufstieg Brandenburg-Preußens zu einer ernstzunehmenden, wenngleich noch nicht großen Macht gelegt, so sorgte sein Sohn Friedrich III. dafür, dass dieses neue Gewicht auch im Rang seinen Ausdruck fand. Im Januar 1701 krönte er sich selbst im Königsberger Schloss zum König Friedrich I. Mit Rücksicht darauf, dass der Westteil des Landes zu Polen gehörte, war er allerdings nicht König von, sondern in Preußen. Da das bisherige Herzogtum außerhalb der Reichsgrenzen lag, benötigte er für diesen Schritt nicht die Erlaubnis des Kaisers. Dennoch bemühte er sich bereits im Vorhinein erfolgreich um eine internationale Anerkennung für die Rangerhöhung. Sowohl Kaiser Leopold I. als auch König August von Polen, Friedrichs kurfürstlicher Kollege, stimmten ihr zu, weil Brandenburg-Preußen als Bündnispartner inzwischen Gewicht besaß.

Sein Sohn Friedrich Wilhelm I. ist als «Preußens größter innerer König» in die Geschichtsbücher eingegangen. Als er 1714 den Thron von seinem Vater erbte, war es mit dem bisherigen Prunk und Luxus am Berliner Hof vorbei. Die neuen Maximen der Sparsamkeit und Einfachheit entsprachen den religiösen Grundsätzen des pietistisch gesinnten Königs. Vor allem aber dienten sie seinem Hauptziel: dem Aufstieg Preußens zu einer wirklichen europäischen Großmacht. Friedrich Wilhelm schuf dazu eine zentral organisierte, leistungsfähige und pflichtbewusste Verwaltung, deren Hauptaufgabe die Mehrung der Staatseinnahmen war. Was an Mitwirkungsrechten der Stände noch vorhanden war, wurde fast vollständig beseitigt. Die erwirtschafteten Mittel flossen in den Aufbau einer schlagkräftigen, auf 80 000 Mann verdoppelten Armee. Eingesetzt hat er sie allerdings nie, sieht man vom Nordischen Krieg ganz zu Anfang seiner Regierungszeit ab.

Das Verhältnis Friedrich Wilhelms zu seinem Sohn und Nachfolger Friedrich war von früh auf gespannt. Dessen künstlerischen Neigungen und geistigen Interessen begegnete der Vater mit verletzender öffentlicher Kritik und Prügel. Der Konflikt fand seinen dramatischen Höhepunkt 1730 in einem Fluchtversuch des damals 18-jährigen Friedrich, den der Mitwisser und Freund Hans Hermann von Katte mit dem Leben bezahlen musste. Durch den brieflichen Austausch mit Voltaire wurde Friedrich enger mit den Ideen der Aufklärung vertraut. Ein Ergebnis seiner philosophischen Beschäftigung war der 1739 entstandene «Anti-Machiavell», eine Polemik gegen die politische Ethik des Florentiner Staatsrechtlers, in der Friedrich den Fürsten als Diener seines Staates begriff und von ihm eine gerechte, humane und ehrenhafte Politik forderte.

Als Friedrich II. das Herrscheramt bald darauf, im Jahr 1740, übernahm, orientierte er sich in seiner praktischen Politik jedoch nicht an moralischen Überlegungen, sondern an der Idee der Staatsräson. Die preußische Machtstellung zu stärken und dabei auch persönlichen Ruhm zu gewinnen, stand im Mittelpunkt seines Handelns, wie gleich sein erstes größeres Unternehmen zeigte, die Eroberung Schlesiens.

Wie sein Vater regierte Friedrich II. persönlich aus seinem Kabinett heraus und traf alle wesentlichen Entscheidungen selbst. Gemäß seinem Selbstverständnis, erster Diener seines Staates zu sein, verstand er sein Königtum als Verpflichtung zu harter Arbeit. Den Beinamen «der Große», den ihm schon die Zeitgenossen gaben, verdiente er sich mit seiner politischen Meisterschaft und seinem Feldherrngenie. Aufgeklärte Grundsätze kamen in seiner Politik nur dort zum Tragen, wo sie sich mit den Interessen einer starken Monarchie vertrugen, so im Bereich des Rechtswesens und der Religionspolitik. Dagegen verbesserte er die Lage der Bauern kaum, weil er mit Rücksicht auf sein Offizierskorps einen Konflikt mit dem Adel scheute.

Anders als in Brandenburg-Preußen kam es in Mecklenburg im 17. und 18. Jahrhundert zu keiner Stärkung der Fürstenmacht. Die mecklenburgischen Herzogtümer machten die allgemeine Entwicklung zum Absolutismus nicht mit. Das Land hatte sich seit dem 16. Jahrhundert zu einem ausgeprägten Ständestaat ausgebildet, in dem nicht die Fürsten, sondern die Landstände das eigentliche Sagen hatten. Grundlage ihrer starken Stellung war die Union von 1523, mit der die Stände die übergeordnete Einheit des Landes ungeachtet der kurz zuvor vorgenommenen Teilung der Dynastie in eine Schweriner und eine Güstrower Linie behaupteten. Nach dem Ende des Dreißigjährigen Krieges versuchten die Herzöge vergeblich, die Machtverteilung umzukehren.

Als 1695 die Güstrower Linie ausstarb, stritten der regierende Herzog Friedrich Wilhelm von Mecklenburg-Schwerin und sein Onkel Adolf Friedrich um das Erbe. Die Auseinandersetzung wurde 1701 durch den Hamburger Teilungsvertrag beigelegt. Danach erhielt Adolf Friedrich das neu gebildete Herzogtum Mecklenburg-Strelitz, das aus der Herrschaft Stargard im Osten und dem Fürstentum Ratzeburg im Westen des Landes bestand. Es umfasste nur etwa ein Viertel der Fläche von Mecklenburg-Schwerin, dessen Herrscher den überwiegenden Teil der Güstrower Erbschaft für sich hatte sichern können.

Sein Bruder und Nachfolger Karl Leopold von Mecklenburg-Schwerin unternahm gegen Ende des Nordischen Krieges nochmals einen Anlauf, den Absolutismus einzuführen. Er konnte dabei zunächst auf die Rückendeckung durch Zar Peter den Großen zählen, dessen Nichte er 1716 heiratete. Für Russland war Mecklenburg zu dieser Zeit ein wichtiger Stützpunkt im Kampf gegen Schweden. Die russischen Truppen, die im Lande standen, kamen dem Herzog in seinem Konflikt mit den Ständen zu Hilfe. Zwischen 1717 und 1719 regierte Karl Leopold tatsächlich absolut, indem er sich über die Rechte der Ritterschaft und des Rostocker Rats hinwegsetzte und durch Machtpolitik vollendete Tatsachen schuf.

1719 griff jedoch auf die Klage der mecklenburgischen Ritterschaft Kaiser Karl VI. ein. Er beauftragte den Kurfürsten Georg von Hannover, der zugleich König von England war, als niedersächsischen Kreisoberst mit der Reichsexekution. Karl und Georg ging es dabei auch darum, den russischen Einfluss in der Ostsee nicht übermächtig werden zu lassen. Peter der Große ließ seinen Verbündeten fallen. Herzog Karl Leopold konnte sich gegen das Exekutionsheer nicht halten und musste 1721 nach Danzig fliehen, von wo aus er die mecklenburgischen Untertanen zum Widerstand aufrief. Widerhall fand sein Aufruf vor allem bei den ritterschaftlichen Leibeigenen, den Pastoren sowie den Städten, die die Kosten der Exekution aufzubringen hatten.

1728 enthob Kaiser Karl den Herzog vorläufig seines Amtes und setzte dessen Bruder Christian Ludwig als Administrator ein. Doch Karl Leopold kehrte 1730 heimlich nach Mecklenburg zurück, warb Truppen und rief 1733 zu einer förmlichen Erhebung gegen die kaiserlichen Truppen auf. Doch behielt die hannoversche Armee die Oberhand. Noch bis zu seinem Tod 1747 versuchte Karl Leopold immer wieder vergeblich, die Macht wiederzugewinnen.

Sein Bruder, der nun als Christian Ludwig II. den Thron bestieg, einigte sich 1748 mit dem Strelitzer Herzog Adolf Friedrich III. auf die wechselseitige Anerkennung der unbeschränkten Landeshoheit, die Trennung der bislang gemeinsamen Institutionen – Landtag, Hofgericht, ständische Finanzverwaltung, Landeskirche – und damit die fast vollständige Auflösung der Union. Beide rückten jedoch von ihrem Vorhaben ab, als die Ritterschaft nachdrücklich protestierte und die alte Verbrüderung von 1523 erneuerte. So blieb im Verhältnis der beiden Länder alles beim Alten. In dem 1755 mit den Ständen vereinbarten Landesgrundgesetzlichen Erbvergleich musste Christian Ludwig sogar eine weitere Schwächung seiner Macht hinnehmen. In dem Vertrag wurde nicht nur die erneuerte Union anerkannt, der Herzog musste sich auch aller Einwirkung auf die ritterschaftlichen Gebiete enthalten, selbst im Bereich der Gerichtsbarkeit und der öffentlichen Ordnung. Der Erbvergleich, der bis 1918 geltendes Recht blieb, machte den Sieg der Ritterschaft vollständig.

Russland nach dem Tode Peters des Großen

Im ersten Viertel und im letzten Drittel des 18. Jahrhunderts wurde Russland von Herrschern regiert, denen die Mit- und Nachwelt das Attribut «groß» zuerkannte: von Peter I. und Katharina II. Die vier Jahrzehnte dazwischen sahen nacheinander fünf schwache Monarchen auf dem Thron, darunter zwei Kinder. So lag die faktische Regierungsgewalt meistenteils in den Händen von Günstlingen oder kleinen oligarchischen Zirkeln.

Angesichts der von Peter dem Großen nicht mehr entschiedenen Nachfolgefrage musste bereits Katharina I., die Witwe Peters des Großen, als Bedingung für ihre Thronbesteigung im Januar 1725 weitreichende Konzessionen machen. Künftig hatte der neugeschaffene Oberste Geheime Rat, dem eine kleine Zahl führender Persönlichkeiten angehörte, maßgeblichen Einfluss auf das Regierungshandeln. Katharina starb bereits 1727, und auch ihr Nachfolger, der erst elfjährige Peter II., der Sohn Alexeis, überlebte sie nur drei Jahre.

In die Regierungszeit des Jungen fällt die zeitweise Übersiedlung des Hofes von St. Petersburg zurück nach Moskau. Der Umzug von der jungen Ostseemetropole, dem Tor zum Westen, in das alte russische Zentrum bedeutete dabei trotz seines offensichtlichen Symbolgehaltes keine grundsätzliche Abkehr von der Politik Peters des Großen. Das zeigte sich im Januar 1730, als der Führungskreis des Obersten Rates nach dem frühen Tod Peters II. die Zarenkrone der verwitweten Herzogin von Kurland, Peters Nichte Anna, unter der Voraussetzung anbot, dass sie keine Entscheidungen ohne Zustimmung des Rates fällen werde. An der Formulierung der «Konditionen» war der ehemalige «Schweden-Sachverständige» Peters des Großen, der gebürtige Hamburger Heinrich Fick, maßgeblich beteiligt. Ihm und seinem Mentor, dem Fürsten Golizyn, schwebte offenbar die wenige Jahre zuvor erfolgte Beschränkung der Königsmacht in Schweden als Vorbild vor.

Herzogin Anna unterschrieb die Punkte noch vor ihrer Abreise aus Kurland, konnte sie jedoch dann in Moskau Ende Februar öffentlich zerreißen! Denn inzwischen hatten sich in der russischen Hauptstadt verschiedene Adelsgruppen formiert, die sich gegenseitig bekämpften, aber in einer Hinsicht einig waren, nämlich eine Verfassung zu verhindern, von der sie glaubten, dass sie vor allem einer Clique zugute käme, der Familie des Fürsten Golizyn.

Anna hob den Obersten Rat auf, und im Jahre 1732 erfolgte auch die Rückkehr von Hof und Regierung nach St. Petersburg. Ihre weitere Regierungszeit war dann jedoch vor allem durch eine exzessive Günstlingswirtschaft gekennzeichnet. Die wichtigsten Fäden zog der Geliebte der Kaiserin, Ernst Johann Biron, der bereits in Kurland ihr persönlicher Sekretär gewesen war und nun als Oberkammerherr den entscheidenden Einfluss besaß. Kurz vor ihrem Tod 1740 ernannte ihn Anna sogar noch zum Regenten für ihren unmündigen Nachfolger, den Säugling Iwan VI., Sohn ihrer Großnichte Anna Leopoldowna von Mecklenburg. Daneben gelang es ihm, auch privat sehr erfolgreich Politik zu machen. 1737 wurde er nach dem Erlöschen der Dynastie Kettler von den Ständen zum Herzog von Kurland gewählt und vom polnischen König belehnt.

Die Regierungszeit Annas ist als «Bironwirtschaft» und «Deutschenherrschaft» in die russischen Annalen eingegangen. In der Tat waren neben Biron eine ganze Reihe weitere Männer deutscher Herkunft in leitenden Staats- und Hoffunktionen tätig, so u. a. der Vizekanzler und Außenminister

St. Petersburg entwickelte sich im 18. Jahrhundert zu einer glanzvollen Metropole, einem Zentrum nicht nur der Politik, sondern auch der Wissenschaft und Kunst.

Graf Heinrich Ostermann und der Präsident des Kriegskollegiums, Generalfeldmarschall Burkhard Christoph Graf von Münnich. Der lange Zeit schlechte Ruf Birons, dem Tyrannei, Polizeiterror und Korruption angelastet wurden, ist vor allem in der jüngeren Forschung einem differenzierteren Bild gewichen. Bereits Puschkin hatte zugunsten von Biron ins Feld geführt: «Er hatte das Unglück, Deutscher zu sein; auf ihn wälzte man den ganzen Schrecken der Herrschaft Annas ab, die dem Geist der Zeit und den Sitten des Volkes entsprach» (zit. nach WITTRAM, in: HEG, Bd. 4, S. 495).

Nur drei Wochen nach Annas Tod wurde Biron von seinem Rivalen Münnich gestürzt und nach Sibirien verbannt. Die Regentschaft übernahm die Mutter Iwans VI., die mit dem Herzog von Braunschweig-Bevern verheiratete Anna Leopoldowna von Mecklenburg. Münnich wiederum wurde im März 1741 auf Betreiben Ostermanns aus seinen Ämtern entlassen. Aber auch die Regentin und ihr Sohn Iwan VI. konnten sich nicht mehr lange an der Macht halten. Denn als die Tochter Peters I. aus zweiter Ehe, Elisabeth, erfuhr, dass Anna Leopoldowna sie in ein Kloster verbannen wolle, sicherte sie sich mit Unterstützung des französischen Botschafters und Teilen des Hofes die Garde und stürzte im November 1741 Iwan VI. und mit ihm die ganze Familie Braunschweig-Bevern. Eine nach Petersburg einberufene Notabeln-Versammlung erkannte den Staatsstreich an und erklärte Elisabeth zur rechtmäßigen Herrscherin.

Frankreich versprach sich von dem Thronwechsel eine Ausschaltung des deutschen, hauptsächlich pro-österreichischen Einflusses am Zarenhof. Die meisten vornehmen Russen selbst empfanden den Putsch, dem auch Ostermann zum Opfer fiel, als eine nationalrussische Revolution, als eine Befreiung von drückender Fremdherrschaft. Aber auch künftig gelangten Ausländer, meist deutscher Herkunft, in wichtige russische Ämter, nicht zuletzt deshalb, weil es an vergleichbar qualifizierten Inländern noch fehlte. Und auch der Thronfolger der unverheirateten und kinderlosen Elisabeth, ihr Neffe Peter von Holstein-Gottorf, stammte vom jenseitigen Ufer der Ostsee. Er wurde von ihr noch 1742, im Alter von 14 Jahren, nach Russland geholt.

Obwohl Elisabeth mit der Wiederherstellung des Senats und einigen anderen Maßnahmen in die Fußstapfen ihres Vaters zu treten schien, war sie doch weit davon entfernt, eine ähnlich kraftvolle Herrschernatur zu sein. Während sie die Staatsangelegenheiten zumeist ihren Beratern und Favoriten überließ, widmete sie sich selbst lieber dem höfischen Vergnügen und dem Kauf modischer westlicher Kleidung. Allein mit der Förderung von Wissenschaft und Kunst, so der Gründung der Universität Moskau im Jahr 1755, setzte sie im Innern positive Akzente.

Der russische Thronfolger Peter war 1745 mit einer deutschen Prinzessin verheiratet worden, der damals erst 15-jährigen Sophie Frederike von Anhalt-Zerbst. Ihr Vater diente als General in der preußischen Armee, und so war sie in Stettin zur Welt gekommen. In Russland nahm sie nach ihrem Übertritt zur orthodoxen Kirche den Namen Katharina an. Während Peter eine schwache, neurotische Persönlichkeit war, war Katharina eine intelligente und willensstarke Frau, im persönlichen Umgang charmant und geistreich, aber auch recht skrupellos bei der Verfolgung ihrer Ziele. Anders als der Zarewitsch, der in Russland nie recht heimisch wurde und sich am liebsten mit seinen holsteinischen Verwandten umgab, entschied sich Katharina auch innerlich ganz für ihr neues Vaterland. Die Hochschätzung, die sie allem Russischen gegenüber zeigte, brachte ihr viele Sympathien ein.

Die Ehe verlief von Anfang an unglücklich; für Katharina war sie reich an Enttäuschungen und Demütigungen. Die Prinzessin tröstete sich mit mehreren Liebhabern, von denen sie wahrscheinlich auch ihre drei Kinder empfing. Zugleich las sie sich intensiv in die philosophische und staatswissenschaftliche Literatur der Zeit ein, vor allem in die Arbeiten der französischen Aufklärer und deutscher Juristen und Kameralisten. Sie bereitete sich damit sorgfältig auf die Übernahme der Regierungsverantwortung vor, was eigentlich die Aufgabe ihres Mannes gewesen wäre. Tatsächlich begann sie schon früh darüber nachzudenken, ihren ungeliebten und wenig regierungstauglichen Gemahl auszuschalten und selbst das Szepter in Russland zu ergreifen.

Als Peter III. im Januar 1762 den Zarenthron bestieg, verspielte er in wenigen Monaten den ohnehin geringen Kredit, den er in der Armee, am Hofe und in der Gesellschaft besaß. Zu offensichtlich ließ er sich bei seinen innen- und außenpolitischen Entscheidungen allein von seinen persönlichen Vorlieben leiten statt von den Interessen Russlands. Katharina brauchte nur zuzuschlagen. Sie versicherte sich der Unterstützung der Garde, in der auch ihr damaliger Geliebter, Grigori Orlow, Dienst tat, und ließ ihren Mann am 9. Juli 1762 absetzen. Während Katharina mit Billigung von Senat, Kirche und Armee zur Kaiserin proklamiert wurde, wurde der verhaftete Peter am 18. Juli ermordet, ohne Auftrag, aber mit nachträglicher Zustimmung Katharinas.

Die neue Zarin verstand es bestens, sich weniger durch Taten denn durch Worte als moderne, aufgeklärte Herrscherin und «Philosophin auf dem Thron» in Szene zu setzen. Viel Beifall in der europäischen Öffentlichkeit fand vor allem die Einberufung einer Gesetzgebenden Kommission, einer aus Wahlen hervorgegangenen und bis auf die leibeigenen Bauern nahezu

Zarin Katharina kam 1762 durch einen Staatsstreich auf den Thron, bei der ihr Mann abgesetzt und ermordet wurde. Sie erwies sich als kraftvolle Herrscherpersönlichkeit.

alle Bevölkerungsgruppen repräsentierende Versammlung. Die 564 Abgeordneten, darunter nur 160 Vertreter des Adels, aber 207 Deputierte der Städte, behandelten zwischen August 1767 und Dezember 1768 im Plenum und fast 20 Spezialkommissionen nahezu alle Gegenstände öffentlichen Interesses. Doch fassten sie nur einen einzigen Beschluss, nämlich Katharina die Titel «die Große» und «weiseste Mutter des Vaterlandes» anzutragen. So diente die Versammlung hauptsächlich der Legitimierung ihrer Herrschaft, auch wenn die Zarin von allen Ehrungen nur die Bezeichnung «Mutter des Vaterlandes» annahm.

Die völkerrechtlich verbürgte Autonomie der einst schwedischen Ostsee-provinzen wurde in der Gesetzgebenden Kommission kritisch diskutiert. Katharina ermutigte die Stimmen, die auf eine Abschaffung der Sonder-rechte drängten, ohne ihnen unmittelbar nachzugeben. Sie setzte stattdessen auf eine allmähliche und behutsame «Verrussung» ohne äußeren Zwang. So waren als Abgeordnete aus Livland und Estland auch 14 Baltendeutsche Mitglieder der Gesetzgebenden Kommission. Obwohl sie nicht durchweg des Russischen mächtig waren, wurden sie auf Wunsch der Kaiserin sogar in die Spezialkommissionen gewählt.

Mit Ausnahme der kulturell westlich geprägten Ostseeprovinzen fehlte es in Russland an einer Selbstverwaltungstradition. Um die gesellschaft-lichen Kräfte stärker zu aktivieren, verfügte Katharina im Jahr 1785 die Einrichtung von Gilden und Zünften in den Städten sowie die Schaffung von regionalen Adelskorporationen, denen in beschränktem Umfang staatliche Aufgaben übertragen wurden. Doch war der Erfolg eher gering, weil die dahinterstehende Denkweise den Russen fremd blieb. Bereits rund 20 Jahre früher hatte eine Reform der regionalen Verwaltung die Stellung der 50 Gouverneure gestärkt, um den staatlichen Anordnungen mehr Durchschlagskraft zu verleihen. Unter diesen Gouverneuren zeich-nete sich nicht zuletzt der Livländer Jakob Johann von Sievers aus, der von 1764 bis 1782 das Gouvernement Nowgorod leitete und ein enger Be-rater der Zarin war.

Wirtschaft und Handel im Zeichen des Merkantilismus

Steigerung des Handels

Im Laufe des 18. Jahrhunderts stieg der Umfang des Schiffsverkehrs in der Ostsee gewaltig an. Allein zwischen 1720 und 1770 verdreifachte sich die Menge der Güter, die den Öresund Richtung Kattegatt passierten. Die schwedischen Sundzollregister, der wir diese Angaben verdanken, geben auch Auskunft über die relative Stärke der verschiedenen Seemächte im Ost-seehandel. Der Anteil der holländischen Schiffe sank danach zwischen dem Beginn und dem Ende des 18. Jahrhunderts von etwa der Hälfte auf weniger als ein Viertel. Zum wichtigsten Spediteur in der Ostsee entwickelte sich stattdessen England. Auch die dänische Flotte nahm erheblich an Bedeutung zu und konnte am Ende des Jahrhunderts die niederländische Schifffahrt auf den dritten Platz verdrängen.

314

Mit diesen Verschiebungen ging ein tiefgreifender Wandel der Güterstruktur einher. War bislang Getreide der wichtigste Exportartikel des Ostseeraums gewesen, so traten jetzt Schiffbaumaterialien an seine Stelle – neben Holz vor allem Hanf für die Taue, Flachs für die Segel sowie Pech und Teer zum Abdichten. Der Aufbau der gigantischen britischen Flotte, die um 1800 die Weltmeere beherrschte, erfolgte mit den Rohstoffen, die der Ostseeraum bereitstellte.

Der wichtigste Lieferant dieser Waren war Russland, und diese Stellung wurde noch ausgebaut, als die livländischen und weissrussischen Gebiete aus der ersten polnischen Teilung hinzukamen. Allein in der zweiten Hälfte des 18. Jahrhunderts stieg der russische Außenhandel wertmäßig um das Fünf- bis Sechsfache. Dieser Handel wurde fast ausschließlich über die Ostsee abgewickelt. Der von Peter dem Großen nach dem Erwerb der baltischen Provinzen bewußt gedrosselte Verkehr über Archangelsk und das Weiße Meer hatte dagegen mit einem Anteil von etwa 4% nur noch geringe Bedeutung. Der wichtigste russische Hafen blieb noch lange Zeit Riga, erst ganz am Ende des 18. Jahrhunderts wurde die livländische Hauptstadt von St. Petersburg überflügelt. Die Rigaer Kaufleute konnten sich auch deshalb so gut behaupten, weil sie für die Qualität ihrer Waren berühmt waren, die sie durch rigorose Kontrollen sicherten.

Wie beim russischen Außenhandel, wo im Jahr 1800 38% der Gesamttonnage auf britische Schiffe entfiel, waren auch im Falle Schwedens die Briten der mit großem Abstand wichtigste Handelspartner. Um 1750 entfielen 75% des schwedischen Exports auf Stabeisen, das allein zur Hälfte nach England verschifft wurde. Zu dieser Zeit war Schweden immer noch der bedeutendste Eisenerzeuger der Erde mit einem Anteil von 40% an der Welteisenproduktion, allerdings sank dieser Wert in den folgenden Jahrzehnten auf 15 bis 20% ab. Um das Übergewicht fremden Schiffsraums im schwedischen Außenhandel zu brechen, war 1724 nach dem Vorbild der englischen Navigationsakte das sogenannte Produktplakat erlassen worden. Es bestimmte, dass ausländische Handelsschiffe nur Waren ihres eigenen Landes nach Schweden bringen durften. Die Vorschrift belebte den schwedischen Schiffbau, wirkte sich insgesamt aber nachteilig auf den Handel aus.

Die alles beherrschende Stellung im schwedischen Außenhandel hatte – gestützt auch auf rechtliche Privilegierungen – Stockholm inne. In der zweiten Hälfte des 18. Jahrhunderts stieg daneben die Bedeutung des Göteborger Hafens sowohl für die Eisenausfuhr wie für den Import von überseeischen Produkten. Die Ostindische Kompanie, die über ein Monopol für den ostindischen und chinesischen Handel verfügte, hatte hier ihren Sitz. Der Bottnische Handelszwang, der den Städten am Bottnischen Meerbusen den Güteraustausch mit dem Ausland nur über Stockholm erlaubt hatte, wurde 1765 aufgehoben. Diese Maßnahme ging auf die Initiative des finnischen Pfarrers und Reichstagsabgeordneten Anders Chydenius zurück, einer der frühesten Wegbereiter des wirtschaftlichen Liberalismus in Europa. Vor allem die finnischen Städte nutzten die neue Freiheit, um ihre wichtigste Exportware, den Teer, künftig selbst zu exportieren.

Der dänische Handel profitierte nicht zuletzt davon, dass die Regierung das Land seit dem Ende des Nordischen Krieges aus allen bewaffneten Konflikten herauszuhalten verstand. Gestützt auf den seerechtlichen Grundsatz «Freie Ladung auf freiem Schiff» konnte die neutrale dänische Flotte die kriegführenden Parteien während der großen militärischen Konflikte mit Waren versorgen. Entsprechend fiel die größte Blüte des dänischen Handels mit dem Siebenjährigen Krieg 1756–1763, dem Amerikanischen Unabhängigkeitskrieg 1776–1783 und den Koalitionskriegen gegen Frankreich seit 1792 zusammen. Eine weitere Quelle des Wohlstandes bildete der Handel mit landwirtschaftlichen Produkten aus Übersee, vor allem Tee und Zucker. Die 1732 gegründete, staatlich privilegierte Dänische Asien Kompanie, die den König und hohe Staatsbeamte zu ihren wichtigsten Aktionären zählte, konnte die dänische Kolonie Trankebar in Ostindien als Stützpunkt benutzen. Der einträgliche Import von indischem und chinesischem Tee erbrachte Gewinne von 200 bis 300 %! Seit der Mitte des 18. Jahrhunderts erlebte auch der Zuckerimport aus der Karibik einen großen Aufschwung. Auch hier besaß Dänemark einige kleine, aber wirtschaftlich wertvolle Kolonien. Der in Kopenhagen angelandete Zucker wurde zum großen Teil wieder exportiert, hauptsächlich nach Deutschland und in das Baltikum. In den 1760er Jahren machte raffinierter Zucker wertmäßig die Hälfte des Kopenhagener Exportes aus.

Eine wichtige Rolle im Ostseehandel nahmen auch immer noch die ehemaligen Hansestädte ein, selbst wenn ihre größte Zeit nun schon lange vorbei war. Zu Anfang des 18. Jahrhunderts war ihre Flotte nach der holländischen, aber immer noch vor der englischen die zweitstärkste in der Ostsee, und 1735 waren die Händler in den dänischen Provinzstädten nach einem zeitgenössischen Bericht häufig nicht mehr als die Verteiler der Waren, die von Lübecker Kaufleuten herbeigeschafft wurden. Auch im Handel mit Russland konnte sich Lübeck eine gewisse Bedeutung als wichtigster deutscher Ostseehafen erhalten.

Die nach dem Ende des Nordischen Krieges noch bei Schweden verbliebenen vorpommerschen Hafenstädte, vor allem Greifswald und Stralsund, lebten hauptsächlich vom Getreidehandel. Sie profitierten davon, dass Schweden, um seinen Bedarf an Getreide nach dem Verlust der baltischen Länder zu decken, die Getreideausfuhr aus den vorpommerschen Häfen 1721 vollständig vom Zoll befreite. Dagegen musste Danzig, der traditionell bei weitem wichtigste Getreideexporteur an der Ostseeküste, im Laufe des 18. Jahrhunderts mit dem zunehmenden Rückzug der Holländer aus der Ostsee eine Halbierung seiner Ausfuhren hinnehmen. Noch stärker traf die Stadt dann nach der ersten polnischen Teilung die Abschnürung von seinem Hinterland. Erst als 1793 auch Danzig an Preußen fiel, ging es rapide aufwärts. Allein zwischen 1795 und 1805 vervierfachte sich die Danziger Getreideausfuhr auf 200 000 Tonnen, so dass die Stadt – wenn auch nur in dieser Hinsicht – wieder an die alten Glanzzeiten des 17. Jahrhunderts anknüpfen konnte.

Bereits seit den 1720er Jahren machte sich die preußische Regierung daran, das neu gewonnene Stettin als wichtigsten Seehandelsplatz des Landes planmäßig zu entwickeln. Neben der seit 1727 erfolgten Schiffbarmachung und Vertiefung der Swine, des Hauptmündungsarms der Oder, wirkte sich auch die 1744–46 durchgeführte Erneuerung des Finow-Kanals, der Oder und Havel verband, günstig auf den Stettiner Handel aus. Berlin rückte damit enger an die Ostsee. Zwischen 1739 und 1785 stieg so der Wert der in Stettin umgeschlagenen Güter um das Fünfzehnfache auf 3 Millionen Taler an.

Gründung von Manufakturen

Wie in praktisch ganz Europa, so versuchten auch die Ostseeländer im 18. Jahrhundert mit meist bescheidenem Erfolg, ausgewählte heimische Gewerbezweige durch dirigistische Maßnahmen zu fördern. Zum Instrumentarium zählten Ein- und Ausfuhrverbote, hohe Zollmauern sowie direkte Subventionen an einzelne Unternehmen in Form von Anleihen und Zuschüssen. Dieser merkantilistischen Wirtschaftspolitik lag die Annahme zugrunde, dass die Wohlfahrt eines Landes und indirekt damit die Höhe der staatlichen Einnahmen von einem möglichst hohen Exportüberschuss abhänge, der einen entsprechenden Edelmetallzufluss zum Ausgleich der Handelsbilanz mit sich bringe. Daher wurden vor allem solche Branchen unterstützt, deren Aufschwung eine Verringerung der Importe, eine Vergrößerung der Exporte oder beides zusammen versprach.

Gefördert wurden vor allem Manufakturen, das waren zentralisierte und arbeitsteilig organisierte, aber nach wie vor auf Handarbeit basierende Produktionsbetriebe mit wenigstens zehn Beschäftigten. In Dänemark und Schweden flossen erhebliche Summen vor allem in die Textil-, Tabak- und Zuckerindustrie. Der Erfolg war mäßig, zumal die Erzeugnisse wegen ihrer zunächst oft minderen Qualität auf erhebliche Vorbehalte beim Handel und den Verbrauchern stießen. Preußen erließ bereits 1719 ein allgemeines Wollausfuhrverbot, um den Aufbau einer einheimischen Tuchindustrie voranzutreiben. In Russland betrieb Peter der Große in den neugewonnenen Ostseeprovinzen den Aufbau einer eigenen Textil- und Eisenindustrie, für die er ausländische Unternehmer und Fachkräfte anwarb. Die Eisenerzeugung nahm in den folgenden Jahrzehnten immerhin einen solchen Aufschwung, dass die schwedischen Hütten auf den wichtigen Exportmärkten die Konkurrenz ernsthaft zu spüren bekamen. Um dennoch die Preise stabil zu halten, legte die schwedische Bergbaubehörde mit einem ausgeklügelten Quotensystem Produktionshöchstmengen für jeden einzelnen Betrieb fest.

Ausbau des Kreditwesens

Die Expansion von Handel und Gewerbe führte zu einem steigenden Kreditbedarf, um die laufenden Geschäfte finanzieren zu können. Auf Drängen der Stockholmer Kaufleute ging deshalb die schwedische «Bank der Reichsstände», die als früheste Zentralbank in Europa gilt, bereits in den 1720er Jahren dazu über, Banknoten auszugeben. Speziell für die Bedürfnisse der Manufakturen, denen es an gängigen Sicherheiten in Form von Grundeigentum fehlte, wurden zudem Manufakturdiskontfonds eingerichtet. 1736 wurde auch in Dänemark eine Staatsbank gegründet, die sich nicht zuletzt um die Industriefinanzierung kümmerte.

In Preußen wurde 1772 vorwiegend mit staatlichem Kapital die See-Handlungs-Gesellschaft gegründet. Sie sollte nach der Annexion Westpreußens mit eigener Flotte unter preußischer Flagge Handel treiben. Da dies nicht recht gelang, solange Danzig bei der polnischen Krone blieb, wurde die Seehandlung stattdessen zur Industrieförderung eingesetzt. Mit der Ausgabe von Obligationen entwickelte sie sich seit dem Ende des 18. Jahrhunderts mehr und mehr zu einer preußischen Staatsbank, eine Stellung, die ihr offiziell allerdings erst 1820 zuerkannt wurde.

Alle drei Kriege, die Schweden zwischen 1740 und 1790 führte, finanzierte die Regierung vor allem auch mit Hilfe der Notenpresse. Das Ergebnis des übermäßigen Geldumlaufs war jedes Mal eine Inflation, gefolgt von schweren wirtschaftlichen Krisen. Nach der durch den Siebenjährigen Krieg hervorgerufenen Geldentwertung konnte Schweden sein Münzwesen erst 1776 durch zwei Anleihen auf dem Amsterdamer Kapitalmarkt wieder auf eine stabile Grundlage stellen. Aber schon 1790 war nach dem russisch-schwedischen Krieg, der mit Reichsschatzscheinen finanziert wurde, ein neuer Geldüberhang entstanden. Die Inflation hatte eine bemerkenswerte Fernwirkung. Zur Konsolidierung der Währung verpfändete Schweden nämlich 1803 die im Westfälischen Frieden erworbene Stadt Wismar an Mecklenburg. Erst 1903 verzichtete Schweden endgültig auf seinen Einlösungsvorbehalt.

Andere Länder ließen zur Deckung ihrer Kriegskosten zwar kein Papiergeld drucken, doch war die von ihnen praktizierte Verrringerung des Edelmetallgehaltes der Münzen in ihrer Wirkung nicht weniger dramatisch. Besonders schlimm tat sich in dieser Hinsicht Preußen während des Siebenjährigen Krieges hervor. Als seiner Armee die sächsischen und polnischen Prägestöcke in die Hände fielen, ließ es in großer Zahl Münzen prägen, deren Silbergehalt nur noch ein Drittel bis ein Viertel des angegebenen Wertes entsprach. Dies führte zu einer völligen Zerrüttung insbesondere des polnischen Geldwesens. Andere norddeutsche Länder wie Mecklenburg folgten dem Münzbetrug, entwerteten dabei allerdings ihr eigenes Geld.

Der Siebenjährige Krieg

Die vielgepriesene «Ruhe des Nordens», die nach dem Ende des Nordischen Krieges den Ostseevölkern eine lange Friedensphase bescherte, war durch den schwedisch-russischen Krieg 1741/43 nur kurz erschüttert worden. Vor allem die dänische Regierung unter Johann Hartwig von Bernstorff tat viel, um den Frieden in der Region zu erhalten. Dänemark profitierte dank seiner großen Flotte besonders vom ungestörten Seehandel in Friedenszeiten. Auch musste die dänische Regierung befürchten, dass jeder militärische Konflikt nur eine weitere Stärkung des russischen Einflusses im Ostseeraum mit sich bringen würde. Angesichts der dynastischen Verbindungen zwischen dem russischen Zarenhaus und der Gottorfer Herzogsfamilie und der fortdauernden Ansprüche Gottorfs auf Teile Schleswigs lag dies natürlich nicht im dänischen Interesse.

In Russland hatte während der Regierungszeit Elisabeths der in Deutschland erzogene Graf Bestuschew-Rjumin, der seit 1744 als Großkanzler amtierte, den größten Einfluss auf die Außenpolitik des Landes. Er war der festen Überzeugung, dass Preußen «der ewige und natürliche

Feind» Russlands sei (zit. nach OAKLEY, S. 145) und eine gewaltsame Zerschlagung der preußischen Großmachtstellung der beste Weg sei, die russische Position an der Ostsee zu sichern. Im März 1756 gewann er die Zarin für seine Kriegspläne. Preußen sollte Ostpreußen an Polen und Pommern an Schweden verlieren, während Russland im Gegenzug von Polen weißrussische Gebiete und die Lehnshoheit über das Herzogtum Kurland erhalten sollte.

Preußen unter Friedrich dem Großen war zu dieser Zeit im Norden ziemlich isoliert. Die ohnehin gespannten Beziehungen zu Schweden sanken 1756 nach dem gescheiterten Putschversuch der Königsfamilie, bei der Friedrichs Schwester Luise Ulrike eine zentrale Rolle gespielt hatte, auf einen Tiefpunkt ab. Mit der Konvention von Westminster im Januar 1756 sicherte sich Preußen durch das Bündnis mit England gegen eine drohende englisch-russische Allianz ab. Allerdings verprellte es damit seinen bisherigen Verbündeten Frankreich, der mit England bereits im Krieg um den indischen und nordamerikanischen Kolonialbesitz lag. Damit kam es zu dem berühmten «Wechsel der Allianzen»: Die früheren Erzfeinde Frankreich und Österreich verbündeten sich gegen England und Preußen. Österreich, dessen Hauptziel die Rückgewinnung Schlesiens war, stellte die Verbindung der neuen Allianz zu Russland her. Aber während Elisabeth gegenüber dem österreichischen Staatskanzler Kaunitz noch auf ein schnelles Losschlagen drängte, kam Friedrich der Große bereits allen zuvor. Er marschierte mit seinen Truppen im August 1756 in Sachsen ein und eröffnete damit den Siebenjährigen Krieg.

Bis auf Dänemark, das neutral blieb, waren alle nordischen Mächte in die Auseinandersetzung involviert. Schweden trat im September 1757 auf österreichisches und französisches Drängen in den Kampf gegen Preußen ein. Es tat dies in seiner Eigenschaft als Garantiemacht des Westfälischen Friedens und mit dem offziellen Ziel, den Frieden im Deutschen Reich wiederherzustellen. So umging die Kriegspartei der regierenden «Hüte» die an sich nötige Zustimmung des schwedischen Reichstages zur Eröffnung eines Angriffskrieges. Schweden war von seinen Bündnispartnern als Kriegsbeute die Rückgabe der seit 1679 an Preußen verloren gegangenen Teile Pommerns versprochen worden. Außerdem lockte die antiroyalistischen Parteigänger die Aussicht, mit einem Sieg über Friedrich II. zugleich auch dessen Schwester Luise Ulrike für ihren Putschversuch «bestrafen» zu können.

Der Kriegsverlauf entsprach allerdings keinesfalls den hochgespannten schwedischen Erwartungen eines leichten Sieges. Nach wechselvollen Kämpfen war Schweden Ende 1761 finanziell so erschöpft, dass es um Frieden nachsuchen mußte. Luise Ulrike erlebte den Triumph, vom Reichsrat offiziell um Vermittlung gebeten zu werden. Im Frühjahr 1762 begannen die Friedensverhandlungen.

Ein weitaus gefährlicherer Gegner erwuchs Preußen in Russland, das im August 1757 durch den Sieg bei Großjägersdorf Ostpreußen eroberte. Elisabeth ließ in diesem und im folgenden Jahr die ganze Provinz den Huldigungseid auf sich schwören und die preußischen durch russische Hoheitszeichen ersetzen, ohne dabei auf Widerstand zu stoßen. Als ihr Gouverneur regierte der Kurländer Johann Nicolai von Korff in Königsberg.

Einen ersten russischen Vorstoß an die Oder konnte Friedrich II. im August 1758 bei Zorndorf zurückweisen, doch fast genau ein Jahr später schlugen die vereinigten russischen und österreichischen Armeen das preußische Heer bei Kunersdorf (nahe Frankfurt an der Oder) vernichtend. Nur die Uneinigkeit der Sieger, die ihren Erfolg nicht entschlossen ausnutzten, rettete damals Preußen. Doch auch so schien die endgültige preußische Niederlage nur eine Frage der Zeit zu sein, zumal England nach dem Sturz des bisherigen Premierministers Pitt im Herbst 1761 nach einer Verständigung mit seinen Gegnern suchte.

Da brachte im Januar 1762 der Tod Elisabeths und die Thronbesteigung Peters III. eine ebenso unerwartete wie dramatische Wende. Der neue Zar war ein glühender Bewunderer Friedrichs des Großen und zum sofortigen Friedensschluss unter Verzicht auf jeden Kriegsgewinn bereit. Dem preußisch-russischen Separatfrieden Anfang Mai 1762, dem noch im selben Monat Schweden beitrat, folgte nur sechs Wochen später ein gegen Dänemark gerichtetes Bündnis der beiden Mächte. Peter hatte bereits eine russische Armee von 40 000 Mann in Pommern zusammenziehen lassen, um sie zur Rückgewinnung des Schleswiger Anteils des Hauses Holstein-Gottorf einzusetzen, als am 9. Juli seine Absetzung und nachfolgende Ermordung den Dingen nochmals eine entscheidende Wendung gab. Die neue Zarin Katharina bestätigte zwar den Frieden, nicht aber das Bündnis mit Preußen und ließ alle Truppen aus Norddeutschland abziehen.

Damit war der Siebenjährige Krieg zwar noch nicht beendet, aber in seinen wesentlichen Ergebnissen entschieden. Die schließlich im Februar 1763 erreichten Friedensschlüsse zu Paris und Hubertusburg bestätigten den Vorkriegsbesitzstand in Europa. Der große Verlierer war im Übrigen Frankreich, das fast seinen gesamten Kolonialbesitz an England verlor.

Der Frieden machte schließlich auch den Weg für eine Lösung der Gottorfer Frage frei. Katharina und ihr leitender Minister Nikita Panin waren an einer friedlichen Verständigung mit Dänemark interessiert, da das Schicksal des kleinen Herzogtums sie im Gegensatz zu Peter III. nicht persönlich berührte. Nach langen Verhandlungen mit Bernstorff und einem bereits 1765 abgeschlossenen dänisch-russischen Defensivbündnis kam es im April 1767 zu einer endgültigen Lösung des Konflikts. Dänemark erhielt den gesamten Gottorfschen Besitz in Schleswig-Holstein im Austausch gegen eine Geldentschädigung und die Grafschaften Oldenburg-Delmenhorst, die an eine jüngere Linie des Hauses Gottorf fielen. Als Zeitpunkt für das Inkrafttreten des Vertrages wurde die Großjährigkeit von Katharinas Sohn Paul bestimmt, des Erben der Gottorfschen Ansprüche. Als der Tausch 1773 vollzogen wurde, hatte Dänemark eines seiner wichtigsten außenpolitischen Ziele der vergangenen hundert Jahre erreicht.

Die polnischen Teilungen

König August der Starke träumte bis an sein Lebensende von einer Umwandlung der polnischen Adelsrepublik in eine absolute Monarchie in der Erbthronfolge des Hauses Wettin. Aber alle seine entsprechenden Pläne und Projekte, für deren Verwirklichung er beträchtliche Teile des polnischen Territoriums an die benachbarten Großmächte abzutreten bereit war, führten zu nichts. Denn die wirkliche Macht in Polen hatte seit Augusts Wiedereinsetzung in sein königliches Amt 1709/10 Russland inne, das von nun an auch fast ständig Truppen im Lande stehen hatte. Die jeweiligen Zaren aber sahen gerade im Fortbestand der republikanischen Verfassung mit dem Liberum veto die beste Gewähr für die dauerhafte Sicherung ihrer Vorherrschaft. In den 1720er Jahren verpflichteten sich auf russische Initiative auch die Nachbarstaaten Preußen, Schweden und Österreich, den Erhalt der «polnischen Freiheiten» zu garantieren.

Nach dem Tod von August II. am 1. Februar 1733 konnte sich zunächst sein alter Gegenspieler Stanislaus Leszczynski nochmals Chancen ausrechnen, da er als zwischenzeitlicher Schwiegervater Ludwigs XV. die Unterstützung Frankreichs besaß. Auch in Polen war sein Anhang groß, so dass er am 12. September 1733 von einer überwältigenden Mehrheit zum König gewählt wurde. Doch inzwischen hatte sich bereits Augusts gleichnamiger Sohn und Nachfolger als sächsischer Kurfürst der russischen und österreichischen Unterstützung vergewissert, und mit einer russischen Armee im Rücken fand er gleichfalls genügend Parteigänger, um sich am 5. Oktober 1733 zum Gegenkönig zu wählen zu lassen. Die militärische Entscheidung fiel in Danzig, hinter dessen starken Festungsmauern Stanislaus vergebens auf französischen Entsatz wartete. Nach fünfmonatiger Belagerung durch 40 000 Mann russischer und sächsischer Truppen kapitulierte die alte Hansestadt im Juli 1734. Stanislaus, auf den ein Kopfgeld ausgesetzt war, gelang vor dem Fall der Stadt die Flucht nach Königsberg. Seine Anhänger konnten sich in Groß- und Kleinpolen zunächst noch halten, erlagen aber im folgenden Sommer der feindlichen Übermacht. Während das Königtum Augusts III. nun allgemeine Anerkennung fand, wurde Stanislaus mit dem Herzogtum Lothringen entschädigt, das er noch drei Jahrzehnte lang bis zu seinem Tod im Jahre 1766 regierte.

Die Regierungszeit Augusts III. markiert den Tiefpunkt in der staatlichen Geschichte Polens. Die Gesetzgebung kam zu einem völligen Stillstand, weil wegen des Liberum veto kein einziger Reichstag mehr gelang. August, der die Mühen der Politik scheute, überließ die Regierung völlig seinen Ministern, insbesondere dem Grafen Heinrich Brühl, der ebensowenig wie der König Polnisch sprach. Die führenden Magnatenfamilien teilten die hohen Ämter der Republik unter sich auf und behandelten diese als ihr Privateigentum. Der russische Einfluss war dominanter denn je.

Er zeigte sich nicht zuletzt bei der nächsten Königswahl nach dem Tode Augusts III. am 5. Oktober 1763. Katharina die Große hatte schon 1762 die Krone ihrem ehemaligen Liebhaber Stanislaus August Poniatowski versprochen. Er war ein Neffe der drei Brüder Czartoryski, der reichsten und einflussreichsten Familie des Landes, die deshalb auch nur als die «Familie» bekannt war. Die gegnerische Magnaten-Partei der «Patrioten» erhob mit französischer und österreichischer Unterstützung einen der ihren zum Kandidaten, erlag aber sowohl in militärischer wie in finanzieller Hinsicht – den Bestechungsgeldern – der Übermacht der prorussischen Fraktion. Ihr hatte sich zudem Preußen angeschlossen. Im September 1764 wurde der 32-jährige Poniatowski als Stanislaus August zum letzten polnischen König gewählt.

Der neue Monarch galt vielen, nicht zuletzt Katharina selbst, als bequemes Werkzeug der russischen Interessen, doch setzten Stanislaus August und die ihn unterstützende «Familie» bald erste politische Reformen durch, die den polnischen Staat wieder handlungsfähiger zu machen versprachen. Um solche Ansätze im Keim zu ersticken, schürte Katharina zunächst die religiösen Spannungen zwischen den herrschenden Katholiken und den in ihren Rechten beschränkten protestantischen und orthodoxen Polen. Als dies nichts fruchtete, mobilisierte sie den konservativsten Teil des katholischen Adels, der sich in Konföderationen zusammenschloss, um jede Verfassungsänderung zu verhindern. Am Ende stand ein polnisch-russsischer Vertrag, der vom polnischen Reichstag im März 1768 in stummem Protest angenommen wurde. In ihm wurden die territoriale Unversehrtheit der Republik und die bestehende Verfassung samt Liberum veto garantiert sowie die Rechte der nichtkatholischen «Dissidenten» erheblich verbessert.

Gegen den übermächtigen russischen Einfluss und die Nachgiebigkeit des Königs bildete sich noch im Februar des gleichen Jahres die Konföderation von Bar. Die antirussischen und antiroyalistischen Motive mischten sich bei den adligen Teilnehmern mit katholischem Glaubenseifer, aber zunehmend auch mit aufgeklärten Ideen. Erst nach viereinhalb Jahren konnte der Aufstand von russischen und königstreuen polnischen Truppen endgültig niedergeworfen werden.

Die Türkei nutzte die vermeintlich günstige Gelegenheit, um 1769 einen Krieg gegen Russland zu beginnen. Die Russen erzielten jedoch bald so große Erfolge, dass Österreich um das Gleichgewicht in Südosteuropa fürchtete und nun ein österreichisch-russischer Konflikt unvermeidlich schien. Dies war die Stunde Friedrichs des Großen. Sein Ziel war es schon immer gewesen, das königliche Preußen, das 1466 vom Deutschen Orden an Polen gelangte Gebiet, seinem Staatswesen einzuverleiben und damit eine Landbrücke zwischen Pommern und dem östlichen Preußen zu schaffen. Doch waren entsprechende Pläne einer Amputation Polens durch die benachbarten Großmächte stets am russischen Einspruch gescheitert, das die indirekte Herrschaft über ganz Polen der direkten Herrschaft über ein Teilgebiet vorzog. Angesichts der militärischen Erfolge der Konföderierten von Bar und des drohenden Konfliktes mit Österreich war Katharina nun erstmals geneigt, auf die preußischen Vorschläge einzugehen, die ihr Friedrichs Bruder, Prinz Heinrich, im Oktober 1770 in Moskau überbrachte. Österreich und Russland sollten, statt gegeneinander Krieg zu führen, sich an Polen schadlos halten, und Preußen dabei natürlich nicht leer ausgehen. Während Russland und Preußen sich nach der prinzipiellen Zustimmung Katharinas im Frühjahr 1771 über die neuen Grenzen bald einig wurden, sträubte sich die österreichische Herrscherin Maria Theresia noch einige Zeit, einem Vorhaben zuzustimmen, das sie als zutiefst unmoralisch ansah. Ihr Sohn und Mitregent Joseph II. hatte weniger Skrupel und setzte die Beteiligung Österreichs schließlich durch.

Mit der ersten polnischen Teilung, die im August 1772 zwischen den drei Mächten vertraglich besiegelt wurde, verlor Polen 28 % seiner Fläche und sogar 39 % seiner Einwohner. Dabei gewann Russland mit Polnisch-Livland erstmals die volle Kontrolle des Handelsverkehrs zwischen Riga und seinem russischen Hinterland. Preußen erhielt mit rund 35 000 Quadratkilometern das kleinste Stück, das allerdings zur Abrundung seines Staatsgebietes sehr wertvoll war. Das annektierte Territorium umfasste das Königliche Preußen mit Ausnahme der Städte Thorn und Danzig sowie das nördliche Großpolen beiderseits der Netze. Danzig blieb auf russisches Drängen als Exklave bei Polen, litt wirtschaftlich aber stark unter dem Verlust seines bisherigen Hinterlandes. Polen verlor damit faktisch den freien Zugang zur Ostsee, denn die ihm verbleibenden litauischen Häfen waren wenig leistungsfähig. Die preußische Monarchie zog daraus enormen finanziellen Vorteil. Die preußischen Zolleinnahmen aus dem polnischen Weichseltransit waren hinfort größer als die gesamten polnischen Staatseinnahmen!

Der Gewinn des Königlichen Preußens brachte aber auch einen erheblichen Prestigegewinn für das Hohenzollernhaus mit sich, denn nach der Vereinigung der beiden preußischen Landesteile wurde aus dem bisherigen, rangminderen «König in Preußen» der souveräne «König von Preußen».

Das bedrückende Erlebnis der Teilung rüttelte die Polen auf und stärkte ihren Reformwillen. Trotz andauernder Parteikämpfe zwischen einer königlichen und einer magnatischen Fraktion kam es künftig im Reichstag zu keinem einzigen Liberum veto mehr, Finanzen, Armee und Regierung wurden reorganisiert, das Erziehungswesen in vorbildlicher Weise neu geordnet, und auch wirtschaftlich ging es in Stadt und Land aufwärts. Der polnische Außenhandel orientierte sich angesichts der Belastung durch die preußischen Zölle mehr und mehr von der Ostsee weg und zum Schwarzen Meer hin. Außenpolitisch blieb Polen von Russland abhängig, und der russische Botschafter Otto Magnus von Stackelberg, der von 1772 bis 1790 in Warschau residierte, zog als graue Eminenz die Fäden auch in der Innenpolitik. Anders als zuvor ließ Katharina nun allerdings wirksame Reformen zu.

Als Russland durch die gleichzeitigen Kriege mit der Türkei (1787–1792) und Schweden (1788–1790) von Polen abgelenkt war, ergriffen sowohl der König als auch die oppositionellen Magnaten die Gelegenheit, den polnischen Staat auf eine ganz neue Grundlage zu stellen. Nach drei Jahren harter Verhandlungen im «Großen Reichstag» verabschiedete der Sejm am 3. Mai 1791 die erste geschriebene moderne Verfassung Europas. Damit wurde Polen zu einer konstitutionellen Monarchie, in der der Grundsatz der Gewaltenteilung galt und neben dem Adel erstmals auch das Bürgertum ein Mitspracherecht erhielt.

Doch Katharina, aufgeschreckt durch die Radikalisierung der Französischen Revolution, war keinesfalls gewillt, ein reformiertes polnisches Staatswesen hinzunehmen, das mit seinen modernen politischen Ideen eine gefährliche Sogwirkung auch auf Russland ausüben konnte. Eine Konföderation hochkonservativer Magnatenkreise gegen die neue Verfassung bildete den willkommenen Vorwand, um 1792 militärisch in Polen zu intervenieren. Aber auch die Aufhebung der Maiverfassung durch König und Parlament half nicht mehr, die von Russland im Januar 1793 mit Preußen vereinbarte Zweite Polnische Teilung zu verhindern. Zum Dank für seine Hilfe erhielt König Friedrich Wilhelm II. von Preußen nun Danzig und Thorn sowie Großpolen sowie Teile Masowiens, während das Zarenreich fast alle weißrussischen und ukrainischen Gebiete Polens annektierte.

Gegen diese zweite Teilung kam es im März 1794 zu einem landesweiten polnischen Aufstand unter der Leitung des Generals Tadeusz Kosciuszko, der bereits im amerikanischen Unabhängigkeitskrieg gekämpft hatte. Nachdem der Aufstand von den verbündeten russischen, preußischen und österreichischen Armeen niedergeworfen worden war, schritten die drei Mächte im Januar 1795 mit dem dritten Teilungsvertrag zur vollständigen Auflösung des polnischen Staates. Russland gewann bei dieser Gelegenheit auch Kurland, womit es nun die gesamte Ostseeküste von der Memel bis zum Finnischen Meerbusen beherrschte und erstmals zum direkten Nachbarn Preußens wurde.

Die Ostsee im Zeitalter Napoleons

Neutralität des Nordens

Es dauerte fast ein Jahrzehnt, ehe die Erschütterung der europäischen Ordnung durch die Französische Revolution sich auch unmittelbar im Ostseeraum auswirkte. Zwar hatte der schwedische König Gustav III. schon 1791 den Plan gefasst, sich an die Spitze einer europäischen Interventionsarmee zur Rettung der französischen Monarchie zu setzen, doch setzte seine Ermordung im März 1792 diesem Vorhaben ein jähes Ende. Gustavs Bruder, Herzog Karl, der die Regentschaft für den erst 13-jährigen Gustav IV. übernahm, und sein bald allmächtiger Berater Gustav Adolf Reuterholm suchten aus außenpolitischem Kalkül sogar die Annäherung an das revolutionäre Frankreich. Doch das vom schwedischen Gesandten, dem Freiherrn Staël von Holstein, mit Danton im Sommer 1793 ausgehandelte Subsidienabkommen wurde nach dessen Sturz vom neuen Machthaber Robespierre nicht mehr ratifiziert.

In den folgenden Jahren ging das Interesse der Ostsee-Anrainer vorwiegend dahin, im Konflikt zwischen Frankreich auf der einen und dessen Hauptgegnern England und Österreich auf der anderen Seite neutral zu bleiben. Dänemark und Schweden verfolgten diese Politik hauptsächlich mit Rücksicht auf ihre Handelsflotte, die in den Kriegszeiten glänzende Geschäfte machte. Auch Preußen, das der sogenannten Ersten Koalition gegen Frankreich angehört hatte, schied im Frühjahr 1795 aus dem Krieg aus, um sich die Beute aus der dritten polnischen Teilung zu sichern. Der neue russische Zar Paul I. schloss sich 1798 zwar der Zweiten Koalition an, nachdem Frankreich Malta besetzt hatte, dessen Malteserorden unter seinem Protektorat stand, doch bereits vor Ablauf des nächsten Jahres zogen sich die russischen Truppen wieder von allen Kriegsschauplätzen zurück. Stattdessen vereinigten sich 1800 auf seine Initiative mit Dänemark, Schweden, Preußen und Russland alle wichtigen Ostseemächte zur Liga der bewaffneten Neutralität. Damit sollte die eigene Handelsschifffahrt durch Bewaffnung und Begleitung durch Kriegsschiffe gegen die Kaperpraxis der kriegführenden Seemächte, vor allem Englands, geschützt werden. Diese brachten gegen die geltenden Grundsätze des Seerechts auch neutrale Schiffe auf, wenn sie Ladung für den Feindstaat transportierten.

Dänemark, das mit seinen weitgespannten Handelsaktivitäten am meisten unter der britischen Aktionen zu leiden hatte, wagte sich unter den Ligamitgliedern am weitesten vor und nahm dabei selbst keine Rücksicht auf Dritte. Im März 1801 besetzten dänischen Truppen die Hansestädte Hamburg und Lübeck, um den englischen Handel zu treffen. Daraufhin lief eine britische Flotte in den Sund ein und griff am 2. April die auf der Reede vor Kopenhagen liegende dänische Flotte an. Die mehrstündige, für beide Seiten verlustreiche Schlacht wurde schließlich abgebrochen, doch lag der Vorteil auf englischer Seite. Die Dänen räumten daraufhin im Mai die Hansestädte. Auch die Liga wurde noch im gleichen Jahr aufgelöst, nachdem der russische Zar im März einem Attentat zum Opfer gefallen war und sein Nachfolger Alexander I. sich stärker zur englischen Seite hin orientierte.

Wendung gegen Napoleon

Der junge schwedische Herrscher Gustav IV. hatte sich 1797 mit der erst 17-jährigen badischen Prinzessin Friederike verheiratet. Während eines längeren Aufenthaltes am Hof seines Schwiegervaters in Karlsruhe erlebte er, wie im März 1804 der emigrierte Bourbonenprinz Louis Antoine Herzog von Enghien von französischen Truppen aus dem badischen Ettenheim verschleppt und kurze Zeit darauf nach einem Scheinprozess hingerichtet wurde. Die Gewalttat Napoleons erregte Abscheu und Entsetzen beim schwedischen Kö-

Am 2. Juli 1807 trafen sich Kaiser Napoleon und Zar Alexander auf einem Floß in der Mitte der Memel, um über das Schicksal Preußens zu verhandeln.

nig und trug so maßgeblich dazu bei, dass sich Schweden im Herbst des folgenden Jahres der dritten Koalition gegen Frankreich anschloss. Die von Vorpommern aus geführten militärischen Operationen, bei denen Gustav persönlich den Oberbefehl übernahm, blieben jedoch nur ein Randereignis. Die Entscheidung fiel am 2. Dezember 1805 in Mähren, in der Dreikaiserschlacht bei Austerlitz, in der Napoleon mit seiner Armee das zahlenmäßig weit überlegene russisch-österreichische Heer vernichtend schlug.

Preußen war in diesem Kampf neutral geblieben und wurde dafür von Napoleon mit territorialem Gewinn belohnt, doch musste es bald erfahren, dass der französische Kaiser alles andere als geneigt war, den preußischen König Friedrich Wilhelm III. als gleichberechtigten Bündnispartner anzusehen oder sich auch nur an getroffene Abmachungen zu halten. Ein preußisches Ultimatum führte im Oktober 1806 zum Kriegsausbruch, und noch im gleichen Monat erlitt die verbündete preußisch-sächsische Armee in der Doppelschlacht von Jena und Auerstedt eine katastrophale Niederlage. Schlimmer als die eigentliche Niederlage war ihre demoralisierende Wirkung. Ganze preußische Heeresgruppen lösten sich auf, der König floh von Berlin, das kampflos aufgegeben wurde, nach Königsberg. Zu den wenigen

Festungen, die Widerstand leisteten, zählten Kolberg in Pommern und Graudenz in Westpreußen. Vor allem die vom späteren preußischen Generalstabschef August Neidhardt von Gneisenau geleitete erfolgreiche Verteidigung Kolbergs, bei der auch die Bürgerschaft unter dem Bürgeradjutanten Joachim Nettelbeck eine wichtige Rolle spielte, wurde zum Symbol für den preußischen Selbstbehauptungswillen. Am Ausgang des Krieges änderte sie allerdings nichts.

Nachdem auch die mit Preußen verbündeten Russen von der französischen Armee bei Friedland in Ostpreußen geschlagen worden waren, trafen sich Napoleon und der russische Zar Alexander I. am 2. Juli 1807 auf einem Floß in der Mitte der Memel bei Tilsit. Die Symbolträchtigkeit der Begegnung, die die Gleichrangigkeit der beiden Kaiser unterstrich, wurde noch dadurch verstärkt, dass der preußische König den Ausgang der Verhandlungen in erzwungener Passivität am Flussufer abwarten musste. Nur die Fürsprache Alexanders rettete damals die Existenz Preußens. Aber es wurde auf die Hälfte seines bisherigen Staatsgebietes reduziert, mit schweren Kontributionsforderungen belastet und zum Anschluss an die französische Politik gezwungen. Das erst 1793 an Preußen gefallene Danzig wurde zur Freien Stadt erklärt und erhielt eine französische Garnison. Stettin, der zweite wichtige Ostseehafen, blieb zwar preußisch, doch wurde die Festung mit französischen Soldaten belegt.

Die Lage für Preußen war nach dem Friedensschluss extrem schwierig. Es büßte durch die umfangreichen Gebietsverluste und die gleichzeitig verfügte Beschränkung seiner Heeresstärke nicht nur seine bisherige Großmachtstellung ein, es sah sich durch die hohen Kriegs-, Besatzungs- und Kontributionskosten auch einer dramatischen Finanzsituation gegenüber. In dieser Situation gewannen reformorientierte Kräfte den König für das Projekt einer umfassenden Modernisierung des Landes. Mit einem groß angelegten Reformwerk sollte die gesamte Verfassungs-, Wirtschafts- und Sozialordnung Preußens umgebildet werden, um die inneren Kräfte des Landes zu mobilisieren. Treibende Kraft war zunächst der leitende Minister Freiherr vom Stein, der bis zu seinem von Napoleon veranlassten Sturz im November 1808 bereits die wichtigsten preußischen Reformgesetze unter Dach und Fach brachte.

Das berühmte «Oktoberedikt» vom 9. Oktober 1807 hob mit einer dreijährigen Übergangsfrist die persönlichen Freiheitsbeschränkungen der Landbevölkerung durch Gutsuntertänigkeit und Schollenpflichtigkeit vollständig auf. «Nach Martini 1810 gibt es nur freie Leute», heißt es im § 12 des Ediktes. Die neue Agrarfreiheit sollte «alles … entfernen, was den Einzelnen bisher hinderte, den Wohlstand zu erlangen, den er nach dem Maß seiner Kräfte zu erreichen fähig war» (Oktoberedikt, zit. nach FEHRENBACH, S. 111). Zugleich wurden die ständischen Beschränkungen der Berufswahl beseitigt und der freie Güterverkehr eingeführt. Die Städteordnung von 1808 ebnete den Weg zur Selbstverwaltung der Bürgerschaft, von der die sozialen Unterschichten allerdings ausgeschlossen blieben. Nach Steins Sturz setzte Graf Hardenberg die Reformen fort. Die Einführung der Gewerbefreiheit, eine umfassende Steuerreform, der Umbau der staatlichen Verwaltung und eine begrenzte Emanzipation der jüdischen Bevölkerung erfolgten unter seiner Ägide. Gleichzeitig wurde auch die preußische Armee reorganisiert und mit der Einführung der allgemeinen Wehrpflicht ein Bürgerheer geschaffen, das nach dem Willen der Reformer später einmal die Befreiung von der französischen Fremdherrschaft erreichen sollte.

Lübeck wird von Frankreich annektiert

Vom besetzten Berlin aus verkündete Napoleon im November 1806 ein Dekret zur Sperrung der kontinentalen Häfen für alle aus England kommenden Schiffe, die sogenannte Kontinentalsperre. Sie war die Antwort auf die von England über das holländische und französische Küstengebiet verhängte Blockade. Damit erreichte der britisch-französische Wirtschaftskrieg, der die militärischen Auseinandersetzungen seit den 1790er Jahren stets begleitet hatte, einen neuen Höhepunkt. Für Frankreich, dessen Unterlegenheit zur See zuletzt in der Schlacht bei Trafalgar 1805 überdeutlich geworden war, war die Handelsblockade das letzte Mittel, um England doch noch in die Knie zu zwingen. Ein Jahr später wurde die Kontinentalsperre in den Mailänder Dekreten, die die Beschlagnahme ausnahmslos aller englischen Waren befahlen, nochmals drastisch verschärft. Die englische Gegenmaßnahme bestand darin, nur noch solchen neutralen Schiffen den Zwischenhandel zu erlauben, die eine Lizenzgebühr in Höhe von einem Viertel des Warenwertes bezahlten. Der lukrative Zwischenhandel, an dem bislang vor allem Dänemark und Schweden, aber auch die Hansestädte verdient hatten, brach damit zusammen.

Umso mehr blühte der Schmuggel. Zum Haupteinfallstor für britische Waren entwickelte sich Göteborg an der schwedischen Westküste, von wo aus der Weitertransport auf das Festland bewerkstelligt wurde. Auch Lübeck zählte neben Hamburg und Bremen zu den wichtigen Häfen für den illegalen Import britischer Güter. Um dem Schmuggel Herr zu werden, entschloss sich Napoleon im Jahre 1810 schließlich zu einer radikalen Maßnahme. Das gesamte Königreich Holland, Nordwestdeutschland und Lübeck wurden kurzerhand von Frankreich annektiert.

Für Lübeck bedeutete dies das vorläufige Ende von fast 600 Jahren städtischer Unabhängigkeit. Als schwachen Trost erhielt die ehemalige Reichsstadt den Ehrentitel einer «bonne ville de l'Empire français», den Lübeck sich mit 50 weiteren Städten des Kaiserreiches teilte. Als Zeichen der kaiserlichen Gunst führte es künftig drei goldene Bienen als Bezug auf das Familienwappen der Bonaparte im Schild. Der plötzliche Übergang an Frankreich brachte manchen Fortschritt mit sich, so vor allem im Rechtswesen durch die Trennung von Verwaltung und Justiz, die Einführung des französischen Zivilrechts und die Schaffung einer übersichtlichen Gerichtsverfassung. Doch wirtschaftlich und politisch waren es trübe Zeiten. Der Handel lag nun vollständig danieder. Im gesamten Jahr 1811 wurde im Lübecker Hafen keine einzige Schiffsbewegung verzeichnet, stattdessen faulten die am Kai liegenden Schiffe der Lübecker Reeder vor sich hin. Auch die städtischen Finanzen waren durch die jahrelangen, hohen militärischen Lasten völlig zerrüttet. Da klang es wie Hohn, dass die Annexion offiziell mit der Aussicht auf eine bessere wirtschaftliche Zukunft begründet worden war.

Schweden verliert Finnland

Als Gustav IV. im Herbst 1807 die schwedischen Truppen vor den überlegenen französischen Streitkräften von Stralsund aus über die Ostsee nach Schweden zurückführte, war sein Land unter seinen Nachbarn bereits bedenklich isoliert. Dänemark war im Sommer des Jahres durch einen Gewaltakt der Briten in die französischen Arme getrieben worden. Weil das Land die Herausgabe seiner Flotte abgelehnt hatte, wurde die Hauptstadt Kopenhagen im September 1807 von englischen Landungstruppen unter dem Befehl des späteren Lord Wellington eingeschlossen und drei Tage lang bombardiert. Die Beschießung kostete annähernd 2000 Dänen das Leben, meist Zivilisten, und große Teile Kopenhagens gerieten in Brand. Als der Stadtkommandant schließlich kapitulierte, beluden die Briten sämtliche im Hafen liegenden dänischen Kriegsschiffe mit allen vorgefundenen militärischen Vorräten und fuhren damit ab.

Russland war seit dem Frieden von Tilsit Frankreichs Verbündeter. Napoleon hatte Alexander dabei freie Hand gegen Schweden angeboten, sofern der Zar die skandinavischen Länder zum Anschluss an die Kontinentalsperre bewege. Als Gustav IV. sich weigerte, zum Verbündeten des verhassten Napoleon zu werden, erklärte Russland im Februar 1808 Schweden den Krieg, und Dänemark folgte nur einen Monat später.

Während einem dänisch-spanisch-französisches Invasionsheer unter dem Marschall Jean-Baptiste Bernadotte der Sprung über den Belt nach Schonen auch dank der britischen Seeüberlegenheit nicht gelang, geriet der Kampf in Finnland für Schweden zu einer Katastrophe. Vorentscheidend war dabei die Übergabe der nach dem damaligen Stand der Waffentechnik als uneinnehmbar geltenden Festung Sveaborg bei Helsinki «durch eine von Verrat kaum zu unterscheidende Schwachheit ihres napoleonfreundlichen Kommandanten» (DUFNER, S. 201). Damit fielen nicht nur 7000 Soldaten und 2000 Kanonen, sondern auch die gesamte schwedische Schärenflotte in russische Hände. Noch vor Ende 1808 war ganz Finnland von russischen Soldaten besetzt.

Während König Gustav noch darauf hoffte, Finnland zurückerobern zu können, wurde er im März 1809 von der meuternden Armee in einem unblutigen Putsch abgesetzt. Die Krone ging auf den damals bereits 60-jährigen Herzog Karl von Södermanland über, Gustavs Onkel, der als Karl XIII. im September 1809 mit dem Vertrag von Frederikshamn den härtesten Friedensschluss in der schwedischen Geschichte unterschreiben musste. Schweden verlor mit Finnland, den Aalandsinseln und einem Teil von Wästerbotten ein gutes Drittel seines Territoriums und mehr als ein Viertel seiner Bevölkerung an Russland. Die Hoffnung, dass der Thronwechsel mildere Friedensbedingungen bewirken könne, hatte sich nicht erfüllt.

Finnland wird russisches Großfürstentum

Wie bereits ein Jahrhundert zuvor beim Erwerb der baltischen Provinzen, so war das Zarenreich auch jetzt bereit, die inneren Verhältnisse Finnlands unangetastet zu lassen. Noch vor der offiziellen Abtretung hatte Zar Alexander im März 1809 den finnischen Landtag in der Bischofsstadt Borga (Porvoo) zusammengerufen, auf dem so etwas wie ein zweiseitiger Vertrag zustandekam. Während die Stände dem Zaren Treue schworen, bestätigte dieser die bestehende politsche und kirchliche Verfassung des Landes. Erleichtert wurde ihm diese Zusage durch den Umstand, dass die Rechte des schwedischen Königs, in die nun der Zar eintrat, seit der «Einheits- und Sicherheitsakte» von 1789 sehr weitgehend waren. Als autonomes Großfürstentum wurde Finnland kein Teil Russlands, und entsprechend erklärte Alexander I.

bei seiner Schlussansprache vor dem Landtag, dass «das finnische Volk in den Kreis der Nationen erhoben» sei (zit. nach JUTIKKALA, S. 255).

Als autonomer Staat besaß Finnland einen eigenen Landtag, seine eigenen Gesetze und eine eigene Verwaltung. Die finnische Oberschicht erlebte dankbar, dass ihr der Zugang zu den hohen Beamtenstellen des eigenen Landes nun anders als unter schwedischer Herrschaft uneingeschränkt offen stand. Höchstes Verwaltungsorgan des Landes wurde der 1816 in Senat umbenannte Regierungsconseil, doch lag die letzte Entscheidung in allen wichtigen Angelegenheiten beim Zaren, der am Hof in St. Petersburg ein eigenes Komitee für die finnischen Angelegenheiten besaß.

1812 wurden die finnischen Gebiete, die in den Friedensschlüssen von 1721 und 1743 an Russland gefallen waren, dem neuen Großfürstentum angegliedert. Der Schritt war als großzügige Geste gegenüber den Finnen gedacht, um ihre Loyalität zum neuen Landesherrn zu stärken. Hinzu kam die Absicht, ein national und religiös einheitliches Verwaltungsgebiet zu schaffen. Im gleichen Jahr wurde Helsingfors (Helsinki) anstelle von Åbo (Turku) zur neuen finnischen Hauptstadt erklärt. Die kleine Garnisonsstadt, die im Schatten der Festung Sveaborg lag, besaß damals nur rund 4000 Einwohner und wurde nun großzügig ausgebaut. Die offizielle Begründung für die Verlegung lautete, dass die zentralen Behörden «die Gelehrten (der Universität Åbo, d.V.) bei ihren Studien störten» (JUTIKKALA, S. 263). 1828, nach einem verheerenden Stadtbrand in Åbo, wurde dann allerdings auch die Universität nach Helsingfors verlegt.

Ein französischer Marschall wird schwedischer Thronfolger

Karl XIII. hatte vor seiner Krönung eine vom Reichstag ausgearbeitete neue Verfassung anerkennen müssen, die die Stellung des Parlamentes stärkte, ohne den König seiner Kompetenzen zu berauben. Diese Regierungsform von 1809 hatte in ihren Grundzügen bis ins letzte Drittel des 20. Jahrhunderts Bestand.

Zum vordringlichen Problem aber entwickelte sich die Frage der Nachfolge des kinderlos und früh gealterten Königs. Schon zur Zeit seiner Krönung war Karl XIII. kaum mehr in der Lage, sein Amt auszufüllen. Bereits Ende 1809 wählte der schwedische Reichstag daher den dänischen Befehlshaber in Norwegen, Christian August von Augustenburg, zum Thronfolger. Mit der Wahl verband sich die Hoffnung, der neue Kronprinz werde Norwegen an Schweden bringen oder sogar die Union zwischen den drei nordischen Königreichen erneuern können. Sein plötzlicher Tod im Mai 1810 ließ Gerüchte aufkommen, er sei von Anhängern des gestürzten Gustav IV. vergiftet worden, um dessen Sohn an die Macht zu bringen. Opfer der aufgeputschten Stimmung wurde der schwedische Reichsmarschall Hans Axel von Fersen, einer der führenden «Gustavianer». Beim Leichenzug des Kronprinzen wurde die Kutsche Fersens von einer aufgebrachten Menge angehalten, er selbst herausgezerrt und zu Tode getrampelt. Die militärische Begleitung des Zuges schaute dem Mord tatenlos zu.

Bei der Suche nach einem neuen Kronprinzen liefen bereits alle Fäden auf den älteren Bruder Christian Augusts zu, als ein junger schwedischer Leutnant dem Gang der Geschichte eine Wendung gab. Dieser Carl Otto Mörner gewann 1810 auf eigene Faust den französischen Marschall Jean Baptiste Bernadotte für eine Thronkandidatur. Der Wahlreichstag in Örebro hatte sich bereits für den Augustenburger ausgesprochen, als es dem früheren französischen Vizekonsul in Göteborg, J. A. Fournier, gelang, die Versammlung in letzter Minute umzustimmen. Der französische Marschall konnte zwar kein Wort Schwedisch (und sprach es auch später nur gebrochen), doch mit ihm verband man die Hoffnung auf bessere Zeiten an der Seite Napoleons und darüberhinaus auf eine kraftvolle politische Führung.

Ein Entgegenkommen Napoleons vor allem in wirtschaftlichen Fragen versprach man sich in Schweden auch von dem Umstand, dass der 1763 geborene Marschall mit der Familie Bonaparte verschwägert war. Denn er war verheiratet mit Desirée Clary, der Schwägerin von Napoleons Bruder Joseph, der seit 1808 auf dem spanischen Königsthron saß. Nachdem Bernadotte noch auf dänischem Boden zum Luthertum konvertiert war, ging er am 20. Oktober 1810 in Schweden an Land und wurde im folgenden Monat von Karl XIII. unter dem Namen Karl Johann adoptiert. Schon im Frühjahr 1811 übernahm er angesichts des Siechtums des Königs die tatsächliche Leitung der Staatsgeschäfte.

Napoleons Marsch nach Moskau und die Befreiungskriege

Das gute Einvernehmen zwischen Napoleon und Alexander I. hielt nicht lange an. Der russische Zar mußte verärgert registrieren, dass sein Land durch die Beachtung der Kontinentalsperre den wichtigsten Absatzmarkt für Getreide verlor, während Frankreich im Rahmen des 1810 beschlossenen Lizenzhandels selbst Korn nach England lieferte. Ende 1810 öffnete daher der Zar die russischen Ostseehäfen wieder für britische Schiffe.

Napoleon bereitete nun eine Invasion in Russland vor, um den letzten Gegner auf dem Kontinent in die Knie zu zwingen. Während Preußen und Österreich sich im Frühjahr 1812 bereit erklärten, sich mit eigenen Kontingenten am Krieg gegen Russland zu beteiligen, versagte sich ausgerechnet Schweden unter Bernadotte dem Verlangen Napoleons nach militärischer Unterstützung in dem bevorstehenden Kampf. Dem ehemaligen französischen Marschall und jetzigen schwedischen Kronprinzen bedeutete die politische Tradition seines neuen Vaterlandes nichts. Und so entschied er sich im April 1812 in einer kühnen außenpolitischen Wendung gegen die von Napoleon vage offerierte Aussicht, Finnland zurückzugewinnen, und für das Bündnis mit dem schwedischen «Erbfeind» Russland, das ihm Norwegen einbringen sollte.

Von den mehr als 600000 Mann, mit denen Napoleon im Juni 1812 in Russland einmarschierte, waren ein halbes Jahr später nur noch wenige Tausend am Leben. Napoleon erreichte im September zwar Moskau, doch weil der Zar, bestärkt von Beratern wie dem früheren preußischen Minister vom Stein oder auch dem schwedischen Kronprinzen, jede Verhandlung ablehnte, blieb ihm angesichts des hereinbrechenden Winters und dem Mangel an Nachschub nur der Rückzug. Kälte, Hunger und Seuchen und ständige Angriffe der nachsetzenden russischen Truppen führten im November und Dezember 1812 zum völligen Untergang der «Grande Armée».

Die militärische Katastrophe wurde zum Signal für die allgemeine Erhebung gegen das französische Herrschaftssystem. Am 30. Dezember 1812 unterzeichnete der preußische General Yorck im litauischen Grenzort Tauroggen eine Konvention, durch die das preußische Hilfskorps für neutral erklärt wurde. Es hatte bis dahin getrennt von der Masse der Großen Armee zur Flankensicherung in Kurland operiert. Das von Yorck eigenmächtig geschlossene Abkommen öffnete den russischen Truppen den Weg nach Ostpreußen, wo sie von der Bevölkerung begeistert als Befreier begrüßt wurden. Freiherr vom Stein, der im Januar 1813 als russischer Kommissar in Königsberg einzog, bewog gemeinsam mit Yorck die ostpreußischen Stände zur Aufstellung einer Landwehr, um damit zur Befreiung Preußens beizutragen.

Nachdem Russland und Preußen sich Ende Februar zum gemeinsamen Kampf gegen Frankreich verbunden hatten, erklärte Friedrich Wilhelm III. am 27. März Napoleon offiziell den Krieg. Bereits zehn Tage früher war der berühmte «Aufruf an mein Volk» erschienen, in dem der preußische König, gedrängt von seinen patriotisch gesinnten Beratern, die Landeskinder nicht als Untertanen, sondern als Staatsbürger ansprach und zum nationalen Befreiungskampf aufforderte.

Im Buchwaldschen Hof wurde im Januar 1814 der Kieler Friede geschlossen, bei dem Dänemark Norwegen an Schweden abtrat.

Nicht nur in Ostpreußen und Pommern, sondern entlang der ganzen deutschen Ostseeküste fiel die Idee des Befreiungskrieges auf fruchtbaren Boden. Als erstes deutsches Land überhaupt schloss sich Mecklenburg-Strelitz Preußen im Kampf gegen Frankreich an. In Lübeck, das unter dem Kontinentalsystem und den Kosten für die französische Garnison besonders zu leiden hatte, kam es bereits im Februar 1813 zu spontanen Tumulten gegen die französische Herrschaft, und im März wurden die einmarschierenden Kosaken mit Glockengeläut begrüßt. Gemeinsam mit den übrigen Hansestädten trug Lübeck zur Aufstellung einer 3000 Mann starken Hanseatischen Legion bei, die in den folgenden Monaten unter russischem Oberbefehl im Lauenburgischen und Mecklenburgischen kämpfte.

Im Juli kam ein preußisch-schwedischer Militärvertrag zustande, und im folgenden Monat übernahm Bernadotte den Oberbefehl über die aus schwedischen, russischen und preußischen Truppen zusammengesetzte «Nordarmee», um den Kampf gegen Napoleon aufzunehmen. Besonders angriffslustig zeigte er sich dabei allerdings nicht, und auch bei der dreitägigen «Völkerschlacht» bei Leipzig im Oktober 1813, die den Krieg in Deutschland zugunsten der Alliierten entschied, spielte die von ihm geführte Nordarmee «nur eine Statistenrolle» (HUBATSCH, in: HEG, Bd. 5, S. 762). Bernadotte hatte nämlich noch Hoffnungen, dereinst als Nachfolger Napoleons die schwedische mit der französischen Krone tauschen zu können und suchte deshalb seine einstigen Landsleute zu schonen.

Napoleons letzter Verbündeter im Norden war zu dieser Zeit Dänemark. Sein König Friedrich VI. wurde durch die englische Politik, die sich wie die russische für den Übergang von Norwegen an Schweden einsetzte, geradezu zum Verbleib an der Seite des französischen Kaisers gedrängt. Zudem hegte man die Erwartung, als Lohn für die Treue einmal Lübeck zu erhalten, das seit Juni wieder von französischen Truppen besetzt war. Eben dorthin ließ Bernadotte nach der Schlacht von Leipzig nun seine Armee als erstes marschieren. Es war schon eine seltsame Situation, dass derselbe Mann, der die Hansestadt sieben Jahre zuvor für Frankreich erobert hatte, nun als ihr Befreier zurückkam und ihrem Senat die Gültigkeit der alten Verfassung zusicherte.

Das eigentliche Ziel von Bernadottes Militäroperationen war allerdings, von Dänemark die Abtretung Norwegens zu erzwingen. Nach einigen Gefechten kam es bereits zum Jahresende 1813 zum Waffenstillstand, dem am 14. Januar 1814 der Friede von Kiel folgte. Unter dem vereinten schwedisch-englisch-russischen Druck trat Dänemark das Land ab, mit dem es seit 1380 eine Union gebildet hatte. Es erhielt dafür als Entschädigung Schwedisch-Pommern und eine Million Taler. Auf dem Wiener Kongress 1814/15 gab Dänemark seinen Anteil an Pommern, das es nie wirklich in Besitz nahm, gleich wieder an Preußen ab. Es bekam dafür das flächenmäßig kleinere, aber an Holstein angrenzende Herzogtum Lauenburg und eine weitere Geldsumme in Höhe von dreieinhalb Millionen Talern.

Landwirtschaft und ländliche Bevölkerung

Die soziale Lage der Landbevölkerung

Die Landwirtschaft blieb während des gesamten 18. Jahrhunderts der bei weitem wichtigste Wirtschaftszweig. Nach wie vor waren in den Ostseeländern rund vier Fünftel der Bevölkerung mit der Gewinnung von Nahrungsmitteln beschäftigt. Die Masse der Bauern lebte dabei unter für sie ungünstigen Rechts- und Besitzverhältnissen. Eine relative Ausnahme bildete allein

Schweden, wo sich ein freies Bauerntum erhalten hatte. Dank stetiger Urbarmachung bislang unbebauten Kronlandes, das den Bauern überlassen wurde, stieg der bäuerliche Fluranteil zwischen 1700 und 1772 sogar von 33 auf 47 % an. In allen anderen Ländern verfügten die Bauern dagegen nur über wenige Prozentpunkte des Bodens. So waren in Dänemark im Jahre 1760 nur 4 % der Fläche in bäuerlichem Besitz, während der Adel 60 % und bürgerliche Gutsbesitzer weitere 15 bis 20 % des Bodens besaßen und der übrige Teil unmittelbar der Krone gehörte.

Die schlechte Agrarkonjunktur mit sinkenden Preisen, die die ganze erste Jahrhunderthälfte über andauerte, führte zu zusätzlichen Belastungen der bäuerlichen Bevölkerung. Denn die meist adligen Grundherren suchten häufig die Einnahmeverluste durch eine verschärfte Inanspruchnahme der Bauern mit Abgaben und Arbeitsverpflichtungen auszugleichen. Zugleich stieg die Tendenz der Gutsbesitzer, bäuerliche Hofstellen ganz einzuziehen, die Flächen unmittelbar selbst zu bewirtschaften und die bisherigen Pächter zu Landarbeitern zu machen. Dieses «Bauernlegen» fand entlang der ganzen südlichen Ostsee von Dänemark bis zum Baltikum statt, wurde aber in besonders krasser Form von den Rittergutsbesitzern in Mecklenburg und Schwedisch-Pommern praktiziert. Allein zwischen 1753 und 1796 sank die Zahl der Bauernstellen im Bereich der mecklenburgischen Ritterschaft von ca. 4500 auf weniger als 1900, nachdem es 1670 noch etwa 12 000 gewesen waren. In Preußen war das Bauernlegen wegen seiner unerwünschten sozialen Folgen 1719 untersagt worden, doch wurde das Verbot aufgrund des Drängens der Gutsbesitzer später wieder gelockert.

Dänemark hatte 1701 seine Wehrverfassung in der Weise neu geordnet, dass künftig die Gutsbesitzer entsprechend ihrem Landbesitz Rekruten zu stellen hatten. Dies und die steigenden Abgaben und Dienstverpflichtungen führten zu einer starken Läuflingsbewegung, einer Abwanderung der Bauernsöhne in die Städte. 1733 wurde daher die männliche Landbevölkerung gesetzlich an die Scholle gebunden. Niemand zwischen 14 und 36 Jahren durfte fortan seinen Geburtsort verlassen, und 1764 wurde die Altersgrenze sogar auf 4 bzw. 40 Jahre erweitert. Die Schollenpflichtigkeit verstärkte die Abhängigkeit der einfachen Landbevölkerung vom jeweiligen Gutsherrn nochmals entscheidend. Ohnehin hatte dieser über seine Stellung als Grundeigentümer hinaus das Hauszuchtrecht über die Bauern und zudem häufig das Recht zur Besetzung der richterlichen und geistlichen Ämter in seinem Bezirk.

Faktisch war der dänische Landmann daher oft ähnlich umfassend dem Willen des Gutsbesitzers unterworfen, wie das zwischen Mecklenburg und Estland mit dem dort ausgebildeten System der Erbuntertänigkeit der Fall war. «Jeder mecklenburgische Gutsherr sitzt auf seiner Scholle wie der Zar von Russland», beschrieb der englische Reisende Thomas Nugent 1766 diese Allmacht der Junker. In Preußen hatte dagegen König Friedrich Wilhelm I. die Leibeigenschaft der Bauern auf den königlichen Domänen 1719 aufgehoben. Sie erhielten die Höfe künftig zu erblichem Recht und bei verringerten Diensten. An eine ähnliche Verbesserung der Rechte der Bauern auf Adelsland traute man sich jedoch nicht heran, um die Ritterschaft nicht herauszufordern. Stattdessen verschlechterte sich das Recht der Privatbauern bis 1735 sogar noch weiter. Friedrich der Große unternahm 1763/64 zunächst in Pommern, 1772/75 dann auch in den übrigen Provinzen einen neuen Anlauf, die persönliche Lage der Bauern zu verbessern. Doch auch jetzt setzte die Rücksichtnahme auf die wirtschaftlichen Interessen des Adels den Reformen enge Grenzen.

Ausweitung und Intensivierung der landwirtschaftlichen Produktion

Angesichts der wachsenden Bevölkerung stand man überall vor der Herausforderung, die landwirtschaftliche Produktion erheblich zu steigern. Die Umkehrung der europäischen Agrarkonjunktur seit etwa der Mitte des Jahrhunderts zeigte mit ihren anziehenden Preisen eine Verknappungstendenz bei Lebensmitteln an. Eine Antwort bestand darin, die genutzte Fläche zu erweitern und bisheriges Ödland urbar zu machen. Das geschah in großem Umfang nicht nur in Schweden und Finnland, sondern auch in den preußischen Provinzen. Allein in Pommern wurden mit der Entwässerung großer Sumpfgebiete, vor allem dem Oder- und dem Stettiner Bruch, in den 1740er und 50er Jahren mehr als 300 000 Morgen Neuland gewonnen.

Sehr positive Effekte gingen auch von der Förderung des Kartoffelanbaus aus. Gemessen am Kalorienwert erbrachte ein Kartoffelfeld einen dreimal so hohen Ertrag wie eine gleich große Getreidefläche. Ein wichtiger Wegbereiter der Knollenpflanze war Friedrich der Große, der sich persönlich um ihre Verbreitung in Preußen kümmerte. Seit 1746 wurden daher zunächst auf den königlichen Domänen, bald auch auf Privatländereien Kartoffeln feldmäßig angebaut. Schwedische Soldaten, die die Erdfrucht während des Siebenjährigen Krieges in Pommern kennen gelernt hatten, machten sie auch in ihrer Heimat populär.

Neben der Kartoffel erschienen auch andere Kulturpflanzen neu auf den Äckern. Wichtig wurde vor allem der Anbau von Futterpflanzen mit guter Vorfruchtwirkung wie Klee, Luzerne oder Esparsette, die wie die Kartoffeln vorwiegend auf der Brache angebaut wurden. Die traditionelle Dreifelder-wirtschaft, die durch den jährlichen Wechsel von Wintergetreide, Sommer-getreide und Brache gekennzeichnet war, wurde dadurch wesentlich verbes-sert und zugleich eine intensivere Viehzucht ermöglicht. Dies hatte durch das erhöhte Aufkommen an tierischem Dünger wiederum günstige Auswir-kungen auf den Ackerbau.

Die rationelleren Anbaumethoden und neuen Pflanzenarten setzten sich allerdings vielerorts nur langsam durch. Als Hemmschuh erwiesen sich die überkommene Flurverfassung mit Gemengelage und Flurzwang sowie die umfangreichen Gemeindeländereien, die Allmenden, die nur sehr extensiv genutzt wurden. Die Zersplitterung der Fluranteile war einmal entstanden, weil man die guten und schlechten Böden einer Gemarkung gerecht auf die Dorfbewohner aufteilen wollte. Der Streubesitz machte eine für alle ver-bindliche Regelung der Feldbestellung, den Flurzwang, nötig, da die Ein-zelgrundstücke nicht durch Wege zugänglich waren. Damit waren fort-schrittlichere Produktionsweisen nur schwer durchsetzbar.

Seit der Mitte des 18. Jahrhunderts waren deshalb die Regierungen in den meisten Ostseeländern bestrebt, die Fluranteile zu separieren und zu größe-ren Einheiten zusammenzulegen und zugleich die Allmenden unter den Nut-zungsberechtigten aufzuteilen. In Schweden wurden 1757 und 1762 Verord-nungen über die «Große Zusammenlegung» erlassen, die auf Freiwilligkeit setzten. Gegen vielerlei Vorbehalte wurden bis 1772 etwa ein Drittel aller Höfe in Schweden und Finnland von der Reform erfasst, wobei die bis zu 40 Fluranteile eines Hofes durchschnittlich auf die Hälfte sanken. 1757 und 1760 wurden auch in Dänemark – mit eher noch größerem Erfolg – Maß-nahmen zur Zusammenlegung und zur Lockerung des Flurzwangs getroffen. In Preußen war eine entsprechende «Oberkommission für Separationssa-chen» bereits 1750 eingerichtet worden, doch kamen die Gemeinheitstei-lungen und Zusammenlegungen erst seit 1765 langsam in Gang. Auch hier gab es viele Widerstände, sowohl von adlig-gutsherrschaftlicher wie von bäuerlicher Seite. Deshalb wirkte der Landesherr vor allem durch das Bei-spiel als Domänenbesitzer, weniger durch gesetzlichen Zwang.

Die großen Agrarreformen zwischen 1780 und 1820

Alle diese Reformen, die die Produktivität der Landwirtschaft zu steigern suchten, blieben Stückwerk, solange die feudalen Verhältnisse auf dem Lande fortdauerten. Doch auch das gesamte System von Leib- und Grundherrschaft, Frondiensten und Schollenpflichtigkeit geriet zunehmend unter die Kritik von aufgeklärten Zeitgenossen. Dabei mischten sich grundsätzliche Auffassungen über die natürlichen Rechte des Menschen mit der Erkenntnis, dass die Bauern unter den gegebenen Verhältnissen keine Anreize hatten, produktiver zu wirtschaften. Friedrich der Große nannte die Frondienste der Bauern eine «widerwärtige Einrichtung» und verglich die Leibeigenschaft mit der Sklaverei. «Sicherlich ist kein Mensch dazu geboren, der Sklave von seinesgleichen zu sein», schrieb er 1777 (zit. nach MITTENZWEI, S. 169). Allerdings glaubte er nach den Erfahrungen in Pommern, als die 1763 verfügte Aufhebung der Leibeigenschaft am hartnäckigen Widerstand von Adel und Beamtenschaft gescheitert war, nicht mehr an eine baldige Änderung der Verhältnisse in seinem Königreich.

So machte Dänemark unter den Ostseeländern den Anfang. Erste Reformen unter Struensee waren zwar von seinem Nachfolger Guldberg wieder rückgängig gemacht worden, doch nach dem Staatsstreich des Kronprinzen 1784 ging es Schlag auf Schlag. 1786 wurde die «Große Landbaukommission» eingesetzt, 1787 die rechtliche Gleichstellung der Pachtbauern mit den übrigen Bürgern vollzogen und 1788 das Gesetz über die Aufhebung der Schollenpflichtigkeit erlassen. Zu seinen Ehren errichtete die Kopenhagener Bürgerschaft die Freiheitssäule, die bis heute in der dänischen Hauptstadt an die Bauernbefreiung erinnert.

Nicht zuletzt wegen der neuen Freizügigkeit beeilten sich die Grundherren, sich mit den Bauern gütlich über deren Leistungen zu einigen. Staatliche Anleihen erleichterten es den Bauern, das Alleineigentum an ihren Höfen zu erwerben. Bis 1815 hatten dies zwei Drittel der Bauern geschafft, und nochmals 15 Jahre später war praktisch das gesamte Land verteilt. Da kein Hof aufgegeben werden durfte, war es den Gutsbesitzern auch nicht möglich gewesen, durch Bauernlegen ihre Güter zu vergrößern. Eine andere Konsequenz der großen dänischen Agrarreform prägt bis heute das Landschaftsbild. Die Flurbereinigung erhielt nämlich jetzt einen gewaltigen Schub, und bis 1815 wurde jeder vierte der 60 000 Bauernhöfe als Einzelhof außerhalb des geschlossenen Dorfes neu angelegt.

In den Dänemark angeschlossenen Herzogtümern Schleswig und Holstein wurde die Leibeigenschaft erst zum 1. Januar 1805 aufgehoben. Die Art der Durchführung der Agrarreform und die gute Agrarkonjunktur jener Jahre führten aber auch hier zu bauernfreundlichen Ergebnissen und einer sozial ausgeglichenen Struktur mit einem leistungsfähigen Hofbauerntum.

In Schweden, wo die Lage der Bauern ohnehin um vieles günstiger war als in den übrigen Ostseeländern, bedeutete der Reichstag von 1789 einen entscheidenden Schritt nach vorn. Während König Gustav III. die dramatischen Sitzungen im Februar des Jahres zu einer wesentlichen Vergrößerung seiner Machtbefugnisse nutzte, setzten im Gegenzug auch die im Parlament vertretenen Bauern wichtige Reformen zu ihren Gunsten durch. Hauptverlierer war in beiden Fällen der Adel. Die Bauern erhielten nicht nur die bisherigen feudalen Rechte der Jagd und der Fischerei, sondern vor allem gleiche Rechte hinsichtlich des Besitzes von Grund und Boden. Die Kronbauern konnten nun das von ihnen bearbeitete Land freikaufen, und dadurch sowie durch die Möglichkeit, Adelsland zu erwerben, stieg die Zahl der freien Bauern stark an. Unterstützt wurde diese Entwicklung wie auch in Dänemark von den gerade damals hohen Preisen für landwirtschaftliche Produkte, die den Bauern einen wachsenden Wohlstand bescherten. Zugleich nahm allerdings auch das besitzlose ländliche Proletariat erheblich zu, so dass sich eine neue soziale Struktur auf dem Lande herausbildete.

Im schwedischen Teil Vorpommerns wurden 1806 die Gesetze und die Sozialverfassung des Mutterlandes eingeführt. Mit der Übertragung der neuen landwirtschaftlichen Ordnung war auch die Abschaffung der bisherigen Leibeigenschaft verbunden, wenngleich die alten Abhängigkeitsverhältnisse faktisch häufig noch weiter bestanden.

Nur ein Jahr später kamen auch in Preußen die überfälligen Reformen in Gang, über deren Hintergründe bereits an anderer Stelle berichtet worden ist. Nach der persönlichen Befreiung der Bauern durch das Oktoberedikt wurde 1811 die Ablösung des bisherigen Obereigentums der Gutsherren an den zu ihren Besitzungen gehörenden Bauernstellen in einem Regulierungsedikt geordnet. Dabei galt der Grundsatz einer Entschädigung durch Landabtretung. Je nach Besitzrecht hatte der Bauer ein Drittel oder die Hälfte seines Landes abzugeben, um für den Rest das volle Eigentum zu erhalten. Zusätzlich musste er die bisherigen Fron- und Naturaldienste 25 Jahre lang durch Geldzahlungen ablösen. Das Prinzip der Geldentschädigung galt auch für die Minderheit der ostelbischen Bauern, die nicht der Gutsherrschaft, sondern lediglich der Grundherrschaft unterstanden. Hier kam eine entsprechende Ablösungsverordnung erst 1821 zustande.

In wirtschaftlicher Hinsicht waren die Großgrundbesitzer die Hauptgewinner der Reform. Die Rittergüter erhielten nicht nur 1,5 Millionen Morgen Entschädigungsland, sondern auch den Löwenanteil bei der Aufteilung der Gemeinheiten. Zudem entfielen mit der Liberalisierung des Bodenmarktes auch die bisherigen Bestimmungen gegen das Bauernlegen. Bis 1860 erwarben die Gutsbesitzer so schätzungsweise weitere vier Millionen Morgen Bauernland. Die Zahl der Bauernhöfe und die Fläche des von ihnen

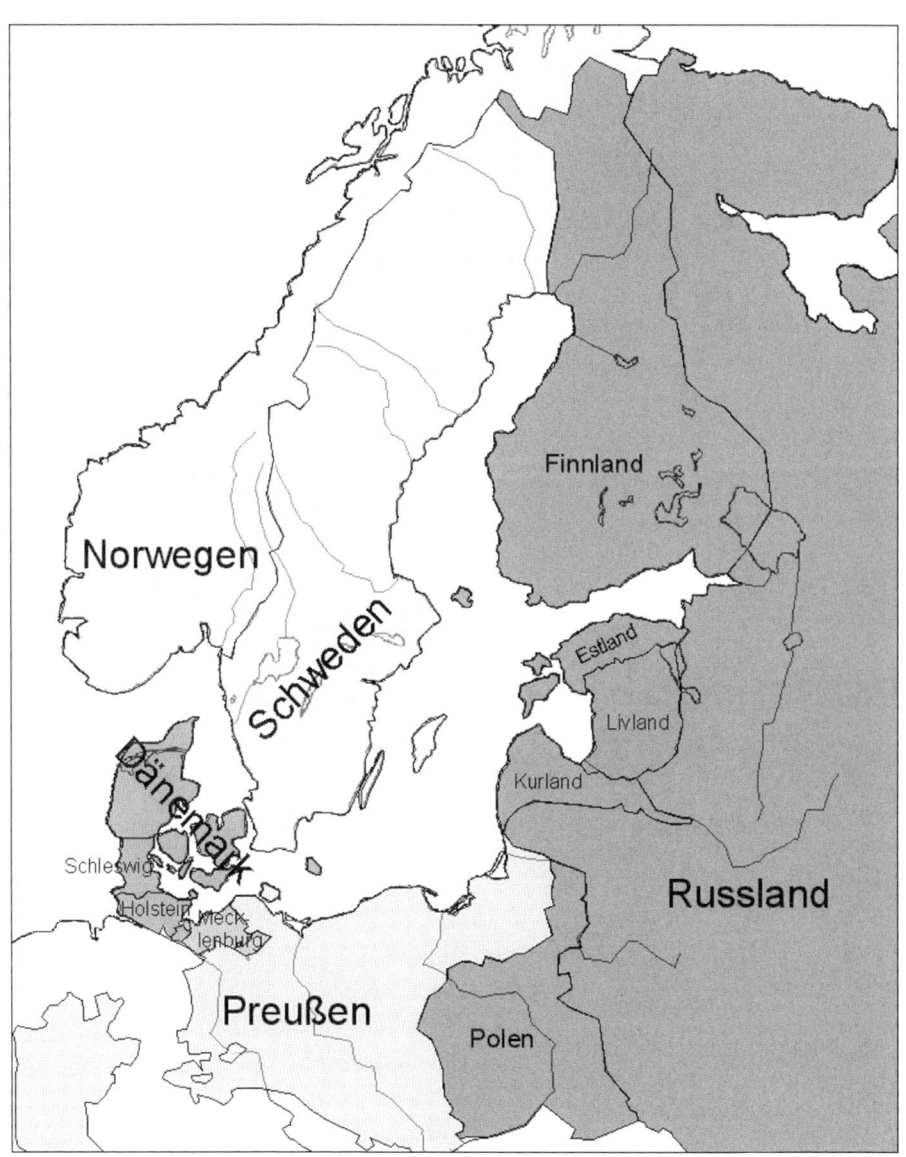

Der Ostseeraum nach dem Wiener Kongress (1815)

bewirtschafteten Landes blieb dennoch in etwa konstant, denn die Landverluste konnten durch den Gewinn aus den Gemeinheitsteilungen und durch die Kultivierung bislang ungenutzter Flächen ausgeglichen werden. Dabei wurden die Bauern allerdings auf die schlechteren Böden abgedrängt. Eine weitere Konsequenz der Agrarreform war wie in Schweden die Entstehung einer großen unterbäuerlichen Schicht von Kätnern und Landarbeitern, die im Jahr 1848 60 % der gesamten ländlichen Bevölkerung umfasste. Das Hauptziel der Reform, die landwirtschaftliche Produktion erheblich zu steigern, wurde allerdings erreicht. Allein bis 1848 wurde ein Ertragszuwachs von rund 40 % verzeichnet.

Waren somit die Ergebnisse der preußischen Agrarreform für die Landbevölkerung nicht durchweg positiv, so wendete sich die Lage der baltischen Bauern trotz der Abschaffung der Leibeigenschaft sogar nur wenig zum Besseren. In Estland hatten die Gusbesitzer dem Zaren bereits 1811 vorgeschlagen, den gutsuntertänigen Bauern und ihren Angehörigen zwar ihre persönliche Freiheit zu geben, die Eigentumsverhältnisse aber unangetastet zu lassen. Durch Gesetz wurde daraufhin 1816 die Leibeigenschaft in Estland, 1817 in Kurland und schließlich 1819 in Livland aufgehoben. Da das Land vollständig bei den Gutsherren blieb, mussten die Bauern die Höfe entweder pachten oder sich als Landarbeiter verdingen. Zudem blieb die alte Schollenpflichtigkeit in gesetzlicher Form als Beschränkung ihrer Bewegungsfreiheit erhalten, was Esten und Letten allerdings nicht davon abhielt, in wachsender Zahl in die aufblühenden Küstenstädte abzuwandern.

Der traurige Ruhm, entlang der Ostsee das letzte Land gewesen zu sein, das die Leibeigenschaft beseitigte, gebührt Mecklenburg. Herzog Friedrich Franz von Mecklenburg-Schwerin hatte den von der Ritterschaft dominierten Ständen zwar bereits 1808 die Aufhebung der Leibeigenschaft vorgeschlagen, doch erst 1820 wurde für die beiden mecklenburgischen Landesteile tatsächlich ein entsprechender Beschluss gefasst. Ähnlich wie in den baltischen Ländern war mit der Abschaffung der Erbuntertänigkeit keine Änderung der Besitzverhältnisse verbunden. Zwar wurde 1822 in einer Verordnung festgelegt, dass die Bauern das von ihnen bewirtschaftete Land in Erbpacht übernehmen dürften, doch fehlten den allermeisten die finanziellen Mittel, um diesen Weg zu gehen. Stattdessen ging das Bauernlegen weiter, da auch in der Folgezeit zahlreiche Höfe den großen Gutsbesitzern zufielen. Lediglich im Ratzeburger Land, wo die Gutswirtschaft wenig entwickelt war, konnte sich ein unabhängiges Bauerntum erhalten.

9.
Industrielle Revolution und Nationalismus

Zeittafel

1831	Erlass über die Bildung von Ständeversammlungen in Dänemark
1835	Veröffentlichung des finnischen Kalevala-Epos
1840	Beginn des Sprachenstreits in Schleswig-Holstein
1843	Erste Eisenbahnstrecke im Ostseeraum Berlin-Stettin wird eingeweiht
1846	«Offener Brief» Christians VIII. von Dänemark
1848–1849	gescheiterte Revolution in Deutschland
1848–1850	Krieg zwischen Dänemark und den deutschen Schleswig-Holsteinern
1849	Verfassung für Dänemark
1852	Londoner Protokoll
1857	Veröffentlichung der estnischen Liedsammlung Kalevipoeg
1860	Beginn des Streits zwischen Fennomanen und Svekomanen
1864	Deutsch-dänischer Krieg, Dänemark verliert Schleswig-Holstein
1864	Verbot der lateinischen Schrift in Litauen
1866	deutsch-deutscher Krieg, Schleswig-Holstein wird preußisch
1866	Reichstagsreform in Schweden
1871	Gründung des Deutschen Reiches
1879	erster Streik in der schwedischen Holzindustrie
1880–1884	Höhepunkt der Auswanderung aus den Ostseeregionen
1881	erstmals mehr Dampf- als Segelschiffe im Lübecker Hafen
1895	Eröffnung des Kaiser-Wilhelm-Kanals
1899	Februarmanifest des Zaren Nikolaus II.
1901	Beginn parlamentarischer Regierungen in Dänemark
1905	Auflösung der Union von Norwegen und Schweden
1905	Unruhen in den baltischen Ländern
1912	«Gleichberechtigungsgesetz», Höhepunkt der Russifizierung in Finnland

Bevölkerungswachstum und Auswanderungsbewegung

Wie in Europa insgesamt, so wurde auch im Ostseeraum die demographische Entwicklung im 19. Jahrhundert durch bis dahin auch nicht annähernd gekannte Wachstumsraten bestimmt. Zwischen den Anfangsjahren des 19. und denen des 20. Jahrhunderts stieg die Einwohnerzahl in den Ostsee-Anrainerstaaten um das Zweieinhalb- bis Dreifache und damit noch etwas stärker als in Europa insgesamt. So nahm die Bevölkerung in Dänemark von 0,93 Millionen (1801) auf 2,76 Millionen (1911) zu, in Schweden von 2,35 Millionen (1800) auf 5,5 Millionen (1910) und in Finnland von 1,05 Millionen (1810) auf 2,94 Millionen (1910). In den preußischen Provinzen Pommern, Ost- und Westpreußen lebten 1910 5,48 Millionen Menschen gegenüber nur 2,14 Millionen 1816, und in den vier russischen Ostseeprovinzen Kurland, Livland, Estland und St. Petersburg waren es sogar 6,19 Millionen 1911 gegenüber 2,05 Millionen 1811.

So einheitlich sich diese Entwicklung im Ganzen darstellt, so unterschiedlich verlief sie im Zeitablauf von Region zu Region. Während einige Gebiete die größte Zunahme bereits in der ersten Jahrhunderthälfte verzeichneten, holten andere erst gegen Ende des betrachteten Zeitraums auf. Phasen beschleunigten Wachstums wechselten mit Zeiten verminderter Zuwächse, Stagnation oder sogar absoluter Rückgänge ab.

Ausgelöst wurde die Bevölkerungsvermehrung zunächst durch einen leichten Rückgang der Sterblichkeit. Daran hatten weniger Fortschritte in der Medizin Anteil, die noch kaum ins Gewicht fielen, als vielmehr eine bessere Ernährung breiter Bevölkerungsschichten. Sie wurden dadurch widerstandsfähiger gegen Krankheiten, so dass insbesondere auch die Krisensterblichkeit durch Epidemien und Missernten zurückging. Die Grundlage für die Steigerung der landwirtschaftlichen Produktion bildeten die verbesserten Anbaumethoden, die Einführung neuer Pflanzen und die Reform der Agrarordnung seit dem Ausgang des 18. Jahrhunderts. So fällt in Schweden das hohe Bevölkerungswachstum der Jahre zwischen 1810 und 1825 zusammen mit einer starken Ausdehnung des Kartoffelanbaus, der die Kalorienbasis für die Ernährung der Bevölkerung lieferte. In vielen Regionen wurde die positive Tendenz zudem flankiert von einer klimatisch bedingten Häufung guter Ernten.

Die Änderung der ländlichen Sozialverfassung eröffnete zudem mehr Menschen als je zuvor die Chance, eine eigene Familie zu gründen. Der Wegfall rechtlicher oder durch Herkommen begründeter Heiratsbeschränkungen wirkte sich hier ebenso aus wie die Ausweitung der Zahl der Erwerbsstellen. Da die durchschnittliche Kinderzahl in einer Ehe zunächst auf konstant hohem Niveau blieb, erhielt die Bevölkerungsvermehrung auch von dieser Seite her einen kräftigen Impuls. Insbesondere in Nordostdeutschland, von Mecklenburg bis Ostpreußen, führten der Landesausbau und der steigende Arbeitskräftebedarf der Gutswirtschaften zu einer enormen Ausweitung der Stellen, die zu einer Familiengründung eben so hinreichten. Zwischen 1816 und 1840 stieg daher die Einwohnerzahl in diesem Raum um 57% oder 2,4% pro Jahr auf 3,95 Millionen an, so dass die Bevölkerungsdichte von 22 bis 24 Menschen pro Quadratkilometer auf 35 bis 38 wuchs. In Schleswig-Holstein und den skandinavischen Ländern mit ihrer anderen Agrarstruktur war die jährliche Bevölkerungsvermehrung in dieser Zeit nur etwa halb so hoch, wenngleich auch hier die unterbäuerliche Schicht der Häusler stark zunahm und in erheblichem Umfang Neuland kultiviert wurde.

Der kräftige Bevölkerungszuwachs konnte vom ländlichen Raum nur begrenzte Zeit absorbiert werden. Schon seit den 1830er Jahre zeigte sich vielerorts, dass die Ausweitung der Erwerbsstellen mit dem Anstieg des Geburtenüberschusses nicht länger Schritt halten konnte. Bereits 1835 wurden in Schleswig-Holstein fast 6% der Bevölkerung gezählt, die von Almosen lebten, eine hohe Zahl, wenn man bedenkt, dass nur die Allerärmsten in den Genuss gemeindlicher Unterstützung kamen. Der knapper werdende Nahrungsspielraum schlug sich in sinkenden Geburten- und steigenden Sterbeziffern nieder, so dass der Geburtenüberschuss insbesondere in den nordostdeutschen Küstenländern erheblich zurückging. Er sank z.B. in Westpreußen von 2,3% (1821/25) auf 1,6% (1841/45) und in Mecklenburg für dieselben Jahrfünfte von 1,9% auf 1,2%. Offenbar wurde die Krise aber vor allem zwischen 1846 und 1848, als in Norddeutschland zwei Jahre hintereinander schwere Missernten eintraten und in der Folge eine schwere Hungersnot ausbrach. In Ostpreußen, wo die Lage besonders dramatische Züge annahm, ging damals die Bevölkerungszahl sogar absolut zurück. Schweden und besonders Finnland wurden 20 Jahre später von einer vergleichbaren Katastrophe getroffen. 1868 starb in einigen Gebieten Finnlands ein Fünftel der Bevölkerung an Hunger und Krankheiten.

Der enger werdende Nahrungsspielraum, aber auch die Aussicht, anderswo bessere Lebenschancen als am Heimatort zu finden, führten zu den großen Wanderungsbewegungen, die die Bevölkerungsgeschichte des 19. Jahrhunderts gleichfalls prägten. Es handelte sich dabei zunächst vor allem um Nahwanderungen in die immer größer werdenden Städte. Überall im Ostseeraum wuchsen die Städte schneller als die Bevölkerung insgesamt, obgleich die Sterblichkeit hier aufgrund der schlechten hygienischen Verhältnisse noch bis gegen Ende des 19. Jahrhunderts deutlich höher als auf dem Lande lag. Seit etwa der Jahrhundertmitte intensivierte sich dieser Urbanisierungsprozess mit der beginnenden Industrialisierung und dem Aufschwung des Verkehrs- und Dienstleistungssektors ganz beträchtlich. So stieg in Dänemark der Urbanisierungsgrad von 20 % im Jahre 1801 über 24 % (1860) bis 40 % im Jahre 1910. Für Schweden lauten die entsprechenden Zahlen 9,8 %, 11 % und 25 %, für Finnland schließlich 5,5 %, 6 % und 15 %.

Überall profitierten die größten Städte am meisten von dieser Entwicklung. Im Jahr 1800 zählten rund um die Ostsee nur St. Petersburg (220 000), Kopenhagen (101 000), Stockholm (76 000) und Königsberg (55 000) mehr als 50 000 Einwohner. 1870 hatten fünf Städte die Schwelle von 100 000 Einwohnern überschritten – St. Petersburg (667 000), Kopenhagen (181 000), Stockholm (136 000), Königsberg (112 000) und Riga (102 000), und nochmals 40 Jahre später, 1910, kamen sieben Städte auf über 200 000 Einwohner – St. Petersburg (1,96 Millionen), Kopenhagen (559 000), Stockholm (342 000), Riga (331 000), Königsberg (246 000), Stettin (236 000) und Kiel (212 000). Abgesehen von der Entwicklung St. Petersburgs zur Millionenstadt ist der rasante Zugewinn in den Hafenstädten Riga, Stettin und Kiel am auffälligsten. Mit dem Anschluss an das russische Eisenbahnnetz in der zweiten Hälfte des 19. Jahrhunderts erhielt Riga ein riesiges Hinterland, zudem entwickelte sich die Stadt im gleichen Zeitraum zu einem der wichtigsten industriellen Zentren an der Ostseeküste. Und während Stettin vom wirtschaftlichen Aufschwung seines Berliner und schlesischen Einzugsgebietes profitierte, lag dem großen Bedeutungsgewinn der Stadt Kiel – sie zählte 1870 erst 32 000 Einwohnern – die Entscheidung der deutschen Reichsregierung zugrunde, den Hafen zur Hauptbasis der kaiserlichen Marine zu machen. Dagegen blieb eine so traditionsreiche Handelsstadt wie Lübeck relativ gesehen zurück – 1905 zählte sie 83 000 Einwohner gegenüber 29 000 im Jahr 1850.

Neben denen, die ihr Glück in den wachsenden Küstenstädten suchten, gab es jene, die ihrem Heimatland ganz den Rücken kehrten und hauptsäch-

*Auswanderer auf dem Vorschiff des Bremer Dampfers Kronprinzessin
Cecilie auf der Reise nach New York zu Beginn des 20. Jahrhunderts.*

lich nach Nordamerika auswanderten. Auch dies war ein generationenüber-
greifendes Massenphänomen, das bald nach der Jahrhundertmitte einsetzte
und bis ins 20. Jahrhundert hinein andauerte. Die Gruppe der Auswanderer
setzte sich hauptsächlich aus jüngeren Söhnen von Kleinbauern, besitzlosen
Landarbeitern sowie auch Inhabern kleiner Höfe sowie Handwerkern zusammen. Die Familienauswanderung überwog dabei, erst in der letzten
Phase nahm die Zahl der Einzelwanderer zu. Die meisten von ihnen hofften,
in den USA oder den anderen Aufnahmeländern ihren Traum vom Leben als
selbstständige Farmer verwirklichen zu können – auch wenn die Mehrzahl
von ihnen letztlich in den großen Städten hängenblieb. Eine nicht unbe-
trächtliche Zahl von Emigranten, die mit den ungewohnten Lebensverhält-
nissen in Übersee nicht zurechtkamen, ging daher auch in die alte Heimat
zurück. So schätzt man, dass etwa 15 % der schwedischen Amerikafahrer
zwischen 1850 und 1914 ins Mutterland zurückkehrte.

In Mecklenburg, wo die Verhältnisse auf dem Land angesichts der meist
drückenden Herrschaft der adligen Großgrundbesitzer besonders trostlos
waren, setzte die Auswanderung als Massenbewegung so früh wie nirgends
sonst an der Ostsee ein. Allein zwischen 1852 und 1857, den Hauptjahren

der ersten Auswanderungswelle, verließen 37600 Menschen oder umgerechnet jährlich 1,2% der Bevölkerung das Land, so dass die Einwohnerzahl in diesen Jahren trotz eines anhaltenden Geburtenüberschusses absolut zurückging. 1867 bis 1874 waren es nochmals jährlich 1% der Bevölkerung, und 1880 bis 1884, während der letzten großen Welle, immerhin noch 0,7%. Insgesamt erfasste die Auswandererstatistik von Mecklenburg-Schwerin zwischen 1850 und 1890 fast 150000 Personen, die sich auf den Weg nach Übersee machten.

Die Nachbarregionen Schleswig-Holstein und Pommern wurden in den späten 1860er Jahren erstmals von einer größeren Auswanderungsbewegung erfasst. Zwischen 1867 und 1874 gingen in Schleswig-Holstein jährlich 0,5% und in Pommern sogar 0,8% der Bevölkerung außer Landes. Damit wiesen die beiden Regionen nach Mecklenburg die höchsten Werte unter allen deutschen Landschaften auf. Zwischen 1880 und 1884 waren es dann sogar 0,9% (Schleswig-Holstein) bzw. 1,2% (Pommern). Erst bei dieser letzten großen deutschen Auswandererwelle schwoll der Strom der Emigranten auch aus dem äußersten Nordosten stark an. In Westpreußen wurde damals ebenfalls eine jährliche Auswandererquote von 1,2% verzeichnet. Insgesamt verließen zwischen 1880 und 1884, als die deutsche Auswanderung ihren Höhepunkt erreichte, mehr als eine Viertelmillion Menschen die deutschen Ostseeländer zwischen Schleswig-Holstein im Westen und Ostpreußen im Osten. In den Jahren danach ging die Auswanderungsneigung deutlich zurück, blieb aber immer noch bedeutend. Erst nach 1893, als in den USA die letzten großen freien Flächen an Regierungsland vergeben waren, versiegte der Emigrantenstrom fast völlig.

In Dänemark erreichte die Emigration nie die Ausmaße wie in den übrigen Ländern rund um die Ostsee. Als Hauptgrund kann gelten, dass hier die Modernisierung der Wirtschaft und insbesondere die Umstrukturierung der Landwirtschaft früher einsetzte und erfolgreicher verlief als anderswo. Unbeträchtlich war sie dennoch nicht. Zwischen 1850 und 1914 wanderten insgesamt rund 300000 Dänen nach Übersee aus, das entspricht etwa 18% des Geburtenüberschusses. Dabei blieb die Auswanderungsneigung noch bis 1870 ganz gering. Ihre Spitzenwerte erreichte die Auswanderung 1881/83 mit 28000 Menschen und insbesondere zwischen 1887 und 1893 mit 66800 Personen, was im letzteren Fall einer jährlichen Auswandererquote von 0,4% entsprach. Auch im Jahrzehnt vor 1914 waren die Zahlenwerte mit jährlich durchschnittlich etwa 8000 Auswanderern noch relativ hoch.

Dagegen nahm in Schweden die Auswanderungsbewegung viel größere Ausmaße an. Hier war es schon aufgrund der klimatischen Verhältnisse

*Blick auf den Fischmarkt in Danzig. Die Stadt an der Mottlau zählte 1900
140 000 Einwohner, dreimal so viel wie zu Anfang des 19. Jahrhunderts.*

schwerer, für die stetig wachsende Landbevölkerung auf Dauer genügend
Erwerbsstellen bereit zu halten. So wurden zwischen 1850 und 1914
1,025 Millionen schwedische Auswanderer nach Übersee gezählt, das waren 31% des Geburtenüberschusses in diesem Zeitraum. Die erste große
Welle, die in engem Zusammenhang mit der schweren Missernte von 1868
stand, ereignete sich zwischen 1868 und 1873, als 133 000 Schweden ihre
Heimat verließen. Nach einem weiteren Anstieg zu Beginn der achtziger
Jahre erreichte die Auswanderung im darauf folgenden Jahrzehnt ihren Höhepunkt. Von den damals 375 000 schwedischen Emigranten wählten allein
325 000 die USA als Zielland. Hier wirkte die schwere Krise, in die die
schwedische Landwirtschaft seit den 1880er Jahren aufgrund des billigen
amerikanischen und russischen Getreides geriet, als treibender Faktor. Anders als an der deutschen Ostseeküste verzeichnete Schweden auch im frühen 20. Jahrhundert noch erhebliche Auswandererquoten. So kehrten zwischen 1900 und 1909 nochmals eine Viertelmillion Schweden ihrer alten
Heimat den Rücken.

Die Situation in Finnland war dadurch gekennzeichnet, dass die Auswanderung erst spät – um 1890 – einsetzte, dann aber rasch einen erheblichen Umfang gewann. Zwischen 1900 und 1914 machten sich 216 000
Finnen nach Übersee auf, das entsprach 38,0% des seinerzeitigen Geburten-

überschusses oder einer jährlichen Auswandererquote von 0,5 % der Bevölkerung. Angeheizt wurde die Auswanderung neben ökonomischen Gründen auch von der damaligen Russifizierungspolitik und insbesondere dem Wehrpflichtgesetz von 1901, mit dem die finnische Armee aufgelöst und die finnischen Rekruten russischen Truppenteilen zugewiesen wurden.

Die Industrialisierung der Ostseeländer

Konsumgüter aus Dänemark

Die Voraussetzungen für die Industrialisierung Dänemarks waren angesichts der geringen Größe des einheimischen Marktes – mit nur 2,2 Millionen Einwohnern im Jahre 1890 – und des Mangels an Rohstoffen nicht allzu günstig. Nur die Nahrungs- und Genussmittelbranche, die Textilindustrie sowie die Industrie der Steine und Erden konnten wenigstens zum Teil auf einheimische Grundstoffe zurückgreifen. Wie fast überall im Ostseeraum liegen die Anfänge der Industrialisierung in der Mitte des 19. Jahrhunderts. In den 1870er Jahren erlebte sie namentlich im Raum Kopenhagen ihren eigentlichen Durchbruch, aber erst seit den 1890er Jahren lässt sich von einer ersten umfassenden Industrialisierung des gesamten Landes sprechen. Handwerk und Kleinindustrie behielten bis zum Ersten Weltkrieg eine herausragende Stellung.

Recht erfolgreich entwickelte sich unter diesen Voraussetzungen vor allem die dänische Nahrungs- und Genussmittelbranche mit Brauereien (wie Carlsberg und Tuborg), Öl- und Margarinefabriken, Schokoladefabriken und Zuckerraffinerien. Auch die Fischerei wurde um die Jahrhundertwende modernisiert, wobei Motorkutter die alten offenen Boote verdrängten. Als der Getreideanbau seit den 1870er Jahren angesichts der billigen Importe aus Amerika und Russland in eine schwere Krise geriet, stellte sich die dänische Landwirtschaft sehr erfolgreich auf Veredlungsprodukte wie Butter, Käse und Schinken um. Seit den achtziger Jahren schlossen sich die Bauern dazu zu Genossenschaften zusammen, die modern ausgerüstete Molkereien und Schlachtereien betrieben.

Die erzeugten Nahrungs- und Genussmittel wurden zu einem ganz erheblichen Teil exportiert, vor allem nach Großbritannien, sodann auch nach Deutschland und in die übrigen skandinavischen Länder. Man hat errechnet, dass der Warenverkehr mit dem Ausland zwischen 1850 und 1914 doppelt so schnell gewachsen ist wie die dänische Gesamtproduktion. 1913 lag der Exportanteil am Bruttofaktoreinkommen bei fast 30 %, doch entfielen nur 10 % des Warenexports auf Industriegüter. Die dänische Flotte, deren Tragfähigkeit sich bis 1913 gegenüber 1850 auf 541 000 Nettoregistertonnen versechsfachte, zählte am Beginn des 20. Jahrhunderts zu den modernsten der Welt. Zwischen 1880 und 1897 war der Anteil der Dampfschiffe an der Tonnage von 19 auf 50 % gestiegen, und 1913 lag er bereits bei 83 %. Im Zuge dieses Prozesses verdrängten die großen Schifffahrtsunternehmen wie die Ostasiatische Kompanie ØK die vielen kleinen Reeder in Kopenhagen und den Provinzhäfen.

Zum Aufschwung der Konsumgüterbranche wie der gesamten Industrie trug schließlich auch der frühe und rasche Ausbau des Eisenbahnnetzes bei. Nachdem 1847 die erste Eisenbahnlinie zwischen Kopenhagen und Roskilde eröffnet worden war, entstanden zwischen 1860 und 1880 die Hauptlinien des dänischen Bahnnetzes mit einer Streckenlänge von mehr als 1500 Kilometern. Bis 1913 kamen nochmals 2 100 Kilometer hinzu, so dass nun alle Landesteile verkehrstechnisch erschlossen waren.

Holz und Eisen in Schweden

So wie in Dänemark der Mangel an Rohstoffen den Verlauf der Industrialisierung prägte, so war es umgekehrt in Schweden gerade der Reichtum an natürlichen Ressourcen, der den Auf- und Ausbau der Industrie maßgeblich bestimmte. Entsprechend entfaltete sich hier neben der Konsum- auch die Kapitalgüterindustrie in kräftiger Form.

Die seit der Mitte des 19. Jahrhunderts stark ansteigende internationale Holznachfrage schlug sich in einer Verfünffachung der schwedischen Schnittholzausfuhr allein zwischen 1850 und 1870 nieder. Die schwedische Holzindustrie nutzte den Boom zu einer durchgreifenden Modernisierung ihrer Werke und zugleich zur Erschließung der großen Waldreserven in Norrland, wohin sich nach 1870 das Schwergewicht der Holzerzeugung verlagerte. Die weitere Entwicklung der Holzindustrie wurde vor allem durch die starke Tendenz geprägt, die Wertschöpfung durch Veredelung zu erhöhen. Neben der Errichtung von Hobelbetrieben und Möbelfabriken ist hier vor allem die großangelegte Produktion von Sicherheitsstreichhölzern, der sogenannten «Schwedenhölzer», zu nennen. Die schwedischen Streichholzwerke, die sich 1917 zur Svenska Tändsticks AB zusammenschlossen, beherrschten seit dem Beginn des 20. Jahrhunderts den Weltmarkt.

Das reiche Eisenerz (Eisengehalt bis 70%) wurde im nordschwedischen Kiruna im Tagebau gewonnen. Eine riesige offene Grube prägt das Landschaftsbild.

Der schwedische Holzreichtum bildete auch die Grundlage für den Aufbau einer international bedeutenden Papierindustrie, die sich ebenfalls hauptsächlich in Norrland niederließ. Bereits 1857 wurde die erste mechanische Holzschleifereianlage errichtet. Aber erst der chemische Aufschluss der Zellulose brachte den eigentlichen Durchbruch zur Massenproduktion von Papier. 1874 wurde in Schweden das erste Sulfitzellstoffwerk der Welt in Betrieb genommen. Zu Beginn des 20. Jahrhunderts wurden in Schweden über 430 000 Jahrestonnen Zellulose produziert, und in den zwei Jahrzehnten vor dem Ersten Weltkrieg verzehnfachte sich die schwedische Papierausfuhr.

Die traditionell starke Stellung des schwedischen Qualitätseisens wurde in der ersten Hälfte des 19. Jahrhunderts durch die technisch überlegene englische Konkurrenz, die statt Holzkohle Steinkohle zur Verhüttung einsetzte, schwer erschüttert. Die Übernahme moderner Methoden der Stahlherstellung, vor allem des Martin-Verfahrens seit den 1860er Jahren, bildete dann jedoch die Grundlage für die Fortexistenz einer leistungsfähigen schwedischen Stahlindustrie. Zwischen 1850 und 1880 verdreifachte sich die Eisenproduktion auf jährlich 440 000 Tonnen.

Die Entwicklung des Thomas-Verfahrens schuf die Voraussetzung für die Ausbeutung der reichen, aber phosporhaltigen Erzlagerstätten in Nordschweden seit den 1880er Jahren. Dieses Erz wurde überwiegend nicht mehr im eigenen Land verhüttet, sondern exportiert. Da die bottnischen Häfen im Winter zufrieren, wurde für die Erzverschiffung eine Eisenbahnlinie von Kiruna zum norwegischen eisfreien Hafen Narvik gebaut, die 1902 eingeweiht werden konnte. 1913 wurden 6,4 Mio. Tonnen Eisenerz aus Schweden exportiert, davon allein zwei Drittel über Narvik.

Auch die schwedische Maschinenbauindustrie und sodann ebenso die Elektroindustrie erlebten seit Mitte der 1890er Jahre einen bemerkenswerten Aufschwung. Wichtige technische Erfindungen und Weiterentwicklungen, unter anderem bei Turbinen und Kugellagern, sicherten den schwedischen Unternehmen eine starke Stellung auf dem Weltmarkt. So entwickelte sich die 1907 gegründete Svenska Kullagerfabriken zum größten Unternehmen der Erde für Kugel- und Wälzlager.

Weltweite Bedeutung erlangte auch die Erfindung des Dynamits, eines hochexplosiven, aber zugleich relativ sicher zu handhabenden Sprengstoffs, die dem schwedischen Chemiker und Industriellen Alfred Nobel 1867 gelang. Mit der Produktion von Sprengstoffen und später auch Waffen machte Nobel ein riesiges Vermögen, das er nach seinem Tod 1896 weitgehend der nach ihm benannten Stiftung vermachte, die bis heute die Nobelpreise vergibt.

Nach den Beschäftigtenzahlen dominierte in den 1870er Jahren unter allen Industriezweigen noch der Bergbau mit einem Anteil von 27%, gefolgt von Holz und Papier mit 21%, der Textilindustrie mit 15% und dem Werkzeug- und Maschinenbau mit 12%. Im ersten Jahrzehnt des 20. Jahrhunderts war dann bei einer Verdreifachung der Gesamtzahl der in der Industrie Tätigen die Holz- und Papierindustrie die größte Branche mit einem Beschäftigtenanteil von 26%. Stark an Bedeutung gewonnen hatte auch der Werkzeug- und Maschinenbau mit 19% sowie die Industrie der Steine und Erden mit 13%. Rückläufig war der Anteil der Textilindustrie mit 13% und vor allem des Bergbaus mit nur noch 10% der Beschäftigten.

Der Aufbau des schwedischen Eisenbahnnetzes begann relativ spät 1856 mit der Eröffnung der 56 Kilometer langen Strecke von Örebro nach Ervalla. 1880 hatte das Netz dann allerdings bereits eine Länge von 5900 Kilometern und 1913 waren es sogar über 14 000 Kilometer. Der schwedische Staat, der die Hauptstrecken betrieb, legte dabei besonderen Wert darauf, durch einen Bahnanschluss auch diejenigen Bezirke wirtschaftlich anzuregen, die bislang noch im Schatten der ökonomischen Entwicklung standen.

Die finnische Ökonomie ist noch bis weit ins 20. Jahrhundert hinein von der Land- und Forstwirtschaft geprägt worden. 1910 arbeiteten immerhin 67% der Bevölkerung im primären Sektor, verglichen mit 78% im Jahre 1870. Ungewöhnlich groß war dabei im europäischen Vergleich vor allem das Gewicht der Forstwirtschaft, die am Vorabend des Ersten Weltkrieges mit 17% zum Bruttoinlandsprodukt beitrug.

Dennoch gehen die Anfänge der finnischen Industrialisierung bis ins frühe 19. Jahrhundert zurück. Die 1828 in Tammerfors (Tampere) gegründete mechanische Baumwollspinnerei war mit 1600 Beschäftigten im Jahr 1856 sogar einer der größten Industriebetriebe im gesamten Ostseeraum. Die eigentliche Industrialisierung Finnlands setzte allerdings erst mit dem Wachstum der Holz- und später der Papierindustrie ein, die die wichtigste Ressource des Landes, den unermesslichen Waldreichtum, nutzten. Beide Branchen waren angesichts des relativ kleinen finnischen Binnenmarktes sehr exportabhängig. So gerieten auch die finnischen Sägewerke nach einer ersten Aufschwungphase in den 1860er und frühen 70er Jahren bald darauf in eine ernste Krise, als die Konjunktur in Mittel- und Westeuropa schlecht war und Russland ab 1885 erstmals Einfuhrzölle auf finnische Waren erhob.

Seit den 1890er Jahren nahm das Wachstum der Holz- und Papierindustrie wieder an Tempo zu, besonders eindrucksvoll im Bereich der Papier- und Zellstoffherstellung, wo sich die Arbeitsproduktivität zwischen 1900 und 1913 mehr als verdoppelte. 1910/13 waren 25% aller Beschäftigten im produzierenden Gewerbe (einschließlich dem Handwerk!) in der Holzindustrie tätig und weitere 9% in der Papierindustrie. Die Textilindustrie kam demgegenüber auf einen Anteil von 10%.

Finnland verfügte noch in den 1860er Jahren über eine sehr beachtliche Handelsflotte, die in Relation zur Bevölkerung größer war als seinerzeit die dänische und schwedische. Mit dem Siegeszug der Dampfschiffe geriet die finnische Handelsflotte dann jedoch schwer ins Hintertreffen. 1913 betrug ihr Dampfschiffanteil, gemessen an der Tragfähigkeit, nur 17,8%, was vermutlich die niedrigste Quote in ganz Europa war. Die finnischen Reeder investierten ihr Kapital lieber in den Ausbau der Holz- und Papierindustrie als in den Neubau von Dampfschiffen. Das lag neben den höheren Renditechancen in der Industrie daran, dass Finnland volumenmäßig weit mehr Güter exportierte als importierte, so dass es schwierig war, einen profitablen Liniendienst mit Dampfschiffen einzurichten. Da so der Zubau an Schiffs-

Der Senatsplatz in Helsinki mit dem Dom im Hintergrund. Die finnische Hauptstadt war seit den 1860er Jahren an das Eisenbahnnetz angeschlossen.

tonnage in der zweiten Hälfte des 19. Jahrhunderts weit hinter dem Wachstum des Warenverkehrs zurückblieb, führten 1913 nicht einmal mehr die Hälfte der Schiffe, die finnische Häfen anliefen, die Landesflagge.

Die erste finnische Eisenbahnlinie wurde 1857–62 von Helsingfors (Helsinki) nach Tavastehus (Hämeenlinna) gebaut, der 100 Kilometer entfernten Hauptstadt des Tavastlandes. 1868–70 kam die wichtige Strecke nach St. Petersburg hinzu. Nach einem Bauboom in den späten 1880er Jahren erreichte das Bahnnetz 1890 eine Ausdehnung von 1900 Kilometern. Bis 1913 wuchs es auf 3900 Kilometer. Wirtschaftlich ebenso wichtig war der Kanalbau, der die vielen Seen zu einem Binnenwasserstraßensystem verknüpfte. Es diente vor allem dazu, das Holz preisgünstig über große Entfernungen flößen zu können.

Großbetriebe in den baltischen Ländern

In den russischen Ostseeprovinzen kam es in den letzten beiden Jahrzehnten vor dem Ersten Weltkrieg zum raschen Aufbau einer leistungsfähigen Großindustrie, die allerdings auf wenige lokale Zentren beschränkt blieb. Zum wichtigsten Standort entwickelte sich Riga, wo 1913 mit 88 000 Arbeitern ca. 60 % der gesamten Industrieproduktion der baltischen Länder erbracht wurden. Gegenüber 1880 hatte sich die Arbeiterzahl mehr als verdreifacht. Riga war damit eine der bedeutendsten Industriemetropolen Russlands. Vom industriellen Aufschwung erfasst wurden auch die anderen großen Häfen wie Reval in Estland und Libau in Kurland. Die an der baltischen Küste gegründeten Großbetriebe dienten nicht der lokalen Versorgung, sondern entstanden von Anfang an mit Blick auf den gesamten russischen Markt und unter starker Kapitalbeteiligung mittel- und westeuropäischer Firmen. Diese reagierten mit ihrem industriellen Engagement im Baltikum auf den Übergang zur Schutzzollpolitik in Russland unter dem Finanzminister Graf Witte, der seit seinem Amtsantritt im Jahr 1892 eine forcierte Industrialisierungspolitik betrieb. Um angesichts der erhöhten Zollsätze den russischen Markt nicht zu verlieren, entschlossen sich zahlreiche ausländische Firmen, künftig in Russland selbst zu produzieren. Bei der Standortwahl gab in erster Linie die günstige Verkehrslage den Ausschlag.

In den sechziger und siebziger Jahren des 19. Jahrhunderts hatten die eisfreien baltischen Häfen Anschluss an das entstehende russische Eisenbahnnetz erhalten. Seit dieser Zeit nahm der Warenverkehr enorm zu. Kurz vor dem Ersten Weltkrieg wurden in den vier Häfen Riga, Reval, Libau und Windau 30 % des gesamten russischen Außenhandels über See umgeschlagen. Weitere 14 % entfielen auf St. Petersburg, das aber Mitte der 1860er Jahre noch ein Drittel des Warenumschlags bestritten hatte. Die einst hauptsächlich für den Getreideexport errichteten Eisenbahnstrecken dienten den Industriebetrieben an der baltischen Küste nun als Verteilungswege ins Hinterland. Andererseits gab es wegen des hohen Ausfuhrvolumens an Getreide und Holz eine große Schiffskapazität für Rückfrachten, weshalb der Import von Rohstoffen relativ preisgünstig erfolgen konnte.

Weitere Standortvorteile der baltischen Häfen für die Industrieansiedlung waren der traditionell enge Kontakt mit dem Westen und ein großes Reservoir an gut ausgebildetem kaufmännischem und technischem Personal. Hier spielte die deutsche Minderheit eine große Rolle. Aber auch unter der estnisch-lettischen Bevölkerung hatte sich seit der Einführung der Gewerbefreiheit im Jahr 1866 ein kaufmännisch-gewerblicher Mittelstand entwickelt.

In Riga selbst zählten zu Beginn des 20. Jahrhunderts die Metall-, die Chemie- und Gummiindustrie sowie die Textilbranche zu den wichtigsten Gewerbezweigen. Das Schwergewicht der Textilindustrie lag allerdings in Estland. Hier gehörte die bereits 1857 in der Nähe von Narwa gegründete Krähnholmer Baumwollspinnerei und Weberei vor 1914 mit rund 13 000

Arbeitern zu den größten Textilfabriken der Welt. Auch die größte und modernste Papierfabrik der Erde befand sich zu dieser Zeit auf estnischem Gebiet, es war die Papier- und Zellstofffabrik Waldhof in Pernau, eine Filiale des gleichnamigen deutschen Unternehmens. Sie nutzte die reichen estnischen Holzvorkommen.

Anders als Estland, Livland und Kurland blieb das litauische Gouvernement Kowno (Kaunas) von der Industrialisierung noch weitgehend unberührt. Litauen, das über keinen leistungsfähigen Hafen verfügte, wurde bis 1914 verkehrstechnisch kaum erschlossen. So existierten hier nur wenige erwähnenswerte Betriebe im Bereich der Metall- und der Lederindustrie sowie der Holzbearbeitung.

Schiffbau an der deutschen Ostseeküste

Gemessen an der allgemeinen Entwicklung in Deutschland, aber auch im Vergleich etwa zu Dänemark und Schweden, blieb die deutsche Ostseeküste bei der Industrialisierung erheblich zurück. Auch dort, wo traditionsreiche vorindustrielle Gewerbe bestanden, wie bei der pommerschen Tuchherstellung, gelang es häufig nicht, den Anschluss an das Maschinenzeitalter zu finden. Die Gebiete längs der Ostsee von Schleswig-Holstein bis nach Ostpreußen blieben agrarisch geprägt. So stieg zum Beispiel der Anteil der Beschäftigten in Industrie und Handwerk in Pommern von 1882 bis 1907 nur von 22,8 % auf 27,6 %.

Man hat als Grund für diese relative Rückständigkeit «die geringe Zahl von aktiven Unternehmern» angeführt, «die zunächst allein für ihr Unternehmen und dann durch die Vorteile der vielleicht entstehenden Agglomeration eine industrielle Gewerbelandschaft hätten entstehen lassen können» (HENNING, Bd. 2, S. 681). Männer wie Ferdinand Schichau, der 1837 in Elbing mit zunächst acht Arbeitern seine später als Werft zu internationaler Bedeutung gelangte Maschinenfabrik gründete, blieben die Ausnahme. Es gab darüberhinaus in den lokalen Eliten lange Zeit erhebliche Vorbehalte gegenüber der Industrialisierung. Sowohl unter den Gutsbesitzern wie in der alteingesessenen Kaufmannschaft in den Hafenstädten fürchteten viele, dass der mit dem Fabrikenwesen einhergehende soziale Wandel ihre bisherige Machtstellung unterminieren werde. Da die Jahre von ca. 1828 bis 1878 zudem die «goldenen Jahrzehnte» der ostelbischen Landwirtschaft waren und auch der Ostseehandel florierte, gab es auch in dieser Hinsicht wenig Veranlassung, das Kapital in vergleichsweise risikoträchtige industrielle Unternehmungen zu stecken.

Zum wichtigsten Industriezweig entwickelte sich unter diesen Voraussetzungen der Schiffbau, und hier war es nicht zuletzt der Staat, der teils direkt als Unternehmer, teils indirekt als Auftraggeber tätig wurde. In Danzig und Kiel bestanden seit 1850 bzw. 1867 staatliche «Königliche» bzw. nach 1870 «Kaiserliche Werften», die die größten Arbeitgeber der Stadt waren. Allein die Kieler Werft beschäftigte am Vorabend des Ersten Weltkrieges 14000 Arbeiter. Auch die übrigen großen Werften in Kiel (Howaldt, Germania), Stettin (Vulcan), Danzig und Elbing (jeweils Schichau) produzierten in großem Umfang Kriegsschiffe für die Kaiserliche Marine, insbesondere als das Deutsche Reich seit Beginn der 1890er Jahre mit dem Bau von Großkampfschiffen eine offensive Marinerüstung betrieb. Das Reichsmarineamt trug zudem seit der Jahrhundertwende dafür Sorge, dass die in das Rüstungsprogramm einbezogenen Werften auch Aufträge für den Bau von Handelsschiffen erhielten, um eine gleichmäßige Beschäftigung der Werften sicherzustellen.

Seit der Wende zum 20. Jahrhundert entstanden in unmittelbarer Küstennähe auch hochintegrierte Werke der Grundstoffindustrie, die die günstigen Transportverhältnisse als entscheidenden Standortvorteil nutzten. 1897 wurde an der Odermündung ein modernes Stahlwerk mit Kokerei errichtet, das vorwiegend schwedisches Erz verhüttete. Bald kam auch ein Kupferwerk hinzu. Zur Verarbeitung der anfallenden Nebenprodukte dienten eine Teer- und Ammoniakfabrik, ein Eisenzementwerk sowie ein Gaswerk, das die Stadt Stettin belieferte. Nach dem Vorbild dieser Hütte entstand bereits 1906/07 ein weiterer großer Hüttenbetrieb bei Lübeck. 1910 wurde wiederum bei Stettin der Grundstein für ein integriertes Zellstoff- und Papierwerk gelegt (Feldmühle), das bald zum größten seiner Art in Deutschland wurde. Die günstige Rohstoffversorgung über die Ostsee führte dazu, dass größere Betriebe der Holz- und Papierindustrie auch an weiteren Küstenstandorten wie Lübeck, Danzig und Königsberg arbeiteten.

Die lange Zeit schleppend verlaufende Industrialisierung der deutschen Ostseeküste zeigt im Übrigen, dass eine gute Infrastruktur allein noch keine Garantie für einen nachhaltigen Aufschwung des Gewerbes darstellt. Denn der Bau von Eisenbahnen setzte hier so wie früh wie nirgends sonst im Ostseegebiet ein. Bereits 1843 wurde die Strecke von Berlin nach Stettin eingeweiht, nur ein Jahr später folgte die Verbindung zwischen Altona und Kiel, und vor 1850 begann auch in Rostock, Wismar, Güstrow und Stargard das Eisenbahnzeitalter.

Da private Kapitalgeber die von der preußischen Regierung gewünschte «Ostbahn» von Kreuz in Pommern über Bromberg nach Danzig und Königsberg für unrentabel hielten, entschloss sich der Staat, Bau und Betrieb der Strecke in eigener Regie zu übernehmen. Die politisch motivierte Weigerung des Vereinigten (preußischen) Landtags im Jahr 1847, hierfür Kredite zu bewilligen, zählt zur Vorgeschichte der Revolution von 1848/49. Trotzdem konnte der Bau im gleichen Jahr begonnen und 1857 mit der Eröffnung der 837 Meter langen Weichselbrücke bei Dirschau – die als technisches Meisterwerk galt – endgültig in Betrieb genommen werden. In den 1860er Jahren finanzierte der aus Ostpreußen stammende und zeitweilig in England lebende «Eisenbahnkönig» Henry Strousberg als Generalunternehmer mit hauptsächlich britischem Fremdkapital den Bau weiterer Strecken in Ostpreußen. Sie wurden fertig, noch ehe Strousbergs Eisenbahnimperium im Gründerkrach 1873 spektakulär zusammenbrach.

Die bis in die 1830er Jahre zurückreichenden Lübecker Eisenbahnprojekte wurden dagegen lange Zeit von Dänemark aus wirtschaftlichen Gründen torpediert. Erst die Intervention von Preußen und der wichtigsten Lübecker Handelspartner, Schweden und Russland, bewegten die dänische Regierung 1847 zum Einlenken. So konnte 1851 zunächst die Strecke Lübeck-Büchen als Abzweig der Linie Hamburg-Berlin eingeweiht werden. Die dänische Zustimmung zur wirtschaftlich interessanteren Direktverbindung Lübeck-Hamburg erfolgte erst 1857; fertig gestellt wurde sie 1865, ein Jahr nach dem Ende der dänischen Herrschaft in Schleswig-Holstein.

Noch um 1835 waren zwei Drittel der deutschen Schiffstonnage in den Ostseehäfen registriert. Das eindeutige Übergewicht gegenüber der Nordsee beruht hauptsächlich auf der großen Bedeutung von Stettin, Danzig und Königsberg als Ausfuhrhäfen für Getreide, dem wichtigsten Massengut der vorindustriellen Zeit. Die als Folge der Agrarreformen stark ansteigende Getreideproduktion bewirkte im zweiten Drittel des 19. Jahrhunderts nochmals stark wachsende Umschlagziffern. Die größere Wachstumsdynamik wies in diesem Zeitraum allerdings bereits die Nordseeschifffahrt auf, die viel stärker vom steigenden Warenverkehr aufgrund der Industrialisierung profitierte. Entsprechend war 1871 zum Zeitpunkt der Gründung des Deutschen Reiches schon mehr als die Hälfte des deutschen Schiffsraums in den Nordseehäfen beheimatet. In den folgenden Jahrzehnten verschob sich dieses Verhältnis immer weiter zugunsten der Nordsee. Während die deutsche Gesamttonnage sich zwischen 1871 und 1914 mehr als verdreifachte, stagnierte sie seit etwa 1880 in der Ostsee. Denn die Kornausfuhren gingen wegen der billigen russischen und überseeischen Konkurrenz stark zurück, und Industriegüter boten angesichts der zögernden Industrialisierung längs der deutschen Ostseeküste zunächst keinen zureichenden Ersatz.

Dennoch versanken die wichtigsten deutschen Ostseehäfen keineswegs in einen Dornröschenschlaf. Menge und Wert der umgeschlagenen Güter entwickelten sich nach einem Einbruch in den 1880er Jahren in der Folgezeit wieder durchaus positiv, und vor allem seit der Jahrhundertwende wurden dynamische Wachstumsraten verzeichnet. Kaufmannschaft und Hafenverwaltungen trugen das ihre zu dieser günstigen Entwicklung bei. Überall wurden mit großem finanziellem Aufwand die Fahrrinnen vertieft und begradigt, um den stets größer werdenden Schiffen das Anlaufen der Häfen zu erleichtern oder gar erst zu ermöglichen. Auch sorgten seit den 1880er Jahren Eisbrecher in Stettin, Danzig und Königsberg dafür, dass die Häfen jetzt ganzjährig angelaufen werden konnten. Die Ablösung der Segel- durch die Dampfschifffahrt machte ebenfalls seit den 1880er Jahren kräftige Fortschritte. 1881 machten in Lübeck, 1883 in Danzig erstmals mehr Dampf- als Segelschiffe im Hafen fest.

Insgesamt konnte sich so Stettin als zweitwichtigster deutscher Hafen nach Hamburg und neben Bremen behaupten. Lübeck behielt seine zentrale Bedeutung für den Warenaustausch mit Finnland und Schweden und stritt sich mit Königsberg um den Rang als wichtigster Holzumschlagplatz des Deutschen Reiches. Die Hauptstadt Ostpreußens wiederum war vor dem Ersten Weltkrieg zudem vor Danzig der bedeutendste deutsche Ausfuhrhafen für Getreide und sogar der weltweit wichtigste Handelsplatz für Hülsenfrüchte.

Nach achtjähriger Bauzeit wurde 1895 der Nord-Ostsee-Kanal zwischen Kiel und Brunsbüttel in Betrieb genommen. Die damals noch Kaiser-Wilhelm-Kanal genannte Wasserstraße verkürzte die Fahrtzeit zwischen den Nord- und Ostseehäfen um einen vollen Tag und entwickelte sich schon bald zum meistbefahrenen Schifffahrtsweg der Erde. Durch ihn wurde Hamburg binnen weniger Jahre zum wichtigsten deutschen «Ostseehafen», wenn man seinen Anteil am Ostseeverkehr zum Maßstab nimmt. Vor allem Lübeck, das «in einen toten Winkel» geriet (LÜBECKISCHE GESCHICHTE, S. 657), hatte darunter zu leiden. Einen gewissen Ausgleich schuf immerhin der im Jahr 1900 eröffnete Elbe-Trave-Kanal, der den völlig veralteten Stecknitz-Kanal ablöste. Er verband Lübeck nicht nur mit dem Elbe-Saale-Gebiet, sondern auch mit dem märkischen Wasserstraßennetz rund um Berlin.

Der Kampf um Schleswig-Holstein

Nach 1815, als Dänemark Norwegen an Schweden verloren und dafür als kleinen Ersatz das Herzogtum Lauenburg erhalten hatte, war ein Drittel der Bevölkerung des dänischen Gesamtstaates deutschsprachig. Rein deutsch geprägt waren die Herzogtümer Holstein und Lauenburg, während im Herzogtum Schleswig der Norden dänisch- und der Süden deutschsprachig war. Aber auch im nördlichen Schleswig befand sich die deutsche Sprache seit dem Anfang des Jahrhunderts auf dem Vormarsch. Dass der dänische König viele nichtdänische Untertanen hatte, war viele Jahrhunderte lang kein Problem gewesen – weder für den Staat noch für seine Bewohner. Erst als im 19. Jahrhundert im Zeichen des aufkommenden Nationalismus «die Sprache zu einem trennenden Unterscheidungsmerkmal verschiedener Völker» wurde (HUBATSCH, in HEG, Bd. 5, S. 770), wurde das Verhältnis zwischen Deutschen und Dänen zusehends gespannter und die Stellung der Herzogtümer innerhalb des dänischen Gesamtstaates zur Quelle leidenschaftlicher Auseinandersetzungen.

Dass der Streit um Schleswig-Holstein schließlich in zwei Kriegen eskalierte, lag vor allem daran, dass hier moderne nationale und liberale Forderungen, nämlich nach Verfassung und nationaler Einheit, mit der altertümlichen staatsrechtlichen Lage der beiden Herzogtümer sowie der dänischen Thronfolgefrage ein sehr brisantes Gemenge bildeten. Seit dem Jahr 1460 waren Schleswig und Holstein in einer Realunion vereinigt, die nach den Vertragsbestimmungen ewig Bestand haben sollte. Einziger gemeinsamer Landesherr war seit dem Verzicht der Gottorfer Linie auf ihren herzoglichen Anteil im Jahr 1773 der dänische König. Das rechtliche Band zwischen den Herzogtümern und Dänemark war lose, denn es bestand nur eine Personalunion. Zusätzlich kompliziert wurde die Situation dadurch, dass Holstein (wie bereits bis 1806 zum Deutschen Reich) nach 1815 zum Deutschen Bund gehörte, Schleswig aber nicht.

Sprachenstreit und «Offener Brief»

Die französische Julirevolution von 1830, bei der der letzte Bourbonenherrscher gestürzt und der «Bürgerkönig» Louis Philippe auf den Thron gelangte, wirkte in ganz Mitteleuropa als Fanal, so auch in Schleswig-Holstein. Der ehemalige Burschenschafter Uwe Jens Lornsen, der nach vorangegangener Tätigkeit in der Kopenhagener Zentralverwaltung erst seit kurzem als Landvogt von Sylt amtierte, suchte im November 1830 eine Petitionsflut zu entfachen, um den dänischen König zum Erlass einer gemeinsamen Repräsentativverfassung für Schleswig-Holstein zu bewegen. Lornsen fand nicht die erhoffte breite Unterstützung und musste seine Aktion mit einjähriger Festungshaft und anschließendem Exil bezahlen. Immerhin wa-

Christian August von Augustenburg hoffte, nach dem Aussterben des Hauses Oldenburg regierender Herzog von Schleswig und Holstein werden zu können.

ren der absolut herrschende König und seine Regierung in Kopenhagen aufgeschreckt worden, und die Dinge kamen in Fluss. Am Tag nach Lornsens Verurteilung wurde im Mai 1831 ein Gesetz über die Bildung von Provinzialständen erlassen, so dass seit 1834 ein wenn auch beschränktes parlamentarisches Leben in Gang kommen konnte. Neben je einer Ständeversammlung für die dänischen Inseln und für Jütland gab es zwei getrennte Vertretungen für Schleswig und für Holstein.

In den beiden Versammlungen und darüber hinaus in der dänischen und bald auch in der gesamtdeutschen Öffentlichkeit wurde die Zukunft der Herzogtümer ebenso kontrovers wie lebhaft diskutiert. Die neuentstandene nationalliberale Partei der «Eiderdänen» forderte eine gemeinsame liberale Verfassung für Dänemark und Schleswig und damit die Vereinigung Schleswigs mit dem eigentlichen Dänemark. Der 1839 auf den Thron gekommene König Christian VIII. lehnte den Übergang zum Verfassungsstaat zwar ab, kam den Eiderdänen aber insoweit entgegen, als er 1840 für Nordschleswig den Gebrauch der dänischen Sprache in Schule, Kirche und Verwaltung vorschrieb. Der Sprachenstreit führte dazu, dass sich auch die deutschgesinnten Schleswig-Holsteiner enger zusammenschlossen. Anders als noch zur Zeit Lornsens entwickelte sich der nationale Gedanke jetzt zu einer wirklichen Massenbewegung. Ihren wirkungsvollsten Ausdruck fand die deutsche Gesinnung in einem Lied, dem 1844 auf dem Sängerfest in Schleswig von 12 000 Teilnehmern jubelnd aufgenommenen Schleswig-Holstein-Lied, in dem es heißt: «Schleswig-Holstein, meerumschlungen, deutscher Sitte, hohe Wacht, wahre treu, was schwer errungen, bis ein schönrer Morgen tagt!»

Da König Christians einziger Sohn Friedrich kinderlos war, stand das regierende Haus Oldenburg vor dem baldigen Aussterben. Damit wurde aber auch die Frage der weiteren Zugehörigkeit Schleswigs und Holsteins zu Dänemark akut, denn in Dänemark galt in diesem Fall nach dem Königsgesetz von 1665 die weibliche Erbfolge, in Holstein dagegen die männliche, und in Schleswig war die Rechtslage strittig. Hoffnungen auf die Nachfolge in Schleswig und Holstein machte sich inbesondere Herzog Christian August von Augustenburg, der aus einer nichtregierenden Nebenlinie des Hauses Oldenburg stammte und den Titel eines Herzogs von Schleswig-Holstein-Sonderburg-Augustenburg führte. Der persönlich hoch konservativ eingestellte Herzog suchte die Nähe zu den deutschgesinnten Liberalen, weil ihr immer offener zum Vorschein kommendes Ziel einer Trennung Schleswig-Holsteins von Dänemark seinen eigenen Erbansprüchen entgegenkam. Umgekehrt verfochten die deutschgesinnten Nationalliberalen die Rechte des Augustenburgers, weil auch sie sich von einem Dynastiewechsel die Verwirklichung ihrer eigenen Ziele versprachen.

In dieser Situation unternahm König Christian, dem es vor allem anderem um den Erhalt des dänischen Gesamtstaates ging, einen rechtlich zweifelhaften, vor allem aber politisch verhängnisvollen Schritt: Im Juli 1846 legte er in seinem «Offenen Brief» die weibliche Erbfolge für den Gesamtstaat fest. Das Resultat war ein bis dahin nicht erlebter Proteststurm, der nicht nur in Schleswig-Holstein losbrach, sondern auch die gesamtdeutsche Öffentlichkeit erfasste. Die Schleswiger Ständeversammlung beantragte als Reaktion auf den Offenen Brief sogar mit überwältigender Mehrheit die Aufnahme des Herzogtums in den Deutschen Bund. Auch wenn der Antrag in dem von den konservativen Regierungen beherrschten Bundestag keine Aussicht auf Annahme hatte, war der Bruch mit Dänemark da.

Schleswig-Holstein während der Revolution von 1848/49

Im Januar 1848 ging die dänische Königskrone nach dem Tod Christians VIII. auf seinen Sohn Friedrich VII. über. Er kündigte als eine seiner ersten Regierungshandlungen eine liberale Gesamtstaatsverfassung an, die Schleswig und Holstein in gleicher Weise miteinbeziehen sollte, wie das für Jütland und die Inseln galt. Doch noch ehe darüber mit den Vertretern der Herzogtümer verhandelt werden konnte, brach in Deutschland und Dänemark die Revolution aus. Am 18. März, als in Berlin die heftigsten Barrikadenkämpfe tobten, verlangte eine Versammlung von 70 Abgeordneten der Schleswiger und Holsteinischen Ständeversammlungen bei einer Zusammenkunft in Rendsburg vom dänischen König, der Ausarbeitung einer gemeinsamen Verfassung für Schleswig und Holstein und der Aufnahme Schleswigs in den Deutschen Bund zuzustimmen. Nicht zuletzt unter dem Eindruck dieser Forderungen setzte eine von den Eiderdänen geführte Volksbewegung am 21. März beim König die Entlassung der alten Regierung durch. Mit dem am nächsten Tag ernannten, von den Nationalliberalen um Ditlev Gothard Monrad und Orla Lehmann dominierten neuen Ministerium ging die fast 200 Jahre dauernde Zeit des dänischen Absolutismus zu Ende. Das Programm der Eiderdänen, die Einverleibung Schleswigs durch Dänemark, war nun offizielle Regierungspolitik.

Die Ereignisse in Kopenhagen wurden in Schleswig-Holstein sofort mit der Bildung einer Provisorischen Regierung beantwortet, hinter die sich sowohl die gemäßigt-konservativen wie die liberal-demokratischen Kräfte des Landes stellten. Zwar hielt man in der Regierungsproklamation am angestammten Landesherrn fest und begründete die Bildung einer eigenen Regierung damit, dass der König und Herzog in seinen Entscheidungen nicht mehr frei sei, schlug aber gleichzeitig scharf antidänische und gesamtdeutsche Töne an: «Wir werden es nicht dulden wollen, daß deutsches Land dem Raube der Dänen preisgegeben werde» (zit. nach Brandt, Schleswig-Holstein, S. 219). Die Provisorische Regierung wurde nicht nur vom Deutschen Bundestag anerkannt, sie erhielt auch militärische Unterstützung durch Bundestruppen unter preußischem Oberbefehl.

Während die schleswig-holsteinischen und preußischen Truppen unter dem General Friedrich von Wrangel in Jütland vordrangen, beherrschte die dänische Flotte die Ostsee und blockierte die deutschen Häfen. Entscheidend für den weiteren Verlauf des Krieges wurde die Haltung der europäischen Großmächte, voran Russlands und Englands, die auf eine rasche Beendigung des Konfliktes drängten. Auf ihren Druck hin erklärte sich Preußen zu Waffenstillstandsgesprächen mit Dänemark unter schwedischer Vermittlung bereit. Das Ergebnis, der Waffenstillstand von Malmö vom 26. August 1848, kam den dänischen Interessen weit entgegen. Preußen stimmte darin dem Rückzug seiner Truppen und der Auflösung der Provisorischen Regierung zugunsten einer von Preußen und Dänemark gemeinsam eingesetzten Kommission zu.

Der Waffenstillstand von Malmö stellte nicht nur für die schleswig-holsteinischen Unabhängigkeitsbestrebungen, sondern auch für den Verlauf der deutschen Revolution von 1848/49 einen wichtigen Wendepunkt dar. Denn die preußischen Soldaten hatten offiziell im Auftrag des Deutschen Bundes bzw. dann der provisorischen Zentralgewalt gekämpft, die von der im Frühjahr 1848 zusammengetretenen deutschen Nationalversammlung gewählt worden war. Doch die preußische Führung, der König zumal, scherte sich bei den Verhandlungen nicht um die Wünsche, Ziele und Interessen ihres «Auftraggebers», sondern konfrontierte diesen nur mit dem Ergebnis. Die Nationalversammlung in der Frankfurter Paulskirche lehnte den Waffenstillstand zunächst ab und stimmte ihm einige Tage später dann doch zu, weil man selbst keine Machtmittel besaß, um eine andere Politik zu erzwingen. Der Autoritätsverlust der gesamtdeutschen Organe führte einerseits zur Radikalisierung auf Seiten der Linken und andererseits zur Erstarkung der monarchischen Kräfte, die der ganzen Revolution nun ein baldiges Ende bereiten wollten.

In Schleswig-Holstein blieben die Dinge auch nach dem Waffenstillstand in der Schwebe. Die Provisorische Regierung wurde zwar aufgelöst, doch kam auch die geplante gemeinsame Kommission unter dänischer Beteiligung nicht zustande. Stattdessen kam es zunächst zu einer neuen Regierungsbildung und im März 1849 zur Einsetzung einer Statthalterschaft unter dem holsteinischen Grafen Friedrich von Reventlow und dem Schleswiger Rechtsanwalt Wilhelm Hartwig Beseler. Als Dänemark Anfang April 1849 den Waffenstillstand kündigte, flammte der Krieg wieder auf. Ein erneuter dänisch-preußischer Waffenstillstand im Juli 1849 sah eine gemeinsame preußisch-dänische Verwaltung für Schleswig vor, während die Zuständigkeit der Statthalterschaft auf Holstein beschränkt wurde. Die Eiderdänen waren damit ihrem Ziel einer Trennung der Herzogtümer einen Schritt näher gekommen. Im zwölf Monate später geschlossenen Berliner Frieden mit Dänemark verpflichtete sich Preußen zum Abzug seiner Truppen. Die schleswig-holsteinische Armee kämpfte alleine weiter, verlor jedoch schon am 25. Juli 1850 die entscheidende Schlacht bei Idstedt gegen ein überlegenes dänisches Heer. Der wiedererrichtete Deutsche Bund erzwang schließ-

Schleswig-Holstein meerumschlungen.

Mit Kraft und Feuer.

Schles-wig - Hol-stein meer - um - schlun - gen, deut-scher Sit - te, ho - he
Wacht, wah-re treu, was schwer er - run - gen, bis ein schön'-rer Mor-gen tagt! Schles-wig-
Hol-stein, stamm-ver - wandt, wan-ke nicht, mein Va - ter - land! Schles-wig-
Hol-stein stamm-ver - wandt, wan-ke nicht, mein Va - ter - land!

Ob auch wild die Brandung tose,
fluth auf fluth, von Bai zu Bai!
O laff' blüh'n in deinem Schoße
Deutsche Tugend, deutsche Treu'!
:,: Schleswig-Holstein, stammverwandt,
Bleibe treu, mein Vaterland! :,:

Doch, wenn inn're Stürme müthen,
Drohend sich der Nord erhebt,
Schütze Gott die holden Blüthen,
Die ein mild'rer Süd belebt!
:,: Schleswig-Holstein, stammverwandt,
Stehe fest, mein Vaterland! :,:

Das Schleswig-Holstein-Lied wurde seit 1844 zur inoffiziellen Nationalhymne der deutschgesinnten Schleswig-Holsteiner.

lich im Winter 1850/51 die Entwaffnung der Schleswig-Holsteiner und ließ die Wiederrichtung der dänischen Herrschaft zunächst in Schleswig und im Frühjahr 1852 auch in Holstein zu.

Den vorläufigen Abschluss der Auseinandersetzungen um Schleswig-Holstein bildete das Londoner Protokoll vom 8. Mai 1852. Darin regelten die fünf europäischen Großmächte England, Frankreich, Russland, Preußen und Österreich, die bislang schon entscheidenden Einfluss auf den Gang des Geschehens genommen hatten, die noch offenen Fragen in ihrem Sinne. Im Interesse des europäischen Gleichgewichtes wurde der Fortbestand des dänischen Gesamtstaates völkerrechtlich garantiert und dafür die gleiche Erbfolge für Dänemark und die Herzogtümer festgesetzt. Die Augustenburger Linie wurde von der Thronfolge ausgeschlossen und stattdessen Christian von Schleswig-Holstein-Sonderburg-Glücksburg, ein Schwager Friedrichs VII., zum Nachfolger im Herrscheramt bestimmt. Dänemark war zuvor noch gegenüber Preußen und Österreich die Verpflichtung eingegangen, Schleswig nicht in das Königreich einzuverleiben und Deutschen und Dänen die gleichen Rechte einzuräumen. Doch wurde die Verbindung zwischen Holstein und Schleswig gelockert, weil es statt eines gemeinsamen nun getrennte Ministerien für die Herzogtümer gab. Strikt durchgeführte Sprachverordnungen, die die Vorherrschaft des Dänischen in Nord- und Mittelschleswig sichern sollten, sowie die Entlassung missliebiger Beamter und auch kleinliche Schikanen gegenüber der deutschgesinnten Bevölkerung sorgten für ein angespanntes Klima.

Die Trennung Schleswig-Holsteins von Dänemark

1863 sahen die Eiderdänen, deren Führer Orla Lehmann inzwischen Innenminister geworden war, ihre Stunde gekommen, um ihr Ziel, die vollständige Eingliederung Schleswigs in das dänische Reich, endlich zu verwirklichen. Der polnische Aufstand gegen die russische Herrschaft zog damals die Aufmerksamkeit der europäischen Kabinette auf sich. Im Windschatten der Ereignisse an der Weichsel wurde durch ein Patent zunächst die Geltung der erst 1855 eingeführten Gesamtstaatsverfassung für Holstein und Lauenburg wieder aufgehoben. Das entsprach zwar einer Forderung des Deutschen Bundes, der gegen eine zu enge Verbindung Holsteins mit Dänemark Protest erhoben hatte, doch stand dahinter bereits das eigentliche Ziel, ein für Dänemark und Schleswig gemeinsames Staatsgrundgesetz zu erlassen. Diese neue Verfassung, die die definitive Vereinigung Schleswigs mit Dänemark brachte, wurde am 13. November 1863 vom dänischen Reichstag angenommen. Das war ein klarer Bruch der Londoner Abmachungen von 1852, und auch in Dänemark war jedem klar, dass man sich auf ein gefährliches Spiel einließ. Da starb nur zwei Tage später, noch ehe er die neue Verfassung unterzeichnen konnte, König Friedrich VII. Sein Nachfolger aus dem Haus Glücksburg, Christian IX., ein Gegner der eiderdänischen Politik, sträubte sich drei Tage lang gegen die Unterzeichnung der Verfassung, gab aber schließlich unter dem Druck von Demonstrationen nach.

Wie 1848 schlugen auch jetzt in ganz Deutschland die Wogen hoch. Der Sohn des alten Herzogs von Augustenburg erneuerte den Erbanspruch seines Hauses. Bereits im Dezember 1863 wurde er von einer schleswig-holsteinischen Landesversammlung als Herzog Friedrich VIII. anerkannt. Er hatte zwar die Sympathien der deutschen Nationalbewegung und der deutschen Mittelstaaten für sich, den weiteren Gang der Dinge bestimmten jedoch Österreich und vor allem Preußen unter Ministerpräsident Bismarck. Im Januar 1864 forderten die beiden deutschen Großmächte Dänemark ultimativ zum Verzicht auf die «Novemberverfassung» auf. Als Dänemark in der vergeblichen Hoffnung auf englische und schwedische Unterstützung ablehnte, begann der Krieg mit dem Einmarsch einer preußisch-österreichischen Armee nach Schleswig. Nach der Erstürmung der Düppeler Schanzen im April 1864 stand den deutschen Truppen ganz Jütland offen. Ein Waffenstillstand im Mai und Juni bot Gelegenheit zu Verhandlungen in London. Teilungspläne wurden diskutiert, aber von dänischer Seite verworfen: Der «dänische Staatsminister Monrad war besessen von dem Gedanken an das uralte Dänentum im Herzogtum Schleswig. In verständlicher, aber politisch unkluger Haltung und aus Mangel an Fähigkeit, die Möglichkeit realistisch zu sehen, lehnte Dänemark darum jeden Gedanken einer Teilung ab» (LAURING, S. 207).

Der Krieg ging weiter und endete nach einem weiteren Monat mit der vollständigen Niederlage Dänemarks. Im Vorfrieden von Wien am 1. August 1864, der im Oktober endgültig bestätigt wurde, musste das Land auf die Herzogtümer Lauenburg, Holstein und Schleswig zugunsten von Preußen und Österreich verzichten. Nicht einmal eine Schutzklausel zugunsten der dänischen Bewohner in Nordschleswig konnte es vereinbaren. Lediglich einige kleinere Gebietsteile blieben zum Ausgleich für den Verlust von unmittelbar dänischem Territorium im Innern Schleswigs bei Dänemark, das damit genau 50 Jahre nach dem Frieden von Kiel eine nochmalige, dramatische Verkleinerung seines Reichsgebietes hinnehmen musste.

Preußen und Österreich vereinbarten eine gemeinsame Verwaltung der Herzogtümer, doch arbeitete Bismarck bereits auf eine preußische Annexion von Schleswig-Holstein hin. Dem suchte Österreich zu begegnen, indem es im Einklang mit den Wünschen der deutschen Mittelstaaten und der liberalen Öffentlichkeit die Kandidatur des Augustenburger Herzogs förderte. Der drohende militärische Zusammenstoß wurde im August 1865 zunächst noch einmal mit der Konvention von Bad Gastein verhindert. Die Verwaltung der Herzogtümer wurde getrennt, Holstein ging an Österreich, Schleswig an Preußen, das zudem das Herzogtum Lauenburg für 2,5 Millionen dänische Taler erwarb. Doch hörten die Reibereien nicht auf, weil der österreichische Statthalter in Holstein, Ludwig von Gablenz, die politische Bewegung für die Thronbesteigung des Augustenburger weiter gewähren ließ. Am 1. Juni 1866 kündigte Österreich an, dass es für die Erbfolge in Holstein die Entscheidung des Deutschen Bundes anrufen werde. Preußen, das darin eine Verletzung des Gasteiner Vertrages erblickte, ließ daraufhin seine Armee in Holstein einrücken. Als daraufhin auf Antrag Österreichs die nichtpreußi-

Helmut von Moltke, einst dänischer Offizier, hatte als preußischer Generalstabschef maßgeblichen Anteil an den Siegen über Dänemark 1864 und Österreich 1866.

schen Bundeskorps gegen Preußen mobilisiert wurden, erklärte Preußen am 14. Juni den Deutschen Bundesvertrag für hinfällig. Der Krieg zwischen Preußen und Österreich mitsamt seinen Verbündeten war da. Er war von Bismarck schon seit längerem als Mittel für die Erringung einer klaren preußischen Vormachtstellung in Deutschland ins Auge gefasst worden. Schleswig-Holstein bildete hier nur den Anlass oder Vorwand für eine kriegerische Auseinandersetzung, die auch in der österreichischen Führung zunehmend für unausweichlich gehalten wurde.

Das überlegene strategische Denken des preußischen Generalstabschefs Helmut von Moltke, der einst in der dänischen Armee seine ersten militärischen Sporen verdient hatte, führte bereits am 3. Juli zur Entscheidung des Krieges in der Schlacht bei Königgrätz. Österreich trat im Friedensvertrag von Prag vom 23. August 1866 seine Rechte an Schleswig und Holstein an Preußen ab, das die Herzogtümer annektierte und zu einer Provinz innerhalb des Königreiches machte. Als solche wurden sie Teil des Norddeutschen Bundes und ab 1871 des Deutschen Reiches.

Im Prager Vertrag war auf Wunsch Frankreichs ein Paragraph eingefügt worden, wonach später eine Volksabstimmung über die staatliche Zugehörigkeit des nördlichen Schleswig entscheiden sollte. Doch die Klausel wurde nie angewandt und 1879 von Deutschland aufgehoben. So wie früher in Schleswig die Deutschsprechenden benachteiligt und mancherlei Schikanen ausgesetzt worden waren, so erging es nun den Dänischsprachigen, die immerhin etwas über die Hälfte der Bevölkerung ausmachten. Manche wanderten nach Dänemark ab, aber die meisten blieben. Die preußische Verwaltung setzte darauf, dass auf Dauer die Dänischgesinnten in der deutschen Bevölkerung aufgehen würden, doch dies erwies sich als ein Trugschluss. Vor allem ab dem Ende des 19. Jahrhunderts nahm die Unzufriedenheit der dänischen Nordschleswiger zu. So blieb die Zugehörigkeit des Landes ein ungelöstes Problem.

Innere Entwicklung in Schweden, Dänemark und den deutschen Ostseeländern

Der lange Weg zur Parlamentarisierung in Schweden

Angesichts der erfolgreichen Agrarreformen und der einsetzenden Industrialisierung beschleunigte sich im 19. Jahrhundert der wirtschaftliche und soziale Wandel in Schweden. Die Vertretung der gesellschaftlichen Gruppen im Vier-Stände-Reichstag entsprach daher immer weniger der sozialen Wirklichkeit. Die aufstrebende Mittelklasse aus Bergbaubesitzern, Unternehmern, Großhändlern, Reedern und Bildungsbürgern war im Reichstag fast gar nicht repräsentiert. Mit wachsendem Selbstbewusstsein fand sie im Liberalismus die ihr gemäße wirtschafts- und gesellschaftspolitische Programmatik. Insbesondere zwei liberale Zeitungen, das 1830 gegründete Stockholmer «Aftonbladet» und die zwei Jahre später erstmals erscheinende «Göteborgs Handels och Sjöfartstidning», wirkten meinungsbildend und als Sprachrohr der Mittelklasse. Daneben war auch der Bauernstand nicht länger damit einverstanden, als Vertretung der Bevölkerungsmehrheit nur ein Viertel der Sitze zu erhalten. Ungeachtet mancher Erfolge in Einzelfragen dauerte es jedoch noch mehr als 30 Jahre, ehe 1865/66 die alte ständische Repräsentation aufgehoben und durch ein Zwei-Kammer-Parlament ersetzt wurde.

Mit seinem hohem Zensuswahlrecht, das Grundbesitzer begünstigte und fast 80 % der männlichen Bevölkerung vom Urnengang ausschloss, wirkte allerdings auch das neue Parlament wie aus einer alten Zeit. Im neugegründeten Norddeutschen Bund wurde zur gleichen Zeit das allgemeine (männliche) Wahlrecht für den Reichstag eingeführt, das in Dänemark schon seit 1848 galt. Während im schwedischen Oberhaus weiter der Adel dominierte, wurde die Zweite Kammer künftig von der landbesitzenden Bauernschaft beherrscht, die sich 1868 in der Landwirtepartei eine mächtige Interessenvertretung schuf.

Erst durch die Wahlrechtsreform von 1909 erhielten alle erwachsenen männlichen Schweden das Recht, über die Zusammensetzung der Volksvertretung mitzubestimmen, und nochmals neun Jahre später wurde das Stimmrecht auch auf die Frauen ausgedehnt. Mit dem allgemeinen Wahlrecht traten jetzt erstmals neben Konservativen und Liberalen auch die Sozialdemokraten als dritte große politische Kraft im Parlament in Erscheinung. Gegenüber 1905 verfünffachte sich ihre Mandatszahl im 1911 gewählten Reichstag auf 64 Sitze, was einem Anteil von knapp 28 % entsprach. Von 1914 an stellten die Sozialdemokraten dann in allen Reichstagen bis zur Gegenwart die stärkste Fraktion.

Die Anfänge der schwedischen Arbeiterbewegung gehen in die 1870er Jahre zurück. 1879 kam es zum ersten größeren Streik in der Holzindustrie, der mit der Hilfe der Armee niedergeschlagen wurde. Zehn Jahre später wurde die Sozialdemokratische Arbeiterpartei gegründet, und um die Jahrhundertwende vereinigten sich die sozialdemokratisch beherrschten Gewerkschaften zu einem landesweiten Dachverband. Die streng marxistische Ausrichtung der Anfangsjahre gaben die schwedischen Sozialdemokraten, nachdem sie 1909 mit einem Generalstreik gescheitert waren, bereits 1911 zugunsten einer Politik allmählicher Reformen auf.

Ihr erster großer Erfolg auf diesem Gebiet war das 1913 verabschiedete Gesetz über die Volkspension, die der großen Mehrheit der über 67 Jahre alten Männer und Frauen das Existenzminimum sicherte. Die ersten Sozialgesetze waren allerdings schon seit Ende der 1880er Jahre von den bürgerlichen Parteien initiiert worden. 1889 wurde der Unfallschutz in den Betrieben verbessert, 1891 das Krankenkassenwesen gesetzlich geregelt und 1901 die Arbeiterunfallversicherung eingeführt.

Eine der durchschlagenden Argumente für das allgemeine Wahlrecht war die Einführung der allgemeinen Wehrpflicht im Jahr 1901 gewesen. Mit ihr kam eine Debatte zum vorläufigen Abschluss, die mehr als 30 Jahre lang die politische Arena beherrscht hatte. Während die vom König eingesetzte Regierung mit Blick auf die internationale Lage die Verteidigungsfähigkeit des Landes stärken wollte, forderte die Landwirtepartei statt einer Ausweitung der Militärausgaben die Abschaffung der Grundsteuer und die Aufhebung des unter Karl XI. eingeführten «Indelningsverkes», das die Kosten für die Ausrüstung der eingeteilten Soldaten den Bauern auferlegte. Erst 1885 kam es zu einem vorläufigen Kompromiss, bei dem die Wehrdienstübungen verlängert und gleichzeitig die Grundsteuern ermäßigt und die Kosten des Indelningsverkes zum Teil vom Staat übernommen wurden. Nach einer weiteren Teilreform im Jahr 1892, die einen ersten Schritt zur allgemeinen Wehrpflicht brachte, führte die verstärkte Russifizierung in Finnland und die Aufrüstung in Norwegen seit 1898 zu einem Sinneswandel in der Landwirtepartei. Ihre Parlamentsvertreter stimmten nun der Aufstockung des Wehretats zu, während die Regierung im Gegenzug bereit war, das Indelningsverk zugunsten der allgemeinen Wehrpflicht gänzlich aufzuheben.

Der schwedische König Oskar II., der von 1872 bis 1907 auf dem Thron saß, hatte bei der Lösung der Wehrfrage über die Jahrzehnte hinweg eine wichtige Rolle gespielt. Als Meister in der Kunst der Vermittlung hatte er es immer wieder verstanden, verhärtete Fronten zu lockern. Die politische Mitgestaltung entsprach auch seinem monarchischen Selbstverständnis, wonach die königliche Autorität in der Leitung des Staates zum Ausdruck zu kommen habe. Dennoch verfügte er bei weitem nicht mehr über die Macht, die noch sein Großvater Karl XIV. Johann, der Begründer des Hauses Bernadotte, gehabt hatte.

Dieser regierte bis zu seinem Tod 1844 noch ganz im Stil der alten Kabinettspolitik und diktierte den königlichen Willen seinen Räten vorzugsweise im Schlafzimmer. Politisch verfolgte er mehr und mehr eine reaktionäre Linie und scheute auch nicht davor zurück, durch Geheimpolizei und Spitzelwesen gegen die sich allmählich bildende liberale Opposition vorzugehen. Sein Sohn Oskar I. schlug zwar zunächst einen liberalen Kurs ein, vollzog jedoch unter dem Eindruck der Revolution von 1848 eine Kehrtwende. Vor allem die Außenpolitik betrachtete er als seine Domäne, in die er sich von seinen Ministern nicht hineinreden ließ.

Erst unter Oskars älterem Sohn, der 1859 als Karl XV. den Thron bestieg, kam es zum entscheidenden Wechsel hin zum konstitutionellen System. Obwohl persönlich konservativ gesinnt, fehlte es ihm an Willensstärke und staatsmännischem Format, um sich mit seinen Vorstellungen gegen die liberale Reformpolitik seines leitenden Ministers Louis Gerard de Geer durchsetzen zu können. Mit der Reichstagsreform von 1866 wurde Karl XV. «gegen seinen Willen der erste konstitutionelle Monarch Schwedens» (KELLENBENZ, in: HEG, Bd. 6, S. 436). Sein jüngerer Bruder Oskar II. konnte in seiner Herrscherzeit einen weiteren Autoritätsverlust der Krone zwar hemmen, die Entwicklung aber nicht mehr umkehren.

Auflösung der schwedisch-norwegischen Union

Gegen Ende seiner Regierungszeit musste Oskar II. schließlich auch noch der Auflösung der Union mit Norwegen zustimmen, die sein Großvater noch als Kronprinz zum «Ausgleich» für den Verlust Finnlands ins Werk gesetzt hatte. Die Verbindung mit Schweden hatte in Norwegen gefühlsmäßig nie recht Wurzeln geschlagen, und obwohl Oskar II. eine bewußte Versöhnungspolitik trieb, empfanden sich die Norweger nie als gleichberechtigter Partner in der Union. Zum entscheidenden Konfliktthema entwickelte sich schließlich die konsularische Vertretung der Norweger im Ausland, die entsprechend den Unionsbestimmungen wie die gesamte Außenpolitik dem schwedischen Außenministerium unterstand.

1892 beschloss die Mehrheit des norwegischen Parlaments, des Stortings, den Aufbau eines unabhängigen Konsulatswesens unter der Leitung eines eigenen Außenministers. Nachdem Oskar II. hiergegen sein Veto eingelegt hatte, kam es ab 1895 zu schwedisch-norwegischen Verhandlungen über diese Frage, die jedoch über zehn Jahre hinweg resultatlos blieben. Unterdessen unterstrich das Storting 1898 den Willen zur größeren Selbstständigkeit mit der Einführung einer eigenen Handelsflagge, gegen die Oskar II. dreimal vergeblich sein Veto aussprach. Im Mai 1905 fasste das Storting schließlich den Beschluss, nunmehr innerhalb Jahresfrist einen eigenen konsularischen Außendienst aufzubauen. Als der König abermals die Zustimmung verweigerte und auch den angebotenen Rücktritt der norwegischen Regierung nicht annahm, erklärte das norwegische Parlament im Juni 1905 die Union kurzerhand für aufgelöst.

Zu der schon befürchteten militärischen Auseinandersetzung kam es nicht, nachdem der schwedische Reichstag seine Zustimmung zur Trennung der beiden Länder lediglich von einer vorherigen Volksabstimmung in Norwegen abhängig machte. Sie erbrachte nur 184 Stimmen für, aber 368 208 Stimmen gegen die Beibehaltung der Union. Am 27. September 1905 legte Oskar II. die norwegische Krone nieder. Auf das Angebot des norwegischen Parlaments, einen Prinzen aus dem Haus Bernadotte zum neuen König zu wählen, ging Oskar II. nicht ein. So wurde der dänische Prinz Karl, der zweitgeborene Sohn des Kronprinzen Friedrich, als Hakon VII. erster König des unabhängigen Norwegen.

Bündnis von Bauern und Bürgern in Dänemark

In Dänemark gab die starke Stellung der Bauern der politischen Entwicklung im 19. Jahrhundert ihr besonderes Gepräge. Die großen Agrarreformen, die hier früher als sonstwo entlang der Ostsee die Bauern aus der Abhängigkeit der Gutsbesitzer befreiten, und die gute Agrarkonjunktur, die von 1830 an ein halbes Jahrhundert lang herrschte, führten zur Bildung einer breiten und selbstbewussten bäuerlichen Mittelschicht. Ihre politischen Forderungen zielten zunächst auf die Beseitigung der letzten noch vorhandenen feudalen Bindungen und Benachteiligungen, doch geriet in den 1840er Jahren auch die absolutistische Staatsverfassung ins Visier der Kritik. Hier traf man sich mit den Zielen der liberalen Bewegung, die seit den 1830er Jahren im Bürgertum immer mehr Anhänger fand. Bürger und Bauern verbündeten sich in ihrem gemeinsamen Kampf gegen die absolute Monarchie. 1846 gründete eine Gruppe liberaler Reformer unter Anton Frederik Tscherning die «Gesellschaft der Bauernfreunde», die die Forderungen der Bauern publizistisch vertrat. Sie wurde zur Keimzelle der Venstre, übersetzt der «Linken», der nationalliberalen Partei der Bürger und Bauern.

Die unter dem Eindruck der europäischen Revolutionsereignisse 1848 einberufene Nationalversammlung arbeitete eine Verfassung aus, die das Ende der absoluten Königsherrschaft besiegelte. Sie sah ein Parlament mit zwei Kammern vor, dem Folketing und dem Landsting. Für beide Kammern galt grundsätzlich das allgemeine männliche Wahlrecht, allerdings war das passive Wahlrecht für den Landsting an einen Zensus gebunden. Die Regierung wurde weiter vom König ernannt, doch war sie bei Gesetzesvorlagen auf die Zustimmung der Reichstagsmehrheit angewiesen.

Während es den Nationalliberalen in den fünfziger Jahren gelang, im Inneren die Reformen voranzubringen, führten sie Dänemark durch ihre schleswig-holsteinische Politik in die vernichtende militärische Niederlage von 1864. Der verlorene Krieg brachte die Konservativen an die Macht, die politische Vertretung der Gutsbesitzer und königstreuen Beamten. Der Umschwung dokumentierte sich auch in einer Verfassungsänderung, die 1866 den Landsting durch neue Wahlrechtsbestimmungen zu einer sicheren Hochburg der Konservativen machte. Zwar konnte die neuformierte Vereinigte Venstre bereits 1870 wieder die Mehrheit im Folketing erringen, doch hielt König Christian IX. nun unbeirrt an konservativen Regierungen fest. Von 1875 bis 1894 amtierte Jacob Brønnum Scavenius Estrup als Premierminister, ein Gutsbesitzer, der eine strikt konservative Politik verfolgte und besonders in der Verteidigungsfrage in Konflikt mit der Folketingsmehrheit geriet. Zwischen 1884 und 1894 regierte er mit provisorischen Haushaltsgesetzen, die der König abzeichnete.

Unterdessen entstand seit den1870er Jahren auch eine dänische Arbeiterbewegung. Sie war aufgrund des besonderen Verlaufs der dänischen Industrialisierung und angesichts des Mangels an Großbetrieben sehr stark handwerklich geprägt. Sie war daher auch in ihren politischen Ansichten weniger radikal als in den Nachbarländern und schlug früh eine eher sozialdemokratisch-reformorientierte Richtung ein. 1898 kam es zur Gründung eines landesweiten gewerkschaftlichen Dachverbandes, was als Reaktion auch einen entsprechenden Zusammenschluss der Arbeitgeber bewirkte. 1899 endete ein mehrmonatiger landesweiter Arbeitskampf mit einem Patt.

Erst nach den Wahlen von 1901 beugte sich Christian IX. den Forderungen von Venstre und Sozialdemokraten nach parlamentarisch verantwortlichen Regierungen. Der Systemwechsel brachte die Venstre an die Macht, die in den folgenden Jahren bis zum Ersten Weltkrieg den jahrzehntelangen innenpolitischen Stillstand durch eine Reihe von Reformen aufbrach. Dazu gehörten insbesondere die Einführung einer progressiven Einkommensteuer sowie die Modernisierung des Schulwesens und sozialpolitische Vorhaben wie die staatliche Anerkennung und Unterstützung von Arbeitslosenkassen. Um die Jahrhundertwende differenzierte sich das Parteienwesen weiter aus, insbesondere zerbrach nun das jahrzehntelange Bündnis zwischen Bauernbewegung und großstädtischen Liberalen. 1905 bildete sich als Vertretung des linksliberalen Bürgertums die Radikale Venstre, die bis in die Gegenwart oft das Zünglein an der Waage im dänischen Parteiensystem darstellt.

Die deutschen Ostseegebiete im Vormärz und während der Revolution 1848/49

Die preußischen Reformen, die nach 1806 entscheidend zum Wiederaufstieg Preußens beigetragen hatten, wurden ab 1815 nicht mehr entschlossen weitergeführt. Stattdessen gewannen nach dem Sieg über Napoleon die beharrenden Kräfte Auftrieb. Zwar konnte Staatskanzler Hardenberg 1820 von seinem König Friedrich Wilhelm III. nochmals das Versprechen einer Verfassung mit einem gesamtstaatlichen Parlament erhalten, doch wurde die Zusage nicht mehr eingelöst. Zustande kamen 1823 lediglich ständische Versammlungen für die einzelnen Provinzen, die den Rittergutsbesitzern den größten Einfluss sicherten. In der aus Ost- und Westpreußen gebildeten Provinz Preußen stellten die Gutsbesitzer 45 Abgeordnete gegenüber 28 Vertretern der Städte und 22 der Landgemeinden, in Pommern besaßen sie mit 25 von 49 Deputierten sogar die Mehrheit. Noch weit stärker fiel das Übergewicht in den Landkreisen aus, da auf den Kreistagen jeder Rittergutsbesitzer persönlich vertretungsberechtigt war, während jede Stadt nur eine Stimme und alle Bauern zusammen nur drei Stimmen besaßen. Die pommerschen Gutsbesitzer, aber auch die Magistrate der pommerschen Städte ließen sich in ihrer konservativen Gesinnung kaum übertreffen, während im altpreußischen Adel die Ideen der Reformzeit noch einen stärkeren Rückhalt besaßen.

Auch die Oberpräsidenten von Pommern und Preußen, Johann August von Sack und Theodor von Schön, die schon nach 1806 als Reformer hervorgetreten waren, blieben dem Ziel einer Modernisierung des preußischen Staates verpflichtet. Sie bemühten sich in ihren Provinzen nicht nur um die Verbesserung der Infrastruktur, sondern zugleich um die Entstehung einer Staatsbürgergesinnung. Allmählich bildete sich in Pommern, vor allem aber in Preußen eine liberale Öffentlichkeit heraus, die mit dem Stillstand der Reformen unzufrieden war. Im Jahre 1840 nahmen die Stände der Provinz Preußen die Thronbesteigung von König Friedrich Wilhelm IV. zum Anlass, ihn an die versprochene Verfassung zu erinnern. Der Königsberger Arzt Johann Jacoby fand mit seiner 1841 veröffentlichten Schrift «Vier Fragen beantwortet von einem Ostpreußen», in der er den König wegen der ausbleibenden Verfassung angriff, ein gesamtdeutsches Echo. Im Jahr darauf musste Theodor von Schön als Oberpräsident zurücktreten, nachdem eine vertrauliche Denkschrift, in der er ein gesamtstaatliches Parlament gefordert hatte, an die Öffentlichkeit gelangt war. 1847 rief Friedrich Wilhelm IV. als Zugeständnis alle Provinzialstände zum Vereinigten Landtag ein, in dem jedoch ebenfalls die ausbleibende Verfassung zum beherrschenden Konfliktthema wurde.

Erst als im Frühjahr 1848 die Revolution ausbrach, deren Anhänger sich in Berlin in schweren Barrikadenkämpfen behaupteten, war der preußische König zur Einberufung einer verfassunggebenden Nationalversammlung bereit. Neben die liberalen Forderungen nach Verfassung, Teilhabe der Bürger an der Macht und der Garantie ihrer Rechte trat der Wille zur Einigung Deutschlands in einem Nationalstaat, so dass es nun auch zur Einberufung eines gesamtdeutschen Parlamentes in Frankfurt am Main kam. Auch die Ost- und Westpreußen konnten Abgeordnete in dieses Parlament entsenden, obwohl ihre Provinz bis dahin nicht zum Gebiet des Deutschen Bundes gehört hatte. In der Auf- und Umbruchsituation im Frühjahr 1848 aber waren sich König, Stände und Öffentlichkeit darin einig, dass die Provinz ungeachtet der polnischen Minderheit in Westpreußen ein integraler Bestandteil Deutschlands sei. Sie wurde deshalb noch im April 1848 in den Deutschen Bund aufgenommen.

In den beiden Revolutionsjahren 1848 und 1849 spielten Pommern und Preußen dann keine hervorgehobene Rolle. In den beiden Ostseeprovinzen blieb es so ruhig wie sonst kaum irgendwo im Königreich Preußen. Es fehlte eine starke demokratische Bewegung, die die politische Umgestaltung hätte vorantreiben können. In den west- und ostpreußischen Wahlkreisen für die deutsche und die preußische Nationalversammlung wurden hauptsächlich gemäßigt liberale Abgeordnete gewählt, Pommern war mit Ausnahme von Stettin und Greifswald eine Hochburg der Konservativen, die sich hier früh politisch organisierten. Zu den Führern der pommerschen Konservativen zählte auch der junge Otto von Bismarck, der spätere deutsche Reichskanzler.

Das benachbarte Mecklenburg zählte bei Ausbruch der Revolution zu den rückständigsten deutschen Ländern. In den beiden lose miteinander verbundenen mecklenburgischen Staaten hatte sich die Vorherrschaft der Stände und insbesondere der Ritterschaft über mehr als dreihundert Jahre hinweg ungebrochen erhalten. Auch als Mecklenburg-Schwerin und Mecklenburg-Strelitz zwischen 1808 und 1813 dem von Napoleon beherrschten Rheinbund angehörten, hatten die beiden Herzöge die Gelegenheit zu Reformen verstreichen lassen. Unter dem Eindruck der Berliner Ereignisse griff nun der junge Schweriner Großherzog Friedrich Franz II. im März 1848 die Forderungen aus dem Bürgertum auf, eine moderne Verfassung ausarbeiten zu lassen. Der Strelitzer Monarch Georg folgte ihm gegen seine innere Überzeugung.

Die durch Wahl bestimmte verfassunggebende Versammlung arbeitete ein relativ fortschrittliches Grundgesetz aus, das unter anderem ein direkt gewähltes Abgeordnetenhaus und die weitgehende Verstaatlichung des umfangreichen fürstlichen Eigenbesitzes, des Domaniums, vorsah. Während Großherzog Georg im August 1849 praktisch unmittelbar nach der Verabschiedung der Verfassung durch das Parlament seine Mitwirkung aufkündigte, setzte Friedrich Franz die Konstitution im Oktober 1849 auf Empfehlung seiner liberalen Minister trotz eigener Bedenken in Kraft. Zu diesem Zeitpunkt war die Revolution in Deutschland bereits überall gescheitert. So fiel es den erbberechtigten Angehörigen des großherzoglichen Hauses, der Ritterschaft und den Magistraten von Rostock und Wismar, die allesamt auf ihre alten Rechte pochten, nicht schwer, den Schweriner Großherzog zu einem Kurswechsel zu bewegen. 1850 wurde die neue Verfassung aufgehoben und der alte vorrevolutionäre Zustand wieder hergestellt. Ein Verbot jeglicher politischer Versammlungen setzte 1851 den vorläufigen Schlusspunkt unter den Versuch, das Land aus seiner Rückständigkeit herauszuholen.

Dagegen blieb in Lübeck die durch die Revolution angestoßene Reform der politischen Verhältnisse bestehen. Bis zum Jahr 1848 bildete der Bürgerrezess von 1669 immer noch die gültige Grundlage für die Machtverteilung in der Hansestadt. Er sicherte den Kaufleuten das Monopol auf einen Sitz im Rat der Stadt. Nun wurde im Dezember 1848 nach einer ersten Reform im Juli des Jahres eine neue Verfassung verabschiedet. Sie sah das gleiche Wahlrecht für die Inhaber des Bürgerrechts (nicht aber für die Mehrheit der übrigen Einwohner) vor. Das Parlament, die Bürgerschaft, erhielt erstmals ein Mitwirkungsrecht bei der Wahl des Rates, der sich bislang selbst ergänzt hatte. Allerdings erfolgte die Wahl der Senatoren auch weiterhin auf Lebenszeit. Mindestens fünf von ihnen mussten Kaufleute sein, die übrigen sollten eine akademische Bildung aufweisen. Eine weitere langjährige Forderung, die Trennung von Verwaltung und Justiz, wurde 1851 verwirklicht.

In Preußen berief Friedrich Wilhelm IV. im November 1848 ein konservatives Ministerium und leitete damit die monarchische Gegenrevolution ein. In Berlin wurde der Belagerungszustand verhängt. Im Dezember löste er die Nationalversammlung auf und erließ von sich aus eine Verfassung, die liberalen Forderungen noch weit entgegenkam. Sie wurde 1850 auf königlichen Druck im konservativen Sinne revidiert, nachdem das neue Dreiklassenwahlrecht dafür im Voraus eine Mehrheit im Abgeordnetenhaus gesichert hatte. Die Verfassung sicherte dem König eine sehr starke Stellung, doch waren nun immerhin Haushalt und Gesetzgebung an die Zustimmung einer Volksvertretung gebunden. Neu organisiert wurde auch die erste Kammer, die seit 1854 Herrenhaus hieß. Sie wurde faktisch zur Adelskörperschaft und damit auch politisch gesehen zur Interessenvertretung des Junkertums.

Nationale Einigung und verzögerte Demokratisierung

Mit der Niederlage der liberalen und demokratischen Kräfte in Deutschland scheiterte 1848/49 auch der Versuch, einen deutschen Nationalstaat zu errichten. Doch war die Frage der nationalen Einigung nicht auf Dauer von der Tagesordnung abgesetzt. Nicht zuletzt die Entwicklung in Schleswig-Holstein machte dies immer wieder deutlich. Der Konflikt um die nationale und staatliche Zugehörigkeit Schleswig-Holsteins mitsamt der beiden 1864 und 1866 darum geführten Kriege wirkte schließlich auch als Katalysator der deutschen Einigung. Der Krieg von 1866 zwischen Preußen und Österreich sah die beiden mecklenburgischen Staaten und Lübeck an der Seite ihres mächtigen Nachbarn, da sie – wie der Lübecker Bürgermeister Curtius es ausdrückte – «von Österreich nie etwas zu hoffen, von Preußen aber alles zu fürchten» hatten (zit. nach LÜBECKISCHE GESCHICHTE, S. 618). Mit der Gründung des Norddeutschen Bundes im Jahr 1867, eines Bundesstaates unter preußischer Führung, büßten die mecklenburgischen Großherzogtümer und Lübeck ihre bisherige außenpolitische Eigenständigkeit ein. Auch militärisch und nicht zuletzt zollpolitisch schlossen sie sich Preußen an. 1868 traten Lübeck, Mecklenburg-Schwerin und Mecklenburg-Strelitz dem deutschen Zollverein bei, so dass ein gemeinsamer Wirtschaftsraum entstand. Im Innern behielten die Einzelstaaten weitgehend ihre Autonomie, und das blieb auch so, als 1871 der Norddeutsche Bund nach der Erweiterung um die süddeutschen Staaten im neu geschaffenen Deutschen Reich aufging.

Auch die Bewohner Schleswig-Holsteins hätten einen eigenen Bundesstaat der Annexion ihres Landes durch Preußen vorgezogen. Diese Stimmung zeigte sich nicht zuletzt in den Wahlergebnissen für den konstituierenden Reichstag des Norddeutschen Bundes und für das preußische Abgeordnetenhaus. Hier siegten 1867 überwiegend die Kandidaten der Schleswig-Holsteinischen Landespartei, die ein liberales Programm mit der Forderung nach schleswig-holsteinischer Eigenständigkeit verbanden. Doch bereits im folgenden Jahrzehnt söhnten sich immer breitere Bevölkerungskreise mit Preußen aus. Eine wichtige symbolische Bedeutung hatte in diesem Zusammenhang auch die Heirat zwischen dem preußischen Prinzen Friedrich Wilhelm, dem späteren Kaiser Wilhelm II., und der Tochter des Augustenburger Herzogs Friedrich, Auguste Viktoria, im Jahre 1881.

Für die Wahlen zum Reichstag des Norddeutschen Bundes und später des Deutschen Reiches galt ein allgemeines, gleiches und direktes Wahlrecht für die männliche Bevölkerung ab 25 Jahren. Das war zu dieser Zeit auch im europäischen Vergleich sehr fortschrittlich. Um so stärker kontrastierte damit der Zustand in Mecklenburg, wo die breite Bevölkerung von jeder Mitwirkungsmöglichkeit ausgeschlossen war. In den ersten Jahren nach der Reichsgründung unternahmen die Großherzöge deshalb einen neuen Anlauf, die ständische Verfassung umzubilden. Zwei Regierungsvorlagen scheiterten jedoch, weil sie entweder den nichtadligen Vertretern im Landtag nicht weit genug oder dem Adel zu weit gingen. Die Ritterschaft pochte insbesondere darauf, dass ihr persönliches Vertretungsrecht erhalten blieb, weshalb sie jede Form einer modernen Repräsentativverfassung ablehnten. Auch ein weiterer Reformversuch im Jahr 1909 scheiterte nach vierjährigen Verhandlungen am Widerstand der Ritterschaft, die in einem Klassenegoismus sondergleichen unbeirrt am ständischen Prinzip festhielt.

Dagegen kam es in Preußen zu einzelnen Reformen, die die Vorherrschaft der Gutsbesitzer auf dem flachen Land zwar nicht beseitigten, aber doch abschwächten. Die 1872 gegen den Widerstand des pommerschen Adels verabschiedete neue Kreisordnung reservierte bis zur Hälfte der Sitze für die Städte, Bauern und Gutsbesitzer teilten sich die verbleibenden Mandate paritätisch. Eine Ausweitung der Mitwirkungsrechte für die ländliche Bevölkerung brachte auch die Landgemeindeordnung des Jahres 1891. Durch sie wurden die Gemeinden erstmals zu öffentlichen Körperschaften, das Wahlrecht blieb allerdings an Hausbesitz oder Vermögen gebunden. Auch blieben die Gutsbezirke selbstständig, so dass der Gutsbesitzer nach wie vor auch in einem öffentlich-rechtlichen Sinne Herr auf seinem Gut war und die örtliche Polizeigewalt ausübte.

Das preußische Dreiklassenwahlrecht, das nicht nur für die Wahlen zum Abgeordnetenhaus, sondern auch für die Wahl der städtischen Vertretungen galt, sicherte den Vermögenden den entscheidenden Einfluss auf die Zusammensetzung der Parlamente. Das bedeutete, dass von Schleswig-Holstein über Pommern bis nach West- und Ostpreußen in den Städten die großbürgerlichen Honoratioren herrschten, während im Abgeordnetenhaus die großagrarischen Interessen der pommerschen, preußischen und übrigen ostelbischen Gutsbesitzer eine unverhältnismäßig große Berücksichtigung fanden.

Der Kampf gegen das Dreiklassenwahlrecht war daher auch eines der wichtigsten Anliegen der sozialdemokratischen Arbeiterbewegung, die von seinen Bestimmungen besonders benachteiligt wurde. Dank der Nähe zu Hamburg und der großen Werften in Kiel zählte Schleswig-Holstein schon früh zu ihren Hochburgen. Bereits 1874 konnte der Allgemeine Deutsche Arbeiter-Verein hier 32% der Stimmen und zwei Reichstagssitze gewinnen, die allerdings 1877 wieder verloren gingen. Das Verbot aller sozialdemokratischen Vereine und Zeitungen durch das «Sozialistengesetz» im Jahr 1878 konnte den weiteren Aufstieg der organisierten Arbeiterschaft zunächst hemmen, aber nicht auf Dauer verhindern. Nach der Aufhebung des Sozialistengesetzes 1890 entwickelte sich die Sozialdemokratie in Schleswig-Holstein sowohl nach ihrer Organisationsstärke wie nach ihren Wahlresultaten zu einer Massenpartei. Im Jahrzehnt vor dem Ersten Weltkrieg erreichte sie bei den Reichstagswahlen jeweils um die 40% der Stimmen. Große Erfolge erzielte sie entlang der Ostsee auch in Lübeck, Rostock, Stettin und

Königsberg. In Lübeck wurde daraufhin zwischen 1902 und 1907 dreimal das kommunale Wahlrecht verändert und an einen immer höheren Zensus gebunden, um einen stärkeren Einfluss der Sozialdemokraten im Parlament zu verhindern. Der SPD und den mit ihr eng verbundenen freien Gewerkschaften schlossen sich vor allem die Facharbeiter in den Städten an. Dagegen gelang es trotz großer Anstrengungen nicht, auch die ländliche Arbeiterschaft zu gewinnen, so dass die meisten Reichstagswahlkreise entlang der Ostsee auch weiterhin von konservativen oder liberalen Kandidaten gewonnen wurden.

Anders als in Dänemark oder Schweden kam es in Deutschland vor dem Ersten Weltkrieg nicht mehr zu einem Systemwechsel hin zu parlamentarisch verantwortlichen Regierungen. Dies galt nicht nur für das Reich, sondern mehr noch für die Länder und Kommunen entlang der Ostsee, wo aufgrund der geltenden Verfassungen und des eingeschränkten Wahlrechts die alten Eliten ihre Macht noch weitgehend behaupten konnten.

Finnland unter russischer Herrschaft

Fast das ganze 19. Jahrhundert über war das Verhältnis der Finnen zur russischen Herrschaft frei von grundlegenden Problemen. Die schwedische Politik unter Johann Bernadotte hatte sich nach dem Gewinn Norwegens schnell mit dem Verlust Finnlands abgefunden. Das stärkte unter den Finnen wie beim Zaren die Überzeugung, dass die Verbindung zwischen Finnland und Russland dauernden Bestand haben würde. Man stellte sich aufeinander ein, und die Finnen erwiesen sich – anders als etwa die katholischen Polen – als sehr loyale Untertanen des Zaren. Die lutherische finnische Staatskirche trug das ihre dazu bei, indem sie den Gehorsam gegenüber der Obrigkeit als wesentliche Christenpflicht besonders betonte. Weder bei den drei polnischen Aufständen noch während des Krimkrieges, als die westlichen Großmächte Schweden vergebens zum Kriegseintritt zu bewegen suchten, ließen die Finnen Zweifel an ihrer festen Treue zum Zarenhaus aufkommen. «Wenn die Gesinnung überall so gut wäre wie in Finnland, könnte man der Zukunft ruhig entgegensehen», meinte einmal Nikolaus I. (zit. nach JUTIKKALA, S. 269). Er rief zwar ebensowenig wie sein älterer Bruder und Vorgänger Alexander den finnischen Landtag ein, machte aber auch keine Anstalten, die Sonderstellung des autonomen Großfürstentums innerhalb des russischen Gesamtreiches anzutasten.

Verwaltungs- und Gerichtssprache in Finnland blieb auch unter russischer Herrschaft das Schwedische. Russisch wurde lediglich im Amt des General-gouverneurs gesprochen, aber schon die Verhandlungen des Senats, der fin-nischen Regierung, wurden auf Schwedisch geführt, weswegen der Gene-ralgouverneur, obwohl nominell Vorsitzender des Gremiums, fast nie an den Sitzungen teilnahm. Finnisch sprach in Finnland nur das einfache Volk, die gesamte Oberschicht bediente sich unabhängig von ihrer ursprünglichen Volkszugehörigkeit der Sprache der jahrhundertelangen Vormacht. Noch vom Ende des 19. Jahrhunderts stammt die Anekdote des Kaufmanns, der seine Frau aus dem Hinterzimmer des Ladens herbeirief: «Komm, hier ist eine Kundin, die hat einen Hut und spricht doch Finnisch» (zit. nach JUTIK-KALA, S. 274).

Doch seit dem zweiten Jahrzehnt des 19. Jahrhunderts geriet die Auffas-sung, dass Finnisch nur eine primitive Bauernsprache sei, die für ein Ge-spräch unter Gebildeten nicht tauge, langsam ins Wanken. Die Auffassung der Romantik, dass der Geist eines Volkes in dessen Sprache wurzele und die Sprache deshalb der größte Schatz eines Volkes sei, fand über Deutschland und Skandinavien auch Eingang in die Landesuniversität Turku. Lands-mannschaftliche Verbindungen, denen jeder Student verpflichtend angehö-ren musste, waren daher die ersten öffentlichen Institutionen in Finnland, welche Finnisch zur Protokollsprache erhoben.

Eine kaum zu überschätzende Bedeutung für die Neubewertung der fin-nischen Sprache kam dann einer umfänglichen Liedersammlung zu, dem Kalevala-Epos. Der Arzt Elias Lönnrot war in Karelien beiderseits der fin-nisch-russischen Grenze auf finnische Volkssänger gestoßen, deren auf jahr-hundertealter Überlieferung beruhenden Lieder er aufzeichnete und zu ei-nem Epos ordnete. Bereits die erste, noch unvollständige Ausgabe, die 1835 erschien, fand in ganz Europa ein starkes Echo. In Finnland wurden die 22795 Verse zum begeistert aufgenommenen Nationalepos. Die poetischen Gesänge, die einen Vergleich mit den wichtigsten Werken der Weltliteratur nicht zu scheuen brauchten, dienten als Beleg, dass man ein Volk mit Kultur und Geschichte sei. Seit den 1840er Jahren fingen viele Gebildete an, erst-mals in ihrem Leben Finnisch zu lernen und zu sprechen.

Zum bedeutendsten Vertreter der aufkommenden finnischen Nationalbe-wegung wurde der Philosoph Johan Vilhelm Snellman. Er hatte bereits als Vorsitzender der finnischen Studentenschaft den Zaren Nikolaus I. um die Einführung des Finnischen als Amts- und Unterrichtssprache gebeten. Weil ihm wegen seines Eintretens für die Freiheit der akademischen Lehre eine Universitätslaufbahn versagt blieb, wurde er Direktor des Gymnasiums in der mittelfinnischen Stadt Kuopio. Hier gab er ab 1844 zwei einflussreiche Zeitschriften heraus, eine finnischsprachige für die Landbevölkerung und eine schwedischsprachige für die Gebildeten, in denen er für die Aufwertung des Finnischen im öffentlichen Leben eintrat. Doch schon 1846 wurde die schwedischsprachige «Saima» verboten, nachdem in ihr die rückständigen Verhältnisse in «Alt-Finnland», den bereits 1721/43 zu Russland gekommenen Gebieten, kritisiert worden waren. Snellmans Eintreten für das Finnische hatte seinen Grund auch in der Befürchtung, dass es früher oder später zu einer Russifizierung kommen werde. Um ihr widerstehen zu können, müsse Finnland vorher finnisch werden: «Schweden sind wir nicht mehr, Russen wollen wir nicht werden, wir müssen Finnen sein» (zit. nach JUTIKKALA, S. 278).

Vieles wandte sich für die «Fennomanen», die Anhänger der finnischen Nationalbewegung, zum Besseren, als 1855 Zar Alexander II. den Thron bestieg. Er bestimmte zu seinem finnischen Generalgouverneur den livländischen Adligen Friedrich Wilhelm von Berg, der zu Snellman freundschaftliche Kontakte knüpfte. Dieser erhielt 1856 eine Professur in Helsinki und wurde 1863 als Finanzminister in die finnische Regierung berufen. Bereits 1858 erhielten die ländlichen Gemeinden mit einer finnischsprachigen Mehrheit das Recht, Finnisch zur Sprache ihrer lokalen Selbstverwaltung zu machen. Einen großen Markstein stellte dann das Sprachendekret des Jahres 1863 dar. Snellman persönlich hatte den Zaren bei einer Unterredung für die Unterschrift gewinnen können. Im Verkehr mit dem Publikum sollte künftig das Finnische dem Schwedischen als Gerichts- und Behördensprache gleichgestellt werden. Da die meisten Beamten aber kein Finnisch sprachen, wurde das Dekret faktisch erst nach einer Frist von 20 Jahren wirksam. Auch blieb Schwedisch als interne Verwaltungssprache bestehen.

Im gleichen Jahr, in dem das Sprachendekret erlassen wurde, trat auch erstmals nach über 50 Jahren wieder der finnische Landtag zusammen. Vor allem auf wirtschaftlichem Gebiet waren viele Reformen überfällig, die nun in schneller Folge verabschiedet wurden. Auch das Verhältnis zwischen Staat und Kirche wurde im liberalen Sinne neu geordnet. Das 1869 in Kraft getretene Gesetz über den finnischen Landtag legte zudem fest, dass der Zar das Parlament wenigstens alle fünf Jahre einberufen musste. Bald bürgerte sich ein dreijähriger Rhythmus ein.

Der größte Erfolg Snellmans als Finanzminister war 1865 die Einführung einer eigenen finnischen Währung auf Silberbasis, der Mark. Man löste sich damit vom inflationären Rubel, dessen Banknoten seit dem Krimkrieg nicht mehr in Silber eingelöst werden konnten. Als Finnland 1878 zum Goldstandard überging, während der Rubel nominell Silber- und faktisch Papierwährung blieb, wurden das russische und das finnische Münzwesen vollständig voneinander getrennt. Im gleichen Jahr erhielt Finnland auch ein gesondertes Wehrpflichtgesetz, mit dem eine eigene finnische Armee geschaffen wurde. So schien die Eigenständigkeit Finnlands innerhalb des Zarenreiches am Ende der Regierungszeit von Alexander II. fester denn je gegründet.

Die zunehmenden Erfolge der Fennomanen riefen um 1860 eine Gegenbewegung auf den Plan, die Svekomanen. Diese suchten nun auch ihrerseits bei der schwedischsprachigen einfachen Bevölkerung an der finnischen Westküste ein Bewusstsein ihrer Volkszugehörigkeit zu schaffen. Bei ihrem Bemühen, die Vorherrschaft des Schwedischen im öffentlichen Leben zu verteidigen, bedienten sich die Svekomanen bald auch völkischer Argumente. Die Finnen seien nach ihrer Herkunft eine minderwertige Rasse sibirischen Ursprungs, hieß es, und erst die arischen Schweden hätten ihnen die Kultur gebracht. Deshalb werde die Ablösung vom Schwedentum zwangsläufig im Barbarentum enden.

Die scharfen Gegensätze zwischen Fennomanen und Svekomanen bewirkten, dass die Sprachenfrage bald das ganze Land in zwei Lager teilte. Im Vier-Stände-Landtag war die Adelskammer fest in der Hand der Svekomanen, während Bauernschaft und Geistlichkeit ebenso eindeutig den Fennomanen zuneigten. Auch in der Bürgerschaft gelang es den Fennomanen im Laufe der 1880er Jahre, eine schwache Mehrheit zu erringen. In den Städten und um das höhere Bildungswesen tobte ein heftiger Sprachenstreit. Ende der 1880er Jahre schien ein vorläufiges Gleichgewicht der Kräfte erreicht; auch im Senat, der finnischen Regierung, hielten sich nun die Anhänger der beiden Parteien die Waage. Da aber nur ein Siebtel der Bevölkerung schwedischsprachig war, war die Niederlage der Svekomanen auf lange Sicht unausweichlich.

Politik der Russifizierung

Bereits während der Regierungszeit von Alexander II. geriet die finnische Autonomie immer stärker ins Visier der russischen Öffentlichkeit. Sowohl die panslawistische Bewegung, die für einen Bund aller Slawen eintrat, als auch die liberal-nationalistischen Kreise forderten ein Ende der finnischen Sonderrechte. So waren der Zar und seine Selbstherrschaft der stärkste Garant für den Erhalt des Status quo. Doch auch Alexander II. ließ kurz vor seinem Tod noch den Plan einer Verfassung ausarbeiten, der die Sonderstellung Finnlands bedrohte. Denn in ihr war die Errichtung eines gesamtrussischen Parlaments vorgesehen, das auch für die bislang autonomen Reichsteile zuständig sein sollte.

Als 1881 der Bombenanschlag einer anarchistischen Gruppe dem Leben des Zaren ein gewaltsames Ende setzte, verfolgte sein Nachfolger Alexander III. das Vorhaben nicht weiter, weil er an seiner autokratischen Machtstellung nicht rütteln lassen wollte. Überdies entwickelte sich seine Frau, die dänische Prinzessin Dagmar, zur einflussreichen Fürsprecherin Finnlands. So gab der Zar in seiner Regierungszeit dem Druck der russischen Nationalisten nur in zweitrangigen Fragen wie der Aufhebung des selbstständigen finnischen Postwesens nach, während Zoll und Währung getrennt blieben.

Erst unter dem letzten Zaren, dem 1894 auf den Thron gelangten Nikolaus II., setzte die schon von Snellman vorausgeahnte Russifizierung mit aller Schärfe ein. Der 1898 zum Generalgouverneur ernannte russische General Nikolai Bobrikov betrieb die Aufhebung des eigenständigen finnischen Münz-, Zoll- und Heerwesens und suchte Russisch zur Verwaltungssprache und zum wichtigsten Unterrichtsfach zu machen. Mit dem Februarmanifest über die Reichsgesetzgebung verschaffte sich der Zar 1899 einseitig die Möglichkeit, Gesetze für Finnland auch ohne Zustimmung des finnischen Landtags zu erlassen. In Finnland erhob sich dagegen eine bis dahin nicht gekannte Woge des Protestes. In nur einer Woche unterschrieben 523 000 Menschen eine Petition gegen das Manifest, das war fast die Hälfte der erwachsenen Bevölkerung. Der Zar wurde fast nur noch als «der Eidbrüchige» bezeichnet, denn er hatte bei seinem Regierungsantritt geschworen, die finnischen Grundgesetze zu bewahren.

Das Februarmanifest war bereits mit Blick auf ein neues finnisches Wehrpflichtgesetz erlassen worden, bei dem der Widerstand des Landtags vorausgesehen wurde. Als das Gesetz, mit dem die finnische Armee aufgelöst wurde, 1901 vom Zaren unter Ausschaltung des Parlaments in Kraft gesetzt wurde, teilte sich die finnische Bevölkerung in zwei sich unversöhnlich gegenüberstehende Lager. Die «Konstitutionellen» vertraten den Standpunkt, dass auf der Grundlage des Februarmanifests zustandegekommene Gesetze nicht befolgt werden dürften. Fast alle bedeutenden finnischen Juristen und die Mehrheit der Beamten vertraten diese Position. Die Konstitutionellen waren bereit, dafür ihre Ämter und ihre wirtschaftliche Existenz aufs Spiel zu setzen. Ihnen standen die Anpassungspolitiker gegenüber, die den Bruch mit dem Zaren vermeiden wollten, um Schlimmeres zu verhüten.

Der Sprachenstreit trat demgegenüber in den Hintergrund. Fast alle Svekomanen schlugen sich auf die Seite der Konstitutionellen, während die Fennomanen in sich gespalten waren. Eine ihrer Hauptstützen war bislang die lutherische Geistlichkeit gewesen, und diese hielt am Gebot des Gehorsams gegenüber der Obrigkeit fest.

Bei der ersten Musterung auf der Basis des neuen Wehrpflichtgesetzes verweigerten drei Fünftel der Wehrpflichtigen ihr Erscheinen, obwohl nur 1 % der jungen Männer durch Los gezogen werden sollten. Auch in den beiden folgenden Jahren hielt der Widerstand an. Schließlich lenkte der Zar ein. Für Finnland wurde die persönliche Wehrpflicht aufgehoben und durch eine vom Großfürstentum zu tragende pauschale Geldabgabe abgelöst. Die Spannungen aber hielten an. Bobrikov, der 1903 diktatorische Vollmachten erhalten hatte und sie zu zahlreichen Ausweisungen gegen die Führer der Konstitutionellen genutzt hatte, wurde im Juni 1904 ermordet. Der Täter, ein junger Senatsbeamter, richtete sich unmittelbar darauf selbst und avancierte zum Nationalhelden.

Da führte ein äußeres Ereignis zu einer grundlegenden Veränderung der Situation. Die russische Ostseeflotte, die um die halbe Welt nach Ostasien geschickt worden war, wurde im Mai 1905 in der Seeschlacht bei Tsushima von der japanischen Marine vernichtet. Die verheerende Niederlage mündete in die russische Revolution von 1905. Nach mehrmonatigen Streiks, Aufständen und Meutereien versprach der Zar im Oktobermanifest Verfassung, Parlament und staatsbürgerliche Freiheiten. In Bezug auf Finnland wurden das Februarmanifest von 1902 mit allen darauf beruhenden Verordnungen sowie die diktatorischen Vollmachten des Generalgouverneurs aufgehoben und eine demokratische Landtagsordnung versprochen.

Mit Zustimmung des Zaren schritt der finnische Landtag 1906 zur radikalsten Parlamentsreform ganz Europas. Statt vier getrennten Ständen gab es künftig eine einzige Kammer, die Zahl der Wahlberechtigten verzehnfachte sich, und als eines der ersten Länder der Welt erhielten in Finnland nun auch die Frauen das Stimmrecht.

Doch der scheinbare Triumph der «Konstitutionellen», die sich in ihrem opferreichen Widerstand bestätigt sahen, war in Wirklichkeit nur eine Atempause. Sowohl der Zar als auch die russischen Nationalisten warteten nur auf die nächste günstige Gelegenheit, um die finnische Autonomie diesmal im Kern zu treffen.

1910 wurde zum großen Schlag ausgeholt. Das von Nikolaus II. und den beiden Kammern des russischen Parlamentes beschlossene Gesetz über die Reichsgesetzgebung sah vor, dass alle den Gesamtstaat in irgendeiner Weise betreffenden Gesetze künftig allein vom russischen Reichstag verabschiedet werden durften. Die finnische Autonomie war damit vernichtet, der Landtag in Helsinki seiner wesentlichen Kompetenzen beraubt. Das erste große Vorhaben der russischen Nationalisten, das auf diese Weise verwirklicht wurde, war das Gleichberechtigungsgesetz von 1912. Es bestimmte, dass russische Untertanen künftig auch ohne Erwerb der finnischen Staatsbürgerschaft alle staatsbürgerlichen Rechte in Finnland genossen. Das Gesetz bot die Handhabe, den Senat und die wichtigsten Behörden mit Russen zu besetzen. Zahlreiche finnische Beamte, die dagegen protestierten, wurden entlassen und zu Gefängnisstrafen verurteilt. Es schien, als sei Finnlands Schicksal besiegelt. Noch unmittelbar vor Ausbruch des Ersten Weltkrieges wurde ein vom Zaren bestätigtes Programm bekannt, das die vollständige Russifizierung des Landes zum Ziel hatte. Doch nur wenige Jahre später, am Ende des Krieges, sollte Finnland zum ersten Mal in seiner Geschichte ein selbstständiger und unabhängiger Staat werden.

Das Erwachen der baltischen Völker

Die drei baltischen Völker der Neuzeit, die Litauer, Letten und Esten, gehörten seit dem ausgehenden 18. Jahrhundert zwar demselben – russischen – Reich an, doch gab es erhebliche, historisch bedingte Unterschiede. Die Esten und meisten Letten lebten unter einer deutschstämmigen adligen und großbürgerlichen Oberschicht, die sich seit der Zeit der Ordensritter im 13. Jahrhundert trotz mehrfachen Wechsels der politischen Zugehörigkeit des Landes nahezu uneingeschränkt behauptet hatte. In den historischen Landschaften Kurland, Livland und Estland hatte sich eine starke Adelsherrschaft ausgebildet mit provinzieller Selbstverwaltung durch die deutschbaltischen Ritterschaften und einer scharf ausgeprägten bäuerlichen Unfreiheit. Auch die Städte hatten ihren deutschen Charakter mit deutscher Ratsverfassung, deutscher Amtsprache und überwiegend deutscher Bevölkerung bewahrt. Die Esten und Letten blieben auf den sozialen Status der Unterschicht beschränkt. Ein individueller sozialer und bildungsmäßiger Aufstieg war zwar möglich, doch war er bis weit ins 19. Jahrhundert hinein mit dem Übergang zum Deutschtum verbunden.

Die Litauer und die Minderheit der Letten, die in dem 1629 polnisch gebliebenen Teil Livlands lebten, sahen sich einer vergleichbaren wirtschaftlichen und geistigen Dominanz der polnischstämmigen oder polonisierten Oberschicht aus grundbesitzendem Adel, hohem Klerus und Bürgertum gegenüber. Allerdings waren diese Gebiete zwischen 1772 und 1795 im Zuge der Polnischen Teilungen einfach dem Russischen Reich einverleibt worden, ohne dass ihnen eine innere Autonomie nach dem Vorbild der übrigen baltischen Territorien zugestanden worden war.

Die Anfänge der nationalen Bewegungen

Der Prozess des nationalen Erwachens setzte zwar zunächst in kleinen, akademisch gebildeten Kreisen ein, doch wurden schon bald die mittelgroßen Bauern in allen drei Völkern zum wichtigsten sozialen Träger der nationalen Bewegung. Dieses Bauerntum entstand erst im Zuge der Agrarreformen des 19. Jahrhunderts. Die persönliche Befreiung der Bauern in Kurland, Livland und Estland zwischen 1816 und 1819 hatte an ihrer sozialen Abhängigkeit vom Güteradel noch wenig geändert, da die Frondienste bestehen blieben und die Bauern das Eigentum an den von ihnen bewirtschafteten Höfen nicht erwerben konnten. In den 1840er Jahren kam es daher zu einer das ganze Land erfassenden bäuerlichen Protestbewegung. Neben Petitionen an den Zaren und gewaltsamen Aktionen griffen die Bauern dabei zu einem besonderen Kampfmittel, dem Glaubenswechsel. Weit über hunderttausend Letten und Esten kündigten der lokalen Obrigkeit ihre Loyalität auf, indem sie von der lutherischen Konfession ihrer adligen Herren zum orthodoxen Glauben des Zaren übertraten. Daraufhin wurde um die Jahrhundertmitte das bisherige System der Fronpacht durch die Geldpacht abgelöst, und nach der allgemeinen Bauernbefreiung im Zarenreich 1861 vollzog sich mit dem Freikauf des Landes der rasche Aufbau eines bäuerlichen Mittelstandes. Bis zum Ausbruch des Ersten Weltkrieges gingen so rund 40 % des landwirtschaftlich genutzten Bodens in das Eigentum lettischer und estnischer Bauern über. Rund zwei Drittel der Landbevölkerung blieben jedoch landlos. Sie arbeiteten auf den Gütern des Adels, dem immer noch mehr als die Hälfte des Bodens gehörte.

Das Jahr 1861 bezeichnet auch für den größten Teil Litauens den Beginn der Entstehung eines freien Bauerntums. Da die zaristische Regierung den polnischen Adligen besonders misstrauisch gegenüberstand, wurden bei der Landreform die Bauern bevorzugt. So entstand in Litauen eine bäuerliche Agrarstruktur, wie sie sonst in ganz Russland ohne Beispiel war. Die Bewohner des südwestlichen Zipfel Litauens, der 1795 an Preußen und 1807 an das neugegründete Herzogtum Warschau gefallen war, hatten dagegen bereits von den Agrarreformen in der napoleonischen Zeit profitiert.

Wie in Finnland entwickelte sich das nationale Bewusstsein auch im Baltikum über die Entdeckung und Wertschätzung der eigenen Volksdichtung. Die von Deutschland ausgehende romantische Idee der Nation mit ihrer starken Betonung der Sprache kam also auch hier zum Tragen, zunächst vermittelt durch die deutschsprachige baltische Universität Dorpat, wo sich in der Mitte des 19. Jahrhunderts estnische und lettische Studentenzirkel bildeten.

Johann Gottfried Herder, der wichtigste geistige Wegbereiter der romantischen Volksidee, hatte zwischen 1764 und 1769 sogar an der Domschule zu Riga gelehrt. Von ihm angeregt, waren es lutherische Pastoren gewesen, die als erste mit der Sammlung estnischer und lettischer Volksmärchen und -lieder begonnen hatten. So konnten die Bewegungen der «Jungesten» und «Jungletten» bei ihrem Bemühen, sich von der deutschbaltischen Vorherrschaft zu befreien, gerade auch auf Vorarbeiten aufbauen, die von der Seite der Baltendeutschen her geleistet worden waren.

Was für die finnische Nationalbewegung das Kalevala-Epos war, wurde für die Esten die mythisch-märchenhafte Liedsammlung Kalevipoeg, zwanzig lange Gesänge mit insgesamt 18 000 Versen um den Riesen Kalevipoeg (Sohn des Kalev). Um 1840 hatten Mitglieder der «Estnischen Gesellschaft» diese Sagen im Volk gesammelt, ehe der Arzt Friedrich Reinhold Kreutzwald 1857 die erste Druckfassung herausgab. Die Veröffentlichung dieses Epos gilt als Geburtsstunde einer eigenständigen estnischen Literatur. Eine vergleichbare Bedeutung hatte auf lettischer Seite die Sammlung der Volkslieder unter der Leitung von Krisjanis Barons. Entsprechend wurden auch die ersten gesamtestnischen und -lettischen Sängerfeste, 1869 in Dorpat und 1873 in Riga abgehalten, zu Kundgebungen des sich entwickelnden Nationalbewusstseins.

Russifizierung und sozialer Protest

In Litauen wurde die Bedeutung der eigenen Sprache für das nationale Erwachen noch durch einen speziellen Umstand verstärkt. Denn nachdem die Litauer sich in starkem Maße am polnischen Aufstand von 1863 beteiligt hatten, kam es als staatliche Reaktion zu einer massiven Russifizierung. Der Gebrauch der russischen Sprache wurde für alle Bereiche des öffentlichen Lebens einschließlich des Schulwesens vorgeschrieben, Katholiken wurden von der Beschäftigung im Staatsdienst ausgeschlossen und 1864 wurde auch der Druck litauischer Bücher in lateinischer Schrift verboten; Litauisch sollte fortan in kyrillischen Buchstaben geschrieben werden. Doch gerade die zuletzt genannte Zwangsmaßnahme bewirkte das Gegenteil des Beabsichtigten, denn sie regte das Bewusstsein für die eigenständige litauische Kultur besonders an. Das ostpreußische Grenzland längs der Memel mit dem Mittelpunkt Tilsit, in dem eine beträchtliche litauischsprachige Minderheit lebte, wurde nun zum Zentrum einer ausgedehnten Produktion von litauischen Druckwerken aller Art, die von Bücherträgern über die nahe Grenze geschmuggelt wurden. In Tilsit wurde 1879 auch die «Litauische Literarische Gesellschaft» gegründet, die sich der Erforschung von Sprache und Volkstum widmete.

Die Stadt an der Memel, die sich in diesen Jahrzehnten zum eigentlichen geistigen Zentrum Litauens entwickelte, war auch Druckort der von 1883 bis 1886 erscheinenden Zeitschrift Ausra (Morgenröte), die zum wichtigsten Medium der aufkommenden litauischen Nationalbewegung wurde. Sowohl die Zeitschrift als auch die Bewegung selbst waren eng verbunden mit dem Arzt Jonas Basanavicius, der damals in Bulgarien praktizierte. In Volksmärchen, dem alten Liedgut und in der romantisch verklärten Geschichte des mittelalterlichen Litauens wurden die eigenen nationalen Wurzeln gesucht.

Während die litauische Nationalbewegung damit in Opposition zum russischen Nationalismus entstand, hatten die Letten und Esten zunächst durchaus auf ein Bündnis mit nationalrussischen Kreisen gegen die regionale Vorherrschaft der Baltendeutschen gesetzt. Tatsächlich gaben Reformen unter Zar Alexander II. den Letten und Esten erstmals gewisse Möglichkeiten, Anteil an der kommunalen Verwaltung der Städte zu gewinnen. Doch als unter Alexander III. das bislang ständische Justiz- und Polizeiwesen und das ländliche Volksschulwesen verstaatlicht wurden, war dies nicht mit der erhofften Aufwertung der estnischen und lettischen Sprache, sondern mit der Russifizierung dieser Institutionen verbunden. Die neue russische Amtssprache verdrängte nicht nur das Deutsche, sondern auch Lettisch und Estnisch aus Behörden und Schulen. Auch die Universität Dorpat wurde 1889 russifiziert und in Jurjew umbenannt.

In den baltischen Ostseestädten vollzog sich seit der Einführung der Gewerbefreiheit 1866 ein rapider Wandel. Die Industrialisierung und der Anschluss ans Eisenbahnnetz ließen den deutschen Bevölkerungsanteil schnell und stetig sinken. Während in Riga, dem wichtigsten russischen Ostseehafen, eine national heterogene Fabrikarbeiterschaft die Bevölkerungsstruktur bestimmte, stellten im allgemeinen jetzt die Esten und Letten nicht nur den größten Teil der Einwohnerschaft, sie wurden auch wirtschaftlich zum bestimmenden Faktor. So wie in Reval 1904 gingen die kommunalen Selbstverwaltungen daher seit dem Beginn des 20. Jahrhunderts allgemein aus den Händen der Deutschbalten in die der Esten und Letten über. Nur die Ritter-

und Landschaften, die Korporationen der Großgrundbesitzer, blieben als Träger der Provinzial-Selbstverwaltung ein letzter Hort der Baltendeutschen.

Die russische Revolution von 1905 hatte in Estland und Livland eine ihrer wichtigsten regionalen Zentren. Erstmals wurde hier neben politischen und sozialen Zielsetzungen auch die Forderung nach nationaler Autonomie laut. Von den Städten, wo bei den Unruhen bereits die steuernde Hand der Sozialdemokraten sichtbar wurde, sprang der Funke auf das Land über. Der Hass der landlosen Esten und Letten auf die baltischen Barone entlud sich in einer Welle der Gewalt. Hunderte von Guts- und Pfarrhäusern gingen in Flammen auf, und erst der Einsatz von Militär, das mit Strafexpeditionen und Standgerichten gegen die Aufständischen vorging, setzte dem Aufruhr ein Ende.

Auch in Litauen machte sich 1905 die revolutionäre Stimmung bemerkbar, wenngleich die Ereignisse weniger dramatisch als bei den nördlichen Nachbarn verliefen. Im Herbst versammelten sich in der alten Hauptstadt Wilna zweitausend litauische Vertreter aus allen Bereichen des politischen Lebens zum Großen Litauischen Landtag, der unter der Leitung des eben zurückgekehrten Jonas Basanavicius stand. Der Kongress verabschiedete eine Entschließung, in der erstmals die Errichtung eines autonomen litauischen Staatswesens gefordert wurde.

Auch wenn das Autonomiebegehren ungehört blieb, schuf das Oktobermanifest des Zaren doch im gesamten Baltikum die Grundlage für einen Aufschwung des nationalen Lebens. Mit der Liberalisierung der Presse- und Vereinsgesetze blühte das Zeitungs- und Verlagswesen auf, wurden Theater, Museen, politische und kulturelle Vereinigungen gegründet. Die Russifizierungspolitik schwächte sich ab. Bereits 1904 war das Verbot litauischer Druckwerke in lateinischer Schrift aufgehoben worden. Zumindest in den Volksschulen konnte wieder auf Estnisch, Lettisch und Litauisch unterrichtet werden und auch die Gründung höherer muttersprachlicher Privatschulen wurde gestattet. Auch legale politische Parteien entstanden nun, doch blieben sie auf die russischen Mutterparteien bezogen. Wie in Finnland, so sollte auch in den baltischen Ländern erst der 1914 ausbrechende Weltkrieg ganz neue Perspektiven für die Nationalbewegungen eröffnen.

10.
Die Ostsee im Zeitalter der Weltkriege

Zeittafel

1914–1918	Erster Weltkrieg
1914	Schlacht von Tannenberg
1917	Revolution in Russland
1917	Finnland erklärt sich für unabhängig
1918	Friede von Brest-Litowsk
1918	Unabhängigkeit der baltischen Republiken
1918	Novemberrevolution in Deutschland
1918	Wiedergründung Polens
1919	Versailler Vertrag, Pommerellen fällt an Polen, Danzig wird Freie Stadt
1920	Teilung Schleswigs zwischen Dänemark und Deutschland
1922	Wilna fällt an Polen
1923	Litauen annektiert das Memel-Gebiet
1926	Staatsstreich Pilsudskis in Polen
1929	Beginn der Weltwirtschaftskrise
1929	Lapua-Bewegung in Finnland
1933	Machtergreifung der NSDAP
1937	Ende der Lübecker Eigenstaatlichkeit
1939–1945	Zweiter Weltkrieg
1939	Hitler-Stalin-Pakt
1939–1940	Sowjetisch-finnischer Winterkrieg
1940	Annexion der baltischen Republiken durch die Sowjetunion
1940	Besetzung Dänemarks durch Deutschland
1941	Sowjetisch-finnischer Fortsetzungskrieg
1941	Deutscher Angriff auf die Sowjetunion
1941	Beginn der Judenvernichtung
1943	Absetzung der dänischen Regierung, dänischer Widerstand organisiert sich
1944	Finnland schließt Waffenstillstand
1944–1945	Flucht der deutschen Bevölkerung vor der Roten Armee
1945	Bedingungslose Kapitulation Deutschlands

Der Erste Weltkrieg

Der Erste Weltkrieg, der in den ersten Augusttagen 1914 mit jubelnd aus-
rückenden Soldaten begann, führte das Ende des alten Europa herbei. Die
politischen Umwälzungen, die wirtschaftlichen Veränderungen und nicht
zuletzt auch die geistigen Auswirkungen kamen einer Revolutionierung
der gesamten bisherigen Ordnung gleich. Auch wenn dieses Ergebnis alles
andere als beabsichtigt war, ist der Vorkriegszustand doch vielfach als eine
bedrängende Sackgasse empfunden wurde, die der Krieg gewaltsam zu
öffnen versprach. Unter den führenden Politiker in allen unmittelbar beteiligten Ländern war deshalb der Wille, den Frieden zu erhalten, geringer
ausgeprägt als der Wunsch, sich mit einem militärischen «Befreiungs-
schlag» der außen- und innenpolitischen Probleme zu entledigen. In vergleichbarer Weise löste der Kriegsausbruch auch in weiten Kreisen der
Bevölkerung eine Aufbruchstimmung auf, die allerdings bald tiefer Er-
nüchterung Platz machte.

Seekrieg in der Ostsee

Während des mehr als vierjährigen militärischen Ringens zwischen den
Mittelmächten und den Alliierten war die Ostsee nur ein Nebenkriegsschau-
platz. Obwohl die russische Flotte in der nördlichen Ostsee über starke Verbände verfügte und auch die deutsche Seite über den Kaiser-Wilhelm-Kanal
rasch Einheiten der Hochseeflotte in die Ostsee verlegen konnte, scheuten
beide Seiten ein direktes Aufeinandertreffen ihrer Großkampfschiffe. Für
die deutsche Marine bestand allerdings auch keine Notwendigkeit, eine
Schlachtentscheidung zu suchen, da sie ohnehin die Vorherrschaft in der
Ostsee besaß.

Die englische Flotte machte ebenfalls keinen Versuch, diese Dominanz
zu brechen. Bereits in den ersten Augusttagen hatte die deutsche Marine damit begonnen, die Ostseeausgänge zu verminen. Daraufhin beschloss die dänische Regierung, den Großen Belt selbst mit Minen gegen beide kriegfüh-

rende Parteien zu sperren, was sich angesichts des offenen Schifffahrtsweges über den Nord-Ostsee-Kanal hauptsächlich gegen England richtete. Zu der von der britischen Regierung Ende 1914 geplanten Landung in Schleswig-Holstein, mit der Dänemark auf alliierter Seite in den Krieg gezwungen und die Seeverbindung zu Russland geöffnet werden sollte, kam es nicht, da die eigenen Militärs das Risiko für zu groß hielten.

Für das Deutsche Reich war die Kontrolle über die Ostsee deshalb so wichtig, weil sie Sicherheit für die schwedischen Erzlieferungen brachte, auf die die Rüstungsindustrie notwendig angewiesen war. Englische U-Boote und russische Minen bedeuteten zwar eine Gefahr für diese Transporte, doch verhindern ließen sie sich dadurch nicht. Jeden Tag machten sich etwa sechs bis acht Erzdampfer, zu einem Geleitzug unter deutschem Schutz formiert, von Schweden aus auf den Weg zu den deutschen Ostseehäfen.

Die Schlacht von Tannenberg

Der Landkrieg im Osten begann mit einer Offensive des russischen Heeres, das wegen seiner zahlenmäßigen Stärke, aber auch wegen seiner Schwerfälligkeit von der deutschen Seite halb respektvoll, halb abfällig als «Dampfwalze» bezeichnet wurde. Bereits Mitte August überschritten zwei getrennt voneinander operierende russische Armeen die Grenze nach Ostpreußen. Da der Oberbefehlshaber der dort stationierten deutschen Truppen sich der Lage nicht gewachsen zeigte, wurde er schon nach wenigen Tagen durch Paul von Hindenburg abgelöst, den man aus den Ruhestand geholt hatte. Ihm zur Seite stellte man als Generalstabschef Erich Ludendorff, auf den in der Folgezeit die wesentlichen strategischen und taktischen Entscheidungen zurückgingen. Ende August gelang es durch entschlossene Konzentration aller Kräfte, die eine der beiden russischen Armeen einzuschließen und zu vernichten. Nach einem weiteren Erfolg über die zweite russische Armee eine gute Woche später war damit Ostpreußen erst einmal der größten Gefahr entronnen, wenngleich noch nicht vor russischen Angriffen gesichert.

Auf Vorschlag Hindenburgs wurde die viertägige Schlacht mit dem Namen der Ortschaft Tannenberg verbunden, um damit die Niederlage des Deutschen Ordens ein halbes Jahrtausend zuvor, im Jahr 1410, symbolisch umzukehren. Und wie die mittelalterliche Schlacht, so wurde auch der triumphale Sieg im August 1914 zu einem Mythos. In dem Gespann Hindenburg-Ludendorff verkörperte sich von nun für die deutsche Öffentlichkeit «immer stärker der Glaube an die Unüberwindlichkeit des eigenen Heeres,

Zur Erinnerung an den triumphalen Sieg über die russische Armee wurde 1927 in Ostpreußen das monumentale Tannenberg-Nationaldenkmal errichtet.

die Hoffnung auf den Sieg» (KIELMANNSEGG, S. 53). Bereits im November 1914 wurde Hindenburg mit Ludendorff als Stabschef zum Oberbefehlshaber aller deutschen Truppen im Osten ernannt. Je weniger die tatsächliche militärische Lage noch Aussichten auf einen Sieg bot, um so mehr klammerte man sich an die vermeintlichen Retter in der Not, bis ihnen schließlich im August 1916 die Oberste Heeresleitung übertragen wurde.

Im Februar 1915 brachte die Winterschlacht in Masuren die endgültige Befreiung Ostpreußens. Die russische Armee wurde nun auf der gesamten Ostfront in die Defensive gedrängt. Zwischen Mai und August des gleichen Jahres ging ganz Kurland an den deutschen Gegner verloren. Erst an der Düna kam der Angriff zum Stehen, denn Russland setzte alle Kraft ein, um Riga mit seinen kriegswichtigen Industriebetrieben zu schützen. Auch den mit Minen gegen die Ostsee gesperrten Rigaer Meerbusen beherrschte weiter die russische Marine. Dagegen konnte im Laufe des Sommers auch ganz Polen und Litauen von den deutschen Armeen erobert werden, ehe der Angriff im September zum Stehen kam. Zwei Jahre hindurch, bis zum September 1917, lagen sich die deutschen und russischen Truppen nun quer durch das Baltikum im zermürbenden Stellungskrieg gegenüber.

Dänemark und Schweden blieben ihrer schon ein Jahrhundert lang verfolgten Neutralitätspolitik auch im Ersten Weltkrieg treu. Angesichts der übermächtigen Nachbarn im Westen, Süden und Osten, nämlich England, Deutschland und Russland, hielt man es für am klügsten, möglichst gleichen Abstand zu allen Seiten zu wahren. Deutschland versuchte mehrmals vergeblich, wenigstens Schweden als Verbündeten gegen Russland zu gewinnen. Weil auch der Zar einen solchen Anschluss fürchtete, steuerte im August 1914 bereits ein russischer Flottenverband auf Gotland zu, drehte aber auf Weisung aus St. Petersburg wieder ab. Im Dezember 1914 trafen sich auf Initiative des schwedischen Königs Gustav V. die Herrscher der drei nordischen Königreiche mit ihren Außenministern in Malmö, um den gemeinsamen Willen zur Aufrechterhaltung der Neutralität zu unterstreichen.

Dennoch wurden auch die neutralen Länder, je länger der Krieg dauerte, immer stärker von seinen Auswirkungen in Mitleidenschaft gezogen. Da Deutschland und England für Dänemark und Schweden die wichtigsten Handelspartner waren, wurden die beiden skandinavischen Länder auch von der britischen Seeblockade und dem deutschen U-Bootkrieg schwer getroffen. Bis zum Kriegsende verlor die dänische Handelsflotte 305, die schwedische 280 Schiffe. Der Mangel an bestimmten Rohstoffen und Lebensmitteln führte zu starken Produktionseinschränkungen in der Industrie und vor allem in Schweden auch zu fühlbaren Engpässen in der Nahrungsversorgung. Im März 1916 vereinbarten Dänemark, Schweden und Norwegen deshalb einen intensivierten innerskandinavischen Warenaustausch, bei dem Dänemark hauptsächlich Lebensmittel, Schweden Produktionsgüter und Norwegen Fisch und Düngemittel lieferte.

Vor allem seit dem Kriegseintritt der USA im Frühjahr 1917 nutzten die Alliierten ihr überlegenes ökonomisches Potential, um wirtschaftlichen Druck auf die neutralen Länder auszuüben. Um dringend benötigtes Getreide und Düngemittel zu erhalten, vermietete Schweden im Frühjahr 1918 daher fast die Hälfte seiner Schiffstonnage an die Ententemächte und stimmte gleichzeitig zu, die Erzausfuhren nach Deutschland erheblich zu drosseln. So gelang es dem Land mit einigen Zugeständnissen, die Neutralität bis Kriegsende zu bewahren.

Im Dezember 1916 bemühte sich die schwedische Diplomatie erfolglos um die Anbahnung von Friedensverhandlungen zwischen den Kriegsgegnern. Auch einzelne Persönlichkeiten wie der Erzbischof von Uppsala, Nathan Söderblom, versuchten vergeblich, für den Frieden zu wirken. Praktische Hilfe leistete die Tochter des schwedischen Gesandten in St. Petersburg, Elsa Brändström. Als «Engel von Sibirien», wie sie bald genannt wurde, war sie unermüdlich für die deutschen Kriegsgefangenen in Russland tätig. Auch Selma Lagerlöf, die Autorin des «Nils Holgersson», setzte sich mit großem Engagement für die Kriegsgefangenen ein.

Die Revolution in Russland

Die Zarenherrschaft erlebte während des Krieges einen dramatischen Verfall ihrer Autorität. Weit stärker als die militärischen Niederlagen an der Front wirkte sich dabei die Unfähigkeit der Regierung aus, der kriegsbedingten Probleme im Innern Herr zu werden. Es gelang weder, die Rüstungsproduktion effizient zu organisieren, noch die Lebensmittelversorgung der großen Städte und Industriezentren zu gewährleisten. Missmanagement, Intrigen, Korruption und persönliche Bereicherung kamen in immer neuen Skandalen zum Vorschein und diskreditierten eine politische Ordnung, in der der Zar eine nach wie vor nur wenig eingeschränkte Selbstherrschaft ausübte.

Die strukturelle Schwäche des Systems zeigte sich in dem unheilvollen Einfluss, den der machtgierige und skrupellose Abenteurer Rasputin auf die russische Politik nehmen konnte, weil die Zarin Alexandra in ihm einen gottgesandten Wundermann sah. Als der Zar 1915 selbst den Oberbefehl über die Armee übernahm, ins Hauptquartier abreiste und seiner Frau in Petrograd faktisch die Leitung der Innenpolitik überließ, wurde Rasputin als ihr engster Berater einer der mächtigsten Männer des Zarenreiches. Eine hochkonservative Verschwörergruppe entschloss sich schließlich, den «Schandfleck der Monarchie» gewaltsam zu beseitigen. Im Dezember 1916 wurde Rasputin im eiskalten Wasser der Newa ertränkt, nachdem zunächst weder Gift noch Pistolenkugeln seinem Leben ein Ende hatten setzen können.

Zar Nikolaus ließ die Verschwörer, zu denen sein Cousin und der Mann seiner Nichte gehörten, ungeschoren davonkommen, verschärfte aber gleichzeitig mit der Ernennung neuer Minister die reaktionäre Linie seiner Politik. Die tatsächlichen Probleme blieben ungelöst. Anfang 1917 brach die Lebensmittelversorgung von Petrograd, Moskau und weiterer großer Städte zusammen. Aus einem Streik im wichtigsten Petrograder Rüstungsbetrieb, den Putilov-Werken, und einem Auflauf der Frauen, die in den Schlangen vor den leeren Lebensmittelläden standen, entwickelte sich ab dem 23. Februar (8. März westlichen Stils) eine spontane Volksbewegung in Petrograd, die die Regierung trotz des Einsatzes bewaffneter Kräfte nicht mehr unter Kontrolle brachte. Das in der Stadt liegende Militär, das zunächst noch auf die Demonstranten geschossen hatte, verbrüderte sich ab dem 26. Februar mit den Aufständischen, die damit die russische Hauptstadt in ihre Hände bekamen. Zwei Tage später brach auch in Moskau die Revolution aus. Am 2. März dankte Zar Nikolaus II. resigniert zu Gunsten seines Bruders Michael ab, doch auch er erklärte unter dem Druck der Ereignisse am folgenden Tag seinen Thronverzicht. Die dreihundertjährige Herrschaftszeit der Romanows war zu Ende.

Die Februarrevolution führte allerdings nicht zu eindeutigen Machtverhältnissen in Russland. Der von einem Duma-Komitee ernannten Provisorischen Regierung, die konservativ-liberal ausgerichtet war, stand der aus der Revolution hervorgegangene Petrograder Arbeiter- und Soldatenrat gegenüber. So bildete sich eine zunächst von beiden Seiten akzeptierte Doppelherrschaft aus. Als Bindeglied fungierte Alexander Kerenskij, ein gemäßigter Sozialist, der von dem Petrograder Sowjet als Vertrauensmann in die Regierung entsandt wurde.

Auch die neue russische Führung hielt ungeachtet der überwältigenden Friedenssehnsucht der Massen daran fest, den Krieg bis zum Sieg der Alliierten fortzusetzen. An dieser Haltung änderte sich auch nichts, als Ende April weitere führende Vertreter der linken Parteien in das Kabinett eintraten. Die einzige russische Partei, die von Anfang an kompromisslos gegen den Krieg agitiert hatte, waren die Bolschewisten gewesen. Deren Führer, Wladimir Iljitsch Lenin, der seit 1907 im Schweizer Exil lebte, reiste im April in einem von der deutschen Obersten Heeresleitung zur Verfügung gestellten Zug zunächst ins neutrale Schweden und von dort weiter nach Petrograd. General Ludendorff hoffte, dass Lenin in Russland mit seinen Aktivitäten zum Zusammenbruch des Kriegsgegners beitragen werde. So bahnte ausgerechnet die konservative militärische Spitze des Reiches dem Siegeszug des Kommunismus in Russland den Weg.

Unterdessen versagte die russische Provisorische Regierung bei der Lösung der beiden drängendsten innenpolitischen Probleme des Landes, der Lebensmittelversorgung der großen Städte und der Landreform. Weil die geplante Neuregelung der ländlichen Verhältnisse auf sich warten ließ, griffen immer mehr Bauern zur Selbsthilfe und besetzten das Land der Gutsherren. Massenweise desertierten auch die Soldaten, um die Aufteilung des Landes in ihren Heimatorten nicht zu verpassen. Unter diesen Umständen gewannen die Bolschewisten mit ihren beiden zentralen Losungen «Brot, Land und Frieden» und «Alle Macht den Räten» immer mehr Zulauf.

Im Juni ließ Kerenskij, der inzwischen zum Kriegsminister ernannt worden war, die erschöpfte Armee noch einmal zu einer Offensive antreten, die nach kleinen Anfangserfolgen schnell scheiterte. Im Gegenstoß konnten die deutschen Truppen Anfang September Riga einnehmen und im folgenden Monat auch die vor der estnischen Küste liegenden Inseln Dagö und Ösel besetzen.

Die Position der Provisorischen Regierung wurde so immer schwächer. Im Juli hatte sich der Petrograder Sowjet bei einem spontanen Aufstandsversuch enttäuschter Arbeiter, der von den Bolschewisten nicht gewollt, aber dann unterstützt worden war, noch hinter sie gestellt. Lenin hatte damals nochmals aus Petrograd fliehen müssen und hielt sich in Finnland verborgen. Im September aber verfügten die Bolschewisten bereits über die Mehrheit im Rat und konnten damit einen der ihren, Leo Trotzkij, zu seinem Vorsitzenden wählen. Als sich die Regierung Kerenskij im Oktober schließlich entschloss, mit zaghaften Maßnahmen gegen die zunehmende Macht der Bolschewisten vorzugehen, begriffen diese das als Signal für den eigenen Staatsstreich.

In der Nacht vom 24. auf den 25. Oktober (6./7. November westlichen Stils) besetzten sowjettreue Truppen und Rotgardisten alle wichtigen Punkte in Petrograd. Die Kriegsschiffe der Ostseeflotte richteten ihre Kanonen auf das Winterpalais, um die dort versammelten Minister zur Aufgabe zu zwingen. Am frühen Morgen des 26. Oktober war klar, dass die russische Hauptstadt sich fest in der Hand der Bolschewisten befand. Bei ihren ersten Maßnahmen griffen die neuen Machthaber geschickt die zentralen Forderungen der Masse der Bevölkerung auf. Der 2. Allrussische Sowjetkongress, auf dessen Mehrheit sich die neue Regierung stützen konnte, beschloss noch am gleichen Abend, Deutschland einen sofortigen Friedensschluss anzubieten und den Großgrundbesitz zugunsten der Bauern zu enteignen.

Am 15. Dezember trat der Waffenstillstand zwischen Deutschland sowie Österreich-Ungarn auf der einen und Russland auf der anderen Seite in Kraft, und am 20. Dezember begannen die Friedensverhandlungen. Die Mittelmächte diktierten dabei die Bedingungen. Als die sowjetrussische Seite aus Protest die Verhandlungen vorübergehend abbrach, rückten die deutschen Truppen als Sanktion weiter vor und besetzten auch das nördliche Livland und ganz Estland. In dcm am 13. März 1918 unterzeichneten Frieden von Brest-Litowsk musste Russland dann auch offiziell auf die baltischen Länder Estland, Livland, Kurland und Litauen verzichten, dazu auf Polen und die Ukraine. Doch die sowjetische Seite unterschrieb den Vertrag mit den für sie demütigenden Bedingungen in der Erwartung, dass er durch die baldige Weltrevolution rasch gegenstandslos werden würde.

Der noch unmittelbar vor Beginn des Weltkrieges bekannt gewordene Plan des Zaren, Finnland vollständig zu russifizieren, löste im Land die schlimmsten Befürchtungen aus. So gingen studentische Führer im Herbst 1914 dazu über, den bewaffneten Aufstand vorzubereiten. Unterstützung fanden sie dabei sowohl bei Teilen der bürgerlichen Parteien als auch bei der revolutionär gesinnten Sozialdemokratie. Zum willkommenen Bündnispartner wurde unter diesen Umständen der Kriegsgegner Russlands, das Deutsche Kaiserreich. Es erklärte sich bereit, militärische Ausbildungshilfe zu leisten. Aus 2000 jungen Finnen, die über Schweden nach Deutschland gelangt waren, wurde das 27. preußische Jägerbataillon gebildet, das später an der baltischen Front eingesetzt wurde.

Doch wie schon 1905 kam der entscheidende Umschwung wieder von außen durch eine Revolution. Die Provisorische Regierung, die nach der Februarrevolution von 1917 in Petrograd an die Macht kam, hob alle seit 1910 gegen die finnischen Sonderrechte gerichteten gesetzlichen Bestimmungen auf und stellte die alte Autonomie wieder her. Aber in Finnland dachten viele jetzt an mehr, an die Unabhängigkeit.

Da die wichtigste Klammer zwischen Russland und Finnland mit dem Sturz des Zaren entfallen war, stellte sich auch völkerrechtlich die Frage, ob die alten Herrschaftsrechte des Zaren in Bezug auf Finnland einfach auf die neuen Machthaber in Russland übergegangen seien. Finnland beschritt vorerst einen Mittelweg. Im Juli 1917 beschloss der Landtag das Gewaltengesetz, in dem er sich selbst zum Träger der obersten Gewalt in Finnland erklärte und nur noch Außenpolitik und Heerwesen der Regierung in Petrograd überließ. Die russische Regierung unter Kerenskij erkannte das Gesetz allerdings nicht an und löste im Gegenzug den Landtag in Helsinki auf.

Unterdessen verschärften sich die sozialen Spannungen in Finnland. Lebensmittelmangel, Arbeitslosigkeit, die revolutionäre Situation in Russland und schließlich die Niederlage der Sozialisten bei den vorgezogenen Parlamentswahlen schufen eine explosive Lage. Schon gab es zwei Privatarmeen im Land, die sich drohend gegenüberstanden: die «Weiße Garde» des bürgerlichen Lagers, die ursprünglich gegründet worden war, um das russische Militär bei nächster Gelegenheit aus dem Land zu vertreiben, und die «Roten Garden», die die revolutionären Sozialisten gegen den Willen des parlamentarischen Flügels der Arbeiterbewegung aufgestellt hatten.

Seit der russischen Oktoberrevolution Anfang November 1917 überschlugen sich die Ereignisse. Die Bürgerlichen drängten jetzt auf eine schnelle Lösung von Russland, um nicht in den Strudel der bolschewisti-

Nach der Eroberung Helsinkis im Mai 1918 werden General Mannerheim, dem Führer der Weißen Garde, beim Einzug in die Stadt Blumen überreicht.

schen Revolution hineingezogen zu werden. Am 6. Dezember, der bis heute in Finnland als Nationalfeiertag begangen wird, erklärte das Parlament einseitig die Unabhängigkeit des Landes. Erst auf Drängen Deutschlands, das immer mehr in die Rolle einer Schutzmacht hineinwuchs, reiste der finnische Regierungschef Svinhufvud nach Petrograd, um die offizielle Zustimmung der herrschenden Bolschewisten zur Trennung von Russland zu erlangen. Sie erfolgte am Silvesterabend 1917. Finnland war zum ersten Mal in seiner Geschichte ein selbstständiger Staat.

Aber immer noch standen in großer Zahl russische Truppen im Land. Die finnische Regierung ernannte im Januar den ehemaligen zaristischen General Carl Gustav von Mannerheim zum Oberbefehlshaber einer neugegründeten Armee, die sich hauptsächlich aus Angehörigen der bisherigen Weißen Garde zusammensetzte. Mannerheim, der aus einer adligen Familie schwedischer Herkunft stammte und die meiste Zeit seines Lebens in russischen Diensten gestanden hatte, sprach nur schlecht Finnisch. Es gelang ihm jedoch schnell, die Sympathien der einfachen finnischen Landbevölkerung zu erringen und zum Nationalhelden des «weißen» Finnland zu werden. Am 28. Januar, dem gleichen Tag, an dem Mannerheim den Angriff auf die russischen Truppen in Ostbottnien eröffnete, brach in Helsinki der Aufstand der Roten Garden aus. Während die russischen Garnisonen rasch kapitulierten, konnten sich die revolutionären Sozialisten vorerst behaupten. So war der Süden Finnlands mit den wichtigen Industriezentren in den Händen der «Roten», während die Mitte und der Norden sich unter der Kontrolle der «Weißen» befand. Erst ein deutsches Hilfskorps, die im April 1918 unter General Rüdiger von der Goltz in Finnland gelandete «Ostseedivision», brachte den «Weißen» das Übergewicht. Im Mai fiel Helsinki nach wochenlangem Kampf. Viele Kriegsverbrechen auf beiden Seiten schlugen Wunden, die nur langsam heilten.

Noch hatte Finnland kein Staatsoberhaupt. Nach dem Ende des Bürgerkriegs sehnten sich viele nach einer Monarchie, um dem Staatswesen eine feste Ordnung zu geben. Der bisherige Regierungschef Svinhufvud wurde vom finnischen Reichstag unter Berufung auf die Grundgesetze Gustavs III. zum Reichsverweser gewählt, und man schaute sich nach einem geeigneten Thronkandidaten um. Der Blick fiel zunächst auf Oskar, einen Sohn des deutschen Kaisers Wilhelm II., aber der Kaiser lehnte ab. So eng wollte er seine Dynastie nicht mit Finnland verbunden sehen, dessen Zukunft keineswegs sicher schien. Im Oktober 1918 bot der finnische Reichstag schließlich dem Prinzen Friedrich Karl von Hessen die Königskrone an. Die Niederlage Deutschlands im Ersten Weltkrieg, die mit dem Waffenstillstand am 11. November besiegelt wurde, entzog dem Unternehmen jedoch schon unmittelbar darauf seine Grundlage, und der Prinz lehnte die Annahme der Krone ab. Neuer Reichsverweser wurde der konservative Mannerheim, doch bei den Parlamentswahlen im März 1919 gewannen die republikanisch gesinnten Parteien die große Mehrheit der Sitze. Mit der im Juli des gleichen Jahres angenommenen Verfassung wurde Finnland Republik und der Rechtsprofessor Kaarlo Juho Ståhlberg, ein Mitglied der bürgerlichen Fortschrittspartei, bald darauf zu seinem ersten Präsidenten gewählt.

Revolution in Deutschland

Nach dem Sieg im Osten versuchte Deutschland im Frühjahr 1918 auch im Westen den militärischen Durchbruch zu erzwingen. Doch dazu reichten die Kräfte nicht aus. Ab Juli drängten die alliierten Armeen die deutsche Front

Einlaufen der U-Boote in den Kriegshafen von Kiel Ende November 1918. Von Kiel ging ab dem 5. November die Revolution aus, die zum Sturz der Monarchie in Deutschland führte.

immer weiter zurück, und im September musste die Oberste Heeresleitung eingestehen, dass der Krieg verloren war. Die undankbare Aufgabe, einen Waffenstillstand abzuschließen, überließen die Militärs der neuen Regierung unter dem Prinzen Max von Baden, die erstmals auf parlamentarischer Grundlage gebildet wurde. Während sich das Reichskabinett bemühte, durch Notenwechsel mit dem amerikanischen Präsidenten halbwegs erträgliche Waffenstillstandsbedingungen zu erhalten, beschloss die Marineführung hinter dem Rücken der Regierung, die gesamte Hochseeflotte zu einer letzten Unternehmung gegen England auslaufen zu lassen. Dagegen wehrten sich am 30. Oktober in Wilhelmshaven die Matrosen mehrerer Großkampfschiffe, indem sie den Gehorsam verweigerten. Die meuternden Besatzungen ergaben sich schließlich, die Anführer wurden verhaftet, aber die Admiräle gaben ihren Plan auf und beorderten die Schiffe in ihre Heimathäfen zurück.

Die Matrosen des Geschwaders, das am 1. November in Kiel einlief, suchten sofort den Kontakt mit den örtlichen Marineeinheiten, den Gewerkschaften und den beiden sozialdemokratischen Parteien, um gemeinsam die Freilassung der gefangenen Kameraden zu erreichen. Als am 3. November auf einen Demonstrationszug das Feuer eröffnet wurde und es dabei sieben

Ansprache von Gustav Noske (Kreuz) an die heimkehrenden U-Boot-Besatzungen. Der SPD-Reichstagsabgeordnete war ab dem 7. November Gouverneur von Kiel.

Tote gab, eskalierten die Ereignisse. Der Protest schlug in eine Revolte um, die Arbeiter der großen Werften traten in den Streik, die Matrosen bewaffneten sich, und dem Kieler Gouverneur, der die höchste zivile und militärische Kommandogewalt innehatte, entglitten die Machtmittel. Am 5. November war die ganze Stadt in den Händen der Arbeiter und Matrosen. Ihr unmittelbares und wichtigstes Ziel war die sofortige Beendigung des Krieges, aber auch unklare Vorstellungen von einer grundlegenden Veränderung der bisherigen politischen und sozialen Ordnung schwangen mit.

Bereits am Abend des 4. November war der sozialdemokratische Reichstagsabgeordnete Gustav Noske in Kiel eingetroffen. Er sollte im Auftrag der Reichsregierung die Lage sondieren. Noske ließ sich am nächsten Tag zum Vorsitzenden des Kieler Soldatenrates wählen, um die spontane Massenbewegung in den Griff zu bekommen. Mit der Übernahme des Gouverneurspostens, die am 7. November erfolgte, konnte er darüberhinaus auch die zivile Verwaltung steuern. So gelang es Noske binnen weniger Tage, die Situation in Kiel zu beruhigen und in geordnete Bahnen zu lenken.

Unterdessen sprang die Aufstandsbewegung der Soldaten und Arbeiter allerdings bereits wie ein Lauffeuer von Stadt zu Stadt. Überall, wohin die ausschwärmenden Abgesandten aus Kiel auch kamen, schlossen sich die Garnisonen und Großbetriebe der revolutionären Erhebung an. In Lübeck, Wismar, Schwerin und Rostock brach schon am 5./6. November die alte Kommandogewalt zusammen und nahmen Räte das Heft in die Hand. Die ersten Zentren der Revolution waren die Städte an der Nord- und Ostseeküste, aber schnell wurde auch das Binnenland erfasst. Am 9. November erreichte der Aufstand der kriegsmüden Massen Berlin, wo noch am gleichen Tag die Republik ausgerufen wurde. Während die Vertreter der alten Ordnung kampflos das Feld räumten, übernahm am 10. November ein Rat der Volksbeauftragten aus Vertretern der beiden sozialdemokratischen Parteien die Regierungsgewalt in Deutschland.

Der deutschen Waffenstillstandsdelegation, die am 6. November zu den Alliierten gereist war, wurden harte Bedingungen mitgeteilt. Da die Oberste Heeresleitung jeden weiteren Widerstand für aussichtslos erklärte, unterschrieb sie am 11. November den Vertrag, der einer Kapitulation gleichkam. Nach mehr als vierjährigem Krieg schwiegen die Waffen.

Die Unabhängigkeit der baltischen Staaten

Der Weg in die Unabhängigkeit

Als die deutschen Truppen im Sommer 1915 Litauen und Kurland eroberten, blieb im litauischen Siedlungsgebiet alles ruhig. Dagegen löste der deutsche Vormarsch in Lettland umfangreiche staatliche Evakuierungsmaßnahmen und eine Massenflucht der Bevölkerung aus. Rund 600 000 Letten flohen in das Innere Russlands. Bei der Abwehr weiterer deutscher Angriffe an der Düna bewährten sich auch zwei im August 1915 aufgestellte national-lettische Schützenbataillone, die deshalb bald zu Regimentern ausgebaut wurden und erheblich zur Stärkung des lettischen Selbstbewusstseins beitrugen.

Die Umwälzung des politischen Systems in Russland durch die Februarrevolution ließen im gesamten Baltikum Autonomieforderungen laut werden. Schon im März 1917 trat in Petrograd ein von allen litauischen Parteien getragener Litauischer Nationalrat zusammen, der bald darauf an die Provisorische Regierung mit der Forderung nach Autonomie für Litauen herantrat. Während die russische Regierung sich hier ablehnend verhielt, zeigte sie gegenüber den Letten und vor allem den Esten mehr Entgegenkommen. Auf Drängen der estnischen Parteien und Organisationen erhielt Estland faktisch ein Autonomiestatut. Die estnisch besiedelten, vier nördlichen Kreise Livlands wurden angegliedert und ein demokratisch gewählter Landtag (Maapäev) geschaffen, in dem die Bürgerlichen die Mehrheit besaßen. Neben die offizielle Verwaltung traten als konkurrierende Gewalten allerdings immer stärker die Arbeiter-, Soldaten- und Landlosenräte in Erscheinung, die zunehmend unter den Einfluss der Bolschewisten gerieten. Auch bei den Wahlen zum (süd-)livländischen Landtag im September 1917 zeigte sich die Stärke der Bolschewisten, als die von ihnen beeinflusste Lettische Sozialdemokratische Partei 60 % der Stimmen erhielt.

Die neuen militärischen Erfolge des deutschen Heeres, das Anfang September Riga besetzte, und die sich abzeichnende Machtübernahme der Bolschewisten in Russland verstärkte in allen baltischen Ländern den Wunsch nach Unabhängigkeit. Die Frage war nur, ob sie im Bund mit oder in Frontstellung gegen Deutschland erreicht werden sollte. In Litauen, wo die Polen und das Polentum als größte Bedrohung für die nationale Selbstbestimmung galten, entschied man sich für die Zusammenarbeit mit dem Deutschen Reich. Im September 1917 trat in Wilna eine Versammlung von 214, teils gewählten, teils von deutschen Dienststellen ernannten Notabeln zusammen, die einen Landesrat (Taryba) wählte, an dessen Spitze der Publizist Antanas Smetona stand. Drei Monate später proklamierte die Taryba die Wiederherstellung eines unabhängigen litauischen Staates mit Wilna als Hauptstadt.

Auch die deutschstämmige Oberschicht in den baltischen Ostseeprovinzen setzte ihre Hoffnungen auf Deutschland. Seit dem Sommer 1917 unterhielten ihre Vertreter Kontakte zur Obersten Heeresleitung und zum Auswärtigen Amt und warben dabei für die vollständige Besetzung Livlands und

Estlands. Als nach der Oktoberrevolution auch in Livland und Estland die Rätediktatur und die Verstaatlichung der Betriebe und Güter proklamiert wurde, beschlossen die Ritter- und Landschaften beider Provinzen im Dezember 1917 die Unabhängigkeit von Russland und erbaten dafür den Schutz des Deutschen Reiches.

Der estnische und lettische Mittelstand dagegen musste von einer solchen Lösung einen Rückschlag in seinem Kampf um nationale Emanzipation befürchten. Er setzte daher auf eine rasche, auch von den deutschen Kriegsgegnern garantierte Unabhängigkeit. Im November 1917 erklärte sich der estnische Maapäev zum «Träger der höchsten Gewalt», wurde aber unmittelbar darauf von den Bolschewisten gewaltsam aufgelöst. Auch in Lettland vollzogen die bürgerlich-bäuerlichen Kreise den Bruch mit dem bolschewistischen Russland und riefen im November 1917 in Walk einen «Provisorischen Nationalkongress» zusammen.

Nach einem erneuten Vormarsch stand das gesamte Baltikum seit Februar 1918 unter deutscher Herrschaft, ein Zustand, den das revolutionäre Russland einen Monat später im Frieden von Brest-Litowsk anerkennen musste. Die deutschen Besatzungsbehörden verfolgten weitreichende Pläne einer monarchisch-konservativen Neuordnung des gesamten Raumes mit enger Anlehnung oder gar Angliederung der entstehenden Staaten an das Deutsche Reich. Diese Ziele waren nicht nur in Deutschland selbst umstritten, sie wurden vor allen Dingen auch von den estnischen und lettischen Parteien bekämpft. Ihre Vertreter suchten daher die Unterstützung der Alliierten, die den Maapäev im März 1918 als selbstständige Regierung de facto anerkannten.

Nach dem Frieden von Brest-Litowsk hatte Deutschland die Unabhängigkeit Litauens zwar feierlich anerkannt, doch fehlten dem neuen Staat noch alle Organe, so dass das Besatzungsregime bestehen blieb. Erst im Juli 1918 wählte die Taryba nach der Verabschiedung einer rudimentären Verfassung aus nur zwölf Artikeln den katholischen Herzog Wilhelm von Urach aus einer Seitenlinie des württembergischen Königshauses als Mindaugas II. zum litauischen König. Die Wahl war auf Betreiben des deutschen Zentrumspolitikers Matthias Erzberger zustande gekommen und traf auf die Ablehnung der Besatzungsbehörde und der Reichsleitung, die die Thronbesteigung eines Hohenzollernprinzen wünschten. So blieb vorerst alles in der Schwebe. Ende Oktober, als die deutsche Niederlage feststand, wurde die Wahl Wilhelms dann praktisch rückgängig gemacht: Die Taryba verabschiedete eine neue provisorische Verfassung, die statt des Königs einen Staatsrat als oberstes Staatsorgan vorsah.

Anders als an der Westfront bedeutete das Ende des Ersten Weltkrieges im Osten noch nicht das Ende gewaltsamer Auseinandersetzungen. Bürgerkriege und der Streit um die Grenzziehung ließen die neu entstandenen Staaten Estland, Lettland und Litauen nicht zur Ruhe kommen. Litauen erhob mit historischen und ökonomischen Argumenten Anspruch auf ein Gebiet von 125 000 Quadratkilometern, das neben den ehemals russischen Gouvernements Kowno (Kaunas), Wilna, Grodno und Suwalki auch Teile von Kurland und Ostpreußen umfasste, während das tatsächliche litauische Siedlungsgebiet nicht einmal halb so groß war. Besonders umstritten war dabei die Zukunft der alten litauischen Hauptstadt Wilna, das auch Polen für sich forderte. Denn kulturell und ethnisch gesehen war Wilna am Anfang des 20. Jahrhunderts eine polnische bzw. polnisch-jüdische Stadt; nach der Volkszählung von 1910 gehörten nur 2 % der Einwohner der litauischen Volksgruppe an. Und auch für das wieder gegründete Polen war Wilna als Residenzort der jagellonischen Könige eine Stadt von hohem symbolischem Wert.

Als die deutschen Truppen am Neujahrstag 1919 aus Wilna abzogen, musste auch die litauische Regierung, der es an eigenen Streitkräften mangelte, ihren Sitz nach Kaunas verlegen. Wilna befand sich zunächst in der Hand einer Sowjetregierung für Litauen und Weißrussland, doch schon im April eroberten polnische Truppen die Stadt. Im Juli 1920 gelangte Wilna in den Besitz der zeitweilig gegen Polen vorrückenden Roten Armee, die die Stadt gemäß dem sowjetisch-litauischen Friedensvertrag an Litauen übergab. Als sich Polen und Litauen Anfang Oktober unter alliiertem Druck auf einen vorläufigen Verbleib Wilnas bei Litauen einigten, besetzte ein vorgeblich «rebellischer» polnischer General die Stadt und rief die «unabhängige» Republik Mittel-Litauen aus. Deren Landtag beschloss im Februar 1922 gegen den vergeblichen Protest Litauens den Anschluss an Polen.

Als nach dem Ende des Ersten Weltkriegs die deutschen Truppen mit der Räumung von Estland und Lettland begannen, ergriffen die Bolschewisten sofort die Initiative. Bereits Ende November wurde in Narwa eine sowjetestnische Regierung gebildet, und Anfang Januar 1919 befand sich auch Riga in der Hand einer sowjetlettischen Regierung. Um in Konkurrenz zu den Bolschewisten die landarme oder landlose Bevölkerung für sich zu gewinnen, versprachen die bürgerlich-bäuerlichen Regierungen die Enteignung des Großgrundbesitzes und die Verteilung des Landes an Siedler. Die Regierungen befriedigten damit den «elementaren Drang zur ‹eigenen

Scholle›» (Taube, in: HEG, Bd. 7/2, S. 1114), den die Bolschewisten mit ihren agrarsozialistischen Vorstellungen unterschätzten. Doch blieb ihr Rückhalt insbesondere in Lettland erheblich, so dass die folgenden Kämpfe den Charakter eines Bürgerkrieges annahmen.

In Estland erhielt die bürgerliche Regierung unter Konstantin Päs nicht nur Kriegsmaterial von den Alliierten und den Finnen, ihr kamen im Kampf gegen die Rote Armee auch ein britisches Geschwader und ein finnisches Freiwilligenkorps zur Hilfe. So konnten die sowjetischen Truppen bis Ende 1919 aus dem Lande gedrängt werden. In Lettland musste die nach Kurland ausgewichene bürgerliche Regierung unter Karlis Ulmanis die Unterstützung der dort noch befindlichen deutschen Truppenteile annehmen, die unter dem Kommando des bereits im finnischen Bürgerkrieg aktiv gewesenen Grafen von der Goltz standen. Neben der lettischen Armee existierte eine eigene Freiwilligentruppe der Deutschbalten, die Baltische Landwehr. Im Mai erzwang Goltz die Bildung einer neuen, die Interessen der Deutschbalten stärker berücksichtigenden Regierung unter dem Pastor Anreas Niedra. Der bisherige Ministerpräsident Ulmanis floh daraufhin in den estnischen Machtbereich.

Noch im gleichen Monat eroberten deutsche, deutschbaltische und lettische Truppen das bislang von der Roten Armee gehaltene Riga. Bei ihrem weiteren Vormarsch nach Norden wurden die von einem deutschen Freikorps unterstützten deutschbaltischen Truppen jedoch im Juni von estnischen und nordlettischen Armeeteilen geschlagen, so dass nun die Regierung Ulmanis nach einem von den Alliierten vermittelten Waffenstillstand in Riga einziehen konnte. Auf lettischen und alliierten Druck verließen die letzten deutschen Soldaten bis Mitte Dezember 1919 das Land, während die Baltische Landwehr in die Armee Lettlands eingegliedert wurde.

Mit dem Abschluss von Friedensverträgen mit Sowjetrussland erhielten Estland und Lettland im Februar und Juli 1920 völkerrechtlich garantierte Grenzen, wobei auch ganz Letgallen, wo sich die Rote Armee noch am längsten gehalten hatte, an Lettland fiel.

Mit den 1919/22 beschlossenen Gesetzen zur Bodenreform wurde in Estland, Lettland und Litauen der gesamte Großgrundbesitz enteignet. Damit wurde die jahrhundertelange Macht der deutschen bzw. in Litauen der polnischen Oberschicht endgültig gebrochen. Die nationalen Minderheiten – in Litauen hauptsächlich Polen und Juden, in Estland und Lettland Russen und Deutsche – erhielten alle staatsbürgerlichen Rechte und waren in den Parlamenten vertreten, doch kam es – vom Sonderfall des Memelgebietes abgesehen – nur in Estland zu einem ausgebauten System des Minderheitenschutzes. Hier konnten sich die nationalen Volksgruppen seit 1925 als öffentlich-rechtliche Personenverbände konstituieren, Steuern erheben und ihr Bildungswesen in eigener Verantwortung organisieren.

Neue Grenzen durch den Versailler Vertrag

Im Januar 1918 hatte der amerikanische Präsident Wilson in 14 Punkten die Grundlinien einer künftigen Friedensordnung skizziert, bei der auch das Selbstbestimmungsrecht der Völker eine wichtige Rolle spielen sollte. Bei ihrem Waffenstillstandsersuchen nahm die deutsche Regierung diese 14 Punkte als Verhandlungsgrundlage an, weil sie unter den gegebenen Verhältnissen noch den glimpflichsten Frieden zu versprechen schienen. Zu den ersten, die sich daraufhin noch vor Kriegsende auf das Prinzip der nationalen Selbstbestimmung beriefen, gehörten die Führer der dänischen Volksgruppe in Schleswig. Sie verlangten noch im Oktober 1918, dass der vorwiegend dänisch besiedelte Teil Schleswigs mit Dänemark vereinigt werden solle. Die deutsche Regierung erklärte sich zwar zu einer Volksabstimmung bereit, hatte jedoch auf den weiteren Verlauf der Dinge nur noch geringen Einfluss. Denn die dänische Regierung wandte sich im November 1918 offiziell an die alliierten Sieger und erreichte, dass die Nordschleswigsche Frage der Friedenskonferenz in Paris vorgelegt wurde, wo der deutschen Seite kein wirkliches Mitspracherecht zugestanden wurde. Die zwischen Dänemark und den Alliierten ausgehandelten Modalitäten der Abstimmung sahen zwei Zonen vor, in denen die Bevölkerung getrennt über den Verbleib bei Deutschland oder den Anschluss an Dänemark entscheiden sollte. In der größeren nördlichen Zone sprachen sich im Februar 1920 rund 75 % der Bewohner für Dänemark aus, in der kleineren südlichen, die Mittelschleswig mit dem Zentrum Flensburg umfasste, waren es einen Monat später rund 80 %, die für Deutschland votierten. Auch wenn nach der neuen Grenzziehung Minderheiten auf beiden Seiten verblieben, etwa 30 000 Deutsche in Dänemark und 10 000 Dänen in Deutschland, wurde die Teilung Schleswigs im Grundsatz nicht mehr in Frage gestellt.

Das war weiter östlich im Verhältnis zwischen Deutschen und Polen ganz anders. Die im Versailler Friedensvertrag festgelegte Abtretung weiter, ehemals preußischer Landesteile an den neu entstehenden polnischen Staat wurde von der deutschen Seite als besonders bitter empfunden und innerlich nie anerkannt. Tiefsitzende antipolnische Ressentiments und das Gefühl der eigenen Überlegenheit machten es den Deutschen doppelt schwer, sich mit dem Verlust abzufinden. Aber auch die Polen waren mit den in Versailles festgelegten Westgrenzen ihres Staates unzufrieden, denn sie hatten noch auf weitere Gebiete Anspruch erhoben.

Die Wiedergründung eines polnischen Staates hatte sich bereits während des Ersten Weltkrieges abgezeichnet. Sowohl die Mittelmächte als auch die Alliierten suchten mit Zusagen und Versprechungen die Polen zu bewegen, an ihrer Seite zu kämpfen. Ende 1916 riefen Österreich-Ungarn und Deutschland sogar ein Königreich Polen aus, ohne dessen Grenzen näher zu bestimmen. Dessen vorläufige Regierung übernahm seit Ende 1917 allmählich die Verwaltung der bislang zum Zarenreich gehörenden polnischen Gebiete.

Bedeutsam für die weitere Entwicklung wurde, dass auch US-Präsident Wilson im 13. seiner 14 Punkte die Errichtung eines polnischen Staates «aus allen Gebieten mit unzweifelhaft polnischer Bevölkerung» (zit. nach Rhode, in: HEG, Bd. 7/2, S. 988) vorsah, der einen freien und sicheren Zugang zum Meer haben solle. Die aus der Novemberrevolution hervorgegangene provisorische deutsche Regierung, der Rat der Volksbeauftragten, erklärte nach dem Abschluss des Waffenstillstandes ihre Bereitschaft, über die Abtretung des größten Teils der Provinz Posen, die fast rein polnisch war, zu verhandeln. Die polnischen Ziele waren allerdings wesentlich weiter gesteckt, man dachte zumindest an die Grenzen von 1771 vor der ersten polnischen Teilung, und an manchen Stellen, so im südlichen Ostpreußen und in Schlesien, wollte man auch weit darüber hinausgehen.

Am 27. Dezember 1918 brach ein polnischer Aufstand in Posen aus, der binnen weniger Tage fast die ganze Provinz in polnische Hand brachte. Nur in den mehrheitlich deutsch besiedelten Randbereichen und nördlich der Netze behielten deutsche Grenzschutzeinheiten die Oberhand. Nach knapp zwei Monaten fanden die Kämpfe durch einen von den Alliierten angeordneten Waffenstillstand ein Ende. Über die endgültige deutsch-polnische Grenze entschieden die Siegermächte auf der Pariser Friedenskonferenz.

Die polnische Delegation erhob dort Ansprüche auf ein Territorium von rund 84 000 Quadratkilometern. Davon erhielt Polen im Versailler Vertrag ohne vorherige Volksabstimmung etwa die Hälfte, nämlich 43 000 Quadratkilometer, zugesprochen. Die abzutretenden Gebiete umfassten den größten Teil Posens, den überwiegenden Teil Westpreußens und kleine Teile Niederschlesiens und Ostpreußens. Auf diesem Gebiet lebten knapp drei Millionen Menschen, von denen 1910 rund 1,7 Millionen Polnisch, 1,1 Millionen Deutsch und 105 000 Kaschubisch als ihre Muttersprache angegeben hatten. Angesichts des engen räumlichen Zusammenlebens der verschiedenen Völker in Ostmitteleuropa konnte eine Grenzziehung, die nicht neue Minderheitenprobleme hervorgerufen hätte, gar nicht gefunden werden, selbst wenn man es gewollt hätte.

Der von Präsident Wilson versprochene polnische Zugang zur Ostsee wurde dadurch geschaffen, dass ein schmaler Gebietsstreifen zwischen Pommern und Danzig, der sogenannte «polnische Korridor», aus dem deutschen Reichsgebiet herausgeschnitten wurde. Hier wohnten hauptsächlich Kaschuben, ein pomoranischer Volksstamm mit eigener slawischer Sprache. Danzig selbst, das von den Polen aus historischen und wirtschaftlichen Gründen leidenschaftlich für sich gefordert wurde, blieb dagegen außerhalb der Grenzen des neuen polnischen Staates. Vor allem der britische Premierminister Lloyd George hatte sich hartnäckig gegen den Übergang dieser fast reinen deutschen Stadt an Polen gewehrt. Von ihm stammte auch der Kompromissvorschlag, aus Danzig eine Freie Stadt unter der Oberhoheit des Völkerbundes zu machen, sie in wirtschaftlicher und außenpolitischer Hinsicht aber eng an Polen zu binden. In Westpreußen rechts der Weichsel sowie im südlichen Ostpreußen fanden im Juli 1920 Volksabstimmungen statt, bei denen sich jeweils weit über 90% der Stimmberechtigten für den Verbleib beim Deutschen Reich entschieden. Das klare Votum bewies, dass die Sprache allein noch kein ausschlaggebendes Kriterium für die nationale Zugehörigkeit bildete, denn die übergroße Mehrheit der einen polnischen Dialekt sprechenden evangelischen Masuren und auch zwei Drittel der polnischsprachigen katholischen Ermländer optierten bei der Abstimmung für Deutschland.

Die in den neugewonnenen polnischen Gebieten lebenden Deutschen sahen sich einer massiven Politik der Verdrängung und Benachteiligung ausgesetzt. Die Alliierten hatten Polen zwar einen Minderheitenschutzvertrag regelrecht aufgezwungen, doch stärkte dies nur den Willen der die polnische Politik und das politische Klima bestimmenden Nationalisten, die im Land ansässigen Minderheiten entweder zu assimilieren oder zu vertreiben. Allein bis 1926 wanderten daher etwa 600000 Deutsche aus dem nordwestlichen Polen ab, weil ihnen entweder die wirtschaftliche Existenzgrundlage entzogen oder der Erwerb der polnische Staatsbürgerschaft verweigert wurde. Zahlreiche Städte in Pommerellen, die 1919/20 noch deutsch geprägt waren, erhielten dadurch polnische Mehrheiten.

Auch angesichts ihrer Geschichte als deutscher Hansestadt und wichtigstem polnischen Hafen hätte die Freie Stadt Danzig bei gutem Willen aller Beteiligten vielleicht eine «Brückenfunktion» (RHODE, in: HEG, Bd. 7/1, S. 617) zwischen Deutschen und Polen einnehmen können. Die nationalen Gegensätze erwiesen sich jedoch stärker als der Wille zur Verständigung.

Der Ostseeraum nach dem Ersten Weltkrieg (1922)

Behindert wurde eine solche Rolle Danzigs auch dadurch, dass Polen bereits 1923 begann, den Hafen des kleinen Fischerortes Gdingen in bewusster Konkurrenz zum Danziger Hafen auszubauen. In den dreißiger Jahren war der Ausbau dann soweit vorangeschritten, dass Gdingen Danzig beim Hafenumschlag in jeder Hinsicht übertraf.

Gestritten wurde auf der Pariser Friedenskonferenz schließlich auch über die Zukunft des Memelgebietes. Litauen, das nur einen schmalen Zugang zur Ostseeküste besaß, beanspruchte das bislang ostpreußische Land nördlich der Memel mitsamt dem leistungsfähigen Hafen der Stadt Memel für sich. In der Stadt selbst waren allerdings nur 5 % der Einwohner litauischsprachig, im gesamten Memelgebiet waren es knapp 48 %, doch es handelte sich um evangelisch-lutherische «Preußisch-Litauer», die nach ihrem Selbstverständnis mit den Katholiken im eigentlichen Litauen wenig gemein hatten. So erreichte die litauische Delegation in Paris von den Alliierten zwar die Abtrennung des Memelgebietes vom Deutschen Reich, aber nicht dessen Anschluss an Litauen. Das Gebiet mit seinen knapp 140 000 Einwohnern wurde 1920 vielmehr einer alliierten Oberverwaltung unter französischer Leitung unterstellt. Verhandlungen über die Bildung eines Freistaates analog dem Danziger Vorbild blieben Ende 1922 resultatlos.

Die polnische Politik der vollendeten Tatsachen in der Wilna-Frage stärkte in Litauen die Neigung, nun ebenfalls ein Grenzproblem gewaltsam zu lösen. Im Januar 1923 drangen litauische Truppen, zum Teil als Freischärler verkleidet, in das Memelgebiet ein, wo ihnen die französischen Truppen nur geringen Widerstand entgegensetzten. Bereits einen Monat später übertrugen die Alliierten Litauen auch offiziell die Souveränität über das Memelgebiet, doch sollte ein Autonomiestatut die Rechte der Bevölkerung sichern. Dieses international garantierte Statut trat im Mai 1924 in Kraft. Wie wenig die Vereinigung mit Litauen den Wünschen der Einwohner entsprach, zeigte sich am Ergebnis der ersten Landtagswahl, bei der die deutschen Parteien 27 der 29 Mandate erhielten.

Die wirtschaftliche Entwicklung in der Zwischenkriegszeit

Die demographischen und wirtschaftlichen Folgen des Krieges

Der Erste Weltkrieg kostete insgesamt rund acht Millionen Soldaten das Leben. Weitere sieben Millionen waren aufgrund schwerer Verwundungen dauernd erwerbsunfähig geworden. Allein Deutschland verlor mit rund zwei

Millionen Kriegstoten rund 10 % seiner erwerbstätigen männlichen Bevölkerung. Bei Russland als dem zweiten kriegführenden Ostsee-Anrainer lagen die absoluten Zahlen ähnlich hoch. Die tatsächlichen Bevölkerungsverluste fielen allerdings noch weit höher aus, denn sie umfassen neben den militärischen und zivilen Opfern unmittelbarer Kriegshandlungen auch die höhere Sterblichkeit aufgrund von Hunger und Mangelernährung und die Geburtenausfälle. Selbst für ein neutrales Land wie Schweden hat man einen entsprechenden Verlust von 81 000 Menschen oder 1,4 % der Vorkriegsbevölkerung errechnet. Für Deutschland beläuft sich diese Zahl auf 5,4 Millionen, davon allein rund 800 000, die aufgrund der britischen Blockade an den Folgen von Hunger und Unterernährung starben. Im Verhältnis zur Gesamtbevölkerung erlitten die drei baltischen Länder im Ostseeraum die schlimmsten Verluste. Sie verzeichneten in den Kriegsjahren einen dramatischen Bevölkerungsrückgang von über einer Million Menschen, wovon fast zwei Drittel auf Lettland entfielen.

Die schlimmsten materiellen Schäden hatte der Erste Weltkrieg auf den Schlachtfeldern in Belgien und Nordfrankreich sowie in Polen hinterlassen. Der Ostseeraum war in dieser Hinsicht relativ glimpflich davongekommen. Schwer gelitten hatte allerdings Lettland mit seiner Hauptstadt Riga, das über zwei Jahre hinweg unmittelbares Kampfgebiet gewesen war. Neben den eigentlichen Kriegszerstörungen war Lettland vor allem durch die Demontage praktisch seiner gesamten Großindustrie getroffen worden. Sie war auf Veranlassung der russischen Regierung in das Innere Russlands verlegt worden, um sie nicht in deutsche Hände fallen zu lassen. Von den einstmals rund 100 000 industriellen Arbeitsplätzen waren daher 1920 auf dem Gebiet Lettlands nur etwas über 20 000 übrig geblieben.

Einer schnellen wirtschaftlichen Normalisierung nach dem Krieg stand nicht zuletzt der empfindliche Mangel an Transportmitteln entgegen, an Schiffen, Lokomotiven und Waggons. Hier suchten sich die Sieger an den Verlierern schadlos zu halten. So musste Deutschland rund 90 % seiner Handelsflotte ausliefern, darunter alle größeren Schiffe mit einer Traglast von über 1600 NRT. Das bedeutete zum Beispiel (einschließlich der Kriegsverluste) für die Lübecker Reeder, dass ihre Flotte von 48 Dampfern mit 53 000 NRT im Jahr 1914 auf 20 Dampfer mit nur noch 7600 NRT 1920 schrumpfte.

Die hohe Nachfrage nach Schiffen und Lokomotiven sicherte auf der anderen Seite den Werften entlang der Ostsee für einige Jahre prall gefüllte Auftragsbücher. Die deutsche Reichsregierung legte ein umfangreiches Schiffbauprogramm auf, um die Ablieferungsverluste auszugleichen.

Außerdem begünstigte die fortschreitende Entwertung der deutschen Währung die Erteilung von Aufträgen aus dem Ausland, weil die Besteller von den niedrigen Wechselkursen profitierten. Neben den großen deutschen Werftstandorten Kiel, Stettin und Elbing galt dies auch für das unabhängig gewordene Danzig, denn der Freistaat blieb noch bis 1923 an das deutsche Währungsgebiet angeschlossen.

Überall in Europa waren die Kriegs- und unmittelbaren Nachkriegsjahre von einer starken Inflation begleitet. Auch die neutralen Länder Dänemark und Schweden konnten sich dieser allgemeinen Tendenz nicht entziehen, umso weniger Finnland und das Baltikum, in denen Krieg und Bürgerkrieg herrschte. Nirgends aber nahm die Währungszerrüttung längs der Ostsee schließlich so dramatische Ausmaße an wie in Deutschland. Die Grundlagen für die Inflation hatte bereits die kaiserliche Regierung mit ihrer Art der Kriegsfinanzierung gelegt, die hauptsächlich durch Kredite und eine Erhöhung der Geldmenge erfolgte. Nach 1918 wurde die Politik einer ungebremsten Staatsverschuldung fortgeführt, weil sich so die immensen Kriegsfolgelasten vorläufig am bequemsten finanzieren ließen. Dem Gewährenlassen der Inflation lag allerdings auch die nicht unberechtigte Sorge zugrunde, dass eine erfolgreiche Währungsstabilisierung nur zu höheren Reparationsforderungen der alliierten Siegermächte führen werde. Außerdem regte die ständige Anhebung des Preisniveaus noch bis weit ins Jahr 1922 hinein die Produktion an und sorgte für einen hohen Beschäftigungsstand. Bei jährlichen Inflationsraten zwischen 65 und über 200 % waren alle Geldvermögen bereits entwertet, als Ende 1922 der Umschlag in die Hyperinflation erfolgte. An ihrem Ende entsprach im November 1923 ein Dollar 4,2 Billionen Mark. Die Wirtschaft versank im Chaos, die Produktion brach zusammen und die Arbeitslosigkeit erreichte Rekordhöhen. Erst jetzt wurde mit einer radikalen Währungsreform die Inflation gestoppt.

Rückkehr zum Goldstandard

In den skandinavischen Ländern trat die Stabilisierungskrise wie in Westeuropa und den USA bereits 1920/21 ein. In Schweden, das besonders stark getroffen wurde, sanken Industrieproduktion, Einkommen und Exportvolumen im Vergleich von 1921 zu 1920 um jeweils rund ein Viertel. Die Depression bedeutete einerseits das beinahe zwangsläufige Ende einer überhitzten Nachkriegskonjunktur, bei der die aufgestaute Nachfrage, der Mangel an Transportmitteln und spekulative Warenhortung die Preise nach oben getrieben hatten. Auf der anderen Seite war die mit der Krise einhergehende allgemeine Senkung des Lohn- und Preisniveaus allerdings auch durchaus erwünscht. Denn sie wurde als Voraussetzung angesehen, um die eigene Währung wieder wie in der Vorkriegszeit in eine feste Parität zum Gold zu bringen. Die Wiederherstellung des Goldstandards, die ungeachtet aller inzwischen eingetretenen Veränderungen möglichst auch zum Vorkriegskurs erfolgen sollte, war das Symbol für die herbeigesehnte Rückkehr zur «Normalität», der Zeit vor 1914, und natürlich spielten auch nationale Prestigegründe eine Rolle.

Es ist im Nachhinein erstaunlich, dass es den liberalen Ökonomen gelang, auch die sozialdemokratischen Parteien für das Ziel einer raschen Rückkehr zum Goldstandard zu gewinnen, denn es forderte von deren Anhängern mit Arbeitslosigkeit und sinkenden Löhnen harte Opfer. Schweden gelang das ehrgeizige Ziel einer Rückkehr zur Vorkriegsparität bereits 1924, und es war vor allem der starken Anpassungsfähigkeit seiner Wirtschaft zu verdanken, dass es diese Radikalkur einigermaßen unbeschadet überstand. Dänemark, das 1927 zur alten Parität zurückkehrte, durchlebte noch eine zweite und stärkere Deflationskrise zwischen 1925 und 1928. Die mit dem festgelegten Kurs verbundene Überbewertung der dänischen Krone bezahlte das Land mit fühlbaren Wachstumseinbußen. Im deutlichen Gegensatz dazu erlebte Finnland, das seine Währung deutlich abgewertet hatte und diesen Kurs beim Übergang zum Goldstandard beibehielt, einen raschen Aufschwung seiner Wirtschaft. Sieht man vom Sonderfall der Sowjetunion ab, die als kommunistisches Land kaum in die Weltwirtschaft integriert war, hatten bis 1927 auch alle übrigen Ostseestaaten in der einen oder anderen Form ihre Währung wieder an das Gold gebunden.

Wirtschaftliche Entwicklung im Zeichen von Rationalisierung und Arbeitslosigkeit

Abgesehen von Lettland, das als Konsequenz des Ersten Weltkrieges eine weitgehende Deindustrialisierung erlebte, nahm in der Zeit zwischen den beiden Weltkriegen das Gewicht der Landwirtschaft rund um die Ostsee überall ab. Trotz des Rückgangs blieb der Agrarsektor in den meisten Regionen aber immer noch der größte Arbeitgeber, und auch sein Beitrag zum Sozialprodukt blieb beträchtlich. So lag um 1930 der Anteil der in der Landwirtschaft beschäftigten Erwerbspersonen in Schweden, Dänemark und Schleswig-Holstein zwischen 30 und 40%, in Mecklenburg, Pommern und

Ostpreußen zwischen 55 und 60%, in Lettland und Estland bei etwa zwei Dritteln, in Finnland um 70% und in Litauen sogar bei knapp 80%.

Die Modernisierung der landwirtschaftlichen Produktion machte rasche Fortschritte. Dies betraf sowohl die Verwendung von Dünger und Pflanzenschutzmitteln und Verbesserungen in der Tier- und Pflanzenzüchtung als auch den Geräteeinsatz, wo unter anderem jetzt der luftbereifte Traktor auf den Feldern der größeren Höfe erschien. Trotz großer Produktivitätsfortschritte war die wirtschaftliche Lage vieler Landwirtschaftsbetriebe allerdings alles andere als rosig, und auch diese Feststellung gilt für alle Ostseeländer. Denn auf dem Weltagrarmarkt herrschte ein Überangebot, das stark auf die Preise drückte. Gleichzeitig stiegen die Kosten für Düngemittel und Maschinen, so dass sich die Tauschverhältnisse für die Landwirtschaft fortlaufend verschlechterten. Die geringe Rentabilität und der hohe Kapitalbedarf schlugen sich in einer wachsenden Verschuldung nieder. Auch in Deutschland, wo die Höfe durch die Inflation weitgehend schuldenfrei geworden waren, stieg die Verschuldung binnen weniger Jahre noch über das Vorkriegsniveau. Der rückläufigen Ertragskraft nicht angepasste Steuerlasten verschärften die Krise. Besonders in Schleswig-Holstein kam es daher seit 1928 zu einer Radikalisierung in der Landbevölkerung. Unter dem Kampfruf «Los von der Macht des Finanzkapitals» wurden Steuerzahlungen verweigert, Zwangsversteigerungen verhindert und sogar Bomben geworfen.

Auch die Industrie erlebte in den zwanziger Jahren eine regelrechte Rationalisierungswelle, die mit starken Produktivitätszuwächsen einherging. In Schweden stieg die Arbeitsproduktivität zwischen 1921 und 1930 um über 36%, das Produktionsvolumen sogar um knapp 50%. Dabei wurden die größten Steigerungen in den exportorientierten Branchen wie der Metall-, der Papier- und der Chemieindustrie erzielt. In den anderen Ostseeländern war die Entwicklung von der Tendenz her ähnlich. Überall stieg die Industrieproduktion stärker als die Beschäftigung. Die rasche Umsetzung technischer Neuerungen und die Effektivierung der Arbeitsorganisation waren dabei auch eine Folge des hohen Kostendrucks. Die Einführung des Acht-Stunden-Tags, die die Gewerkschaften und sozialdemokratischen Regierungen zwischen 1918 und 1920 fast überall entlang der Ostsee durchsetzen konnten, spielte hier eine Rolle.

Die Wirtschaft in den deutschen Ostseegebieten hatte als besonderes Problem mit den Anpassungsschwierigkeiten zu kämpfen, die sich aus den neuen Grenzziehungen ergaben. Ostpreußen war vom übrigen Reichsgebiet abgeschnitten, die Wirtschaft im östlichen Hinterpommern verlor den Zugang zu Danzig, auf das sie zuvor ausgerichtet gewesen war, und der Hafen von Stettin litt darunter, dass die Lieferungen aus dem oberschlesischen Industriegebiet jetzt per Eisenbahn nach Gdingen transportiert wurden. Auch in Schleswig machte sich die neue Grenze zunächst negativ bemerkbar. Noch stärker mussten sich die Betriebe in den baltischen Ländern auf neue Lieferanten und Abnehmer umstellen. Hier fiel der russische Markt, für den man bis zum Ersten Weltkrieg hauptsächlich produziert hatte, zum großen Teil weg.

Die Arbeitslosigkeit war im Vergleich zu den Vorkriegsjahren in allen Ostseeländern relativ hoch. In Schweden lag der Anteil der Arbeitslosen unter den Gewerkschaftmitgliedern in der zweiten Hälfte der zwanziger Jahre bei etwa 11 %, im krisengeschüttelten Dänemark waren es zur gleichen Zeit sogar 18 %. Abgesehen von den konjunkturellen Einbrüchen lag dies daran, dass die Landwirtschaft mit fortschreitender Modernisierung fortgesetzt Arbeitskräfte abgab, während das Dienstleistungsgewerbe und die Industrie nicht im notwendigen Umfang zusätzliche Stellen anboten.

Als die Weltwirtschaftskrise ab 1929 die Ostseeländer ergriff, bestand daher schon ein hoher Sockel an Arbeitslosigkeit. Sie stieg rasch in dramatische Höhen, am schlimmsten in Dänemark, wo zur Jahreswende 1932/33 knapp 44 % aller gewerkschaftlich organisierten Arbeiter ohne Beschäftigung waren. In Schweden betrug die Erwerbslosenquote zur gleichen Zeit 21 %. In Schleswig-Holstein verzwölffachte sich die Arbeitslosigkeit zwischen Juli 1929 und Dezember 1932. Spektakuläre Firmenpleiten wie in Schweden der Zusammenbruch des Kreuger-Konzerns verschärften die allgemeine Krisenstimmung. Der Finanzmagnat Ivar Kreuger hatte Ende der zwanziger Jahre mit der von ihm geleiteten Svenska Tändstick AB vermutlich mehr als die Hälfte der Weltstreichholzproduktion kontrolliert. Als er im März 1932 Selbstmord beging, wurde rasch klar, dass sein Imperium finanziell am Abgrund stand. Der Konzern wurde zerlegt, viele Einzelfirmen gingen bankrott. In ähnlicher Weise traf der Zusammenbruch der Stoewer-Werke, die Automobile, Fahrräder, Lokomotiven und Nähmaschinen produziert hatten, 1930/31 die Stadt Stettin. Die pommersche Hauptstadt wies unter allen deutschen Großstädten die zweithöchste Arbeitslosigkeit auf. Insgesamt kam Pommern als Agrarland allerdings noch relativ gut weg. 1933 lag hier die Arbeitslosigkeit bei 12 % verglichen mit 19 % im Reichsdurchschnitt.

Seit 1933 trat allmählich eine wirtschaftliche Erholung ein, auch die Arbeitslosigkeit ging zurück, blieb in den skandinavischen Ländern aber noch lange relativ hoch. Zwischen 1936 und 1940 lag sie in Schweden bei durchschnittlich 11% der Gewerkschaftsmitglieder, in Dänemark im gleichen Zeitraum bei 21%. Dagegen führte im Deutschen Reich die massive Aufrüstung zu einer Scheinblüte und bis zum Ende der dreißiger Jahre zu annähernder Vollbeschäftigung.

Abstinenzbewegung und Beschränkung des Alkoholverkaufs

Als eine europäische Besonderheit besteht in Schweden und Finnland bis heute ein staatliches Alkoholmonopol. Außer in Restaurants sind alkoholische Getränke mit mehr als 3,5% (Schweden) bzw. 4,8% Alkoholgehalt (Finnland) nur in dafür eigens eingerichteten staatlichen Verkaufsstellen erhältlich. Hohe Steuern sorgen zudem dafür, dass der Genuss von Bier, Wein und Spirituosen ein teures Vergnügen ist. Die Konsumbeschränkungen sind das Erbe einer starken Abstinenzbewegung, die in den ersten Jahrzehnten des 20. Jahrhunderts ihren Höhepunkt erlebte.

Der erste Mäßigkeitsverein, der vor allem gegen die Gefahren des Branntweinkonsums kämpfte, wurde bereits 1819 in Växjö gegründet. Hauptsächlich getragen von christlichen Vereinen, fand die Agitation gegen den Alkoholmissbrauch oder überhaupt den Alkoholkonsum in den 1840er Jahren eine breite öffentliche Resonanz. Außer in den skandinavischen Ländern nahm die Bewegung damals auch in Norddeutschland einen großen Aufschwung. Dem steilen Aufstieg folgte ein ebenso rascher Niedergang in den 1850er Jahren. Erst in der zweiten Phase, die um 1880 einsetzte, fand die Abstinenzbewegung in Skandinavien zu jener organisatorischen Stärke, die sie auch zu einem ernsthaften Faktor auf der politischen Bühne werden ließ. Immer noch waren viele der Mäßigkeitsvereine christlich geprägt, so vor allem die einflussreichen Guttempler, doch gab es nun eine breite Koalition von Alkoholgegnern, die von konservativen Grundbesitzern über Ärzte, bürgerliche Sozialreformer und Frauenvereine bis hin zur Arbeiterbewegung reichte. Neben dem Schicksal des einzelnen traten daher auch verstärkt die gesellschaftlichen Folgen des Alkoholkonsums in den Vordergrund der Argumentation. Damit war zugleich der Ruf nach staatlichen Maßnahmen verbunden, nach der Einschränkung oder dem Verbot des Alkoholverkaufs.

Obwohl die Guttempler nach 1880 auch in Dänemark und in Norddeutschland, insbesondere in Schleswig-Holstein, Fuß fassten, erreichte die Abstinenzbewegung hier nie die Stärke wie in Schweden und Finnland oder auch Norwegen und Island. In Schweden bekannten sich nach 1900 rund die Hälfte aller Reichstagsabgeordneten zur Abstinenz. Bereits 1911 wurde eine

Regierungskommission eingesetzt, die vorbereitende Maßnahmen für eine Prohibitionsgesetzgebung ergreifen sollte. Gleichzeitig nahmen Beschränkungen und Verbote auf lokaler Ebene zu. 1914 wurde in Stockholm das nach Dr. Ivar Bratt benannte «Bratt-System» eingeführt, das Erwachsenen nur noch eine bestimmte Menge an alkoholischen Getränken pro Woche zugestand. 1919 wurde dieses System auf ganz Schweden ausgedehnt. Jeder Bürger erhielt ein «Motbok», in das alle Alkoholkäufe eingetragen wurden. Um die Beschränkung auch praktisch durchsetzen zu können, wurde der Verkauf von Alkoholika einer staatlichen Monopolgesellschaft, der «Systembolaget», übertragen. Ein völliges Alkoholverbot scheiterte 1922 bei einer Volksabstimmung nur äußerst knapp mit 49,3 % gegen 50,7 %.

In Finnland trat ein solches Alkoholverbot, das bereits der 1906 gewählte Landtag beschlossen hatte, nach der Unabhängigkeit des Landes 1919 in Kraft. Die Folge der Prohibition war wie in den USA ein lebhafter Schmuggel mit hochprozentigen Getränken samt den damit verbundenen kriminellen Begleiterscheinungen. 1932 wurde daher das Alkoholverbot für die Städte wieder aufgehoben, während es auf dem Land noch bis 1968 in Kraft blieb. In Schweden bestand das Bratt-System, das jedem Erwachsenen höchstens einen Liter Alkhohol pro Woche zubilligte, noch bis 1955.

Demokratie und Dikatur

Nach dem Ende des Ersten Weltkrieges kam es längs der Ostsee zu einem Siegeszug der Demokratie. Alle neu entstandenen Länder – von Polen über die baltischen Staaten bis nach Finnland – gaben sich, wenn zum Teil auch erst nach Bürgerkriegen, demokratische Verfassungen. In Deutschland war im Oktober 1918 noch kurz vor dem Sturz der Monarchie der Übergang zum parlamentarischen Regierungssystem eingeleitet worden. Mit der Novemberrevolution, der Ausrufung der Republik und der Verabschiedung der Weimarer Reichsverfassung setzte sich die Demokratie dann endgültig durch.

Besonders wichtig für die innere Demokratisierung des Reiches war die Umgestaltung der Länder- und Kommunalverfassungen. In Mecklenburg-Schwerin und Mecklenburg-Strelitz, wo bislang immer noch die adligen Stände geherrscht hatten, erhielten erstmals alle Bürger Einfluss auf das politische Geschehen. Auch in Preußen erfolgte die Abschaffung des Herrenhauses. Gleichzeitig trat an die Stelle des Dreiklassenwahlrechts, das den Besitzenden die Vorherrschaft in den Stadträten und im Landtag gesichert hatte, das allgemeine und gleiche Stimmrecht.

Auch in Dänemark (schon 1915) und Schweden (1918–1921) kam es zu tiefgreifenden Wahlrechtsreformen, die die bisherigen Privilegien der Begüterten weitgehend aufhoben und das gleiche aktive Stimmrecht für alle verankerten. Nur die Wählbarkeit für das schwedische Oberhaus blieb bis 1937 noch an einen Zensus gebunden.

Von besonderer Bedeutung für die Demokratisierung der Politik war die Einführung des Frauenwahlrechts. Nachdem hier Finnland 1906 vorangegangen war, folgten 1915 Dänemark und 1918/19 alle anderen Ostseeländer. Mit der politischen Gleichberechtigung ging ein Hauptziel der Frauenbewegung in Erfüllung, für das sie – hauptsächlich von den Arbeiterparteien unterstützt – jahrzehntelang gekämpft hatte.

Totalitäre und autoritäre Herrschaftssysteme

Die große Ausnahme unter den Ostsee-Anrainern war Russland bzw. seit 1924 die Sowjetunion. Hier herrschte seit der Oktoberrevolution statt einer Demokratie westlichen Musters die «Diktatur des Proletariats», wobei die tatsächliche Macht in den Händen der kommunistischen Partei lag. Ihr eigentliches Machtzentrum besaßen die Bolschewisten in den beiden Metropolen Moskau und Petrograd, wo sie sich auf eine Massenbasis stützen konnten.

Der Widerstand gegen die bolschewistische Regierung führte im Winter 1917/18 zum Bürgerkrieg, bei der die «weißen» Truppen von den Ententemächten unterstützt wurden. Im Oktober 1919 erreichte eine antibolschewistische Armee unter General Judenitsch, die vom Baltikum vorstieß, die Außenbezirke von Petrograd. In dieser Situation war es der Schöpfer der Roten Armee Trotzkij, der die Bevölkerung erfolgreich für eine Verteidigung der Stadt mobilisierte. Eine englische Flotte, die im Finnischen Meerbusen kreuzte, griff in die Kämpfe nicht ein und besiegelte damit die Niederlage Judenitschs.

Die sofortige Verstaatlichung aller Betriebe stürzte das Land angesichts fehlender Fachkräfte in ein wirtschaftliches Chaos. In weiten Teilen des Landes herrschte der Hunger. Als sich die Situation auch nach dem Ende des Bürgerkrieges nicht besserte, nahm die Kritik an den Bolschewisten auch in der großstädtischen Bevölkerung zu. Nach Streiks und Demonstrationen in Petrograd kam es im März 1921 zu einem Aufstand der Kronstadter Matrosen, die im Herbst 1917 noch die Speerspitze der Revolution gebildet hatten. Die Revolte wurde blutig niedergeschlagen.

Nach dem Kronstadter Aufstand wurden die konkurrierenden sozialistischen Parteien, die sich bis 1920 noch weitgehend frei in den Sowjets hatten bewegen können, endgültig unterdrückt. Auch innerhalb der bolschewistischen Partei wurde die Meinungsfreiheit auf Betreiben Lenins immer mehr eingeschränkt. Nach seinem Tod im Januar 1924 setzte sich Stalin binnen weniger Jahre als Alleinherrscher durch. Jegliche tatsächliche oder auch nur vermeintliche Opposition wurde nun mit drakonischen Strafen beantwortet.

Während in der Sowjetunion ein totalitäres Herrschaftssystem entstand, in dem Staat und Partei alle Lebensbereiche ihrer Kontrolle zu unterwerfen suchten, rückten seit 1926 auch in Polen und in den baltischen Ländern autoritäre Regimes an die Stelle demokratischer Regierungen. Starke innere Gegensätze, die in einem zersplitterten Parteiwesen ihren Ausdruck fanden, instabile Regierungen, die der Probleme nicht Herr wurden, und Korruptionsskandale brachten das parlamentarische System in Misskredit. An seine Stelle traten angeblich «überparteiliche» Präsidialregime, die sich auf die Armee stützten, aber auch einen gewissen Rückhalt in der Bevölkerung besaßen.

Im Mai 1926 putschte der polnische Staatsgründer Pilsudski, der sich zwischenzeitlich aus der Politik zurückgezogen hatte, mit Teilen der Armee gegen die gewählte Regierung. Bis zu seinem Tod 1935 blieb Pilsudski die alles beherrschende Autorität in Polen, obwohl er die meiste Zeit formell nur das Amt des Kriegsministers innehatte. Das Parlament blieb bestehen, doch fanden die Wahlen 1930 in einem Klima des Terrors und der Einschüchterung statt und erbrachten eine Pilsudski genehme Mehrheit. 1935 trat eine neue Verfassung in Kraft, die ganz auf einen künftigen Präsidenten Pilsudski zugeschnitten war, doch dieser starb, noch ehe er das Amt übernehmen konnte. Seine Nachfolger hielten an dem autoritären Führerstaat fest, ohne selbst über die persönliche Autorität Pilsudskis zu verfügen.

Der Umsturz in Polen gab im Juli 1926 das Vorbild ab für einen Putsch in Litauen, der ebenfalls von der Armee ausging und die völkischen Politiker Smetona und Voldemaras an die Macht brachte. Nach einem erneuten Staatsstreich ließ sich Smetona ein knappes Jahr später zum «Führer der Nation» ausrufen. Mit Führerkult und Antiparlamentarismus, radikalem Nationalismus und zeitweiligem Kirchenkampf besaßen das Regime und die sie stützenden Völkischen (Tautininkai) manche faschistischen Züge, doch fehlte es an einer festumrissenen Ideologie.

Auch in Estland gab es eine rechtsextremistische Bewegung, den «Verband der Freiheitskämpfer» (Vapsen), ursprünglich ein Zusammenschluss von Kriegsveteranen, der sich während der Weltwirtschaftskrise Anfang der dreißiger Jahre zu einer antiparlamentarischen Massenbewegung entwickelte. Anders als die Tautininkai, die bei Urnengängen erfolglos geblieben waren, hatten die Vapsen 1934 Aussichten, ihren Kandidaten bei der Wahl des Staatspräsidenten durchzubringen. Daraufhin verhängte der konservative Ministerpräsident Päts den Ausnahmezustand und ließ die Wahlen verschieben. Päts regierte die nächsten vier Jahre ohne Parlament auf der Basis von Dekreten. Auch nach der Neuwahl eines Parlamentes mit verringerten Kompetenzen blieben das Parteienverbot und Einschränkungen der Presse- und Versammlungsfreiheit bestehen.

Im gleichen Jahr wie in Estland schritt auch in Lettland der Ministerpräsident Ulmanis zum Staatsstreich. Das Parlament wurde aufgelöst und die Tätigkeit der Parteien verboten. Anders als Päts verzichtete Ulmanis darauf, sein autoritäres Präsidialregime durch eine neue Verfassung auf eine feste Grundlage zu stellen. Stattdessen kam es zu einer Art Führerkult, der aber nicht die Ausmaße wie in Litauen annahm. Wie hier bediente man sich des Nationalismus, um die Bevölkerung hinter sich zu bringen, was zugleich zur Ausgrenzung und Diskriminierung der nationalen Minderheiten führte.

Mehr als jeder andere Wechsel von der Demokratie zur Diktatur hat die Machtübernahme der Nationalsozialisten in Deutschland die Verhältnisse rund um die Ostsee erschüttert. Im Jahr 1928 war die Nationalsozialistische Deutsche Arbeiter Partei (NSDAP) noch eine unbedeutende Splitterpartei. Ihren dann erfolgenden raschen Aufstieg zu einer großen «Sammlungsbewegung des nationalen und sozialen Protestes gegen die bestehenden Verhältnisse» (BROSZAT, S. 109) verdankte sie gerade auch ihren spektakulären Erfolgen in den agrarisch-protestantisch geprägten deutschen Ostseeprovinzen von Schleswig-Holstein über Pommern bis nach Ostpreußen. Bei den Reichstagswahlen im September 1930 brachte sie hier bereits rund ein Viertel der Wähler hinter sich, bei den Wahlen 1932 dann sogar etwa die Hälfte. Das war jeweils deutlich mehr als im Reichsdurchschnitt, wo sich 1930 jeder sechste, 1932 jeder dritte Wähler für diese Partei entschied.

Noch vor dem Beginn der Weltwirtschaftskrise war es hier die Agrarkrise, die weite Kreise der Bevölkerung in eine Fundamentalopposition gegen das parlamentarische System der Weimarer Republik trieb. Die von Schleswig-Holstein ausgehende Landvolkbewegung, die ab 1929 auch auf Pommern und Ostpreußen übergriff, bildete einen idealen Nährboden für die Agitation der NSDAP, die ab 1930 zur führenden Partei im ländlichen Raum wurde. Sie gewann dabei vor allem die bisherigen Anhänger der liberalen und konservativen bürgerlichen Parteien für sich, aber auch überdurchschnittlich viele junge Wähler, die sich vom Erneuerungspathos und dem jugendlichen Erscheinungsbild der Partei besonders angesprochen fühlten. Anders als bei den kirchentreuen Katholiken, die sich im ostpreußischen Ermland als relativ resistent gegenüber der NSDAP erwiesen, hatten die Nationalsozialisten bei den deutsch-national geprägten Protestanten leichtes Spiel.

Es war vor allem die Angst vor dem sozialen Abstieg, der befürchteten Proletarisierung, die die evangelischen Mittelschichten zur NSDAP zog. Adolf Hitler, um den ein einzigartiger Führerkult entstand, erschien vielen als Wundermann, als Erretter aus der Not, der Deutschland aus der Misere der Gegenwart in eine glänzende Zukunft führen werde.

Es waren allerdings nicht allein die Nationalsozialisten und ihre Wähler, die dem verhassten «System», der parlamentarischen Republik, den Kampf ansagten. Neben den Kommunisten am linken Rand des Spektrums, die während der Weltwirtschaftskrise ebenfalls Zulauf erhielten, waren es vor allem die konservativen Parteien und Honoratioren aus Landwirtschaft, Industrie, Reichswehr und Bürokratie, die in immer aggressiverer Form die Demokratie bekämpften. Ihnen schwebte die Rückkehr zu einem autoritären, obrigkeitsstaatlich-paternalistischen Staatsmodell, wenn möglich mit monarchischer Spitze, vor. Um dieses Ziel zu erreichen, war man auch zu Bündnissen mit der NSDAP bereit. So kam es schon 1932 in den beiden mecklenburgischen Ländern zu antisozialistischen Bürgerblock-Regierungen unter Einschluss der NSDAP, wobei in Mecklenburg-Schwerin sogar ein Nationalsozialist Ministerpräsident wurde.

Auch die Übergabe des Kanzleramtes an Hitler am 30. Januar 1933 vollzog sich im Rahmen eines Übereinkommens mit konservativen Parteien, Verbänden und Einzelpersönlichkeiten. Die Konservativen glaubten, Hitler mit einem Kabinett aus vorwiegend bürgerlichen Ministern «einrahmen» und zähmen zu können, womit sie nicht nur den rücksichtslosen Machtwillen Hitlers, sondern auch die Dynamik der nationalsozialistischen Massenbewegung vollkommen unterschätzten. Binnen weniger Monate etablierte sich ein totalitäres Regime, das auf seine einstigen Steigbügelhalter nur noch wenig Rücksicht zu nehmen brauchte.

In dem neuen System war für ein Eigenleben der Länder kein Platz mehr. Sie wurden noch im März und April 1933 «gleichgeschaltet» und verloren im Januar 1934 auch ihre Hoheitsrechte, womit sie zu Verwaltungsbezirken des Reiches wurden. Die beiden mecklenburgischen Länder wurden zusammengelegt. Für die Hansestadt Lübeck ging 1937 nach über 700 Jahren Selbstständigkeit auch der letzte Rest an Eigenständigkeit verloren. Die

Stadt fiel zusammen mit dem oldenburgischen Landesteil Lübeck an Preußen, quasi als «Entschädigung» dafür, dass gleichzeitig Hamburg mit der Angliederung von Altona, Harburg und anderen umliegenden Orten auf Kosten Preußens vergrößert worden war.

Die «Nationale Erhebung», wie die Machtergreifung in der Sprache der NS-Propaganda hieß, traf bei großen Teilen der Bevölkerung auf Zustimmung. Die rasche Umwälzung des gesamten politischen Systems und die entschiedene Art des Regierens, die sie so augenfällig von der politischen Lähmung der vorangegangenen Jahre abstach, lösten eine verbreitete Aufbruchstimmung aus. Dass der Wandel mit massivem Terror einherging, mit Massenverhaftungen, Folter und Mord, der Aufhebung der Meinungs- und Pressefreiheit und der Ausschaltung der übrigen Parteien, wurde demgegenüber geringer bewertet. Die Gewalttaten hatten aber auch Angst zur Folge und förderten die «freiwillige» Anpassung an die neuen Verhältnisse. Doch gab es von Anfang an auch Menschen, die sich nicht vereinnahmen ließen oder sogar aktiven Widerstand leisteten.

Von denen, die in die Emigration gingen, wählten viele die skandinavischen Länder als Exil. Vor allem für Schleswig-Holsteiner war dies der wichtigste Fluchtweg. Bekannt ist der Lübecker Willy Brandt, der spätere SPD-Vorsitzende, der nach Norwegen ging. In Kopenhagen richteten die SPD und die KPD jeweils Emigrantenleitungen ein, die versuchten, auf Schiffen Flugblätter nach Deutschland zu schmuggeln. Dabei blieben die deutschen Emigranten in Dänemark weitgehend unter sich, es gab wenig Beziehungen zu den einheimischen «Schwesterparteien».

Neben die politische Verfolgung trat von Anfang an die rassisch motivierte. Der radikale Antisemitismus, der den Kern von Hitlers Weltanschauung bildete, schlug sich bereits im April 1933 in einer von Gewalttaten begleiteten Boykottaktion gegen jüdische Geschäfte und in der gesetzlich verfügten Entlassung von «Nichtariern» aus dem öffentlichen Dienst nieder. Die sich fortgesetzt steigernde Entrechtung und Schikanierung der jüdischen Bevölkerung erreichte im November 1938 mit der Reichspogromnacht ihren ersten Höhepunkt, bei der wie im ganzen Reich auch in den Ostseestädten die Synagogen geschändet und zum großen Teil angezündet wurden. Unter dem Druck der Verfolgungsmaßnahmen emigrierte bis zum Beginn des Zweiten Weltkrieges ein erheblicher Teil der Juden; in Kiel, Königsberg und Lübeck waren es jeweils mehr als die Hälfte der Gemeindemitglieder. Die anderen blieben in der vergeblichen Hoffnung, dass es nicht noch schlimmer werden könne.

So waren am Vorabend des Zweiten Weltkrieges von den neun Ostseeländern nur noch drei übrig geblieben, die auf demokratischer Grundlage regiert wurden: die skandinavischen Länder Dänemark, Schweden und Finnland. Die ruhigste Entwicklung nahmen dabei Dänemark und Schweden, die sich als Inseln der Stabilität erwiesen. Bei vergleichbaren wirtschaftlichen Problemen fand man hier andere Antworten auf die Krise als bei den südlichen Ostsee-Anliegern. In beiden Ländern schlossen die regierenden Sozialdemokraten einen Pakt mit den Bauernparteien, der Venstre in Dänemark und der Zentrumspartei in Schweden, um die ökonomische Krise mit einem breit angelegten Krisenprogramm bewältigen zu können. In Dänemark führte seit 1929 der sozialdemokratische Ministerpräsident Thorvald Stauning eine Mehrheitsregierung aus Sozialdemokraten und Radikaler Venstre. In dem im Januar 1933 mit der Venstre vereinbarten Kanslergade Kompromiss wurden die Interessen der Bauern mit einer Abwertung der Krone sowie Schutzzöllen befriedigt. Außerdem wurde ein Siedlungsprogramm beschlossen, das 15 000 neue Kleinbauernstellen schuf, was der ländlichen Armut die Spitze brach. Im Gegenzug stimmte die Venstre einem Verbot von Aussperrungen und einer Reihe von sozialen Reformgesetzen zu. Zu ihnen gehörte ein Rechtsanspruch auf Sozialhilfe sowie eine Neuregelung der Kranken-, Arbeitslosen- und Rentenversicherung. Vereinbart wurde auch der Ausbau der Verkehrswege als Mittel der Arbeitsbeschaffung.

In ganz ähnlicher Weise vereinbarte 1933 der schwedische sozialdemokratische Ministerpräsident Per Albin Hansson ein Maßnahmenbündel mit dem Zentrum, das sowohl der Landwirtschaft unter die Arme griff als auch die Finanzierung öffentlicher Arbeiten vorsah, um die Arbeitslosigkeit zu bekämpfen. 1934 trat eine Arbeitslosenversicherung mit staatlichen Stützbeiträgen in Kraft. In beiden Ländern wurden in diesen Jahren der Grundstein für die Ausbildung von Wohlfahrtsstaaten gelegt. In Schweden prägte Hansson dafür den Begriff des «Volksheims», im südlichen Nachbarland hieß das entsprechende Schlagwort «Dänemark für das Volk».

So führten die Auswirkungen der Weltwirtschaftskrise zwar zu einem Politikwechsel, aber nicht zu einem Systemwechsel. In beiden Ländern blieben rechtsextremistische Parteien bedeutungslos, auch wenn die dänischen Nationalsozialisten 1939 erstmals drei Mandate im Folketing gewannen. Etwas stärker waren die Kommunisten, doch führten auch sie letztlich ein Schattendasein.

In Finnland waren die Verhältnisse anders. Hier hatte der Bürgerkrieg von 1918 einen Graben zwischen Arbeiterschaft und Bürgertum aufgerissen, und auch der anhaltende finnisch-schwedische Sprachenstreit polarisierte die Gesellschaft. Die Folge war ein zersplittertes Parteiensystem mit häufig wechselnden Regierungen. Die Kommunisten, die zum Teil vom russischen Exil aus operierten und von dort auch gesteuert wurden, hielten nach wie vor am Ziel eines bewaffneten Umsturzes fest. 1923 wurden die kommunistischen Reichstagsabgeordneten unter dem Vorwurf des Landesverrats verhaftet und ihre Partei verboten. Die Kommunisten gründeten daraufhin eine neue Partei, die nach außen hin strikt legal auftrat.

1929 rissen empörte Bewohner des ostbottnischen Dorfes Lapua den dort versammelten Jungkommunisten die roten Hemden vom Leib. Der Zwischenfall führte zur Gründung der militant antikommunistischen Lapua-Bewegung, unter deren Druck die Verfassung geändert und jegliche kommunistische Tätigkeit verboten wurde. Die Lapua-Aktivisten gingen aber auch weiterhin gewaltsam gegen Kommunisten und ihre echten oder vermeintlichen Sympathisanten vor. Selbst der frühere Präsident Ståhlberg wurde von ihnen entführt. Aber erst als sie 1932 einen bewaffneten Umsturzversuch unternahmen, wurde die Bewegung verboten. Daraufhin sammelten sich die rechten antidemokratischen Kräfte in einer neuen Partei, die von den deutschen Nationalsozialisten beeinflusst war, bei den Reichstagswahlen aber keine großen Erfolge erzielte.

Trotz dieser scharfen Gegensätze und innenpolitischen Spannungen geriet das parlamentarische System in Finnland aber nie ernsthaft in Gefahr. Ende der dreißiger Jahre rückten die demokratischen Parteien dann auch enger zusammen, vor allem aus der berechtigten Furcht vor einer sowjetischen Aggression.

Der Zweite Weltkrieg

Der deutsche Überfall auf Polen

Mit den Schüssen des Schulschiffes «Schleswig-Holstein» auf die Danziger Westerplatte, wo sich ein polnisches Munitionsdepot befand, begann in den frühen Morgenstunden des 1. September 1939 der Zweite Weltkrieg. Die Wiedervereinigung Danzigs mit dem Deutschen Reich und die Schaffung einer extraterritorialen Verbindung zwischen Ostpreußen und Pommern quer durch den polnischen «Korridor» waren die vorgeschobenen Konflikt-

Rede Adolf Hitlers im Artushof in Danzig. Nach der Eroberung Polens wurden Pommerellen und Danzig zum Reichsgau Danzig-Westpreußen vereinigt und Teil des Reiches.

punkte. Tatsächlich aber führte Hitler mit dem deutschen Überfall auf Polen den Krieg herbei, auf den er bereits seit seiner Ernennung zum Reichskanzler zielstrebig hingesteuert hatte. Die beabsichtigte Zerschlagung Polens war dabei jedoch nur ein Zwischenschritt. Hitlers eigentliches Ziel war der Krieg gegen die Sowjetunion, und das aus zwei ideologisch bestimmten Gründen heraus: der Eroberung von «Lebensraum im Osten» und dem Kampf gegen den Bolschewismus, der für Hitler nichts anderes war als eine Form der Herrschaft des «Weltjudentums».

Dennoch verbündete er sich eine Woche vor dem Angriff auf Polen ausgerechnet mit seinem sowjetischen Erzfeind und verabredete mit Stalin in einem Nichtangriffspakt die erneute Aufteilung Polens und darüberhinaus des Baltikums und Finnlands. Hitler schloss diesen Pakt, den er bei nächstbester Gelegenheit zu brechen entschlossen war, vor allem aus innenpolitischen Gründen. Er suchte damit die Bedenken der hohen Militärs und führender NS-Größen bis hin zu Hermann Göring zu zerstreuen, die allesamt voraussahen, dass der Krieg für Deutschland in einer Katastrophe enden werde. Göring hatte deshalb noch in letzter Minute vergeblich versucht, über einen schwedischen Mittelsmann, den Industriellen Birger Dahlerus, Friedensfühler nach Großbritannien auszustrecken. Für Stalin wiederum bedeutete das Abkommen nicht nur freie Hand für eine sowjetische Aggression gegen Finnland und die baltischen Länder, sondern auch einen Zeitgewinn, um das eigene militärische Potenzial vor einem Konflikt mit Deutschland stärken zu können.

Obwohl Großbritannien und Frankreich entsprechend ihren Bündnisverpflichtungen an der Seite Polens in den Krieg eintraten, blieben sie militärisch passiv. Vor allem in Frankreich gab es erhebliche Vorbehalte gegenüber einem Eingreifen zugunsten Polens, die in der weithin gestellten Frage «Mourir pour Dantzig?» ihren Ausdruck fand. So erlag die auf sich allein gestellte polnische Armee in nur drei Wochen der weit überlegenen deutschen Wehrmacht. In einer hasserfüllten Atmosphäre kam es in den ersten Septembertagen zu zahlreichen Gewalttaten gegen die deutsche Minderheit in Posen-Pommerellen, darunter zu einem regelrechten Pogrom in Bromberg. Die rund 5000 «volksdeutschen» Opfer, deren Zahl auf persönliche Anordnung Hitlers auf 58 000 erhöht wurde, dienten als willkommener Vorwand, um die polnische Bevölkerung seinerseits einer unmenschlichen Behandlung zu unterwerfen.

Nach dem Sieg über Polen wurden große Gebiete des bisherigen polnischen Staates unmittelbar annektiert und dem «Altreich» angegliedert, so auch Pommerellen, das mit Danzig und dem 1920 an Ostpreußen angegliederten Teil Westpreußens zum «Reichsgau Danzig-Westpreußen» zusammengeschlossen wurde. Der verbleibende Teil Polens wurde als «Generalgouvernement» zu einer Art Kolonie des Reiches gemacht.

Der sowjetisch-finnische Winterkrieg

Einen Monat nach dem Hitler-Stalin-Pakt machte sich auch die Sowjetunion daran, den ihr zugedachten Teil der Beute zu kassieren. Am 17. September begann der Einmarsch der Roten Armee in Ostpolen mit der zynischen Begründung, der polnische Staat existiere nicht mehr und die Sowjetunion müsse deshalb den Schutz der ukrainischen und weißrussischen Bevölkerung übernehmen. Unmittelbar darauf wurden die drei baltischen Staaten genötigt, Beistandsverträge abzuschließen und der Errichtung sowjetischer Militärbasen auf ihrem Territorium zuzustimmen. Von Finnland wurde gleichzeitig die Abtretung eines Teils der karelischen Landenge und die Verpachtung der Halbinsel Hanko als Militärbasis gefordert. Doch anders als die baltischen Regierungen lehnte die finnische jede Konzession ab, weil man glaubte, dass ein Nachgeben nur zu weiteren Forderungen führen würde.

Bei dieser Entscheidung wusste die finnische Regierung das Volk hinter sich. Bereits im Sommer 1939 hatten Tausende Männer ihren Jahresurlaub geopfert, um ohne Bezahlung die karelische Landenge befestigen zu helfen. Finnland hatte seine Armee vorsichtshalber schon mobilisiert, als am 30. November der sowjetische Angriff begann. Der damals schon 72-jährige Marschall Mannerheim übernahm noch einmal den Oberbefehl über die finnischen Truppen. Der Widerstandsgeist der Finnen wurde dadurch wesentlich gestärkt, dass Stalin gleich zu Beginn des Krieges eine Marionettenregierung aus emigrierten finnischen Kommunisten unter der Leitung von Otto Vilhelm Kuusinen eingesetzt hatte. «Jetzt wusste auch der letzte Finne, dass es nicht nur um ein Stück Land ging, sondern um die nationale Unabhängigkeit – in der Tat um alles, was das finnische Volk ‹teuer und heilig› hielt, wie es Mannerheim später in einem berühmten Tagesbefehl ausdrückte» (JUTIKKALA, S. 379).

Zunächst erwiesen sich die finnischen Verteidiger als unerwartet erfolgreich. Vielerorts gelang es, die angreifenden sowjetischen Truppen in kleine Teile aufzuspalten und einzeln zu vernichten. Die Finnen hatten die Weltöffentlichkeit auf ihrer Seite, und aus Schweden kamen Freiwillige und Waffen. Zu einer regulären Kriegsteilnahme ließ sich Schweden jedoch nicht bewegen, und aus Angst vor einem deutschen Angriff wollte es auch den Durchmarsch britischer und französischer Truppen nach Finnland nicht gestatten. Nachdem der Roten Armee schließlich doch noch der Durchbruch durch die finnischen Stellungen gelungen war, musste Finnland im März 1940 in Moskau Frieden schließen. Dabei setzte Stalin die Abtretung von ganz Westkarelien und einiger weiterer Gebiete durch, insgesamt rund 10 % des finnischen Territoriums. Die dort ansässige Bevölkerung zog auf die finnische Seite der neuen Grenze. Seine «finnische» Gegenregierung hatte Stalin unterdessen wieder fallen gelassen. Ihr Vorsitzender Kuusinen machte später noch Karriere in der Sowjetunion und brachte es bis zum ZK-Sekretär der KPdSU, während seine Tochter Herta Generalsekretärin der finnischen Kommunisten wurde.

Die Sowjetunion hielt sich zunächst an ihre Zusage, sich ungeachtet ihrer militärischen Präsenz nicht in die Innenpolitik der baltischen Länder einzumischen. Doch die Tage ihrer Unabhängigkeit waren gezählt, Stalin wartete nur noch auf eine günstige Gelegenheit für die Annexion. Im Juni 1940, als Frankreichs Niederlage gegen Deutschland feststand, wurde allen drei Republiken in Ultimaten die Bildung sowjetfreundlicher Regierungen und eine weitere Truppenstationierung abverlangt. In den Hauptstädten Tallinn, Riga und Kaunas erschienen Sonderbeauftragte der Sowjetregierung, die für die rasche Abhaltung von «Wahlen» sorgten, bei denen nur prokommunistische Kandidaten zugelassen waren. Die neuen «Volksparlamente» beschlossen jeweils bereits in ihrer ersten Sitzung die Umwandlung ihrer Länder in sozialistische Sowjetrepubliken. Gleichzeitig richtete man an die UdSSR den Antrag, in den sowjetischen Staatsverband aufgenommen zu werden. Bereits Anfang August war so die Annexion aller drei Republiken hinter einer Fassade der Legalität vollzogen.

Unmittelbar danach begann die sowjetische Gleichschaltung der Länder. Der Lebensstandard sank schnell auf das Niveau in der übrigen Sowjetunion ab, während der Geheimdienst mit Verhaftungen und Deportationen gegen «Volksfeinde» vorging. Genau ein Jahr nach den Ultimaten, die zum Anschluss führten, wurden am 14. Juni 1941 in einer Nacht- und Nebelaktion rund 65 000 Menschen – Männer, Frauen und Kinder – in Viehwaggons verladen und ins Innere Russlands deportiert.

Die deutsch-baltische Bevölkerung war aufgrund einer Absprache zwischen Berlin und Moskau, der entsprechende Umsiedlungsverträge mit den baltischen Regierungen folgten, zwischen Oktober 1939 und März 1941 «heim ins Reich» geholt worden. Obwohl die Entscheidung für die Umsiedlung jeder Familie freigestellt war, verließen damals fast alle 130 000 Deutschbalten ihre angestammte Heimat. Sie taten dies vor allem auch in der sicheren Erwartung, dass die Sowjetisierung des Baltikums unabwendbar war. Mit ihrem Exodus ging die 700-jährige Geschichte deutscher Siedlung in Estland, Lettland und Litauen zu Ende. Die deutschbaltischen Familien wurden vorrangig in den neugebildeten «Reichsgauen» Danzig-Westpreußen und Wartheland angesiedelt. Ihnen mussten dort zahlreiche einheimische polnische Familien weichen, die brutal enteignet und ins Generalgouvernement deportiert wurden.

Wie schon im Ersten Weltkrieg waren die skandinavischen Länder bei Kriegsausbruch neutral geblieben. Dänemark hatte, anders als Schweden, im Mai 1939 sogar das deutsche Angebot für einen Nichtangriffsvertrag angenommen. Von England, das die Ostsee praktisch der deutschen Marine überlassen hatte, konnte Dänemark keinen Schutz erwarten. Aber auch die Zusammenarbeit der nordischen Länder, deren Staatsoberhäupter sich im Oktober 1939 in Stockholm trafen, führte nicht zu einer gemeinsamen Sicherheitspolitik. So stand jedes Land für sich allein.

Am 9. April 1940 wurde Dänemark von der Wehrmacht überfallartig besetzt. Nach wenigen kurzen Gefechten ließ die dänische Regierung unter ihrem Ministerpräsidenten Stauning den als aussichtslos erkannten Kampf einstellen und akzeptierte die Besetzung als Tatsache. Im Gegenzug versprach die deutsche Seite, sich nicht in die inneren Angelegenheiten des Landes einmischen zu wollen. Die um Angehörige der Oppositionsparteien erweiterte dänische Regierung blieb im Amt und betrieb eine vorsichtige Anpassungspolitik. Zum Symbol des nationalen Selbstbehauptungswillens wurde der schon 70-jährige König Christian X., der wie eh und je jeden Morgen einen Ausritt durch das besetzte Kopenhagen unternahm. «Die Bevölkerung stand an den Straßen und grüßte den alten König, wenn er ruhig und allein, ohne Wache, ohne Eskorte, vorbeiritt. Ein Geringes im großen europäischen Spiel auf Leben und Tod, aber für das besetzte Dänemark etwas sehr Wesentliches ...» (LAURING, S. 218).

Für die Wehrmacht war die Besetzung Dänemarks nur eine Etappe auf ihrem eigentlichen Ziel gewesen, die norwegische Küste unter ihre Kontrolle zu bringen. Damit sollte die schwedische Erzzufuhr gesichert werden, die während des Winters nur über den eisfreien norwegischen Hafen Narvik möglich war. Aus dem gleichen Grund hatte auch die englische Armee eine Besetzung Norwegens geplant, doch kamen ihr die deutschen Truppen um wenige Tage zuvor. Hier gelang es Deutschland erst nach zweimonatigen verlustreichen Kämpfen, Norwegen zu besiegen und vollständig zu besetzen.

Das besetzte Dänemark blieb zwar neutral, aber kam dem Deutschen Reich mit dem Beitritt zum Antikominternpakt, Maßnahmen gegen die dänischen Kommunisten und der Schaffung einer Freiwilligentruppe zum Einsatz an der Ostfront entgegen. Zudem war die dänische Wirtschaft ganz auf den deutschen Markt ausgerichtet. Erst im August 1943 kam es, auch beflügelt durch die sich abzeichnende Niederlage der Wehrmacht, zu Unruhen und

Dem Vizepräsidenten des Schwedischen Roten Kreuzes, Graf Folke Bernadotte, gelang Anfang 1945 in Verhandlungen mit Himmler die Freilassung von Kriegsgefangenen und KZ-Häftlingen.

Streikaktionen in Kopenhagen und anderen dänischen Städten. Sie führten zum Bruch zwischen der Besatzungsmacht und der dänischen Regierung, die abgesetzt wurde. Die Regierungsgewalt lag jetzt in den Händen des Reichsbevollmächtigten Werner Best, der vor dem Krieg in der Gestapo Karriere gemacht hatte. Das dänische Heer wurde entwaffnet, während die dänische Flotte ihrer verlangten Auslieferung durch Selbstversenkung zuvorkam.

Seit September 1943 gab es einen dänischen «Freiheitsrat», der den weiteren Widerstand organisierte. Die von ihm gelenkten Sabotageaktionen richteten sich vor allem gegen das Eisenbahnnetz, aber auch kriegswichtige Betriebe. Die Anschläge wurden von der Besatzungsmacht mit Terroraktionen beantwortet, denen nicht nur Mitglieder der Widerstandsbewegung, sondern auch willkürlich herausgegriffene Zivilisten zum Opfer fielen. Im September 1944 wurde schließlich noch die gesamte dänische Polizei verhaftet und in deutsche Konzentrationslager verschleppt.

Überfall auf die Sowjetunion

Der von Hitler lange geplante Krieg gegen die Sowjetunion begann im Juni 1941. In den ersten Wochen nach dem Überfall erzielten die deutschen Truppen mit ihren rasch vorstoßenden Panzerarmeen riesige Geländegewinne. Die Heeresgruppe Nord drang dabei von Ostpreußen aus ins Baltikum vor. Bereits in den letzten Junitagen eroberte die Wehrmacht Riga, im August wurde auch Tallinn genommen. Seit dem 8. September 1941 war Leningrad eingeschlossen. Nicht nur als zweitgrößte Stadt der Sowjetunion, sondern auch als Hauptort der Oktoberrevolution und als russische Ostseemetropole war Leningrad für beide Seiten von besonderer Bedeutung. Es begann die Tragödie der «900 Tage». Bis zum endgültigen Aufbrechen der Blockade im Januar 1944 starben mindestens 630 000 Bürger der Stadt an Hunger, Kälte und Entkräftung. Der einzige Versorgungsweg verlief im ersten Blockadewinter über den zugefrorenen Ladogasee, doch konnte die Zufuhr an Lebensmitteln den Bedarf auch nicht im Entferntesten decken. In ihrer Not verzehrten die Menschen selbst Kleister, und es gab viele Fälle von Kannibalismus. Im Januar 1943 konnte die Rote Armee durch die Rückeroberung von Schlüsselburg am Ladogasee eine Landverbindung nach Leningrad freikämpfen, womit die schlimmste Zeit für die Leningrader überstanden war, aber erst ein Jahr später mussten sich die deutschen Truppen endgültig von den äußeren Stadtgrenzen zurückziehen.

Der finnische «Fortsetzungskrieg»

Im Sommer 1940 gab Finnland dem Deutschen Reich die Erlaubnis, Truppen durch finnisches Territorium nach Norwegen zu bringen, was zuvor auch bereits Schweden zugestanden hatte. Aber anders als im Falle Schwedens hielten sich deutsche Truppen im Frühsommer 1941 auch in Finnland selbst auf. Angesichts der sowjetischen Drohungen, Finnland das gleiche Schicksal wie den baltischen Republiken zu bereiten, war das Land entschlossen, jeden Beistand anzunehmen, der ihm angeboten wurde. Als am

22. Juni 1941 der deutsche Angriff auf die Sowjetunion begann, blieb Finnland zunächst offiziell neutral. Doch bereits drei Tage später trat Finnland nach sowjetischen Bombenangriffen auf südfinnische Städte in den Krieg ein. Er wird in Finnland als «Fortsetzungskrieg» bezeichnet, weil er als direkte Folge des «Winterkriegs» angesehen wird.

Die finnische Armee eroberte das 1940 abgetretene Westkarelien zurück und rückte auch nach Ostkarelien vor, lehnte es aber ab, sich an den Operationen der Wehrmacht gegen Leningrad oder den wichtigen Hafen Murmansk am Eismeer zu beteiligen. Die Finnen hielten damit an ihrer Politik des «eigenen Krieges» fest, und von Dezember 1941 an herrschte an ihren Frontabschnitten bis zum Juni 1944 weitgehend Ruhe. Dann erzwang eine sowjetische Großoffensive den finnischen Rückzug bis zur Grenze von 1940. Im September 1944 nahm Finnland die sowjetischen Waffenstillstandsbedingungen an. Die deutschen Truppen, die noch im finnischen Teil von Lappland standen, zogen sich erst nach heftiger Gegenwehr Richtung Norwegen zurück und richteten dabei mit ihrer Taktik der «verbrannten Erde» schwerste Zerstörungen an.

Die Situation im Baltikum

In den baltischen Republiken wurden die deutschen Soldaten bei ihrem Einmarsch im Sommer 1941 vielerorts als Befreier begrüßt. Doch die Wirklichkeit sah anders aus. Statt der erhofften Wiederherstellung der Eigenstaatlichkeit wurden Estland, Lettland und Litauen jeweils als Generalbezirk dem «Reichskommissariat Ostland» zugeschlagen, an dessen Spitze der schleswig-holsteinische Gauleiter Hinrich Lohse stand. Und an die Stelle des stalinistischen Terrors trat der nationalsozialistische, der sich in seiner brutalsten Form gegen die jüdische Bevölkerung richtete, aber auch die übrige Bevölkerung nicht verschonte.

Das Reichskommissariat Ostland unterstand nominell dem Reichsministerium für die besetzten Ostgebiete unter der Leitung des Baltendeutschen Alfred Rosenberg. Er galt seit der Veröffentlichung seines Buches «Mythus des 20. Jahrhunderts» im Jahr 1930 als «Cheftheoretiker» des Nationalsozialismus, ohne je zum innersten Machtzirkel zu gehören. Der in Reval geborene Rosenberg war nicht nur radikal antisemitisch, sondern auch stark antirussisch eingestellt. Diese Haltung motivierte ihn auch dazu, den nichtrussischen Völkern eine gewisse Eigenständigkeit zugestehen zu wollen. Doch die tatsächliche Politik im «Ostland», zu dem neben den baltischen

Ländern auch Weißrussland gehörte, bestimmte nicht Rosenberg, sondern der Reichskommissar Lohse und insbesondere die SS. So prägte die rücksichtslose Ausbeutung des Landes und der Arbeitskraft seiner Bewohner die Realität im Baltikum – zusammen mit dem Völkermord an den Juden.

Der Chef der SS, Heinrich Himmler, war im Oktober 1939 von Hitler zum «Reichskommissar für die Festigung des deutschen Volkstums» ernannt worden. In dieser Funktion war er für die Umsiedlungs- und Germanisierungspolitik im eroberten Mittelost- und Osteuropa zuständig. Der «Generalplan Ost», der in Zusammenarbeit mit mehreren Partei- und Staatsbehörden, darunter auch dem Ostministerium entstand, sah die Vertreibung von mehr als 40 Millionen Menschen bis hinter den Ural vor, wobei der Tod vieler Millionen bereits einkalkuliert war. An ihre Stelle sollten bis zu zehn Millionen Deutsche und Angehörige anderer «germanischer» Völker treten. «Das war das ungeheuerlichste Versklavungsprogramm, das in seinem Ausmaß einzigartig in der modernen europäischen Geschichte steht und mit tödlichem Ernst begonnen wurde» (DÜLFFER, S. 168). Nur eine Minderheit der bisherigen Bewohner, die man rassisch für «aufnordungsfähig» hielt, sollten Deutsche werden und damit bleiben dürfen. Unter den rund fünf Millionen Balten rechnete man mit 750000 Menschen, die eingedeutscht werden könnten. Der große Rest sollte vertrieben oder umgebracht werden.

Obwohl die SS so extrem wie keine andere Institution im nationalsozialistischen Deutschland die Ideologie vom germanischen «Herrenmenschen» und den nichtarischen «Untermenschen» verfocht und in die mörderische Praxis umsetzte, warb sie in Estland und Lettland gleichzeitig Freiwillige für die Waffen-SS an. Sie wurden unter dem Banner des «antibolschewistischen Kreuzzugs» an der Ostfront eingesetzt. In Litauen wurden erst im Februar/März 1944 statt einer SS-Einheit «litauische Sonderverbände» aufgestellt, die aber größtenteils bald wieder aufgelöst wurden.

Der Völkermord an den Juden

Gleich zu Beginn des Krieges wurde die noch in Deutschland lebende jüdische Bevölkerung in ihren Lebensmöglichkeiten weiter massiv eingeschränkt. Dazu zählten unter anderem der Entzug der Führerscheine, die Beschlagnahme von Radios und Telefonen sowie der Erlass von weiteren Berufsverboten. Entrechtung und Vertreibung waren zu dieser Zeit noch die Leitlinien der nationalsozialistischen Judenpolitik. Im Oktober 1939 begann die Deportation der in den neugebildeten Reichsgauen Danzig-Westpreußen und Wartheland lebenden Juden, die mit brutalen Zwangsmaßnahmen in das Generalgouvernement abgeschoben wurden. Dort mussten sie in die neuerrichteten Ghettos ziehen, in denen willkürliche Erschießungen durch SS und Polizei an der Tagesordnung waren und Seuchen und Unterernährung herrschten. Auch im sogenannten «Altreich» kam es auf Veranlassung regionaler NS-Führer zu einzelnen Abschiebeaktionen. Von ihnen betroffen wurden auch über eintausend Juden aus Stettin, die ohne jede Vorankündigung in drei Dörfer bei Lublin transportiert wurden. Viele von ihnen starben bald darauf angesichts der elenden Lebensumstände.

Mit dem Überfall auf die Sowjetunion, der von vornherein als Vernichtungskrieg geplant wurde, ging der Umschlag von der Verfolgung zur Vernichtung einher. Die eigens für den sogenannten Russlandfeldzug aufgestellten «Einsatzgruppen», die unter dem Kommando Himmlers standen, folgten der Wehrmacht auf dem Fuße und begannen sofort mit Massenerschießungen von Zivilisten. Gleichzeitig nutzte man den vorhandenen Antisemitismus in der örtlichen Bevölkerung aus. Eine Einheit der Einsatzgruppe A, die im Baltikum tätig war, stachelte direkt nach ihrem Einmarsch in Kaunas im Juni 1941 die litauischen Einwohner zu einem Pogrom auf, dem in zwei Tagen rund 3800 der etwa 30 000 Juden der Stadt zum Opfer fielen. Die überlebenden Juden wurden gezwungen, in ein Ghetto zu ziehen.

Bis Mitte August 1941 brachten die Einsatzkommandos im Baltikum und ihre einheimischen Hilfstruppen bei Massenexekutionen hauptsächlich Männer um. Dann erreichte die Führer der Kommandos der allgemeine Mordbefehl. Die «Endlösung» der Judenfrage, die Vernichtung aller europäischen Juden, war von der Reichsführung beschlossen worden. Wurden im Juli von dem in Litauen operierenden «Einsatzkommando 3» seinen eigenen Aufzeichnungen zufolge 4239 Juden umgebracht, davon 135 Frauen, so waren es im September 56 459, davon 26 243 Frauen und 15 112 Kinder. Weil der Völkermord nicht unter den Augen der deutschen Bevölkerung stattfinden sollte, begann im Oktober der systematische Abtransport der Juden aus dem «Altreich». Viele von ihnen landeten in Kaunas und Riga, wo Ende November die ersten Massenerschießungen von reichsdeutschen Juden stattfanden. Bereits im Oktober hatte der Reichskommissar für das Ostland, Hinrich Lohse, die Erlaubnis erhalten, auch mit Kohlenmonoxidgas zu töten. Dabei wurden die Opfer in die hermetisch abgedichteten Aufbauten von Lastwagen gesperrt und dann während der Fahrt durch die eingeleiteten Autoabgase umgebracht. Bis Ende Januar 1942 wurden in den baltischen Ländern durch die mobilen Mordkommandos insgesamt etwa 230 000 Juden getötet, Estland war zu diesem Zeitpunkt «judenfrei». Dann verlagerte sich der Schwerpunkt der Mord-

Das zerstörte Danzig am Ende des Zweiten Weltkrieges. Noch nach der Einnahme der Stadt durch die Rote Armee kam es zu schweren Schäden durch Brandstiftung.

aktionen auf die großen stationären Vernichtungslager, die hauptsächlich auf dem Gebiet des Generalgouvernements errichtet wurden.

Die etwa 6000 bis 7000 dänischen Juden sollten am 1. Oktober 1943 in einer Blitzaktion zusammengetrieben und in die Vernichtungslager transportiert werden. Doch die meisten von ihnen konnten rechtzeitig über die Ostsee nach Schweden in Sicherheit gebracht werden. Die Rettung gelang nicht zuletzt deshalb, weil hier erstaunlicher Weise auch deutsche Stellen bis hin zum Reichsbevollmächtigten Best aktive oder passive Hilfestellung leisteten. Rund 500 dänische Juden kamen in das «Vorzeige-KZ» Theresienstadt in Böhmen, 116 starben dort.

Flucht der Deutschen vor der Roten Armee

Seit der gewonnenen Schlacht um Stalingrad im Winter 1942/43 lag die Initiative auf dem östlichen Kriegsschauplatz im wesentlichen bei der Roten Armee, die die deutsche Wehrmacht immer weiter nach Westen zurückdrängte. Eine Großoffensive im Juni 1944 führte zum Zusammenbruch des mittleren deutschen Frontabschnittes in Weißrussland; schon im August 1944 erreichten die sowjetischen Angriffsspitzen die ostpreußische Grenze.

In zahllosen kleinen und größeren Flüchtlingstrecks floh die deutsche Bevölkerung im Winter 1944/45 vor der anrückenden Roten Armee.

Ein erster tiefer sowjetischer Vorstoß nach Ostpreußen selbst konnte im Oktober nach 14-tägigen schweren Kämpfen nochmals zurückgeworfen werden. In den zurückeroberten Gebieten stießen die deutschen Soldaten auf schlimmste Kriegsverbrechen an der Zivilbevölkerung, auf massenhaften Mord, Vergewaltigung und Raub. Die hemmungslosen Racheakte waren die Vergeltung für den dreijährigen Vernichtungskrieg, den die Deutschen im Osten geführt hatten. Erneut waren Unschuldige die Opfer.

Eine neue sowjetische Großoffensive leitete ab dem 12. Januar 1945 die letzte Phase des Kriegs im Osten ein, die Eroberung der ostdeutschen Provinzen. Bereits Ende Januar war Königsberg eingeschlossen und Ostpreußen abgeschnitten, nachdem die Rote Armee bei Elbing die Ostsee erreicht hatte. Um Hinterpommern und Westpreußen tobten den ganzen Februar über schwere Kämpfe, die am 1. März zur Unterbrechung der Bahn- und Straßenverbindung von Stettin nach Danzig führten. Befehle zur Evakuierung der Bevölkerung aus den bedrohten Gebieten erfolgten, wenn überhaupt, meist viel zu spät. Auch Vorbereitungen zur Flucht hatten die NSDAP-Funktionäre als Defätismus verboten und unter strengste Strafen gestellt. So verlief die Flucht häufig völlig chaotisch und panikartig, wenn die sowjetischen Truppen bereits in unmittelbarer Nähe waren. Nicht selten gerieten die Flüchtlingstrecks in Kampfhandlungen oder wurden von der vorrückenden Roten Armee einfach überrollt. Allein für Ostpreußen wird die Zahl der zivilen Kriegsopfer auf über 600 000 geschätzt.

Da die schnellen sowjetischen Vorstöße die Landverbindungen abschnitten, bildete der Seeweg für einen Großteil der Bevölkerung die einzige Chance, den Gewaltexzessen der feindlichen Soldaten zu entkommen. Die Verteidigung der Ostseehäfen zählte daher zu den letzten militärischen Zielen der zusammengedrängten deutschen Truppen. Mit mehr als 800 Kriegs-, Handels- und Passagierschiffen konnten so bis in die letzten Kriegstage hinein noch weit über zwei Millionen Menschen, darunter auch viele Soldaten und Verwundete, Richtung Westen evakuiert werden. Allein die vierzehntägige Verteidigung Kolbergs ermöglichte im März noch 70 000 Zivilisten die Flucht über die Ostsee. So wie die Flüchtlingstrecks von Tieffliegern angegriffen wurden, so waren auch die Schiffstransporte Ziel von sowjetischen U-Boot-Attacken. Einem dieser Angriffe fiel der Passagierdampfer Wilhelm Gustloff vor der pommerschen Küste zum Opfer. Mehr als 5000 Menschen ertranken in der eiskalten Ostsee, als das Schiff versenkt wurde.

Als letzte größere deutsche Städte östlich der Oder wurden am 30. März Danzig und am 9. April Königsberg von den Sowjets eingenommen. Bei Kriegsende hielt die Rote Armee auch ganz Vorpommern und die östliche Hälfte Mecklenburgs besetzt. Von Süden her stießen in den ersten Maitagen auch noch britische und amerikanische Truppen zur Ostsee vor. Sie rückten am 2. Mai kampflos in Lübeck ein. Zum Zeitpunkt der bedingungslosen Kapitulation am 9. Mai waren nur noch kleinere Küstenstreifen am Weichseldelta sowie als letztes größeres Gebiet Kurland in deutscher Hand, wohin die Heeresgruppe Nord beim Vormarsch der Roten Armee abgedrängt worden war. Unter deutscher Kontrolle befand sich zudem das nördliche Schleswig-Holstein um Flensburg, wo nach dem Selbstmord Hitlers am 1. Mai die letzte nationalsozialistische Reichsregierung unter Großadmiral Dönitz ihren Sitz genommen hatte. Mit ihrer Verhaftung am 23. Mai war die vollständige Besetzung Deutschlands abgeschlossen.

11.
Kalter Krieg und Auflösung der Blöcke

Zeittafel

1945	Landbeschaffungsgesetz in Finnland
1945	Potsdamer Beschlüsse zur Vertreibung der Deutschen aus den Gebieten östlich von Oder und Neiße
1945	Gründung der Länder Schleswig-Holstein und Mecklenburg(-Vorpommern)
1945	Bodenreform in der Sowjetischen Besatzungszone
1947	Pariser Friedensvertrag mit Finnland
1949	Gründung von zwei deutschen Staaten, Sperrung der Grenze
1949	Beitritt Dänemarks zur NATO
1949	Zwangskollektivierung und Massendeportationen in den baltischen Ländern
1952	Rat für Nordische Zusammenarbeit
1952	Auflösung des Landes Mecklenburg, Gründung des Bezirke Rostock, Schwerin und Neubrandenburg
1956	Vorzeitige Rückgabe Porkkalas an Finnland
1960	Gründung der EFTA mit Dänemark und Schweden, Finnland seit 1961 assoziiert
1961	Finnisch-sowjetische «Notenkrise»
1970	Arbeiterunruhen an der polnischen Ostseeküste
1973	Beitritt Dänemarks zur Europäischen Gemeinschaft
1974	neue schwedische Verfassung
1975	Konferenz für Sicherheit und Zusammenarbeit in Europa in Helsinki
1980	Gründung der Gewerkschaft Solidarität in Danzig
1986	Beginn der Perestroika in der Sowjetunion
1989	erste «halbfreie» Wahlen in Polen
1990	Wiedergründung des Landes Mecklenburg-Vorpommern, deutsch-deutsche Vereinigung
1990	Litauen, Lettland und Estland erklären ihre Unabhängigkeit von der Sowjetunion

1991	Auflösung der Sowjetunion, Leningrad wird wieder in St. Petersburg umbenannt
1991	Auflösung des Warschauer Paktes
1995	Beitritt Schwedens und Finnlands zur Europäischen Union
1999	Europäische Währungsunion mit Deutschland und Finnland, ohne Dänemark und Schweden
1999	Beitritt Polens zur NATO

Bevölkerungsverschiebungen als Ergebnis des Zweiten Weltkriegs

Die Vertreibung der Deutschen aus Hinterpommern, West- und Ostpreußen

Der Zweite Weltkrieg und seine Ergebnisse veränderten die Bevölkerungsverhältnisse an der südlichen und östlichen Ostsee auf einen Schlag stärker als je zuvor in der Geschichte des Baltischen Meeres. Hatte zunächst das nationalsozialistische Deutschland seit 1939 seine Vorstellungen von einer «volklichen Neuordnung» des Raumes mit brutaler Rücksichtslosigkeit umgesetzt, so war ab 1945 die deutsche Bevölkerung zwischen Oder und Memel das Opfer der größten je vorgenommenen gewaltsamen Bevölkerungsverschiebung.

Bereits auf den Konferenzen in Teheran 1943 und in Jalta im Februar 1945 hatten sich die Alliierten grundsätzlich auf eine «Westverschiebung» Polens geeinigt. Das Land sollte durch die Annexion deutscher Gebiete für den Verlust der Ostprovinzen entschädigt werden, die 1939 durch den Hitler-Stalin-Pakt an die Sowjetunion gefallen waren. Die sowjetische Armee übergab daher schon im März 1945 die Verwaltung der eroberten Gebiete östlich der Oder an die neugebildete polnische Regierung, die an der Ostseeküste die Woiewodschaften Pommern, Danzig und Masuren bildete. Nur das nördliche Ostpreußen um Königsberg blieb unter direkter sowjetischer Kontrolle, es war der Sowjetunion als Kriegsbeute zugesichert worden.

Obgleich die Entscheidung zur Übertragung der deutschen Ostgebiete an Polen schon feststand, kehrten im Mai und Juni 1945 mit sowjetischer Billigung noch hunderttausende deutsche Flüchtlinge in ihre Heimat östlich der Oder zurück. Noch während der Rückstrom anhielt, kam es bereits zu sogenannten «wilden» Vertreibungen durch lokale polnische Behörden, die willkürlich einzelne Orte von Deutschen entvölkerten und diese im Fußmarsch über die Oder trieben. Völlige Entrechtung, Raub, Plünderung, Vergewaltigung und Mord prägten die Lebensbedingungen der noch ansässigen deutschen Bevölkerung in Hinterpommern, West- und Ostpreußen. Die Hauptphase der systematischen Vertreibung fiel in die Zeit zwischen Herbst 1945 und Herbst 1946. Formale Grundlage hierfür waren die Potsdamer Beschlüsse vom August 1945, in der die Siegermächte die Zwangsumsiedlungen sanktionierten. Obwohl laut den Beschlüssen der Bevölkerungstransfer in «ordnungsgemäßer und humaner Weise» erfolgen sollte, waren die Bedingungen weiterhin äußerst elend, waren Misshandlungen, Plünderungen und mangelnde Versorgung der in Güterwagen gepferchten Vertreibungsopfer an der Tagesordnung. Die Masse der Transporte ging über Stettin, wo mehrere Sammellager eingerichtet wurden. Neben der Weiterfahrt per Bahn wurden von hier aus auch in größerem Umfange Schiffe eingesetzt, die die Vertriebenen zumeist nach Lübeck brachten.

Die künftige staatliche Zugehörigkeit des links der Oder gelegenen Stettins, des bis dahin wichtigsten deutschen Ostseehafens, war in den ersten Monaten nach Kriegsende noch offen geblieben. Eine Ende April gebildete polnische Verwaltung war von den Sowjets bald wieder zum Verlassen der Stadt gezwungen worden. Stattdessen amtierte eine deutsche Administration, doch schließlich wurde Stettin am 5. Juli endgültig Polen übergeben. Anfang Oktober wurde auch das westliche Vorland sowie Swinemünde auf Usedom polnisch.

Für das nördliche Ostpreußen erging der Vertreibungsbefehl erst im Oktober 1947. Hier war die Lage für die zurückgebliebene deutsche Bevölkerung besonders unmenschlich gewesen. Von 110 000 Zivilisten, die bei der Kapitulation im April 1945 noch in der Stadt waren, überlebten nur 25 000 die nächsten zweieinhalb Jahre. Mehr als drei Viertel der Bevölkerung verhungerten, erfroren, starben an Seuchen oder wurden Opfer willkürlicher Ermordungen. Insgesamt wurden von den etwa 4,6 Millionen Deutschen, die bei Kriegsende noch in Ostpommern, Ostpreußen und dem Gebiet um Danzig lebten, bis 1950 mehr als 3,6 Millionen aus ihrer Heimat vertrieben. Rund 700 000 starben aufgrund der unmenschlichen Verhältnisse vor Ort oder bei der Vertreibung, etwa eine Viertelmillion Deutsche befanden sich noch im Land.

Zu denen, die nicht vertrieben wurden, zählten teilweise auch die Angehörigen von Minderheiten wie die Kaschuben im östlichen Hinterpommern und Pommerellen sowie die Masuren im südlichen Ostpreußen. Sie wurden von den Polen als «autochthone» Bevölkerung angesehen, der die polnische Staatsangehörigkeit zuerkannt wurde. Das Misstrauen und die Schikanen seitens der Behörden waren dennoch groß. Den rund 100 000 Masuren, die im Lande blieben, wurde die Aufgabe ihrer besonderen Identität abverlangt. Sie sollten ungeachtet ihrer eigenen Mundart, ihres meist evangelischen Glaubens und ihrer besonderen kulturellen Traditionen Polen sein wie alle anderen auch.

An die Stelle der vertriebenen deutschen Bevölkerung traten polnische Umsiedler. Sie stammten zu einem beträchtlichen Teil aus den früheren ostpolnischen Gebieten, waren also selbst Vertriebene, die ihre Heimat verloren hatten. Auch diejenigen, die aus Zentralpolen an die Ostsee kamen, waren häufig zwangsweise umgesiedelt worden. Viele von ihnen strebten zurück, so dass die Fluktuation sehr hoch war. Das Land war daher zunächst nur dünn besiedelt. 1956 zählte man in Hinterpommern 1,2 Millionen Einwohner, ein Drittel weniger als 1939.

Von den aus Pommern, Ost- und Westpreußen geflüchteten und vertriebenen Deutschen landete der größte Teil zumindest vorläufig in Mecklenburg-Vorpommern und in Schleswig-Holstein, blieb also an der Ostsee. In Schleswig-Holstein lebten 1948 2,7 Millionen Menschen, 1,3 Millionen mehr als 1939, in Mecklenburg befanden sich 1950 unter zwei Millionen Einwohnern eine Million Heimatvertriebene, die hier jedoch aus politischen Gründen «Umsiedler» genannt wurden. In einer Stadt wie Lübeck waren 1948 40% aller Einwohner Flüchtlinge und Vertriebene. Ihre Lebensbedingungen waren in den ersten Nachkriegsjahren noch schlechter als für die alteingesessene Bevölkerung. Vor allem mangelte es an Wohnraum, Energie zum Heizen und ausreichend Nahrungsmitteln. Neben amerikanischen Organisationen leisteten auch das dänische und das schwedische Rote Kreuz sowie die dänische und schwedische Kinderhilfe einen Beitrag zur Linderung der Not, ohne sie beseitigen zu können.

Der gewaltige Zustrom an fremden Menschen, die als Konkurrenten um die ohnehin mehr als kärglichen Ressourcen empfunden wurden, führte zu starken Ressentiments bei der einheimischen Bevölkerung. Diese entluden sich teils in offenen Konflikten, vor allem aber hatten die Neuankömmlinge vielerorts unter Diskriminierungen zu leiden. So erhielten die Umsiedler in Mecklenburg zwar 40% des durch die Bodenreform verteilten Landes, hatten bei der Vergabe von Maschinen und Geräten aber oft das Nachsehen, weil in den Ausschüssen die Altbauern dominierten.

Ein besonderes Problem stellten die vielen Flüchtlinge dar, die in den letzten Kriegsmonaten mit Zügen, aber vor allem per Schiff nach Dänemark gebracht worden waren. Sie wurden nach Kriegsende in großen Lagern interniert. Die Alliierten weigerten sich zunächst, ihren Weitertransport nach Deutschland zu gestatten, so dass ihre Versorgung den Dänen oblag. Erst ab Mitte 1946 leerten sich die Lager. In den ersten Nachkriegszeit bestand bei den Alliierten die Bereitschaft, Südschleswig von Deutschland abzutrennen und es Dänemark zu überlassen. Doch verlangte man im Gegenzug, dass die dortigen Flüchtlinge bleiben dürften. Auch in Südschleswig selbst gab es angesichts des Elends der Nachkriegszeit und der vielen Flüchtlinge eine starke Neigung zum Anschluss an Dänemark. Die dänische Regierung lehnte aber eine Lösung ab, die im Augenblick verlockend schien, aber auf Dauer nur zu neuen Problemen geführt hätte. So blieb die 1920 gefundene Grenzziehung bestehen. Der Schutz der dänischen Minderheit in Südschleswig und der deutschen Minderheit in Nordschleswig wurde wenige Jahre darauf in der Kieler Erklärung von 1949 und der Bonner-Kopenhagener Grundsatzerklärung von 1955 geregelt.

Die Ansiedlung der karelischen Flüchtlinge in Finnland

Nach dem verlorenen Winterkrieg war 1940 die gesamte finnische Bevölkerung Westkareliens auf die neue finnische Seite der Grenze gezogen. Während des Fortsetzungskrieges kehrten die weitaus meisten Übersiedler in ihre Heimat zurück. Im Juni 1944 begann der zweite Exodus der Finnen aus Westkarelien, und diesmal für immer. Die Aufgabe, die mehr als 420 000 karelischen Flüchtlinge im Lande unterzubringen, war mit Blick auf die Bevölkerungszahl mit dem deutschen Vertriebenenproblem durchaus vergleichbar. Allerdings waren die Voraussetzungen für die Lösung wesentlich besser. Die Räumung Kareliens erfolgte geordnet und in eigener Regie, die Kriegszerstörungen waren viel geringer, das Land war nicht besetzt und auch weniger dicht besiedelt. Dennoch war die Versorgung der Flüchtlinge eine immense Herausforderung.

Dazu wurde im April 1945 das Landbeschaffungsgesetz beschlossen, das nicht nur den Kareliern, sondern auch ehemaligen Frontsoldaten und Kriegsinvaliden sowie deren Familien zugute kommen sollte. Neben dem Staat und den Gemeinden mussten auch Kirchspiele, Firmen und private Eigentümer mit mehr als 25 Hektar Besitz Land für Neusiedler zur Verfügung stellen. Die Entschädigung, die in Form von staatlichen Obligationen gegeben wurde, war relativ niedrig und erwies sich angesichts der Inflation schließlich als weitgehend wertlos. Um die Zweisprachigkeit Finnlands zu sichern, waren schwedischsprachige Bauern davon befreit, Land an finnischsprachige Siedler abzugeben. Insgesamt wurden 150 000 neue Siedlerstellen geschaffen, die einschließlich der Familienangehörigen 700 000 Menschen oder einem Fünftel der finnischen Bevölkerung eine neue Existenz boten. Weitere 100 000 Umsiedler kamen in den Städten unter. Die vielen neuen Kleinbauernwirtschaften schufen ab den sechziger Jahren wegen ihrer mangelnden Rentabilität neue Probleme, doch kurzfristig war das Programm ein enormer Erfolg, der wesentlich zur inneren Stabiliät Finnlands in den ersten Nachkriegsjahren beitrug.

Massendeportationen aus den baltischen Ländern

Die dritte Ostseeregion, in der es als Ergebnis des Zweiten Weltkriegs zu bedeutenden Bevölkerungsverschiebungen kam, war das Baltikum. Bereits 1944/45 flohen rund 63 000 Esten sowie 100 000 Letten vor der vorrückenden Roten Armee über die Ostsee nach Schweden und Deutschland, von wo aus sie nach Kriegsende zumeist nach Übersee auswanderten. Besonders das erste Nachkriegsjahrzehnt war in allen drei baltischen Ländern durch eine massive Unterdrückung jeder Form von Eigenständigkeit gekennzeichnet. Die Wirtschafts- und Sozialverfassung von Estland, Lettland und Litauen wurde nach sowjetischem Muster vollständig umgestaltet. Vor allem um den Widerstand gegen die Kollektivierung der Landwirtschaft zu brechen, griff die sowjetische Führung unter Stalin zum Mittel der Massendeportation, die in den Jahren 1947 bis 1949 ihren Höhepunkt erreichte. Insgesamt wurden etwa 80 000 Esten, 100 000 Letten und 220 000 Litauer nach Nordrussland, Sibirien und Zentralasien verschleppt. Gleichzeitig setzte eine starke Einwanderung von Russen und Angehörigen anderer sowjetischer Völker ein. Anfangs handelte es sich hauptsächlich um politische Kader, Fachleute und Sicherheitskräfte, die für die Gleichschaltung der baltischen Republiken benötigt wurden. In allen drei Ländern waren die Leitungspositionen in der herrschenden kommunistischen Partei bald überwiegend mit Russen besetzt. Rasch kam es jedoch auch zur massenhaften Anwerbung von Arbeitskräften für die entstehende Großindustrie. Vor allem in Estland und Lettland sank dadurch der einheimische Bevölkerungsanteil immer stärker ab.

Militärische Blockbildung und neutrale Länder

Die Durchsetzung der kommunistischen Herrschaft in Ostdeutschland und Polen

Der Ausgang des Zweiten Weltkrieges veränderte die Machtverhältnisse im Ostseeraum grundlegend. Die Sowjetunion wurde zum dominierenden Anrainerstaat. Nicht nur war die gesamte östliche Küste von Westkarelien bis zum ehemals ostpreußischen Samland nun in ihrem direkten Besitz, die UdSSR wurde auch zur Hegemonialmacht in den von der Roten Armee eroberten Gebieten. Die von der Sowjetunion gesteuerte kommunistische Machtübernahme in Polen und der Sowjetischen Besatzungszone, der späteren DDR, schritt in Etappen voran, war aber bereits 1947/48 weitgehend vollzogen.

Das westliche Mecklenburg mit Wismar und Schwerin, das im Frühjahr 1945 von britischen und amerikanischen Truppen besetzt worden war, wurde entsprechend den alliierten Beschlüssen ab Ende Juni 1945 der Roten Armee übergeben. Unmittelbar darauf schloss die Sowjetische Militäradministration Mecklenburg und Vorpommern zum neuen Land Mecklenburg-Vorpommern zusammen. Der Zusatz «Vorpommern» musste im März 1947 gestrichen werden; das Land Pommern, dessen größter Teil nun polnisch war, sollte aus dem deutschen Bewusstsein verdrängt werden. Bereits die ersten Landtagswahlen im Oktober 1946 fanden unter massiver Beeinflussung der Besatzungsmacht statt. Die SED erreichte die Hälfte der Stimmen und Mandate und verfügte wie bereits in der provisorischen Landesverwaltung nun auch in der Landesregierung über den dominierenden Einfluss.

Als ein wesentliches Instrument zur grundlegenden Umgestaltung der gesellschaftlichen Ordnung diente die bereits 1945 in der gesamten Sowjetischen Besatzungszone durchgeführte Bodenreform, mit der alle landwirtschaftlichen Betriebe mit mehr als 100 Hektar Nutzfläche entschädigungslos enteignet wurden. In Mecklenburg und Vorpommern, wo bis dahin der Großgrundbesitz dominiert hatte, fiel die Veränderung der ländlichen Besitzverhältnisse besonders radikal aus. Aus dem enteigneten Land wurden 80 000 Kleinbauernstellen mit durchschnittlich 7,5 Hektar Land sowie 80 große volkseigene Güter gebildet.

Nach der Gründung der DDR und der inzwischen vollständig durchgesetzten SED-Herrschaft passten die Länder nicht mehr zu der zentralistischen Parteidiktatur. Sie wurden deshalb 1952 zugunsten von Bezirken aufgelöst. Die drei nördlichen Bezirke waren Rostock, der die gesamte Küstenregion umfasste, Schwerin mit dem westlichen Mecklenburg und Neubrandenburg mit dem östlichen Landesteil sowie der bislang brandenburgischen Uckermark.

Auch in Polen gelang es den Kommunisten innerhalb weniger Jahre, die Macht komplett an sich zu bringen. Wichtigster Gegenspieler der kommunistischen Führung unter Staatsoberhaupt Bierut und Generalsekretär Gomulka war der Chef der Bauernpartei Stanislaw Mikolajczyk, der während des Krieges der polnischen Exilregierung in London vorgestanden hatte. Er amtierte von Juni 1945 bis Februar 1947 als stellvertretender Ministerpräsident und Landwirtschaftsminister, musste aber nach den manipulierten Parlamentswahlen im Januar 1947 seine Regierungsämter aufgeben und floh im Herbst über London in die USA.

Die Verstaatlichung der Industrie und die Enteignung allen Landbesitzes über 50 Hektar trugen die kommunistische Umgestaltung des Landes voran. Besonders stark war der unmittelbare Staatseinfluss in den ehemaligen deut-

Zonengrenze bei Eichholz in der Nähe von Lübeck. Zunächst mit Stacheldraht, dann mit immer perfekteren Todesfallen suchte die DDR ihre Bürger an der Flucht zu hindern.

schen Ostgebieten, wo alle vertriebenen deutschen Alteigentümer entschädigungslos enteignet worden waren. In Pommern gehörten daher 55% der landwirtschaftlichen Nutzfläche neugebildeten Staatsgütern, während in Zentralpolen häufig noch der private Besitz vorherrschte.

Finnland behauptet seine Selbstständigkeit

In der finnischen Zeitgeschichtsschreibung werden die ersten Jahre nach der Unterzeichnung des Waffenstillstandsabkommens im September 1944 «Jahre der Gefahr» genannt. Denn die Existenz Finnlands als unabhängiges und demokratisches Land schien durch den übermächtigen sowjetischen Nachbarn und eine starke kommunistische Bewegung im eigenen Land zeitweise ernsthaft bedroht zu sein. Die finnische Staatsführung entschied sich in dieser Situation dafür, das Verhältnis zur UdSSR nun möglichst konfliktfrei zu gestalten, ohne das Recht auf Selbstbestimmung je grundsätzlich in Zweifel ziehen zu lassen.

Nach dem Waffenstillstand nahm in Finnland eine sowjetisch-britische Militärkommission ihre Arbeit auf, die die Einhaltung der Waffenstillstandsbedingungen kontrollieren sollte. Ihr Vorsitzender, der sowjetische General Andrei Shdanow, nutzte sein Amt, um nicht nur bei verschiedenen Gelegenheiten Druck auf die finnische Regierung auszuüben, sondern auch die finnischen Kommunisten zu instruieren, die sich nach 14 Jahren Illegalität wieder frei entfalten konnten. Deren Ziel war es, zunächst ein breites Bündnis der Sowjetunion freundlich gesonnener Kräfte zu schmieden, das als Massenbasis für die angestrebte Umwandlung Finnlands in eine «Volksdemokratie» dienen konnte. Tatsächlich erreichte die von den Kommunisten gelenkte Demokratische Union des Finnischen Volkes bei den Parlamentswahlen 1945 ein Viertel der Stimmen. Die Kommunisten stellten auch mehrere Regierungsmitglieder, darunter sogar den für die Polizei zuständigen Innenminister in Person von Yrjö Leino. Es gelang jedoch zu keiner Zeit, die anderen großen Parteien für die kommunistischen Ziele zu instrumentalisieren.

Auf Veranlassung der Kontrollkommission mussten Ende 1945 acht führende finnische Politiker vor Gericht gestellt werden, die als Verantwortliche für die Führung des «Fortsetzungskrieges» galten. Als die Urteile nach Ansicht der Kommission zu milde ausfielen, sah sich die Regierung genötigt, das Gericht zu einer Revision des Strafmaßes zu bewegen.

Zum Nachfolger des amtsmüden Präsidenten Mannerheim wählte der finnische Reichstag im März 1946 den bisherigen Ministerpräsidenten Juho Kusti Paasikivi. Von seiner politischen Grundüberzeugung genauso konservativ eingestellt wie sein Amtsvorgänger, wurde der damals bereits 76-Jährige zum eigentlichen Begründer der sogenannten Paasikivi-Linie, die auf ein freundschaftliches Verhältnis zur Sowjetunion bei gleichzeitiger entschlossener Verteidigung der eigenen Grundinteressen setzte.

Der im Februar 1947 in Paris unterzeichnete Friedensvertrag bestätigte im Wesentlichen die Bestimmungen des Waffenstillstandsabkommens. Neben Westkarelien musste Finnland mit Petsamo auch seinen bisherigen Zugang zum Eismeer an die Sowjetunion abtreten. Außerdem erhielt die Sowjetunion auf 50 Jahre die Halbinsel Porkkala westlich von Helsinki als Flottenstützpunkt eingeräumt. Die von der UdSSR verlangten Reparationen in Höhe von 300 Millionen Dollar, zu der noch die Aushändigung der deutschen Guthaben in Finnland sowie weitere Vermögensforderungen kamen, belasteten die finnische Wirtschaft sehr hart. Dennoch verzichtete Finnland im gleichen Jahr auf die angebotene Hilfe aus dem amerikanischen Marshall-Plan, weil dies von der Sowjetunion als Anbindung an den Westen angesehen worden wäre.

Nach der Auflösung der Kontrollkommission im September 1947 schlug Stalin Finnland den Abschluss eines Freundschafts- und Beistandsvertrages vor. Nach einigem Zögern erklärte sich Paasikivi Anfang 1948 dazu bereit. Um den Vertragsabschluss nicht zu gefährden, stimmte Stalin einem Hinweis in der Präambel zu, dass Finnland außerhalb der Gegensätze der Großmächte bleiben solle. Damit war die Neutralität Finnlands im entstehenden Ost-West-Konflikt gesichert, wenngleich der Vertrag eine gegenseitige Beistandsklausel beinhaltete und das Verbot für Finnland, einer Organisation beizutreten, die der Sowjetunion feindlich gesonnen sei.

In Zusammenhang mit einem vermuteten kommunistischen Umsturzversuch musste Innenminister Leino im Mai 1948 sein Amt räumen. Er selbst hatte im April den Chef der Streitkräfte auf Umsturzpläne «von rechts» aufmerksam gemacht und damit die Einleitung von Sicherheitsmaßnahmen eingeleitet, die jeden Putschversuch unmöglich machten. Leino war, obwohl überzeugter Kommunist, auch finnischer Patriot und nicht bereit, seiner Partei bei einer gewaltsamen Beseitigung des politischen Systems zu helfen. Allerdings war wohl auch die sowjetische Führung zu dieser Zeit nicht an einem Putsch in Finnland interessiert.

Seit den Wahlen vom Juli 1948, bei der die Kommunisten eine herbe Niederlage erlitten, waren sie nicht mehr in der Regierung vertreten. Auch wurde nun die kommunistisch beeinflusste Sicherheitspolizei aufgelöst und durch eine neue Schutzpolizei ersetzt. Die Westmächte, die Finnland schon auf dem Weg zu einem sowjetischen Satellitenstaat gesehen hatten, registrierten erleichtert die Wende. Das wachsende Vertrauen der USA und Englands in die fortgesetzte Unabhängigkeit des Landes trug mit dazu bei, dass Finnland seine Stellung als neutrales Land auch in der Folgezeit festigen konnte.

Dänemark wird NATO-Mitglied, Schweden bleibt neutral

Auch für Schweden und Dänemark wurde die Frage der künftigen Sicherheitspolitik schnell zu einem drängenden Thema. Vor dem Hintergrund des kommunistischen Staatsstreichs in der Tschechoslowakei und der sowjetischen Berlin-Blockade schlug Schweden 1948 seinen Nachbarn Norwegen und Dänemark die Bildung einer Nordischen Verteidigungsallianz vor. Strittig war in den darüber geführten Verhandlungen vor allem die Frage, ob dieses Defensivbündnis auf sich allein gestellt bleiben oder unter dem Schirm der westlichen Großmächte stehen solle. Während für Schweden, das als neutrales Land eine 135-jährige Friedenszeit erlebt hatte, nur die Blockfreiheit in Frage kam, erinnerten sich Dänemark und Norwegen nur zu gut daran, dass sie trotz ihrer Neutralität 1940 überfallen und fünf Jahre lang besetzt gehalten worden waren. Auch war Schweden zu dieser Zeit das einzige der drei Länder, das über ein Verteidigungspotential von einiger Stärke verfügte. Vor allem in Norwegen saß angesichts der gemeinsamen Grenze mit der UdSSR und seiner langgestreckten und strategisch wichtigen Atlantikküste die Furcht vor einem sowjetischen Überfall sehr tief. Das Land entschloss sich deshalb im März 1949, Gründungsmitglied der NATO zu werden. Dänemark folgte dieser Entscheidung noch im gleichen Monat. Bei der Abstimmung im dänischen Parlament gab es von den Konservativen bis zu den Sozialdemokraten eine breite Mehrheit für den Beitritt zum Nordatlantikpakt; lediglich die Kommunisten versuchten noch vergeblich, einen Generalstreik gegen die Entscheidung zu initiieren.

Nachdem die aus der Hoheit der Besatzungsmächte entlassene Bundesrepublik Deutschland im Oktober 1954 in die NATO aufgenommen worden war und parallel dazu die Sowjetunion mit dem Warschauer Pakt die übrigen kommunistischen Länder militärisch und politisch noch enger an sich band, erreichte die Spaltung des Ostseeraums in zwei Militärblöcke und zwei dazwischen stehende neutrale Länder ihre endgültige Ausformung. Allerdings blieben Dänemark, Schweden und Finnland bemüht, trotz ihrer unterschiedlich ausgerichteten Sicherheitspolitik Rücksicht auf die Interessen ihrer nordischen Nachbarländer zu nehmen. So war die finnische Neutralität eine Voraussetzung für die schwedische Allianzfreiheit, während die schwedische Neutralität dazu beitrug, den sowjetischen Druck auf Finnland abzuschwächen. Dänemark (und Norwegen) hatten sich bei der Unterzeichnung des NATO-Vertrages ausbedungen, dass in Friedenszeiten keine Atomwaffen auf ihrem Territorium stationiert werden, was nicht zuletzt als Geste an die Sowjetunion gedacht war, um «die Sicherheit der Nachbarländer nicht unnötig aufs Spiel zu setzen» (IMHOF, S. 208). Schließlich bildete auch die starke schwedische Verteidigung ein Element der Stabilität.

Gründung des Nordischen Rates

Schon bei den erfolglosen Verhandlungen über eine militärische Allianz sprachen die nordischen Regierungschefs auch über eine engere Zusammenarbeit auf wirtschafts- und sozialpolitischem Gebiet. Sie blieb auf der Tagesordnung, gerade auch um der unterschiedlichen militärpolitischen Ausrichtung etwas Verbindendes entgegenzusetzen. 1952 wurde von Dänemark, Schweden, Norwegen und Island der Nordische Rat gegründet, dem sich 1955 auch

Finnland anschloss. Das Gremium setzt sich aus Abgeordneten der Einzel-parlamente zusammen und erarbeitet jährlich Empfehlungen für einen Aus-bau der Zusammenarbeit auf den verschiedensten Gebieten mit Ausnahme der Außen- und Verteidigungspolitik. 1971 wurde ihm der Nordische Minis-terrat an die Seite gestellt, in dem die Regierungen der gleichen fünf Länder sich regelmäßig treffen. Die Zusammenarbeit brachte vor allem in den ersten Jahren für die Bevölkerung der einzelnen Länder sehr praktische positive Er-gebnisse. Bereits 1952 wurde die Passfreiheit zwischen Dänemark, Schwe-den, Island und Norwegen eingeführt und 1958 ein die genannten Länder so-wie Finnland umfassendes einheitliches Passgebiet auch für nichtnordische Staatsangehörige geschaffen. 1954 wurde ein einheitlicher nordische Ar-beitsmarkt gebildet, so dass etwa ein Schwede ohne spezielle Arbeitsgeneh-migung auch in Dänemark arbeiten konnte. Im Jahr darauf vereinbarten die nordischen Länder, dass ihre Bürger auch Anspruch auf die Sozialleistungen des jeweiligen Gastlandes haben, in dem sie sich aufhalten.

Finnland als Vorreiter der Entspannungspolitik

1956 honorierte die Sowjetunion die Paasikivi-Linie der finnischen Außen-politik, indem sie die Halbinsel Porkkala vorzeitig zurückgab. Damit endete die Stationierung von sowjetischen Truppen auf finnischem Boden. Die Nachfolge Paasikivis als Staatspräsident trat im März 1956 der bisherige Ministerpräsident Urho Kekkonen an. Er hatte 1941 zu den schärfsten Be-fürwortern des Fortsetzungskrieges gehört, seine Ansichten aber 1943 nach der Wende von Stalingrad fundamental geändert und war seitdem zum ebenso entschiedenen Befürworter einer finnisch-sowjetischen Aussöhnung geworden. Er setzte daher die Paasikivi-Linie nicht nur fort, sondern legte eher noch mehr Wert darauf, die Beziehungen zum östlichen Nachbarn ver-trauensvoll zu gestalten.

Dennoch kam es in der Anfangszeit seiner Präsidentschaft zu zwei ernsten Krisen mit der UdSSR, der «Nachtfrostkrise» 1958/59 und der «No-tenkrise» im Herbst 1961. 1958 konstatierte der sowjetische Parteichef Chruschtschow eine Verschlechterung der bilateralen Beziehungen, einen «Nachtfrost», als die Kommunisten bei den Parlamentswahlen zwar stärkste Partei geworden waren, aber von der sozialdemokratisch geführten Regie-rung ausgeschlossen blieben. Kekkonen sorgte daraufhin für den Sturz des bei der sowjetischen Führung besonders unbeliebten Ministerpräsidenten Fagerholm.

Den eigentlichen Hintergrund der Spannung bildete allerdings der Kalte Krieg zwischen den Blöcken, der sich Ende der fünfziger Jahre mit der Krise um Berlin zuspitzte und auch im Ostseeraum für eine eisige Atmosphäre sorgte. Auch die Notenkrise hatte ihre Ursache im eskalierenden Ost-West-Konflikt nach dem Bau der Berliner Mauer. Die Sowjetregierung verlangte im Oktober 1961 von der finnischen Regierung in einer diplomatischen Note die Aufnahme von Konsultationen über militärischen Beistand entsprechend des Freundschaftsvertrages von 1948. Für Finnland stellte die Note die ernste Drohung einer sowjetischen militärischen Intervention dar. Kekkonen, dessen erste Amtszeit damals kurz vor dem Ablauf stand, löste als Geste des guten Willens das Parlament auf und flog nach Nowosibirsk, wo er in dreitägigen Gesprächen mit Chruschtschow dessen Vertrauen soweit gewann, dass die Note zurückgenommen wurde. Die erfolgreiche Beilegung der Krise sicherte Kekkonen die Wiederwahl, was ganz im Sinne der Sowjetunion war.

Seither war Kekkonen noch stärker als zuvor bemüht, durch eine aktive Neutralitätspolitik das Vertrauen der Sowjetunion zu erhalten. In diesem Sinne schlug er 1963 die Schaffung einer nuklearwaffenfreien Zone in Nordeuropa vor. Sein verfassungsmäßiges Recht, Finnland außenpolitisch zu vertreten, schöpfte er in seiner langen Amtszeit, die nach mehrfacher Wiederwahl erst 1981 endete, voll aus. 1969 ging von ihm auch der Vorschlag für die Einberufung einer europäischen Sicherheitskonferenz (KSZE) in Helsinki aus, die nach der Eröffnung einer Vorkonferenz 1973 mit der Unterzeichnung des Schlussabkommens 1975 ihren Höhepunkt fand. Das Abkommen stellte nicht nur einen Markstein der Entspannungspolitik dar, sondern trug über seine vielfältigen indirekten Wirkungen auch zur Auflösung der kommunistischen Herrschaft in Osteuropa und damit zur Überwindung der europäischen Teilung bei.

Wirtschaftliche Entwicklung in der Nachkriegszeit

Ausbau der Industrie

Die fünfziger und sechziger Jahre waren fast überall im Ostseeraum durch eine lebhafte Entwicklung der Industrie gekennzeichnet. Vielerorts fand erst in diesen beiden Jahrzehnten der eigentliche Übergang zur modernen Industriegesellschaft statt. Der Ausbau des produzierenden Gewerbes vollzog sich vor allem auf Kosten der Landwirtschaft, deren Anteil am Volkseinkommen stark sank und die in großem Maße Beschäftigte abgab.

Finnland entwickelte sich seit dem Zweiten Weltkrieg zu einem modernen Industrie-staat. Im Bild die Produktion von Handys bei Nokia.

461

So wanderten in Schweden zwischen 1960 und 1970 fast ein Drittel der landwirtschaftlichen Arbeitskräfte in die Industrie ab. In Dänemark betrug der Rückgang der Vollzeiterwerbstätigen in der Landschaft zwischen dem Beginn des Zweiten Weltkriegs und 1965 55%. Nahezu identisch war der Verlauf in Schleswig-Holstein, das als drittes Beispiel angeführt sei. Hier sank die Zahl der in der Landwirtschaft tätigen Erwerbspersonen zwischen 1950 und 1969 um 54%, so dass ihr Anteil an der Gesamtheit der Erwerbstätigen von 24,5% auf 11,8% zurückging.

Vor allem seit Mitte der fünfziger Jahre wurden bei der Industrieproduktion enorme Wachstumszahlen erreicht. So stieg in Dänemark zwischen 1955 und 1960 der industrielle Ausstoß um 36%, in Schweden waren es zwischen 1959 und 1970 108%. Voraussetzung für den Anstieg war überall ein starker Ausbau der Energieerzeugung. Innerhalb nur eines Jahrzehntes, zwischen 1955 und 1966, verdoppelte sich zum Beispiel die Stromproduktion in Dänemark. Schweden und Finnland konnten dabei in großem Umfang ihre Ressourcen an Wasserkraft erschließen. In Schweden waren 1970 bereits über die Hälfte der geschätzten Vorräte ausgebaut, 1960 waren es erst 16% gewesen. Ansonsten wurde der steigende Energieverbrauch hier wie entlang der ganzen Ostsee hauptsächlich mit dem Import von Erdöl gedeckt.

Ab den siebziger Jahren spielte dann auch die Kernkraft eine wachsende Rolle. Schweden und Finnland bauten jeweils eines der dichtesten Atomkraftnetze der Erde auf, die hier schließlich über 40% des Stroms erzeugten. Zusammen mit der Wasserkraft sorgten sie für günstige Strompreise und damit für einen Standortvorteil energieintensiver Branchen wie der Papier- und Zellstoffindustrie. Reaktoren wurden auch in Schleswig-Holstein, in Greifswald sowie in Litauen errichtet, während Dänemark 1980 auf die Nutzung der Kernkraft verzichtete. Im gleichen Jahr beschloss auf Druck von Umweltgruppen zwar auch Schweden den Ausstieg aus der Atomenergienutzung, doch wurde der Beschluss in den neunziger Jahren unter dem Eindruck einer Wirtschaftskrise soweit abgeschwächt, dass es bislang noch zu keiner einzigen Stilllegung eines Atommeilers gekommen ist.

Große Bedeutung hatte in den Nachkriegsjahrzehnten der Schiffbau. Seine Konjunktur wurde zunächst vom Ersatzbedarf für die Kriegsverluste getragen, dann war es das stetig steigende internationale Handelsvolumen, das den Werften volle Auftragsbücher bescherte. Die Ostsee entwickelte sich in dieser Zeit zu einem der weltweit wichtigsten Standorte der Werftindustrie. Schweden gehörte in den sechziger Jahren zu den größten Schiffbaunationen der Erde, es belegte in der weltweiten Rangliste nach Japan häufig den zweiten Platz. Aber auch am südlichen Rand der Ostsee, an der polni-

Die Holz- und Papierindustrie gehört bis in die Gegenwart zu den wichtigsten und besonders exportorientierten Branchen in Schweden und Finnland.

schen und ostdeutschen Küste, entstanden im Rahmen der kommunistischen Planwirtschaft große Werftkapazitäten. Der Bezirk Rostock erhielt dadurch eine ganz neue wirtschaftliche Struktur. War das mecklenburgisch-vorpommersche Küstengebiet bis dahin agrarisch geprägt, so wurde es nun zu einem Industriebezirk. Die Hälfte aller Industriebeschäftigten arbeitete 1970 in den großen Werften, die in Rostock-Warnemünde, Wismar und Stralsund entstanden. In vergleichbarer Weise wurden die polnischen Werftstandorte in Stettin, Gdingen und Danzig stark ausgebaut. Auch in Schleswig-Holstein arbeitete 1970 fast jeder achte Industriebeschäftigte im Schiffbau, vor allem auf den großen Werften in Kiel und Lübeck.

Den größten Sprung in der Entwicklung seiner Industrie machte nach dem Zweiten Weltkrieg Finnland. Verantwortlich waren dafür nicht zuletzt die Reparationsforderungen der Sowjetunion, die zu 70 % in Sachwerten zu leisten waren. Weil die UdSSR vor allem die Lieferung von Maschinen und technischen Ausrüstungen forderte, es bis dahin aber keinen leistungsfähigen finnischen Maschinenbau gab, wurden die Werkstätten der Papierindustrie nun häufig zu Keimzellen der metallverarbeitenden Industrie. Nach der pünktlichen Erfüllung der Reparationsverpflichtungen im Jahre 1952 sicherten langfristige Verträge mit der Sowjetunion auch weiterhin die Beschäftigung. 1966 stand die UdSSR in der finnischen Exportstatistik an zweiter Stelle hinter Großbritannien, aber vor der Bundesrepublik Deutschland.

In den siebziger und achtziger Jahren wurden die hohen Wachstumsraten, die in den ersten beiden Nachkriegsjahrzehnten rund um die Ostsee üblich waren, bei weitem nicht mehr erreicht. So betrug in Schweden der durchschnittliche Anstieg des Bruttosozialprodukts in den siebziger Jahren mit 2,0 % nicht einmal mehr die Hälfte des Wertes der sechziger Jahre (4,6 %). Bei der eigentlichen Industrieproduktion ergaben sich zwischen 1975 und 1978 sogar fortlaufend Minuswerte, 1977 auf dem Höhepunkt der Krise betrug der Rückgang 6,8 %. Die weltwirtschaftlichen Verwerfungen infolge der beiden Ölpreisschocks und die Krise, in die traditionelle Industriebranchen wie die Stahlerzeugung und der Schiffbau gerieten, schlugen sich in diesen Zahlen nieder.

Trotz der zeitweiligen Krise blieb die Industrie in den marktwirtschaftlich ausgerichteten Ostseeländern sehr leistungsfähig, hoch spezialisiert und vielfältig. Für alle Ostsee-Anrainer gilt, dass ihre Wirtschaft zugleich sehr exportorientiert war; die einheimischen Märkte waren alle viel zu klein, um die produzierten Waren aufnehmen zu können. In Schweden und Finnland dominierten in den achtziger Jahren weiterhin die Metall- und Elektroindustrie mit Maschinen-, Fahrzeug-, Dampfkessel- und Schiffbau und Elektrotechnik sowie die holzverarbeitende Industrie mit Papier und Zellstoffproduktion, Sägewerken und Möbelherstellung. Im Vergleich dazu war die dänische Industrie wie schon in den Jahrzehnten zuvor in den technologieintensiven Wirtschaftsbereichen weniger stark vertreten. Hier spielte immer noch die Nahrungs- und Genussmittelbranche eine große Rolle, daneben auch die Metall- und die Möbelindustrie.

Der schwedische Bergbau büßte in den siebziger und achtziger Jahren an Bedeutung ein. Galt Schweden Ende der sechziger Jahre noch als bedeutendster Eisenexporteur der Welt, so hatte es diese Position Anfang der achtziger Jahre verloren. Die Eisenerzförderung sank von 31,5 Millionen Tonnen 1970 auf 19,3 Millionen Tonnen 1992. Dagegen hatte das traditionell rohstoffarme Dänemark 1972 mit der Förderung von Öl und Gas im Offshore-Bereich beginnen können, allerdings ausschließlich in der Nordsee. Seit 1991 ist Dänemark Selbstversorger und kann sogar in wachsendem Maße fossile Brennstoffe exportieren.

Der Wandel zur Dienstleistungsgesellschaft, der schon in den sechziger Jahren eingesetzt hatte, beschleunigte sich in den siebziger und achtziger Jahren. Während die Industrieproduktion insgesamt weiter zunahm, einige Branchen allerdings auch schrumpften, ging die Zahl der industriellen Arbeitsplätze zurück. Dagegen expandierte die Beschäftigung im tertiären Sektor. In der Mitte der neunziger Jahre lag der Anteil der im Dienstleistungssektor beschäftigten Erwerbstätigen in den drei nordischen Ländern sowie in Schleswig-Holstein jeweils zwischen 65 und 70%, während der Anteil der Industriebeschäftigen nur noch zwischen 24% (Dänemark) und 29% (Schleswig-Holstein) ausmachte.

Internationale wirtschaftliche Zusammenschlüsse

Parallel zur Gründung der Organisation für europäische wirtschaftliche Zusammenarbeit (OEEC), die 1948 zur Durchführung des Marshall-Planes ins Leben gerufen wurde und bereits einen fortschreitenden Abbau von Handelsschranken vorsah, sprachen auch die nordischen Länder mit Ausnahme Finnlands über eine regionale Wirtschaftsintegration auf der Basis einer Zollunion. Das Scheitern der Pläne für eine gemeinsame Verteidigung beendete vorerst auch dieses Vorhaben, doch wurde das Projekt später im Rahmen des Nordischen Rates weiterverfolgt. Es wurde dann allerdings Makulatur, als 1958 die Mitglieder der OEEC durch die Gründung der Europäischen Wirtschaftsgemeinschaft in zwei Lager gespalten wurden. Während von den Ostsee-Anrainern nur die Bundesrepublik Deutschland Mitglied der EWG wurde, entschlossen sich die übrigen OEEC-Länder 1959 zur Gründung der Freihandelsgemeinschaft EFTA, die allerdings auf Industrieerzeugnisse beschränkt blieb.

Für Dänemark, das sich grundsätzlich gerne an der EWG beteiligt hätte, kam ein Beitritt damals vor allem deshalb nicht in Frage, weil mit Großbritannien der wichtigste dänische Handelspartner außen vor blieb. Für Schweden spielte bei seinem Nein zur EWG die Sorge eine Rolle, dass eine Einbindung in das westliche Europa mit der Aufrechterhaltung der Neutralität unvereinbar sei. Finnland, das sein empfindliches Verhältnis zur Sowjetunion immer im Blick hatte, schloss sich erst 1961 und nur als assoziiertes Mitglied der EFTA an.

Als östliche Antwort auf die OEEC hatten sich die kommunistischen Länder bereits 1949 im Rat für Gegenseitige Wirtschaftshilfe zusammengeschlossen. Ihm gehörten als Gründungsmitglieder Polen und die Sowjetunion und seit 1950 die DDR an. Nachdem zunächst hauptsächlich der Außenhandel koordiniert werden sollte, wurden im Rahmen des RGW seit Mitte der fünfziger Jahre auch Produktionsschwerpunkte und Investitionsvorhaben abgesprochen. Dabei wurden Polen und der DDR unter anderem bestimmte Bereiche des Maschinen- und Fahrzeugbaus sowie der Schiffbau zugewiesen.

Trotz rasch eingeleiteter Zollsenkungen brachte die EFTA den Mitgliedsländern wenig Gewinn im Vergleich zur stärker integrierten EWG, die den europäischen Kernmarkt umschloss. Daher suchten Großbritannien und in seinem Gefolge jeweils auch Dänemark bereits 1961 und dann nochmals 1967 um Aufnahme in die EWG nach, während Schweden um Assoziierung bat. Die britische Mitgliedschaft und damit auch die dänische scheiterte jedoch jeweils am Veto des französischen Präsidenten de Gaulle. Erst nach dessen Ausscheiden aus dem Amt war der Weg für die Briten und Dänen frei. Die 1972 in Dänemark angesetzte Volksabstimmung über den Beitritt zur EG erbrachte fast zwei Drittel Ja-Stimmen. Vor allem die Industrie und die Landwirtschaft erhofften sich große Vorteile durch die Mitgliedschaft. Die Gegner kamen aus dem äußersten linken Spektrum. Sie gewannen ihre Anhänger mit dem Argument, dass künftig die «großen» Länder Deutschland und Frankreich über Dänemarks Wohlergehen bestimmen würden.

Diese Sorge war auch in Schweden virulent. Hinzu kam der verbreitete Wunsch nach Behauptung der Neutralität. So verzichtete das Land trotz des Werbens der schwedischen Wirtschaft darauf, dem dänischen Beispiel zu folgen. Für Finnland verbot sich eine Mitgliedschaft aus Rücksicht auf die Sowjetunion ohnehin. Immerhin trat parallel zur Erweiterung der EG ein Freihandelsabkommen der Gemeinschaft mit Schweden und Finnland in Kraft, so dass die beiden Länder zwar nicht politisch, aber doch wirtschaftlich einen Fuß in der Tür hatten. Finnland erreichte bei dem Abkommen zudem eine besondere Berücksichtigung seines ausgedehnten Osthandels, indem es das Prinzip der Meistbegünstigung nicht nur den Ländern der EG, sondern auch den Ländern des RGW gewähren durfte.

Der Wohlfahrtsstaat und seine Grenzen

Dänemark und mehr noch Schweden gelten im internationalen Vergleich als klassische «Wohlfahrtsstaaten». In ihnen wird besonderes Gewicht auf die umfassende soziale Sicherung der Bevölkerung gelegt, was allerdings mit einer sehr hohen Steuer- und Abgabenquote verbunden ist. Die ersten

Grundlagen für das wohlfahrtsstaatliche System wurden in beiden Ländern wie berichtet bereits in den dreißiger Jahren gelegt. In Schweden ging die sozialdemokratische Regierung unter Ministerpräsident Tage Erlander unmittelbar nach Ende des Zweiten Weltkriegs daran, die sozialpolitischen Reformen voranzutreiben, unter anderem mit der Einführung einer einkommensunabhängigen Grundrente («Volkspension») und eines Kindergeldes. Das bereits seit 1946 geplante Gesetz über eine obligatorische Krankenversicherung folgte 1953. Überlegungen, durch Sozialisierungsmaßnahmen auch den direkten staatlichen Einfluss auf die Wirtschaft zu erhöhen, wurden bald nicht mehr weiter verfolgt. Eine Ausnahme bildete lediglich die Verstaatlichung der norrländischen Eisenerzgruben im Jahre 1955. Zum Hauptstreitpunkt der politischen Auseinandersetzung entwickelte sich in der zweiten Hälfte der fünfziger Jahre die geplante obligatorische Zusatzrente, denn die bürgerliche Opposition fürchtete, dass der so geschaffene Pensionsfonds der Regierung auf Dauer bestimmenden Einfluss auf die private Wirtschaft gebe. Das Gesetz wurde 1959 nur mit denkbar knapper Mehrheit verabschiedet.

In Dänemark, wo sich Sozialdemokraten und bürgerliche Venstre zwischen 1945 und 1953 viermal in der Regierungsverantwortung ablösten, kam es erst 1956 mit der Verabschiedung des Gesetzes über die «Volksrente» zur Wiederaufnahme der sozialen Reformpolitik. Alle Bürger ab 67 Jahren erhielten danach eine Rente in Höhe von 10 % ihres durchschnittlichen Bruttolohns. Bis 1974 stieg der Satz auf 43 %. Vor allem die sechziger Jahre entwickelten sich dann in Dänemark zu einem «goldenen» Jahrzehnt der Wohlfahrtspolitik. Dabei galt das Prinzip, dass nicht nur Bedürftige, sondern alle Einwohner Anspruch auf die Staatsleistungen hatten. Es entstand ein Netz von sogenannten «Sozialbeistandskontoren», die den Bürger von der Wiege bis zur Bahre begleiteten. Wie zur gleichen Zeit auch in Schweden wurde das Bildungswesen stark ausgebaut und dabei besonderer Wert auf die Förderung bislang bildungsferner Schichten gelegt.

Das stetige Anwachsen des öffentlichen Sektors, der mit einer starken Steuer- und Abgabenbelastung einherging, führte allerdings auch zu einer Gegenbewegung, die das bisherige System des Wohlfahrtsstaates grundsätzlich in Frage stellte. 1973 errang die Protestpartei des «Steuerrebells» Mogens Glistrup bei den sogenannten «Erdrutschwahlen» auf Anhieb 24 der 179 Mandate im dänischen Folketing. Die sozialdemokratische Regierung wurde abgewählt, kam jedoch schon zwei Jahre später wieder an die Macht, da das Venstre-Kabinett keine überzeugende Antwort auf die bald ausbrechende Wirtschaftskrise fand. Auch in Schweden sahen sich die erfolgsverwöhnten Sozialdemokraten nach 44 Jahren ununterbrochener Regierungstätigkeit 1976 erstmals wieder auf den Oppositionsbänken wieder. Zur Abwahl beigetragen hatte auch der Plan, über die Einrichtung von «Lohnempfängerfonds» die Arbeitnehmerschaft am Produktivkapital zu beteiligen. Die Gegner fürchteten, dass die private schwedische Wirtschaft dadurch allmählich unter die indirekte Kontrolle der Gewerkschaftsführungen gerate.

Eine schnell wachsende Staatsverschuldung, strukturelle Defizite im internationalen Zahlungsverkehr, steigende Arbeitslosigkeit und hohe Inflationsraten waren die Probleme, denen sich seit den 70er Jahren beide skandinavischen Länder gegenübersahen. In Dänemark kam 1982 eine bürgerliche Regierung unter dem Konservativen Poul Schlüter an die Macht. Sie bemühte sich vorrangig um eine Begrenzung des Haushaltsdefizits und eine Stabilisierung der dänischen Währung. Trotz einiger Einschnitte blieb das Wohlfahrtssystem im wesentlichen erhalten, dafür stieg die Steuerquote 1986 auf einen neuen Höchststand. In Schweden brachten die Wähler unterdessen die Sozialdemokraten wieder in die Regierungsverantwortung. Sie setzten ihre traditionelle Politik fort. Auch hier kam es zu weiteren Steuererhöhungen, weil die Regierung die Arbeitslosigkeit unter anderem durch eine Ausweitung des Öffentlichen Dienstes zu bekämpfen suchte. Nach der Ermordung von Olof Palme 1986 folgte ihm Ingvar Carlsson im Amt des Ministerpräsidenten. Mit einer Abgabenquote von 61,9 % im Jahr 1989 und einer Staatsquote von drei Vierteln des Bruttoinlandproduktes hatte das schwedische Modell seine Grenzen erreicht.

Zu Beginn der neunziger Jahre wechselten die Mehrheitsverhältnisse in beiden Ländern erneut. Dabei galt der triumphale Wahlsieg des Konservativen Carl Bildt in Schweden 1991 als Ausdruck einer grundsätzlichen Abkehr der Bevölkerung von der bisherigen Wohlfahrtspolitik. Ein Drittel der Wählerschaft wechselte vom linken ins bürgerliche Lager. Der neue Kurs drückte sich in Steuersenkungen, Einsparungen im öffentlichen Sektor, der Förderung der privaten Wirtschaft und dem Verkauf von Staatsbetrieben aus. Da jedoch gleichzeitig die Arbeitslosigkeit stark anstieg und sich die Haushaltslage dramatisch verschlechterte, schwenkten die Schweden bereits 1994 wieder mehrheitlich zu den Sozialdemokraten zurück. Ein Jahr zuvor war in Dänemark die Regierung Schlüter von einer Koalition aus Sozialdemokraten und Radikaler Venstre abgelöst worden.

In beiden Ländern lässt sich seither von einer Neubelebung der Idee des Wohlfahrtstaates sprechen, allerdings unter stärkerer Beachtung der ökonomischen Rahmenbedingungen. So setzte in Schweden der neue Ministerpräsident Göran Persson seit 1996 Einschnitte bei der Lohnfortzahlung im

Der Sozialdemokrat Olof Palme (zweiter von links) führte von 1969 bis 1976 und von 1982 bis zu seiner Ermordung 1986 die schwedische Regierung.

Krankheitsfall und beim Arbeitslosengeld durch. Die Arbeitslosigkeit ist in beiden Ländern stark gesunken, wobei vor allem Dänemark durch eine aktive Arbeitsmarktpolitik bei gleichzeitiger Flexibilisierung der Arbeitsgesetzgebung auch international als vorbildlich gilt.

Die Auflösung des Ostblocks und seine Folgen

Die Jahre zwischen 1989 und 1991 bilden den dritten großen Einschnitt in der Geschichte des Ostseeraums im 20. Jahrhundert. Doch anders als bei den Zäsuren, die durch den Ersten und den Zweiten Weltkrieg gesetzt wurden, ging es diesmal im wesentlichen friedlich zu. Die Auflösung der Sowjetunion brachte das Ende der militärischen Blockkonfrontation, führte zur Unabhängigkeit der baltischen Staaten und zur deutsch-deutschen Vereinigung. Mit der Überwindung der kommunistischen Parteiherrschaft eröffneten sich Ostdeutsche, Polen, Litauer, Letten, Esten und Russen die Chance, ihre politische Ordnung auf demokratischer Grundlage neu zu organisieren. Zugleich war die friedliche Revolution in Ostmitteleuropa eine Vorbedingung für die Einigung Europas, die sich an der Ostsee mit der Erweiterung der Europäischen Union besonders augenfällig vollzieht. Der Ostseeraum gilt inzwischen als eine der Regionen mit dem größten Entwicklungspotenzial auf dem europäischen Kontinent.

Die Auflösung der Sowjetunion

In den siebziger und achtziger Jahren fiel die Sowjetunion wirtschaftlich, beim Lebensstandard wie in der technologischen Entwicklung, immer weiter hinter den Westen zurück. Die Perestroika, der «Umbau», die der neu gewählte Generalsekretär der KPdSU Michail Gorbatschow deshalb ab 1985 in Angriff nahm, war als kontrollierte Revolution von oben gedacht. Sie sollte das Sowjetsystem nicht abschaffen, sondern effektiver machen. Doch war Gorbatschow ab den späten achtziger Jahren immer weniger in der Lage, den Prozess noch zielgerichtet zu steuern, zumal es an einem einheitlichen Konzept fehlte. Mit der Demokratisierung und Öffnung des Systems verlagerte sich die Macht faktisch immer stärker auf die einzelnen Republiken und teilweise sogar auf die örtliche Ebene. Auch der nationale Wirtschaftsraum splitterte in Dutzende von Mini-Ökonomien auf.

Leningrad entwickelte sich in dieser Zeit zu einem Zentrum der Reformer. Bei den ersten freien Kommunalwahlen im Mai 1990 gewann ein Bündnis aus Reformkommunisten und Reformkräften außerhalb der Partei die Mehrheit der Stadtratssitze. Zum Bürgermeister wurde der Jurist Anatolij Sobtschak gewählt, eine Leitfigur der gesamten russischen Reformbewegung. Mit einer Vielzahl von Maßnahmen suchten Stadtrat und Bürgermeister die Einführung der Marktwirtschaft voranzutreiben und der Kommunistischen Partei ihre Privilegien und Besitzstände zu entziehen. Es wurden sogar Pläne geschmiedet, die Ostseemetropole in eine einzige Freihandelszone zu verwandeln.

Im August 1991 unternahmen der konservative Parteiapparat und der Geheimdienst KGB, gestützt auf Teile der Armee, einen Putsch gegen Gorbatschow. Er wurde an seinem Urlaubsort zum Rücktritt gezwungen und unter Arrest gestellt. Das Schicksal des Coups entschied sich in den beiden größten Städten des Landes, in Moskau und Leningrad. Während der im Juni zum Präsidenten der Russischen Föderation gewählte Reformer Boris Jelzin in Moskau den Putschisten entschlossen entgegentrat, organisierte in Leningrad Anatolij Sobtschak den Widerstand der Bevölkerung. Nach drei Tagen brach der Putsch in sich zusammen. Gorbatschow kehrte nach Moskau zurück, hatte seine Autorität aber weitgehend eingebüßt.

Der missglückte Staatsstreich führte zum raschen Ende der Sowjetunion, denn nun gewannen die zentrifugalen Kräfte endgültig die Oberhand. Nur vier Monate später, im Dezember 1991, verständigten sich die Präsidenten der einzelnen Republiken auf die Auflösung der Sowjetunion und die Gründung eines losen Staatenbundes, der Gemeinschaft Unabhängiger Staaten. Der machtlose Gorbatschow trat als Präsident zurück. Bereits im September des Jahres erhielt Leningrad wieder seinen alten Namen St. Petersburg. Mit der Umbenennung nahm die Bevölkerung auch symbolisch Abschied von sieben Jahrzehnten Kommunismus.

Unabhängigkeit der baltischen Staaten

Die anhaltende Einwanderung von Russen und Angehöriger anderer sowjetischer Völker führte dazu, dass die Esten und Letten in ihren eigenen Ländern zur Minderheit zu werden drohten. In Estland waren Mitte der achtziger Jahre nur noch 62 % der Bevölkerung Esten, in Lettland betrug der entsprechende Wert sogar nur 54 %. In den größeren Städten lag der Anteil der Einheimischen noch merklich niedriger. Lediglich in dem weniger stark industrialisierten Litauen, das zudem auch eine höhere Geburtenrate aufwies, belief sich der Anteil der Litauer noch auf 80 %. Die Einwanderer sahen zumeist keine Notwendigkeit, die Landessprache zu lernen, zumal im Namen des «Internationalismus» die Russifizierung offiziell gefördert wurde.

Die baltischen Völker hielten in dieser Situation mit großer Zähigkeit an ihrer eigenen nationalen und kulturellen Identität fest. In den siebziger Jahren waren die baltischen Republiken Hochburgen des regimekritischen Dissidententums. Die Entspannungspolitik verbesserte die Besuchs- und Reisemöglichkeiten und stärkte damit den Kontakt zu Organisationen der Exilbalten. Auch existierte mit der KSZE-Schlussakte nun ein Dokument, auf das sich die Regimekritiker mit Blick auf die Menschenrechte und das Völkerrecht berufen konnten.

Zu Beginn der achtziger Jahre verschärfte sich noch einmal die sowjetische Repression. Doch dann schufen die Bemühungen um eine Reform des sowjetischen Systems unter Michail Gorbatschow ab der Mitte des Jahrzehnts eine ganz neue Lage. Perestroika und Glasnost wurden in den baltischen Republiken rasch als Chance begriffen, das Selbstbestimmungsrecht zurückzuerlangen. Proteste gegen umweltgefährdende Großprojekte standen 1986 am Anfang der nationalen Emanzipationsbewegungen in den drei Ländern. Wie ein Jahrhundert zuvor war auch das Singen wieder ein wichtiger Ausdruck des nationalen Erwachens. Im September 1988 versammelten sich 300 000 Menschen, ein Drittel der gesamten estnischen Bevölkerung, in Tallinn, um verbotene estnische Lieder zu singen und die gleichfalls verbotene blau-schwarz-weiße estnische Flagge zu schwingen. Im gleichen Jahr bildeten sich in allen drei baltischen Republiken große Sammelbewegungen, die sogenannten «Volksfronten», die die weitgehende Eigenständigkeit und die Demokratisierung ihrer Länder anstrebten. Im August 1989 erinnerte eine Menschenkette mit über 500 000 Teilnehmern, die von Tallinn über Riga nach Wilna reichte, an den Hitler-Stalin-Pakt 50 Jahre zuvor, der damals das Ende der baltischen Unabhängigkeit eingeläutet hatte.

Die ersten freien Parlamentswahlen im Frühjahr 1990 brachten in allen drei Ländern einen Sieg der Volksfronten, die nun offen die Unabhängigkeit als Ziel proklamierten. Entsprechende Parlamentsbeschlüsse beantwortete die Moskauer Zentralregierung mit einer Wirtschaftsblockade. Versuche, die unionstreuen Kräfte in den baltischen Ländern zu stärken und zurück an die Macht zu bringen, folgten. Sie fanden ihren Höhepunkt in zwei gescheiterten Putschversuchen in Wilna und Riga Anfang 1991. Der Durchbruch zur tatsächlichen Erlangung der Unabhängigkeit kam in Zusammenhang mit dem gescheiterten Putsch altkommunistischer Kräfte in Moskau im August 1991. Bereits im folgenden Monat erkannten die meisten Staaten einschließlich der UdSSR die baltischen Republiken völkerrechtlich an.

In Estland und Lettland wurden nach der Unabhängigkeit Staatsbürgerschaftsgesetze erlassen, die auf eine Ausgrenzung der starken russischsprachigen Minderheiten zielten. Erst in jüngster Zeit ist der Druck auf die Einwanderer schwächer geworden. Eine Lösung, die nach 50 Jahren Fremdbestimmung allen Seiten gerecht wird, ist nicht leicht zu finden. Wirtschaftlich entwickelten sich die drei baltischen Republiken seit der Unabhängigkeit alles in allem positiv, am besten meisterte Estland die Umstellung auf eine marktwirtschaftliche Ordnung, gefolgt von Lettland. Alle drei Länder gehören daher wie auch Polen zu den Kandidaten für die nächste Runde der EU-Erweiterung.

Nach dem Beitritt Litauens und Polens zur Europäischen Union wird das Gebiet von Kaliningrad von EU-Gebiet umschlossen sein. Das ehemalige nördliche Ostpreußen, das nach dem Zweiten Weltkrieg nicht dem benachbarten Litauen, sondern der Russischen Föderation angegliedert worden war, ist bereits seit 1991 ein durch internationale Grenzen von Russland abgeteiltes Gebiet. Bis zu diesem Jahr war die Provinz als militärisches Sperrgebiet hermetisch abgeriegelt, 1992 wurde sie für den internationalen Reiseverkehr geöffnet und zur Freihandelszone Jantar (Bernstein) erklärt. Der große wirtschaftliche Aufschwung ist allerdings bislang ausgeblieben. Baltijsk, das frühere Pillau, ist immer noch Heimathafen der Baltischen Flotte. Die knapp eine Million Einwohner, die in der Provinz leben, stammen aus allen Ländern der ehemaligen Sowjetunion. In Kaliningrad selbst, wo knapp die Hälfte der Gebietseinwohner leben, sind 102 Nationen vertreten, darunter 51% Russen, 22% Weißrussen und 7% Ukrainer. Die weitere Zukunft des Gebietes ist ungewiss, Hoffnungen auf staatliche Unabhängigkeit, die manche Bewohner hegen, sind aber wohl illusionär.

Der Umbruch in Polen

In Polen kam es in der Nachkriegszeit immer wieder zu größeren und kleineren Unruhen und Protestaktionen gegen die Lebensverhältnisse unter dem kommunistischen System. Zu einem Zentrum des Widerstandes entwickelte sich ab 1970 die Ostseeküste. Drastische Preiserhöhungen für Lebensmittel waren in Dezember 1970 der Auslöser für Streiks und Demonstrationen in Danzig, Stettin, Elbing und weiteren Küstenstädten, die in in schwere Unruhen mündeten. Allein in Danzig und Stettin waren mindestens 48 Tote und 1165 Verwundete zu beklagen, als die Sicherheitskräfte die teils gewalttätigen Proteste unter Einsatz schwerer Waffen niederschlugen. Die Unruhen führten zum Sturz des damaligen Parteichefs Gomulka. Neue Streiks der Stettiner Werftarbeiter im darauffolgenden Monat konnten erst dadurch beendet werden, dass der neue Erste Sekretär der kommunistischen Partei Gierek persönlich mit den Arbeitern sprach und dabei auch eine stärkere Förderung der bislang vernachlässigten Woiwodschaft Stettin in Aussicht stellte. Der Ausbau der Werft und der Häfen von Stettin und Swinemünde erfolgten dann im Rahmen einer groß angelegten Modernisierung der gesamten polnischen Volkswirtschaft. In Danzig wurde dabei der riesige Nordhafen durch Aufschüttung einer künstlichen Insel geschaffen.

Als sich die Lebensverhältnisse in Polen nach einem vorübergehenden Aufschwung gegen Ende der siebziger Jahre wieder verschlechterten, kam es im Sommer 1980 zu neuen großen Streikbewegungen in Stettin und vor allem in Danzig. Die Abkommen, die die überbetrieblichen Streikkomitees und die Regierungskommissionen Ende August in Stettin und Danzig schlossen, sahen erstmals im Ostblock die Bildung unabhängiger Gewerkschaften vor. An die Spitze der Gewerkschaft Solidarität, die bald

Die polnische Gewerkschaft Solidarität war 1980/81 die erste unabhängige Gewerkschaft im Ostblock. Mit Streiks erzwangen die Arbeiter ihre Wiederzulassung 1988.

zehn Millionen Mitglieder umfasste, trat der Danziger Streikführer Lech Walesa.

Die Verhängung des Kriegsrechts im Dezember 1981 durch den neuen Partei- und Staatschef Jaruzelski beendete die legale Tätigkeit der Solidarität, konnte sie jedoch nicht auf Dauer unterdrücken. 1983 vergab das Osloer Komitee den Friedensnobelpreis an Walesa. Als in der Sowjetunion die Perestroika immer weitere Kreise zog, kam es 1988 in Polen unter dem Eindruck landesweiter Streiks zu «Runden-Tisch»-Verhandlungen zwischen Regierung und Opposition, die zur Wiederzulassung der Gewerkschaft Solidarität und der Abhaltung von freien Wahlen für eine begrenzte Zahl von Parlamentsmandaten führten. Diese endeten im Juni 1989 mit einem vollständigen Triumph der Opposition. Mit Tadeusz Mazowiecki wurde ein Vertreter der Solidariät Premierminister, während Jaruzelski vom Sejm zum Staatspräsidenten gewählt wurde. Die Übergangszeit zwischen den Systemen endete im Dezember 1990 mit der Wahl Walesa zum Staatspräsidenten und der Neuwahl des Sejm 1991. Im gleichen Jahr kam es zur Auflösung des Warschauer Paktes, 1992 verließen die letzten russischen Truppen das Land.

Vereinigung der beiden deutschen Staaten

Während 1988/89 in Polen und in der Sowjetunion, aber auch in Ungarn der politische Umbau immer stärker voranschritt, hielt die SED in der DDR noch strikt am alten System fest. Doch formierte sich auch in Ostdeutschland allmählich eine Bürgerbewegung, die mit wachsendem Selbstbewusstsein demokratische Rechte einforderte. Dazu kam es seit dem Sommer 1989 zu einer Massenflucht aus der DDR, die die Flucht- und Ausreisewellen früherer Jahre bei weitem in den Schatten stellte und damit die DDR in eine Existenzkrise stürzte. Schließlich trugen ab dem Herbst auch immer mehr Bürger ihren Protest auf die Straße. Die Demonstrationen und Kundgebungen entwickelten rasch eine Eigendynamik, die das alte kommunistische System schließlich in wenigen Monaten hinwegfegte. Der Schwerpunkt der Protestbewegung lag in Sachsen und Berlin, dagegen entwickelte sie sich in den drei dünn besiedelten nördlichen Bezirken Rostock, Schwerin und Neubrandenburg nur zögerlich und spät. Die ersten öffentlichen Demonstrationen in Mecklenburg und Vorpommern fanden am 18. Oktober in Neubrandenburg und Greifswald statt, dem Tag, an dem der bisherige SED-Chef Erich Honecker durch sein eigenes Politbüro gestürzt wurde. In Rostock und Greifswald gab es bald regelmäßige Demonstrationstermine einmal in der Woche, weitere Zentren der Bürgerbewegung entlang der Ostsee waren in den Herbst- und Wintermonaten 1989/90 unter anderem Stralsund, Wismar, Schwerin, Güstrow und Pasewalk.

Während der SED unaufhaltsam die Macht entglitt und der letzte kommunistische Ministerpräsident nach den Volkskammerwahlen im März 1990 sein Amt niederlegen musste, trat die Forderung nach einer Wiedervereinigung der beiden deutschen Staaten immer stärker in den Vordergrund. Mit Blick auf dieses Ziel erfolgte auch die Wiedererrichtung der Länder. Mecklenburg-Vorpommern wurde mit den anderen Ländern am Tag der Vereinigung, dem 3. Oktober 1990, offiziell wieder hergestellt. Voraussetzung für die internationale Zustimmung zur Wiedervereinigung war die völkerrechtlich verbindliche Anerkennung der polnischen Westgrenze durch das vereinigte Deutschland. Sie erfolgte durch den deutsch-polnischen Grenzvertrag vom November 1990, womit auch in dieser Hinsicht ein Schlussstrich unter den Zweiten Weltkrieg gezogen wurde.

Die Grenze zwischen den beiden deutschen Staaten verlor bereits seit ihrer Öffnung im November 1989 ihren Schrecken. In das «Grenzregime» der DDR einbezogen gewesen war auch die 600 Kilometer lange Ostseeküste von der Lübecker Bucht bis zur Insel Usedom. Rund 800 Mann überwachten auf Schiffen und von Land aus ständig den Seeraum. Insgesamt haben im

Laufe der vier Jahrzehnte mehrere Tausend Menschen die Flucht über die Ostsee gewagt, etwa 400 von ihnen bezahlten den Versuch mit dem Leben. Nur etwa jedem Zehnten gelang es, das rettende Ufer in Dänemark oder in der Bundesrepublik zu erreichen.

EU- und NATO-Erweiterung

Mit der Umgestaltung Europas 1989/90 veränderte sich auch die Position der neutralen Länder grundlegend. Mit dem Ende der bisherigen Blockbildung erübrigte sich das Beharren auf Allianzfreiheit. Bereits im Dezember 1990 beschloss das schwedische Parlament, die Mitgliedschaft in der Europäischen Union zu beantragen, das offizielle Beitrittsgesuch wurde Mitte des folgenden Jahres übergeben. In Schweden wuchs damals die Sorge, dass das extrem exportabhängige Land ohne EU-Mitgliedschaft wirtschaftlich den Anschluss verlieren werde. Dennoch war der Beitritt keineswegs unumstritten. Seine Gegner fürchteten, dass mit der Übertragung von Kompetenzen an die EU das schwedische Modell des Wohlfahrtsstaates in Gefahr geraten würde. So endete die Volksabstimmung über den Beitritt Ende 1994 nur mit einem knappen Sieg der Befürworter. 52,3% der Wähler votierten damals mit Ja, 46,8% mit Nein.

Gemeinsam mit Schweden trat 1995 auch Finnland der Europäischen Gemeinschaft bei. Das Land erlebte ab 1989 die schlimmste Rezession der Nachkriegszeit. Zwischen 1990 und 1993 ging das Bruttoinlandsprodukt um 13,5% zurück, während die Arbeitslosigkeit bis 1994 auf 18,4% schnellte. Der Hauptgrund für die Krise war der Zusammenbruch des russischen Marktes, der für Finnland wichtiger war als für jede andere westliche Volkswirtschaft. Der Beitritt zur Europäischen Union galt daher auch als Rettungsanker für die finnische Wirtschaft. Dennoch gab es auch hier Vorbehalte, die nicht zuletzt von Seiten der Bauern kamen. Angesichts der ungünstigen klimatischen Verhältnisse war abzusehen, dass die Finnen mit den Landwirten in der EU nicht würden mithalten können.

Voraussetzung für den im März 1992 gestellten Aufnahmeantrag war die Neuordnung der Beziehungen zu Russland gewesen. Finnland kam es vor allem darauf an, der im Freundschafts- und Beistandsvertrag von 1948 enthaltenen militärischen Verpflichtungen ledig zu werden. Der im Januar 1992 unterzeichnete neue Grundlagenvertrag gab Finnland die volle außenpolitische Handlungsfreiheit und verpflichtete beide Seiten lediglich dazu, etwaige Konflikte untereinander friedlich zu lösen.

Auch bündnispolitisch schwächten Finnland und Schweden ihre bisherige Politik der Neutralität ab. 1994 traten beide Länder der neugegründeten «Partnerschaft für den Frieden» der NATO bei. Diese vor allem für die Einbindung der ehemaligen Mitglieder des Warschauer Paktes gedachte Einrichtung ermöglicht den teilnehmenden Ländern eine enge Kooperation mit der NATO, ohne dass wechselseitige Beistandsverpflichtungen ausgesprochen werden. Im Jahr darauf erlangten beide Länder auch den Beobachterstatus bei der Westeuropäischen Union, einer Vereinigung der europäischen NATO-Mitglieder.

Polen ging in dieser Hinsicht noch einen wesentlichen Schritt weiter. Nachdem 1997 die Vorbehalte Russlands gegen eine Erweiterung der NATO weitgehend ausgeräumt werden konnten, trat es 1999 dem Nordatlantikpakt bei. Elementares Interesse an einer NATO-Mitgliedschaft besteht auch bei den drei baltischen Ländern Estland, Lettland und Litauen. Sie sehen im Schutzschirm der NATO eine Garantie gegen etwaige russische Versuche, ihre Unabhängigkeit wieder zu bedrohen. Aus eben diesem Grund zögerte allerdings auch die NATO lange Zeit, den Beitrittswünschen nachzugeben. Inzwischen sieht es aber so aus, dass die baltischen Republiken bei der nächsten Runde der NATO-Erweiterung dabei sein werden.

Steigende Schifffahrtszahlen

Obwohl die Ostsee heute für die europäische Wirtschaft nicht mehr die überragende Bedeutung als Handelszentrum hat, wie sie im Mittelalter und der frühen Neuzeit gegeben war, zählt sie immer noch zu den Gewässern mit dem größten Schiffsverkehr. Allein schon die Stellung des Nord-Ostsee-Kanals als meistbefahrene Wasserstraße der Erde lässt das Gewicht der Ostsee sichtbar werden. Die Menge der transportierten Güter ist dabei in den letzten 50 Jahren um ein Vielfaches gewachsen. Im Hafen von Lübeck, dessen Güterumschlag aufgrund des vorrangigen Verkehrs mit den skandinavischen Ländern ein guter Indikator für die Gesamtentwicklung ist, stieg der Umschlag zur See von 1,5 Millionen Tonnen 1950 über 7,3 Millionen Tonnen 1970 auf 14,6 Millionen Tonnen 1985 und 18,0 Millionen Tonnen im Jahr 2000. In Rostock, das von der Regierung der DDR zum wichtigsten Hafen des Landes ausgebaut wurde, wuchs die umgeschlagene Gütermenge zur gleichen Zeit von 1,3 Millionen Tonnen 1949 über 10,1 Millionen Tonnen 1970 auf 18,9 Millionen Tonnen 1984. Auch nach

Lübeck, hier der Skandinavienkai, zählt immer noch zu den wichtigsten Häfen an der Ostsee, vor allem für den Verkehr zwischen Deutschland und den skandinavischen Ländern.

der Wende konnte diese Größenordnung gehalten werden, im Jahr 2000 waren es 18,6 Millionen Tonnen.

Das Ende der Ost-West-Konfrontation, die marktwirtschaftliche Neuausrichtung der östlichen Anrainerstaaten und die Erweiterung der EU sorgten beim Schiffsverkehr für zusätzliche Impulse. Die größten Zuwachsraten erlebten dabei in den 1990er Jahren die baltischen Häfen. Allein in Tallinn verdoppelte sich der Umschlag zwischen 1994 und 1998 auf 21,4 Millionen Tonnen, dazu kamen noch sechs Millionen Passagiere. Auch der umschlagsstärkste Ostseehafen befindet sich inzwischen im Baltikum. Es handelt sich um Ventspils in Lettland, das 1998 hauptsächlich dank russischer Ölexporte eine Gütermenge von 36,0 Millionen Tonnen verzeichnete.

Kennzeichnend für die heutige Situation ist, dass die typischen Massengüter wie Erze, Brennstoffe, Holz oder Getreide zwar mengenmäßig immer noch eine große Rolle spielen, dem Wert nach aber Stückgutfrachten dominieren. Diese werden vor allem auf Container- und Fährschiffen im Roll-on-roll-off-Verkehr transportiert. Die Liegezeiten werden daher immer kürzer. Schiffe, deren Löschung früher mehrere Tage benötigte, werden heute binnen Stunden abgefertigt.

Neben der Zusammenarbeit auf Regierungsebene haben sich im vergangenen Jahrzehnt auch vielfältige grenzüberschreitende kommunale Kontakte ergeben. Einen festen Rahmen bietet dafür die 1991 gegründete Union der Ostseestädte. Dem Zusammenschluss von Städten rund um die Ostsee gehören heute 84 Mitgliedsstädte aus zehn Nationen an. Sitz des Sekretariats ist Danzig. Basis der Zusammenarbeit ist die Verpflichtung zu einer gemeinsamen Entwicklung von Demokratie, Wirtschaft, Sozialwesen, Kultur und Umweltschutz. In insgesamt zehn Kommissionen werden gemeinsame Projekte gestartet und koordiniert, Einzelveranstaltungen geplant und Aktivitäten entwickelt, wobei jede Stadt sich selbst mit ihren Ideen einbringt.

Daneben sind auch viele bilaterale Partnerschaften zwischen Ostseestädten entstanden. So ist Kotka, der wichtigste finnische Exporthafen, bereits seit 1969 Partnerstadt von Lübeck. Weitere Partnerschaften ging Lübeck mit

Die Brücke über den Öresund schafft eine durchgehende feste Verbindung zwischen Dänemark und Schweden und trägt damit zum Zusammenwachsen der beiden Länder bei.

Wismar und dem litauischen Klaipeda, dem früheren Memel, ein. Seit 1999 besteht auch eine Verbindung mit Visby, wobei die gemeinsame Hansegeschichte als Anknüpfungspunkt diente. Währenddessen pflegt zum Beispiel Kiel Verbindungen mit Gdingen, Kaliningrad/Königsberg und Sovietsk/Tilsit, zudem mit Stralsund, Tallinn und dem finnischen Vaasa.

Werden hier durch vielfältige persönliche Kontakte Brücken zwischen den Völkern gebaut, so ist jüngst zwischen Dänemark und Schweden auch ganz real eine Brücke geschlagen worden. Nach einer jahrzehntelangen Diskussion über den Bau einer festen Verbindung über den Sund wurde ein entsprechendes Regierungsabkommen 1991 unterzeichnet. Die Freigabe der 16 Kilometer langen Tunnel-Brücken-Verbindung zwischen Kopenhagen und Malmö durch Königin Margarete von Dänemark und Karl XVI. Gustaf von Schweden erfolgte nach siebenjähriger Bauzeit im Jahr 2000. Schonen rückte damit näher an Dänemark heran, was viele Dänen auch 350 Jahre nach dem Verlust der Provinz immer noch emotional berührte. So wie Dänen und Schweden nach jahrhundertelanger Rivalität und offener Feindschaft gute Nachbarn und Freunde geworden sind, so stehen mit der europäischen Einigung die Chancen gut, dass auch die anderen Völker entlang der Ostsee nun dauerhaft friedlich miteinander auskommen werden. Heute bedroht entlang des Baltischen Meeres kein Land mehr ein anderes. Die Hoffnung ist groß, dass die Ostsee in Zukunft ein Meer des Friedens bleibt.

Ausgewählte Literatur

Aufgeführt sind im Folgenden die im Text zitierten Werke sowie allgemeine Darstellungen zum Thema, die dem Interessierten den Einstieg in die weitere Beschäftigung mit der Geschichte des Ostseeraums erleichtern.

Adam von Bremen, Bischofsgeschichte der Hamburger Kirche, in: Quellen des 9. und 11. Jahrhunderts zur Geschichte der Hamburgischen Kirche und des Reiches, Darmstadt 1961, S. 135–499.

Ingvar Andersson, Schwedische Geschichte. Von den Anfängen bis zur Gegenwart, München 1950.

Baltische Länder (Deutsche Geschichte im Osten Europas), hg. von Gert von Pistohlkors, Berlin 1994.

Hartmut Boockmann, Ostpreußen und Westpreußen (Deutsche Geschichte im Osten Europas), Berlin 1992.

Hartmut Boockmann, Der Deutsche Orden. 12 Kapitel aus seiner Geschichte, München 1981.

Robert Bohn, Dänische Geschichte, München 2001.

Régis Boyer, Die Wikinger, Stuttgart 1994.

Otto Brandt, Geschichte Schleswig-Holsteins, 7. Aufl., überarbeitet und erweitert von Wilhelm Klüver, Kiel 1976.

Johannes Brøndsted, Nordische Vorzeit, 3 Bde., Neumünster 1960–1963.

Torsten Capelle, Kultur- und Kunstgeschichte der Wikinger, Darmstadt 1986.

Eric Christiansen, The Northern Crusades. The Baltic and the Catholic Frontiers, 1100–1525, London 1980.

Edmund Cieslak/Czeslaw Biernat, History of Gdansk, Gdansk 1995.

Norman Davies, God's Playground. A History of Poland, 2 Bde., Oxford 1981.

Hans-Joachim Diesner, Die Völkerwanderung, Gütersloh 1976.

Philippe Dollinger, Die Hanse, 5. Aufl., Stuttgart 1998.

Wolfram Dufner, Geschichte Schwedens. Ein Überblick, Neumünster 1967.

Jost Dülffer, Deutsche Geschichte 1933–1945. Führerglaube und Vernichtungskrieg, Stuttgart 1992.

Europäische Wirtschaftsgeschichte, hg. von Carlo M. Cipolla und Knut Borchardt, 5 Bde., Stuttgart 1976–1980.

Elisabeth Fehrenbach, Vom Ancien Régime zum Wiener Kongress, München 1993.

Jörg-Peter Findeisen, Dänemark. Von den Anfängen bis zur Gegenwart, Regensburg 1999.

Jörg-Peter Findeisen, Karl XII. von Schweden. Ein König, der zum Mythos wurde, Berlin 1992.

Jörg-Peter Findeisen, Schweden. Von den Anfängen bis zur Gegenwart, Regensburg 1997.

Klaus Friedland, Die Hanse, Stuttgart 1991.

Fritz Gause, Die Geschichte der Stadt Königsberg in Preußen, 3 Bde., Köln 1965–1971.

Bruno Gebhardt, Handbuch der deutschen Geschichte, 9. Aufl., hg. von Herbert Grundmann, Stuttgart 1970–1976.

Martin Gerhardt, Norwegische Geschichte, 2. Aufl. neu bearbeitet von Walther Hubatsch, Bonn 1963.

Martin Gerhardt/Walter Hubatsch, Deutschland und Skandinavien im Wandel der Jahrhunderte, 2. Aufl., Darmstadt 1977.

Geschichte Schleswig-Holsteins. Von den Anfängen bis zur Gegenwart, hg. von Ulrich Lange, Neumünster 1996.

Marija Gimbutas, Die Balten. Geschichte eines Volkes im Ostseeraum, München/Berlin 1983.

Peter Vilhelm Glob, Vorzeitdenkmäler Dänemarks, Neumünster 1968.

James Graham-Campbell, Das Leben der Wikinger. Krieger, Händler und Entdecker, Berlin/Hamburg 1980.

Maurice Gravier, Les Scandinaves. Histoire des peuples scandinaves, Paris 1984.

Manfred Hamann, Mecklenburgische Geschichte. Von den Anfängen bis zur Landständischen Union von 1523, Auf der Grundlage von Hans Witte neu bearbeitet, Köln/Graz 1968.

Heiko Haumann, Geschichte Russlands, München 1996.

Rolf Hammel-Kiesow, Die Hanse, München 2000.

Handbuch der deutschen Wirtschafts- und Sozialgeschichte, hg. von Hermann Aubin und Wolfgang Zorn, 2 Bde., Stuttgart 1971–1976 (zitiert Aubin/Zorn).

Handbuch der europäischen Geschichte, hg. von Theodor Schieder, 7 Bde., Stuttgart 1968–1987, (zitiert HEG).

Handbuch der Europäischen Wirtschafts- und Sozialgeschichte, hg. von Wolfram Fischer u. a., 6 Bde., Stuttgart 1980–1993.

Klaus Heller, Die Normannen in Osteuropa, Berlin 1993.

Helmold von Bosau, Slawenchronik, Darmstadt 1963.

Friedrich-Wilhelm Henning, Handbuch der Wirtschafts- und Sozialgeschichte Deutschlands, 2 Bde., Paderborn 1991–1996.

Joachim Herrmann, Wikinger und Slawen. Zur Frühgeschichte der Ostseevölker, Neumünster 1982.

Erich Hoffmann, Dänemark, Historisches, in: Reallexikon der Germanischen Altertumskunde, 2. Aufl., Bd. 5, Berlin/New York 1984, S. 147–155.

Edgar Hösch, Geschichte Rußlands. Vom Kiever Reich bis zum Zerfall des Sowjetimperiums, Stuttgart 1996.

Walther Hubatsch, Im Bannkreis der Ostsee. Grundriß einer Geschichte der Ostseeländer in ihren gegenseitigen Beziehungen, Marburg 1948.

Arthur Erwin Imhof, Grundzüge der Nordischen Geschichte, Darmstadt 1970.

Herbert Jankuhn, Haithabu. Ein Handelsplatz der Wikingerzeit, 6. Aufl., Neumünster 1976.

Karl Jordan, Heinrich der Löwe. Eine Biographie, München 1979.

Marcus Junkelmann, Gustav Adolf. Schwedens Aufstieg zur Großmacht, Regensburg 1993.

Osmo Jussula/Seppo Hentilä/Jukka Nevakivi, Politische Geschichte Finnlands seit 1809. Vom Großfürstentum zur Europäischen Union, Berlin 1999.

Eino Jutikkala in Verbindung mit Kauko Pirinen, Geschichte Finnlands, 2. Aufl., Stuttgart 1976.

Martin Kaufhold, Europas Norden im Mittelalter. Die Integration Skandinaviens in das christliche Europa, Darmstadt 2001.

Peter Graf Kielmannsegg, Deutschland und der Erste Weltkrieg, Frankfurt 1968.

David Kirby, Northern Europe in the Early Modern Period. The Baltic World 1492–1772, London/New York 1990.

Kulturen im Norden. Die Welt der Germanen, Kelten und Slawen 400–1100 n.Chr., hg. von David M. Wilson, München 1980.

Palle Lauring, Geschichte Dänemarks, Neumünster 1964.

Lübeckische Geschichte, hg. von Antje Graßmann, Lübeck 1988.

Dietmar Lucht, Pommern. Geschichte, Kultur und Wirtschaft bis zum Beginn des Zweiten Weltkrieges, Köln 1996.

Peter Mast, Mecklenburg-Vorpommern. 1000 Jahre Geschichte eines jungen Landes, München/Berlin 1994.

Meereskunde der Ostsee, hg. von Gerhard Rheinheimer unter Mitwirkung von Dietwart Nehring, 2. Aufl., Berlin u.a. 1995.

Jürgen Mirow, Geschichte des deutschen Volkes. Von den Anfängen bis zur Gegenwart, 2. Aufl., Gernsbach 1996.

Ingrid Mittenzwei, Friedrich II. von Preußen. Eine Biographie, 5. Aufl., Berlin 1990.

Emil Nack, Die Germanen. Länder und Völker der Germanen (Kindlers Kulturgeschichte des Abendlandes, Bd. 7), München 1976.

Stewart P. Oakley, War and Peace in the Baltic 1560–1790, London/New York 1992.

Der Ostseeraum im Blickfeld der deutschen Geschichte, Köln/Wien 1970.

Richard Pittioni, Der urgeschichtliche Horizont der historischen Zeit, in: Propyläen Weltgeschichte, hg. von Golo Mann und Alfred Heuss, Bd. I/1, Frankfurt/M. 1961, S. 227–321.

Josef Polišensky/Josef Kollmann, Wallenstein. Feldherr des Dreißigjährigen Krieges, Köln/Weimar/Wien 1997.

Pommern (Deutsche Geschichte im Osten Europas), hg. von Werner Buchholz, Berlin 1999.

Matthias Puhle, Die Vitalienbrüder. Klaus Störtebeker und die Seeräuber der Hansezeit, Frankfurt/New York 1992.

Horst Rabe, Deutsche Geschichte 1500–1600. Das Jahrhundert der Glaubensspaltung, München 1991.

Klavs Randsborg, The Viking Age in Denmark. The Formation of a State, London 1980.

Georg von Rauch, Geschichte der baltischen Staaten, 3. Aufl., München 1990.

Gisela Reineking von Bock, Bernstein. Das Gold der Ostsee, München 1981.

Colin Renfrew, Die Megalith-Kulturen, in: Siedlungen der Steinzeit. Haus, Festung, Kult, Heidelberg 1989, S. 192–202.

Rimbert, Ansgars Leben, in: Bischofsgeschichte der Hamburger Kirche, in: Quellen des 9. und 11. Jahrhunderts zur Geschichte der Hamburgischen Kirche und des Reiches, Darmstadt 1961, S. 1–133.

Else Roesdahl, Die Skandinavier in ihrer Heimat, in: Kulturen im Norden, S. 127–157.

483

Hans Roos, Geschichte der polnischen Nation 1918–1985, 4. Aufl., Stuttgart u. a. 1986

Alfred Rust, Der Primitive Mensch, in: Propyläen Weltgeschichte, hg. von Golo Mann und Alfred Heuss, Bd. I/1, Frankfurt/M. 1961, S. 155–226.

Alexander Schmidt, Geschichte des Baltikums. Von den alten Göttern bis zur Gegenwart, München/Zürich 1992.

Georg Schmidt, Der Dreißigjährige Krieg, München 1995.

Bruno Schumacher, Geschichte Ost- und Westpreußens, 5. Aufl., Würzburg 1954.

Bernhard Stasiewski, Missionsbestrebungen im Ostseeraum im 13. Jahrhundert, in: Der Ostseeraum im Blickfeld der deutschen Geschichte, 1970, S. 17–37.

Mårten Stenberger, Vorgeschichte Schwedens (= Nordische Vorzeit, Bd. 4), Neumünster 1977.

Heinz Stoob, Die Hanse, Graz 1995.

Publius Cornelius Tacitus, Germania, in: ders., Die Historischen Versuche, übersetzt und hg. von Karl Büchner, 2. Aufl., Stuttgart 1963, S. 123–179.

Otto Vitense, Geschichte von Mecklenburg, Gotha 1920, ND Würzburg 1990.

Welt der Slawen. Geschichte, Gesellschaft, Kultur, hg. von Joachim Herrmann, München 1986.

Reinhard Wittram, Baltische Geschichte. Die Ostseelande Livland, Estland, Kurland 1180–1918, München 1954.

Herwig Wolfram, Die Germanen, München 1995.

Herwig Wolfram, Die Goten. Von den Anfängen bis zur Mitte des 6. Jahrhunderts, 3. Aufl., München 1990.

John H. Wuorinen, A History of Finland, New York/London 1965.

Klaus Zernack, Nordosteuropa. Skizzen und Beiträge zur einer Geschichte der Ostseeländer, Lüneburg 1993.

Bildnachweis mit Seitenzahlen

Archäologisches Landesmuseum Mecklenburg-Vorpommern, Schloss Wili-
grad, Lübstorf 40, 55, 90 – Archäologisches Landesmuseum Schleswig 24,
27, 30, 59 – Archiv der Hansestadt Rostock 187 – Deutsches Salzmuseum
Lüneburg 153 – Deutsches Schifffahrtsmuseum Bremerhaven 350 –
Frederiksborg Slot, Hillerod 102, 222, 297 – Gotlands Turistförening, Visby
35, 74, 98, 118, 283 – Hansestadt Lübeck Stadtbildstelle 139, 156, 157, 455,
478 – Herder Institut 142, 175, 257, 290, 328, 399, 433, 443, 444, 474 –
Hochtief AG, Essen 479 – Kieler Stadtmuseum 336, 407, 408 – Landes-
archiv Schleswig-Holstein, Schleswig 197 – Museum für Kunst und Kulturgeschichte der Hansestadt Lübeck 155, 216 -Nationalmuseet Kopenhagen
33, 38, 41, 43, 46, 47, 123 – Nokia 461 – Staatliches Amt für Umwelt und
Natur Rostock 18, 19 – Statens Historiska Museum Stockholm 57 – Touris-
muszentrale Stralsund 16, 131 – Touristinformation Jelling 88 – Ullstein
Bild, Berlin 405, 438, 469 – UPM-Kymmene, Helsinki 463 – Wikinger Museum Haithabu 82 (2).
Der Rest entstammt dem Archiv des Verlages.

Ortsregister

Namensregister

Abel, König v. Dänemark 161
Absalon, Bischof v. Roskilde, Erzbischof v. Lund 102, 114, 115, 122
Adalbert, Erzbischof v. Hamburg-Bremen 106
Adaldag, Erzbischof v. Hamburg-Bremen 104
Adolf Friedrich II., Herzog v. Mecklenburg-Strelitz 307
Adolf Friedrich III., Herzog v. Mecklenburg-Strelitz 308
Adolf Friedrich, König v. Schweden 299 ff.
Adolf I., Graf v. Holstein 108
Adolf II., Graf v. Holstein 109, 110
Adolf III., Graf v. Holstein 115
Adolf IV., Graf v. Holstein 124, 125
Adolf VIII., Graf v. Holstein, Herzog v. Schleswig 193, 197 f.
Agricola, Michael, Bischof v. Abo 223, 224
Albert Suerbeer, Erzbischof v. Preußen 171
Albert, Bischof v. Riga 120 ff.
Albrecht der Bär, Markgraf der Nordmark 110
Albrecht I., Hochmeister des Deutschen Ordens, Herzog von Preußen 181, 211, 216, 235
Albrecht II. Friedrich, Herzog v. Preußen 235
Albrecht II., der Große, Herzog v. Mecklenburg 164, 166, 199
Albrecht III., Herzog v. Mecklenburg, König v. Schweden 166, 185, 186, 188, 200
Albrecht IV., Herzog v. Mecklenburg 185
Albrecht V., Herzog v. Mecklenburg 200
Albrecht VII., Herzog v. Mecklenburg 223

Alexander I., Zar v. Russland 287, 327, 328, 329, 332, 334
Alexander II., Zar v. Russland 386 ff.
Alexander III., Zar v. Russland 388, 393
Alexander Newski, Großfürst v. Nowgorod-Susdal 170, 183
Alexandra, Zarin v. Russland 401
Amandus, Johann, Prediger 214
Angantyr (Ongendus), dänischer König 61
Anna Lepoldowna, Großfürstin v. Russland 309
Anna, Zarin von Russland, Herzogin v. Kurland 309
Anselm, Bischof v. Havelberg 110
Ansgar, Erzbischof v. Hamburg-Bremen 63, 67, 82
Anund Jakob, König von Schweden 87, 91
Ariovist, germanischer Fürst 50
August II., der Starke, König v. Polen, Kurfürst v. Sachsen 292 ff., 305, 322
Auguste Viktoria, Deutsche Kaiserin 382
Augustenburg, Herzog Christian August von 365, 366
Augustenburg, Prinz Christian August von, schwed. Thronfolger 333
Auktumo, Fürst der Pruzzen 172

Balduin von Alna, päpstl. Legat 169
Barnim I., Herzog v, Pommern 132, 201
Barnim XI., Herzog v. Pommern 223
Barons, Krisjanis, lettischer Volkskundler 392
Basanavicius, Jonas, litauischer Publizist und Politiker 393, 394
Baysen, Hans von, Gubernator v. Preußen 180
Berg, Friedrich Wilhelm von, finnischer Generalgouverneur 386

Berig, legendärer König der Goten 51

Bernadotte, Folke Graf, schwedischer Philantrop 438

Bernadotte, Jean-Baptiste, siehe Karl XIV. Johann, König v. Schweden

Bernstorff, Andreas Peter Graf von, dänischer Staatsmann 305

Bernstorff, Johann Hartwig Ernst Graf von, dänischer Staatsmann 302, 319, 322

Bertold, Bischof v. Livland 120

Beseler, Wilhelm Hartwig, schleswig-holsteinischer Politiker 368

Bestuschew-Rjumin, Graf Aleksej Petrowitsch, russischer Staatsmann 319

Bierut, Boleslaw, polnischer Politiker 454

Bildt, Carl, schwedischer Politiker 468

Birger Jarl, schwedischer Regent 133, 183

Birger, König v. Schweden 162

Birgitta Birgersdotter, Heilige 164

Biron, Johann Reichsgraf von, Herzog v. Kurland 309

Bismarck, Otto von, preußisch-deutscher Staatsmann 371, 372, 380

Bo Jonsson Grip, Reichstruchsess v. Schweden 186

Bobrikov, Nikolai, Gouverneur v. Finnland 388 ff.

Bogislaw I., Herzog v. Pommern 114, 115

Bogislaw IV., Herzog v. Pommern 201

Bogislaw X., Herzog v. Pommern 202

Bogislaw XIV., Herzog v. Pommern 259, 265, 270

Boleslaw III. Schiefmund, Herzog v. Polen 107, 108

Brändström, Elsa, schwedische Philantropin 401

Brandt, Willy, deutscher Politiker 430

Brömse, Nicolaus, Bürgermeister v. Lübeck 215

Brühl, Heinrich Graf von, sächsischer Staatsmann 323

Buchbinder, Ambrosius, Bürgermeister v. Kopenhagen 215

Bugenhagen, Johannes, Reformator 215, 221, 222

Carlsson, Ingvar, schwedischer Politiker 468

Caroline Mathilde, Königin v. Dänemark 303 ff.

Christian Albrecht, Herzog v. Schleswig-Holstein-Gottorf 279

Christian I., König v. Dänemark 193, 194, 198

Christian II., König v. Dänemark 203, 205 ff.

Christian III., König v. Dänemark 203, 217, 221, 226, 230

Christian IV., König v. Dänemark 203, 244, 249, 251, 252, 258 ff., 269 ff., 284, 302

Christian IX., König v. Dänemark 369, 378

Christian Ludwig II., Herzog v. Mecklenburg-Schwerin 308

Christian V., König v. Dänemark 278, 292

Christian VII., König v. Dänemark 302

Christian VIII., König v. Dänemark 345, 366

Christina, Königin v. Schweden 249, 268, 272 ff.

Christoph II., König v. Dänemark 163, 196

Christoph III., König v. Dänemark 198

Christoph von Bayern, König v. Dänemark 192

Christoph von Mecklenburg, Koadjutor 228

Chruschtschow, Nikita, sowjetischer Parteiführer 459, 460

Chydenius, Anders, finnischer Politiker 316

Curtius, Theodor, Bürgermeister v. Lübeck 382

Reuterholm, Gustav Adolf, schwedischer Staatsmann 326
Reventlow, Friedrich von, schleswig-holsteinischer Politiker 368
Riesdorf, Paul von, Hochmeister des Deutschen Ordens 179
Rollo, Herzog der Normandie 63, 72
Rosenberg, Alfred, deutscher Politiker 440, 441
Roth, Hieronymus, Stadtgerichtspräsident 282
Rurik, Wikingerfürst 63, 75

Schichau, Ferdinand, Industrieller 360
Schlüter, Poul, dänischer Politiker 468
Schöning, Thomas, Erzbischof v. Riga 228
Selibur, Fürst der Wagrier 104
Shdanow, Andrei, sowjetischer General und Politiker 456
Sievers, Jakob Johann von, russischer Gouverneur 314
Sigismund I., der Alte, König v. Polen 212
Sigismund II. August, König v. Polen 228, 229, 231, 234, 236
Sigismund III. Vasa, König v. Polen 203, 236, 237 ff., 256 f.
Sigismund, römisch-deutscher Kaiser 202
Skytte, Martinus, Bischof v. Abo 225
Smetona, Antanas, litauischer Politiker 410, 427
Snellmann, Johan Vilhelm, finnischer Staatsmann 385 ff.
Sobtschak, Anatolij, russischer Politiker 470
Söderblom, Nathan, Erzbischof v. Uppsala 400
Sophia, russische Regentin 291
Sprengporten, Magnus Jakob, schwedischer Oberst 300
Stackelberg, Otto Magnus von, russischer Gesandter 325

Staël von Holstein, Freiherr 326
Ståhlberg, Kaarlo Juho, finnischer Politiker 406, 432
Stalin, Jossif, sowjetischer Staats- und Parteiführer 395, 433, 434, 435, 463, 472
Stanislaus I. Leszcynski, König v. Polen 293, 322,
Stanislaus II. August, König v. Polen 323
Stauning, Thorvald, dänischer Politiker 431, 437
Stein, Heinrich Friedrich Karl, Reichsfreiherr vom, preußischer Staatsmann 329, 335
Stephan Báthory, König v. Polen, Fürst von Siebenbürgen 235, 237
Strousberg, Henry, Unternehmer 362
Struensee, Johann Friedrich, dänischer Staatsmann 302 ff., 341
Sture, Nils, schwedischer Aristokrat 233
Sture, Sten, der Ältere, schwedischer Reichsverweser 127, 193, 194, 195
Sture, Sten, der Jüngere, schwedischer Reichsverweser 195, 206, 233
Sture, Svante Nilsson, schwedischer Reichsverweser 195
Styrbjörn der Starke, schwedischer Thronprätendent 90
Svantopolk, Herzog v. Pommerellen 132, 171
Sven Estridson, König v. Dänemark 99, 105, 106
Sven Gabelbart, König v. Dänemark 63, 74, 77, 84, 88, 91
Sven Grathe, König v. Dänemark 101
Sverker I., der Ältere, König v. Schweden 101
Svinhufvud, Per Evind, finnischer Politiker 405, 406

Tausen, Hans, dänischer Reformator 215, 221
Theodor von Schön, preußischer Staatsmann 379